4° R 18

Paris
1876

Littré, Maximilien Paul Emile

*agments de philosophie positive et de
sociologie contemporaine*

FRAGMENTS

DE

PHILOSOPHIE POSITIVE

ET DE

SOCIOLOGIE CONTEMPORAINE

FRAGMENTS

DE

PHILOSOPHIE POSITIVE

ET DE

SOCIOLOGIE CONTEMPORAINE

PAR

É. LITTRÉ

PARIS

AUX BUREAUX DE *LA PHILOSOPHIE POSITIVE*

16, RUE DÉ SEINE, 16

1876

PRÉFACE

Le grand poëte matérialiste Lucrèce savait une multitude de choses que nous ne savons plus. Il savait qu'il y a des dieux fortunés et tranquilles, relégués dans un ciel où ils ne font rien. Il savait qu'il existe des atomes dont il connaissait la forme, le concours et l'agencement pour constituer le monde (notons, en passant, que ses atomes n'ont rien de commun avec ceux de nos chimistes). Il savait que les animaux sont nés par une génération spontanée dont la terre fournissait les matériaux et qui les produisait tendres encore et à demi formés. Comment savait-il tout cela? C'est que tout cela lui semblait expliquer le mieux les choses telles qu'il croyait les connaître. Suivant une disposition d'esprit qui n'est pas particulière à son époque, ce qu'il expliquait lui semblait garanti, et il prenait sans difficulté une explication pour une démonstration.

Ma prétention n'est pas de modifier la manière de penser des esprits montés sur les hautes échasses de la transcendance. Elle est beaucoup plus modeste. C'est d'exciter les intelligences qui ont quelque penchant vers les doctrines positives à considérer, sans se laisser éblouir, les conceptions qui dépassent les limites de la connaissance humaine, et à n'accepter les grandes hypothèses que comme des thèmes qui exerceront la critique, si elles peuvent être utilement critiquées, et qu'on écartera de notre raison, si elles appartiennent à un ultra-univers auquel nul n'a jamais abordé.

Il y a cinquante ans que M. Comte a établi la théorie de l'hypothèse dans les sciences, et rien depuis lors n'est venu ébranler les principes qu'il a posés. Les hypothèses sont vérifiables ou invérifiables. Les vérifiables sont bonnes, soit que l'investigation qu'elles suscitent les déclare valables, soit qu'elle en montre l'erreur. Les invérifiables sont des trompe-l'œil; car l'investigation qui s'y applique ne réussit ni à les affirmer, ni à les infirmer.

Le promoteur effectif de toutes les conceptions invérifiables qu'on donne comme certaines malgré l'invérification, réside en ce que nous nommons nos nécessités mentales, ou, selon le langage de l'école, les postulats de la raison. Arrivé à un certain point, notre esprit nous dit, en vertu de sa nature logique, qu'il ne peut concevoir les choses que de telle ou telle façon. Très-bien; mais, emporté, s'il ne résiste, au-delà de ses limites, il déclare que cette façon qu'il a en lui est aussi dans les choses, et qu'elle lui suffit pour pénétrer dans ce qu'il ne connaît pas, c'est-à-dire l'immensité du temps avant et après lui, l'immensité de l'espace dont il n'aperçoit qu'un coin, l'immensité de la causalité dont il ne tient que quelques chaînons intermédiaires.

Ce qui devrait tout d'abord le mettre en garde contre lui-même et contre d'aussi exorbitantes prétentions, c'est que cette nécessité mentale sur laquelle il s'appuie varie de siècle en siècle. M. J. Stuart-Mill a montré qu'elle n'est pas la même pour tous les temps, citant le mémorable exemple de Newton (entendez bien, Newton lui-même), qui ne pouvait concevoir l'action à distance d'un corps sur un autre; action qui pour les intelligences d'aujourd'hui ne fait pas difficulté. Le phénomène psychique de la variabilité des nécessités mentales est l'indice de la condition intime qui empêche l'esprit humain de donner à ses conclusions, quelles qu'elles soient, les caractères de la transcendance. Cette condition est que nous ignorons le rapport véritable entre cet esprit et l'universalité des choses.

L'esprit humain est un instrument de précision. Pour s'en servir, il faut le graduer et y marquer un point fixe. En expérience, ce point fixe est la somme de nos connaissances positives ; c'est une variable qui n'est point arbitraire et qui suit le progrès du savoir. En métaphysique, ce point fixe est l'absolu ; c'est une constante, il est vrai, mais une imaginaire.

Aristote, le plus grand esprit scientifique de l'antiquité et un des plus grands de tous les temps, dit dans la *Métaphysique*, II, 2 : « Les causes ne peuvent pas être infiniment cau » sées par d'autres causes; et, nécessairement, il faut qu'il y » ait une cause première et dernière, de laquelle, comme efficiente, toutes les autres procèdent, et à laquelle, comme finale, » toutes se réduisent. » On aperçoit là, en opération, ce que j'ai nommé nécessité mentale ou postulat de la raison. Aristote ne sait pas plus que nous ne le savons par l'expérience qu'il y ait une cause première et dernière ; mais, pour lui, il est nécessaire que la série des causes se ferme en un terme qui les embrasse toutes. Et pourtant, quand on considère l'espace, le temps, les nombres, on ne peut mettre aucune borne à ces suites, c'est-à-dire qu'à quelque terme que l'on s'arrête, il est toujours loisible d'ajouter une étendue, une durée, une unité de plus. Pourquoi n'appliquerait-on pas aux causes la même manière de procéder mentalement qu'au temps, à l'espace, au nombre; et de quel droit Aristote borne-t-il une série qui paraît aussi indéfinie que les autres?

Dans le fond, une cause première et dernière, c'est l'infini au point de vue de la causalité, comme l'infini en durée, en espace et en nombre. Mais M. J. Stuart-Mill nous avertit qu'il n'y a pas d'autre notion de l'infini que la possibilité d'ajouter sans cesse quelque chose à une série finie. Et il a raison. C'est la notion positive de l'infini; l'autre en est la notion métaphysique, qui, invérifiable, ne peut être dite ni fausse ni vraie.

Au même ordre de notions touche le dire répété de tous les côtés et sous toutes les formes : on ne peut nier des marques de dessein dans la constitution de la nature, et particulièrement dans l'organisation des êtres vivants. Sans doute ; et, en effet, qui voudrait nier que l'œil soit fait pour voir, la main pour prendre, et l'estomac pour digérer? Ce sont des apparences très-spécieuses. Ce qu'elles recouvrent, le spiritualisme nous le dit ; et, s'emparant de ce seul côté des choses, il nous propose, sur l'ordonnance et le gouvernement du monde, des conclusions qui émanent directement de ses prémisses.

Mais on ne peut laisser ainsi mutiler la question, et il faut prendre les faits dans leur intégralité. A côté des marques visibles de dessein sont des marques non moins visibles de contre-dessein. Il n'est pas moins facile d'accumuler les exemples de celles-ci. A quoi servent (notez qu'il s'agit de finalités), à quoi servent les plantes vénéneuses? A la rigueur, on dira que, chez les animaux venimeux, le venin est un moyen d'attaque et de défense ; mais les plantes vénéneuses ne se défendent pas plus, n'attaquent pas plus que les plantes inoffensives. Quelle fin a déterminé, chez les espèces ovines et bovines, la création du *sang de rate* qui, non-seulement tue le mouton et le bœuf infectés, mais qui est transmissible à l'homme sous le nom de pustule maligne ? La nature fourmille de contre-desseins, et l'on n'a que l'embarras du choix. Un des plus manifestes est dans l'innombrable pullulation des parasites tant végétaux qu'animaux. A quel dessein mettre dans l'œil de celui-ci un corpuscule animé qui l'empêche de voir, dans le foie de celui-là un helminthe qui le mène par la souffrance à la mort, dans le cerveau d'un troisième un parasite qui le fait tourner, au grand ébahissement du spectateur? Est-ce pour se donner la satisfaction de ce spectacle que la puissance universelle engendre, dans l'encéphale d'une pauvre bête, cet hôte malfaisant? Mais taisons-nous, car je ne veux ni blasphémer ni adorer ce qui nous est absolument inconnaissable.

Inconnaissable est le mot approprié. *Sors tua mortalis, non est mortale quod optas,* a dit le dieu au métaphysicien de la mythologie, qui voulut conduire le char du soleil. De fait, essayez de construire, à l'aide des éléments objectifs, un type subjectif de puissance supérieure au monde, et vous ne réussirez à rien concevoir qui nous satisfasse intellectuellement et moralement. Mais des gens attachés aux idées spiritualistes passent par-dessus l'objection, disant : il n'est pas besoin de prendre en considération les faits en totalité ; il suffit de s'attacher aux faits qui marquent le dessein, et de laisser le reste s'arranger comme il pourra; étant certain qu'il est des marques de dessein, il est certain qu'une volonté intelligente y préside ; et cela nous suffit. Non, cela ne suffit pas ; car voyez l'infirmité radicale de ces conceptions qui prétendent à la transcendance. L'adversaire peut, sans perdre son temps à vous réfuter, concéder que vous fassiez arbitrairement votre choix. Mais le même arbitraire qui vous est concédé est dans son droit ; il s'en sert pour se renfermer dans les marques de contre-dessein, et il en conclut une intelligence aussi, mais une intelligence à rebours, une intelligence malfaisante. Ahrimane des zoroastriens et son dérivé Satan des juifs et des chrétiens. Les deux conclusions, se valant, s'annullent.

Un autre métaphysicien note des desseins dans la nature, mais des desseins qui ne sont pas intelligents. N'est-ce pas une contradiction dans les termes ? non, répond-il, et il nous renvoie aux opérations instinctives, où les animaux réalisent des desseins dont ils n'ont pas l'intelligence; dans l'instinct, dit-il, la nature nous donne un commentaire explicatif de son inintelligente réalisation de desseins. A merveille ; mais alors montrez-nous, dans la nature en général, cette substance, siége de tous les instincts animaux et condition de toutes leurs manifestations instinctives. Supposer que la nature est une espèce d'immense invertébré sans substance nerveuse, est une hypothèse à laquelle on attribuera toutes les vertus, excepté celle d'être démontrée ou démontrable.

On pense bien que toutes ces conceptions métaphysiques n'ont aucun accès dans la science positive. L'observation et le raisonnement ont transformé graduellement le dogme des causes finales en un principe fondamental : celui des conditions d'existence. Dans ce principe viennent se concilier les marques de dessein et les marques de contre-dessein. Quand les conditions favorables à un dessein se rencontrent, le dessein se produit; quand ce sont les conditions favorables à un contre-dessein, le contre-dessein s'opère avec la même régularité. Cela n'est point transcendant; mais cela est positif, démontrable et démontré, il en résulte des aperçus infinis en théorie et en pratique.

Les grandes et assurées découvertes de la science ont donné lieu, comme cela devait être, à des conceptions mi-partie réelles et mi-partie fictives, mais qui, satisfaisant l'esprit comme explication, le trompent comme démonstration. Cet état mental, un jeune Russe, M. de Roberty, l'a qualifié très-justement du nom de néo-métaphysique (1). C'est un compromis entre les deux tendances ; le fonds est fourni par l'expérience, mais les conclusions sont subjectives et soustraites à

---

(1) *La Philosophie positive*, juillet-août 1874.

la vérification. Dans ce genre, on a assez de confiance en l'esprit humain pour croire que ce qui paraît l'obliger logiquement oblige réellement la nature.

Parmi les hypothèses qui se sont abattues sur l'intelligence moderne à propos des découvertes modernes, par exemple à propos de la conservation de la matière et de ses forces, je citerai au premier rang le monisme, parce qu'il a pour partisans des hommes d'un grand savoir. Dans ce système, on va de la base fixe des phénomènes particuliers et élémentaires à la vie végétale et animale et à la vie générale du globe terrestre; de celle-ci à la vie de notre système solaire, et toujours ainsi, jusqu'à ce que l'on ait embrassé tout l'être dans une seule idée; cette idée est l'univers. Ne vous laissez pas séduire, ô lecteur, par cette apparence d'un enchaînement grandiose; c'est de la logique et rien de plus. On va des faits particuliers et des forces élémentaires (sauf l'hiatus dangereux de la génération spontanée et de la production des espèces) à la vie végétale et animale. De là on va à la vie générale du globe terrestre (ici nous commençons fortement à broncher, est-il sûr que le globe terrestre ait une vie comparable à la vie végétale et animale?). De la vie du globe terrestre on va à celle de notre système solaire (ici nous bronchons bien davantage; car nous ignorons comment se comportent les planètes nos sœurs et surtout les innombrables étoiles). Mais, où nous bronchons tout-à-fait, c'est à ce formidable *toujours ainsi*, qui nous conduit à l'être et à l'univers. *Toujours ainsi* ne nous mène à rien de pareil; l'être n'est pas au bout, ni l'univers non plus; et cette répétition symétrique de la terre dans le système solaire, du système solaire dans le système stellaire, et du système stellaire dans l'ultra-univers ou inconnaissable, n'est pas autre chose que de la néo-métaphysique.

M. Hæckel divise les naturalistes contemporains en deux groupes contraires, qui se confondent avec les deux camps de la philosophie, en guerre, on le sait, depuis plus de deux mille ans : celui des dualistes, qui cherchent les causes de l'intelligence et de l'organisation dans les idées platoniciennes ou dans les causes finales, et celui des monistes ou panthéistes, c'est-à-dire de ceux qui n'admettent point de différence fondamentale entre la nature organique et la nature inorganique, mais considèrent toute matière comme animée, toute vie comme liée à la matière ; si bien qu'ils appellent causes efficientes, les causes de tout développement organique et de toute vie intellectuelle.

J'en suis fâché pour M. Hæckel, mais son énumération est incomplète. En dehors des idées platoniciennes ou causes finales et des systèmes panthéistiques ou monistes, il y a les naturalistes de l'école positive qui ne veulent ni des unes ni des autres, et qui, sans la moindre révérence, traitent de métaphysique la finalité et le monisme.

Le transformisme ou évolution est une hypothèse. Prise comme un fait, elle nous égarerait, nous portant à croire que nous savons ce que nous ne savons pas ; mais, acceptée sous bénéfice d'inventaire, elle offre un thème d'investigations qui peuvent être fructueuses entre les mains aussi bien de ceux qui la combattent, que de ceux qui la soutiennent.

Il ne faut pas tenir le même langage, quand on applique la doctrine de l'évolution à l'univers. C'est alors non-seulement une hypothèse, mais encore une mauvaise hypothèse ; car elle est invérifiable. L'évolution est un fait essentiellement biologique. On observe comment d'un ovule un végétal ou un animal se développe ; c'est de l'évolution. On observe comment la série organisée, tant vivante que fossile, se partage en degrés séparés d'un côté par le temps, de l'autre, par la complication des fonctions; cela est encore de l'évolution. Enfin, le même point de vue s'applique sans violence aux sociétés humaines, dont la base est toute biologique. Mais, si l'on sort du domaine biologique pour entrer dans le domaine cosmologique, si l'on considère l'incandescence de la terre et du soleil, puis leur refroidissement, comme des cas d'évolution, alors on détourne un mot de son sens véritable, pour lui en attribuer un qui n'est qu'une vue de l'esprit. Nous ne savons pour quelle fin les astres se sont allumés, ni pour quelle fin ils se refroidissent; et nous ne gagnons rien à baptiser du nom d'évolution notre ignorance.

On a dit que le positivisme s'est fondu dans le transformisme ou darwinisme. Cela est faux, du moins quant au positivisme français. Auguste Comte a jugé, il y a quarante ans, cette doctrine, qui appartient à Lamarck, et dont les traits essentiels n'ont pas été changés par Darwin. Il en montra la portée et les restrictions ; et depuis lors, malgré le rajeunissement que lui ont donné la sélection et le combat pour la vie, aucun fait décisif n'est venu faire brèche au jugement de M. Comte. Le transformisme est, comme toutes les questions biologiques, incorporable à la philosophie positive, si la biologie le sanctionne, mais laissé en dehors du domaine philosophique tant que cette sanction fera défaut.

Je viens de parler du positivisme français; c'est qu'en effet il y a un positivisme anglais. Je ne conteste en aucune façon le caractère positif à la philosophie de l'autre côté du détroit. Elle ne se fonde que sur l'expérience, et ne reconnaît que le relatif ; ce sont là deux qualités qui la classent dans la catégorie positive.

Il y a pourtant une différence, et elle est grande. La philosophie positive anglaise part de l'étude de l'entendement ou psychologie ; la philosophie positive française, de la connaissance objective du monde, tant inorganique qu'organique. Le mode de développement anglais s'explique par le milieu anglais. Quand les doctrines de M. Comte pénétrèrent en Angleterre, elles y firent une forte impression, mais elles y trouvèrent une psychologie habile et puissante. De là naquit la transaction. Une visible empreinte de positivisme se marqua sur la philosophie anglaise, mais la psychologie en resta le fondement.

La question débattue entre la philosophie anglaise et celle de M. Comte est fort considérable. Je ne pense pas qu'il s'en soit agitée de plus importante depuis la grande querelle du nominalisme et du réalisme qui occupa le moyen âge.

Il n'est pas hors de propos de noter que, si la philosophie anglaise et la philosophie française sont positives, la philosophie allemande reste métaphysique.

Dans ce litige, on sait quelle est ma position : je suis disciple de M. Comte. A la doctrine anglaise manque une hiérarchie des sciences; c'est, à mon avis, le très-grand avantage de la philosophie à base objective. Mais je confesse que le débat n'est pas fermé. Il faut laisser au temps le soin d'apporter les faits et les raisonnements qui assureront l'ascendant de l'une ou de l'autre sur la raison publique. Je me persuade que plus la psychologie tendra à rentrer dans la biologie, plus la philosophie à base objective prendra de la force.

Dans nos livres et dans nos revues, je vois à chaque instant des écrivains qui accueillent avec louanges telle ou telle proposition de la philosophie anglaise, mais qui ne disent jamais un mot de M. Comte, sans qui cette proposition ne serait pas venue au jour. Les philosophes anglais ne nient aucunement l'influence que M. Comte a exercée sur eux. Ce sont nos gens d'ici qui ignorent l'histoire et la filiation des idées positives.

La notion de l'inconnaissable, introduite par la philosophie positive comme élément de spéculation, est de premier ordre, à cause de sa réalité et de sa portée. Elle est niée par les métaphysiciens, qui s'établissent dans l'inconnaissable comme dans leur demeure propre. Mais tenons-la toujours soigneusement devant nos yeux. Elle nous récompensera par plus de sagesse dans la pensée, et plus de sagesse dans la conduite.

Juillet 1876.

I

DE LA
PHILOSOPHIE POSITIVE

[En 1844, le journal le *National* publia dans ses numéros des 22, 25, 26 et 29 novembre, et des 3 et 4 décembre, le travail que je reproduis ici. Des disciples de la philosophie positive le firent réimprimer en Hollande (1). Moi-même je le mis en tête du petit volume intitulé : *Conservation, révolution et positivisme*, qui parut en 1852. Depuis plusieurs années, le grand livre de M. Comte avait trouvé hors de France des appréciateurs publics ; mais, au moment où mes articles parurent dans le *National*, il n'en avait pas encore trouvé en France. Ces articles ne passèrent pas tout-à-fait inaperçus ; d'abord ils eurent l'avantage de causer à M. Comte une satisfaction bien méritée de cet homme qui sacrifiait tout à son idée et à ses travaux ; puis ils contribuèrent, dans une mesure que je n'exagère pas, mais qui fut pourtant réelle, à offrir un point de réunion aux esprits qui, curieux de science et de philosophie, cherchaient à les allier, sans pouvoir y réussir.]

I.

De la question philosophique telle qu'elle peut être posée de notre temps.

Les idées philosophiques remplissent un office indispensable dans l'évolution de l'humanité. Ceux qui le nient ne considèrent pas suffisamment les conditions qui ont présidé aux phases successives de cette évolution. Laissant donc de côté, comme absolument dénuée de fondement, cette négation préjudicielle, il reste à noter, à l'égard des idées philosophi-

---

(1) *Analyse raisonnée du cours de philosophie positive de M. Auguste Comte*, par M. É. Littré, Utrecht, 1845.

ques, un état des esprits singulier et spécial à notre époque : les uns, tenant plus aux notions positives qu'aux notions générales, et ne trouvant dans aucune des philosophies actuelles un point stable, abandonnent, de désespoir, un terrain qui leur semble toujours mouvant, et se jettent dans les études particulières ; les autres, plus attachés aux notions générales qu'aux notions positives, font bon marché des difficultés inhérentes aux philosophies actuelles, et tiennent pour suffisant le secours qu'elles leur fournissent. C'est assez de ce seul énoncé d'une situation réelle pour indiquer une lacune dans le système de nos connaissances : les études positives ne sont pas assez générales ; les études générales ne sont pas assez positives.

Il ne faut que prêter un moment l'oreille aux échos de la société européenne, pour percevoir les discordances qui y éclatent de toutes parts. Les religions (elles sont à un certain point de vue une philosophie véritable, car elles donnent une conception générale de l'ensemble des choses), les religions n'ont point de symbole qui puisse rallier tous les esprits. Le catholicisme, le protestantisme et ses sectes innombrables, le mosaïsme, comptent des hommes très-éclairés, inhabiles cependant à se convaincre réciproquement; et chacune de ces communions a des limites qu'elle s'efforce en vain de franchir. Il en est de même pour la philosophie proprement dite. En France, l'école éclectique a pris un accroissement considérable ; mais la doctrine de Condillac n'est nullement éteinte, non plus qu'aucune de celles qu'a enfantées le xviii° siècle, et, tout récemment, des hommes éminents ont essayé d'autres voies métaphysiques. En Allemagne, Kant, Fichte, Schelling, Hegel, pour ne nommer que les plus célèbres, se partagent le domaine de la pensée. En Angleterre, ce qu'il y a de philosophie se rattache essentiellement à l'école écossaise, à Locke, à la psychologie expérimentale. En Italie, la métaphysique a aussi des représentants qui ne sont pas sans renom et qui jettent une diversité de plus au milieu de toutes ces diversités. Tel est donc l'état des choses : religions contre religions, philosophies contre philosophies, et, d'un autre côté, religions et philosophies souvent aux prises les unes avec les autres.

Ce n'est pas tout. Depuis longtemps les écoles théologiques et métaphysiques ont renoncé à placer dans leur domaine les sciences physiques et naturelles. Celles-ci se développent d'une façon tout indépendante et à l'aide de procédés opposés ; elles ne traitent que les questions relatives et s'abstiennent des questions absolues ; elles s'occupent, non de l'essence, mais des propriétés des choses. De là le caractère positif qui leur est inhérent ; de là l'ascendant qu'elles prennent sur les esprits, et la continuité non interrompue de leurs progrès. Mais cela est justement le contraire des méthodes théologiques et métaphysiques ; une incompatibilité radicale existe entre ces deux manières de procéder, qui, de jour en jour, deviennent plus étrangères l'une à l'autre.

Ce n'est pas tout encore. Les sciences physiques et naturelles, dont la méthode est si puissante, n'ont, elles, aucune efficacité philosophique. L'unité leur manque ; elles ne forment pas un tout, un ensemble lié par une doctrine commune ; et surtout elles laissent en dehors le phénomène complexe et immense des sociétés humaines. On aurait beau combiner sans fin toutes les notions sur l'espace et le mouvement, sur le système céleste, sur les agents physiques, sur les compositions chimiques, sur l'anatomie et la physiologie, on n'en ferait sortir aucune solution touchant ce sujet, le plus compliqué, le plus difficile, le plus important de tous. Plus on reconnaît nettement la portée des sciences, plus on s'aperçoit que, telles qu'elles sont, il leur est interdit d'aborder un pareil problème.

Voilà donc aujourd'hui le tableau réel des spéculations les plus hautes : idées générales qui, valables sur le terrain social, cessent de l'être sur le terrain scientifique ; idées générales qui, elles-mêmes, sont livrées à des divisions sans terme ; enfin, sciences particulières dont l'impuissance à former une philosophie, dans l'état actuel, est manifeste à tous les yeux. Les faits sociaux se partagent, ou, en d'autres termes, le gouvernement spirituel des sociétés se dispute entre les religions et les métaphysiques. A côté s'élève une série de notions spéculatives dues aux mathématiques, à l'astronomie, à la physique, à la chimie, à la biologie. Ces sciences, sans s'inquiéter des solutions théologiques et métaphysiques, font prévaloir irrésistiblement les démonstrations qu'elles apportent. Ainsi, le domaine spéculatif se trouve partagé en deux compartiments profondément isolés, l'un appartenant aux religions et à la métaphysique, l'autre aux sciences positives. D'une part, les notions religieuses et métaphysiques, qui renferment les idées les plus générales, n'ont plus l'antique force de convergence qui leur avait donné l'empire sur les esprits ; et, d'autre part, les sciences particulières, qui, elles, conquièrent forcément l'assentiment et amènent la convergence mentale, ne sont pas capables d'arriver, par elles et sans philosophie, à une généralité compréhensive.

Entrons un peu plus avant dans l'examen de la situation historique des deux méthodes entre lesquelles le domaine spéculatif est divisé. Les divergences dont l'Europe moderne est le théâtre ne sont pas fortuites ; car elles ont pour cause la rupture de l'unité catholique sous les efforts du protestantisme et de la philosophie critique ; tout le sol moderne est semé des débris de ce naufrage. Ce n'est pas non plus par hasard que les doctrines générales de notre temps laissent en dehors de leur influence le domaine des sciences positives. Celles-ci se sont émancipées progressivement et l'une après l'autre de la tutelle primitive et se sont soustraites à une direction incompatible avec leur propre méthode. Le même flot qui a amené successivement les théocraties antiques, le polythéisme gréco-romain, le catholicisme, et, à partir du xvie siècle, l'ère de révolution, le même flot a successivement aussi amené les sciences avec leur méthode expérimentale, inductive et déductive. Dans leur croissance continue, elles ont envahi toutes les notions du savoir humain, toutes, excepté celles qui touchent aux questions sociales, et elles les ont envahies par l'emploi de leur mode de démonstration, si déterminant pour les esprits. Là, sans doute, est le secret de leur force ; mais, incomplètes comme elles sont, à côté est le secret de leur impuissance philosophique. Le fait est que les intelligences modernes appartiennent à un double régime mental. L'un tient, il est vrai, la sommité des choses ; mais il est livré à des dissidences irremédiables, car elles sont nées de sa propre dissolution ; l'autre n'est pas arrivé au point culminant; mais, par la nature même de sa méthode, il ne comporte aucune dissidence fondamentale. Tous deux ont un vide ; mais le vide de l'un est une lacune, car ce sont les sciences qui lui ont échappé ; le vide de l'autre est un blanc que l'on n'a pas encore essayé de remplir. Des deux parts, insuffisance : l'un n'ayant pas d'efficacité scientifique, l'autre n'ayant pas d'efficacité sociale ; mais l'insuffisance de l'un est un fait sur lequel le passé a prononcé ; l'insuffisance de l'autre est un fait encore réservé et sur lequel il faut que l'avenir prononce.

Les choses sont placées entre une philosophie tant théologique que métaphysique, laquelle n'a pas conservé ses positions, et une philosophie rudimentaire qui n'a encore que des éléments et point de doctrine. Les sciences ont assujéti à leur méthode et à leurs théories l'espace et le mouvement, le système céleste, les actions physiques des corps, les combinaisons élémentaires des substances et les phénomènes des êtres animés. Que leur reste-t-il à faire pour qu'elles embrassent tout ? à entrer dans le domaine des faits sociaux, sur le seuil duquel nous les voyons aujourd'hui parvenues. Eh bien ! supposons, par la pensée, cette grande opération terminée, supposons la méthode positive étendue jusque-là. Alors l'incapacité provisoire qui frappait les sciences disparaît ; la digue qui les arrêtait se rompt ; elles s'emparent du domaine spéculatif entier; et, tenant déjà tout ce qui est su du monde inorganique et de la vie, cette adjonction les complète définitivement. Un tel complément est la préparation indispensable, mais suffisante, pour l'élaboration de la doctrine générale. A ce point, il peut émaner des sciences une philosophie qui sera positive comme elles.

La philosophie positive est expérimentale ; car elle provient des sciences, qui n'ont d'autre guide que l'expérience aidée de l'induction et de la déduction. Elle se compose de notions relatives, non absolues ; car elle ne peut élaborer que les questions apportées par les affluents qui l'ont formée. Enfin elle est une philosophie, car elle opère sur l'ensemble des phénomènes ; ensemble qui est complet, du moment qu'aux sciences déjà existantes on ajoute la science sociale. Opérer sur cet ensemble est l'œuvre philosophique ; trouver la science sociale est le préliminaire.

On s'étonnera sans doute, au point de vue où l'on est communément placé, que ce préliminaire soit nécessaire ; mais c'est la diversité de la méthode qui impose cette nécessité. Une philosophie qui n'emprunte aucune donnée à une intervention surnaturelle, ou aux notions métaphysiques, ne peut exister qu'à la condition de posséder devant elle, et comme matériaux, toutes les sciences particulières. Une philosophie qui ne découle pas de principes posés *a priori*, et qui se forme par une induction générale, a besoin que toutes les sources d'induction aient été découvertes. Tant qu'un ordre de faits reste, qui n'a pas été abordé par la méthode positive, la philosophie positive est impossible. Une telle conception est donc nécessairement fille du temps. Il a fallu qu'elle trouvât les différentes sciences déjà constituées ; il a fallu qu'elle n'eût plus qu'un degré à franchir ; il a fallu qu'elle pût être un simple prolongement d'un système resté jusque-là rudimentaire et incomplet.

Faire de l'histoire une science et créer une philosophie positive, sont deux idées consécutives, mais connexes, et qui, au point où est arrivée l'humanité, ne peuvent être séparées. Faire de l'histoire une science (l'histoire n'est que la société considérée dans le temps), c'est d'une part reconnaître que les phénomènes sociaux se suivent dans une succession qui n'est ni arbitraire ni fortuite, et d'autre part déterminer la loi de cette succession. Tant que ce résultat n'est pas obtenu, ou bien les faits, à l'état de simples matériaux, ne sont qu'un objet d'érudition, ou bien ils se prêtent à toutes les explications, quelque vagues qu'elles soient ; et c'est la double condition dans laquelle l'histoire est encore aujourd'hui. Créer une philosophie positive, c'est coordonner la totalité du savoir humain, de manière à en tenir à la fois tous les fils, remédiant ainsi à la double insuffisance qui, dans l'état actuel, frappe d'une incapacité égale, mais inverse, la méthode positive et la méthode rivale.

Telle est donc l'opération scientifique et philosophique que M. Comte a voulu accomplir, et que je me propose d'examiner. Dans cet examen, je suivrai l'ordre que je viens d'indiquer, exposant d'abord la théorie sociale, puis la philosophie qui sort de l'ensemble des sciences définitivement complétées.

Pour concevoir la théorie sociale, il faut se familiariser avec l'idée que des causes plus ou moins générales, et placées en dehors de l'action individuelle, agissent dans le sein des sociétés. Ces causes produisent des résultats que le raisonnement aurait été absolument inhabile à prévoir, et qui ne se révèlent que par le temps et l'expérience. Déjà l'histoire commence à être assez prolongée pour en offrir quelques exemples ; et il ne sera peut-être pas sans intérêt de faire passer sous les yeux du lecteur cette sorte de prolégomènes.

L'antiquité a signalé un phénomène curieux : les populations libres, les citoyens des républiques anciennes n'ont jamais pu se maintenir par la reproduction. Les neuf mille Spartiates de Lycurgue étaient réduits à un millier du temps d'Aristote. Le peuple d'Athènes fut obligé de se recruter bien souvent par l'adjonction des étrangers. Celui de Rome, quoique établi sur une base bien plus large, avait subi la même influence, et l'on sait dans quelles inquiétudes la perte des trois légions de Germanie jeta Auguste, à un moment où la population romaine soumise au recrutement avait diminué. En un mot, c'est le défaut de citoyens qui a été une des causes les plus actives de la ruine des républiques antiques.

Les choses n'ont pas marché autrement dans les temps modernes. Toutes les aristocraties, tous les corps fermés, ou ne se réparant que chez eux-mêmes, ont éprouvé des pertes graduelles qui y auraient amené une extrême réduction sans les adjonctions faites de temps en temps. Il n'est pas une seule noblesse en Europe dont la masse remonte à une grande ancienneté. La plupart des vieilles familles ont disparu ; ce sont des anoblis à diverses époques qui ont rempli les vides. Mais, dira-t-on, les populations libres de l'antiquité, les noblesses du moyen âge et des temps modernes ont été sujettes à une cause toute particulière de destruction, à savoir la guerre. Les unes et les autres étaient essentiellement militaires, et c'est là qu'est la raison de cette extinction graduelle. Sans doute ; toutefois il serait facile de montrer que, à côté de cette cause réelle de destruction, il se trouvait des causes nombreuses de conservation, telles que la richesse, le bien-être, l'éloignement des métiers dangereux autres que le métier de la guerre ; j'ajouterais que la guerre est loin d'exercer une action destructive sur les populations générales et non fermées ; mais j'aime bien mieux présenter un exemple décisif et qui ne laisse aucune place au doute. Si les familles placées dans une position exceptionnelle de bien-être, et ne s'alliant qu'entre elles, étaient capables, soit de se maintenir au complet, soit surtout de se multiplier, les familles royales de l'Europe moderne, qui forment une véritable tribu, devraient avoir marché, depuis six ou sept cents ans qu'elles sont closes, vers une multiplication considérable. Ici la guerre n'a point agi, le nombre des personnes royales tombées sur le champ de bataille est petit ; cependant, loin que le développement ait été progressif, on compte plusieurs familles éteintes dans cette tribu, et, de temps en temps, on y voit entrer quelques nouveaux membres. Ainsi, nulle cause de perte, beaucoup de causes de conservation, la richesse, les soins, la médecine toujours présente ; néanmoins ces familles privilégiées ne se sont pas multipliées, elles ne font que se soutenir, et il leur faut, à elles aussi, des adjonctions. Les classes fermées, on le voit, n'ont pas la puissance de s'étendre ni, par conséquent, celle de se réparer ; et, les destructions accidentelles survenant, la diminution numérique y est inévitable.

Voilà donc un fait considérable qui se produit dans les temps anciens, comme dans les temps modernes, un fait cependant que nul n'aurait jamais imaginé *a priori;* car il semble contraire à toutes les inductions. Si le raisonnement, abandonné à lui-même, eût été privé du secours de l'expérience, sans doute il aurait supposé tout le contraire, et il aurait admis que les familles privilégiées en richesse et en bien-être devaient se multiplier. Ce fait permet de juger toute la politique ancienne. Elle s'était radicalement méprise sur les conditions de durée de ses établissements ; ses hommes d'État entreprenaient, en voulant donner de la permanence à des sociétés fermées, une tâche au-dessus des forces humaines ; ou, du moins, il aurait fallu instituer en même temps des moyens de réparation successive pour un édifice que des causes naturelles dégradaient incessamment. Mais rien n'avait pu être prévu, puisque rien n'était su ; et les lois ignorées d'une sorte de physiologie sociale ont contribué puissamment à produire la ruine des grandes institutions de l'antiquité, ruine tant déplorée par les hommes d'État, qui ne savaient, toutefois, que proposer vainement le retour à un ancien ordre de chose destiné à succomber de nouveau après chaque restauration.

Tandis que la position privilégiée des aristocraties les empêche de se multiplier, la misère, par un effet que le raisonnement *a priori* n'aurait pas non plus soupçonné, tend à faire pulluler, en nombre infini, des existences chétives, il est vrai, et abrégées. L'expérience prouve que, parmi les causes de la multiplication de l'espèce humaine, il faut compter l'état misérable des populations libres. C'est encore là un résultat contre lequel les hommes d'État se débattent vainement, un embarras dont aucune force ne peut triompher. L'exemple le plus frappant est l'Irlande, pays dont le gros de la population a été jeté, par des causes diverses, dans une détresse profonde. Là, le flot du paupérisme est incessamment croissant, et, tant que l'extrême misère sera le lot de cette contrée, l'extrême accroissement de la population irlandaise viendra gêner ses gouvernants et compliquer toutes les questions politiques.

La transmission de la civilisation d'un peuple à un autre doit aussi être citée parmi les cas où l'expérience seule pouvait apprendre le résultat et déterminer la conduite à tenir. A tout homme raisonnant dans son cabinet, il aura semblé qu'il n'était besoin, pour transformer des nations barbares en nations civilisées, que de l'éducation ; une génération devait suffire à cette métamorphose. Or, de tous côtés, l'histoire donne le démenti à cette supposition. Il faut du temps pour qu'une nation sauvage s'assimile les idées d'une nation civilisée, et un temps d'autant plus long que la distance entre les deux est plus grande. Voyez les peuplades du nord de l'Amérique, si sauvages au moment où ce continent fut découvert par les Européens ; eh bien ! c'est à peine si, de nos jours, quelques germes de civilisation commencent à poindre parmi elles. Trois cents ans ont été nécessaires pour les rendre quelque peu aptes à concevoir ce qui nous semble simple et naturel. Il n'en a pas été autrement dans l'antiquité. C'est, par exemple, suivant l'ordre de la conquête que l'on voit arriver, dans la politique et dans les lettres romaines, les populations espagnoles, gauloises et bretonnes. Les Espagnols, conquis les premiers, arrivèrent à l'assimilation avant les Gaulois ; et les Gaulois, à leur tour, arrivèrent avant les Bretons. Ce phénomène général et constant indique avec combien d'inhabileté les peuples civilisés ont travaillé à la civilisation des peuples barbares ; il indique aussi quelle marche il importerait de suivre à l'avenir. Les idées exigent un temps d'évolution comme toutes choses ; et demander que ce qui a été le produit de longs siècles pour les populations avancées devienne immédiatement le partage des populations arriérées, c'est vouloir supprimer l'intervalle nécessaire qui sépare l'ensemencement et la moisson.

Ce fait est un des plus importants pour l'histoire de l'humanité et pour la philosophie entière. Là se montre, dans sa réalité, le caractère essentiellement relatif de toutes les conceptions humaines, même de celles qu'on regarde comme étant le plus absolues. S'il était possible de transporter avec leurs idées les hommes des générations passées dans le temps présent, ils y seraient mal à l'aise et ne pourraient se conformer à notre régime mental. Cette hypothèse, que je fais ici, se trouve journellement réalisée dans les contacts des peuples civilisés avec les peuples arriérés : rien, comme l'expérience le prouve, rien n'est plus difficile que de faire entrer dans l'esprit de ceux-ci les notions de ceux-là. Les opinions, les institutions sont donc relatives à la position que les nations occupent dans le temps ; et les conceptions humaines sont si loin d'être absolues, qu'il suffit de se déplacer quelque peu, soit dans l'espace historique, soit dans l'espace géographique, pour les trouver inapplicables.

Les statistiques judiciaires, que les gouvernements publient depuis quelque temps, offrent l'exemple d'une remarquable constance dans les faits d'un ordre moral. Qui, avant toute expérience, n'aurait pas cru que les crimes et délits devaient considérablement varier d'une année à l'autre ? qui n'aurait pensé qu'en cela plus qu'en toute autre chose, intervenait le libre arbitre, et qu'aux intervalles les plus rapprochés le triste contingent devait offrir de notables fluctuations ? Il n'en est rien pourtant ; les chiffres inexorables restent les mêmes dans des limites très-étroites, et, les causes ne changeant pas, les effets ne changent pas non plus.

Donc, manifestement, par la simple juxtaposition des hommes dans la société, par les rapports qui s'établissent entre eux, par les tendances qui résultent nécessairement de leurs dispositions primordiales, naissent des influences puissantes qui surmontent, annulent, dénaturent les combinaisons artificielles des hommes d'État. Nulle science sociale n'est possible, tant que des conditions pareilles sont ignorées ; elles l'ont été absolument dans l'antiquité, elles l'ont été dans le moyen âge, on ne commence à les entrevoir que de nos jours. Et en effet, dans une telle complication, où les actions les plus effectives étaient continuellement masquées, l'expérience seule des siècles pouvait dégager quelques-unes des inconnues de ce difficile problème. Quand les causes sont peu nombreuses, il suffit de peu d'observations et d'une courte durée pour faire trouver la loi qui les régit ; quand elles concourent en grand nombre pour produire un effet donné, l'esprit humain n'a pas assez de force pour les démêler, et il faut que l'évolution successive des choses se charge de lui faciliter cette tâche. Tel est le service que rend l'histoire, et l'antiquité était trop jeune pour soupçonner les principes lointains des événements immédiats qui la transformaient malgré elle de jour en jour.

C'est qu'en effet, quoique composée d'individus en apparence indépendants les uns des autres, la société forme véritablement un corps où tout conspire. Si nous n'étions pas plongés dans ce milieu, et presque aveugles, en raison de l'habitude, pour les phénomènes qui s'y passent, nous étudierions avec la plus pressante curiosité le jeu de tant de ressorts. Il s'agit de nourrir, de loger, d'instruire, de défendre la société, d'accroître ses lumières, d'améliorer son industrie ; et tout cela se fait par une multitude d'agents qui, en rendant ces services publics, n'obéissent pourtant qu'à leurs goûts, à leurs vocations, à leurs intérêts. Le membre le plus humble de cette communauté remplit, aux yeux du philosophe, une fonction sociale ; et il arrivera sans doute un temps où la société reconnaîtra cette vérité. Une fois qu'on s'est accoutumé à cette vue, il devient sensible que, dans ce grand corps des sociétés humaines, les individualités s'annulant, il se forme des résultantes qui meuvent les choses.

Le concours spontané qui s'établit entre les individus pour constituer les sociétés, s'établit entre les nations elles-mêmes, et constitue de la sorte des groupes dont les membres sont solidaires les uns des autres. Ces groupes tendent, par leurs extrémités, à s'adjoindre les peuples avec lesquels ils sont en contact. C'est ainsi que, dans l'antiquité, le groupe gréco-romain s'adjoignit et s'assimila les populations barbares qui l'environnaient. De là sont sorties les nations modernes, groupe nouveau plus vaste et doué d'une action bien plus puissante en raison et de son étendue supérieure, et de sa civilisation plus avancée. A côté se trouvent le groupe musulman, le groupe indien, le groupe chinois ; chacune de ces agglomérations a fait pénétrer au loin son influence. En Amérique, de pareils groupes avaient commencé à se former ; l'arrivée des Européens les a anéantis. Aujourd'hui, il est manifeste que ces groupes, qui, pendant si longtemps, n'avaient eu les uns avec les autres que de faibles contacts, tendent à se pénétrer, à entrer dans une sphère commune ; et l'agent de cette immense assimilation est évidemment la population européenne.

A mesure que s'élargit la base de la civilisation, la stabilité en augmente. Le monde moderne est plus stable que le monde ancien, et il le doit, entre autres causes, à celle que je viens de signaler. Les perturbations inévitables dans le cours des choses deviennent moins dangereuses et moins profondes qu'elles ne l'ont été jadis. Qu'on se représente la civilisation européenne greffée, comme elle l'est déjà, sur toutes les parties du monde, et l'on comprendra combien vastes les ébranlements devraient être pour y porter une atteinte sérieuse. Le débordement de populations qui, au IV⁰ siècle, put renverser l'empire romain et troubler de la façon la plus grave l'ancien ordre de choses, un débordement pareil, dis-je, d'ailleurs impossible, serait absolument impuissant contre l'ordre moderne. L'accroissement de stabilité, en diminuant l'action des perturbations, tend à mettre davantage en dehors la loi de l'évolution des sociétés humaines ; annulant les influences contraires, il la fait de plus en plus prédominer.

C'est le temps, jusqu'ici seul instructeur en fait de notions historiques et politiques, c'est le temps qui nous a révélé l'extension nécessaire et la stabilité croissante des civilisations supérieures ; c'est lui aussi qui s'est chargé de nous démontrer sans retour que science était puissance. Sans doute c'est à la science que les Grecs et les Romains durent l'ascendant qu'ils obtinrent ; mais la leur, trop peu avancée, n'était pas de force à établir une barrière définitive entre eux et les barbares. La notion de la puissance scientifique, si elle fut dès lors mise en avant, reçut un trop rude démenti du triomphe des populations germaniques pour exercer de l'influence sur les esprits. Les Goths purent renvoyer la Grèce à ses livres et se féliciter d'être demeurés à l'abri d'une culture énervante. Mais les sauvages accents de la barbarie triomphante n'ont point eu d'écho ; et un résultat singulier et inattendu s'est révélé, à savoir que la force ne réside pas là où les premiers hommes l'avaient placée, et que du fond d'études spéculatives et de combinaisons abstraites, sortent des puissances bien supérieures à tout l'emportement, à toute la fougue des multitudes. Ce déplacement est un des faits les plus significatifs de l'histoire, est un de ceux qui déterminent avec le plus de sûreté la direction du développement des sociétés.

Ainsi, impossibilité de constituer une aristocratie permanente, c'est-à-dire une population fermée se réparant par elle-même : toujours les barrières se rompent par le fait seul des extinctions. Ainsi, impossibilité d'empêcher une population libre, profondément misérable, de pulluler outre mesure : certaines circonstances étant données, rien ne peut plus s'opposer à la multiplication des êtres vivants. Ainsi, impossibilité de transporter tout d'un coup, sans l'élément du temps, la civilisation d'un peuple à un autre peuple : toujours cette transmission éprouve une résistance insurmontable dans les premiers moments, et toujours une lente élaboration, d'autant plus longue que la distance de civilisation est plus grande, est nécessaire pour produire des effets durables. Ainsi, impossibilité de changer le contingent des crimes dans une population donnée : toujours le nombre en oscille dans des limites très-étroites, tant que les circonstances au milieu desquelles ils se produisent restent les mêmes. Ainsi, extension inévitable de la civilisation européenne sur toute la face du globe : toujours les populations inférieures en civilisation se montrent inférieures en forces, et la modification du plus faible par le plus fort, du moins habile par le plus habile, n'est plus qu'une affaire de temps. Ainsi, introduction définitive dans les affaires humaines de l'intelligence et du savoir comme éléments prépondérants de puissance : plus les temps s'avancent, plus la faiblesse de la barbarie se manifeste ; et ce qui importe maintenant, c'est que les nations civilisées sachent user avec prudence et habileté de cet ascendant remis entre leurs mains.

Tous ces faits, que je viens de signaler, ont été dévoilés peu à peu par le cours de l'histoire ; tous ont été indépendants des volontés humaines ; tous se sont produits à l'insu des populations passées, qui, tour à tour, ont travaillé pour des buts très-divers ; tous enfin tendent à montrer l'apparition de forces, de causes, d'influences propres aux sociétés. Ce n'est pas l'homme considéré en tant qu'individu, ce sont les hommes considérés en tant que formant un corps, c'est-à-dire les sociétés qui font éclore ces grands phénomènes, à la fois irrésistibles et inattendus. Si l'on veut y réfléchir avec attention, si l'on se dégage de préjugés habituels, si l'on sait, à l'exemple de l'astronome, se soustraire par la pensée au milieu qui nous emporte, et le contempler comme si l'on était placé en dehors, on arrivera à cette conclusion : que les événements historiques, c'est-à-dire les phénomènes sociaux, ne peuvent pas être affranchis, plus que le reste des choses, de lois déterminées. Il faut insister sur cette notion, car elle est essentielle. Elle combat les systèmes soit théologiques, soit métaphysiques, qui, supposant la société sans direction propre et indépendante, croient que son mouvement est dû à des interventions surnaturelles ou à des combinaisons purement politiques. Il combat aussi la pratique des hommes d'Etat, qui, voués à l'empirisme, n'ont guère la vue que d'un présent circonscrit, sans aucun souci du passé qui a préparé ce présent et de l'avenir qui l'agite.

C'est cette notion que M. Comte a voulu établir sur des bases positives, scientifiques, dans la partie de son ouvrage consacrée aux phénomènes sociaux. J'essayerai, dans l'article suivant, d'exposer comment l'histoire lui fournit les preuves de la succession nécessaire de ces phénomènes ; comment, ces preuves étant trouvées, la loi qui en résulte éclaire à son tour l'histoire, et conduit même à quelques aperçus très-généraux sur le développement des sociétés le plus prochain. Car le propre de toute science, son caractère essentiel, c'est, dans certaines limites, variables suivant les sciences elles-mêmes, c'est de lire à la fois dans le passé et dans l'avenir, je veux dire de suppléer par l'induction à l'observation directe. Ainsi, pour donner l'exemple le plus frappant et le plus complet, exemple que, du reste, aucune autre science ne saurait égaler, l'astronomie peut déterminer quel était l'état du ciel il y a des siècles, et quel il sera dans un temps éloigné.

II.

De la science sociale, ou science de l'histoire.

Il a été énoncé que la condition imposée par la nature des choses à la philosophie positive est, avant tout, de faire de l'histoire une science. En d'autres termes, il s'agit de démontrer que les changements auxquels les sociétés sont sujettes suivent une direction réglée, et naissent les uns des autres par une filiation. Ce deuxième article va être consacré à déduire les données les plus générales de la doctrine de M. Auguste Comte, *fastigia rerum*.

Ce qu'a dit Bossuet des individus se peut dire des peuples : ils vivent assujettis au changement, et c'est la loi qui les régit. Cela, en effet, est incontestable ; la société antique a disparu pour faire place à la société du moyen âge ; et celle-ci, ruinée à son tour, n'a laissé que des débris parmi les sociétés modernes. Ces grandes mutations ont-elles été fortuites ? c'est-à-dire ont-elles pu se succéder dans un ordre tout à fait arbitraire, tellement qu'indifféremment la civilisation moderne eût pu précéder la civilisation antique, et celle-ci dériver de celle-là ? ou bien ces mutations ont-elles été nécessaires, c'est-à-dire sont-elles nées les unes des autres par l'effet de causes générales et tellement enchaînées que, pour en rompre la succession, il aurait fallu d'immenses désordres sur la terre, des cataclysmes, des maladies pestilentielles plus meurtrières qu'aucune de celles qui sont restées dans la mémoire des hommes, des irruptions de barbares plus nombreux et plus dévastateurs que les populations germaniques, slaves et tartares, déchaînées sur l'empire romain ? A cette dernière question, M. A. Comte répond de la manière la plus affirmative : la nature de l'homme étant donnée, et les actions destructives n'agissant pas autrement qu'elles n'ont agi dans l'histoire connue, la marche générale des choses est nécessaire; la filiation des opinions humaines et, partant, des formes sociales, n'a pas pu être dans son ensemble autre qu'elle n'a été. Mais ce serait simplement reconnaître un fait, que de signaler ainsi une succession nécessaire ; ce ne serait pas avoir résolu le problème. Il faut aller plus loin, il faut indiquer le sens de cette succession, c'est-à-dire la loi qui la détermine. Un simple coup d'œil jeté sur le globe terrestre montre différents groupes de nations arivées à des états de civilisation très-inégaux, depuis les plus chétives peuplades de la Nouvelle-Hollande jusqu'aux puissantes cités de l'Europe, depuis les essais les plus rudimentaires jusqu'aux résultats les plus complexes de la vie sociale. Ce serait s'égarer dans la recherche que de vouloir comprendre immédiatement sous une même formule tant de conditions si diverses ; il faut évidemment laisser de côté les populations retardées par des causes quelconques dont l'examen est réservé, et s'adresser d'abord à la série qui est la plus prolongée. C'est ainsi que, dans tout système naturel, il faut étudier d'abord l'état régulier avant d'embrasser les perturbations, et que, dans tout corps vivant, il faut reconnaître l'état de santé avant d'expliquer l'état de maladie. Or, la série la plus prolongée, celle où le développement a parcouru le plus de phases, est la série comprenant les Grecs, avec leurs communications orientales ; les Romains avec leur éducation grecque; le moyen âge, héritier de la religion, de l'administration, de la législation romaines, et, enfin, les peuples modernes, héritiers directs du moyen âge.

Etant établi en fait, par la simple considération de l'histoire, que les sociétés changent et se transforment, M. Comte a trouvé la loi de ce changement, qu'il formule ainsi : Toutes nos conceptions, et par conséquent les conceptions sociales, celles qui dirigent les sociétés, passent par trois états successifs dont l'ordre est déterminé : l'état théologique, l'état métaphysique et l'état positif. Dans l'état théologique, l'homme, transportant l'idée qu'il a de lui-même dans le monde extérieur, suppose les objets mus par des volontés essentiellement analogues à la sienne; dans l'état métaphysique, l'homme substitue des entités aux conceptions concrètes du système théologique ; dans l'état positif, enfin, l'homme, reconnaissant sa vraie position au sein de l'ordre dont il fait partie, comprend que l'ensemble des phénomènes est déterminé par les propriétés des choses, d'où résultent des lois immuables. Ainsi l'astronomie, où figurèrent jadis Apollon et son char, et où pénétrèrent les idées pythagoriciennes sur les nombres, sur les harmonies et tant d'autres conceptions métaphysiques, est désormais irrévocablement acquise à la loi de gravitation, à la géométrie et à la dynamique. Ainsi, la physique, où la foudre, par exemple, a été si longtemps expliquée par l'intervention de Jupiter, où la métaphysique avait introduit l'horreur du vide, est devenue l'étude régulière de la pesanteur, de l'électricité, de la lumière, du son et de la chaleur. Ainsi, la biologie ou étude des corps vivants, passant, elle aussi, par toutes les phases susdites, et tantôt livrée à l'intervention des démons, aux possessions, aux actions magiques, tantôt soumise aux explications métaphysiques, a repoussé cet alliage et s'est, pour ainsi dire sous nos yeux, rattachée au système général des connaissances. Enfin la science sociale, dont la place a été tenue, aussi loin que pénètre l'histoire, par les systèmes théologiques, puis par les idées métaphysiques, est amenée à ce point où, de toutes parts, surgissent les tentatives pour la constituer, et où la constitution en est effectivement imminente. M. A. Comte pense avoir été assez heureux pour poser les bases de cette grande opération.

L'origine des sociétés, comme toutes les autres origines, est inaccessible aux investigations de l'esprit humain. Mais, si on ne peut y atteindre, on peut du moins étudier encore aujourd'hui quelques-uns des degrés inférieurs de l'évolution sociale. Le globe offre, sur divers points, des populations voisines, comme on dit, de l'état de nature, et dont l'étude offre certainement un grand intérêt aux philosophes capables de rattacher ces premiers essais de civilisation aux civilisations les plus avancées. Là, et dans des combinaisons très diverses, se montrent toujours les caractères suivants : les hommes sont essentiellement chasseurs, livrés aux expéditions guerrières, non avec le but de la conquête, mais pour satisfaire la passion du butin, la vengeance et très-souvent l'anthropophagie. Leur penchant à l'indolence est puissant; le besoin seul ou les passions violentes les arrachent à l'oisiveté. Les arts sont très-peu avancés, les idées sont très-restreintes, et les notions religieuses bornées à l'adoration de ce qu'on a appelé des fétiches : arbres, fontaines, montagnes, animaux, etc. Il ne faut pas cependant s'y méprendre : dans cet état si peu développé, tout est en germe, et la nature humaine s'y montre dès lors entière. Une morale, rudimentaire sans doute, y préside aux rapports des hommes ; les beaux-arts, grossiers certainement, poésie et musique, y ont une place, et les premières combinaisons scientifiques se font voir dans les applications d'une industrie faible encore et dans les conceptions qui s'ébauchent sur la nature des choses environnantes. C'est l'âge que M. A. Comte appelle du fétichisme, et qui n'est pas sans avoir laissé bien des traces dans la civilisation suivante.

Tel est un premier degré de civilisation dont nous trouvons encore aujourd'hui des exemples sur un grand nombre de points du globe. Un second degré est le polythéisme où les divinités, déjà plus abstraites et cessant d'être l'objet matériel voisin, sont chargées chacune d'un département étendu. Ce qui constitue essentiellement cet âge, c'est le régime des castes, l'établissement régulier de l'esclavage, un développement des sciences plus grand que dans l'âge précédent, mais inférieur à celui du monothéisme généralisé, un état de l'industrie fort précaire, un grand éclat des beaux-arts et la domination de l'esprit militaire. Il importe de revenir brièvement sur chacun de ces points. Dans le régime des castes, la caste sacerdotale est prépondérante. Il ne s'agit ici ni de faire le procès à ces anciennes institutions, ni d'en regretter l'inévitable disparition. Elles ont joué dans leur temps un rôle qui ne pouvait être remplacé, et, la nature de l'esprit humain étant telle que nous la connaissons, il était impossible que les premiers progrès ne fussent pas dirigés par le régime théocratique. Or, une caste placée au rang suprême, ayant le dépôt des arts les plus importants et de tout ce qui constituait les connaissances théoriques, jouissant du loisir nécessaire, une telle caste, dis-je, exerça l'influence la plus considérable sur les destinée de l'humanité, et pendant les longs siècles de sa domination se préparèrent les éléments de toutes les choses dont les âges suivants ont hérité. D'un autre côté, indépendamment des obstacles que ces castes opposèrent aux changements ultérieurs, il faut remarquer que la confusion entre le pouvoir spirituel et le pouvoir temporel ne permit jamais à l'antiquité de distinguer ce qui était du ressort des lois et ce qui appartenait aux mœurs et à l'éducation. Sous un tel régime, tout est nécessairement lois et règlements.

L'esclavage, dans l'antiquité, formait un établissement en rapport avec les habitudes et les nécessités de l'état social d'alors. On s'en convaincra en examinant combien il est différent de l'esclavage moderne, monstruosité reléguée dans les colonies, et en contradiction directe avec les habitudes et les nécessités sociales d'aujourd'hui. Ici, un préjugé insurmontable sépare l'esclave du maître ; là, nul préjugé de cette espèce n'existait. L'affranchi entrait sans difficulté dans la société, et les hommes les plus éminents étaient sujets à tomber dans l'esclavage. L'Eumée d'Homère appartenait à une grande famille des îles grecques ; Platon fut vendu comme esclave ; Ventidius, le vainqueur des Parthes, avait été dans la servitude ; les affranchis Pallas, Narcisse, furent les arbitres de l'empire romain. Aussi, une fois que l'état social eut subi une modification profonde, et que l'esclavage, changé en servage, n'eut plus de racines, l'affranchissement des populations put s'opérer. L'esclavage ancien est le fruit de l'adoucissement des mœurs, qui permet d'utiliser le prisonnier de guerre au lieu de l'égorger ; du dédain que les populations militaires avaient pour les occupations industrielles ; du loisir que ces populations d'élite se créaient pour se livrer aux soins de la guerre, du gouvernement et de l'agriculture, leur destination favorite. L'esclavage n'a plus pu exister dès que l'industrie a eu pris faveur, et que, pour les hommes libres, le travail a été une chose demandée, non infligée, une récompense, non une punition.

Il n'est pas besoin d'insister beaucoup pour faire voir que, dans l'antiquité, l'industrie n'eut qu'un rôle extrêmement subordonné. Elle n'avait pas encore créé ses plus grandes merveilles ; et, livrée, soit aux castes inférieures, soit aux populations esclaves, elle n'inspirait qu'un médiocre intérêt. Les sciences, de leur côté, considérablement gênées sans doute par les conceptions polythéistique, firent cependant de notables progrès. Les mathématiques se développèrent ; l'astronomie posa ses bases ; Archimède ébaucha mêmes certaines notions de physique ; Aristote, Erasistrate, Hérophile, Galien, firent des découvertes en biologie. Ainsi se trouvèrent préparés les succès réservés aux âges postérieurs. Les beaux-arts surtout brillèrent d'un vif éclat. A nous tous, hommes des générations modernes, élevés à l'école de l'antiquité, est toujours présent le souvenir de cette splendeur merveilleuse. Le polythéisme, durant tant de siècles, avait mis son empreinte sur les esprits et sur les choses ! Il se rencontrait alors cette circonstance qui, depuis, ne s'est jamais rencontrée aussi favorable, à savoir, que l'artiste, puisant dans des idées vivantes et des sentiments communs, était toujours compris et senti, et s'adressait non à la mémoire ou à l'érudition, mais au cœur même et à l'imagination.

La prédominance de l'esprit militaire dans l'antiquité est en relation directe avec l'infériorité de l'industrie. Peu habiles à engager la lutte avec la nature, les hommes l'engageaient plus volontiers avec les hommes ; et, quand ce grand but manqua aux sociétés antiques, quand, par exemple, la nation militaire par excellence, le peuple romain, eut accompli son œuvre de conquête sans égale dans l'histoire, un affaiblissement inouï se manifesta dans ce vaste corps. Il semblait que, sa tâche achevée, il n'avait plus de raison de vivre ; et, en effet, il ne tarda pas à déchoir et à succomber. Les armes étaient alors l'occupation noble par-dessus toutes les autres. Cette opinion fut aussi celle de la noblesse féodale, qui, dans le moyen âge, prit la place des classes gouvernantes de l'antiquité. Et, pour comprendre quelle immense différence sépare les sociétés passées des sociétés modernes, il suffit de comparer en ceci ce que pensaient nos aïeux et ce que nous pensons nous-mêmes.

Dans la phase suivante, quand le monothéisme, succédant au polythéisme, eut pris possession des intelligences, tout changea dans les sociétés directement héritières de la civilisation gréco-romaine. La division fondamentale entre les deux pouvoirs spirituel et temporel s'établit d'une manière définitive. Une atteinte profonde fut portée à l'hérédité des fonctions, régime général de l'antiquité, lorsque le sacerdoce, la classe la plus élevée au moyen âge, se recruta dans tous les rangs de la société. Les habitudes mentales que crée le monothéisme sont bien plus favorables que celles du polythéisme à la culture des sciences. En effet le premier suppose, bien plus que le second, la régularité et la constance des phénomènes. Aussi, dès que la grande élaboration qui devait fonder le catholicisme, et qui longtemps absorba, par son importance spéciale, les intelligences supérieures, fut terminée, on vit les études scientifiques prendre une grande activité. C'est alors que furent commencés les premiers travaux de la chimie, science capitale, qui forme le lien entre la nature organique et la nature inorganique. La féodalité, née de la destruction de l'ancien pouvoir des Césars, et qui se préparait dès la fin de l'empire romain, était mal organisé pour entreprendre un travail de conquête comme celui que Rome avait poursuivi ; essentiellement défensive, son efficacité consista surtout, d'une part à combattre les Musulmans, d'autre part à contenir les populations septentrionales ébranlées. Cette tendance se trouva d'accord avec l'abolition de l'esclavage, la création des communes libres, et l'essor de l'industrie. Dès lors commença la profonde révolution qui sépare le monde moderne du monde ancien. L'industrie prit une place considérable, changea le but des hommes, détourna l'activité militaire, créa des occupations pacifiques, et jeta le poids de ses intérêts dans la balance des sociétés. De cette époque, datent l'application de la boussole à la navigation, celle de la poudre à la guerre, l'invention du papier, la découverte de l'imprimerie. Si l'industrie fut féconde, les beaux-arts ne furent pas stériles ; il suffit de citer ici les magnifiques cathédrales dont l'Europe est encore couverte, et les poëmes de Dante. Mais l'art catholique, moins favorisé en ceci que l'art du polythéisme, atteignait son apogée au moment où l'organisation sociale qui l'avait produit se décomposait, et où les populations devenaient ou hostiles ou indifférentes au symbole qu'il était chargé d'idéaliser.

En effet, approchait la dernière phase, au milieu de laquelle nous sommes encore, celle de la décomposition de la civilisation catholico-féodale. M. A. Comte, par une analyse historique pleine de sagacité, fait voir qu'il faut reporter ce mouvement de décomposition, non, comme on fait ordinairement, au xvi° siècle, mais aux deux siècles précédents. La seule différence qui sépare les deux époques, c'est que, dans les xiv° et xv° siècles, l'élaboration fut spontanée, tandis que, dans les siècles suivants, les hommes surent ce qu'ils faisaient et travaillèrent sciemment à abattre l'ancien édifice.

La lutte avec le pouvoir temporel dans laquelle le pouvoir spirituel fut vaincu, l'autorité progressive que les légistes acquirent, et qui fut constamment en guerre avec les juridictions ecclésiatiques, les tendances à l'indépendance qui se manifestaient dans le sein des clergés nationaux, et qui menaçaient de rompre l'unité catholique, les hérésies considérables qui éclatèrent et qui, étouffées dans des flots de sang, montrent à quel prix s'achetait dès lors la convergence des esprits ; tout cela témoigne que, dans les xiv° et xv° siècles, des causes actives de destruction avaient miné l'existence de ce grand corps. Mais il restait toujours debout et intact en apparence, lorsque, au commencement du xvi° siècle, le protestantisme lui enleva une notable portion de l'Europe. Dès lors le catholicisme perdit ce qui faisait son caractère essentiel ; il cessa d'être le chef intellectuel de la société, le régulateur des populations les plus avancées, et il y eut en Europe deux têtes, deux directions, deux philosophies. Là est la rupture, manifeste dans les faits, entre la société catholico-féodale et la société des temps modernes. Ce ne fut plus ensuite qu'une série rapide de destruction et de ruine. Le protestantisme essaya en vain de retenir les esprits sur la pente où il les avait mis. Une philosophie ayant de plus en plus conscience de sa mission critique, servant les inclinations des populations et servie par elles, changea les idées, et les idées changèrent la face de la société. Cette ère est marquée par d'immenses progrès dans l'industrie ; par la création de la diplomatie, qui succède à l'influence des papes dans le m . - tien des rapports entre les membres de la république e :- péenne ; par l'ascendant de la classe des philosophes e .es littérateurs, qui forment une espèce de pouvoir spirituel incomplet à côté de l'ancien pouvoir spirituel ; par le caractère des guerres, qui, cessant de plus en plus d'être directement conquérantes, deviennent guerres de religion, guerres d'équilibre, guerres de commerce, guerres de politique. Enfin les beaux-arts, quoique moins favorisés encore que dans la période précéder e, à cause de l'instabilité plus grande des idées et de la succession rapide des phases sociales, ont cependant prouvé, par d'immortelles compositions, que les facultés esthétiques n'avaient souffert aucune diminution.

Telle est l'esquisse rapide des transformations que l'histoire nous montre, depuis la haute antiquité jusqu'à nos jours, parmi les populations avancées. Deux tentatives mémorables entre toutes ont été faites pour saisir la raison de ces changements : celle de Bossuet et celle de Condorcet. Toutes deux pèchent radicalement par leur inaptitude à expliquer l'ensemble des phénomènes ; et cette inaptitude a chez les deux écrivains une cause contraire. L'auteur du *Discours sur l'histoire universelle* suit sans difficulté la série des événements dans l'antiquité, tout se préparant pour la venue du Christ, et, après cette venue, tout convergeant pour l'établissement définitif du christianisme. Mais, quand arrive le triomphe des hérésies du xvi⁰ siècle, la scission d'une partie de l'Europe, la prolongation du protestantisme jusqu'au socinianisme, alors ce puissant esprit s'arrête ; il ne sait plus comment s'expliquer ce qu'il regarde comme une aberration mentale, et il croit même voir les signes qui annoncent le retour des populations séparées dans l'ancien bercail. Si l'explication de Bossuet était insuffisante dès le xvii⁰ siècle, elle l'est bien davantage au xix⁰. La séparation, loin de cesser, n'a fait, depuis lors, que s'agrandir. Ce qui a empêché Bossuet de tout comprendre, c'est la doctrine théologique qui lui sert de guide ; ce qui a empêché Condorcet, c'est, au contraire, la doctrine anti-théologique du xviii⁰ siècle. Condorcet se rend très-bien compte des événements à partir du mouvement de la réforme ; il juge sainement l'enchaînement de ce grand travail de décomposition ; mais, dans ce qui a précédé, tout lui échappe : les âges théologiques sont pour lui des temps de ténèbres ou de folie et desquels il est, dès lors, incompréhensible que soit sortie cette philosophie même qui fait son orgueil.

Visiblement, le développement des sciences positives a exercé une influence essentielle sur la direction du développement des sociétés. D'abord les idées théologiques ont à peu près tout embrassé, à peu près tout expliqué ; puis, successivement, les sciences positives ont entamé de différents côtés ce domaine. Le conflit éclatant dont le mouvement de la terre et le système du monde furent l'occasion, montra aussi bien l'instinct du danger chez la classe sacerdotale que la puissance irrésistible de la démonstration scientifique. Mais, dans les phases ainsi parcourues, il faut faire une large part à l'action de la philosophie métaphysique. Discutant incessamment les opinions soit du polythéisme, soit du monothéisme, suivant les époques, elle a entretenu la liberté mentale et fait pencher la balance du côté des intérêts novateurs et des causes ascendantes.

Pendant que le régime théologique subissait les transformations dont l'histoire témoigne, tandis que le régime métaphysique venait, depuis environ trois siècles, en partage du gouvernement des sociétés, le régime positif s'organisait peu à peu. Aujourd'hui, il domine partout, excepté sur le terrain social. Mais, pour quiconque suivra d'un œil attentif le développement des sciences et les verra chasser de position en position les notions, soit théologiques, soit métaphysiques, il sera évident que la série doit se compléter. L'avénement du régime positif dans toutes les branches des connaissances humaines en amène, de nécessité, l'avénement dans le seul ordre de faits dont il soit encore exclu.

Les anciens n'avaient pas conçu la notion de l'évolution sociale ; et, quand ils voyaient s'accomplir sous leurs yeux la décomposition de leurs établissements politiques, ils ne savaient qu'accuser la corruption du temps, et se tournaient vers le passé comme vers le modèle duquel il fallait se rapprocher. Le christianisme apporta, il est vrai, l'idée de la supériorité de la nouvelle loi sur l'ancienne, du monde chrétien sur le monde païen ; mais à son tour, miné par le flux perpétuel des choses humaines, il en appelle, comme fit l'antiquité, à son passé. La question ne fut véritablement posée que sous le règne de Louis XIV. Alors, les progrès étant décisifs, éclata la célèbre controverse sur le mérite respectif des anciens et des modernes ; et il fut compris que la progression ne pouvait être limitée à une époque particulière, et qu'elle était réellement indéfinie. Ainsi il ne peut plus être sérieusement question, pour les hommes politiques, soit de rétrograder vers les choses anciennes, soit de rester immuablement dans les choses présentes. Quoi que vous fassiez, le présent se modifie sans cesse, et jamais pour revenir sur ses pas. Ce qui fut longtemps une tendance spontanée est aujourd'hui devenu un but sciemment poursuivi. Les hommes sentent que la société se meut, et qu'ils ont entre les mains le pouvoir d'exercer une influence utile sur ses transformations. Une société naturellement immobile, dans laquelle le mouvement était accidentel, voilà la vue des anciennes philosophies ; une société naturellement progressive, dans laquelle le mouvement est nécessaire, voilà la vue de la philosophie positive. Il faut donc qu'ici, comme en toute chose, l'homme connaisse la condition sous laquelle il vit, pour appliquer son intelligence à s'y conformer.

La crise révolutionnaire est, à des degrés divers, commune à toute la république européenne ; et les enseignements de l'histoire, les grands et rapides changements auxquels les nations modernes ont assisté, l'impulsion des sciences et de l'industrie, tout a définitivement inculqué l'idée de progrès à côté de celle d'ordre, que les anciens connaissaient seule. Ce sont deux besoins à satisfaire, désormais impérieux également, et cependant aujourd'hui aussi mal satisfaits l'un que l'autre. Deux partis divisent la république européenne : le parti rétrograde ou de l'ordre, le parti révolutionnaire ou du progrès. Dans leurs succès et leurs revers alternatifs, ces deux partis ont voulu se détruire : ils n'y ont pas réussi ; et entre eux s'est établi provisoirement un parti intermédiaire, niant perpétuellement les principes au nom des conséquences, et les conséquences au nom des principes. Mais manifestement, l'ordre qu'il entretient est précaire comme le progrès qu'il favorise. Pour qu'une conciliation s'établisse, il faut que le parti de l'ordre cesse d'être rétrograde, et que le parti du progrès cesse d'être révolutionnaire. Croire que l'ordre est possible par la restauration du passé est une erreur ; croire que la lutte indéfinie pour la destruction des anciennes choses suffit aux sociétés est aussi une erreur ; mais demander que les mutations nécessaires s'accomplissent sans désordre, ou que la conservation de l'ordre ne s'oppose pas à l'accomplissement des mutations nécessaires, c'est, sous deux formules équivalentes, poser le problème politique dans sa totalité.

Tel est le tableau que déroule l'histoire. Les sciences croissent depuis un germe pour ainsi dire imperceptible jusqu'aux développements actuels que nous connaissons, jusqu'aux développements à venir qui se laissent entrevoir. L'industrie suit parallèlement la marche des sciences : d'abord indépendante, elle finit de plus en plus par se ranger sous leur direction, et c'est alors que les plus beaux succès lui sont soit acquis, soit promis. Les pouvoirs qui ont régi la société dans la suite des temps, essentiellement théologiques et militaires, ont subi de graves modifications durant ce long trajet, et sont près d'en subir de non moins graves. Enfin, la guerre, perpétuelle dans les premiers âges, puis organisée pour un but vraiment social dans la dernière partie du polythéisme, diminuant notablement sous le règne du monothéisme moderne, présente à l'approche de la domination des notions positives, une nouvelle et plus grande diminution.

L'activité militaire resterait encore prédominante, si un autre élément n'avait pas conquis une place de plus en plus considérable. Cet élément, c'est l'industrie prise dans son sens le plus large. Il n'est pas besoin, ici non plus, de beaucoup insister pour montrer la puissance énorme à laquelle les intérêts industriels sont arrivés. Cela encore est un fait manifeste pour tous, et désormais reconnu nécessaire par ceux qui le regrettent comme par ceux qui l'approuvent. On le voit, à mesure que les intérêts militaires ont reculé, les intérêts industriels ont avancé, et cette interversion successive est un caractère qui marque profondément les phases de l'évolution sociale. Faire la guerre pour conquérir est aujourd'hui un but que les hommes se proposent de moins en moins; travailler à développer les richesses de l'association humaine, pour donner à chacun une part du bien-être, est, au contraire, un but que les hommes se proposent de plus en plus. Là est la cause des modifications profondes que le pouvoir temporel subit sous nos yeux, modifications qui sont corrélatives avec la tendance à la paix (1).

Des changements parallèles se montrent dans l'ordre spirituel. Sans remonter aux théocraties orientales et aux temps anciens, dans lesquels les deux pouvoirs étaient confondus, il suffit de considérer la puissance spirituelle dans le moyen âge, où elle est complétement isolée et complétement développée. Alors toutes les fonctions de l'ordre intellectuel et moral lui sont dévolues; elle intervient comme modératrice entre les nations, pour arrêter leurs conflits; elle dirige toutes les consciences, depuis le serf jusqu'au roi; elle donne toute l'instruction, depuis la plus humble jusqu'à la plus élevée. Ce

---

(1) Depuis l'avénement de l'empire en 1852, les tendances à la guerre ont repris le dessus, et en ce moment (1876) elles sont à un très-haut point. C'est une perturbation dont personne ne peut en ce moment calculer ni la force ni la durée. Mais on peut affirmer que l'esprit scientifique et l'esprit industriel, étant toujours en croissance, reprendront leur ascendant et amèneront une phase encore plus pacifique que celle qui s'est écoulée de 1815 à 1852.

grand rôle qu'est-il devenu? Une part des attributs de la puissance spirituelle a été usurpée par le pouvoir temporel ; la diplomatie a pris sa place entre les peuples ; une multitude de consciences ont échappé à sa direction ; et l'éducation lui est en partie disputée, en partie absolument ôtée. En effet, à côté d'elle s'est formé un nouveau pouvoir spirituel, incomplet sans doute, mais rival, continuellement grandissant. Les littérateurs, les philosophes, les savants, quoique ne formant pas de corporation régulière, n'en ont pas moins trouvé, dans les sympathies des sociétés, les moyens d'enlever à l'ancien pouvoir spirituel une portion notable de ses prérogatives, et de mettre tout le reste en contestation. Ceci révèle la tendance actuelle des choses. Un nouveau pouvoir spirituel se forme aux dépens de l'ancien. La séparation entre le pouvoir spirituel et le temporel, si heureusement établie par le catholicisme, se perpétue et doit être consolidée ; car c'est la condition essentielle de la prépondérance que la morale a acquise dans les sociétés modernes, et qui doit lui être conservée par-dessus tous les intérêts. La confusion entre les deux pouvoirs entraîne la subordination de la morale aux considérations politiques.

Le plus difficile problème des temps modernes est évidemment le problème industriel, c'est-à-dire le réglement des conditions du travail. Aujourd'hui tout est en proie : une concurrence effrénée ronge les maîtres et les ouvriers ; et, dans l'état donné, le mal paraît sans remède ; l'individu du moins est frappé d'impuissance. La baisse des prix créée par la concurrence est un agent de dissolution contre lequel on n'a pour le moment aucun préservatif ; de là les ruines continuelles et les fraudes qui s'étendent chaque jour. A côté, la condition des ouvriers est pire encore. Victimes déjà de la concurrence des maîtres, ils sont, par surcroît, victimes de la concurrence qu'ils se font entre eux. De là le bas prix des salaires, la misère, le travail forcé des enfants, et de funestes altérations dans la santé des populations laborieuses. Evidemment, ce mal est au-dessus des forces des individus qui le subissent, et il est destiné à appeler davantage, de jour en jour, l'attention des véritables hommes d'Etat. Cependant, au milieu de ces désordres, apparaissent quelques tendances vers une organisation; tendances, il est vrai, spontanées, irrégulières, et, partant, accompagnées de souffrances considérables.

Il arrivera un temps où ces mutations qui se sont accomplies et s'accomplissent spontanément et par les forces instinctives du corps social, seront étudiées, favorisées, régularisées par les hommes d'Etat, afin qu'elles produisent le plus de bien et le moins de mal. L'état intellectuel des sociétés modernes est tel, que les membres qui les composent sont en droit d'exiger d'elles travail et éducation. Plus la distinction entre les fonctions publiques ou privées s'effacera, plus les conditions du travail se régulariseront. D'un autre côté, plus l'éducation deviendra positive, plus il sera possible de la rendre universelle, car elle doit être la même dans son essence et ne doit varier que dans le développement. Enfin, le but des sociétés étant non plus la guerre mais le travail, la morale ayant un empire prépondérant, les intérêts industriels s'étant de plus en plus généralisés, les sociétés ne pourront être exploitées en faveur d'aucune caste, et elles seront dirigées vers la recherche de l'avantage commun.

Ainsi, le régime théologique, passant par les phases indiquées plus haut, devient de plus en plus abstrait, se simplifie progressivement, et, à chaque simplification, tient moins de place dans la vie journalière des hommes. Ainsi le régime métaphysique, tantôt subordonné, tantôt en révolte, prend définitivement la direction dans l'ère de révolution qui dure encore. Ainsi, enfin, le régime positif, qui s'est emparé de proche en proche de toutes les sciences, vient aujourd'hui mettre le pied sur le domaine social. Et simultanément s'accomplissent dans les sociétés les changements corrélatifs à chacun de ces ordres d'idées. Tel est le résumé le plus général qui se puisse donner de l'histoire ; telle est la succession des trois régimes, dont le dernier est exclusif des deux premiers et les frappe de désuétude.

On se sert beaucoup, et moi-même je me suis servi du mot

progrès ; il s'agit d'examiner de plus près la notion qu'il renferme. La théorie positive de l'évolution des sociétés est complétement indépendante du sens d'amélioration, de perfectionnement. En fait, les sociétés se transforment, et cette transformation n'a rien de fortuit; elle suit une direction déterminée. Là pourrait s'arrêter la question scientifique ; mais un examen attentif de l'évolution sociale montre qu'elle tend surtout à faire prévaloir le savoir sur l'ignorance, la force intellectuelle sur la force brutale, les idées générales sur les idées particulières, les notions de justice sur celles d'intérêt, la raison sur les passions, en un mot, qu'elle développe les facultés supérieures de l'homme, sans jamais cependant pouvoir obtenir une inversion complète ; car les mobiles puisés dans les passions et les besoins seront toujours plus puissants que les mobiles qui dérivent de l'intelligence. En effet, si, examiné de ce point de vue, le mot *progrès* paraît juste, il ne faut pourtant pas se méprendre sur sa portée. Le progrès est non pas infini, mais indéfini, comme ces quantités mathématiques qui peuvent approcher d'une limite sans y arriver jamais. La limite est posée à l'homme. Sa planète le renferme et ne lui permet d'apercevoir qu'un coin du monde ; cette planète est étroite; non moins étroite est son intelligence, qui s'arrête et se trouble dès que les problèmes se compliquent. Cet ensemble de conditions immuables constitue une borne immuable également, que l'esprit humain n'atteindra jamais, mais de laquelle il s'approchera sans cesse.

Quand il est reconnu que le progrès est la tendance à faire prédominer de plus en plus les idées générales, on saisit la cause du développement des sociétés, tel que l'histoire nous le montre. C'est ainsi que l'industrie, systématisée de jour en jour, tourne surtout ses efforts vers la satisfaction des besoins du plus grand nombre. C'est ainsi que l'art, longtemps privilége exclusif de quelques classes d'élite, en vient à se faire sentir et apprécier dans des cercles qui s'étendent sans cesse. C'est ainsi que les sciences particulières perdent le caractère de spécialité exclusive, et se fondent dans la grande science de l'humanité. C'est ainsi, enfin, que la morale, admirable dans l'antiquité quant à la personne, incomplète quant à la famille, nulle quant à la politique, embrasse aujourd'hui ces trois ordres de rapports. Tout le progrès est donc compris dans la prépondérance croissante de la généralisation.

L'empire des notions absolues est encore tel que, sans doute, en voyant les choses sociales, jugées jusqu'alors modifiables à l'infini, suivre une loi constante, des esprits sentiront tomber leur intérêt. A côté de ce découragement peut se placer aussi un optimisme trompeur, d'après lequel, l'évolution se faisant d'elle-même, tout est toujours pour le mieux. Ces deux idées seraient aussi fausses l'une que l'autre. L'homme, toutes les fois qu'il s'imagine posséder sur la nature un pouvoir absolu, se trompe, et, dès lors, ne connaissant plus les conditions de son action, il s'épuise en efforts superflus. Sa puissance réelle ne commence que, lorsqu'une analyse rigoureuse lui ayant montré le caractère des forces naturelles auxquelles il a affaire, il sait comment il faut s'y prendre pour en user. Dans les sociétés, on se livre à des tentatives inutiles ou désastreuses toutes les fois qu'on va à l'encontre ou en dehors de la force qui les meut; l'action ne devient effective et régulière que lorsque, concourant avec la tendance naturelle, elle la favorise ou la modifie. Ceci soit dit pour ceux que décourageraît la perte de notions absolues, lesquelles sont décevantes. Quant à la tranquillité d'un optimisme qui en histoire accepterait le fait accompli, et en politique ne saurait que laisser aller les choses, elle est contraire à toute saine notion sur les forces de la nature. Ces forces sont toujours brutes; le mérite et l'effort de l'homme, c'est de les civiliser et de porter au minimum le mal qu'elles entraînent, au maximum les services qu'elles rendent. Cela même, comme le montre l'étude des sciences et des arts, est un champ suffisamment vaste pour toute l'activité, pour toute la sagacité, pour tout le génie du genre humain.

Il est si difficile de se mettre au point de vue d'une loi naturelle réglant les mutations des sociétés ; notre éducation est si étrangère à toute notion de ce genre, que je ne crains pas d'insister de nouveau sur ce point capital. Ce qui effarouche l'esprit, c'est de comprendre que tant d'individus, qui semblent isolés et indépendants, donnent, par leur concours spécial, une résultante déterminée. La complication du phénomène empêche qu'on ne se pose même la question. La raison est impuissante à l'aborder. Seule, la lente expérience des siècles, seul, le spectacle des transformations successives a pu amener nos intelligences rebelles à soupçonner qu'il en était ainsi. Il faut voir, comme nous faisons aujourd'hui, les sociétés déployées sur la longue route du temps parcouru pour confesser que toutes les combinaisons destinées à immobiliser un état social ont été infructueuses, et que toujours une force plus puissante que les puissants de la terre a ruiné les établissements en apparence les plus solides.

Cette action, toute spontanée et aveugle, tantôt servie, tantôt combattue par les efforts des politiques et par les conjonctures des évènements, détruit et crée dans le présent comme elle a détruit dans le passé. Elle doit cesser d'être aveugle ; les efforts des politiques ne doivent plus la combattre, ils doivent toujours la servir ; et le problème politique, désormais posé par la philosophie positive, est : utiliser au plus grand profit des sociétés la force naturelle qui leur est inhérente et qui les transforme.

III.

Comparaison des religions et des métaphysiques avec les notions positives.

Revenons en peu de mots sur ce qui a été dit dans les deux articles précédents. L'état présent de la république européenne est le résultat des révolutions qui ont brisé l'ancien ordre des choses. L'unité catholique du moyen âge s'est rompue ; de là les innombrables dissidences qui ont surgi de toutes parts, et il n'est plus de symbole religieux qui puisse réunir l'assentiment de tous les hommes. Les doctrines métaphysiques n'ont pas subi un moindre éparpillement, et il n'est pas non plus de symbole métaphysique capable de s'imposer aux intelligences. A côté de ce désordre, désormais irrémédiable, sont les sciences positives, qui prennent chaque jour de l'autorité; et la nature en est telle, qu'elles créent dans les esprits une conviction durable. En effet, elles s'exercent sur des objets toujours accessibles à l'expérience, et se servent de procédés toujours susceptibles de vérification. Mais ces avantages se trouvent provisoirement annulés à cause d'une lacune essentielle : les sciences tiennent le monde inorganique par les mathématiques, par l'astronomie, par la physique et la chimie ; elles tiennent la théorie des êtres vivants par la biologie ; mais les phénomènes sociaux sont complétement en dehors de leur ressort.

Cette lacune, M. Auguste Comte l'a comblée ; il a montré que les opinions humaines, qui, en définitive, règlent la forme des sociétés, ont une filiation propre; que l'ordre n'en est aucunement fortuit, et qu'elles se suivent d'après une loi déterminée. En d'autres termes, les sociétés ont une force intrinsèque qui annule les influences accidentelles et finit toujours par prédominer. La direction de cette force, une fois découverte dans la société, se vérifie dans toutes les sciences particulières, qui ont passé, elles aussi, par les conceptions théologiques et métaphysiques pour devenir positives. Mais, même après cette extension de la doctrine positive au dernier domaine occupé par les doctrines rivales, les sciences ne constituent pas encore une philosophie. Une telle prétention serait vaine tant qu'elles resteront isolées, tant qu'elles n'auront pas trouvé le moyen de former un système coordonné où chacune n'entre plus que comme partie intégrante. Il faut donc réunir ces fragments séparés les uns des autres, et faire un tout de ce qui n'est jusqu'à présent que des parties. Ce tout sera la philosophie positive. On voit comment il a été nécessaire que la science sociale fût d'abord créée ; autrement l'idée de philosophie positive ne pouvait même se présenter ; on voit comment cette philosophie émane directement des sciences, et comment le caractère qui leur appartient lui est définitivement acquis. Elle est, comme elles, de nature à faire converger les esprits ; elle s'exerce, comme elles, sur des objets toujours accessibles à l'expérience ; et, comme elles enfin, elle se sert de procédés toujours susceptibles de vérification. Filiation, méthode, caractère, tout se trouve indiqué par cet aperçu sommaire.

Ce serait ici le moment d'en commencer l'exposition directe. Toutefois, avant de m'y engager, il me semble utile de déduire d'abord les différences qui la séparent de la philosophie métaphysique. La philosophie métaphysique est celle qui a présidé à l'éducation de la plupart des esprits éclairés ; ceux mêmes qui témoignent (ce qui se voit) du dédain pour cette doctrine, sont parfois, à leur insu, gouvernés par elle ; et la philosophie de Condillac est encore au fond le guide philosophique de plus d'un savant qui prétend s'enfermer dans le cercle de ses études spéciales. Cela établi, l'opposition de la doctrine positive avec la doctrine métaphysique sera nettement aperçue et peut-être mieux sentie que si j'énonçais tout d'abord les caractères de la première. Ces différences portent sur la nature des questions dont s'occupent les deux philosophies, sur la méthode qu'elles emploient, et sur le degré de stabilité qui leur est propre respectivement.

Ce qui va être dit est, de tout point, applicable aux théologies, dont la base, en réalité, n'est pas différente de celle des notions métaphysiques.

La nature générale des questions est opposée entre la philosophie soit théologique, soit métaphysique, et la philosophie positive. L'une s'occupe de l'absolu, l'autre du relatif. Au début de ses recherches dans toutes les sciences, l'esprit humain est surtout animé par l'ambition de pénétrer l'essence des choses, et d'arriver à la notion dernière qui les explique universellement. Il ne se sentirait pas suffisamment stimulé s'il ne se posait des problèmes infinis. Là, dans le domaine de la spéculation, il se trouve à l'aise, il poursuit sans fin ses propres créations, il renouvelle incessamment les combinaisons des données qu'il se fournit lui-même ; et, trompé par les fausses apparences d'un horizon qu'il croit sans bornes, heureux de manier à son gré des éléments dociles, il abandonne le contingent, le fini, le relatif, comme on dit dans le langage de l'école, c'est-à-dire la réalité des choses telle qu'elle se présente. Il ne croit pas même qu'elle puisse fournir une base à la science ; et c'est toujours dans la considération des choses infinies et absolues qu'il cherche son système. Et, en effet, pourrait-il en être autrement? la réalité est alors si mal connue, qu'elle ne peut offrir que peu d'intérêt. Il faut bien du temps avant que les faits particuliers, observés scrupuleusement, analysés, classés, groupés, fournissent à l'esprit d'induction ces vérités générales que l'esprit métaphysique cherche à obtenir d'emblée. Ces notions générales, procurées par l'expérience, participent du caractère de leur origine ; elles sont toujours relatives ; les notions générales déduites par l'autre méthode ont, sans doute, la prétention d'être absolues, mais ne le sont qu'en apparence.

L'absolu est inaccessible à l'esprit humain, non-seulement en philosophie, mais en toute chose. Chaque fois que l'homme a résolu un problème, il trouve, derrière la solution, un autre problème qui se dresse devant lui ; et celui-là, fût-il résolu derechef, ne disparaîtrait que pour faire place à de nouveaux mystères, sans que l'esprit humain puisse concevoir une limite à cette série de questions enchaînées les unes aux autres. On aura beau agrandir la portée des télescopes, on n'atteindra jamais les bornes de l'univers, si l'univers a des bornes. On ne fait qu'étendre le champ de ce que nous connaissons ; mais on n'embrasse point tout ce qui est à connaître. Aussi, dans les sciences constituées définitivement, a-t-on cessé toute spéculation sur les notions absolues. L'astronome a rattaché les phénomènes astronomiques à la loi de la gravitation, et, sans s'inquiéter davantage de ce qu'est cette loi en soi, il l'accepte comme le fait dernier de sa science. Evidemment, s'il essayait d'expliquer cette gravitation, il pourrait imaginer mille hypothèses, toutes également gratuites, toutes également indémontrables. Ce que l'astronomie se refuse à faire, ce que toute science abandonné comme étant un exercice désormais inutile, la métaphysique persiste à le tenter ; c'est là que s'est réfugiée en dernier lieu cette ambition primordiale de l'esprit humain, qui a tout d'abord entrepris l'impossible.

Les notions absolues ne sont susceptibles ni de démonstration ni de réfutation. L'étude des sciences positives qui, aujourd'hui, embrasse un si vaste domaine, crée chez les modernes des habitudes mentales qui deviennent impérieuses, et ne laissent plus d'accès à une autre méthode. Pour les esprits ainsi formés, tout ce qui ne peut être démontré par les procédés scientifiques est une hypothèse hors de portée, et qu'il serait vain de réfuter. Avant de savoir si une chose est dans la catégorie de celles qui se réfutent, il faut savoir si elle est dans la catégorie de celles qui se démontrent. Cette institution des intelligences est l'influence qui contribue le plus à séparer le régime mental des modernes, du régime mental de l'antiquité. Comme jamais les faits ne viennent lui donner de démenti, le crédit qu'elle gagne n'a point de retours. Il se forme dans les esprits une disposition réfractaire qui élimine spontanément les notions en dehors de la méthode positive ; et c'est cette différence de disposition qui fait tant varier, suivant les âges de l'humanité, la limite des choses croyables.

Quand l'homme, au début de la carrière scientifique, se lança dans les recherches sans limites de l'absolu, il n'avait que cette voie ouverte devant lui. Aujourd'hui, une autre voie s'est faite, celle de l'expérience et de l'induction ; elle ne peut conduire aux notions absolues, et, quand on les demande à la raison, on lui demande plus qu'elle n'a. Ni l'édifice n'est plus solide que le fondement, a dit Bossuet, ni l'accident attaché à l'être plus réel que l'être même. L'esprit de l'homme n'est ni absolu ni infini, et essayer d'obtenir de lui des solutions qui aient ce caractère, c'est sortir des conditions immuables de la nature humaine. De quelque façon qu'on varie les hypothèses, ce seront toujours des hypothèses d'une vérification impossible ; et ce qui ne peut pas être connu ne doit pas être cherché.

Laissant donc de côté une enquête sur les causes premières

et finales, la philosophie positive renonce résolûment à une ambition incompatible avec la portée de l'esprit humain, et elle se place dans l'ordre des questions qu'il est possible d'aborder et de résoudre. Elle ne fait ici que généraliser le procédé que les sciences particulières ont employé avec tant de succès. Comme ces sciences, elle reconnaît partout quelque fait dernier, limite de l'expérience et de l'induction, fait au delà duquel elle ne cherche rien. Dans l'inexpérience juvénile de ses forces, l'esprit humain a agité des problèmes qui n'étaient susceptibles d'aucune solution. Aujourd'hui, mûri par le long temps, plus puissant aussi dans les choses qu'il peut, il sent les conditions qui le règlent et tend de plus en plus à s'y résigner. Se renfermer ainsi dans le cercle de ce que l'école appelle le contingent, le relatif, constitue entre les deux philosophies une différence capitale, dont la moindre réflexion suffit pour faire apprécier toute la portée.

Si les sciences (et qui pourrait le contester sérieusement aujourd'hui ?) ont raison d'abandonner toute enquête sur l'essence des choses, la philosophie opposée a tort de persister dans cette voie. Les conceptions générales ne peuvent pas être d'un autre ordre que ne sont les conceptions particulières, et ce qui est bon pour les unes doit être bon aussi pour les autres. L'homogénéité de l'esprit humain est naturellement en révolte contre cette dissidence radicale sur la nature des questions en philosophie et en science. Si, tandis que les notions scientifiques sont uniformément positives, les notions sociales sont encore mi-partie théologiques et métaphysiques, cela tient à la lenteur de l'élaboration générale. En descendant vers nous le cours de l'histoire, on voit l'empiétement graduel des notions positives sur les autres. Toujours il y a eu conflit, et toujours la victoire a été de leur côté. La lutte avec Galilée au sujet du mouvement de la terre n'est, dans ce long drame, qu'une péripétie plus connue que les autres. Entre les notions absolues et les notions relatives, ce qui est décisif, c'est la démonstration toujours impossible dans les premières, à côté de la démonstration toujours présente dans les autres.

Ce caractère, respectivement propre aux notions positives et aux notions absolues, a été saisi et signalé par Voltaire dans son admirable conte de *Micromégas*. L'habitant de Sirius et celui de Saturne demandent aux savants qui reviennent de mesurer un degré près du pôle, quelle est la taille de Micromégas, quelle est celle de son compagnon, quelle est la pesanteur de l'air, quelle est la distance de la terre à la lune ? la réponse ne se fait pas attendre, elle est nette, précise, et ne suscite aucune contestation. Mais, quand on en vient à la nature de l'âme, alors les philosophes, si bien d'accord peu auparavant, sont tous d'une opinion différente. Cette scène si vive et si ingénieuse est la figure de la concordance sur les questions positives, de la discordance sur les questions absolues. Toutes les fois qu'on voit des hommes sincères et suffisamment éclairés être hors d'état de se convaincre réciproquement touchant un point donné, on peut être sûr que la méthode est vicieuse, ou que le sujet débattu est inaccessible à la raison.

Non moins que la nature des questions, la méthode est différente. La philosophie métaphysique va de l'homme au monde ; la philosophie positive va du monde à l'homme. Une comparaison fera comprendre la grave modification que le renversement de ces rapports apporte dans les conceptions. Prendre l'homme pour point de départ, c'est faire comme les anciens astronomes, c'est prendre la terre pour le centre du monde. Sans doute, il fut inévitable au début que les premiers observateurs regardassent la terre comme immobile et la sphère céleste comme tournant autour d'elle ; mais qui ne voit quelles fausses idées durent être engendrées par cette première et nécessaire illusion ? Rien ne se présenta plus à l'œil comme il était réellement ; et tout, distances, grandeurs, mouvements, fut aperçu sous une apparence trompeuse. Telles et non moins grandes sont les illusions que cause le point de départ placé dans l'esprit humain. Sans doute, là aussi, ce fut une nécessité qui détermina ce point ce départ. L'homme dut commencer par ce qu'il connaissait le mieux, par lui-même. Mais cette conception, guide des premières recherches et fonction primordiale que rien ne pouvait remplacer, a jeté une fausse apparence sur le monde philosophique, et n'a pas permis d'apercevoir le rapport entre les questions proposées, et la portée réelle de l'esprit qui les examinait.

Il n'y a pas de problèmes plus compliqués que les problèmes philosophiques. Or, toutes les fois que l'homme aborde des questions difficiles par leur complication, il lui est nécessaire, sous peine de ne pas connaître s'il s'est égaré, il lui est nécessaire, dis-je, de confronter le résultat de ses raisonnements avec la réalité. Les sciences offrent la preuve continuelle de ce que j'avance. L'astronomie, malgré la simplicité qui lui est propre et la puissance des moyens mathématiques dont elle dispose, a besoin, dès qu'il s'agit d'une question compliquée, de constater la coïncidence ou la différence de la déduction avec l'observation. A bien plus forte raison cela est-il nécessaire dans la physique. Quand on essaya d'appliquer le calcul à la propagation du son, la différence entre le résultat mathématique et l'expérience fut considérable ; l'épreuve montra l'erreur et la nécessité de la confrontation. Je cite là des sciences comparativement simples ; mais que serait la valeur de nos raisonnements dans des sciences plus compliquées, la chimie, la biologie surtout ? et qui, là, oserait répondre d'une déduction un peu étendue, où la contre-épreuve avec l'expérience ne serait pas possible ? Partout donc il nous faut confronter le raisonnement avec la réalité. Or, justement dans la métaphysique, qui traite les questions les plus complexes, celles où la confrontation serait le plus nécessaire, toute confrontation est interdite ; car les objets dont elle s'occupe sont en dehors de l'expérience. Ainsi rien ne garantit pour elle que le résultat qu'elle a obtenu par de laborieux efforts de logique ait de la réalité ; de là le vague qui lui est inhérent, suite inévitable de la position qu'elle a prise.

La subordination véritable entre le monde et l'homme, entre l'objet et le sujet, entre les idées objectives et les idées subjectives, échappe complétement à la métaphysique, séparée qu'elle est désormais des sciences. Les sciences partent du monde extérieur et des objets ; les notions ainsi acquises rectifient les idées théoriques que l'esprit avait d'abord conçues. Il n'y aurait aucun salut pour elles si elles procédaient autrement, et toute la consistance qu'elles ont acquise est due à cette réaction continuelle entre les données de l'expérience et les données spontanées de l'esprit. Ce procédé, suivi d'abord instinctivement, puis réduit en système, et enfin pleinement confirmé par l'analyse judicieuse des facultés mentales, a produit et continue à produire les résultats les plus heureux. La métaphysique, au contraire, ne se préoccupe que de l'homme, que du sujet, que des idées subjectives, et par là même, n'étant jamais tenue de faire, pour ainsi dire, la preuve de ses déductions logiques, elle reste toujours frappée d'un doute général, dont rien ne peut la relever. Ainsi va s'agrandissant l'intervalle qui la sépare des sciences ; et elle demeure renfermée dans sa méthode, désormais stérile, tandis que les autres cultivent la leur désormais de plus en plus féconde. C'est là que doit intervenir une philosophie qui fasse également acception du monde et de l'homme, et qui soumette l'ensemble des idées subjectives à l'ensemble des idées objectives, ôtant à celles-là le caractère absolu qui leur est inhérent, et à celles-ci l'incohérence qui résulte de leur isolement. Toutes les conceptions ainsi confrontées avec la réalité constituent la philosophie telle que la comporte aujourd'hui une méthode sévère. En poursuivant, comme fait la philosophie métaphysique, les idées subjectives, on arrive, il est vrai, à des idées générales, mais en dehors des notions positives et de plus en plus inacceptables pour les esprits pliés à un autre mode de démonstration. En poursuivant, comme font les sciences, des objets toujours particuliers, on arrive, il est vrai, à des notions positives, mais frappées d'impuissance par leur spécialité restreinte. C'est donc dans la combinaison des deux points de vue que l'on obtient le général et le positif, c'est-à-dire la réunion de ce qui appartient séparément à la métaphysique et aux sciences. Or, cette combinaison se fait de soi-même quand toutes les notions acquises par les sciences sont ramenées vers l'homme, pour corriger, sous le contrôle de la réalité, ce que les conceptions purement subjectives ont d'absolu, d'illimité, d'indémontrable.

Cette voie, inverse de la direction primordiale, a été longtemps inaccessible; et, comme je l'ai dit, l'homme eut besoin, par une hypothèse instinctive et nécessaire, de faire tout à son image, et d'importer ses idées dans les choses, en attendant que, par une lente réaction, l'expérience importât les choses dans ses idées. Ramener le monde vers l'homme, retourner l'objet vers le sujet, confronter les idées subjectives aux idées objectives, n'a pas toujours été possible. Aujourd'hui cela se peut; aujourd'hui cela se fait ; et cette révolution mentale, commencée il y a tant de siècles par les premiers travaux mathématiques, poursuivie à travers la création successive des sciences, devient voisine de son accomplissement. Là aussi, si l'on veut y réfléchir, se manifestent l'enchaînement des opinions humaines et la filiation du présent avec le passé. Quand la terre est mise en son rang parmi les planètes, l'homme à sa place dans la série des êtres vivants, la société sous l'influence d'un mouvement qui lui est propre, alors les racines des notions absolues, soit théologiques, soit métaphysiques, se dessèchent ; et la confiance dans les conceptions de ce genre va décroissant chez les intelligences formées à l'école des notions positives.

Aussi beaucoup d'hommes éclairés ne manquent-ils pas d'objecter que, depuis plus de deux mille ans, la métaphysique agite incessamment les mêmes questions, sans avoir obtenu aucune solution permanente. C'est qu'en effet les doctrines métaphysiques sont marquées du caractère de l'instabilité. Rien, dans cette étude, ne demeure fixe; rien ne peut jamais être considéré comme définitivement acquis; rien ne persiste dans ces systèmes qui se succèdent, excepté la tentative toujours renouvelée d'aborder des questions toujours insolubles. Qu'est-il besoin de rappeler ici au lecteur des faits si bien connus? L'antiquité a vu, pour ne citer ici que les systèmes principaux, les luttes de l'Académie, du péripatétisme, de l'épicurisme, du stoïcisme, du scepticisme : et, quand ces grandes conceptions, qui avaient longtemps occupé les intelligences les plus élevées, commencèrent à tarir, le néoplatonisme reprit momentanément de l'ascendant sur les esprits. Mais la philosophie antique devait disparaître avec la société antique, la métaphysique païenne avec la religion païenne : aussi le néoplatonisme meurt au moment de l'intronisation définitive du christianisme. Alors commence une métaphysique chrétienne à côté de la religion chrétienne ; les problèmes agités par les philosophes de l'antiquité sont repris par les philosophes des temps qui suivent. Le moyen âge en discute d'analogues sous les noms de nominalisme, de réalisme, de conceptualisme. Puis surgissent les doctrines de Descartes, celles de Spinoza, celles de Locke et de Condillac, la critique de Kant, les spéculations de Fichte, de Schelling, de Hegel ; ce qui nous mène jusqu'à nos jours. Tous ces systèmes (ce sont les plus grands, et combien n'ai-je pas omis de modifications partielles !), tous ces systèmes sont en lutte sur les bases mêmes de leurs conceptions. Ce n'est jamais un édifice qui se continue ; c'est toujours une construction nouvelle, élevée sur les ruines de l'ancienne. Ce tableau du passé est aussi celui du présent ; car des symptômes manifestes indiquent que les grands systèmes de Condillac en France, de Hegel et de Schelling en Allemagne, s'épuisent et laissent de la place pour de nouvelles tentatives métaphysiques.

Donc, l'histoire révèle l'instabilité essentielle des doctrines métaphysiques. C'est là une expérience décisive par sa prolongation. En fait, et indépendamment de tout raisonnement théorique, les notions absolues sont instables et n'ont rien en elles-mêmes qui puisse maintenir une conviction prolongée ; en fait, elles se remplacent continuellement les unes les autres ; en fait, elles n'ont point encore de principe établi sur lequel toute contestation soit levée. A chaque grande époque métaphysique, on fait table rase ; d'autres esprits reprennent les questions fondamentales sur d'autres données ; et tout le travail ancien est perdu, si ce n'est comme exercice et éducation de la raison humaine. L'histoire du monde, a dit Schiller, est le jugement du monde ; et des variations perpétuées incessamment pendant plus de vingt siècles sont le jugement de la métaphysique.

Un tout autre spectacle est présenté par les sciences, qui

s'appuient sur un autre principe. Là, la marche est continue ; ce qui est acquis une fois l'est pour toujours, et le moindre coup d'œil jeté sur les diverses sciences suffit pour montrer que l'état présent est supérieur à l'état passé. De même qu'en fait la métaphysique est livrée à des agitations perpétuelles et à des révolutions sans terme, de même, en fait, les sciences sont assujetties à une ascension continue. De même qu'en fait la métaphysique voit à chaque nouveau système ses bases mêmes attaquées et remaniées, de même, en fait, les sciences, quand elles ont touché une fois le vrai, ne le perdent plus et bâtissent avec confiance sur ce fondement solide. Le résultat est là, frappant tous les yeux. Rien de plus instructif que ce contraste fourni par l'histoire, maintenant suffisamment étendue pour que l'expérience soit concluante. Le temps laisse sourdre peu à peu ses enseignements comme autant de minces filets d'eau qui sillonnent à peine le sol ; mais à la longue ces filets réunis forment un courant qui entraîne les intelligences.

Ce qui distingue la métaphysique et la science positive, c'est que l'une ne débat jamais que ses principes, et que l'autre ne débat jamais que ses conséquences ; situation inverse qui rend compte des résultats opposés. Dans les sciences, la contestation roule sur les choses nouvelles et sur les inductions qui en sortent ; dans la métaphysique, elle roule sur les choses primordiales, sur celles qui ont occupé les plus anciens philosophes. Constatons encore une différence non moins profonde. Les sciences ont un caractère fixe et déterminé comme les objets qu'elles étudient ; elles ne varient pas plus que les lois naturelles, et, ces lois étant toujours et partout les mêmes, il en résulte une série de notions à l'abri de l'influence des lieux et des temps. Une vérité astronomique trouvée en Grèce n'a ni patrie ni date, et elle est valable pour les modernes comme pour les anciens. Autre est le cas de la métaphysique : comme elle repose sur des principes *a priori*, sur des notions absolues puisées directement dans l'esprit humain, elle varie comme cet esprit lui-même, elle reflète les opinions des civilisations successives, et elle est grecque ou orientale, païenne ou chrétienne. Les systèmes métaphysiques se tiennent moins par une liaison intrinsèque et naturelle que par les circonstances extrinsèques. La métaphysique païenne meurt avec l'avénement du christianisme, tandis que la géométrie païenne ou l'astronomie païenne ne souffrent pas une pareille interruption.

C'est qu'en effet la métaphysique a un rôle essentiellement critique, par conséquent toujours lié à des données qui ne lui sont pas exclusives : ce sont les données théologiques. La métaphysique s'occupe des mêmes objets que la théologie, mais elle s'en occupe d'une manière différente. Dès lors s'établit entre l'une et l'autre un rapport qui détermine inévitablement le caractère de la métaphysique ; aussi la voit-on constamment en conflit avec les pouvoirs religieux, dont elle compromet les conditions d'existence. C'est ainsi que la métaphysique païenne a miné par une longue élaboration les bases mentales du polythéisme et préparé les voies à l'avénement du monothéisme dans le monde gréco-romain. C'est ainsi que la métaphysique chrétienne, mère de tant d'hérésies, a amené le protestantisme, la désorganisation de l'établissement catholique, et finalement les phases révolutionnaires dont le monde moderne a été témoin.

La prétention de traiter d'une façon indépendante les questions que les théologies résolvent n'a jamais été acceptée par les pouvoirs religieux ; mais, d'un autre côté, la prétention de limiter dans un certain cercle les discussions sur les notions absolues communes aux théologies et à la métaphysique, n'a jamais été acceptée par celle-ci. De là le rôle social des théologies et des métaphysiques. Dans l'histoire des populations les plus avancées, ces deux puissances ont été invincibles l'une pour l'autre ; elles se sont partagé le domaine commun par des limites continuellement variables entre la foi et le raisonnement. La métaphysique est toujours ou auxiliaire ou adversaire : dangereux auxiliaire à cause de son indépendance, dangereux adversaire à cause de la compétence qu'elle accorde à tous les esprits. Ce jeu alternatif se perpétue jusqu'à la venue des notions positives, qui les supplantent toutes deux partout où elles les atteignent, et qui éliminent les explications soit théologiques, soit métaphysiques.

Telle est, dans l'histoire du développement de l'humanité, la position de la métaphysique, toute corrélative et critique. Les besoins logiques sont impérieux pour l'esprit humain, et la métaphysique a satisfait pendant longtemps à un de ces besoins. Il faut à l'esprit toujours quelque moyen général de coordonner ses conceptions, quelque système qui les embrasse, quelques notions compréhensives qui lui servent de théorie et de guide. C'est là ce que la métaphysique a fourni aux générations du passé. Elle est un intermédiaire (en tout l'esprit humain a besoin d'intermédiaires) entre les théologies, que sa discussion ébranle, et les notions positives, dont, par cette discussion même, elle prépare l'avénement. Par un accord que l'on constate continuellement dans l'histoire, et qui est le résultat inévitable des conditions mentales de l'humanité, cette généralité qui, alors ne pouvait être autre, était suffisante; car l'ensemble du savoir humain n'était pas capable de donner de graves contradictions aux explications absolues et d'en limiter l'étendue. Depuis et peu à peu elle est devenue insuffisante. Les compartiments demeurés vides dans les connaissances se sont remplis; ce qui est accessible à l'intelligence a été embrassé, et le départ s'est fait entre les notions absolues vainement cherchées et les notions relatives, seul objet réel de nos spéculations. Les siècles se sont chargés de ce double travail, montrant d'une part l'inanité des tentatives du Sisyphe métaphysique, et de l'autre les progrès constants et continus des notions positives. A ce point, et c'est celui où nous sommes aujourd'hui, le concours entre les sciences et la philosophie devient manifeste; les sciences se transforment en philosophie, ou, si on l'aime mieux, la philosophie demande aux sciences sa base et sa méthode.

IV.

De la philosophie positive.

La distinction entre la philosophie et les sciences est essentiellement transitoire ; la philosophie n'est qu'une science générale ; chaque science spéciale n'est qu'une philosophie particulière ; tout est évidemment commun, le but et les procédés. Lorsque, il y a vingt-cinq siècles, Socrate sépara la philosophie des sciences, qui jusque-là y étaient confondues, comme on le voit par les travaux des anciens philosophes, Anaxagore, Xénophane, Parménide ; etc., quand, dis-je, Socrate opéra cette séparation, il obéit instinctivement à une nécessité qui ne fit que devenir plus pressante dans les siècles suivants. Les phénomènes moraux et sociaux échappaient tellement aux vaines explications physiques des sciences contemporaines, que l'esprit ferme et net de Socrate en fut frappé ; et, d'un autre côté, les sciences positives commençaient à avoir assez de consistance pour ne plus accepter que difficilement les procédés qui étaient propres aux conceptions théologiques et métaphysiques. La tendance à la scission était donc réciproque ; et les sciences se seraient elles-mêmes disjointes du système philosophique, si Socrate, prenant les devants, n'eût fait la part de la philosophie. Ne sait-on pas que l'antiquité attribua à Hippocrate d'avoir séparé de la philosophie la médecine, qui, à titre de biologie, était englobée dans les spéculations générales ?

Donc la double impossibilité, soit de soumettre les phénomènes moraux et sociaux aux explications scientifiques, soit de soumettre les phénomènes de la nature physique aux explications théologiques ou métaphysiques, cette double impossibilité se fit impérieusement sentir en Grèce vers le temps de Périclès ; et c'est certainement là un des grands événements dans l'histoire de l'esprit humain. Dès lors les sciences positives continuèrent pas à pas leur lente élaboration, s'affranchissant progressivement, suivant les degrés de leur complication, des langes théologiques et métaphysiques qui les avaient protégées à leur naissance ; et leur indépendance, d'abord précaire, alla s'affermissant de plus en plus. D'un autre côté, le monde moral et social fut régi par les notions théologiques et métaphysiques. On voit, à ce grave moment, l'antique unité théologique, dont le type le mieux connu nous est offert par l'Egypte, se briser en deux irrémédiablement dans les esprits. Des deux fragments, l'un continue à se mouvoir dans l'ancienne orbite des notions absolues, c'est-à-dire théologiques ou métaphysiques ; l'autre est jeté dans la voie nouvelle de l'expérience ; de l'expérience qui, jusqu'alors, sans doute, n'avait fourni que des éléments aux arts, sans jamais prendre rang dans les conceptions scientifiques. C'est là aussi ce qui imprime le caractère à toute la science et à toute la philosophie jusqu'à nos jours : la science devient de plus en plus étrangère à la philosophie ; la philosophie devient de plus en plus étrangère à la science.

L'avenir de ces deux grandes méthodes était alors incertain. Pour que le rapport récemment établi par la scission se maintînt, il fallait que la métaphysique réussît à asseoir d'une manière solide ses principes propres, ou bien il fallait que les sciences positives fussent incapables d'aborder jamais les problèmes exclusivement réservés d'abord à leur rivale. Ni l'une ni l'autre de ces deux conditions ne s'est réalisée. Il ne fut pas donné à l'esprit métaphysique de s'arrêter dans ses révolutions incessantes ; et l'expérience montra une propriété qu'on ne lui soupçonnait pas, celle de fournir, à l'aide de l'induction et de la déduction, des notions pleinement scientifiques. Pendant que la métaphysique, cherchant l'absolu, tournait inévitablement dans un cercle où elle ne trouvait pas de repos, les sciences, cherchant le relatif, s'approchaient peu à peu du domaine qui lui avait été jusque-là interdit. De la sorte, la question s'est trouvée posée, mais en sens inverse, comme au temps de Socrate : alors, par les progrès des idées, la scission entre la philosophie et les sciences était inévitable; aujourd'hui, par le même progrès, la réunion devient inévitable à son tour.

Ainsi ont marché les choses. Une hypothèse théologique, puis métaphysique, a présidé aux débuts de l'humanité, a soutenu ses pas et favorisé son développement. En dehors s'est placée l'étude des lois réelles, étude faible d'abord, lente et mal assurée dans sa marche, puis, une fois les premières difficultés vaincues, grandissant avec rapidité. La confrontation fut inévitable, et, s'opérant d'elle-même, successivement, elle fit reculer l'hypothèse primordiale. Mais, dans les temps passés, la confrontation n'était que partielle ; aujourd'hui elle est générale et porte sur tout le savoir humain.

Arrivées à posséder cet ensemble, les sciences, pour se transformer en philosophie, n'ont plus qu'une chose à faire : c'est de s'ordonner elles-mêmes en système. Cette élaboration accomplie, elles satisferont à toutes les conditions d'une philosophie, c'est-à-dire qu'elles fourniront les premiers principes de toutes nos notions rangées dans l'ordre vraiment naturel. C'est ce dernier travail que M. Comte a exécuté dans son ouvrage.

Il faut d'abord reconnaître avec précision la véritable étendue du domaine spéculatif, c'est-à-dire déterminer quel est le nombre des sciences pures, de celles qui correspondent à des lois distinctes et qui ne s'appliquent pas à un objet naturel particulier. Je m'explique par des exemples qui feront comprendre la chose sans aucune ambiguïté. L'astronomie est une science pure ou spéculative, car elle étudie les lois géométriques et dynamiques qui régissent les corps célestes ; la chimie est une science pure ou spéculative, car elle étudie les lois qui régissent les compositions et les décompositions des corps. Mais la géologie n'est pas une science pure, car elle s'occupe d'un objet naturel particulier, du globe terrestre, et emprunte tous ses moyens d'attaquer les difficiles problèmes qui lui sont soumis aux sciences pures, par exemple à l'astronomie, à la physique, à la chimie, etc.

Telle est la distinction importante qu'il faut faire entre les sciences spéculatives et les sciences concrètes. La philosophie, chose éminemment spéculative, ne peut, cela est manifeste de soi, s'incorporer que les sciences spéculatives. Il faut donc les énumérer pour établir tout d'abord le vrai domaine de la philosophie positive.

M. Comte distingue six sciences pures : les mathématiques, l'astronomie, la physique, la chimie, la biologie, la science sociale. Des mathématiques relèvent les lois de l'étendue et du mouvement. A l'astronomie appartiennent la distance, la grosseur, la forme du soleil et des corps planétaires, les orbites qu'ils parcourent, et les forces qui les meuvent. La physique étudie tous les phénomènes dus au mouvement, à la pesanteur, à l'électricité, au magnétisme, au calorique, à la lumière, aux vibrations sonores. La chimie pénètre dans la constitution moléculaire des substances, reconnaît les éléments indécomposables ou, du moins, indécomposés, et détermine les conditions qui président aux combinaisons définies. La biologie recherche toutes les formes que revêt la vie depuis le dernier végétal jusqu'à l'homme, embrasse la hiérarchie de ces êtres de plus en plus compliqués et élevés, se familiarise avec les modes qui règlent la manifestation des phénomènes vitaux, travaille à préciser le rapport constant qui existe entre la structure anatomique et la fonction, constate des facultés de plus en plus hautes dans les animaux supérieurs, et, combinant la considération de l'organe et des facultés, elle dispute l'étude de l'homme intellectuel et moral à la métaphysique. Enfin, la science sociale suit l'évolution des sociétés, en distingue les phases nécessaires et assigne la loi de ces changements ; plus générale et plus vraie que la doctrine de Bossuet ou celle de Condorcet, elle rend compte du fétichisme, du polythéisme, du monothéisme et de l'ère de révolution, démontre l'instabilité nécessaire de ces états transitoires, et prévoit dès lors l'avénement complet des idées positives. Ce résumé succinct comprend l'ensemble du savoir humain. Rien n'est omis, rien si ce n'est ce qui est inaccessible à l'esprit de l'homme, la recherche des causes premières et des causes finales.

Ici se montre visiblement le caractère qui appartient à la philosophie positive et qui la distingue profondément des conceptions rivales. Chaque série de phénomènes apparaît gouvernée par des lois permanentes. Toujours la terre et les planètes, ses sœurs, vont de l'occident à l'orient, retombant sans cesse dans le sillon d'hier. Toujours l'électricité, éclatant dans les nues, trouble la tranquillité de notre atmosphère. Toujours un secret effort dirige l'aiguille aimantée vers les pôles de notre globe. Toujours des forces intimes sollicitent la combinaison des éléments et composé avec deux gaz subtils les mers orageuses, qui ébranlent leurs barrières de rochers. Toujours la vie, postérieure à la terre, change, par une transformation singulière, en muscles, en os, en nerfs, les éléments grossiers disséminés dans les airs, sur la terre et les eaux. Toujours le dynamisme social, postérieur à la vie, agit, au sein des agglomérations humaines, selon un procédé régulier. Là sont les conditions nécessaires des choses telles que nous les connaissons ; elles forment l'horizon de l'esprit humain, au delà duquel l'œil de l'intelligence est incapable de rien voir, que le vide infini. C'est ainsi que la vue physique a vainement déployé devant elle les espaces immenses et le bleu sans limite des profondeurs célestes ; l'étendue est un obstacle suffisant, et l'œil n'a point de portée qui atteigne à ces distances lointaines.

Ces lois qui régissent les choses, il est impossible d'aller au delà ; mais il est possible d'y arriver. Toute recherche qui prétend les dépasser se perd dans le vague ; toute recherche qui les étudie dans leur action et leurs combinaisons est fixe, déterminée et, partant, positive. Du moment qu'on a éliminé ce qui doit être éliminé désormais, on ne voit rien qui se trouve en dehors de six sciences énumérées. Quelque effort de pensée qu'on fasse, on arrive toujours, en définitive, à l'une d'elles ; sinon, l'on sort, ou plutôt l'on croit sortir des limites de l'esprit humain, et, au lieu de traiter les questions réelles, on agite des conceptions mentales, destinées, comme l'histoire des théologies et des philosophies le prouve, à perdre peu à peu l'assentiment des intelligences. Tout ce que nous pouvons savoir est évidemment renfermé dans les notions géométriques de l'étendue et du mouvement ; dans la connaissance du système céleste auquel nous appartenons ; dans le jeu des agents qui gouvernent toute chose sur notre terre ; dans les combinaisons des éléments chimiques; dans l'étude de la série des êtres vivants, au sommet de laquelle l'homme est placé, et enfin, dans les conditions sous lesquelles les sociétés se développent. Au delà de cet ensemble on ne peut plus imaginer que des spéculations sur l'essence des choses et sur les causes dernières ; mais essence des choses, causes dernières, questions théologiques et métaphysiques, tout cela est en dehors de l'expérience. L'esprit humain, de quelque manière qu'il s'ingénie, n'a aucun moyen pour y atteindre ; et, produit lui-même des causes qui produisent tout, n'ayant vue que sur un coin d'univers, ne pouvant combiner les idées complexes que dans une limite très-restreinte, quand il entasserait Ossa sur Pélion, il n'en serait pas plus près du but inaccessible qu'il s'est si longtemps proposé.

Donc la philosophie est dans l'ensemble des sciences qui donnent la connaissance de l'ensemble des choses. Mais, à ce point, ce ne sont encore là, à vrai dire, que des matériaux ; et, pour que la construction s'achève, il faut un double travail, savoir, une classification systématique et l'exposition des principes les plus généraux que renferme chaque science.

Les six sciences ont été classées par M. Auguste Comte dans l'ordre suivant : mathématiques, astronomie, physique, chimie, biologie et science sociale. Voici les raisons qui l'ont conduit à cette classification, et qui n'en permettent pas d'autre. Au premier rang sont placés les mathématiques, à cause de la simplicité plus grande qui leur appartient ; à l'aide d'un très-petit nombre d'axiomes suggérés immédiatement par l'expérience, elles arrivent, par la voie de la déduction, à des développements prodigieux. De toutes les sciences, c'est celle qui emprunte le moins aux données expérimentales ; c'est celle dans laquelle le travail interne de l'esprit humain intervient le plus. Il est merveilleux de voir comment quelques vérités d'une extrême simplicité mènent à des résultats importants et à des formules fécondes. Les mathématiques marchent sans le secours des sciences subséquentes, elles sont plus générales qu'aucune autre; car qu'y a-t-il de plus général que les notions de l'étendue et du mouvement? C'est cette double considération qui leur assigne la première place dans la hiérarchie scientifique.

La seconde est dévolue à l'astronomie par la même raison. L'astronomie, elle, doit bien plus que les mathématiques à l'expérience, à l'observation. Tous les résultats qu'elle a obtenus sont le prix de l'étude patiente et minutieuse des apparences célestes, et, à ce titre, elle est notablement plus compliquée que les mathématiques; mais sans celles-ci, elle ne peut rien. Si l'on s'arrête, dans l'évolution des sciences, à l'antiquité, on reconnaît immédiatement la justesse du classement de M. Comte. A ce moment, il n'y a point de physique, et y a une astronomie. A la vérité, cette astronomie est purement géométrique. Mais elle a le vrai caractère scientifique, celui de la prévision : on sait qu'Hipparque avait calculé les éclipses pour six cents ans après lui. L'astronomie mécanique est toute moderne; elle ne s'est formée que par l'extension des lois de la chute des graves aux corps célestes. Mais cela ne trouble en rien le classement primordial ; car cela rentre dans la dépendance qui assujétit l'une à l'autre les sciences une fois constituées.

C'est encore l'histoire qui détermine le troisième rang dans la hiérarchie; et elle l'assigne à la physique. Le secours des mathématiques lui est indispensable; grâce à elles seules, l'esprit pénètre profondément dans la règle des choses ; sans ce guide, qui tantôt rectifie l'expérience et tantôt la devance, les théories seraient bien moins sûres et bien moins compréhensives. A la demande pourquoi l'ordre hiérarchique a été spontanément et inconsciemment suivi, on répond que la mathématique est la plus simple des sciences, puisque c'est elle qui suppose le moins de matériaux préliminaires, ne requérant que des axiomes qui sont des faits d'intuition. On répond qu'à son tour l'astronomie n'exige que des observations patientes et réitérées, et qu'une mathématique géométrique lui suffit pour pénétrer fort avant dans le système des révolutions célestes. Mais pour la physique le problème se complique considérablement et devient bien plus ardu ; car il faut à la fois des expériences perpétuelles, dont l'antiquité n'avait pas le goût, et une mathématique puissante qui n'était pas encore.

En arrivant à des phénomènes encore plus reculés des yeux, on rencontre la science qui étudie les éléments dans leurs actions moléculaires. La chimie, évidemment, doit être placée après la physique, source de connaissances dont elle ne peut se passer. Le calorique, la lumière, l'électricité, jouent un trop grand rôle dans les phénomènes chimiques, pour que le rang de la chimie ne soit pas fixé dans la hiérarchie scientifique. Cette subordination, donnée, comme on le voit, par la nature des choses, est donnée aussi par l'histoire : la chimie est une science récente ; le berceau en est près de nous. Avant les admirables découvertes du siècle dernier, il y avait des alchimistes, ouvriers infatigables à entretenir les fourneaux allumés, à remuer les substances, et faisant çà et là de précieuses découvertes tout en poursuivant de chimériques recherches. Ce furent les chimistes du xviii° siècle qui fondèrent la chimie scientifique. Au reste, ici vient expirer l'influence mathématique, absolue dans l'astronomie, grande encore dans la physique, à peu près nulle dans la chimie. Aussi les théories, dépourvues de ce puissant secours, sont-elles bien plus restreintes dans leur portée et dans leur prévision, caractère qui va se marquer de plus en plus dans les sciences subséquentes.

La grande science des êtres vivants, la biologie, succède à la chimie. De la chimie seule elle apprend que les tissus organisés sont composés des éléments inorganiques disséminés dans le reste de la nature ; que les matériaux s'échangent incessamment entre eux dans le sein des corps animés, et que la nutrition, qui est, avec la reproduction, la vie entière dans le végétal, et la base de tout le reste dans l'animal, n'est, à vrai dire, qu'un immense travail de composition et de décomposition chimiques. La biologie est tellement liée à la chimie, qu'aujourd'hui ces deux sciences sont vicieusement enchevêtrées dans ce qu'on nomme chimie organique, et le domaine respectif de chacune n'est pas même déterminé. Ici, il faut signaler un point essentiel dans l'histoire : la biologie, malgré sa subordination hiérarchique à la chimie, n'est point une science de tout point récente ; Aristote, Hérophile, Erasistrate, Galien, ont exécuté des travaux véritablement positifs. C'est que la biologie a pu être directement attaquée par l'anatomie, et on a tout d'abord étudié les fonctions des organes. Mais, pour l'antiquité, la nutrition est restée lettre close : la nutrition, fondement de toute vitalité ; un abîme séparait le monde organique du monde inorganique ; et, en l'absence d'une science qui n'existait pas, on ne pouvait se faire aucune idée positive de l'élaboration par laquelle les tissus vivants se formaient aux dépens des matériaux bruts. La chimie a comblé cet abîme, et il est constant que la biologie, fragment isolé jusqu'alors, n'a été introduite dans la science générale qu'après la création de la chimie. C'est là le vrai point de vue de l'histoire scientifique et l'explication d'une anomalie apparente.

Enfin, au sixième rang vient la science sociale. Il est à peine besoin d'indiquer le rapport de subordination dans lequel elle est à l'égard de la biologie. L'étude de l'homme en société a pour fondement nécessaire l'étude de l'homme en tant qu'individu ; elle requiert aussi, pour donner de la consistance à ses théories, la connaissance des conditions générales sous lesquelles la vie se manifeste. Les conditions de la vie dans tout son ensemble sont un terme auquel doivent être incessamment confrontées les théories sociales ; c'en est la pierre de touche nécessaire. En un mot, la biologie fournit à la science sociale le terrain, comme la chimie le fournit à la biologie elle-même. Il n'est pas besoin non plus d'insister pour faire voir que la science sociale est, dans l'histoire, comme dans la hiérarchie, postérieure aux autres sciences. C'est au moment où les unes ont grandi et se sont coordonnées, que les tentatives pour déterminer l'autre sont devenues de plus en plus fréquentes, de plus en plus intéressantes.

Telle est la coordination systématique des sciences pures ou spéculatives. Elle est fondée sur l'indépendance de la science inférieure à l'égard de la supérieure, sur la dépendance de celle-ci à l'égard de celle-là (1); sur les objets de moins en moins généraux dont elles s'occupent respectivement : l'étendue et le mouvement, le système céleste, les agents physiques, les phénomènes chimiques, la vie, la société ; enfin, sur le développement historique lui-même, qui n'a laissé éclore les sciences que une à une, et au fur et à mesure de leur complication. Cet arrangement porte avec soi sa démonstration, et dès lors on peut voir les diverses catégories de phénomènes, chacune asservie à la loi qui la régit, produire par leurs combinaisons le spectacle de notre monde. Ainsi, on arrive au plus haut point qu'il soit permis d'atteindre, et de là on embrasse tout ce qui est su ; véritable position philosophique, où rien n'échappe et où les choses sont vues dans leurs relations réelles, assez élevée pour dominer, assez judicieusement choisie pour ne donner aucun vertige.

La philosophie de chaque science en particulier est éclairée continuellement par la coordination systématique qui place ainsi à leur rang successif les mathématiques, l'astronomie, la physique, la chimie, la biologie et la science sociale. Rien ne prépare mieux l'esprit à concevoir les méthodes et les résultats, qu'un arrangement dans lequel les sciences sont entre elles dans le rapport le plus direct, et qui montre tout d'abord les réactions multipliées des unes sur les autres. Un premier coup d'œil signale le caractère des méthodes employées par chaque science : à mesure qu'on passe de l'une à l'autre, on voit le procédé suivi instinctivement par l'esprit humain changer et se modifier selon le sujet à traiter. C'est là que la

---

(1) Il est bien entendu que cette indépendance n'existe que pour les temps antérieurs à la constitution de chacune. Plus tard, les sciences supérieures et inférieures deviennent dépendantes les unes des autres, et il y a entre elles un échange de constants services.

logique élémentaire, si bien établie par Aristote, devient logique spéculative, et, par la combinaison des méthodes particulières, constitue la méthode générale de l'esprit humain. Dans les mathématiques, où l'induction est presque nulle et se réduit à une sorte d'intuition, règne avec ses développements les plus étendus et les plus admirables la déduction, qui de quelques axiomes tire une multitude infinie de propositions enchaînées. L'induction qui, elle, au contraire, fait sortir de faits particuliers une loi générale, prend une place toujours de plus en plus grande dans les sciences subséquentes. La méthode spécialement cultivée par l'astronomie est l'observation : l'astronomie n'a qu'un seul sens, la vue, pour étudier les phénomènes dont elle s'occupe ; ces phénomènes s'accomplissent sans qu'elle puisse en rien les modifier ; et c'est là que devra étudier les règles et la puissance de l'observation quiconque voudra s'en faire une véritable idée. Autre est la méthode de la physique et de la chimie : là, les agents sont sous notre main ; le nombre en est limité ; on peut, n'en modifiant qu'un seul, laisser subsister tous les autres : c'est l'expérimentation ; ces sciences en offrent le plus parfait modèle. Quiconque veut savoir ce que c'est que l'art d'expérimenter, d'instituer convenablement une expérience, et d'en tirer de justes conclusions, doit aller à l'école de la physique et de la chimie. Ce n'est qu'après avoir été formé par ces institutrices rigoureuses qu'on pourra, dans les autres sciences, où l'expérimentation est moins pure, apprécier convenablement les résultats qu'elle fournit. Comme la chimie est entre le monde inorganique et le monde organique, et forme le pont qui mène à la biologie, elle participe pour la méthode de ce caractère intermédiaire ; et, si elle a l'expérimentation comme la physique, elle a, comme la biologie, la classification. Former la vraie nomenclature des choses et leur imposer un nom systématique qui en indique la nature, est un des attributs de la logique spéculative ; et, bien qu'il appartienne aussi à la biologie, c'est néanmoins dans la chimie que cet attribut trouve à s'exercer de la manière la plus complète. Là, une bonne nomenclature est le résumé de toute la science ; le nom systématique de chaque corps doit en faire connaître directement la composition, et contenir en quelque sorte un précis de son histoire. Aussi les pères mêmes de la science avaient-ils fondé une nomenclature admirable, quoique devenue insuffisante ; les nomenclatures systématiques en botanique, en zoologie, en anatomie, en pathologie, ne peuvent atteindre à un aussi haut degré de perfection. La chimie se trouve placée dans la hiérarchie scientifique à un point où la nomenclature, devenant utile, n'est pas cependant assez difficile pour ne pas rallier toutes les considérations au caractère suprême de la science, à une seule notion prépondérante, à celle de la composition des corps.

Dans la biologie apparaît une autre face des choses, et cette science comporte aussi une autre méthode générale ; là tous les êtres, depuis la plante jusqu'à l'homme, forment un système présentant partout analogies et différences. Pour chaque être, les âges, depuis la conception dans la graine végétale ou dans l'ovule animal, jusqu'à la décadence sénile, offrent des variations successives enchaînées les unes aux autres. Enfin, dans le même être, les influences du milieu ambiant et de la nutrition produisent des modifications profondes, sujet fécond en rapprochements. De là ressort la méthode qui appartient en propre à la biologie, et dont nulle science ne fait un usage aussi constant, aussi profitable, à savoir, la méthode analogique ou comparative. Ce qui ne fait que poindre dans la biologie arrive à son plein dans la théorie des sociétés. La doctrine des âges, en effet, n'est que le rudiment de la méthode historique, privilége spécial de la science sociale. Ici l'investigation procède, non plus par simple comparaison, mais par filiation graduelle. L'individu, dans sa courte évolution, ne peut suggérer la méthode historique, laquelle, au contraire, surgit directement de la contemplation des phases successives de l'humanité. Telles sont les méthodes particulières dont l'ensemble constitue, suivant l'heureuse expression de M. Auguste Comte, le pouvoir général de l'esprit humain.

Voilà pour la méthode ; voici pour le résultat. Embrasser dans un aperçu commun tous les phénomènes sans exception, et en saisir l'enchaînement, cela donne nécessairement la conviction que les choses sont soumises à des lois fixes, c'est-à-dire au jeu régulier de leurs propriétés. Tels agents étant en présence, tels effets en sortiront toujours. Le voyage que la philosophie positive fait faire dans le domaine mental ressemble assez aux premières circumnavigations, qui révélèrent à l'homme les dimensions du globe terrestre. Tant qu'il n'avait pas fait le tour de sa demeure, il pouvait lui supposer des dimensions démesurées, et rien ne lui apprenait les limites réelles dans lesquelles il était renfermé. De même le domaine mental a pu longtemps paraître infini ; mais, du moment que la circumnavigation est achevée, du moment que partout les limites ont été touchées, il faut rentrer dans la réalité. Ces limites, ce sont les lois qui régissent toutes les catégories de phénomènes à nous connues.

L'immutabilité des lois naturelles, à l'encontre des théologies, qui introduisent des interventions surnaturelles ; le monde spéculatif limité, à l'encontre de la métaphysique, qui poursuit l'infini et l'absolu : telle est la double base sur laquelle repose la philosophie positive. Rattachant chaque ordre de faits à un ordre de propriétés naturelles, elle met hors de cause les théologies, qui, sous la forme de fétichisme, de polythéisme et de monothéisme, supposent une action surnaturelle, et les métaphysiques, qui vont chercher, par delà les phénomènes, leur point d'appui dans des hypothèses. L'esprit positif a successivement fermé toutes les issues à l'esprit théologique et métaphysique, en dévoilant successivement aussi la condition d'existence de tous les phénomènes accessibles et l'impossibilité de rien atteindre au delà.

Tenant de la sorte les méthodes et les résultats généraux, la philosophie tient les fils de toutes les sciences ; et c'est là le rôle qui lui appartient, mais qui depuis longtemps lui a échappé, sans qu'il fût jamais possible qu'elle le reprît en persistant dans la voie métaphysique. Les procédés scientifiques et métaphysiques sont trop radicalement distincts pour que les derniers exercent désormais de l'influence sur les premiers; et à cette dissidence profonde il faut attribuer la répugnance que témoignent pour la métaphysique de bons esprits scientifiquement cultivés. La science positive ne peut devenir métaphysique : son travail a été justement de se dépouiller successivement de ce vêtement étranger, et chaque jour elle repousse quelques lambeaux de ce genre que le temps n'avait pas encore emportés. De ce côté, rien ne peut être changé. Mais cette fin de non-recevoir n'est, à vrai dire, qu'un refus en désespoir de cause : il n'est aucun esprit qui ne se trouvât heureux d'avoir une philosophie, de mieux comprendre les principes généraux de sa propre science à l'aide de la comparaison avec les sciences voisines, et de se former une idée juste du savoir humain, en en saisissant la coordination, la portée et les limites. La philosophie est le véritable remède à l'action dispersive des spécialités; mais pour cela il faut qu'elle soit homogène avec les notions positives, notions qu'à aucun prix l'esprit humain ne peut plus sacrifier : autrement l'efficacité en est nulle. On en a surabondamment la preuve aujourd'hui : jamais la philosophie n'a exercé moins d'empire sur les sciences, parce que jamais, à aucune époque, les deux méthodes positive et métaphysique n'ont été séparées l'une de l'autre par un plus grand intervalle. Désormais la fusion de la philosophie et des sciences est également nécessaire à toutes deux, et il n'est pas moins important, dans l'état actuel des esprits, de soumettre les sciences à la philosophie, que la philosophie à la méthode scientifique.

Arrivée là, la philosophie change complétement de manière d'être. Les modifications qui lui sont destinées ne portent plus sur ses bases; elles ne portent que sur son sommet. Appuyée sur le terrain solide des sciences, elle garde, comme elles, les premières assises ; mais, comme chez elles aussi, les constructions dernières sont continuellement en rénovation et en accroissement. Il n'est point d'acquisition dans une science quelconque qui ne tourne au profit de la philosophie; il lui appartient de s'enrichir successivement de toutes les richesses et, partant, de se modifier dans ses développements, obéissant dès lors sciemment aux leçons de l'histoire, qui montre la variation inévitable des opinions humaines, la filiation qu'elles suivent, le rapport constant entre l'état mental des peuples et leur état social, et le caractère toujours relatif des idées philosophiques.

Et, en effet, il y a une réaction nécessaire entre la science sociale et toutes les autres sciences, réaction manifeste en fait dans l'histoire, mais dont la nature se révèle à la philosophie dès que celle-ci est en état de la comprendre. Si, dans la hiérarchie, la science subséquente dépend, par une liaison nécessaire, de la science antécédente, il est vrai aussi que la science antécédente subit une utile réaction de la part des sciences subséquentes. Elle en reçoit de nombreues clartés, elle leur emprunte des méthodes utiles et s'en sert soit pour rectifier son propre point de vue, soit pour l'agrandir, soit pour se créer des ressources nouvelles. Cela étant, et le plus simple examen montrera la vérité de cette proposition, cela étant, dis-je, on conçoit quelle influence considérable doit exercer la science sociale sur l'ensemble scientifique; car, placée au dernier rang et venant après toutes les autres, si elle reçoit d'elles toutes des secours nécessaires, elle donne à toutes de fécondes indications et l'appui le plus ferme. Ainsi se trouve établie la réaction réciproque de toutes les parties; et, semblable au circuit électrique, le circuit philosophique est complété. La première science dépend de la dernière; la dernière dépend de la première; et toutes ensembles renferment dans leur circonscription le domaine réel ouvert aux investigations humaines. Là cesse toute distinction entre la science et la philosophie; la science sociale est le terme où aboutissent toutes les autres et d'où partent les directions. Mais cette consommation finale n'est possible que pour la philosophie positive, laquelle s'est incorporé les méthodes et les résultats des sciences particulières.

Puisque toutes les sciences aboutissent à la science sociale; puisque, à son tour, la science sociale réagit sur toutes les autres, il n'y a donc véritablement qu'une seule et grande science, celle de l'humanité, qui comprend tout et résume tout. Là est la philosophie entière; et rien ne reste en dehors. Au vrai point de vue, philosophie et science de l'humanité, c'est tout un, et il n'est aucune séparation à établir entre le savant et le philosophe. Ces deux classes, aujourd'hui distinctes, doivent se réunir, ou dans une science plus générale, ou dans une philosophie plus positive, quelle que soit la formule dont on veuille se servir. Au reste, cet aperçu tout spéculatif est intéressant à suivre rétrospectivement dans l'histoire. Là gît la cause théorique de ce que la pratique montre réalisé dans tous les temps, à savoir, la prédominance directrice qui a appartenu jusqu'à présent à la philosophie, soit théologique, soit métaphysique. Si, au sens véritable, toute philosophie est science de l'humanité, il a bien fallu que cette science, la plus générale de toutes, présidât toujours à la direction des sociétés. Aussi, par sa nature même, quelque forme qu'elle revêtît, s'est-elle trouvée placée au sommet; elle n'a jamais cessé d'être la régulatrice, et, dans sa transformation en philosophie positive, elle conserve encore ce caractère, qui lui est essentiel. Dès l'abord, et en l'absence de la notion positive des choses, une hypothèse instinctive sur les causes des phénomènes lui donne la position qu'elle doit occuper ; maîtresse de tous les enseignements dans les grandes théocraties de l'antiquité, maîtresse encore de l'homme et des sociétés après la scission opérée par Socrate, elle tient le gouvernail ; et pendant ce temps l'hypothèse qui lui sert de fondement est soumise au jugement des générations qui s'écoulent et des sciences particulières qui grandissent. En effet, et ceci est à remarquer dans l'histoire, il n'est point de progrès dans les sciences qui n'aille se faire sentir dans les idées ; elles ne peuvent croître sans modifier considérablement les opinions, soit théologiques, soit métaphysiques. Or, cela s'explique pour quiconque aperçoit que, la philosophie étant la science de l'humanité, les sciences particulières en sont les affluents.

Le mécanisme de l'histoire, si je puis m'expliquer ainsi, au moins dans la partie spéculative, apparaît dès lors tout entier à nos yeux. Le procédé par lequel les opinions humaines se sont graduellement modifiées se manifeste ; et cette modification successive, autrement dit l'histoire, est due à la réaction des parties sur le tout, et du tout sur les parties, la philosophie sociale ne pouvant faire un pas sans rendre plus facile le développement des sciences particulières, et les sciences particulières ne pouvant faire un pas à leur tour sans modifier la philosophie sociale. Certes, ce n'est pas sans intérêt qu'on jette le regard dans ces profondeurs de l'histoire et qu'on voit surgir, au milieu du tourbillonnement des phénomènes sociaux si compliqués, au milieu de l'action des individus si indépendants, au milieu du conflit des masses nationales si diverses, au milieu de la succession des générations si isolées déjà de leurs ancêtres à une courte distance, qu'on voit surgir, dis-je, la condition secrète qui détermine la marche générale du système.

Le rôle primordial et nécessaire de l'imagination et de l'hypothèse tend de plus en plus à diminuer et à disparaître. Désormais, une seule chose est capable de déterminer la convergence des esprits, c'est la démonstration, dont le type est fourni par les sciences. Rien ne peut suppléer, dans l'état mental des populations modernes, cet indispensable office. A quelque mobile qu'on s'adresse, le nombre grossit incessamment de ceux dont la conviction se forme à une seule condition, l'assentiment spontané et involontaire qui est le fait de la démonstration. Tout le reste est inefficace. L'esprit humain, en vertu de sa propre constitution, n'est pas libre dans son assentiment ; et, quand il a saisi la preuve, il lui est impossible de ne pas l'accepter. De là vient, dans toutes les sciences, parmi les hommes les plus éloignés et les plus divers, l'accord uniforme et constant sur les notions définitivement établies. Là, aucune hérésie ne peut éclater, et, mieux que toute autorité, l'assentiment, nécessaire parce qu'il est involontaire, entretient la convergence continue des esprits. Tel est le caractère qu'aujourd'hui doit avoir toute philosophie : il faut qu'elle place, comme les sciences, ses principes dans une région où ils soient toujours et à chaque instant démontrables, et, par conséquent, toujours et à chaque instant acceptés.

Quelles que soient les critiques qu'on puisse faire du livre de M. Auguste Comte, tant pour les détails que pour la forme, il est convenable de les laisser complétement de côté; car, ce qui importe ici, c'est de montrer les points capitaux de ce grand ouvrage ; le reste est secondaire. On peut présenter ainsi ces points essentiels de son œuvre philosophique : la détermination de la loi qui régit les sociétés passant par l'état théologique et l'état métaphysique pour arriver à l'état positif ; la nature des questions, qui doivent cesser d'être absolues pour devenir relatives; la méthode, qui marche du monde vers l'homme, et non pas de l'homme vers le monde; la coordination hiérarchique des sciences, qui en indique les rapports et les réactions réciproques ; l'incorporation des sciences dans la philosophie, et par là, enfin, l'homogénéité établie entre toutes nos conceptions. Ce sont là les bases de la nouvelle élaboration philosophique ; c'est ce qui en fait le caractère, et c'est aussi ce qui a dû tout d'abord être soumis à l'appréciation du lecteur. Dans la marche continue de l'humanité, les peuples sont arrivés aujourd'hui au point de partage des idées philosophiques. L'histoire montre, dans tout son développement, le versant et le long cours des idées théologiques et métaphysiques ; mais déjà commence un autre versant, et la source des idées positives s'épanche à son tour, abandonnée désormais au lit qu'elle se creuse et à la pente qui l'entraîne.

II

DU DÉVELOPPEMENT HISTORIQUE

DE LA LOGIQUE

I. *Logique d'Aristote*, traduite en français pour la première fois, par Barthélemy Saint-Hilaire, 4 vol. in-8.
II. *A System of logive ratiocinative and inductive*, by John Stuart Mill, 2 vol. in-8.

Ce travail, qui a paru dans la *Revue des Deux-Mondes*, du 1ᵉʳ avril 1849, a surtout pour objet d'exposer quelques idées de M. Comte sur la logique. Il a pensé que les méthodes qui président au développement de chacune des sciences positives forment autant de pouvoirs de l'esprit humain; c'est son expression. Ce point de vue donne une grande extension à la logique.

I.

Idée d'une succession dans la logique.

C'est avec intention que j'ai rapproché ces deux ouvrages, l'un, le premier traité qui ait été composé sur la logique, l'autre, le dernier ou l'un des derniers. Il a été, de tout temps, curieux et instructif de rechercher les données de l'histoire dans chacun des départements de la culture humaine; mais à aucune époque cela n'a été plus important qu'à la nôtre. Pour quelques esprits (et je suis du nombre), l'histoire apparaît non plus comme une collection de faits que l'érudition enregistre sans en saisir l'enchaînement, mais comme une science dont la loi fondamentale est trouvée : à savoir, que toutes nos conceptions doctrinales sont d'abord théologiques, puis métaphysiques, enfin positives. Quand cette notion capitale aura été sanctionnée par l'assentiment suffisamment général, il en résultera d'un côté, pour ceux qui sont sincèrement épouvantés de la chute des vieilles institutions, que la ruine du passé ne coupe pas le chemin vers l'avenir et ne met point un abîme devant nos pieds, d'un autre côté, pour ceux qui cherchent *à priori* cet avenir, qu'il a des conditions essentielles, indépendantes de tout arbitraire, soustraites à toute volonté, quelque puissante qu'on la suppose, conditions qui sont pour le développement des sociétés ce que sont les conditions correspondantes pour tout autre phénomène naturel. Ici, dans la logique, dont il est seulement question, mais qui tient au reste, nous possédons sinon la première élaboration, du moins le premier texte officiel, celui d'Aristote ; et, pour une élaboration scientifique aussi circonscrite, il sera facile de signaler au lecteur, en lui montrant le point de départ et le terme actuel, la direction véritable de l'intelligence, excluant toutes les idées de cercle et d'orbite imaginées au sujet de la civilisation.

En contradiction à ce qui vient d'être dit s'élève tout d'abord une assertion singulière des métaphysiciens : ils déclarent d'une manière assez concordante que, depuis Aristote, la logique n'a pas fait un seul progrès. Kant a dit : « On voit que la logique possède le caractère d'une science exacte depuis fort longtemps, puisqu'elle ne s'est pas trouvée dans la nécessité de reculer d'un pas depuis Aristote. Ce qu'il y a encore de remarquable, c'est qu'elle n'a pu faire jusqu'ici un seul pas de plus, et qu'elle semble, suivant toute apparence, avoir été complétement achevée et perfectionnée dès sa naissance. » M. Barthélemy Saint-Hilaire n'a pas un autre avis. La longue et érudite *Introduction* qu'il a mise devant l'*Organon* d'Aristote a pour but d'enseigner que les efforts tentés à l'effet de développer la logique aristotélicienne ont avorté, et elle se termine en souhaitant que la nouvelle école, c'est-à-dire l'école éclectique, ait l'honneur de perfectionner l'œuvre antique. Cette espérance est vaine ; ce souhait est de ceux qui, suivant l'image du poëte latin, se perdent dans les airs et servent de jouet aux vents (*ludibria ventis*). Il y a vingt-deux siècles que l'on travaille en vain à faire un pas dans cette impasse ; vingt-deux siècles pourraient encore s'écouler sans que les futurs commentateurs d'Aristote eussent à signaler rien qui dût être compté comme une acquisition nouvelle, comme un prolongement scientifique de vérité en vérité.

Cependant il est vrai que la logique s'est perfectionnée, et cela s'est fait non-seulement en dehors des métaphysiciens, mais, ce qui est plus curieux, à leur insu. Ils ne se doutent pas de la voie qui a été tracée dans une autre direction, et ils s'obstinent à frapper à une porte qui ne peut s'ouvrir. Je vais donc indiquer d'abord comment la métaphysique est demeurée impuissante à développer la logique aristotélique, ensuite par quels progrès a passé le pouvoir de démonstration.

Le pouvoir de démonstration, c'est la logique. Il n'y en a pas, à mon sens, de meilleure définition. Reconnaître ou démontrer (ce qui est identique) à quel titre une chose est vraie, c'est-à-dire comment, partant de données fournies par la conscience et par l'intuition, on s'élève à des vérités de plus en plus étendues, tel est le domaine qui appartient à la science fondée par Aristote. Ce pouvoir de démonstration a-t-il grandi? et, s'il a grandi, dans quel sens? Les faits répondent : il a fait d'immenses progrès dans la voie des sciences positives; il n'en a fait aucun dans la voie de la métaphysique. La métaphysique est aujourd'hui aussi impuissante qu'à l'origine pour établir les notions qu'elle débat éternellement sur les causes premières et finales; au contraire, les sciences ont renouvelé et renouvellent sans cesse la série des idées humaines. Là est la cause de l'immobilité métaphysique de la logique, là est la cause de son développement scientifique.

Notre intelligence possède une propriété primordiale qui lui fait reconnaître qu'un objet, un fait, une chose, une idée, sont semblables ou dissemblables à un autre objet, fait, chose ou idée. Si C est la marque de B, et que B soit la marque de A, nous en concluons spontanément que C est aussi la marque de A. En cela gît la base entière de la logique. Tout travail de raisonnement est une opération par laquelle on ramène, de similitude en similitude, l'objet inconnu à l'objet connu. Il n'y a, au point de vue qui nous occupe, que cela d'inné dans l'intelligence; elle ne peut jamais refuser son assentiment à cette proposition-ci : A égale A. Une faculté aussi simple, aussi bornée, n'est capable de saisir, on le comprend sans peine, les objets scientifiques qu'à l'aide de méthodes subsidiaires qui permettent à ces objets de tomber sous l'application de la faculté. Une analogie fera concevoir nettement ma pensée : on sait que le plus puissant instrument pour développer les théories physiques est le calcul ; mais, pour que le calcul fût applicable, il a été nécessaire qu'il créât des formules de plus en plus efficaces et pénétrantes. Peu de questions physiques sont solubles pour la nue faculté de calcul innée à l'esprit humain ; mais le nombre et la complication des questions solubles croît à mesure que se constituent de nouvelles fonctions distinctes, éléments fondamentaux de nos combinaisons analytiques. De même ici, dans la logique, peu de questions, et des questions très-simples, sont accessibles à la faculté mentale que j'ai indiquée. Pour avancer dans le déchiffrement des hiéroglyphes naturels, il faut qu'elle s'arme de méthodes puissantes, jouant dans la logique le rôle des fonctions dans l'analyse.

II.

Etablissement et caractère du syllogisme.

Cette faculté primordiale dans l'esprit humain, et dont tous les hommes font spontanément usage, a constitué la logique primitive et tous les premiers essais de démonstration. Les Grecs, dont l'esprit scientifique s'éveilla de bonne heure, ne tardèrent pas à porter leur attention sur ce fait psychologique; et, longtemps avant Aristote, les sophistes rendirent plus subtiles et plus acérées les armes de la dialectique commune. Ce mouvement dialectique coïncidait avec un ébranlement profond des croyances générales ; les sophistes touchèrent à tout : religion, morale et politique ; et, sans pouvoir rien substituer à ce qu'ils mettaient en doute, ils répandirent les semences d'une philosophie négative, semences qui ne cessèrent de fructifier que quand une doctrine alors positive, à savoir le christianisme, se fut emparée des intelligences et eut renouvelé tout l'ordre ancien. Je dis alors positive, car, depuis, les choses ont changé ; l'humanité a fait un nouveau pas ; le christianisme a été, comme le polythéisme, miné par une philosophie négative, plus puissante et plus générale ; et le caractère positif, en opposition aussi bien avec la théologie qu'avec la métaphysique, est définitivement échu à la science. A cette époque reculée, dans la Grèce antique, outre l'effet général dont je viens de parler, la dialectique sophistique eut l'effet partiel de favoriser le développement de la logique, et aussi vit-on apparaître, dans toute sa rigueur, dans toute sa netteté, dans toute son étendue, grâce au génie d'Aristote, le syllogisme, destiné à un grand empire dans le moyen âge et dans la scolastique.

Le syllogisme est un véritable progrès logique, malgré ce qu'en ont dit certains philosophes, malgré l'incontestable pétition de principe que renferme tout syllogisme. En effet, dans ce raisonnement : *Tout homme est mortel ; or, Socrate est un homme, donc il est mortel*, il est incontestable que la proposition *Socrate est mortel* est présupposée dans la majeure : *Tout homme est mortel* ; il est incontestable que nous ne sommes assurés de la mortalité de tous les hommes qu'à la condition d'être préalablement certains de la mortalité de chaque homme individuellement ; il est incontestable qu'il n'y a, du principe général, à inférer que les faits particuliers admis par ce principe même comme connus d'avance. L'argument n'est pas réfutable ; aussi est-ce d'un autre côté qu'il faut chercher la théorie du syllogisme. M. Mill l'a donnée avec beaucoup de sagacité ; j'adhère complétement à ses explications et je les cite : « La valeur de la forme syllogistique et les règles pour
» s'en servir correctement consistent non en ce qu'elles sont la
» forme et les règles suivant lesquelles nos raisonnements se
» font nécessairement ou même habituellement, mais en ce
» qu'elles nous fournissent un mode dans lequel ces raisonne-
» ments peuvent toujours être représentés et qui est admirable-
» ment calculé pour en mettre, s'ils ne sont pas concluants, en

» lumière le défaut. Une induction du particulier au général,
» suivie d'une déduction syllogistique de ce général à d'autres
» particularités, est une forme dans laquelle nous pouvons tou-
» jours exposer notre raisonnement, si cela nous convient ; ce
» n'est pas une forme dans laquelle nous raisonnions nécessai-
» rement, c'en est une dans laquelle il nous est loisible de rai-
» sonner, et qui devient indispensable toutes les fois que nous
» avons quelque doute sur la validité de notre argumentation.
» Tel est l'usage du syllogisme en tant que moyen de vérifier un
» argument donné. Quant à l'usage ultérieur touchant la marche
» générale de nos opérations intellectuelles, le syllogisme équi-
» vaut à ceci : c'est une induction une fois faite. Il suffira d'une
» seule interrogation à l'expérience, et le résultat pourra être
» enregistré sous la forme d'une proposition générale qui est
» confiée à la mémoire et dont il n'y a plus qu'à syllogiser. Les
» particularités de nos expérimentations sont alors abandon-
» nées par la mémoire, où il serait impossible de retenir une
» telle multitude de détails, tandis que la connaissance que ces
» détails procuraient, et qui autrement serait perdue dès que les
» observations auraient été oubliées, est retenue, à l'aide du
» langage général, sous une forme commode et immédiatement
» applicable. L'emploi du syllogisme n'est, dans le fait, pas
» autre chose que l'usage de propositions générales dans le rai-
» sonnement. »

Cet éclaircissement montre comment le syllogisme, tout en contenant une pétition de principe dans la majeure, n'en est pas moins infiniment utile à la logique. Sans proposition générale, le raisonnement serait confiné à une extrême simplicité. Sans doute, l'enfant qui s'est brûlé le doigt n'a pas besoin, pour ne plus s'y exposer, de la proposition générale : *le feu brûle* ; il conclut du particulier au particulier et s'abstient de toucher de nouveau à la chandelle. C'est ce que nous faisons dans les cas les moins complexes, c'est ce que font aussi les animaux ; mais, sans le secours des propositions générales, il serait impossible de conduire avec aucune sûreté un raisonnement étendu, et toute expérience un peu compréhensive serait, à chaque fois, perdue pour l'intelligence humaine. La proposition générale s'est introduite de plus en plus à mesure que les hommes ont accumulé davantage d'expérience et de réflexion, et un homme de génie, dans cette Grèce si ingénieuse, a montré, en créant le syllogisme, comment il fallait user de ces propositions générales pour en user correctement.

On le voit, le syllogisme n'est pas déductif, car il contient implicitement une pétition de principe; par là il lui est interdit de faire un pas hors de lui-même, et, à quelque torture qu'on le mette, avec quelque sagacité qu'on le manie, on ne peut en tirer aucun développement ultérieur qui profite à la science. Le syllogisme n'est pas non plus inductif; les propositions générales dont il se sert pour poser sa majeure sont, il est vrai, dues à une induction, mais cette induction s'opère en dehors du syllogisme, et ce n'est que lorsqu'elle s'est formulée par un procédé quelconque, dont il ne se fait pas juge, qu'elle entre dans son domaine. Que reste-t-il donc au syllogisme ? Il lui reste d'être le régulateur de l'emploi de la proposition générale. C'est de cette façon qu'il a contribué au lent perfectionnement de l'intelligence, perfectionnement qui est la condition du changement social, et qui consiste essentiellement en ceci : rendre incroyable ce qui était croyable, et croyable ce qui était incroyable. Qu'on réfléchisse à cette bien brève formule, et l'on sentira que, si quelque mutation de ce genre s'opère dans les esprits, une mutation correspondante dans les choses n'est pas loin.

Pendant que le syllogisme régnait en souverain dans l'école, la logique qui appartient aux sciences cheminait à petit bruit et n'avait qu'une part restreinte du domaine philosophique; mais, quand cette part se fut notablement accrue, le syllogisme, par une réaction dont on voit de continuels exemples, tomba dans la désuétude, et l'on pourrait dire dans le mépris. Cependant cette désuétude n'est pas réelle et ce mépris n'est pas fondé. Le syllogisme reste aussi utile qu'il le fut jamais ; seulement il occupe une place plus humble. Au lieu d'être, comme jadis, le point culminant de la science, il n'en est plus qu'une des assises inférieures. De même que les opérations fondamentales de l'arithmétique conservent toute leur valeur malgré les plus hautes spéculations de l'analyse, de même le syllogisme est toujours le guide de l'emploi des propositions générales et toujours un élément indispensable du raisonnement pour l'homme qui a quitté les langes de la civilisation.

III.

Rôle historique du syllogisme. — Il ruine le réalisme dans le moyen âge.

A quoi, dans le progrès des idées, a servi ce syllogisme inventé par Aristote, et quelle en a été la fonction pour le développement de notre intelligence et, par suite, pour la mutation de nos sociétés? Dans le cours de l'histoire ou, ce qui est la même chose, de la civilisation, il arriva un temps où, le polythéisme s'étant condensé en monothéisme, le maître ayant fait place au seigneur féodal, et l'esclave au serf, toutes les idées religieuses se trouvèrent soumises au contrôle d'une série de livres, les Écritures, qu'il fallut interpréter et concilier. Pour cette discussion, dont dépendait l'équilibre de l'orthodoxie, équilibre qui, à son tour, maintenait celui de la société, comme on le vit bien quand, plus tard, l'orthodoxie ayant été vaincue, s'ouvrit l'ère des révolutions, pour cette discussion, dis-je, l'antiquité offrait un ouvrage admirable, à savoir l'*Organon* avec le syllogisme. Aristote vint donc prendre place dans la grande élaboration intellectuelle qui s'entamait, et deux livres, l'Écriture et les œuvres du philosophe grec, dominèrent toute la scolastique.

Le syllogisme a eu sa part dans cette élaboration. Dante place dans son paradis un certain Siger, qui, dit-il,

Sillogizò invidiosi veri,

vers qui a été ainsi rendu par un vieux traducteur français d'une manière non trop indigne du modèle :

Syllogisa discours dont on lui porte envie.

Un de nos érudits les plus versés dans l'histoire littéraire du moyen âge, M. Victor Leclerc, a reconnu dans ce Siger, que tous les commentateurs de l'Homère italien avaient abandonné, un docteur scolastique qui professa à Paris dans la rue du Fouarre et que Dante avait sans doute entendu ; mais, tout en jetant un jour nouveau sur ce personnage placé par un contemporain à côté d'Albert de Cologne et de saint Thomas d'Aquin, il n'a pu nous apprendre quels étaient ces *invidiosi veri*, *ces discours dont on lui porte envie*. En tout cas, ce qui est dit de Siger peut être pris dans un sens plus général et appliqué au syllogisme lui-même, tel que l'entendit et le pratiqua la scolastique. Le syllogisme ruina définitivement le réalisme ; or, quiconque a étudié, soit le développement de l'esprit humain, soit l'histoire de la métaphysique, sait que le réalisme est un de ces fantômes qui gardaient les avenues de la science positive comme les fantômes du Tasse gardaient le chemin de la forêt.

Avec deux livres pour point de départ de l'argumentation, avec le fond reçu de la société gréco-romaine, avec l'esprit d'entreprise et de recherche qui créait l'alchimie, introduisait la boussole, la poudre à canon, le papier, les acides puissants, l'alcool, avec ces écoles ardentes où toute l'Europe se donnait rendez-vous, le moyen âge ouvrit une discussion philosophique dont il n'y a pas l'équivalent dans l'antiquité, soit pour l'importance, soit pour la rigueur. La question du réalisme et du nominalisme n'avait jamais été systématiquement traitée dans la métaphysique grecque ; alors elle fut abordée dans une de ses plus importantes parties, et c'est, à proprement parler, de nos jours seulement qu'elle touche à son terme. Elle consiste en ceci : les conceptions auxquelles les hommes primitifs, nécessairement et d'après les conditions fondamentales de notre esprit, ont donné une existence réelle et, pour me servir du langage de l'école, une réalité objective, ont-elles véritablement cette existence, cette réalité ? ou plutôt ne sont-elles pas purement subjectives, de simples manières de voir, des imaginations pour lesquelles il n'est jamais permis de conclure de leur présence dans notre tête à leur présence effective dans le monde extérieur ?

On comprendra sans peine l'importance du débat. C'est à l'infini que les hommes ont imaginé, et longtemps tout contrôle leur a manqué pour distinguer si ce qu'ils se figuraient ainsi avait, comme ils le pensaient, un être à soi. Le progrès de la civilisation est un empiétement continuel du nominalisme sur ce réalisme primordial, et c'est ainsi que l'on doit concevoir, par exemple, le triomphe du monothéisme chrétien sur le polythéisme. Qu'étaient-ce que Jupiter, Minerve et les autres, sinon des imaginations prises pour des réalités et réduites par un progrès de la raison humaine à n'être plus que des mots et, comme on disait dans la scolastique, *flatus vocis*? Après la chute du polythéisme religieux restait un polythéisme métaphysique, c'est-à-dire toutes ces entités connues sous le nom d'universaux et de genres qui, après avoir été d'abord un progrès, puis un exercice pour l'esprit, lui devenaient de plus en plus inacceptables et de plus en plus oppressives. C'est sur ce terrain que s'engagea la grande guerre intellectuelle du moyen âge. Elle fut longue et acharnée : longue, car il fallait lutter contre des habitudes mentales qui dataient de loin et s'étaient enracinées ; acharnée, car l'esprit conservateur sentait instinctivement que la chute de ces entités ébranlait des croyances que l'esprit critique compromettait sans le savoir et sans le vouloir. Mais enfin le résultat fut décisif, et, quand il fut obtenu (ce qui coïncide presque avec la fin du moyen âge), le nominalisme avait pris un empire incontestable et créé d'autres habitudes mentales particulièrement favorables au développement des sciences modernes qui commençaient à poindre.

Là s'arrête le rôle social du syllogisme. Je ne crains pas de rapprocher ces deux mots, et plus on y réfléchira, plus on sentira que cette forme, aujourd'hui jugée si stérile, a été, à son temps, pleine de vie, de force et d'activité. Ce ne fut pas une vaine occupation que celle qui captiva pendant des siècles les esprits les plus éclairés ; ce ne fut pas une vaine ardeur que celle qui emportait la jeunesse occidentale aux bruyantes leçons des écoles parisiennes. Sans doute on dira que les questions agitées étaient imaginaires, et qu'il importait peu de savoir de quelle façon les universaux et les genres se comportaient par rapport aux individus et aux espèces. Une saine théorie de l'histoire ne permet pas d'accepter un jugement aussi superficiel, car, en appréciant ainsi les opinions et les doctrines, on ne tient compte que de l'avenir sans tenir compte du passé.

Certes, quand l'esprit humain en vint à poser comme des conceptions, imaginaires sans doute, mais distinctes et nettes, les universaux et les genres, il avait fait un grand pas hors de la simplicité primitive qui s'était figuré tant et de si grossières entités; et, quand il fallut savoir si ces créations spontanées, qui avaient eu leur vérité transitoire, étaient quelque chose d'objectif, il y eut rude et long labeur à renvoyer dans le pays des chimères ces fées métaphysiques qui hantaient les écoles et ne les voulaient pas quitter. Et d'ailleurs est-il besoin de remonter jusqu'au moyen âge pour trouver un exemple de ces *quiddités* qui paraissent désormais si futiles ? N'avons-nous pas à côté de nous, dans des sciences déjà fort avancées, des *quiddités* qui ne valent pas mieux, et qui, signalées ici, montreront tout à la fois comment de pareilles conceptions sont un moment utiles, puis, le moment d'après, ne font plus qu'embarrasser la voie et jeter un nuage sur la véritable conception des choses? Qu'est-ce que le fluide électrique, sinon un fluide imaginaire ? Qu'est-ce que le fluide nerveux, sinon un fluide imaginaire ? Je conviendrai sans peine que des esprits accoutumés à ne pouvoir spéculer sur les données scientifiques sans le secours de fluides matériels ont dû recourir nécessairement à de telles inventions qui ont servi pendant quelque temps à fixer et à rallier les idées ; mais, aujourd'hui, à quoi bon ces chimères ? Et n'est-il pas grand temps qu'un sage nominalisme nous délivre de ce réalisme parasite et arriéré. Au moyen âge, on fit justice d'un autre réalisme ; l'argumentation fut poussée à outrance, et les intelligences en sortirent plus lucides.

IV

Extension du nominalisme dans l'ère moderne.

Et de fait, après ce notable déblai, on vit plus clair autour de soi. Au bout d'un certain temps de tâtonnements et d'expansion, où la nouvelle disposition mentale manifesta ses tendances propres, le courant, sur lequel des gens exercés par une analyse alors impossible auraient pu seuls discerner une pente insensible, recommença décidément à s'accélérer. Il est curieux de remarquer ici l'enchaînement des choses. On donne souvent, dans le langage, au mot *logique* l'acception de *raisonner avec conséquence*. En ce sens, je ne connais rien de plus logique que l'histoire; tout y marche avec la conséquence propre à ces phénomènes-là où la filiation est le caractère essentiel : pour peu qu'on prenne un intervalle suffisant, la déduction apparaît manifeste; mais ici, comme dans le reste, pour voir, il faut savoir, c'est-à-dire posséder la théorie. A défaut de cette lumière, tout est confusion, obscurité, chaos. Les conservateurs, qui défendirent le réalisme, et les novateurs, qui l'attaquèrent, obéirent les uns et les autres à la situation; la question avait été posée à ce moment par le développement philosophique : ils la débattirent et la jugèrent; mais ce jugement, une fois acquis à la raison commune, vint inévitablement poser la même question sur un autre terrain et en déterminer par là une solution plus décisive. Ainsi arriva-t-il. Le dernier et le plus redoutable des nominalistes, Descartes, fit, comme on sait, *table rase*, effaçant provisoirement ce que la scolastique avait toujours laissé en dehors de la discussion, Dieu et l'âme, et étendant à toutes les conceptions théologiques ou philosophiques le même doute que l'école du moyen âge avait jeté sur les entités des réalistes. On a dit que M. le docteur Strauss n'avait fait, dans la *Vie de Jésus*, que généraliser à toute la légende chrétienne le travail que la critique avait d'abord exécuté sur des points isolés. Cela est vrai, et il en est de même pour Descartes ; il généralisa l'objection élevée par le nominalisme, traita de la même façon une notion qui lui paraissait avoir besoin d'être reprise en sous-œuvre, et qui, en effet, demeurait, pour ainsi dire, en l'air depuis que le moyen âge en avait enlevé les étais réalistes. Pour cette entreprise, il se confiait en la loyauté de ses intentions et en sa force de reconstruction ; mais il obéissait, lui aussi, sans le savoir, à la condition de son temps, car n'est-il pas évident que, si Descartes a fait la tentative, c'est que le nominalisme scolastique avait fait son œuvre ? Et si, par impossible, un esprit eût conçu, avant le temps voulu, la *table rase* de Descartes, cette opération critique n'aurait pas réussi, et aurait dû être reprise à une époque mieux préparée, vu qu'elle aurait trouvé toutes les intelligences hérissées d'entités préjudicielles et obstruées de toutes parts.

De la célèbre formule : *Je pense, donc je suis,* Descartes tira tout ce monde de notions qu'il avait frappé d'une suspicion générale et d'une déchéance dubitative ; mais cela même qu'il produisit, que fut-ce, sinon un monde désormais manifestement subjectif ? Au lieu de ce monde réel et palpable que supposaient les croyances primitives, que donna-t-il, sinon des conceptions idéales qui, en définitive, ne reposaient que sur une argumentation plus ou moins concluante ? Nul n'a marqué mieux que Descartes, involontairement sans doute, mais d'autant plus efficacement, la limite où vient expirer le réalisme antique. Il n'y aura plus de méprise possible. Toutes les intelligences modernes sauront dorénavant que ce n'est pas au dehors d'elles, comme l'avaient cru les intelligences nos aïeules, qu'il faut demander la preuve des existences cherchées, mais que c'est au dedans, et dès-lors aussi elles sauront qu'entre la négation et l'affirmation il n'y a qu'un argument. Cet argument parut tellement décisif à Descartes, qu'il le crut l'équivalent de la foi spontanée des époques antérieures.

En cette revue rapide de la métaphysique ou philosophie préparatoire, deux points sont à signaler : c'est que ni la logique n'a pu avancer en rien la métaphysique, ni celle-ci celle-là; toutes deux n'ont jamais eu qu'une action négative; dans la voie positive, elles se sont constamment tenues en échec.

Si Pergame, dit le héros troyen, avait pu être sauvé, il l'eût été par ce bras; si la logique avait eu aucun moyen de développer la métaphysique, c'est dans le moyen âge qu'elle aurait obtenu ce succès. Alors l'argumentation syllogistique n'eut pas de bornes; des intelligences subtiles et opiniâtres tendirent de toutes parts leurs rets scolastiques pour saisir l'invisible vérité, mais elles ne l'atteignirent pas, et, disons-le à leur décharge, le développement historique nous apprend rétrospectivement que leur effort ne pouvait avoir d'autre issue que l'issue effective, à savoir l'exécution du réalisme. Tout vint aboutir nécessairement à une action destructive, à une critique victorieuse. La métaphysique, loin de se trouver plus riche et plus féconde après cette opération, se trouva réduite et affaiblie; elle se débarrassa, il est vrai, de certaines erreurs, mais elle ne les remplaça par aucunes vérités. Son ancien domaine n'avait pas été conservé intact, et ce qu'elle en gardait était demeuré stérile à rien produire de nouveau; tel fut le bilan de la métaphysique après la longue liquidation du moyen âge. Les derniers déchets infligés par Descartes et Kant ne sont que le prolongement de cette banqueroute de plus en plus irrémédiable.

De son côté, en quoi la métaphysique s'est-elle montrée habile à promouvoir la logique? En rien, et sur ce point nous avons l'aveu des métaphysiciens eux-mêmes. La logique, entre leurs mains, n'a pas dépassé le syllogisme, et jamais elle ne le dépasserait. *Sedet œternumque sedebit infelix Theseus.* Indépendamment du fait qui est là pour en témoigner, il y a une raison profonde qui dépend de la nature même des choses. La métaphysique, travaillant sur des questions qui ne sont susceptibles d'aucune démonstration, a toujours manqué de la réaction essentielle de l'objet sur le sujet, et dès-lors n'a pu jamais créer aucune méthode scientifique au-delà de ce qu'il y a de plus élémentaire dans le raisonnement. Les notions agitées par la métaphysique, n'ayant rien de réel, ne donnent jamais que ce qu'on y a mis d'avance ; assez semblables à ces alchimistes du temps jadis qui, aux croyans en la transmutation, ne faisaient voir l'or tant convoité que quand le creuset contenait déjà le précieux métal. C'est à cette cause qu'il faut attribuer la stérilité de la métaphysique, à part l'exercice élémentaire qu'elle a donné à la raison et l'office critique qu'elle a rempli, exercice et office sans lesquels on ne pourrait en aucune façon concevoir le développement historique. Pour tout le reste, elle n'a jamais tenu qu'un seul des deux agents nécessaires à l'élaboration scientifique, à savoir l'intelligence; l'autre lui a été toujours étranger, à savoir le monde extérieur. Or, il n'y a de fécond que le conflit du monde extérieur et de l'intelligence humaine.

Les métaphysiciens ont quelquefois représenté la logique comme une sorte de mathématique universelle, antérieure à toutes les autres sciences, supérieure à toutes, faite pour les gouverner, parce que, seule, elle serait digne de cette dénomination souveraine. En cette assertion gît une erreur fondamentale qu'il n'est pas inutile de signaler. L'esprit humain ne renferme rien de plus que l'aptitude logique ; tout ce qui est au-delà lui provient de l'application de cette faculté à l'étude des phénomènes objectifs. S'il y avait dans l'esprit autre chose, toutes les sciences seraient purement et simplement déductives, sans l'intermédiaire d'une base expérimentale ; or, aucune science n'est déductive de cette façon, pas même les mathématiques, qui le sont le plus de toutes, mais qui cependant reposent sur un petit nombre de données fournies par l'expérience. Les métaphysiciens ne se sont jamais rendu un compte bien exact de ce qu'ils entendent par cette mathématique universelle. Toutefois, en soumettant leur idée, toute vague qu'elle est, au contrôle que fournit la comparaison des sciences positives, on reconnaît que cette mathématique universelle, si elle existait, ne serait rien autre chose qu'un ou plusieurs principes résidant dans l'intelligence, et qui donneraient une déduction indéfinie pour toutes les sciences, comme les rares axiomes, fruit de l'expérience, la donnent à la géométrie. Cette mathématique universelle n'est, on le voit, qu'une dernière transformation des archétypes platoniciens ; c'est toujours une spéculation qui prétend, non faire jaillir la science du contact de l'intelligence avec l'expérience, mais la faire remonter à des sources imaginaires, à des réminiscences, à des principes innés. La stérilité croissante d'une telle manière de philosopher, au fur et à mesure que l'esprit humain s'éloigne des antiques conditions de son développement, est la meilleure preuve que cette voie est devenue mauvaise, comme aussi la fécondité croissante de l'autre manière de philosopher est la meilleure preuve de sa supériorité. Chercher dans l'intelligence un ou plusieurs principes qui seront la logique et qui constitueront le point de départ de toute science, telle est la chimère poursuivie par la métaphysique, car ces principes n'y sont pas. Prendre l'aptitude logique dans l'opération par laquelle elle s'applique aux phénomènes, telle est la réalité qu'étudie la philosophie positive ; car, ainsi que nous allons le voir, de ce conflit résultent des méthodes dont l'ensemble compose, suivant l'heureuse expression de M. Auguste Comte, le pouvoir de démonstration de l'esprit humain.

V.

Méthodes des sciences positives. — Les sciences systématisées constituent la philosophie.

En possession d'une étude qui commence aux âges les plus reculés, marche avec le temps et comprend tout ce qui est accessible à l'intelligence de l'homme, il est possible de rechercher ce que cette étude a fait pour la logique, ou bien ce que la logique a fait pour cette étude. Les deux expressions sont identiques. La première science qui nous apparaît dans l'histoire est la mathématique. Celle-ci nous offre le modèle le plus beau et le plus étendu de la méthode déductive. Sans doute la déduction a été pratiquée spontanément par tous les hommes et en tout temps ; mais ce n'est que dans la plus ancienne et la plus simple des sciences qu'elle trouve une immense application. Là, tout part d'un très-petit nombre d'axiomes suggérés par la plus vulgaire expérience ; tout est soumis au plus étroit enchaînement ; tout marche à des développements de plus en plus amples, de plus en plus féconds. La seconde science, l'astronomie, dépend d'une autre méthode, de la méthode d'observation. Les phénomènes qu'elle étudie ne lui sont accessibles que par un seul sens, celui de la vue : elle n'a aucun moyen de les modifier, ils échappent à tout contrôle de l'homme, qui ne peut que les contempler. Aussi la méthode d'observation est-elle, là, d'une rigueur merveilleuse ; l'histoire de l'astronomie fournit le thème le plus instructif pour qui veut savoir comment les faits s'observent. L'astronomie est la seule science jusqu'à présent qui, d'inductive qu'elle était, soit devenue déductive. C'est Newton et la découverte de la loi de gravitation qui ont produit cette révolution. A la troisième et à la quatrième science appartient la méthode expérimentale dans sa perfection. Les corps inorganiques sont tels qu'on peut y porter une modification sans qu'il arrive ce qui arrive aux corps organisés, à savoir, une participation du tout à la modification faite dans une partie. Aussi la physique et la chimie ont-elles dû à l'expérimentation les magnifiques résultats qui les glorifient. Là, la méthode expérimentale est dans toute sa pureté. Outre sa part dans l'expérimentation, la chimie offre une méthode qui lui est propre, à savoir, celle des nomenclatures. A peine eut-elle été instituée par Lavoisier et ses illustres contemporains, qu'on créa pour elle un langage. Elle est la seule où l'on trouve l'application véritable de cette proposition métaphysique de Condillac : qu'une science n'est qu'une langue bien faite. A la cinquième science appartient la méthode comparative. La biologie, qui emploie sans doute subsidiairement les méthodes des sciences précédentes, a en propre la comparaison ; c'est la comparaison qui, seule, a pu donner l'idée suprême de la biologie, l'idée de la hiérarchie organique. A cela ne se bornent pas ses services logiques ; elle a fourni la méthode de classification. Pour apprécier ce qu'ont valu en ceci à l'esprit moderne la chimie et la biologie, il suffit de se représenter combien toute classification et toute nomenclature ont été étrangères aux anciens. Ils avaient des *nomenclateurs* pour rappeler à leur mémoire les noms des clients et des *salutateurs*; mais ils n'avaient ni nomenclature, ni classification. Enfin, la sixième science, ou l'histoire, complète les pouvoirs de l'esprit humain en lui offrant la méthode de filiation. Là, les faits dont il s'agit de trouver la loi n'appartiennent pas au champ de l'observation pure, ne sont pas accessibles à l'expérimentation, la comparaison même n'en donne pas une idée réelle; mais ils s'engendrent les uns les autres, et c'est dans cette condition que gît et le caractère spécial qui les distingue et la méthode qui leur est propre.

Déjà j'entends s'élever l'objection : mais tout ceci n'est pas de la logique. Comment ! ce sont des méthodes, et ces méthodes, la logique les laisserait en dehors d'elle ! Évidemment cela ne se peut. Et voyez de quelle façon elles s'échelonnent. L'observation, qui est le propre de l'astronomie, n'intervient plus que d'une façon accessoire dans les sciences subséquentes. L'expérimentation, dont le rôle est prépondérant dans la chimie et la physique, a un rôle subordonné dans la biologie et dans l'histoire : je dis dans l'histoire, bien qu'on ne puisse pas y expérimenter à son gré; mais les perturbations dans l'évolution sociale sont, de même que la maladie pour la biologie, une sorte d'expérimentation spontanée. A son tour, la comparaison, si décisive dans la biologie, s'applique imparfaitement à l'histoire.

Hérophile disait que les remèdes sont comme les mains de la médecine; de même, je dis que ces méthodes sont comme les mains de la logique et les instruments à l'aide desquels elle saisit les objets, sans quoi il ne lui serait pas donné de pénétrer profondément dans la nature. L'aptitude logique qui est innée à l'esprit humain se manifeste d'abord par deux opérations essentielles, la déduction et l'induction. Ces deux méthodes sont, à l'origine, suffisamment alimentées par les données simples et communes que tout suggère. Plus tard, pour déduire, il faut des principes; pour induire, il faut des faits. Alors elles sont frappées d'impuissance et tournent sur elles-mêmes sans rien produire, si des méthodes subsidiaires qui sont telles que je les ai décrites ne viennent pas concourir à l'élaboration générale.

Il y a, dans le fait, deux logiques séparées, non par le fond, qui est identique, mais par le temps. Au commencement, déduire et induire appartient à tous. Ce domaine est commun à ce qu'il y a de philosophie et à ce qu'il y a de science. La métaphysique s'en empare, et, n'ayant à manier que des idées réfractaires à toute démonstration, elle s'y cantonne sans faire un pas de plus; mais il n'en est pas de même de la science. D'abord les mathématiques donnent à la déduction une extension tout-à-fait inespérée; puis, peu à peu, les autres sciences font, à l'aide des méthodes qui leur sont propres, de larges et profondes trouées dans les terres inconnues. Ces méthodes ne sont donc véritablement que des agrandissements, que des rameaux détachés de la logique primordiale, demeurée stationnaire entre les mains de la métaphysique.

Ces méthodes, on l'a vu, sont échelonnées, et, à fur et mesure du temps et du progrès, elles naissent respectivement avec les sciences qui ne peuvent se développer sans elles. En regard de cet échelonnement et comme contre-épreuve décisive, on n'a qu'à chercher ce qu'a été l'action de la métaphysique. Il est telle de ces sciences, la biologie par exemple, qui est restée à l'état rudimentaire pendant une longue suite de siècles pleinement historiques. Depuis Hippocrate jusqu'à Bichat, on a tout le temps de suivre cette histoire préparatoire, où la biologie ne s'appartient ni ne se connaît. Dans ce long intervalle, les doctrines auxquelles on essaie successivement de la soumettre sont de pures chimères qui n'auraient aucune raison d'être, si elles n'étaient constamment empruntées aux notions concomitantes, soit de la métaphysique, soit d'une physique ou d'une chimie plus ou moins grossières. Pour être bien comprise, il faudrait que l'histoire de ces périodes préparatoires fût traitée à ce point de vue; ce n'est pas la chimie seule qui a été précédée par l'alchimie, toutes les sciences compliquées ont eu leur période alchimique. Au reste, M. Barthélemy Saint-Hilaire décline, au nom de la logique métaphysique, toute suzeraineté sur les sciences; mais, au nom de la logique positive, nous devons réclamer cette suzeraineté ; car aujourd'hui, au point où en sont les choses, une philosophie qui se déclare incapable d'englober les sciences devient, par cela seul, incapable et indigne de demeurer une philosophie.

Le savoir humain tout entier est compris dans les six sciences énumérées. Comment pourrait-il se faire que toute la logique n'y fût pas aussi comprise? Et, en effet, il en est ainsi; mais, pour arriver à cette nouvelle vue, il n'a fallu rien moins qu'une transformation philosophique qui ôtât le pouvoir à la métaphysique et qui aux sciences substituât la science. Qu'est-ce que la philosophie, sinon une conception générale de l'ensemble des choses? La théologie et la métaphysique ont eu la leur, la science a désormais la sienne.

Il me paraît qu'indépendamment des accessoires une logique positive peut être composée des chapitres suivants, ainsi disposés : l'aptitude logique innée à l'esprit humain, la déduction, l'induction, le syllogisme, l'observation, l'expérimentation, la nomenclature, la classification, la comparaison, la filiation. C'est à beaucoup d'égards cette idée qui a guidé M. Mill dans son ouvrage ; c'est aussi, par un effet naturel de la position respective des deux esprits, l'idée à laquelle M. Barthélemy Saint-Hilaire serait le plus opposé, et, quand il dit : « L'Angleterre a presque complétement déserté le terrain de la philosophie, et, dans ses plus grands efforts, elle arrive tout au plus à *quelques systématisations baconiennes* des sciences naturelles, » il est permis de penser qu'il fait même allusion au présent ouvrage de M. Mill. Mais ici il y a une méprise; la philosophie positive, dont le livre de M. Mill relève bien plus que des idées de Bacon, n'a rien de commun avec les conceptions du célèbre chancelier. Elle n'est point une simple systématisation des sciences, elle est une conception du monde.

VI.

Variations séculaires des tendances logiques. — Conclusion.

La logique positive offre une suite de développements qui s'enchaînent, de méthodes qui se supposent, tellement que quiconque saura en donner un aperçu clair et succinct donnera en même temps un aperçu général de l'histoire des sciences et de leur évolution l'une à la suite de l'autre. C'est le propre de toute spéculation réelle sur l'histoire et la société de se présenter ainsi. Il doit y apparaître clairement que l'ordre de succession est nécessaire, et que ceci ne peut jamais être mis à la place de cela. Chaque phase de civilisation (et aucune phase essentielle ne peut être sautée) implique un état mental également incompatible avec le passé qui a été rejeté et avec l'avenir prématuré, si l'avenir, ce qui arrive quand un peuple civilisé entre en contact avec des populations arriérées, est offert ou imposé. Aucun principe n'a une application plus ample. Il condamne ces condamnations successivement portées par le christianisme contre le polythéisme, par la philosophie critique du XVIIIe siècle contre le christianisme; il fait toucher du doigt l'impossibilité de passer, avant le temps, d'une science à une science, d'une idée à une idée, d'un ordre social à un ordre social, et il explique l'inutilité des efforts qui ont pour but de civiliser du jour au lendemain les peuples ou sauvages, ou demi-sauvages, ou demeurés stationnaires par une raison quelconque. A la logique positive d'aujourd'hui, les intelligences des populations primitives dont nous tirons notre civilisation auraient été aussi closes que le seraient celles des Cafres ou des Caraïbes contemporains.

En ceci, M. Mill n'a pas manqué à son habituelle sagacité, et ce qui, étant inconcevable à une époque, cesse de l'être à une époque subséquente, lui a fourni des considérations intéressantes. « Il fut longtemps admis, dit-il, que les antipodes

» étaient impossibles à cause de la difficulté de concevoir des
» hommes ayant la tête dans la même direction que nos pieds.
» Et un des arguments courants contre le système de Coper-
» nic fut que nous ne pouvons concevoir un espace vide aussi
» grand que celui qui est supposé par ce système dans les
» régions célestes. L'imagination des hommes ayant été
» constamment habituée à considérer les étoiles comme atta-
» chées solidement à des sphères matérielles, il lui fut natu-
» rellement très-difficile de se les figurer dans une situation
» différente, et, à ce qu'il lui semblait, sans doute, peu ras-
» surante ; mais les hommes n'avaient pas le droit de prendre
» la limite actuelle de leurs facultés pour une limite défini-
» tive des modes de l'existence dans l'univers. » Il n'est personne qui ne se rappelle, pour peu qu'il ait gardé des souvenirs de son enfance, le temps où il lui était absolument impossible de concevoir la rondeur de la terre et les antipodes.
Ce qui est vrai de l'enfance des individus est vrai de l'enfance
des peuples.

L'exemple suivant est d'autant plus décisif qu'il offre, dans
Newton lui-même, cette impossibilité de se figurer une chose
qu'aujourd'hui chacun se figure sans peine. « Il n'y a pas
» plus d'un siècle et demi, dit M. Mill, c'était une maxime
» philosophique, admise sans conteste, et dont personne ne
» songeait à demander la preuve : *Qu'une chose ne peut pas
» agir là où elle n'est pas*. Avec cette arme, les cartésiens
» firent une rude guerre à la théorie de la gravitation, la-
» quelle, suivant eux, impliquant une aussi palpable absur-
» dité, devait être rejetée sans examen : le soleil ne pouvait
» agir sur la terre, puisqu'il n'y était pas. Il n'était pas sur-
» prenant que les adhérents des anciens systèmes d'astro-
» nomie soulevassent cette objection contre le nouveau ; mais
» la fausse notion imposait aussi à Newton lui-même, qui,
» pour émousser l'argument, imagina un subtil éther emplis-
» sant l'espace entre le soleil et la terre, et étant, par un mé-
» canisme intermédiaire, la cause prochaine des phénomènes
» de la gravitation. *Il est inconcevable*, dit Newton dans une
» de ses lettres au docteur Bentley, *qu'une matière brute*

« et *inanimée puisse, sans l'intermédiaire de quelque autre
» chose qui ne soit pas matérielle, agir sur de la matière
» hors le cas d'un contact mutuel.* Admettre que la gra-
» *vité soit innée, inhérente, essentielle à la matière, de
» sorte qu'un corps agisse sur un autre à distance, à tra-
» vers un vide, sans l'intermédiaire de quelque chose qui
» transmette l'action et la force de l'un à l'autre,* est pour
» moi une si grande absurdité, qu'aucun homme, je pense,
» compétent dans les affaires philosophiques, ne s'y laissera
» prendre. Un tel passage devrait être suspendu dans le cabi-
» net de tout homme de science qui serait jamais tenté de dé-
» clarer un fait impossible, parce qu'il le juge inconcevable.
» Aujourd'hui, personne n'éprouve de difficulté à concevoir,
» comme toute autre propriété, la gravité *innée, inhérente et
» essentielle à la matière*; personne ne trouve que cette con-
» ception soit aucunement rendue plus facile par la supposi-
» tion d'un éther; personne ne regarde comme incroyable
» que les corps célestes puissent agir et agissent là où ils ne
» sont pas. Pour nous, l'action des corps l'un sur l'autre, *hors
» du cas de contact mutuel*, ne semble pas plus merveilleuse
» que cette action au contact : nous sommes familiers avec
» les deux faits ; nous les trouvons également inexplicables,
» mais nous les croyons tous deux avec une égale facilité. A
» Newton, l'un, parce que son imagination y était familia-
» risée, paraissait naturel et allant de soi, tandis que l'autre,
» par la raison contraire, paraissait trop absurde pour être
» admis. Si un Newton pouvait se tromper aussi grossière-
» ment dans l'emploi d'un tel argument, qui osera s'y con-
» fier ? »

Nous touchons là à un point par où la science sociale s'unit profondément avec la biologie, à savoir le développement des aptitudes humaines par voie d'hérédité. Maintenant que la série historique est suffisamment prolongée, il est devenu de plus en plus manifeste que les populations sauvages, quoique fondamentalement organisées, quant à l'intelligence, comme les populations civilisées, ne présentent pas toujours la même facilité à saisir et à comprendre; qu'une indocilité singulière les caractérise, et que le temps seul, qui a fait notre civilisation, peut aussi faire la leur. Or, il est su, par le moyen de la biologie, que les aptitudes acquises se transmettent des parents aux enfants. De là cette ascension lente et graduelle qu'on nomme la civilisation ; de là cette prépondérance croissante des idées et des sentiments généraux sur les idées et les sentiments particuliers ; de là cette impossibilité de franchir aucun degré essentiel dans l'évolution sociale, car cette évolution a une condition organique. L'hérédité physiologique, ainsi conçue, est une des causes de l'histoire.

Les aptitudes mentales se modifiant d'âge en âge, on comprend les succès qu'a obtenus la critique métaphysique sur les croyances successives des sociétés. A chaque phase, ce que les aïeux avaient trouvé palpable et naturel devenait inacceptable à la raison des descendants, et, par compensation, ce que les aïeux avaient trouvé inconcevable devenait pour les descendants naturel et palpable. Ainsi s'explique la grande facilité des démolitions à un moment donné ; ainsi tomba l'organisation polythéistique de l'antiquité ; ainsi s'écroule depuis trois cents ans l'organisation théocratique et féodale.

Toutes résumées et succinctes que sont ces pages, quiconque les aura parcourues sentira que les spéculations de la logique et de la science ne sont pas renfermées dans l'enceinte de l'école, et qu'elles exercent une influence, médiate il est vrai, mais irrésistible, sur les destinées sociales. Il reconnaîtra que la philosophie gréco-romaine a préparé partout dans l'Occident l'avénement du catholicisme ; il verra que Dante, en mettant, dans son *Paradis, l'éternelle lumière* de Siger (je me sers de son expression) et le syllogisme, n'a pas eu tort ; car le syllogisme a vaillamment rempli sa tâche. Il comprendra que, si un homme démontre le mouvement de la terre, si celui-là crée la chimie, si un autre systématise la biologie, cela n'est indifférent ni aux autels ni aux trônes. L'expérience le fait voir ; mais la théorie historique le prouve en prouvant comme quoi l'état révolutionnaire est, à certains moments, inévitable, légitime, héroïque, et d'ailleurs le seul compatible avec la condition mentale de la société. L'établissement du christianisme, que fut-ce autre chose qu'une longue révolution de plusieurs siècles ? et qui maintenant, si ce n'est quelques admirateurs rétrogrades de Julien, n'y applaudit et ne s'y associe ? Qui aussi, dans un avenir qui n'est plus très éloigné, n'applaudira et ne s'associera aux mutations qui nous entrainent à notre tour ?

Le mérite de M. Barthélemy Saint-Hilaire est d'avoir fait présent au public d'une excellente traduction de l'ouvrage d'Aristote. Le mérite de M. Mill est d'avoir tracé le premier les linéaments de la logique positive. Pour moi, s'il m'est permis de caractériser la tâche beaucoup plus humble que je me suis donnée dans cet article, j'ai essayé de faire saisir la filiation entre la logique du IVe siècle avant l'ère chrétienne et la logique du XIXe, et de montrer que la première est une logique élémentaire qui, comme tous les éléments positifs, reste et restera, et la seconde une logique supérieure dont l'accroissement est lié à l'accroissement des méthodes scientifiques.

III

PAROLES

DE

PHILOSOPHIE POSITIVE

[Les *Paroles de Philosophie positive*, écrites en novembre 1858, ont eu deux éditions : la première est de 1859, la deuxième de 1863. Dans cet opuscule, je me suis proposé d'examiner ce qu'est la philosophie positive, en quelle condition se trouve le milieu social où elle a pris naissance, quels services elle doit rendre et quels services on peut lui rendre.]

> Dans les douloureuses collisions que nous prépare nécessairement l'anarchie actuelle, les philosophes qui les auront prévues seront déjà préparés à y faire convenablement ressortir les grandes leçons sociales qu'elles doivent offrir à tous.
> A. COMTE, *Cours de philosophie positive*, t. IV p. 612 (en 1842).

I.

Ce qu'est la Philosophie positive.

Nommer la philosophie positive est loin de faire savoir ce qu'elle est, et, partant, ce qu'elle comporte. Le nom est connu, la chose l'est peu. Si, dans le grand débat qui se poursuit par la parole et par la plume devant le monde civilisé, nous venions nous ranger sous quelqu'un des drapeaux qui flottent au champ, si nous nous placions parmi les conservateurs ou les révolutionnaires, parmi les catholiques ou les protestants, parmi les métaphysiciens de telle ou telle école, parmi les adeptes de telle ou telle science spéciale, nous n'aurions à parler que pour dire à quel point de vue, pour quel service et dans quel espoir nous apportons à ceux-ci ou à ceux-là le contingent de nos efforts, et nous serions entendus promptement et classés. Tel n'est ici ni notre point de vue, ni notre service, ni notre espoir. La philosophie positive gît encore, cela est certain, en une obscurité qui l'empêche d'être entrée, comme tant d'autres philosophies ou systèmes, dans le bruit et l'éclat ; mais, cela est certain aussi, malgré cette obscurité, maintes notions qui en émanent ont pris possession des esprits qui réfléchissent, de la pensée qui circule, du langage qui s'échange. On s'en sert, de ces notions, et l'on ignore d'où elles sortent et de quel principe elles dépendent. Mais, connue dans beaucoup de ses fragments, la philosophie positive ne l'est pas dans son ensemble. Pour les uns, c'est une sorte de spéculation mathématique qui a pour but de soumettre à l'empire de la science exacte par excellence les sciences qui ne le sont pas, aussi bien que l'histoire, la morale et les beaux-arts ; et l'on se rit, avec grande raison, de prétentions aussi manifestement absurdes. Pour les autres, c'est une conception renouvelée d'Epicure ou d'Holbach, et qui, comme les philosophies matérialistes, conduit à la prépondérance du sens individuel ; et l'on condamne, non sans justice, des doctrines qui, étant surtout négatives, menacent l'ordre moral. Pour tous, la philosophie positive est une œuvre d'école ou de cabinet, et la vraie étendue n'en est pas soupçonnée.

Elle a une étendue immense ; et il faut montrer qu'elle embrasse les sciences et leur enchaînement, les sociétés et leur développement ; et par conséquent que, dans le monde, il ne s'est rien remué qu'elle n'interprète, et qu'il ne s'y remuera rien où elle ne doive intervenir.

La philosophie positive ne fait pas prédominer le sens individuel, car elle le subordonne à un ordre supérieur, et veut qu'il trouve sa satisfaction suprême en cette subordination. Elle n'introduit pas les mathématiques dans les hauts domaines de l'histoire et de la moralité humaines, car, apercevant que, suivant la vraie conception, où la matière n'est pas séparable de ses propriétés, le mot de matérialisme n'avait plus de bon emploi philosophique que comme caractérisant d'anciennes opinions, elle l'a renouvelé, et s'en est servi pour exprimer l'intrusion de la méthode de toute science inférieure dans la science supérieure, et pour interdire aux mathématiciens l'immixtion dans un monde qui ne leur appartient pas. Et cependant, il est bien vrai qu'à la base de toute éducation régulière et de toute philosophie, nous mettons la mathématique comme un préliminaire sans lequel on ne pourra monter de degré en degré jusqu'au faîte. Nous concédons, sans qu'on nous presse et spontanément, qu'au temps passé ce préambule n'était pas nécessaire, qu'il aurait mené à des impasses, et que les esprits éminents n'étaient astreints, dans leurs conceptions généralisatrices, qu'à suivre logiquement les données des hypothèses provisoires. Mais aussi nous prétendons que ce temps est fini, que les impasses sont détruites, et les voies ouvertes entre les sciences inférieures et les sciences supérieures ; et que celui qui n'a pas appris à spéculer sur les sujets les plus simples est présentement hors d'état de spéculer avec fruit sur les sujets les plus complexes. L'intelligence, pour embrasser les parties les plus difficiles et les saisir dans leurs caractères positifs, a besoin de traverser le noviciat entier et de s'habituer graduellement aux conceptions réelles. La mathématique n'est qu'un rudiment, mais, comme tous les rudiments, elle ne peut être omise sans dommage pour le résultat définitif de l'éducation philosophique.

Partant de là, j'aurais à montrer, comme j'ai fait ailleurs, alors que je vulgarisais les idées d'Auguste Comte, que, sans mathématique, l'astronomie ni la physique ne peuvent cheminer ; que, sans physique, la chimie est mutilée et incapable de se rendre compte à soi-même ; que, sans chimie, la nutrition, base de toute vitalité, est inintelligible ; et que, sans une théorie exacte de la vie, le développement des sociétés, ou histoire, ou sociologie, manque de son meilleur appui. Mais cet enchaînement, maintenant palpable, et auparavant difficile à apercevoir tellement que c'est une des découvertes d'Auguste Comte, est devenu, dans la philosophie positive, pour ainsi dire un lieu commun, bien que ce soit encore, je n'en doute pas, une très-grande nouveauté pour beaucoup d'esprits même cultivés. Toutefois, je ne veux pas quitter ce sujet attrayant sans en donner, sous une autre forme, une idée qui en fasse toucher la réalité et apprécier l'importance.

Dans l'ensemble des choses, aperçu d'une façon générale et spéculative, on découvre bien vite des divisions naturelles et des échelons très-marqués. Il est manifeste que les êtres vivants, ou, comme on dit dans l'école, le monde organique, se sépare et se distingue du monde inorganique. Il en est, si je puis m'exprimer ainsi, un cas particulier ; il ne peut pas exister sans lui. Une portion seulement de la matière est susceptible de s'organiser et de vivre ; et, avant d'obéir, en tant qu'animée, aux lois qui lui sont propres, elle obéit aux lois générales de toute matière, aux affinités chimiques, à la pesanteur, à la chaleur, à l'électricité. Notons, ce qui est très-important, et ce qui marque expressément ce que je nomme ici division, échelon, notons ici que, parmi les éléments, il n'y en a qu'un petit nombre qui puissent devenir organisés ; que l'oxygène, l'hydrogène, l'azote et le carbone forment essentiellement, à eux quatre, la trame vivante ; que quelques autres seulement s'y agrégent, tels que le phosphore, le fer, le sodium, le chlore, etc. ; et que tout le reste est exclu du cycle de l'organisation. C'est là un caractère déterminant qui spécialise, quant à la matière, la vie déjà spécialisée quant à la propriété.

Il n'est pas moins manifeste que ce qu'on appelle vie végétative, ce qui est le tout dans les végétaux, ce qui est la base dans les animaux, consistant en un va-et-vient perpétuel de composition et de décomposition, est sous la dépendance des affinités moléculaires dites chimiques et ne peut pas en être éloigné ; de sorte que la place des propriétés moléculaires est clairement désignée au-dessous de la place des propriétés organiques. Notons, ce qui est très-important, et ce qui marque une nouvelle division, un nouvel échelon, que, si, à la différence des propriétés organiques, la propriété chimique appartient à toute matière, sans exception, elle ne lui appartient que quand deux substances différentes, deux éléments sont en présence et aussi quand certaines conditions physiques sont réalisées. Pour qu'elle se montre, il faut un couple, il faut un contact binaire ; il faut aussi que la matière ne soit pas soumise à une excessive chaleur, cas où nulle combinaison chimique ne s'effectue. C'est là un caractère déterminant qui spécialise, quant à la matière, la chimie, déjà spécialisée quant à la propriété.

Il est manifeste encore qu'au-dessous des propriétés atomiques viennent les propriétés physiques, c'est-à-dire celles qui appartiennent à la matière considérée en masse et non plus atomiquement; ce sont la pesanteur, la chaleur, l'électricité, la lumière, l'élasticité. Elles sont plus générales, puisque, pour apparaître, elles n'ont pas besoin de l'accouplement ou binarité. Les éléments isolés y suffisent : un métal pur, par exemple l'or; un métalloïde pur, par exemple le soufre ; un gaz pur, par exemple l'oxygène, ne sont animés d'aucune propriété chimique et sont encore animés de toutes les propriétés physiques. C'est le troisième échelon.

Enfin, à la base de tout cela, est le nombre, l'étendue, le temps, le mouvement. D'où résultent l'arithmétique, la géométrie et la mécanique, dont l'ensemble constitue les mathématiques.

Récapitulons : le nombre, l'espace, le temps et le mouvement constituent le premier fondement du savoir et la première science. Puis la matière considérée par masses, ou, si l'on veut une idée plus précise à l'aide des notions modernes, les éléments offrent les propriétés que l'on nomme physiques. Au delà, le théâtre des phénomènes se particularise; la binarité apparaît, et avec elle les propriétés atomiques ou chimiques. Au-delà encore, le théâtre se particularise derechef: un groupe très-circonscrit d'éléments se montre seul susceptible des dernières propriétés, qui sont celles de la vie. De la sorte, j'ai exécuté un travail important, signalant avec netteté le lieu de chaque condition, le siège de chaque propriété. C'est la vérification, dans le grand ensemble cosmique, de ce qui est, dans le petit ensemble organique, la distinction de l'appareil et de la fonction. Dans l'un comme dans l'autre, tout est spécialisé, le vague disparaît ; et la clarté est vive quand se montre une relation déterminée entre la constitution matérielle du monde et la constitution dynamique, relation qui a son reflet direct dans l'histoire de l'humanité.

Comment, en effet, l'esprit humain, devant ce bloc immense du ciel et de la terre, en a-t-il conçu les divisions naturelles et les subordinations intimes ? Après avoir créé les premiers essais de mathématiques et d'astronomie, son essor s'arrêta, et des difficultés insurmontables s'accumulèrent. On s'essaya dans la physique ; mais, à part quelques théorèmes élémentaires, on ne fit plus aucun pas. On s'essaya dans la biologie, à laquelle conviait l'étude si urgente et si cultivée de la médecine ; mais, après de grands travaux rudimentaires, on se trouva dans une impasse, et pendant beaucoup de siècles rien ne s'ajouta de positif aux théories. On s'essaya dans la chimie, à laquelle menait l'exercice d'une foule d'arts industriels, la métallurgie, la teinture, la pharmacie ; mais on ne put aboutir qu'à des faits particuliers, bien qu'intéressants, avec l'alchimie pour doctrine générale. On s'essaya dans la sociologie ; de ces essais, Aristote a, dans sa *Politique*, donné le plus mémorable, et ce fut tellement le dernier mot sur ce sujet, que, durant tout le moyen âge, les philosophes chrétiens n'eurent pas d'autre théorie politique que la sienne. Dans ce tableau si abrégé, on a l'ensemble de ce que, par anticipation, on pourrait nommer la positivité antique, mais positivité qui n'existe que rétrospectivement pour nous, et n'exista jamais pour les anciens ; car Aristote lui-même n'aurait pu donner la raison qui, par des intermédiaires inévitables, lie la mathématique à la sociologie. Cette insuffisance est la cause, ignorée de tous les historiens, mais réelle, qui fit que naquirent les diverses philosophies qui se partagèrent le domaine intellectuel. A un savoir flottant et indéterminé correspond, on le comprend, la multiplicité des systèmes ; et cette origine inférieure des système montre, on le comprend du même coup, l'inanité de cet éclectisme qui, ne connaissant pas ce qu'il manie, se propose la tâche insoluble de faire avec des ébauches un tout parfait.

Pendant ces essais, l'esprit humain s'était fortifié, les conditions sociales avaient cheminé, les mathématiques s'étaient perfectionnées ; ce fut un moment décisif pour le génie de l'humanité. Une fois que, comme un autre Hermès, il eut cette clef en main, il pénétra dans l'astronomie dynamique, qui devint l'étude grandiose de la pesanteur. Il se lança dans les phénomènes merveilleux de la physique; et, sa capacité grandissant avec les moyens de résoudre des problèmes plus compliqués, il créa les théories chimique, biologique, sociologique; car la doctrine de la vie se dédoubla devant son regard en doctrine de la vie individuelle ou biologie, et doctrine de la vie collective ou histoire. De la sorte s'explique la coïncidence fondamentale du développement subjectif avec l'ordre du monde objectif, aussi bien que les anomalies contingentes que ce développement présente.

Tant que la raison humaine n'est employée qu'à la satisfaction des besoins et des sentiments presque aussi impérieux que les besoins, c'est l'ère des ébauches d'une industrie primitive et d'une religion rudimentaire. Mais, quand cette même raison, se dégageant des préoccupations absorbantes, trouve, grâce aux travaux préparatoires, du loisir pour se livrer à son penchant désintéressé pour le vrai, c'est l'ère des ébauches d'une science frêle et d'une spéculation bornée : science si frêle et spéculation si bornée, que reconnaître les propriétés du cercle ou du triangle transporte alors une âme d'autant de joie que Newton en éprouva, vérifiant que la lune, en décrivant son orbite, tombe véritablement d'une quantité déterminée par la loi de la gravitation. Une fois commencée, cette œuvre abstraite captiva toujours quelques esprits curieux et inspira toujours un certain respect aux gouvernements et aux foules; si bien qu'elle s'étendit, se consolida, conquit de proche en proche des domaines de plus en plus élevés, suscita, pour sa gloire, de splendides génies, ravit les intelligences par sa beauté, et, grossissant dans sa marche comme la neige qui roule, devint une puissance là où elle n'avait été d'abord qu'une curiosité. Ces pures clartés portèrent leur influence au-delà du cercle qui les circonscrivait : elles introduisirent par voie indirecte, suivant les temps et les lieux, la théorie dans l'industrie, le goût dans l'art, la suprême équité dans la morale.

En cette conception du monde, envisagé selon la hiérarchie des propriétés qui y sont immanentes, en cette évolution parallèle de la pensée qui chemine du plus général au plus particulier, il est un point capital qui devient le nœud de vie de la philosophie et change tout l'esprit de la spéculation. Je veux parler du système établi entre des parties qui, sortant de leur isolement antique et préliminaire, prennent solidarité et connexion. Ce fut une illumination de génie que d'apercevoir le plan général de ce qui semblait développé au gré d'influences fortuites, disséminé dans l'histoire, et clos dans des théories spéciales. Les sciences, en tant que sciences particulières, restaient séparées l'une de l'autre, sans se savoir parentes, sans avoir idée de leur unité, et sans se soucier d'une incorporation. La métaphysique, dont la fonction était de généraliser, voulut remplir cette tâche ; mais elle n'y réussit pas, ne pouvant pénétrer dans l'intimité et ne créant jamais qu'un lien extérieur et artificiel. Il a été donné à une meilleure intelligence des choses de rompre les épaisses cloisons qui séparaient les compartiments de la connaissance générale et d'ouvrir à la pensée enfin victorieuse les portes et les chemins. Cette puissante percée établit les communications. Désormais on peut également, avec une pleine sûreté, ou bien partir du point le plus bas pour arriver de degré en degré jusqu'au sommet, ou descendre du sommet et atteindre par un chemin inverse le point le plus bas. Faire de chaque science particulière un membre de la science générale est une grande révolution spéculative. Ainsi au pouvoir de réalité qui a toujours appartenu à la science particulière, s'est joint le pouvoir de généralité qui ne lui avait jamais appartenu.

Être arrivé assez haut pour transformer les sciences en une science dont l'ensemble représente, liés nécessairement entre eux, le système du monde et le système de la pensée, serait beaucoup quand même ce serait tout. Mais cela n'est qu'un échelon, et il s'agit de développer les conséquences qui sont incluses. Si la philosophie positive était plus familière aux esprits, je ne m'inquiéterais pas de mettre en relief ce qu'elle est par rapport à l'histoire. Il serait clair que l'histoire en est une partie intégrante sans laquelle la philosophie positive n'existerait même pas. Mais on est si peu habitué à rattacher l'histoire aux sciences particulières et à en concevoir la place dans la science générale, qu'un mot ici n'est pas superflu. L'histoire est un développement déterminé par les conditions de la nature psychique de l'homme et par la manière d'être du monde. Ce qui se passe dans l'évolution de l'individu est la racine de ce qui se passe dans l'évolution de l'être collectif. Reconnaître comment l'évolution de l'individu se transforme pour devenir l'évolution de l'humanité, quelle part de la vie individuelle s'efface comme inutile à la vie collective, et comment des fonctions qu'on me permettra de nommer privées et personnelles prennent le caractère impersonnel et général, telle est la tâche de l'histoire. De la sorte disparaît ce qu'on appelle le hasard ; ce qu'on appelle providence disparaît également ; il ne reste plus que ce qui se nomme, en science, une loi, c'est-à-dire une condition dernière, un fait primordial au-delà duquel on ne peut aller. La comparaison que j'ai faite de la vie collective avec la vie individuelle classe, sans hésitation possible, l'histoire à la suite de la biologie et impose la nécessité de connaître celle-ci pour connaître celle-là. Cette même comparaison met à néant le reproche de quelques esprits qui, ne pouvant concevoir ce qu'est une loi, prétendent que ce développement, étant nécessaire, supprime la liberté de l'individu qui y concourt. Autant vaudrait dire que le passage de l'enfance à l'âge adulte et à la vieillesse, qui constitue la vie individuelle et qui est nécessaire et soustrait à toute volonté personnelle, supprime le libre arbitre de chacun de nous. Notre libre arbitre reste ce qu'il est en soi, soumis seulement à la condition inévitable de passer par les âges de la vie ; de même, dans l'être collectif, il demeure propre à chacun de nous, soumis seulement à la condition de s'exercer sous l'influence des phases successives de l'histoire. Cela est assez montré par les efforts d'hommes puissants qui, voulant faire rétrograder leur société, travaillèrent avec leur plein arbitre à cette tâche malfaisante, nuisirent et entravèrent, mais n'arrêtèrent rien d'une façon définitive. Enfin, pour dernier trait de notre comparaison entre la vie individuelle et la vie collective, on apprécie, dans sa vérité, ce qu'il faut entendre par l'optimisme de la théorie de filiation :

c'est aussi un passage d'un âge inférieur à un âge supérieur; mais, pas plus dans un cas que dans l'autre, ne sont éliminées les maladies, les perturbations, les dérangements, en un mot tous les accidents qui interviennent dans le fonctionnement de chaque loi, et qui sont d'autant plus fréquents et plus graves que la loi dont il s'agit gouverne des rapports plus compliqués et plus élevés. Or, dans ce que nous connaissons, il n'y a rien de plus compliqué ni de plus élevé que l'être collectif humanité.

On voit les pas : la philosophie positive ne s'est faite que parce que l'histoire est une évolution naturelle, et la sociologie une science. Elle contient la raison des choses dans leur rapports avec l'esprit, et la raison de l'esprit dans ses rapports avec les choses. Coupant ainsi la métaphysique par le milieu, elle ne lui laisse que deux tronçons désormais sans vertu, les causes premières et les causes finales. Je ne feindrai pas de le dire : montrer présentement que causes premières et causes finales sont placées en dehors de la portée de l'esprit humain, et que la recherche en doit être abandonnée, est un lieu commun. L'expérience en témoigne : depuis tant de siècles que les génies les plus profonds agitent ces insolubles questions, elles n'ont pas fait un pas, et le fond même est toujours en débat comme le premier jour ; or, c'est le plus sûr indice de l'inanité de la recherche que de voir, dans une controverse séculaire qui n'avance pas, le fond controversé. La théorie n'en témoigne pas moins, puisque ni la méthode objective ni la méthode subjective, seules voies de connaître la vérité, n'y peuvent rien, l'une n'arrivant jamais par l'expérience à une appréciation quelconque des causes premières ou finales, l'autre ne réussissant jamais à former une conception *à priori* qui puisse cadrer avec le monde tel qu'il est, et en donner une explication supportable. La méthode objective ou expérience, de quelque manière que l'on combine les résultats obtenus, ne parvient qu'à des lois ; c'est son suprême effort ; pour que les causes premières et les causes finales fussent rencontrées, il faudrait qu'elles tombassent dans son domaine : or, le nom seul l'indique, ce qui est commencement ou fin des choses ne tombe pas sous l'expérience humaine. De son côté, la conception mentale, formant un type de gouvernement du monde ou de providence, peut, il est vrai, le constituer comme elle veut; mais elle échoue toujours contre l'une ou l'autre de ces impossibilités : ou bien son type, reculant à leurs dernières limites les plus sublimes qualités de la nature humaine, n'a plus rien de commun avec les fatalités rigoureuses qui font le monde ce qu'il est; ou bien, rendant de plus en plus impersonnelle l'idée de providence, il va se perdre, d'une façon plus ou moins confuse, dans l'immanence des lois qui régissent les choses.

La science générale, qui a tranché dans la métaphysique, ne tranche pas moins dans la théologie, ne lui laissant non plus que les causes premières et les causes finales. A vrai dire, la théologie n'est qu'un cas particulier dans la religion ; cela est important et veut une explication. Ici nous sommes, s'il est permis d'emprunter une image à la géologie, sur un terrain bien autrement ancien que celui de la métaphysique et d'une nature toute différente : la religion plonge plus avant dans les origines de l'humanité, et elle a ses racines plutôt dans la partie morale que dans la partie rationnelle de l'être humain. Aussi a-t-elle de longues annales, et ce sont ces annales mêmes qui, la montrant sous les aspects les plus divers et dans des conditions successives, nous apprennent à connaître quelle en est l'essence. Aux yeux de l'histoire, il n'y a point de fausse religion, il n'y a que des religions incomplètes qui cheminent dans le temps et qui se perfectionnent. Jamais cette imperfection relative ne se manifesta mieux que quand on vit les chrétiens prendre pour des démons les dieux des gentils. Quoi ! eux des démons, ces dieux de Rome et de la Grèce, de la Germanie et de l'Inde, de l'Assyrie et de l'Egypte, tout ce polythéisme qui présida au développement de grandes et belles sociétés ! Ils n'étaient rien autre que la transformation brillante et bienfaisante d'un culte plus ancien et plus grossier ; et ils avaient leur raison d'être dans le cœur et l'esprit de ces nations intermédiaires entre une antiquité plus reculée et le moyen âge chrétien. La définition de la religion se tire de son office, qui est : mettre l'éducation, et par conséquent la vie morale, en rapport avec la conception du monde à chacune des phases de l'humanité. Quiconque examinera cette définition verra qu'elle satisfait à toutes les conditions de la religion, soit dans le passé, soit dans le présent, soit dans l'avenir. On y reconnaît que la théologie n'est pas inhérente à l'idée religieuse. Elle ne l'a pas toujours été dans le passé, car on ne peut attribuer le nom de théologie au fétichisme primordial qui adresse son culte aux objets voisins, ni à ces religions qui adorent les agents naturels, tels que l'air, le vent, la nuit, l'aurore ; c'est avec le polythéisme que la théologie commence. Quant à l'avenir, la science générale, concevant le monde autrement que ne le concevaient les hommes sous le règne des religions successives, prend un office équivalent à l'office religieux, et elle a, à son tour, à mettre l'éducation et la vie morale en accord avec l'univers tel qu'il nous apparaît.

Ainsi, ce qu'on nomme philosophie positive se compose de trois termes qui s'enchaînent et forment un tout indivisible. Ces trois termes sont : histoire, science générale, conception du monde. L'histoire n'est ni gouvernée par des interventions surnaturelles, ni livrée aux volontés individuelles ; elle a une loi qui lui est propre et qui en détermine la succession : elle devient une science au même titre que la biologie et se place à côté des autres sciences à son rang. La science générale est constituée par la série hiérarchique des sciences particulières dont le lien est dévoilé pour la première fois : par la cosmologie, elle tient le monde organique ; par la biologie, elle renferme l'ordre de la vie ; par l'histoire, elle embrasse les religions et les métaphysiques dont elle note la cause et la naissance ; à ce point la science générale est la philosophie. La conception du monde se conforme nécessairement à l'histoire et à la science générale ; des lois seules s'y montrent ; il faut les connaître tant pour s'y subordonner que pour les modifier les unes par les autres ; maintenant c'est aux destinées sociales à se conformer à la conception du monde,

II.

Ce qu'est aujourd'hui le milieu social.

Peu à peu se découvrent tous les points de vue qui appartiennent à la science générale ; ou, pour mieux dire et pour délaisser définitivement ces expressions qui, purement scolastiques, ne répondent pas à la grandeur des choses, les impulsions spontanées aboutissent et concourent ; une plus intime union s'établit entre le sentiment et la raison, union qui est le triomphe suprême de la moralité. Le sentiment s'est réalisé dans l'office religieux ; la raison s'est réalisée dans la science. Partis de régions distinctes dans la nature humaine, nés aussi à des époques différentes de l'humanité, ces deux grands fleuves, qui se sont constamment rapprochés, touchent au point où leur confluent est marqué. Si j'ai su présenter avec quelque netteté l'enchaînement, si mon langage n'est pas resté au-dessous du sujet, le lecteur aperçoit maintenant la déduction de l'histoire. Le monde apparaissant tout autre à l'homme moderne qu'il n'avait apparu à l'homme ancien, les hautes notions changent, les anciennes se décomposent, les nouvelles se forment ; et, de la sorte, une autre éducation, une autre vie morale, une autre société sont en enfantement. C'est cet enfantement qu'on nomme une phase ou une révolution.

Peut-être quelques-uns diront : pourquoi ne pas laisser aller, comme par le passé, chaque science dans sa voie isolée, et pourquoi cette ambitieuse prétention de les confondre en une seule science qui soit la régulatrice et la vraie philosophie? Et surtout, si, à toute extrémité, on accorde cette coordination dans le savoir et cette solidarité entre toutes ses parties, pourquoi vouloir introduire une telle conception dans l'éducation, dans la morale, dans la politique? Complaisez-vous, puisqu'il en est ainsi, dans la contemplation de l'immense enchaînement ; usez-en, s'il le faut, dans les opérations distinctes qu'exigent la conduite et le progrès des sciences ; mais ne songez pas à faire descendre parmi les foules un tel système ; elles ont le lien qui leur vient d'une tradition révérée ; ne les troublez pas dans leur repos d'esprit ; concevez, cela vous est loisible, le monde comme le montre le résultat des recherches poursuivies par de grands génies ; elles le conçoivent, elles, et cela leur suffit, comme le voyait la civilisation théologique. C'est cette conception qui a plané sur tout le moyen âge et sous laquelle se sont développés et les sciences et l'ordre politique de l'Europe moderne. Ayez respect pour elle ; elle a eu, sous une forme ou sous une autre, le passé ; ne lui disputez pas un présent qui sans elle n'aurait pas été possible.

A cette double question double réponse. La vue qui, par Auguste Comte, a fait des sciences particulières, multiples et hétérogènes, une science homogène, une et générale, est de l'ordre de celles qui, par Bichat, ont constitué la biologie ; par Lavoisier, la chimie ; par Newton, le système du monde ; par Descartes, la géométrie générale. Mais, en raison de la phase actuelle de l'humanité, elle a une portée bien autrement grande ; ou, si l'on veut, celles-ci sont les affluents sans lesquels celle-là n'aurait jamais apparu. Elle est la fille du temps, l'effet nécessaire de l'ensemble qui l'a précédée. Il était aussi inévitable que quelque génie supérieur la saisît et la dévoilât, qu'il l'était qu'un Newton, successeur de Kepler, de Galilée et de Descartes, et, par eux, de tout le passé humain, fît de la pesanteur l'agent universel de la dynamique céleste. Maintenant, voyez et jugez : une doctrine qui, arrivant à son temps marqué par l'histoire, change la conception du monde, ne peut pas ne pas se substituer partout à l'ancienne doctrine. Elle n'est plus séparable de la philosophie dans le domaine abstrait, de l'office religieux dans le domaine moral, de la politique dans le domaine social. C'est une partiale et chétive connaissance de l'histoire qui fait croire que les découvertes successives qui modifient l'état mental sont une sorte d'engins concertés pour la ruine de quoi que ce soit, dogmes, croyances, institutions. Le vrai est une lumière d'abord bien faible, bien lointaine et bien vacillante ; mais, quand il a grandi, il ne peut luire dans les régions de la science, sans que tout le reste en soit éclairé. Dès lors survient une critique spontanée de l'ordre social, surviennent les agitations mentales, les mutations religieuses, les révolutions politiques, en un mot les phases de l'humanité.

La réponse à la première question implique la réponse à la seconde, du moins pour ceux qui apprécient les connexions historiques. Quoi ! il se pourrait que, depuis la Renaissance surtout, la science eût grandi progressivement, se fût emparée de toute la partie positive de l'éducation et eût captivé le public par d'éclatantes merveilles, sans que rien transpirât, pour ainsi dire, au dehors et sans que les esprits même les plus étrangers au travail qui s'opérait en ressentissent aucune influence ! Non, cela n'était pas possible et n'a pas été. Il s'est fait dans toutes les couches de la société une décomposition des anciennes croyances, décomposition très-variable quant au degré, mais analogue quant au fond. Sans parler du protestantisme, des sectes turbulentes de la révolution anglaise et de l'athéisme de la révolution française, une désuétude lente atteint les opinions théologiques tantôt par l'immensité de l'univers et la fixité du cours des étoiles, tantôt par l'âge de la terre, tantôt par les périodes géologiques et la succession des espèces, tantôt par la confiance en la régularité du travail industriel, régularité illusoire si les miracles pouvaient y suppléer ou la détruire, tantôt par la différence des races humaines et de leur langage, tantôt par la conscience moderne qui répugne à l'éternité des peines ; que sais-je, enfin, par toutes les incompatibilités qui surgissent à l'improviste de chaque recoin de la science. Donc, à vrai dire, ce n'est pas une place occupée qu'on usurpe ; c'est une place à demi vacante et vide, sur laquelle il importe, pour le bien commun, de mettre enfin le pied. On ne fait aucun outrage à l'ancienne doctrine, dont le passé est glorieux et vénérable ; mais il y a dorénavant un public pour qui elle est lettre morte ; et c'est à ce public qu'on s'adresse, pour ce public qu'on travaille.

Une démonstration, qui est souvent inaperçue parce qu'elle est familière, indique précisément où l'on en est à cet égard. Il est manifeste que, tous les ans, à mesure que chaque génération avance dans la vie, un certain nombre d'individus, nombre impossible à évaluer, mais considérable assurément, échappe aux croyances théologiques et passe dans le camp de ceux qu'on nomme libres penseurs, ancienne dénomination qui suffit à mon dessein. Cette mutation mentale n'est pas limitée à une classe particulière ; elle se voit parmi les savants comme parmi les ignorants, parmi les esprits légers comme parmi les esprits sérieux, dans les rangs inférieurs comme dans les rangs supérieurs, dans le parti conservateur comme dans le parti révolutionnaire. La signification en est encore rehaussée par une circonstance bien digne de remarque, c'est que, de tous ces individus qui, à un moment donné, quittent les doctrines théologiques, il n'en est pas un qui n'ait été élevé strictement dans ces mêmes doctrines. Ce n'est point de séminaires d'incrédulité que sortent tous ces gens-là ; de tels séminaires n'existent point ; ces gens ont passé par l'enseignement théologique que l'Eglise donne à tous les enfants des villes et des campagnes. Pourtant il est arrivé un moment où le désaccord a surgi et, malgré eux, on peut le dire, mais entraînés par les instincts modernes, ils sont entrés dans l'autre chemin : malgré eux, car ils ont eu à lutter contre leur éducation et contre les souvenirs toujours si chers de l'enfance ; malgré eux, car leur changement trouble souvent leurs relations avec la famille et avec l'entourage, leur crée de la défaveur, leur ferme des carrières, et, dans bien des pays, les expose à de sérieux dangers. Néanmoins le changement s'opère, tant il y a de puissance effective dans le milieu pour conformer les esprits suivant sa nature, en dépit des obstacles qu'y met une éducation toute réglée pour un autre but.

Une telle situation est à point pour la philosophie positive, nom primitif de ce que j'appelle souvent ici conception moderne du monde. Elle dispense de toute polémique offensive. Le xviiie siècle se chargea, sous des formes diverses, de vulgariser les résultats de la spéculation supérieure. Ce qui se cachait, ce qui se disait à voix basse, ce qui était l'entretien de quelques coteries hardies et émancipées fut dit hautement et à la face du soleil. L'attaque fut vive, et le succès assez décisif pour que, le libre examen étant devenu incompressible, la guerre régulière contre l'ancienne doctrine, guerre qui naquit des nécessités sociales, ait cessé spontanément. Aujourd'hui, en vertu des antécédents, la besogne d'alors se fait, on peut le dire, de soi-même, et les esprits émancipés germent incessamment dans le terrain qui est préparé. Il serait puéril de recommencer Voltaire, Diderot et les encyclopédistes. Les influences naturelles du temps sont bien assez dissolvantes ; poussons donc nos desseins plus avant. Une polémique négative est sans issue, et ne peut jamais être qu'une préparation et un déblaiement. L'époque de la préparation est passée. Ce qui presse, ce qui est aussi utile qu'urgent, c'est de fournir à tous ces esprits déclassés un point de ralliement. Ils flottent au hasard de leurs opinions individuelles, sans doctrine qui les unisse, sans giron qui les reçoive. Cette doctrine, ce giron, la philosophie positive le leur présente ; là est leur refuge ; ils s'y reconnaîtront, ils s'y grouperont. Un grand service aura été rendu à eux et à la société ; à eux, car ils retrouveront ce qui leur manque, l'unité dans une doctrine vivifiante ; à la société, car des actions dispersives auront été contenues, et un arrêt puissant mis à la désorganisation mentale.

Je parle sans hésitation et avec fermeté de la doctrine qui, s'appuyant sur la conception positive du monde, tend à renouveler toutes les conceptions secondaires. Je parlerais avec moins d'assurance, et, je l'avoue, le cœur me battrait et la main me tremblerait, si je produisais ici quelque système qui fût né de mes méditations, qui provînt de mon fonds, et que je dusse dire mon œuvre. Je craindrais trop en moi l'illusion de l'amour-propre, la préoccupation, l'aveuglement, pour me laisser aller en sécurité à la conviction qui m'aurait saisi. Je me jugerais inhabile à décider si mon esprit est assez libre et assez impartial pour apprécier ce qu'il aurait créé. Mais la qualité de disciple dispense d'un tel souci ; s'il en coûte de se faire disciple à un âge où ce n'est guère l'habitude de le devenir, du moins cela garantit qu'on n'est pas dupe de quelque séduction de soi par soi-même. Ce n'est pas tout : aux diverses épreuves, soit personnelles, soit sociales, qui sont survenues, le point de vue ayant changé, l'examen complet et rigoureux a recommencé, et chaque fois l'examen a confirmé la persuasion où une première et longue étude m'avait placé. Surtout, ce qui a singulièrement facilité ma tâche et rassuré ma raison obligée de se décider, c'est que j'ai vu qu'au fond une moitié seule était nouvelle, celle qui organise; l'autre moitié, celle qui nie, est l'œuvre du temps, des plus grands génies, de la science, de la société tout entière. Que si l'on ajoutait, car je me suis dit aussi : « Pourquoi inquiéter des âmes paisibles à » qui les croyances antiques sont chères ? » je répondrais qu'à cet égard je n'entre pas en scrupule. Cet écrit ne leur est pas destiné ; le péché en sera sur leur conscience, si elles le lisent et en sont troublées. Dans le cas où elles passeraient outre, c'est qu'elles seraient déjà livrées aux suggestions qui relâchent peu à peu, et de tous les côtés, les liens théologiques. Cet écrit, je le répète, est destiné aux esprits qui, s'étant dégagés de ces liens, bien loin de courir aucun risque d'être troublés, ont grandement besoin des ouvertures de la philosophie positive.

Confronter l'avénement d'un nouveau symbole avec les phénomènes concomitants qui en signalent l'approche, ne peut être ici qu'une esquisse ; mais encore cette esquisse doit-elle être donnée. Je la borne à trois signes principaux : le socialisme de notre temps, l'athéisme du xviii° siècle et de la révolution française, et le panthéisme allemand du xix°.

Un célèbre philosophe anglais, M. J. St. Mill, a dit dans une phrase sentie et qui mérite d'être retenue, que l'économie politique, science qu'il cultive, serait un vain jeu de l'esprit et une curiosité stérile, si elle ne triomphait pas des duretés que l'état social impose présentement aux classes laborieuses et si elle n'améliorait pas dignement leur situation. Le fait est que, de nos jours, le peuple (pour me servir de ce mot au second sens qu'il a dans notre langue) a ressenti, sinon plus vivement, du moins autrement, le poids des inégalités. Non pas plus vivement sans doute ; car l'histoire est semée d'insurrections populaires : les guerres serviles sous les Romains, les gens de l'Evangile éternel au xiii° siècle, les Jacques au xiv°, les anabaptistes au xvi°, et tant d'autres collisions plus ou moins considérables. Quand une intolérable oppression avait été momentanément vengée par d'intolérables violences, une anarchie inévitable ramenait un besoin impérieux de l'ordre; les supérieurs reprenaient l'antique autorité, sauf le travail lent des idées et des mœurs, qui ruinait l'esclavage, abolissait le servage, accroissait l'ascendant de l'industrie et préparait les phases sociales. Mais, aujourd'hui que la dernière de ces préparations est en voie d'accomplissement, le peuple s'est fait, sous le nom de socialisme, une doctrine qu'il a mise en face des doctrines traditionnelles ou officielles. Il est certain que sa doctrine ne vaut ni plus ni moins que les utopies des philosophes, desquelles d'ailleurs elle dérive; il est certain aussi que l'empirisme politique garde une légitime prépondérance. Toujours est-il qu'un fait considérable est advenu : la conscience populaire subit elle-même les transformations que tout le reste subit; religieuse dans le socialisme du xiii° siècle, elle devient philosophique dans le socialisme du xix°. Elle ne met plus ses réclamations et ses aspirations sous le couvert de la théologie; elle les met sous le couvert d'une politique métaphysique. Tout est donc à l'unisson entre les diverses couches de la société, et un même courant d'idées les pénètre et les travaille. La situation mérite qu'on y pense: ce qui la caractérise, c'est que la source qui alimente la pensée populaire est devenue homogène à ce qui semblait le plus propre aux classes lettrées et gouvernantes. Cela ne pourrait être si, là aussi, l'ancien régime des intelligences ne s'était modifié, et si la conception théologique du monde avait gardé sa prépondérance dans ce milieu. Le socialisme, quelque forme qu'il revête, indique à qui sait y lire (et c'est ce qui en fait l'importance), jusqu'à quel degré est parvenue, dans le sein des classes laborieuses, la dissolution de ce qui était la force et le lien des sociétés du moyen âge et de l'antiquité.

L'athéisme raisonné fut propre au xviii° siècle et à la révolution française. Une métaphysique hardie, s'appuyant sur les incompatibilités qui se révélaient entre la théologie et la science, hâta les conclusions et entraîna les esprits qui étaient sur la pente; si bien qu'un moment tout christianisme fut aboli en France, et l'athéisme y prit une grande place. La philosophie positive n'accepte pas l'athéisme. A le bien prendre, l'athée n'est point un esprit véritablement émancipé; c'est encore, à sa manière, un théologien; il a son explication de l'essence des choses; il sait comment elles ont commencé; c'est en vertu de la rencontre des atomes ou bien par une puissance occulte nommée par lui *nature,* que le monde s'est fait. La philosophie positive ne sait rien de tout cela; elle ignore et les atomes producteurs et la nature créatrice ou ordonnatrice. Car ceci est une explication de ce qu'on nomme causes premières; or, pour elle, toute explication de ce genre, étant une pure hypothèse, est désormais réduite à ne plus valoir que comme hypothèse. Elle n'accepte pas non plus le caractère moral de l'athéisme; non qu'elle ait aucune aversion de sectaire pour une doctrine qui a tenu sa place dans les œuvres de l'esprit humain et dans les événements politiques, non qu'elle ignore que plus d'un athée connu dans l'histoire a laissé d'irrécusables témoignages de haute vertu, sans compter d'autres d'une condition plus humble, que chacun de nous a pu voir et à qui nous ne préférerions pas les meilleurs d'entre les croyants. Mais il faut distinguer ce qui vient des impulsions innées et de la nature humaine, et les tendances propres à une doctrine. Or, les philosophes du dernier siècle ont tiré une conséquence directe et qui paraît vraie de l'athéisme; c'est la morale de l'intérêt personnel. Cette morale, qui est aussi celle des théologies proposant une récompense infinie au fidèle et une punition infinie à l'infidèle, ne traite pas comme il convient les meilleures facultés de l'homme et est insuffisante pour l'avenir qui se prépare.

Le panthéisme a été la forme allemande de l'incrédulité. Advenu dans le XIXe siècle, il s'est montré avec un tout autre appareil d'érudition, avec un respect sérieux de l'histoire, avec un usage habile de la critique. Mais ces avantages n'en peuvent dissimuler l'impuissance réelle. Je n'ai pas besoin de faire remarquer que, pour bien des conséquences, le panthéisme revient au même que l'athéisme : ainsi il importe peu que l'origine de l'individu soit un concours d'atomes, comme le veut l'athée, ou une incorporation de l'esprit général, inconscient en tant qu'universel, comme le veut le panthéiste ; il importe peu que sa fin soit une résolution en atomes comme le veut l'athée, ou, comme le veut le panthéiste, une absorption dans la substance spirituelle où toute personnalité se perd. Je n'ai pas besoin non plus de faire remarquer que ce système est encore pleinement théologique, et qu'à ce titre il appartient, malgré ses prétentions, à l'ancien parti dont il n'est qu'une modification, et non au parti nouveau avec lequel il est en dissentiment sur la base même et le point de départ. Quant aux conclusions pratiques, elles sont stériles, aboutissant à une accommodation entre le panthéisme et le christianisme, et faisant du panthéisme, pour les intelligences plus éclairées, une explication transcendante des dogmes qui suffisent aux intelligences vulgaires. Mais c'est une chimère de prétendre avoir en haut une croyance et en bas une autre ; les communications sont trop directes pour que rien de pareil soit possible. L'unité qui existait sous le paganisme et sous la catholicité a été brisée, et l'on ne saurait ni s'en passer, ni la rétablir par de simples accommodations.

Encore qu'il ne puisse rester aucun doute sur ce qu'il faut penser des causes premières et finales, et que le lecteur soit en mesure de conclure sans peine et par lui-même, pourtant, dans une matière si sérieuse et si décisive, il importe d'être explicite et de ne pas laisser d'accès aux fausses interprétations. Ceux qui croiraient que la philosophie positive nie ou affirme quoi que ce soit là-dessus se tromperaient : elle ne nie rien, n'affirme rien ; car nier ou affirmer ce serait déclarer que l'on a une connaissance quelconque de l'origine des êtres et de leur fin. Ce qu'il y a d'établi présentement, c'est que les deux bouts des choses nous sont inaccessibles et que le milieu seul, ce que l'on appelle en style d'école le *relatif*, nous appartient. Nous ne savons rien sur la cause de l'univers et sur celle des habitants qu'il renferme ; ce qu'on en raconte ou imagine est idée, conjecture, manière de voir, suggérées spontanément à l'esprit par le premier aspect. Ce fut là l'hypothèse primordiale, début de toute civilisation et de toute science. Mais peu à peu la science et la civilisation ont trouvé aux choses un second aspect. La philosophie positive ne s'occupe donc ni des commencements de l'univers, si l'univers a des commencements, ni de ce qui arrive aux êtres vivants, plantes, animaux, hommes, après leur mort ou à la consommation des siècles, s'il y a une consommation des siècles. Permis à chacun de se figurer cela comme il voudra ; aucun obstacle n'empêche celui qui s'y complaît de rêver sur ce passé et sur cet avenir. Mais, quoi qu'on pense de ce qui est par delà le temps et l'espace, quelque solution individuelle que l'on donne aux insolubles questions d'origine et de fin, le fait est que l'univers nous apparaît présentement comme un ensemble ayant ses conditions en lui-même, que nous nommons ses lois. Le long conflit entre l'immanence et la transcendance touche à son terme ; la transcendance, c'est la théologie ou la métaphysique, expliquant l'univers par des causes qui sont en dehors de lui ; l'immanence, c'est la science étudiant l'univers dans les conditions qui sont en lui.

Autrefois, et jusqu'à nos jours, la croyance qui faisait vivre et réglait les sociétés était celle du gouvernement du monde par des volontés ou par une volonté ; il n'y avait que des opinions individuelles et renfermées dans le for intérieur qui admissent une autre conception. La marche progressive de la civilisation amène maintenant un état où ce rapport se renverse : c'est l'individu qui croira, si bon lui semble, ce que les théologiens racontent, ce que les métaphysiciens construisent ; cela tend à rentrer dans le domaine du for intérieur ; mais c'est la société qui passe, pour ses dogmes, ses mœurs et ses institutions, sous la doctrine des lois immanentes. L'immanence seule est véritablement humaine et directement infinie ; humaine, car elle ne dissocie pas l'histoire des hommes pour les partager en réprouvés et en élus ; directement infinie, car, laissant les types et les figures, elle nous met, sans intermédiaire, en rapport avec les puissants moteurs d'un univers illimité, et découvre à la pensée stupéfaite et ravie les mondes portés sur l'abîme de l'espace et la vie portée sur l'abîme du temps.

L'humanité, dans son enfance et sa jeunesse, a été régie par les lois de la transcendance ; elle le sera, dans sa maturité, par les lois de l'immanence. Assurer l'ascendant de l'homme sur la nature, étendre son empire sur la planète et déterminer l'équité sociale, tel est son rôle.

Les anciennes unités ont été détruites spontanément par la croissance naturelle de l'humanité; et elles ne se détruisent pas, remarquez-le, là seulement où il n'y a plus de croissance, témoin l'Inde et la Chine. L'unité nouvelle ne saurait être retrouvée que sous la direction de la science. Transformer la science de manière qu'elle ait cette fonction est toute la philosophie positive. L'ancienne doctrine ne peut reprendre le sceptre ; ce n'est pas une défaite matérielle, c'est une défaite intellectuelle qu'elle a essuyée. En vain a-t-elle poursuivi par le fer et le feu les novateurs, armée qu'elle était de toute la puissance séculière ; après de longues et cruelles luttes, il lui a fallu céder et passer sous le joug de la tolérance, qu'elle porte impatiemment, mais qu'elle ne peut secouer. La force de la situation lui a imposé, ce qui est le plus répugnant pour des autorités qui se croient d'origine divine, l'obligation de tolérer et d'être tolérée. Si bien qu'à son côté vivent, ayant droit à la protection des mêmes lois, les protestants, les déistes, les rationalistes de toute espèce, les athées, les panthéistes. Par une correspondance inévitable, on a, en politique, les libéraux, les républicains, les radicaux, les socialistes. Ceci est ce qu'on regarde ordinairement comme le côté essentiellement révolutionnaire. La révolution est plus haut : elle est dans le doute général qui s'est glissé peu à peu touchant la conception théologique du monde.

Si l'ancienne doctrine n'est plus une solution, la révolution n'en est pas encore une; cela se voit de reste, puisque les deux adversaires se partagent le champ et se tiennent dans un certain équilibre. La révolution, émanant du passé catholico-féodal, a gardé des incompatibilités avec les véritables tendances de l'esprit moderne. Elle n'a point, sur le terrain spéculatif, de dogme qui lui soit propre, puisqu'elle peut renfermer et renferme en effet des catholiques, des protestants et des rationalistes, des déistes, des athées et des panthéistes. Sur le terrain social, elle n'a pas, non plus, de dogme ; car elle se fractionne en toutes sortes de sectes, et chacune de ces sectes a un système qui provient non du passé humain judicieusement apprécié et corrigé, mais d'une volonté subjective et systématique. Pendant ce temps, le terrain se dérobe sous les pieds des combattants, et tout converge vers la conception positive du monde. Là seulement, dans le déclin de l'autorité surnaturelle, est une nouvelle autorité qui n'est ni en contradiction avec les choses comme la théologie, ni arbitraire et systématique comme la révolution. Autour d'elle tout se range, tout se classe, tout se subordonne.

III.

Ce qu'est le travail à entreprendre.

Dans le conflit de doctrines réciproquement impuissantes, entre les oscillations révolutionnaires ou rétrogrades, en l'absence d'aucune initiative véritable, une grande et impérieuse tâche surgit pour tous ceux qui ne veulent plus, ne peuvent plus avoir deux symboles contradictoires, l'un pour la spéculation de la science, l'autre pour le régime de l'humanité. Les termes abstraits sont nécessaires quand il s'agit de caractériser, dans sa généralité, une pensée spéculative. N'avoir pas deux symboles contradictoires, l'un pour la science, l'autre pour l'ordre social, c'est rompre la dernière cloison qui sépare la science proprement dite et l'histoire, et ranger le développement humain dans la catégorie des autres phénomènes naturels. Il est des esprits qui ne doutent pas de la régularité des lois en astronomie, en physique, en chimie, en biologie, et puis qui admettent un gouvernement providentiel de l'histoire et de la société. Soit ; mais nous qui ne scindons pas ainsi le monde et l'intelligence, nous avons à faire voir en tout et partout la succession régulière, et à éliminer de ce domaine les interventions transcendantes comme elles ont été éliminées du reste des choses.

Nous ne pouvons plus être de ces philosophes sans doute sincères, mais empêchés, par le milieu où ils vécurent, d'apercevoir la portée de leurs œuvres; nous ne pouvons plus être de ces philosophes qui, détruisant pièce à pièce l'ancien édifice des connaissances et y substituant des pièces nouvelles, croyaient agir innocemment et n'apporter aucun changement radical dans les idées, les religions et les politiques du genre humain. Prouver que l'hypothèse primordiale n'était pas admissible dans les cas particuliers, c'était, vu l'homogénéité nécessaire des choses, en préparer pour l'avenir la ruine générale. Quoi ! celui-ci montre, contre la croyance universelle, que la terre tourne autour du soleil et n'est qu'une planète, humble portion d'un monde qui lui-même n'est qu'une parcelle perdue dans l'univers; celui-là nous apprend que les mouvements rapides et compliqués des corps célestes s'expliquent par une seule propriété de la matière; cet autre enseigne, par des expériences irrécusables, que ce qui dans l'ambre frotté attire un brin de paille est la foudre qui tonne au haut des airs ; un autre met sous les yeux surpris toute la chimie de la nature, et son éternel et immense laboratoire ; un autre rattache aux tissus vivants les qualités qui leur sont spéciales et qui expliquent les conditions de la vie, sous la réserve de ne pas plus s'enquérir de l'essence de la vie que de celle de la pesanteur, du calorique ou de l'électricité, et de prendre toutes ces propriétés pour dernier terme, pour fait irréductible ; enfin, quand tout est achevé, et justement parce que tout est achevé, Auguste Comte aperçoit que l'histoire, capricieuse en apparence, a pourtant sa marche, sa succession, sa loi ; et on ne voudrait pas que des parties aussi bien préparées courussent les unes au-devant des autres et se conjoignissent pour former un ensemble qui prend de soi-même la place de l'ancien ensemble hypothétique ! Comment cet ancien ensemble, trouvé faible dans chacune de ses parties, garderait-il sa consistance en sa totalité ! C'est dans l'origine qu'il fallait arrêter de dangereuses découvertes. L'éphore avait raison de couper les cordes de la lyre ; mais, heureusement, ce qui était possible sur l'étroit théâtre d'une petite république grecque ne l'était pas sur le vaste théâtre de l'humanité ; et les cordes de la science, quelquefois menacées du couteau, furent défendues par l'intérêt simultané du vrai, qui charmait la pensée ; de l'utile, qui s'appuyait sur le vrai.

Heureusement, ai-je dit ; en effet, bien qu'il n'y ait pas lieu de comparer la satisfaction intérieure qu'éprouvent des populations appartenant à des phases différentes, chacune étant conforme au milieu où elle vit et ne pouvant se sentir à l'aise que dans ce milieu, il est pourtant certain que les générations successives, dans les races les mieux douées, font effort vers cette évolution, qu'elles la procurent insciemment d'abord puis sciemment, et que celles-là seules ne s'acheminent pas qui en deviennent incapables par leur faute ou par celle des circonstances. Elles y vont comme l'enfance à la jeunesse, comme la jeunesse à la virilité. Une même nécessité en est la cause ; mais il est beau de la concevoir, de la sentir, de s'y associer et de prendre en main les rênes de ce coursier qui ne peut pas être arrêté. Le caractère de cette évolution ayant été d'étendre incessamment les connaissances et de les accumuler comme un trésor héréditaire, il s'en est suivi, par un enchaînement qu'explique l'organisation psychique de l'homme, une vue plus profonde et plus sereine du bon et du beau, et une moralité de plus en plus dégagée de l'égoïsme tant personnel que national. Mieux savoir afin de mieux vouloir est devenu le mot et le mobile de l'élite de l'humanité. Et nous pouvons dire, nous génération placée sur ce promontoire qu'on nomme le présent, et qui est pour nous la limite de l'histoire ; nous pouvons dire sans une vaine forfanterie, sans un optimisme oublieux des peines et des souffrances de l'évolution, et avec une raisonnable espérance de siècles meilleurs ; nous pouvons dire que jamais l'immensité du monde ne s'est reflétée avec plus de grandeur dans l'esprit humain, que jamais le passé et l'avenir n'y ont aussi bien apparu dans leur enchaînement, et que jamais la volonté n'a mieux senti la vraie vocation humaine et le bonheur de s'y conformer.

On nous a objecté et on nous objectera encore : pourquoi vous charger de ce lourd bagage que vous traînez après vous et donner pour support à votre système d'idées tout un échafaudage de sciences dont on s'est toujours passé ? et pourquoi ne pas entrer de plain-pied dans la philosophie, qui pour nous est primordiale et non pas secondaire, *à priori* et non *à posteriori*, et qui construit et n'est pas construite ? Ce conseil ne peut être suivi. Entrer de plain-pied dans la philosophie, quelle faute à notre point de vue ! La commettre nous ôterait toute raison d'être. Nous n'apportons une véritable et puissante nouveauté que par cette condition à laquelle nous soumettons les idées, que par cette filière où nous faisons passer l'esprit. C'est ce qui nous distingue des théologies ; elles, tenant tout de révélations surnaturelles, n'ont ni besoin ni souci de ces échelons successifs à l'aide desquels le monde a fait sa laborieuse ascension ; mais aussi, quand vient le moment de compter avec la science, les théologies se trouvent en désaccord, et cherchent tous les subterfuges vers une conciliation qui, n'ayant jamais été prévue, ne peut jamais être effectuée, qui pourtant, on le sent, serait indispensable, et dont la moindre et plus illusoire apparence est saisie avec une triste avidité. C'est ce qui nous distingue des métaphysiques ; elles, appliquant leur système au monde et ne faisant pas d'après le monde leur système, n'ont nul besoin d'un tel noviciat ; mais aussi la science les ignore et les dédaigne ; et désormais qui n'est pas capable de former la pensée générale sur toutes les pensées particulières, n'est plus qu'un philosophe du passé, inutile pour ce temps-ci. C'est ce qui nous distingue des sectes politiques et socialistes qui ont surgi ; elles sont dépourvues du préliminaire qui est notre solide appui ; elles ne peuvent pas l'avoir, car une préparation aussi laborieuse effraie quiconque est pressé d'arriver au terme ; elles ne veulent pas l'avoir, car, une fois qu'on est engagé dans la voie scientifique, le résultat est soustrait à notre volonté, il ne dépend que de la réalité, et cette réalité ne manquerait pas de se trouver en contradiction avec des opinions préconçues et que l'on chérit. Cela montre que nous sommes bien véritablement dans la civilisation, dans le chemin de la tradition. Cela témoigne, l'histoire étant de notre bagage et l'histoire embrassant toutes les directions humaines, que nous ne sacrifions à aucune sauvage utopie ni les hautes connaissances de la science, ni les merveilleuses beautés des lettres et des arts, ni les salutaires enseignements du cœur et de la morale, et que nous ne laissons aller que ce qui est éliminé par le jugement des siècles.

Ainsi, du côté de la science, notre tâche est entière ; elle ne l'est pas moins de l'autre côté. Nous sortons, il est vrai, des bornes traditionnelles de la philosophie ; nos devanciers l'ont regardée comme une suprême satisfaction de l'individu, comme la recherche du bonheur individuel et comme une de ces hauteurs sereines dont parle Lucrèce ; mais ils ont admis implicitement que les croyances et les institutions, base de la discipline collective, étaient en dehors des systèmes et soumises à de tout autres conditions. S'il fut impossible à la philosophie passée de ne pas laisser le gouvernement des hommes aux croyances surnaturelles et à l'empirisme social, il est impossible à la philosophie présente de ne pas se substituer au surnaturel dans le spirituel, et à l'empirisme dans le temporel. Tout est relatif dans l'histoire. Tant qu'on ne sut pas que ce surnaturel et cet empirisme, étroitement liés l'un à l'autre, étaient, en réalité, une création de l'esprit humain, assujetti à résoudre provisoirement tous les problèmes, force fut à la philosophie d'accepter une organisation dont elle ne pouvait pénétrer le mystère. Mais, depuis que le mystère est pénétré, depuis que l'idée de lois immanentes a pris la place du surnaturel dans la conception du monde, et l'idée d'un développement modifiable par le savoir humain, la place de l'empirisme dans la conception de l'histoire, force est bien que tout se remodèle sur ce nouveau type, et qu'une philosophie plus compréhensive qu'il n'y en eut jamais remanie le système des croyances et des institutions.

Le sort des destinées sociales et celui de la science sont

désormais unis indissolublement; et cette union est, de fait, la philosophie totale, si bien qu'on ne peut plus donner une définition satisfaisante de l'ordre des sociétés sans y faire entrer la science, ni se faire une idée juste de la science, sans savoir en quoi consistent l'ordre et le développement des sociétés. Si l'on considère l'ordre social sans la science, c'est un phénomène sans support, et qu'il faut ou rapporter à une action providentielle, ou laisser flotter au gré du hasard et des atomes. Si l'on considère la science sans l'ordre social, c'est un tronc qui n'a pas de tête, un contentement de quelques esprits solitaires, une espèce de parasite qu'on peut toujours écarter.

Chaque science particulière est un échelon indispensable pour monter à la sociologie; c'est dans la sociologie que la spéculation est le plus difficile, et l'on ne doit pas s'y hasarder sans s'être préparé sérieusement dans les degrés inférieurs. A ce point de vue, la sociologie ou histoire se présente à son tour comme une science particulière qui est la plus élevée, et qui couronne l'œuvre. Dès lors, enfoncez plus avant, étudiez cette sociologie dont vous commencez à entrevoir les faits fondamentaux ; suivez cette histoire qui se déroule, et vous voyez que ce qui fait la trame est d'abord la satisfaction des besoins et l'exploitation de l'utile, puis la religion et la morale, troisièmement la culture du beau, et finalement la science. Quand vous touchez à ces périodes où la science commence, considérez la suite de l'évolution, et bientôt apparaissent dans l'ordre de leur complication les sciences particulières; si bien que, historiquement, on rencontre encore au dernier échelon la sociologie, que, abstraitement, on y avait déjà rencontrée en formant le système hiérarchique des sciences.

Dans l'esquisse de développement que je viens de tracer, j'ai noté comme quatre degrés successifs : le besoin, qui est le degré inférieur et premier ; le moral, qui est le second ; le sens et la culture du beau, qui est le troisième; et la science, qui est le quatrième. On voit aussitôt que je me place à un autre point de vue qu'Auguste Comte dans sa série sociologique. Lui l'a définie en disant que les conceptions passent par trois états : l'état théologique, l'état métaphysique et l'état positif. Cette loi, car c'en est une, est heureusement trouvée ; elle détermina le sens de l'évolution et fonda la sociologie. Mais elle est empirique en ce sens qu'elle est seulement l'expression abstraite du fait lui-même ; Auguste Comte a constaté par l'histoire que nos conceptions subissaient cette évolution ; et, transformant en principe le fait, il y a établi la loi de l'histoire ; fondement définitif si les recherches ultérieures ne vont pas au delà, provisoire si sous cette assise elles en mettent à nu une autre. Je m'explique par un exemple : on n'a jamais rencontré d'homme qui ne marchât sur les deux pieds ; on en tira la loi empirique que jamais les hommes n'ont marché à quatre pattes ; mais, si l'on démontre anatomiquement que le trou occipital, placé chez l'homme autrement que chez les quadrupèdes, ne permet pas qu'il ait jamais eu une autre marche, la loi, d'empirique, devient rationnelle. L'avantage logique de cette transformation est évident ; car, dans le premier cas, il était seulement infiniment probable qu'il n'y avait jamais eu des hommes marchant à quatre pattes ; dans le second cas c'est absolument certain. Une loi empirique rend d'incontestables services ; souvent elle est le dernier terme auquel on puisse atteindre ; mais, à cause de la restriction qui y est inhérente, elle est une excitation continuelle à trouver la loi rationnelle qui y correspond. C'est ce que j'ai cherché à faire. Pensant que le développement collectif devait reproduire dans ses traits essentiels le développement individuel, j'ai été frappé qu'il n'y eût aucune concordance entre l'analyse mentale pour laquelle Auguste Comte a emprunté l'hypothèse de Gall, et la loi empirique qu'il avait découverte en sociologie. J'ai conçu d'un tout autre point de vue cette même analyse mentale, et, la posant comme point de départ de l'analyse sociologique, j'ai été amené à une loi rationnelle qui, sans toucher à la réalité de la loi empirique d'Auguste Comte, en donne une interprétation. Donc il me semble que l'histoire se partage en quatre âges fondamentaux : le plus ancien est celui où l'humanité est sous l'empire prépondérant des besoins ; le plus ancien ensuite, ou âge des religions, est celui où la morale, se développant, suscite les premières créations civiles et religieuses ; le troisième, ou âge de l'art, est celui où le sens du beau, devenu, à son tour, capable de satisfactions, enfante les constructions et les poëmes ; enfin, le quatrième, ou âge de la science, est celui où la raison, cessant d'être employée exclusivement à l'accomplissement des trois fonctions précédentes, travaille pour elle-même et procède à la recherche de la vérité abstraite. Le point que je touche ici est important ; j'y appelle l'attention de ceux qui méditent sur l'histoire. Aussi n'ai-je pas hésité à donner de ma tentative un aperçu qui servira du moins d'indication et de jalon.

Tandis qu'on étudie toute la science, jusqu'à celle des corps vivants inclusivement, pour devenir apte à comprendre la sociologie, on étudie la sociologie pour comprendre la cause et le but de toutes ces sciences préliminaires qui ont été autant d'affluents successifs, dans le courant total de l'histoire. Ce circuit est de grand enseignement.

Vous y avez la conception générale de tous les phénomènes tant objectifs que subjectifs, tant cosmiques que sociaux. Vous y avez même la conception de la philosophie théologique et de la philosophie métaphysique, tandis que ces deux ne peuvent donner aucune raison plausible de la philosophie positive. Ces deux, aux yeux de la philosophie positive, ont leur origine dans les conditions essentielles de la psychologie collective et de la succession historique ; elles ne sont ni une déviation, ni un caprice, ni une erreur ; et leur justification est entière dans les voies du genre humain. Mais, inversement, à leurs yeux, la philosophie positive ou, si vous voulez, toutes les tendances qui y mènent, étant directement et absolument contraires à la vérité, n'ont d'autre explication qu'une perversion de l'esprit qui s'égare on ne sait pourquoi, ou une permission de la Providence dont le jugement est impénétrable. Dans les deux cas, l'ascendant croissant de la doctrine expérimentale n'a ni antécédent, ni conséquent, et l'histoire subit une solution de continuité, ce qui, pour tout ce qui pense, n'est plus admissible.

La science qui fait la théorie du corps social a, par là, droit à une intervention que l'empirisme ne peut décliner. Si vous demandez comment on entend que de telles spéculations exerceront une influence sur le régime de l'humanité et comment sera comblé l'intervalle si vaste qui paraît exister entre la pensée abstraite et les institutions; si vous prétendez que la vie civile est tout-à-fait indépendante des systèmes et des philosophies, et que c'est chimère de songer à la modifier par ce côté; si enfin vous ajoutez que ceux-là seuls connaissent les choses humaines qui en entreprennent directement le gouvernement; voici comment nous répondrons, non pas certes pour toutes les philosophies, mais pour la nôtre; voici comment nous ferons voir que se comble l'intervalle apparent; voici comment nous indiquerons quelle est la véritable action pour modifier intimement les institutions, la vie civile, les gouvernements.

Il est indubitable que le progrès du savoir humain a été de substituer les lois naturelles aux volontés surnaturelles. Mais que contient cette expression abstraite, sinon : la conception du monde est changée? Or, avec la conception du monde change l'office religieux.

L'éducation fut subordonnée à la conception théologique du monde ; c'est seulement en des temps révolutionnaires comme les nôtres qu'on en a distrait une part en faveur de sciences irrévocablement émancipées. Aujourd'hui, elle doit mettre l'intelligence et le cœur en relation avec la constitution et les lois de cet univers dont nous faisons partie. Nous ne prévoyons ici rien que l'histoire ne nous autorise à prévoir. L'univers, l'infini, de quelque nom qu'on veuille le nommer, a avec nous des rapports dont nous ne pouvons nous détacher et qui forment la base de tout enseignement intellectuel et moral. Nos aïeux y conformèrent leur éducation ; et nous, nous y conformerons la nôtre; eux et nous, suivant les croyances que le progrès de l'humanité a successivement imprimées à eux et à nous.

La morale suit même condition. Elle aussi s'étend, se développe et s'améliore. Il n'y a rien à changer aux bases qui ont été posées par le paganisme d'abord, ensuite par le christianisme. Mais des bases veulent un couronnement. Déjà la tendance au perfectionnement se laisse apercevoir dans ces manifestations éclatantes où la morale du monde se montre supérieure à la morale des Eglises et où la conscience publique se soulève contre la conscience théologique ; je veux parler surtout de la tolérance. Notable renversement qui témoigne combien la société a dépassé ceux qui furent jadis ses éducateurs, et le seraient encore, si un antagonisme n'avait pas surgi entre la conception surnaturelle du monde et la conception naturelle. Mais le point cardinal de l'évolution est ceci : tous les membres de la cité étant devenus libres, et tous les priviléges ayant été éteints, il s'ouvre une ère de morale sociale où les différentes classes seront traitées dans la vie politique comme les membres de la famille le sont dans la vie domestique.

Ainsi fonction religieuse, éducation et morale sont profondément modifiées par le changement de la conception du monde. Maintenant, que ces modifications intellectuelles et morales amènent à leur suite des modifications sociales, nous ne voulons pas le nier ; loin de là, nous l'affirmons, et nous en avons pour témoin l'histoire, où de pareils changements ont toujours été corrélatifs. C'est l'affaire des sociétés et de leurs gouvernements de se conformer aux nécessités mentales qui surgissent d'époque en époque.

A diverses reprises, la philosophie positive a été attaquée. Sans doute ceux qui ont pris ce soin, et qui étaient au point de vue théologique ou métaphysique, se sont rendu un compte exact de ce qu'ils voulaient. Ils entendaient beaucoup plus prémunir un lecteur qui leur appartenait d'avance, que réfuter des sectaires placés sur un autre terrain. Leur polémique était préventive et couvrait de son égide les esprits demeurés fidèles. Présentant avec ardeur les arguments reçus et familiers, elle persuadait des gens déjà tout persuadés, leur assurait avec pleine autorité qu'ils auraient tort de se troubler, et leur montrait, dans l'enchaînement du raisonnement traditionnel, la garantie de leur conviction. Nous n'avons rien à objecter contre ce procédé ; il est naturel et il est bon. Mais de croire qu'il s'adresse aussi à nous, et que nous devons être touchés de ce qui touche des esprits façonnés par l'éducation et l'habitude, quel moyen ? C'est peine bien employée quant à ceux dans l'âme de qui peu de doute ou point de doute n'a pénétré ; mais, quant à nous, c'est peine perdue. Ce qui a été écrit pour démontrer la théologie surnaturelle ou la théologie naturelle, nous le connaissons ; rien de nouveau n'a été ajouté ; c'est un cercle d'arguments qui est clos. Or, ce cercle, nous l'avons franchi. On a de nous trop mauvaise opinion, et l'on se méprend dans la polémique, si l'on s'imagine que nous avons omis l'indispensable condition de savoir ce que la théologie et la métaphysique disent en leur faveur. Notre croyance n'est point de celles qui naissent dans le cerveau et qui, de plein saut, arrivent à une affirmation ou à une négation. La philosophie positive exige une préparation trop prolongée et trop graduelle pour que rien d'essentiel ait été laissé de côté dans notre éducation. Il faut le dire, puisque cela est vrai : nous sommes les seuls qui embrassent, d'une façon systématique, l'ensemble des connaissances abstraites ; les seuls qui ne passent à un degré supérieur qu'après s'être assurés du degré inférieur ; les seuls qui n'abordent les sciences compliquées qu'après s'être familiarisés avec les sciences simples ; les seuls qui ne veulent être philosophes qu'à la sévère condition d'un noviciat régulièrement composé de stages successifs. Nous savons qu'il est habituel, et nous ajoutons qu'il est facile d'entrer de plain-pied dans la philosophie, sans autre préparation qu'une éducation littéraire, sans autre preuve que l'habileté à combiner les idées *à priori.* Nous repoussons cette habitude et cette facilité. Non, on n'arrive pas à la philosophie de plain-pied. Désormais, avant d'y spéculer d'une façon sérieuse, il faut avoir passé sous la rude loi d'apprendre et s'être discipliné à la réalité dans l'ascension simultanée des phénomènes et de la pensée. Nous n'avons aucune difficulté à confesser que, parmi ceux qui nous sont contraires, il en est d'éminents pour qui nous avons toute sorte d'admiration, et en qui nous reconnaissons toute sorte de supériorité. Mais cela ne nous empêche pas de dire que, sur le terrain de la philosophie, nous ne pouvons écouter que ceux qui ont fait, ou qui auront fait les mêmes études que nous.

Nous convions donc nos adversaires à ne pas nous abandonner cette prérogative. Mais, tant qu'elle nous demeurera, nous aurons peu à nous soucier de ce qui nous est objecté. Ce qui nous est objecté n'est pas autre qu'un thème que nous avons dépassé et laissé derrière nous, que nous avons soumis à toute la succession des épreuves durant le trajet d'une science à l'autre, et qui, ayant été impuissant à nous arrêter, est encore plus impuissant à nous ramener.

A nos amis nous ne tenons pas un autre langage. Telle est la disposition où le temps a conduit les choses, que plusieurs sont spontanément enclins à nous croire sans avoir subi eux-mêmes le noviciat qui, seul, fait la force et la confiance de la doctrine. C'est justement ainsi que les gens croient que la terre tourne autour du soleil, et que la gravitation agit en raison inverse du carré des distances, sans être capables de vérifier ce que valent ces deux propositions. Mais les études spéciales des hommes qui les affirment, la justesse avec laquelle, sur ces données, on calcule, au su et au vu de tout le monde, les éclipses et les autres phénomènes célestes, et l'habitude qu'on a dans ce siècle, avec la désuétude des explications théologiques, de se fier aux explications scientifiques, font qu'on s'en rapporte; et le fait est que tout confirme et rien ne dément cette confiance. C'est un titre de même genre qui crée notre autorité. Mais, pour la justifier et la garder, il importe que ceux qui, parmi nous, prennent sur eux le grave office d'écrire et d'enseigner, satisfassent aux conditions de préparation, ou du moins s'en rapprochent autant que le permet l'état rudimentaire et fragmentaire de l'instruction présente.

M. Louis Reybaud, de l'Académie des sciences morales et politiques, dans un rapport considérable qu'il a présenté à sa compagnie, sur la condition des ouvriers en soie, dit : « Il ne
» me reste qu'à ajouter un dernier trait, pour faire comprendre
» jusqu'où l'imagination des ouvriers peut les conduire. Tout
» récemment, il est mort à Paris un homme qui, nourri des

» sciences exactes, a essayé de les introduire dans les sujets
» qui s'y prêtent le moins, et d'asseoir une religion à lui sur
» des fondements mathématiques. C'est Auguste Comte, dont
» notre confrère, M. Franck, a raconté, dans une savante ana-
» lyse et avec une grande sûreté de jugement, la vie et les
» travaux. Sa religion était la religion positive, ou le *positi-
» visme*, pour employer le mot dont il se servait, un mot as-
» sorti à l'idée et barbare au même degré. Il était à croire que
» cette religion n'avait pas franchi le petit cercle d'adeptes dont
» cet homme était entouré, qu'elle avait tout au plus agi sur
« cette classe de demi-savants que tourmentent les idées fixes,
» et qui, à force de vouloir être logiques arrivent le plus na-
» turellement du monde à l'absurdité. Qu'on juge de ma sur-
» prise, lorsqu'un jour, dans le cours d'une visite, ce mot sor-
» tit de la bouche d'un ouvrier. Je lui demandais si, dans la
» fabrique, les principes religieux étaient le fait dominant :
» — *Nous, monsieur*, me dit-il, *nous sommes positivistes.*
» J'avoue que je ne le compris pas d'abord ; on aurait fort à
» faire si l'on voulait se tenir au courant de tous les dérègle-
» ments du cerveau et des mille formes que revêt la folie hu-
» maine. Et comme j'insistais : — *Nous sommes positivistes*,
» me répéta-t-il, *nous croyons au positivisme*. Puis il vint au se-
» cours de mon ignorance, et s'efforça de me prouver que ce
» culte était le seul dont les hommes raisonnables pussent s'ac-
» commoder. J'épargne à l'Académie les divagations aux-
» quelles il se livra, et ses commentaires fort étendus sur la
» religion positive. Ce qu'il y eut de plus positif pour moi,
» c'est qu'il répétait une leçon apprise, et qu'il n'avait pas la
» conviction des impiétés qu'il débitait. Ainsi, cet homme
» que le travail tenait assujetti, et qui, plus d'une fois, de-
» vait être aux prises avec les besoins de l'existence, avait
» trouvé le moyen et le temps de se composer non-seulement
» une économie politique et une politique à son usage, mais
» encore une religion. Cette dernière était évidemment un
» objet de luxe ; il aurait dû s'en tenir à celle qui, dans ses
» jeunes années, avait ému son cœur et pénétré son esprit. »
(*Journal des économistes*, mai 1858, p. 209.) Le ton de dis-

cussion que la gravité du sujet m'a imposé ne me permet
pas d'user des facilités et des tentations que me donne cette
page de M. Louis Reybaud, ni de rechercher comment on
juge si aisément ce qu'on avoue connaître à peine de nom, ni
de demander quelle fraction de savant on est, quand ne sont
que des demi-savants ceux qui se soumettent à la laborieuse
préparation dont j'ai parlé. Je me contente de constater, par
son témoignage, que des hommes *assujettis par le travail et
aux prises avec les besoins de l'existence*, ont accepté de confiance un enseignement qui leur advenait ainsi recommandé.

Notre force n'est pas en nous. Outre les auxiliaires avoués
qui sont en petit nombre, nous avons les auxiliaires latents et
involontaires qui sont en grand nombre. Il ne se fait pas une
découverte dans la science ou dans l'histoire ; il ne se fait pas
une consolidation dans la situation moderne ; il ne se fait pas
un avancement dans l'évolution commune qui ne nous vienne
en aide. En ce labeur de tous, immense et continu, notre
fonction à nous est clairement déterminée ; c'est de signaler
la convergence des tendances particulières, c'est d'indiquer la
place des matériaux qui s'accumulent, c'est de rendre visible
le but invisible des choses sociales. Si nous remplissons notre
tâche ; si nous usons de l'instrument qui nous a été remis par
notre maître, nous n'aurons pas inutilement parcouru la carrière qui peut nous être donnée, et nous aurons payé en services réels l'appui que nous prête l'esprit du temps. En quoi
consiste précisément cet appui, une comparaison le fera comprendre. Qu'on nous suppose occupés à prêcher l'avénement
d'un ordre social fondé sur les lois du monde et de l'histoire
dans la Turquie et dans l'Inde, pays où le surnaturel règne
sans conteste, certes notre prédication serait bien vaine ; et,
tous les intermédiaires manquant d'eux à nous, il n'y aurait
aucune prise de nous à eux. Mais, quand c'est en Europe et
prrmi les peuples issus de l'Europe que nous tenons notre langage, alors tous ceux qui, par le fait de la civilisation graduelle, nient ou restreignent le surnaturel, prêtent l'oreille et
se demandent si la doctrine qu'ils entendent ne satisferait pas
à leurs plus intimes et meilleurs penchants et ne les conduirait

pas, de la négation stérile où ils se tiennent, aux joies véritables d'une régénération en cœur et en esprit.

Donc nous rencontrons dès l'abord une multitude d'esprits tout préparés, et nous avons, si je puis ainsi parler, des intelligences dans la place. Autrement, que serions-nous et que ferions-nous ? Ce que nous tentons n'a pas à compter sur les surprises de l'imagination, l'attrait du merveilleux, l'étonnement des miracles, les entraînements de la foule. Nous ne pouvons, nous ne devons poursuivre que l'extension graduelle des conditions mentales qui sont la base de tout l'ordre moderne, ordre qui, étant la désuétude des conceptions théologiques, est l'habitude des conceptions positives. Mais désuétude et habitude disent longueur de temps. Que de labeurs pour que la raison de l'humanité devienne la raison et le guide de l'individu ! Quelle recherche des points de contact entre la science particulière qui est l'orgueil de notre âge, et la science générale qui est l'espoir de l'avenir ! Quelle observation des prises qu'offrent les esprits dans leurs contradictions partielles avec les hypothèses théologiques et métaphysiques, dans leurs assentiments non moins partiels à la doctrine positive des lois du monde et de l'histoire ! Temps, labeur, recherche, observation, tout cela est exigé ; car le terme est non pas conversion mais conviction.

Justement parce que tel est l'état de la société ; justement parce qu'est puissante, mais graduelle l'impression d'un ordre cosmique où de jour en jour on connaît davantage, on prévoit davantage, on peut davantage ; justement parce qu'il est impossible de cheminer autrement qu'avec l'appui de la science particulière qui découvre, de la civilisation qui se consolide et du milieu social qui se conforme ; justement, dis-je, pour ces raisons, la rénovation qui se prépare n'est encore tracée que dans ses linéaments généraux. Aller plus avant est interdit présentement. Une corrélation entre les conditions actuelles et les premières lueurs de la conception nouvelle ne permet pas qu'on anticipe de loin sur l'avenir. Aux plus hautes prétentions du moment, il suffit de suivre le mouvement spontané avec assez d'attention et de sagacité pour en faire tourner tous les incidents au profit de la doctrine rénovatrice, qui est le but secret de ce mouvement et le but avoué de nos efforts. C'est une sorte d'échange continu entre la société qui apprend ce dont elle n'a pas conscience, c'est-à-dire vers quel terme elle gravite, et la doctrine qui apprend ce qu'elle ne sait pas encore, c'est-à-dire par quels moyens elle s'adapte à la société.

Ici intervient une explication. Nous sommes disciples d'Auguste Comte, nous le proclamons aussi haut qu'il est possible. C'est à lui que nous rapportons ce que nous sommes, si nous sommes quelque chose, ce que nous pouvons, si nous pouvons quelque chose. Nous avons pour lui admiration et reconnaissance. Pourtant cette admiration et cette reconnaissance, je ne dirai point ne nous empêchent pas, mais je dirai nous font un devoir de signaler dès à présent nos restrictions à notre assentiment. Auguste Comte non-seulement a cru (ceci est du commencement de sa vie) qu'il avait trouvé les principes, tracé les linéaments, fourni la méthode, mais encore il a cru (ceci est de la fin de sa vie), qu'il avait anticipé sur le travail des générations futures, tiré les conséquences et construit l'édifice religieux et social de l'avenir. C'est dans cette seconde partie que nous faisons des réserves, déclarant en même temps que nous prenons en héritage la première partie, que grande est la tâche d'une telle succession, et que, si nos forces nous trahissent, il ne faudra pas imputer au maître ce qui n'est imputable qu'à la faiblesse des disciples.

Quiconque pense que l'histoire suit un développement soumis à une loi naturelle (pour les autres domaines, il n'y a plus de conteste, et les sciences ne sont sciences que parce qu'il en est ainsi); quiconque pense que tout ce qui y est advenu s'est produit en vertu d'un enchaînement de causes et d'effets ; quiconque pense que l'origine des sociétés, l'établissement ou la mutation des religions, la fondation des cités et des empires, les castes privilégiées, les aristocraties, les gouvernements, les oracles, les prophéties, les divinations, les révélations, la théologie, l'invention des arts et des sciences, que tout cela provient des facultés de l'homme et de la société, facultés exercées sous l'empire des différents milieux ; quiconque, dis-je, accède à cette vue, a pleinement accompli le cycle de l'émancipation mentale. Il peut être, s'il veut, notre collaborateur. Cela admis, bientôt ses études et ses réflexions feront le reste. Du moment qu'on ne laisse aucune place aux volontés surnaturelles, ni dans le monde inorganique, ni dans le monde organique, ni parmi les phénomènes cosmiques, ni parmi ceux de l'histoire, on est nécessairement des nôtres. Nous ne prétendons qu'une chose, c'est que notre terre et notre ciel, notre espace et notre temps ne voient rien que le fonctionnement régulier des lois immanentes. Ce qui est au-delà de notre terre et de notre ciel, de notre espace et de notre temps, nous étant inaccessible et inconnu, ne nous est, par la même raison, d'aucun usage. La démonstration d'une loi dans l'histoire a été l'œuvre d'Auguste Comte et est devenue, entre ses mains, la sociologie, et, par la sociologie, la philosophie générale, puis, suivant le point de vue d'où on l'envisage : un idéal, une religion, une éducation, une morale, une politique, Deux écrivains ont expressément rendu justice à cette œuvre, miss Martineau en Angleterre (1), M. de Blignières en France (2) ; tous deux l'ont fait avec un succès qui, en profitant à la réputation des auteurs, a justifié l'entreprise et témoigné des affinités entre l'esprit actuel et les enseignements de la philosophie positive.

Ayant ainsi exposé l'origine et les vues, il est bien clair que nous ne sommes d'aucun pays, et que nous ne parlons à aucune nation en particulier. Nous nous adressons à ce que Auguste Comte a nommé l'Occident, c'est-à-dire à l'Europe chrétienne avec ses appendices d'Amérique. La rénovation, qui est commencée, n'est ni locale ni nationale, ni anglaise ni française, ni allemande ni italienne, ni espagnole ; elle est

---

(1) *The positive philosophy of Auguste Comte, freely translated and condensed*, by Harriet Martineau. Londres, 1853, 2 vol. in-8. John Chapman.

(2) *Exposition abrégée et populaire de la philosophie et de la religion positives*, par Célestin de Blignières, ancien élève de l'Ecole polytechnique de Paris, 1857, un vol. in-12. Chamerot.

le besoin et l'œuvre de ces cinq groupes qui constituent présentement l'élite de l'humanité. Par la même raison, il est clair aussi que nous ne sommes ni conservateurs ni révolutionnaires, voulant le progrès autrement que les révolutionnaires, et l'ordre autrement que les conservateurs. Je ne puis mieux exprimer notre position que par cette phrase d'Auguste Comte, écrite il y a dix-huit ans et pensée longtemps avant : « Dans les douloureuses collisions que nous prépare
» nécessairement l'anarchie actuelle, les philosophes, qui les
» auront prévues, seront déjà préparés à y faire convenable-
» ment ressortir les grandes leçons sociales qu'elles doivent
» offrir à tous. »

Les croyances théologiques, étant en opposition, sont en hostilité avec nous. C'est notre condition, et nous ne la déclinons pas. Mais ceux que leur situation met plus haut et oblige à ne se faire les instruments d'aucune doctrine, quelque puissante et quelque respectée qu'elle soit, verront peut-être sans défaveur active une philosophie qui, émanée de la science et de l'histoire, tente de soumettre à une discipline des éléments jusqu'à présent mal disciplinés. Tous les désordres sont solidaires, comme le sont toutes les disciplines. C'est donc essayer de rendre un service social qu'essayer d'amener sous une même croyance tant d'esprits qui n'en ont aucune, je veux dire qui n'en ont que d'arbitraires, de subjectives, de fortuites.

Toutes les époques, celles d'agitation comme celles de calme, ont leur part de conditions favorables. Le temps présent est de calme et de tranquillité. Les débats politiques ont cessé, excepté en Angleterre, où la liberté de discussion est d'ancienne date, et dans quelques Etats secondaires où elle n'a non plus qu'une secondaire importance. Tout appartient à l'industrie et aux affaires. Aussi, un plus grand loisir est fait aux intelligences, et un attrait renaît pour les hautes questions de science générale, de philosophie, de religion, d'histoire, d'ordre social. La hardiesse de la pensée ne déplaît ni ne messied à des esprits qui ne sont pas distraits par les soucis publics, et qui ne veulent pourtant pas déchoir ni laisser périmer en eux l'initiative et l'indépendance (1).

J'ai dit que nous avions, dans les tendances de l'esprit moderne, des points de contact et d'appui qui nous servent; mais cet appui est général et lointain. Du reste, nous sommes sans secours, sans autre récompense que notre travail, sans autre encouragement que notre but. Si, dans le labeur que cette philosophie nous impose, il y a quelque chose de tentant pour l'intelligence, il y a, dans les sacrifices qu'elle nous demande, quelque chose de tentant pour le dévouement.

IV.

Un court résumé sera la fin.

Au fonds trouvé chez Auguste Comte, j'ai ajouté quelques idées dérivées qu'il n'est pas hors de propos de noter.

Parallèlement à la grande série abstraite découverte par Auguste Comte, et qui est la classification des sciences, j'ai montré qu'il y avait une série objective qui classait les choses du monde, et que la matière avait ses groupes d'autant plus restreints, que les propriétés en étaient d'un ordre plus compliqué et plus élevé.

J'ai retracé, sous la forme la plus générale et pourtant la plus facile à saisir, le résultat de la civilisation et le sens de la philosophie positive : à savoir, un changement dans la conception du monde.

J'ai signalé la gravité et les conséquences d'un changement dans la conception du monde.

J'ai donné la définition de l'office religieux de la philosophie positive : l'ensemble de dogmes et d'institutions qui conforment à la conception du monde l'éducation et la morale.

---

(1) Ceci, on s'en souviendra, a été écrit en plein empire.

Auguste Comte n'ayant établi que d'une façon empirique la série historique ou succession des phases de la civilisation, j'ai essayé de rendre rationnelle cette série, en rapportant la constitution mentale de l'humanité à la constitution mentale de l'individu.

Puis je suis venu au moment présent, aux délibérations et aux œuvres.

J'ai rappelé quelle espèce d'appui nous fournit l'esprit moderne, que toute la science et tout le travail industriel écartent graduellement de la conception surnaturelle du monde.

Finalement, je me suis efforcé de montrer comment on devait tirer parti de cet appui spontané, et se tenir aussi près que possible de l'esprit moderne ainsi préparé, pour profiter de ses inclinations, pour le conseiller dans ses épreuves, pour l'éclairer sur la vraie signification de ce qu'il veut et de ce qu'il fait.

IV

DU PROGRÈS

DE LA

SCIENCE ET DE LA PHILOSOPHIE

DEPUIS LE COMMENCEMENT DU SIÈCLE

[Cet article, qui parut en 1855 dans la *Revue du XIX⁰ Siècle*, t. I, p. 225, a pour but le double progrès qui permit à la science de devenir philosophique, et à la philosophie de devenir scientifique. Ce progrès très-considérable fut accompli par Auguste Comte : en fondant la sociologie il ferma le cycle du savoir humain ou conception du monde, et cette conception lui donna immédiatement la philosophie positive. Ainsi du même coup la séparation entre le cognoscible et l'incognoscible fut établie, et l'homogénéité introduite dans l'esprit humain par l'homogénéité de la méthode].

Mon intention n'est pas de passer en revue les sciences et de relater l'avancement qui s'est opéré dans chacune d'elles, soit par l'acquisition de faits importants, soit par la constitution et l'affermissement des théories. Cela serait fort long, dépasserait de beaucoup les limites qui me sont accordées dans cette *Revue*, et surtout ne présenterait au lecteur rien de satisfaisant; car, allant d'une science à l'autre, il faudrait, à chaque passage, changer de sujet, de sorte que le tableau ne pourrait avoir ni ensemble ni généralité. Il serait mieux, à ce point de vue, de se contenter de faire l'histoire d'une seule science; car, là, un fil assuré y conduit du point précédent au point suivant, véritable filiation qui constitue un grand intérêt et un grand enseignement. Cette filiation fait défaut d'une science à l'autre; ou, pour parler plus justement, elle est profondément cachée dans l'intimité du développement historique. Le lien qui les unit, qui les subordonne, et qui, par là, y crée une philosophie nouvelle, a été aperçu dans le temps qui m'occupe ; et ceci forme un nœud, une péripétie assez importante pour que j'essaie d'en tracer une esquisse bien courte, il est vrai, et bien insuffisante, mais où le lecteur verra du moins le problème tel qu'il était posé, et la solution telle qu'elle a été donnée.

Au moment où le siècle allait commencer, les siences particulières étaient loin d'avoir atteint tout ce qu'elles pouvaient atteindre ; et les vastes lacunes qui s'y trouvaient encore, les laissaient nécessairement dans un état d'infériorité philosophique que compensaient l'éclat et la certitude de leurs résultats. Elles échappaient à la métaphysique, qui était trop vague pour leur fournir rien qui leur servît ; elles échappaient à la théologie, dont les faits traditionnels et miraculeux entraient en conflit avec l'expérience scientifique. Mais, à leur tour, elles ne pouvaient ni s'imposer à la métaphysique qui leur reprochait de n'être que des fragments faits pour la subordination, ni modifier la conception théologique des choses, quand il était tant de choses qu'elles n'abordaient pas. On a la mesure exacte de ce qui leur était accessible, quand on réfléchit à la fondation de l'École polytechnique. Les hommes éminents, auteurs de cette création, eurent une idée nette de la subordination des sciences et de leur enchaînement, établissant l'enseignement mathématique comme base, allant de là à l'astronomie et à la physique qui se servent tant de la géométrie, et y joignant comme couronnement la chimie, qui ne s'en sert guère, mais qui dépend de la physique. Cela fait un tronc à racines solides, un tronc qui, comprenant l'ensemble et les phénomènes du monde inorganique, n'atteint pas le monde organique, c'est-à-dire la théorie des êtres animés et celle des sociétés, et qui, quand il les atteindra, manquera encore de sommité et de couronnement, si l'on ne trouve moyen d'en tirer ou d'y porter une philosophie.

La science et la philosophie sont deux choses distinctes que ni l'histoire ni la réflexion ne confondent, qui ont existé longtemps sans rapports bien certains, qui pourtant se cherchent l'une l'autre, et qui, quand elles se sont trouvées, tendent à changer profondément l'état mental des populations, et à substituer aux mobiles fictifs et aux solutions empiriques un régime plus rapproché à la fois de la réalité et de la raison. Il faut essayer de les caractériser l'une à l'égard de l'autre et d'en donner une définition précise. La science a pour point de départ l'objet; la philosophie a pour point de départ le sujet. Ces termes d'école, qui sont d'un usage commode à cause de leur brièveté et de leur signification déterminée, veulent dire : l'objet, phénomènes et lois du monde extérieur à l'homme; le sujet, lois et phénomènes de l'esprit humain lui-même. Là est la source de la force et de la faiblesse respectives de la science et de la philosophie, quand on les considère isolément. La science procure des notions positives sur le monde extérieur; c'est là sa force; mais elle n'a aucun moyen d'incorporer tout cet ensemble si vrai et si puissant avec la philosophie, c'est-à-dire d'en trouver le rapport général avec le sujet; c'est là sa faiblesse; car cela la condamne à être toujours fragmentaire et à n'avoir qu'un rôle subordonné. Au contraire, la philosophie est habituée à considérer l'esprit dans sa généralité; c'est là sa force; mais, à son tour, quoique en sens inverse, elle ne sait pas trouver le rapport du sujet avec le monde extérieur, et c'est là sa faiblesse; ou, si elle le cherche, si elle le trouve, c'est avec ce qu'on nomme l'être en soi, c'est-à-dire avec le monde extérieur dépouillé de toutes ses réalités et réduit à une abstraction qui, n'étant plus bonne à rien, se prête à toutes les divagations de la dialectique.

On voit, par cette définition, quel a dû être le rôle de la philosophie dans l'histoire. Tant que la science a été faible, et que petit a été le nombre des objets déterminés scientifiquement, la philosophie a été à son aise; le terrain où elle s'exerçait était sans obstacle, et rien ne se refusait à entrer dans les formules, dans les systèmes qu'elle concevait et qu'elle menait à bien selon les lois nécessaires de la logique. Mais elle vit ce terrain se rétrécir à mesure que la science envahit plus de départements de la connaissance; elle se sentit gênée devant la précision des faits nouveaux, et elle ne tarda pas à abandonner à elle-même cette part rudimentaire de la philosophie définitive dont la philosophie provisoire ne savait que faire. C'est, à un autre égard, ce qui se passa entre la théologie et la science. Au début, la science ne contraria aucunement la théologie ; ce qu'elle avait de notions assurées était si peu de chose qu'il restait toujours suffisamment de place à l'intervention des pouvoirs surnaturels, de quelque manière qu'on les conçût. Mais, quand cette place se resserra, quand des portions considérables du monde eurent été reconnues comme appartenant sans contrôle aux lois naturelles, le conflit devint sérieux. Tel fut le cours des choses, amenant inévitablement le moment où le domaine entier du monde extérieur serait occupé par la science, où le tronc, commencé par le règne inorganique, embrasserait le règne organique et les phénomènes historiques ou sociaux. Alors que fût-il resté à la philosophie, si, par une coïncidence qui était sans doute nécessaire, ce qui parachevait la science n'en eût fait sortir une philosophie nouvelle, qui, sous une forme ou sous une autre, doit remplir l'office de religion, suivant l'affinité antique et essentielle de toute religion avec toute philosophie ?

Je ne dirai qu'un mot de l'incorporation définitive de la science des êtres organisés dans la science générale. Cette grande opération, préparée surtout dans la dernière moitié du XVIII° siècle, fut accomplie par Bichat, qui reconnut des propriétés distinctes aux tissus distincts et les sépara radicalement de toutes celles qui appartiennent au monde inorganique, montrant que celles-là ne sont pas explicables par celles-ci, et qu'il y a dans ce département une catégorie de faits irréductibles à d'autres faits antécédents ; ce qui est le caractère d'une science spéciale. Cette dernière venue prenait place immédiatement après la chimie ; et, si, à ce moment, on avait dû fonder une école polytechnique sur le plan et dans l'esprit de la fondation première, l'enseignement biologique y aurait pris place dans l'ordre que j'indique.

Environ vingt ans après, un esprit puissant, M. Auguste Comte, fit un pas nouveau dans cette voie inconnue où ce ne sont pas des fragments de science, mais des sciences entières qui se créent. De même que la culture de la biologie remonte à une haute antiquité, jusqu'à Empédocle, Démocrite et Hippocrate, sans avoir pu cependant sortir de son état rudimentaire avant les temps tout à fait modernes, de même la science de l'histoire remonte jusqu'à Platon et Aristote, qui essayèrent d'en donner des théories. Bien entendu, j'appelle ici histoire, non pas le récit des faits racontés, soit par des chroniqueurs, soit par des écrivains éminents, mais la science qui, considérant les conditions des sociétés humaines et l'évolution dont elles sont le théâtre, cherche la loi de ces phénomènes. Bien entendu aussi, aucune solution ne fut donnée dans ce vaste intervalle de temps ; car, alors, l'esprit humain n'avait encore ni créé les méthodes, ni pris les habitudes qui permettaient d'aborder un tel problème. Dans l'époque rudimentaire et préparatoire, ceux qui semèrent les idées les plus grandes furent Pascal, Bossuet, Vico et Condorcet. Il en est du monde intellectuel comme du monde physique ; avant la lumière du soleil apparaît un crépuscule qui annonce la venue du jour et dessine déjà vaguement la forme des objets : semblablement, un crépuscule commençait de tous côtés pour la science de l'histoire. Ce fut M. Comte qui eut l'honneur de la découverte définitive ; il reconnut deux choses, la filiation et la direction de ce mouvement transmissif.

La filiation ou évolution est un phénomène par lequel l'état actuel d'une société est le produit de l'état immédiatement précédent, et ainsi de suite tant dans le passé que dans l'avenir. On se représentera immédiatement combien ce premier aperçu jette de lumière sur l'ensemble de l'histoire, si l'on se rappelle quelles sont les idées qu'avant de le connaître on se faisait et que beaucoup d'esprits se font encore. Ces idées rudimentaires ou préparatoires peuvent se réduire à trois groupes : ou bien les événements qui se succèdent sont dus à des manifestations surnaturelles qui en déterminent à chaque fois le cours ; et, comme on dit, la Providence les règle, se conduisant d'après des vues qui ne sont point empruntées à la nature des choses ; ou bien, le philosophe, désespérant de se reconnaître dans un chaos apparent, attribue ce qu'il voit au hasard, c'est-à-dire à une série de causes inconnues ; ou bien enfin, plus pénétré du sentiment positif des lois naturelles, quoique non suffisamment informé, il rattache les faits sociaux aux volontés des rois et des sénats, aux institutions qui en émanent, à l'influence des climats, aux différences des races, faisant, comme on faisait jadis dans la biologie, alors que, incapable d'en saisir les conditions spéciales, on voulait l'expliquer par la physique ou par la chimie. Dans le premier cas, on s'appuie sur le miracle, fondement ruineux, puisque, en fait, il ne peut soutenir la discussion critique de l'histoire ; dans le second, on renonce à savoir, partant à prévoir et à pourvoir ; dans le troisième, on s'adresse à ce qui est incapable de donner la clef. Au contraire, la filiation restitue aux lois naturelles les phénomènes sociaux qui ne se distinguent plus du reste que par une complication supérieure ; elle fait entrevoir qu'il sera possible d'en pénétrer l'ordre et de le modifier entre certaines limites, pour le plus grand avantage des sociétés ; enfin, elle rapporte l'histoire à une condition, à une propriété spéciale, comme on voudra l'appeler, qui en fait une science nettement définie.

Peut-être ce mot de filiation présente-t-il aux esprits peu habitués à spéculer sur ces matières une abstraction incertaine et malaisée à saisir en l'absence de tout exemple qui lui donne quelque chose de plus tangible à l'esprit. Le meilleur de tous les exemples qu'on puisse choisir est, à mon avis, celui des langues. Ainsi les langues modernes, et, pour me tenir dans un domaine bien circonscrit, les langues romanes se rattachent, par des liens non méconnaissables, aux formes vieillies qui étaient usitées dans le moyen âge. Ces formes elles-mêmes naquirent, lors de la chute de l'empire romain, d'une décomposition du latin, accompagnée du mélange de bon nombre de mots allemands et d'un petit nombre de mots celtiques. A leur tour, le celte, l'allemand et le latin sont des idiomes frères entre eux et avec le grec et le slave ; puis tous ensemble ils ont une étroite liaison avec la langue de la Perse et celle de l'Inde. Si bien que tel mot qui se trouve dans les Védas, figure aussi dans les vers d'Homère, et est encore prononcé par les Allemands, par les Français et les Italiens; tel est, pour en citer un entre mille, *pitri* en sanscrit qui a pour congénère *pater* en latin, *vater* en allemand, *père* en français, *padre* en italien. Au delà des antiques langues qui vinrent de l'Asie, on entrevoit un idiome qui fut leur source, comme on entreverrait le latin, s'il avait complétement disparu, à travers les langues romanes qui en proviennent; et là s'arrête la connaissance, en cette voie ascendante, c'est-à-dire à un terme qui est évidemment fils d'un terme antécédent, jusqu'à une origine sur laquelle on n'a que des hypothèses. Mais, dans cet immense trajet, tout se suit, tout se produit l'un de l'autre, sans qu'il y ait place ni pour le miracle, ni pour le hasard, et sans qu'il soit besoin de recourir à rien qu'aux facultés primordiales de l'humanité, ou, en d'autres termes, aux besoins sociaux. C'est à la lumière de cet exemple décisif qu'il faut considérer tout le reste de l'histoire, dont les langues avec leur étymologie sont une part non petite. Aussi fidèlement que les mots, les institutions politiques, les religions, les sciences, les arts se transmettent en se modifiant.

Et cette modification, en quel sens se fait-elle? Seconde détermination qui n'est pas moins importante que la première. M. Comte, qui l'a trouvée, l'exprime ainsi: nos conceptions sont d'abord théologiques, puis métaphysiques, et finalement positives; c'est-à-dire que nous attribuons les phénomènes d'abord à des personnes, puis à des abstractions et finalement aux lois réelles qui les gouvernent. Une telle formule est purement empirique, puisqu'elle est le résultat d'une heureuse vue des faits historiques et qu'on ne montre pas par quel nœud elle tient à la filiation et aux facultés fondamentales de l'homme. Et elle suffit amplement, car le fait empirique qui lui sert de fondement est incontestable et se rattache aux développements les plus essentiels des sociétés. Ainsi, non-seulement les phénomènes sociaux s'engendrent les uns les autres, et l'histoire est incessamment la fille de l'histoire, mais encore une progression due d'abord aux religions, puis à la philosophie, enfin aux sciences, tend continuellement à substituer aux conceptions vagues qu'on avait sur les choses des conceptions plus précises ; c'est une approximation croissante mais indéfinie vers la réalité. Dans cette marche ascendante, mais souvent troublée, souvent arrêtée, souvent croisée, s'effectuent les destinées du monde. Les conséquences des mutations nécessaires sont inscrites dans les révolutions, phénomènes douloureux sans doute, mais utiles quand ils sont comparables aux passages, dans la vie individuelle, de la première enfance à la dentition, et de la dentition à la puberté. Les troubles, les arrêts, les croisements sont comparables, dans la vie individuelle encore, aux diverses maladies qui l'assaillent. Celles-ci, à l'inverse des révolutions, ne sont guère que des fléaux, et le peu de bien qu'elles apportent ne peut entrer en comparaison du mal qu'elles font, au lieu que, dans les révolutions véritables, par exemple, dans celle qui mit fin au paganisme, dans celle aussi que nous traversons, qui dure encore, et qui doit porter à un degré supérieur la raison collective, à côté du mal est le bien, à côté de ce qui nuit ce qui sert, à côté de la ruine l'édifice, à côté du ravage la fécondité ; de là, le mélange de sentiments confus qui les accueillent et le déchirement des populations : des répugnances opiniâtres et des sympathies irrésistibles ; des terreurs infinies et des espérances sans bornes.

Dans la formule qui exprime le sens de l'évolution sociale, le passé et l'avenir sont connexes et solidaires l'un de l'autre. On ne fera pas un progrès dans la connaissance de l'un sans acquérir une vue moins indécise de l'autre. Je le dis avec confiance : une voie large et nouvelle est ouverte à l'histoire. Thucydide, racontant la guerre du Péloponèse dans un récit nerveux qui est resté un livre classique, déclare qu'un des motifs qu'il a eu de composer son livre a été de fournir un enseignement pour le cas où la guerre se rallumerait entre Athènes et Lacédémone. Il n'y eut plus de guerre du Péloponèse ; Athènes, Lacédémone, la Grèce entière entrèrent dans des combinaisons qui ne permettaient rien de semblable. La prévision du Thucydide a été trompée ; et toute prévision le sera quand elle s'appuiera sur les données étroites de l'empirisme des affaires. En un autre sens et en un autre cas, Bossuet prévoit le moment où les sectes protestantes rentreront dans le giron de l'Eglise catholique ; elles n'y sont pas rentrées ; loin de là, la liberté de penser a dépassé le protestantisme et beaucoup agrandi les brèches commencées ; c'est que toute prévision qui reposera sur une théorie fautive conduira à des résultats fautifs comme elle. Aujourd'hui l'histoire entière est à refaire, en ce sens qu'elle doit indiquer, dans ses détails, l'enchaînement du passé. A mesure que ce grand travail de révision s'exécutera, une part de lumière se reflétera sur l'avenir, et, indiquant avec plus de précision les tendances et le but, ralliera de plus en plus les esprits sur le fonds et la forme des changements inévitables.

Ici s'arrête la série scientifique. Au-dessus et au-dessous de cette série, on n'a plus que des hypothèses vaines ; au-dessus, si l'on essaie de construire un monde surnaturel qui crée ou qui arrange ; au-dessous, si l'on essaie de construire une matière qui s'arrange ou se crée. C'est une bande étroite, il est vrai, mais solide et fructueuse sur laquelle chemine la raison collective. A droite et à gauche sont les abîmes du spiritualisme et du matérialisme, soit que l'on veuille, agrandissant la notion que nous avons de l'esprit humain, l'introduire dans le monde comme explication et descendre de là aux conditions particulières des choses ; soit qu'on veuille, se faisant une matière hypothétique, remonter de là aux phénomènes supérieurs. La philosophie est constamment dans l'un ou l'autre de ces abîmes, et se vante des contemplations infinies qu'elle y trouve. Et en effet les contemplations infinies sont une de ces sévères voluptés auxquelles l'esprit ne renoncerait pas sans s'amoindrir ; elles lui font toucher sa grandeur et sa petitesse et sentir à la fois l'immensité où il flotte, le courant qui l'entraîne, et le naufrage qui l'attend. Mais jamais on ne peut en jouir plus profondément et se mieux abandonner à cette grave tristesse qui n'a rien de contristant que quand, le pied posé sur le sol affermi des notions positives, on plonge le regard de la pensée dans les régions muettes et sourdes. C'est ainsi que l'homme, les pieds posés sur sa planète, peut prêter une oreille attentive au roulement de l'astre dans l'espace sans limite et laisser aller ses jours à leur pente éternelle.

De la sorte est constitué le domaine entier de la science. Si c'était là le dernier mot, la philosophie se trouverait définitivement exclue du monde réel; elle n'y rencontrerait rien sur quoi il n'y eût un avis différent du sien, et un avis revêtu de tout le crédit que donnent les faits et l'expérience. Séparée de toute réalité, dépouillée de toute influence sur les sciences qui jadis, en leur temps d'origine, s'en aidaient pour marcher comme l'enfant s'aide de la main de sa nourrice, elle tomberait dans la nullité. Et pourtant la science ne pourrait la remplacer ; car, même étendue à sa dernière limite, la science n'est pas la philosophie. Ce sont deux départements distincts ; à l'un appartient la particularité ; à l'autre appartient la généralité ; et, pour que la particularité cesse d'être particularité, et que la généralité se dessine, il ne suffit pas que toutes les conditions à connaître soient connues, il faut encore qu'elles soient rangées en un certain ordre qui porte partout la lumière. D'autre part, la généralité n'a de valeur, c'est-à-dire la philosophie n'a de puissance qu'autant qu'elle s'applique à toutes les notions particulières, mais positives. La modification qu'elles doivent subir l'une et l'autre est profonde ; si l'on se tourne du côté de la science, qu'y a-t-il de plus étranger que la généralité ? Elle s'enorgueillit d'être spéciale ; elle attribue, par une erreur que lui suggère son point de vue étroit, à cette circonstance les succès qui l'ont couronnée ; chacune est parquée dans son domaine et ne sait ce qu'on lui veut quand on lui demande d'où elle vient, à quoi elle tend, en quelle dépendance elle est des sciences antécédentes, quel appui elle donne aux sciences subséquentes. Si l'on se tourne du côté de la philosophie, qu'y a-t-il qui lui soit plus étranger que les faits particuliers ? Elle les dédaigne autant que l'autre les faits généraux ; bien loin de lui être un secours, ils lui sont un obstacle. Un long divorce entre la science et la philosophie a jeté, dans l'ombre, des aptitudes qui ne sont qu'endormies et qui se réveilleront dès que les circonstances seront propices.

Donc, à quelles conditions la science devient-elle philosophique et la philosophie devient-elle positive? Car, au point actuel du développement, ces deux choses sont connexes ; et l'une ne peut plus aller sans l'autre. La première condition, c'est que le tout incohérent de la science soit coordonné par une méthode générale ; ici la philosophie pénètre la science, et, de fragmentaire qu'elle était, la fait une. La seconde condition, c'est que la philosophie soit limitée par les bornes du savoir ; ici la science pénètre la philosophie, et, d'absolue qu'elle était, la fait relative. Ces deux opérations, dont la simultanéité était nécessaire, ont été simultanément exécutées par M. Comte avec un plein succès ; et, depuis lui, elles portent le nom de philosophie positive.

Les philosophes ont souvent recommandé, dans les circonstances où ils voulaient montrer l'enchaînement des choses et faire comprendre le difficile à l'aide du plus facile, d'aller du simple au composé. C'est un précepte de même genre qui est la base de la philosophie nouvelle, à savoir aller du général au plus particulier. Ce précepte constitue à l'instant même une hiérarchie qui commence par la science des nombres et finit par la science des sociétés, rangeant tout ce qui est intermédiaire d'après le principe énoncé. De la sorte elles s'appuient l'une sur l'autre, elles s'expliquent l'une par l'autre ; et, on peut l'affirmer, dans un temps qui n'est pas très-éloigné, il n'y aura pas un savant véritable qui n'en connaisse l'ensemble ; je vais plus loin, il n'y aura pas une éducation réelle où, d'une façon ou d'une autre, une idée générale de leur enchaînement ne soit donnée. A ce point de vue, l'histoire, ou, pour me servir de l'expression de M. Comte, la sociologie est la science la plus particulière, ou la plus compliquée, ou la plus difficile ; ici ces termes sont synonymes. Elle est plus particulière que la biologie qui embrasse la théorie de tous les êtres vivants, tandis que l'histoire ne s'occupe que de la théorie des sociétés humaines. A son tour, la biologie est plus particulière que la chimie, puisqu'il s'en faut bien qu'il y ait vie partout où il y a phénomène chimique, tandis qu'il y a partout phénomène chimique où il y a vie ; la chimie l'est plus que la physique et l'astronomie (l'astronomie n'est que la théorie de la pesanteur appliquée aux corps célestes), puisque tout corps est pesant, chaud, lumineux, électrique, élastique, sans être actuellement en action chimique ; enfin la physique l'est plus que le mouvement, la forme et le nombre, qui sont, de toutes, les conditions les plus simples et les plus générales.

Parmi plusieurs de ceux qui s'occupent présentement de philosophie, il y a une tendance (témoin l'école psychologique anglaise) à écarter l'absolu, qui a été si longtemps la recherche des métaphysiciens, et à reconnaître que, dans la connaissance humaine, tout est relatif. C'est une tendance qui est grandement à louer ; elle rapproche les esprits du véritable point de vue, et c'est l'indice que la relativité fait des progrès, même en dehors de l'école pour qui elle est un premier principe. Mais les démonstrations qu'on en donne par l'intermédiaire de la logique ordinaire sont laborieuses ; au lieu que celle qui ressort de la jonction de la philosophie avec la science est aussi simple que satisfaisante. Ni l'édifice, a dit Bossuet, n'est plus solide que le fondement, ni l'accident attaché à l'être plus réel que l'être même. Je dirai semblablement : ni la philosophie n'est plus étendue que la science, ni l'absolu, étranger à celle-ci, ne se trouve dans celle-là. Si la science se coordonne par l'infusion de la philosophie, c'est que l'absolu n'est pas essentiel à l'une, car il est incompatible avec l'autre ; et, si la philosophie prend pour base la science, c'est qu'elle sacrifie ses inutiles investigations vers l'absolu. Et, en effet, comment pourrait-elle y arriver ? Elle n'a que deux ordres de tentatives, par la théologie ou par la métaphysique. La théologie la met en communication avec l'absolu par l'intermédiaire du miracle, qui fait descendre les personnalités surnaturelles parmi les hommes ; mais la science n'a jamais fait connaissance avec le miracle ; et de plus en plus la tendance des esprits est d'accorder en ceci foi à la science. La métaphysique, ou bien, essayant de prolonger par en bas la série scientifique qui s'arrête aux nombres, imagine l'être en soi, abstraction et forme vide dans lesquelles on ne retrouve quelque chose qu'en y incorporant tant bien que mal telle ou telle des propriétés réelles ; ou bien, essayant de prolonger par en haut la série qui s'arrête à la sociologie, elle imagine l'esprit en soi, abstraction et activité vide dans lesquelles on ne retrouve quelque chose qu'en y incorporant telle ou telle des propriétés de la vie individuelle ou collective. Les pas qu'on croit faire en un sens ou en l'autre sont illusoires ; et, dans cet être en soi, dans cet esprit en soi, on ne rencontre jamais que ce qu'on y a mis ; travail véritablement comparable à celui des alchimistes qui ne faisaient de l'or qu'à la condition d'en mettre dans leurs creusets.

Ce n'est pas en vain qu'à côté de la raison humaine on parle de la raison des choses. Il n'est pas vrai de dire que c'est l'esprit qui porte ses vues dans le monde objectif, monde qui n'est qu'un chaos et où nous créons un ordre purement artificiel. Nous trouvons l'ordre, nous ne le faisons pas. La réalité de nos conceptions est toute fondée sur ce fait qu'il existe une correspondance entre l'esprit qui examine et la chose qui est examinée, entre le sujet et l'objet. Une circonférence parfaite n'est pas seulement une hypothèse de géomètre ; et l'arc-en-ciel représente une courbe aussi régulière qu'aucune intelligence puisse l'imaginer.

Semblablement la philosophie est dans les choses comme elle est dans l'esprit. Des phénomènes universels il résulte une suite d'étages superposés les uns aux autres et de plus en plus particuliers. Le supérieur non-seulement repose sur les inférieurs, mais encore il reproduit en lui-même, avant de se caractériser par ce qui lui est propre, la composition de ceux qui sont au-dessous de lui. Cette répétition successive constitue l'enchaînement et la raison générale du monde.

Elle fait aussi que l'intelligence individuelle, et surtout l'intelligence collective, qui est au faîte de cette superposition, a tous les éléments qui peuvent la lui faire reconnaître. Elle renferme toutes les lois inférieures et ne s'épanouit qu'à la condition de leur être subordonnée à toutes. De là la perception qu'elle en a ; de là la concordance de la raison humaine avec la raison des choses. L'homme est composé des mêmes matériaux qui composent tout dans la nature visible ; aussi peut-il la sentir et la connaître. L'homme appartient à l'extrémité la plus particulière de la série ; aussi peut-il l'embrasser tout entière et découvrir par cette intuition la philosophie qui est en lui et hors de lui.

Une telle intuition est la clôture d'une ère ancienne et l'ouverture d'une ère nouvelle. Nous sommes placés sur le seuil : *Apparet domus intus, et atria longa patescunt.* Le progrès de la science réglée par la philosophie, le progrès de la philosophie appuyée sur la science déplaceront peu à peu les bornes intellectuelles et morales. Elles pénètreront dans les livres, elles influeront sur l'éducation, elles prendront la parole au sein de la société, et leur règne s'acheminera dans le monde.

V

DU PROGRÈS

DANS LES

SOCIÉTÉS ET DANS L'ÉTAT

[M. Dupont-White, célèbre publiciste, publia, en 1858, la seconde édition de son livre intitulé : *l'Individu et l'État*. J'en rendis compte l'année suivante dans la *Revue des Deux-Mondes*, numéro du 15 avril. Le point essentiel de cet article est de montrer que la vue de M. Comte, qui fonda la philosophie positive sur la science positive, est bien le vrai, mais la science entendue dans sa généralité, c'est-à-dire comprenant l'histoire et le développement social. En effet, dans la sociologie, on rencontre à leur place et dans leur rôle les religions, la politique, la morale, le droit, les beaux-arts, l'industrie et chaque science particulière, toutes choses qui étaient étrangères à la science comprise au sens étroit. Ce sens étroit, qui jadis était seul en usage, formait un obstacle infranchissable entre les sciences et la philosophie. A moins qu'on ne pense que ces objets que je viens d'énumérer et les autres que l'histoire manifesta sont dus à des interventions surnaturelles, et l'école théologique est la seule qui maintienne cette vue, il faut bien admettre qu'ils sont des produits de l'activité sociale, et, par conséquent, relevant de la science. C'est ainsi qu'il est vrai de dire que l'ensemble des doctrines positives représente l'ensemble positif du savoir humain.]

Je voudrais donner brièvement et en quelques lignes une idée de l'objet que s'est proposé M. Dupont-White, afin que l'exposition qui va suivre et le débat, s'il y a débat, étant déterminés sans incertitude, soient saisis sans difficulté. Le titre, que d'ailleurs je ne critique pas, est insuffisant, comme la plupart des titres. L'auteur y met l'individu et l'État en présence, mais c'est tout ; il faut donc passer cette inscription préliminaire et aller au cœur du livre : là aucun doute ne subsiste ; la pensée qui s'y manifeste et s'y développe est qu'à mesure que la civilisation augmente, la fonction de l'État augmente aussi. Loin que plus d'affaires et de plus grandes affaires viennent à l'individu, plus d'affaires et de plus grandes affaires viennent à l'État. Ceci est expressément dirigé contre la thèse où l'on soutient que le but de la civilisation est de supprimer ou d'atténuer l'État et d'y substituer l'action de l'individu.

M. Dupont-White dit avec justesse et profondeur : « Il est aussi naturel à l'homme d'être gouverné que d'être libre, parce que l'égoïsme fait partie de sa nature non moins que le sens moral. » L'égoïsme en effet et le conflit des intérêts exigent un arbitre supérieur et général ; mais j'ajouterai sans crainte, et M. Dupont-White y acquiesce tout le long de son livre : le sens moral de l'homme est aussi une des conditions pour lesquelles il lui est naturel d'être gouverné. Les notions de justice, de bien, de liberté, de perfectionnement, viennent, suivant les temps et suivant les lieux, demander des satisfactions successives que l'individu ne saurait effectuer, que la société inspire et que l'État réalise.

Le style du livre est vif et alerte ; l'allure en est courte et coupée, mais elle entraîne le lecteur. La phrase est jetée avec laisser-aller, sans négligence, et l'effet n'est pas manqué. Ce n'est pas un mince mérite que de donner l'aisance aux questions difficiles. L'argumentation de M. Dupont-White est, comme son style, pressante et spirituelle ; elle a quelque chose d'imprévu qui ne déplaît pas et qui attache, et à l'examen on s'aperçoit que, pour ne pas user de procédés scolastiques, elle n'en est pas moins habile à l'attaque et à la défense. Une idée étrangère à l'antiquité et au moyen âge a commencé à poindre il y a un peu moins de deux cents ans, et est allée s'affermissant tous les jours : c'est que les sociétés sont sollicitées par un mouvement qui les modifie, qui suit une direction déterminée, et que l'on nomme progrès. Aussitôt que cette idée eut pris rang parmi les vérités scientifiques, on l'appliqua à cette même antiquité, à ce même moyen âge, qui ne l'avaient pas connue et qui, sans se douter de la force qui les emportait, avaient subi l'impérieuse loi du changement. C'est ainsi que les hommes se sont longtemps crus immobiles sur une terre immobile, tandis qu'en réalité ils accomplissaient un prodigieux voyage autour du soleil, et peut-être un voyage plus prodigieux encore dans les espaces cosmiques, si tant est que notre soleil lui-même ne soit pas fixé à sa place et qu'il oscille dans quelque orbite gigantesque. De cette évolution, les trois facteurs sont la société, l'individu et l'État. Je me réserve de parler à loisir de la part de la société. Quant aux deux autres, M. Dupont-White n'entend pas sacrifier l'individu à l'État, mais il n'entend pas non plus sacrifier l'État à l'individu. Pour lui, tandis que l'État, contrairement à l'opinion de quelques-uns, est un organe croissant, l'individu, contrairement à l'opinion de quelques autres, n'est pas une personne décroissante. Le rapport de ces deux agens est non pas inverse, mais direct.

M. Guizot a dit dans son *Histoire de la Civilisation moderne :* « La société non gouvernée, la société qui subsiste par le libre développement de l'intelligence et de la volonté, va toujours s'étendant à mesure que l'homme se perfectionne. » Très-bien vu et très-bien dit; mais cela n'empêche pas M. Dupont-White de soutenir, en citant ce passage, lequel il ne veut contredire en rien, que pourtant l'homme est d'autant plus gouverné que la civilisation se développe davantage. « Qu'une société progressive porte plus de gouvernement, ceci ne peut passer pour une disgrâce. La grandeur, la dignité de l'individu n'en souffrent nullement; s'il est sujet à plus de discipline, c'est qu'il y donne prise par plus d'expansion et d'activité : il ne rencontre de nouvelles barrières que parce qu'il est entré dans de nouveaux espaces. » Si je disais qu'il y a d'autant plus de liberté qu'il y a plus de gouvernement, je semblerais, tout en exprimant la pensée de M. Dupont-White, énoncer une proposition contradictoire dans les termes. Cependant on en sera moins effarouché si l'on considère que le mot liberté a, comme tous ces mots grands et précieux qu'on se transmet d'âge en âge, un sens relatif aux temps où ils sont prononcés. Aujourd'hui il ne peut plus signifier que la manière d'être d'une société qui croît incessamment en science et en puissance. Si la liberté ainsi définie n'est suivie pas à pas par un gouvernement qui se développe autant qu'elle, elle tend vers l'anarchie;

si, au contraire, le gouvernement se développe plus qu'elle ne fait, elle tend vers le despotisme. Toutefois cette liberté, c'est-à-dire l'évolution croissante de science et de puissance, étant le remède propre des maux de la société, ne manque pas, par des oscillations qu'elle détermine, d'amender soit le despotisme, soit l'anarchie. En dernière analyse, pour l'individu lui-même, la définition n'est pas autre. Je ne veux point entrer ici dans une discussion sur le libre arbitre; mais, de quelque façon qu'on le définisse, le libre arbitre n'étend progressivement son cercle qu'en étendant le cercle des motifs qui interviennent dans le fond, toujours le même, des impulsions innées. Plus la vue de l'âme s'agrandit, moins est borné le choix entre le bien et le mal. Les animaux ont à peine des rudimens de moralité, attendu que peu de lumières et peu de motifs s'opposent aux aveugles sentimens qui les poussent. L'homme barbare, animal en ceci, obéit encore terriblement aux appétits et aux passions. L'homme civilisé parvient, dans des limites progressives, à les diriger et à les contenir. La nature humaine ne change pas, mais les moyens extérieurs de la déterminer changent et fournissent sur elle des prises nouvelles et puissantes. C'est cette délivrance des impulsions fatales que M. Guizot a signalée dans sa belle phrase, quand il nous montre, au sein de la société gouvernée, une société non gouvernée et libre, justement parce qu'elle est assujettie à des lois plus délicates et meilleures.

On aimera certainement à voir comment M. Dupont-White a exprimé un aperçu très-analogue. « L'individu, dit-il, n'est pas plus vertueux par la grâce du progrès, c'est-à-dire plus apte au sacrifice et au dévouement; il est simplement plus moral, pour être né à une époque plus avancée de l'éducation du monde. L'humanité, à force de voir certaines choses défendues et châtiées, les tient pour mauvaises. Elle devient plus régulière en présence d'une règle consacrée par une sanction immémoriale et par une répression de plus en plus infaillible. On ne voit pas vraiment ce que l'homme aurait au-dessus de la brute, s'il ne portait en lui le pouvoir de s'améliorer, de s'éclairer à ce spectacle. Chaque génération se trouve appelée par là à valoir mieux, ou plutôt à se conduire mieux que ses devancières. L'homme de nos jours, dès ses premiers pas dans le monde, y est témoin de certaines réprobations professées par les lois et par les mœurs, par les philosophies et par les religions, dans le monde et dans la famille. De plus, il apprend que les choses ainsi réprouvées ne se commettent guère impunément. Enfin il comprend mieux, grâce à la culture et à l'illumination croissante des esprits, la liaison intime du juste et de l'utile, les profits de la droiture, les périls de l'improbité. A ces divers titres, il ne peut manquer d'être supérieur moralement à l'homme du moyen âge. »

Après avoir écarté du premier plan l'individu quant au développement des sociétés, et y avoir mis l'État, M. Dupont-White rencontre une autre théorie, celle qui attribue ce même développement à l'action de lois naturelles. On peut résumer ainsi son examen de la question : l'humanité se déploie sous l'empire de lois naturelles, et il est permis d'imaginer que ces lois pourraient produire la civilisation par leur seule énergie, indépendamment de tout concours humain. Cependant, à en juger par les analogies, les choses ne se passent pas de la sorte. Partout où les besoins de l'homme le mettent en rapport avec les lois naturelles, celles-ci n'agissent comme il l'entend que par l'intermédiaire de sa coopération. Toute la conclusion à tirer de ce qu'il y a des lois naturelles, c'est que l'action de l'homme est sujette à des modes, à des limites ; mais vous ne pouvez induire qu'elle soit superflue. Les lois qui gouvernent le monde sont faites pour dominer, non pour suppléer l'humanité ; et, en particulier, tout en déterminant ce qui peut être et ce qui ne peut pas être, elles demeurent inertes sans l'intervention humaine. La liberté humaine ne se concilie pas seulement avec la nécessité des lois naturelles, elle est l'auxiliaire indispensable de ces lois. Celui qui cultive un champ est soumis à toutes les conditions du sol, du ciel et de la végétation ; elles le dominent, et il n'y peut rien changer ; pourtant c'est son industrie et son intelligence qui, se combinant avec ces conditions, obtiennent du sol une riche moisson.

De même est le champ de l'histoire : les conditions essentielles y sont soustraites à la volonté humaine ; pourtant l'industrie et l'intelligence y font germer une civilisation progressive. Personne ne contestera que les lois naturelles qui régissent les sociétés opèrent uniquement à l'aide de l'intervention humaine ; autrement ce serait supposer que ces lois sont extérieures aux sociétés ; mais ici, par intervention humaine, M. Dupont-White entend expressément l'Etat. Or est-il vrai que ces lois n'aient pas d'autre mode d'agir ? Est-il vrai que l'Etat ait avec elles une union intime et indissoluble ? S'il est parfois leur organe, l'est-il toujours ? Et n'y a-t-il pas des époques où la scission éclate, et où les lois naturelles prennent le dessus et rompent avec lui ?

Je résume, avant d'examiner cette question, les idées essentielles de M. Dupont-White. L'État croît avec la civilisation, son rôle augmente en étendue et en élévation. L'individu n'est pas destiné à le supplanter, et la tendance n'est pas d'atténuer ou d'anéantir la gestion collective. La société non gouvernée, ainsi que l'appelle M. Guizot, c'est-à-dire celle qui, par elle-même et en vertu de sa propre moralité, obéit non-seulement aux lois écrites, mais encore aux lois non écrites d'une conscience supérieure et plus délicate, bien loin de rendre inutiles les attributions de l'État, est cause que ces attributions prennent un caractère plus désintéressé et plus équitable. La civilisation étant une complication des rapports sociaux, il est contradictoire de prétendre que l'État ne se complique pas simultanément.

I

Des lois naturelles dans leur rapport avec l'Etat

Je mets en tête cette expression de lois naturelles, parce que M. Dupont-White s'en est servi ; mais elle me paraît vague et indécise, et j'y substitue celle de lois de filiation, c'est-à-dire que, dans l'histoire, ce qui suit est toujours déterminé par ce qui a précédé. Maintenant, que résulte-t-il de cette détermination successive du présent par le passé? En d'autres termes, quelle est la marche de l'humanité? Cela se rend par civilisation ou progrès, que je définis : plus de connaissance dans l'ordre intellectuel, plus d'équité dans l'ordre moral, plus de puissance dans l'ordre matériel.

Il n'est aucune science où les questions soient aussi difficiles à traiter qu'en histoire. Cette difficulté supérieure, plus grande là que partout ailleurs, tient à la complexité du sujet, de tous le plus complexe. Tout agit dans l'histoire, non-seulement l'histoire même et la loi qui lui est propre, mais aussi les conditions de l'existence des corps vivants et les conditions du monde inorganique. Nulle part les organes ne sont si nombreux, les influences si variées et le mécanisme si compliqué. A peine touche-t-on un point, qu'aussitôt on voit apparaître une suite infinie de connexions qu'on n'avait pas d'abord aperçues. Ecarter ces connexions et saisir le point dans sa simplicité est un travail auquel la plus grande contention d'esprit ne suffit que dans des cas heureusement choisis. Pour peu qu'on ne se méfie pas de tant d'actions et de réactions qui se croisent, tout se mêle, tout se brouille, et le labeur, vainement poursuivi, s'évanouit comme celui que décrit le poète :

..... longique perit labor irritus anni.

La philosophie nouvelle qui commence sous le nom de philosophie positive a une notion fondamentale, à savoir la division de la politique en deux branches connexes sans doute, mais pourtant tout-à-fait différentes, et qui sont la politique abstraite et la politique concrète, la science et la pratique, l'histoire et le gouvernement, la *sociologie* et l'art politique. Une distinction semblable est familière dans les autres domaines, par exemple entre la biologie et la médecine ; mais ici elle n'a été ni faite ni pu être faite, car on ignorait qu'il y eût une science de l'histoire, c'est-à-dire que l'histoire fût un phénomène naturel procédant suivant une loi de filiation qui, soumise à des perturbations toujours limitées, ramène incessamment les choses à leur direction générale. Qu'on pèse les trois termes de cette proposition. L'histoire est un phénomène naturel : en d'autres termes, l'humanité obéit, dans le progrès de sa civilisation, comme le reste des choses, à sa nature et aux propriétés de sa nature. Une loi de filiation y préside : en d'autres termes, l'humanité est dirigée vers son avenir par l'ensemble de son passé. Enfin, les perturbations ont des limites certaines : en d'autres termes, les actions qui troublent l'évolution sont toujours moindres que l'action totale qui cause le développement. La théorie de ce développement est la sociologie ou science abstraite de l'histoire.

Je n'ai pas besoin de dire que, dans les annales des peuples, aucune distinction entre ces deux portions de la politique n'existe : tout est confondu, et la pratique n'a aucun souci d'une théorie qu'elle ne connaît pas, et qui, si elle s'essayait, ne se produirait que sous forme d'utopie ; mais je n'ai pas non plus besoin de dire qu'une telle distinction, une fois conçue, est un fanal dont on peut, quand on veut, retourner la lumière vers les profondeurs du passé, et qui les éclaire d'un jour inespéré. Les hommes qui vécurent virent se dérober sous leurs pieds le sol social, qu'ils supposaient fixe et solide. Les uns accusèrent la corruption du siècle, et tentèrent de remonter vers l'âge qu'ils venaient de quitter, et dont la ruine leur semblait une décadence ; les autres saluèrent le renouvellement, la palingénésie, et s'y établirent comme dans une demeure qui ne devait plus changer, et qui bientôt changea effectivement, car nul n'apercevait le sourd et mystérieux agent qui ne laissait échapper les siècles qu'après avoir prescrit leur tâche et vérifié leur opération. Maintenant la théorie, qui s'est distinguée de la pratique, suit le sommet des choses, et elle indique, entre les oscillations de l'humanité, la marche idéale et régulière qui seule fait comprendre la marche réelle.

Si la distinction dont je parle a pour premier et plus grand résultat de séparer le bloc immense et confus de l'histoire en deux parts, l'une le nécessaire, l'autre le contingent, et y projette de la sorte la plus vive clarté que l'esprit humain puisse y obtenir, elle a un second résultat, qui est important : c'est de montrer que tout ce qui ne fut pas spontané fut empirique. L'État et les hommes d'État n'eurent pour se décider que l'empirisme. Sans doute, quoi qu'ils aient fait, ils ne purent jamais rien faire sans prendre en concours les forces inhérentes à la société et déterminantes de l'histoire ; mais ils ne surent ni qu'elles existaient, ni si elles leur venaient en aide ou en opposition. Ainsi en fut-il de l'art médical, qui, par comparaison, peut tant servir à éclairer l'art politique. Tant que la médecine n'eut ni anatomie ni physiologie, elle fut uniquement empirique : rien ne la dirigeait que l'empirisme obtenu par l'observation attentive de cas dont la solution dépendait de conditions inconnues ; mais, quand le flambeau de la science abstraite commença de luire pour elle, le secret des phénomènes dont elle ne voyait que l'extérieur se laissa pénétrer. Aucun flambeau de ce genre n'a lui dans le passé pour l'art politique ; cet art a toujours été réduit à l'extérieur des phénomènes sans en soupçonner jamais l'intimité. Et voyez sa position désavantageuse, et combien sa tâche était plus difficile même que celle de l'art médical ! Le médecin n'a affaire qu'à l'homme individuel, dont la courte vie n'implique qu'un nombre limité de désordres et d'accidents ; le politique a affaire aux sociétés, à l'humanité, dont la vie, immensément longue, comporte tant de variations et de péripéties. Ce seul mot permet d'entrevoir combien l'art de gouverner les hommes l'emporte en complexité sur celui qui s'occupe de guérir leurs maladies et de procurer leur hygiène.

J'ai dit que tout ce qui ne fut pas empirique fut spontané. J'appelle ici spontané ce qui s'est établi sans que l'État l'ait voulu ou prévu, ou même pu empêcher. Comme il est certain que l'Etat est postérieur à la société, et que c'est la société qui a fait l'Etat, et non l'Etat la société, il est certain aussi que la société garde toujours son droit de priorité et sa prérogative créatrice, qu'elle fait valoir aux grandes époques. Les régimes sociaux sont partout indépendants du gouvernement ; ils le déterminent, et ne sont pas déterminés par lui. L'Etat, dans

Athènes ou dans Rome païenne, dans l'Espagne catholique, dans l'Angleterre protestante, dans la Turquie musulmane, ne pourra jamais se dégager du milieu qui le produit et qui le porte. Il y a dans tout Etat une portion spontanée, celle-là ne peut être changée sans un changement préalable du régime social, et une portion muable, qui est subordonnée aux hommes chargés de tenir les rênes. C'est en celle-là que se meut l'empirisme. Il faut gérer les affaires, pourvoir aux difficultés tant intérieures qu'extérieures, lutter contre les révoltes, défendre ou agrandir le territoire, protéger ce qui est digne d'être protégé, abandonner à son sort ce qui, vieilli, n'a plus d'efficacité. Pour toutes ces conjonctures, l'Etat et les hommes d'Etat n'ont eu jusqu'à présent que les traditions, l'empirisme et les instincts. Heureux quand tout cela concourait avec les impulsions spontanées ; alors ce fut œuvre de génie, de lumière et d'avenir ! Malheureux quand tout cela venait contrarier les tendances sociales ; alors ce fut œuvre de ténèbres, d'impuissance misérable ou de passions personnelles et mauvaises, de rétrogradation momentanée !

Comme la partie spontanée que je signale est indépendante de l'Etat, elle peut entrer en conflit avec lui, et l'on n'en doutera point quand à l'expression vague de partie spontanée j'aurai substitué l'expression précise, qui est l'ensemble des opinions et des mœurs. Cet ensemble émane de quatre sources : l'industrie, la religion, la poésie et les arts, et enfin les sciences. Sur tout cela, l'Etat n'a que surveillance et protection. Le développement et la réaction mutuelle de chacun de ces éléments ne sont pas sous son pouvoir. Là est la force vive qui fait que l'humanité a, non pas de simples changements, mais une histoire.

II.

Du conflit entre la loi d'évolution et l'État.

J'achèverai de préciser mon idée et de me faire comprendre en rapportant quelques exemples connus de tout le monde, et où je n'interviendrai que pour l'interprétation, dictée d'ailleurs par la distinction entre la science abstraite et la pratique.

Jacques II d'Angleterre essaya de rétablir dans son royaume le catholicisme et le pouvoir absolu. L'Angleterre avait embrassé la réforme ; elle avait fait une révolution formidable, qui avait amené la mise en jugement et la condamnation d'un roi ; elle avait été en république, elle avait passé sous le protectorat de Cromwell. Dans son sein s'agitaient à la fois les passions religieuses et les passions politiques ; les sectes pullulaient, même les libres penseurs commençaient à poindre, et l'autorité royale ne se présentait plus aux esprits les meilleurs et les plus actifs que comme tempérée et balancée par l'autorité de la nation. Rien dans tout cela n'était fortuit ; rien dans tout cela n'était faible. Que faire devant une pareille situation ? Y obéir ou la combattre ? Jacques II, fils du passé, catholique zélé, roi infatué, la combattit, et bientôt Saint-Germain le vit recevoir l'hospitalité fastueuse du grand roi, chute dont ni lui ni ses descendants ne purent se relever. Pendant qu'il tombait ainsi, son gendre Guillaume, simple stathouder de Hollande, arrivait en Angleterre, devenait roi, se faisait chef du protestantisme, défenseur, contre Louis XIV, de l'indépendance du continent, et, malgré les difficultés d'une pareille entreprise, il donnait la consécration à ce système qui depuis cent soixante-dix ans fait la force et la grandeur de l'Angleterre. Telle fut la différence du succès entre les deux entreprises : l'une était contraire, l'autre était conforme à l'ascendant de l'histoire moderne tel qu'il se prononçait dans une de ses phases mémorables. De ces deux hommes d'Etat, ni l'un ni l'autre n'avait conscience des nécessités abstraites qui pesaient fatalement sur la situation, tous deux obéissaient à un empirisme ; mais l'un le ressentait avec un esprit borné et sous des influences qui devenaient caduques, l'autre avec un esprit puissant et ferme et sous des influences pleines de l'avenir qui se préparait. J'ajoute que, des deux parts, l'hérédité physiologique agissait en sens inverse, disposant le premier à plus d'obstination pour le passé, et le second à plus d'ouverture pour le présent.

La théorie donne tort à Jacques II, qui a échoué ; elle ne donne pas moins tort à Philippe II d'Espagne, qui a réussi, du moins, dans le cercle limité de sa domination. Philippe, héritier du pouvoir absolu de son père et appuyé sur l'Inquisition, parvint à soustraire l'Espagne au mouvement qui entraînait le reste de l'Europe. Il ne fallait rien de moins que la conspiration de ce double pouvoir pour suspendre, dans ce magnifique pays et parmi cette vigoureuse population, que Pline caractérisait par la *vehementia cordis*, le développement que présageaient l'éclat et la grandeur de l'époque de Ferdinand, d'Isabelle et de Charles-Quint. Le génie national fut provisoirement étouffé ; le silence s'étendit sur l'Espagne ; ni les sciences ni les lettres ne comptèrent plus de grands noms espagnols ; aucune expansion ne sortit des Pyrénées, et, pendant que tout grandissait au dehors d'elle, tout languissait ou dépérissait au dedans. Salutaire politique, disent les uns, qui garda l'Espagne dans l'innocence des mœurs du moyen âge ; funeste politique, disent les autres, qui empêcha l'essor d'un grand peuple et priva l'Europe du concours de l'Espagne dans l'œuvre de civilisation commune ! D'où viendra le jugement entre ces deux assertions contraires ? Il viendra de ce qui était alors de l'avenir, de ce qui est aujourd'hui du présent. Philippe II a été au fond si impuissant que, malgré la force et la durée de la compression, les choses se renouent ; rien n'a été empêché : la révolution, les sciences et les lettres rentrent dans l'Espagne comme un fleuve courroucé à travers une digue démantelée.

On a dit qu'au xvii⁰ siècle l'Angleterre et la France avaient exécuté une concentration de pouvoir devenue nécessaire : l'une sous la forme aristocratique, l'autre sous la forme monarchique ; l'une par le triomphe de la révolution en 1688, l'autre par l'ascendant de Louis XIV. Cela est vrai ; mais ce qu'il faut bien remarquer, c'est que, tandis que la forme aristocratique en Angleterre est demeurée jusqu'à présent progressive, c'est-à-dire apte à se plier aux exigences sociales, la forme monarchique en France ne tarda point à devenir stationnaire et même rétrograde. Ce fut la vieillesse de Louis XIV qui infligea à la monarchie ce funeste caractère, présage d'une si formidable tourmente. Parvenu au plus haut de sa gloire et de son efficacité, il fallait apercevoir que ceci n'était qu'un point culminant d'où le regard s'étendait vers la révolution pacifique ou violente, mais inévitable. L'homme d'État, le souverain, incapable du nouveau rôle que la fin du siècle lui assignait, et ayant trop vécu pour son pays et pour lui, devint assez chimérique pour s'imaginer que sa monarchie ne réclamait aucun amendement. La sénilité s'empara de lui au moment où besoin était de plus de clairvoyance et de force, et, quand le petit-fils de Louis XV monta sur le triste échafaud, l'aïeul Louis XIV n'était pas pour peu dans ce fatal dénoûment de la lutte entre le roi et le peuple.

La sénilité, je ne puis vraiment pas caractériser autrement ce qui advint, la sénilité se continua sous Louis XV. Ce prince, beau et spirituel, livré aux femmes, livré à la dévotion, absolu, fut l'héritier et le vrai fils du vieux Louis XIV. Rien ne fut changé dans la raison d'État, mais la raison d'État n'était plus que nominale. Le gouvernement n'embrassait qu'une ombre, et la société française lui avait échappé. Ainsi livrée à elle-même, l'ébullition commença, réglée, dans son désordre apparent, par la nature des éléments que son passé avait déposés et des combinaisons qui devaient se former. Quand on lit ce que les savants ont écrit sur les époques géologiques et sur les mutations de sol et d'êtres vivants, c'est un des plus vifs regrets de l'esprit que de n'avoir point assisté à quelqu'une de ces solennelles représentations dont notre globe a été le théâtre. Eh bien ! là, en plein xviiiᵉ siècle, dans l'ordre moral, qui est le plus grand, l'esprit assiste à la formidable décomposition et recomposition d'une vieille société. Déjà à la surface qui bouillonne on peut discerner les deux tendances, l'une de ceux qui s'élanceront vers l'avenir, l'autre de ceux qui s'attacheront au passé.

> Heu ! quantum inter se bellum, si limina vitæ
> Attigerint, quantas acies stragemque ciebunt !

dit le poëte. Quelle lutte terrible, dirons-nous, se prépare, si rien de favorable n'intervient ! Pendant ce temps, les flottes sont battues, les colonies se perdent, on est défait à Rosbach. De tout cela, on se soucie fort peu. Que sont en effet ces mauvaises chances dans l'histoire de cette vaillante nation, dont le passé est si long, qui a déjà fait tant de fois ses preuves dans les grands succès et dans les grands revers, et dont on peut toujours dire, comme Horace : *Non paventis funera Galliæ?* Elle n'allait bientôt que trop le prouver. De tout cela, les nations victorieuses ou spectatrices n'avaient non plus grand souci, ou du moins aucun discrédit n'en résultait à leurs yeux pour ces brillants vaincus du xviiiᵉ siècle. Loin de là, en aucun temps l'attrait pour la France et son influence morale ne furent aussi puissants. Les peuples tournaient instinctivement les yeux vers elle ; les rois courtisaient ses philosophes, et venaient faire un pèlerinage à Paris. Jamais spectacle plus saisissant ne fut donné qu'à ce moment solennel qui précéda la Révolution, et où le murmure de l'ouragan prochain se faisait déjà entendre ; jamais nation abandonnée à elle-même ne se sentit animée d'un plus sincère et plus noble enthousiasme ; jamais nation ne témoigna mieux des trésors déposés en elle par le temps et par l'histoire que dans cet essor vers les idées les plus universelles de raison, d'équité, de fraternité et de juste gouvernement.

Ce ne sont pas quelques batailles perdues qui empêcheront ma profonde admiration pour le xviiiᵉ siècle ; ce ne sont pas non plus quelques batailles gagnées, tristement compensées d'ailleurs par de plus grandes défaites, qui m'empêcheront de considérer d'un regard tout différent une époque encore plus voisine de nous, celle du premier empire. Elle a excité de vives et bruyantes approbations, qui sont loin d'avoir cessé. Je n'ai aucun désir de les discuter ici ; je veux seulement remarquer, à titre d'exemple mis à côté des précédents, que, quand le premier consul, empereur bientôt après, eut à opter entre la politique de la paix et la politique de la guerre et de la conquête, peu de choix furent aussi malheureux que le sien et infligèrent à l'Europe d'aussi grands désastres. Non-seulement cette politique de guerre et de conquête échoua, mais encore elle arrêta pendant une quinzaine d'années l'essor de l'industrie, de la richesse, des liaisons internationales, des lettres et de la pensée. Telle fut la confusion qui en résulta que la France, naturellement centre, appui et refuge, était devenue l'objet des haines furieuses de l'Europe entière. La renaissance dont nous avons été témoins vers le premier tiers de la restauration avait son point marqué vers le milieu de l'ère impériale, si ce régime n'avait pas, faisant fausse route, entraîné toute son activité vers l'œuvre, heureusement impossible, de la conquête de l'Occident.

Par ce peu d'exemples, j'ai voulu montrer comment l'État et les hommes d'État, toujours nécessaires, sont tantôt très-utiles et tantôt très-nuisibles, suivant qu'ils concourent ou ne concourent pas avec les forces innées de la société. Les connaître, ces forces innées, est le but de la science abstraite de l'histoire ; les régir est le but de l'art politique. Les connaître ne fait que poindre ; les régir a été de tout temps. Je suis d'accord avec M. Dupont-White que l'État est un organe grandissant avec la civilisation ; mais en même temps je tiens à montrer sa subordination réelle, son empirisme dans tout le passé de l'histoire, la cause de ses succès et de ses fautes, et la juste espérance qu'une combinaison de l'histoire abstraite avec l'histoire concrète diminuera la somme de ses fautes et accroîtra la somme de ses succès.

III.

De l'empire romain.

M. Dupont-White me contestera peut-être le droit de faire intervenir, dans le sujet de son livre, l'empire romain. Du moins il a pris soin, en quelques passages, de décliner une comparaison avec les ordres sociaux des temps passés, et d'appliquer particulièrement ce qu'il dit à l'État moderne, qui, n'étant plus un instrument d'exploitation du commun par les privilégiés, a dorénavant pleine conscience de sa fonction d'utilité publique. J'avoue que je ne puis entrer dans cette distinction : elle me paraît accidentelle, non pas essentielle. Quelle qu'ait été la forme de la société, il y a toujours eu des affaires collectives pour lesquelles un gérant est indispensable, et ce gérant, c'est l'État. Dans l'opinion de M. Dupont-White, ceci est vrai, qu'à mesure que croît la civilisation, l'État devient moins particulier et plus universel, moins âpre et plus équitable, moins ami des priviléges et plus ami de la règle; mais, pour cela, je ne voudrais pas rompre l'enchaînement des choses. Est-il dans l'histoire un seul point où l'on puisse marquer la solution de continuité? Et à travers toutes les modifications imprimées par le temps, le progrès et les révolutions, ne voit-on pas que l'État reçoit, par tradition, des parties essentielles et constitutives? La Révolution française elle-même, si novatrice, que n'a-t-elle pas conservé! L'État de Louis XIV ne venait-il pas de plus loin, et ainsi de suite de proche en proche jusqu'aux temps les plus reculés, de sorte que l'État le plus moderne a des racines qui plongent à l'infini dans l'histoire? Ce serait rapetisser l'idée de l'État et lui infliger un caractère de contingence que de n'y pas voir une évolution concomitante de tout le reste. Aussi ne crois-je faire aucun tort à la pensée du livre de M. Dupont-White en introduisant dans le cercle qu'elle embrasse quelques remarques sur l'empire romain.

Le terme auquel aboutit un système en est le jugement ; je veux dire que le terme, devant être atteint, permet de prononcer si le système a été favorable ou contraire à l'avénement qui était au bout. Les deux grandes fins de l'empire romain ont été dans l'ordre spirituel le christianisme, dans l'ordre temporel le régime féodal. Il serait possible, à l'aide des théories de la philosophie positive, et en étudiant avec soin les tendances de l'époque, d'établir que telle devait être en effet l'issue de la crise où le monde ancien, j'entends le monde civilisé, était engagé. Ceci néanmoins est très-difficile à concevoir et à traiter. Montrer qu'alors une rénovation religieuse et morale était imminente, que le monothéisme en serait la forme, et que sans doute la Judée fournirait l'étincelle ; d'autre part, montrer que, si l'autorité impériale venait à crouler, la société, partagée entre des puissants dont la puissance grandissait et des faibles dont la faiblesse croissait, ne comportait plus que la protection sous une multitude de chefs, et que de la sorte on allait voir reparaître, sous le nom de seigneuries, tous les petits gouvernements de l'antiquité anté-romaine, avec cette double condition, gage et signe de la transformation, à savoir un suzerain, tradition de l'empire, et un pouvoir spirituel unique, œuvre du christianisme ; montrer, dis-je, l'enchaînement déterminé de cette double évolution serait une longue et laborieuse tâche que j'abandonne. J'aime mieux, ce qui suffit à mon objet, prendre empiriquement le fait historique comme le but auquel marchait l'empire romain : but nécessaire si l'on admet les considérations dont je viens de parler, but contingent si l'on ne veut pas aller plus loin, mais dans tous les cas but réel et nullement imaginaire, puisque, de façon ou d'autre, telle a été la fin. Examinons donc en quoi l'empire romain a servi ou gêné la double évolution.

Au moment où le christianisme commença et sous le plein empire des Césars, l'état était sans aucune préoccupation religieuse ; il s'était contenté (je me sers des paroles d'Horace) de refaire les temples croulants des dieux et d'effacer la fumée qui souillait leurs statues. Pourtant il voyait de mauvais œil les sectes, à moitié théologiques, à moitié philosophiques, qui fourmillaient à cette époque ; et Sénèque, qui avait eu l'idée de cesser, d'après les préceptes pythagoriciens, l'usage de la viande, n'y donna pas suite, de peur de provoquer contre lui les sévérités de Tibère, qui sévissait alors contre la tourbe des sectaires. Aussi l'État fut-il irrité et même alarmé quand il reconnut que les chrétiens pullulaient de tous côtés. La tolérance est moderne d'institution et de pratique. Dire aux citoyens : « Ayez les croyances que vous voudrez, pourvu que vous respectiez les lois, » n'est possible que quand la morale commune et l'opinion publique sont assez fortes pour commander à la fois à l'État et à l'individu des règles et des égards qui amortissent les froissements. On n'en était là ni d'un côté ni de l'autre sous les empereurs romains. Sénèque a dit quelque part que voir un homme vertueux aux prises avec la fortune est un spectacle digne d'admiration. Que sera-ce donc que le spectacle de cette foule qui, pendant une longue suite d'années, brava les périls pour sa croyance ? Devant un pouvoir qui n'est pas avare du sang des hommes, il se trouve souvent des hommes qui ne sont pas avares de leur propre sang, et c'est là un des grands côtés de l'humanité. Je ne voudrais pas pourtant aggraver outre mesure la réprobation infligée aux empereurs chefs du paganisme. Le paganisme ne fit alors que ce que fit plus tard le catholicisme, devenu le maître et soucieux de maintenir l'unité de la foi, dont la dissolution prématurée aurait été (la théorie autorise à le déclarer) un grand malheur social. Qui ne frémit cependant du prix quand on voit, tout le long du moyen âge, reluire les bûchers qui consument les hérétiques ? La politique impériale, quels que fussent les empereurs, fut hostile à la nouvelle religion ; mais la nouvelle religion n'avait pas besoin de leur appui, bravait leur hostilité, et se développait par des influences inaccessibles à leur pouvoir. C'était la société qui décidait, indépendamment de l'État et en dépit de lui, quelle serait sa religion.

Ce fut elle aussi qui décida quelle serait son organisation temporelle. Ni Auguste, ni Trajan, ni même Constantin, déjà plus rapproché de la solution, ne soupçonnèrent ce qui devait arriver de l'autorité impériale. Pourtant Dioclétien avait senti que le faix devenait trop lourd pour un seul, et il partagea l'empire entre quatre empereurs ; plus tard, il y en eut régulièrement deux, l'un pour l'Occident, l'autre pour l'Orient ; plus tard encore, les rois barbares se substituèrent et achevèrent le démembrement. Tous ces pouvoirs luttèrent tant qu'ils purent pour conserver leur unité ; puis ils allèrent s'affaiblissant sans cesse et finirent par ne plus conserver que la suzeraineté, atténuation extrême à laquelle on pût descendre sans rompre les derniers liens qui rattachaient les seigneuries aux chefs issus du grand empire de Charlemagne. Quelque opinion qu'on se fasse sur cette dissolution progressive et cette recomposition parallèle, il est certain qu'il n'y eut d'actif que des conditions dont chacune dépendait de la précédente, mais qui, dans leur totalité, représentaient une force impersonnelle et victorieuse de toutes les influences personnelles. Ce mode de développement mérite toute l'attention de l'historien. La féodalité ne vint pas importée par les Germains, qui ne l'avaient pas chez eux ; elle fut préparée par la concentration de la propriété sous l'empire, concentration qui d'ailleurs se fortifiait par la *clientèle*, usitée chez les Romains, et peut-être par la tradition du *clan* gaulois. La féodalité ne fut pas le produit d'une série de souverains travaillant à l'établir, comme plus tard une série de souverains travailla à la ruiner et à la supplanter. Les souverains la méconnurent dans son origine et s'efforcèrent de lui résister quand elle apparut ; mais ce fut en vain. Là est sa justification, car, comme dit Schiller, l'histoire du monde est le jugement du monde. Je ne craindrai pas d'en comparer la formation à la formation des langues romanes. Comme ces langues, elle émana du fonds latin, qui lui donna une forte tradition ; comme ces langues, elle eut sa part de nouveauté, de rajeunissement et de vie, que personne certes ne lui refusera, si on la compare à la décrépitude de l'empire romain.

Cependant beaucoup sont disposés à penser que le moyen

âge est une époque tout au moins inutile, et que, seules, des contingences fortuites ont empêché ce qu'on appelle la renaissance de se souder directement à l'antiquité classique sans l'intermédiaire d'un âge de barbarie. Dans cette manière de voir, aucune interruption n'aurait coupé la tradition entre l'âge ancien et l'âge moderne; les grands modèles latins, qui à la vérité ne cessèrent jamais d'être lus, auraient exercé leur influence sur les lettres; les grands modèles grecs, qui furent complétement oubliés, auraient vivifié l'esprit occidental. Et, comme le christianisme était établi dès la fin de l'empire, la pensée, qui est le tout de la civilisation, aurait cheminé directement sans ce long et fastidieux détour qu'on nomme le moyen âge. Je n'ai point atténué les dires de ceux qui, épris tout à la fois et à juste titre de la culture classique et de la culture moderne, n'ont que mépris pour un temps héritier de l'un, préparateur de l'autre, et pourtant étranger aux deux. A mon tour, je ne veux pas, défenseur d'un optimisme qui n'est point dans les théories positives soit du monde organique, soit des êtres vivants, soit de l'histoire, je ne veux pas, dis-je, soutenir que l'avénement du moyen âge se soit effectué de la façon la plus favorable à l'évolution normale. Il faudrait pour cela admettre une nature autrement constituée qu'elle ne l'est effectivement. La perturbation, quelquefois très-grande, est une complication, on peut dire inévitable, de tout développement historique, et ici l'invasion des barbares compliqua grandement la crise sociale, en aggrava les maux et en retarda les bienfaits. En effet, la crise sociale était déclarée avant cette invasion : déjà elle s'était accomplie dans l'ordre spirituel par le christianisme; elle se montrait dans tout le reste par la dissolution politique, par la mort graduelle de la pensée antique, par l'affaiblissement de toute littérature, par la corruption de la langue, par le tarissement de la science, par la langueur des beaux-arts. Je n'ajouterai qu'un mot pour caractériser ce qui se passa durant le moyen âge : au moment où il commença, l'esclavage était régnant; au moment où il finit, l'esclavage n'existait plus, et le servage lui-même touchait à sa fin. Maintenant, qu'on fasse le juste rapport des connexions sociales, et qu'on se représente dans son ensemble l'élaboration qui avait produit un pareil résultat.

Pour conclure, quand la République romaine, héritière de cette grande action militaire qui avait paru un moment devoir appartenir aux Hellènes, eut par la conquête constitué l'Occident en un corps social, création dont on ne peut assez admirer la grandeur et l'importance, l'empire, qui succéda, n'eut qu'une fonction, celle de maintenir un certain ordre dans le monde romain. Cette tâche, il s'en acquitta, mais il ne la dépassa jamais. Il ne joua qu'un rôle passif dans la palingénésie spirituelle et temporelle. La toute-puissance des Césars n'était qu'apparente, ou plutôt n'était qu'individuelle. Ceux d'entre eux qui aimèrent le luxe, la table, les femmes, les spectacles, le sang, purent se livrer sans obstacle à leurs goûts, et ils étonnent aujourd'hui la postérité par la violence de leurs caprices et la servilité de leurs sujets. Ceux qui eurent le sentiment de leur responsabilité, Vespasien, Trajan, Septime-Sévère, Dioclétien et d'autres encore, se plaignaient que le temps manquât à l'urgence de la besogne, l'efficacité à leurs efforts et la réussite à leur gouvernement. C'est qu'en effet, sans qu'ils s'en aperçussent, tout échappait sous leurs mains. Des forces dont ils n'avaient ni la connaissance ni la direction leur dérobaient pièce à pièce cet empire qu'ils étreignaient sans pouvoir le retenir.

L'inscience de l'État quant à l'avenir est le nœud de cette période importante à étudier; car on y voit, comme dans une expérience instituée pour notre instruction, la force d'évolution isolée de l'État, et l'État isolé de la force d'évolution.

IV

Féodalité.

Je suis favorable à la féodalité, et pourtant, quand elle tourne vers son déclin, je ne suis pas moins favorable à ceux qui hâtent sa chute. Y a-t-il contradiction? En aucune façon. Cela veut dire que, me plaçant au point de vue relatif, qui est le point de vue historique, je n'ai pas dans l'esprit de type absolu de gouvernement sur lequel je jugerais ceux de tous les temps et de tous les pays, et que, quant à la féodalité, fleurir et puis déchoir a été dans sa juste destinée.

Autre est le jugement de M. Dupont-White. Il ne voit dans la féodalité que le triomphe de l'individualisme sans frein et sans responsabilité. « Il y a, dit-il, des lois dont l'origine est purement privée : ce sont les lois féodales, car le principe des fiefs n'est que celui de la propriété, plus une hiérarchie convenue de propriétaires. Cette société n'était qu'un contrat, et ce contrat n'avait pas de juges, pas d'arbitres. Qu'y a-t-il là de politique? Il reste à savoir, et ce n'est pas une question vraiment, si ces lois sont un monument de droit et de raison ou un expédient de barbares meilleur que l'anarchie, et rien de plus. La féodalité! voilà le chef-d'œuvre de l'individualisme. Et cela, pour le dire en passant, ne laisse pas que d'être une réponse à l'objection qui tient tout socialisme pour rétrograde, pour renouvelé de Minos et de Lycurgue. En fait d'ancêtres, il en est peu qui ne vaillent le moyen âge.» Ailleurs il déclare la féodalité le pire des maux, et, expliquant sa pensée, il ajoute : « Il y eut une époque où l'État n'existait pas en France, c'était l'époque féodale; mais alors il n'y avait ni chose publique ni sens moral. Tout était privé et conventionnel : entre nobles, un contrat, une fédération hiérarchique; de nobles à vilains, le droit de propriété; — en fait de sens moral, transaction sur crimes permise : elle ne fut défendue que par l'ordonnance de l'an 1350. »

Dire qu'alors il n'y avait pas d'Etat me paraît provenir d'une confusion. On applique au régime féodal l'idée de l'Etat tel qu'il est dans notre temps, et certainement, ainsi entendu, l'État n'existait pas alors. Rien n'était centralisé. Le roi de France ne gouvernait de son royaume que ce qu'il possédait comme domaine ; le reste, il le tenait à titre de suzerain, non de souverain ; sa souveraineté expirait aux limites de la Normandie, de l'Anjou, de la Champagne et des autres grands fiefs. Cependant, si l'Etat central n'existait pas, l'Etat particulier existait. C'est dans les fiefs qu'était passé le gouvernement. Ne dites donc pas : Il n'y avait pas d'État pendant le régime féodal ; dites : Il y avait une multitude d'Etats qui se régissaient par des institutions très-semblables les unes aux autres, et qui avaient pour seul lien commun un pouvoir suzerain placé au-dessus d'eux. Ainsi la Grèce était formée de petits Etats régis par des institutions similaires et associés par l'amphictyonie. Je ne veux point comparer le régime républicain de la Grèce au régime féodal, ni l'amphictyonie à la suzeraineté ; je veux seulement faire comprendre comment il faut considérer les fiefs et où il faut chercher l'État.

Je ne prétends ni faire l'apologie systématique du régime féodal, ni en dissimuler les tristes côtés ; je rappellerai seulement quelques faits considérables qui fixeront les idées et le jugement. La fonction de l'État est, n'est-ce pas ? de gouverner, c'est-à-dire de gérer les affaires communes, de permettre à l'agriculture, à l'industrie, au commerce de s'exercer, d'élever ou de laisser élever les monuments et les ouvrages d'utilité publique, de combattre au besoin contre l'ennemi extérieur et de diriger de grandes expéditions, d'assurer l'éducation par lui-même ou par l'intermédiaire des corporations qui en sont chargées... Eh bien ! tout cela n'a-t-il pas été fait sous le régime féodal ? L'agriculture, le commerce et l'industrie ont fleuri dans la mesure que comportait l'état du monde. Les églises, les châteaux, les abbayes ont couvert le sol ; les vieilles villes se sont conservées, ou, quand elles ont fait défaut, d'autres se sont élevées ; l'Allemagne, qui n'en avait pas une, montra bientôt, en place de ses vastes forêts, des murailles, des tours et des clochers ; les routes et les ponts furent entretenus ou construits. On combattit les Huns, les Hongrois, les païens du Nord, les Slaves, les Musulmans, on organisa même les gigantesques expéditions des croisades ; auprès des cathédrales s'éleva partout l'école, et bientôt de là sortirent les universités. Pourquoi refuserais-je le nom d'État là où les fonctions essentielles de l'État sont remplies ?

Entrons un peu plus avant. Sur l'Europe féodale plane une autorité centrale qui est la papauté ; elle intervient par ses légats entre les princes qui guerroient, entre les seigneurs qui violent la morale religieuse. Des conciles de toute la chrétienté s'assemblent ; on s'occupe de la discipline, des cas difficiles de juridiction ecclésiastique, du règlement des mœurs ; en un mot, tout l'ordre spirituel dans ses rapports avec la société passe par la discussion de ces assemblées. Bien aveuglé par les préjugés serait celui qui ne reconnaîtrait pas la grandeur et la nouveauté de ces délibérations. Des congrégations religieuses qui avaient des maisons sur la face entière de l'Europe et même en Asie convoquaient parfois, au sein de l'abbaye centrale, les représentants de tous ces couvents, et délibéraient sur la conduite de communautés qui embrassaient tant de pays et tant d'intérêts matériels et moraux. L'autorité religieuse ainsi constituée, cruelle et impitoyable pour l'hérésie, n'en exerçait pas moins la salutaire influence qui appartient à une doctrine uniquement occupée de l'ordre spirituel et chargée d'en rappeler les devoirs à chacun. Pendant ce temps, dans l'ordre temporel, le servage se substituait complétement à l'esclavage, et se consolidait tellement qu'il allait prochainement devenir le point de départ d'une nouvelle évolution. C'est dans ce milieu que se formèrent les deux types caractéristiques du moyen âge : le chevalier, qui sent naître en lui les sentiments du dévouement aux faibles et de l'honneur raffiné, et la dame, pour qui la poésie idéalise l'amour.

Il est encore un autre moyen d'apprécier un régime, c'est de considérer de qui il est fils et de qui il est père.

Le régime féodal est le fils du régime romain. A la vérité on dira que c'est un fils dégénéré, également abâtardi par la corruption spontanée de l'empire et par l'immixtion des barbares. Je ne nie point ces deux causes d'abâtardissement, elles furent réelles et puissantes ; mais n'y eut-il pas aussi des causes d'ennoblissement et d'amélioration qui les rachetèrent, et au-delà ? Soyez sûrs d'abord qu'il ne faut pas compter pour peu d'avoir dans ses ancêtres historiques Rome maîtresse du monde et élève de la Grèce. Bon sang ne peut mentir complétement. Pour le montrer, je ne citerai qu'un fait familier à tout le monde, celui des langues néo-latines. Il est certain qu'au moment où l'empire romain s'écroula et où les barbares y établirent leurs dominations diverses, le latin se corrompit profondément. Le moindre coup d'œil sur les textes de ces temps-là, sur les manuscrits, sur les actes, révèle la barbarie qui déforme cette belle langue. Tout s'altère : les conjugaisons ne sont plus respectées ; les cas sont employés les uns pour les autres, et les règles essentielles de la syntaxe ont péri. C'est là une part certaine, incontestable de corruption qui correspond à tout ce qui dégénéra dans l'ordre politique. Mais attendez un peu, ne jugez point avec précipitation, ou plutôt tenez-vous pour assuré que le noble langage latin, qui se décompose et se détruit, ne donnera naissance à rien qui soit indigne de lui. En effet de cette confusion en partie réelle, en partie apparente, sortirent quatre beaux et puissants rejetons : l'italien, l'espagnol, le provençal et le français. Qui peut contester à une pareille descendance et le sang paternel, et la beauté innée, et la beauté acquise ?

Dans une série d'études qui ont eu pour objet les langues néo-latines, et en particulier le vieux français ou langue d'oïl, non-seulement j'ai essayé de faire voir combien il y eut de création quand les nations latines transformèrent un idiome qui finissait en des idiomes qui naissaient, mais encore j'ai expressément rattaché cette œuvre de rénovation à la rénovation sociale, soutenant qu'on avait, là, écrite dans l'histoire de la langue, l'histoire exacte du déchet et du profit, de la corruption et de la régénération, de la décadence et de la renaissance, de la barbarie et de la culture, lors de la grande transition. La langue, la grammaire, la syntaxe, la versification sortirent de ce chaos vivantes, actives et aptes à la pensée moderne. Ne doutez pas que les opinions et les mœurs, les institutions et la politique n'aient eu même fortune. Philosophiquement examinées, les langues néo-latines, dans leur caractère mixte de décomposition et de recomposition, fournissent la notation la plus précise du double mouvement qui produisit le régime féodal.

C'est ici qu'il faut considérer de qui le régime féodal fut le père. Ce régime n'eut pas une durée extrêmement longue ; dès le xiv° siècle, il était en dissolution. Et comme nulle invasion ne le troubla et n'y jeta dès éléments étrangers auxquels on pourrait attribuer la dissolution, elle provient, cela est évident, de la nature même du régime et des tendances qui y étaient inhérentes. Néanmoins, pour qu'un pareil phénomène de transformation se produise, pour qu'un ordre nouveau sorte d'un ordre ancien, il faut qu'une élaboration progressive des opinions et des mœurs ait prévalu, rendant impossible l'ordre ancien et réclamant l'ordre nouveau. Telle fut en effet la marche des choses. Loin que le régime féodal eût été une époque ingrate et stérile, sans mouvement intérieur, oppressive pour la société et livrée à la barbarie, aux ténèbres et à l'immobilité, rien ne fut plus vif et plus caractérisé que la manifestation des forces, des tendances, des besoins, des aspirations qui s'étaient préparées. Le servage tomba de toutes parts ; les communes se rachetèrent et s'affranchirent ; les universités devinrent des centres d'activité intellectuelle et de puissance ; les schismes éclatèrent, le pouvoir spirituel déclina, le pouvoir temporel grandit, double annonce des grandes mutations d'un âge suivant ; les assemblées d'États intervinrent, et le gouvernement représentatif commença. Le travail industriel prit un développement qu'il n'avait jamais encore eu, et jeta les bases de l'existence moderne. A la fin du xiii° siècle, la population était nombreuse et riche, l'agriculture productive ; et ce progrès matériel était en rapport avec les autres progrès. La poudre à canon intervint dans les batailles, et indiqua, dans les affaires du monde, le rôle des sciences, qui déjà frappaient à la porte et préludaient aux grands travaux et aux grandes découvertes. Voilà ce dont le régime féodal fut le père ; et entre l'âge romain, dont il provient, et l'âge moderne, qui provient de lui, il est impossible de ne pas lui assigner les facultés qui lui font recevoir d'une main et transmettre de l'autre l'héritage social.

Le régime féodal n'est point le triomphe de l'individu et de l'individualisme. Je dirai même que c'est une avance vers ce développement que M. Dupont-White attribue à l'État. Il fallait, passant de l'antiquité à un autre âge, changer le but de l'activité sociale, lequel était la guerre et la conquête, et lui indiquer le but industriel, lequel, plus tard, devait prévaloir. Ce grave renversement fut préparé par la féodalité, dont le régime mena à bien les grandes et puissantes cités industrielles. Jamais les métiers n'avaient joué pareil rôle dans le monde. Maintenant joignez une religion de qui le devoir fut d'enseigner régulièrement une morale commune à tous, et vous avez l'histoire du moyen âge aussi bien dans ce qui la détermine que dans ce qui lui assigne un caractère progressif.

V.

Les Sciences.

Il me semble que d'ordinaire le rapport des sciences avec l'histoire n'est pas apprécié comme il doit l'être, et que M. Dupont-White, à cet égard, ne se tire pas de l'opinion commune. Ce qui me porte à juger ainsi, ce sont les passages que je vais citer : « Je ne connais pas, dit-il, de civilisation fondée sur la géométrie et la chimie. Ce n'est point par les sciences que le monde marche. Est-ce que la Chine a fait un pas en avant pour avoir découvert la boussole, l'imprimerie, la poudre à canon? Les sociétés n'avancent que si elles ont un but qui les attire, en s'adressant à l'homme tout entier, et ce but, cet idéal, c'est l'esprit seul qui le découvre, dans la pleine liberté de ses jugements sur l'ensemble des intérêts humains. La science, elle, n'avise et ne pourvoit qu'au bien matériel des sociétés, ce qui est une partie seulement de leurs progrès ; elle est muette sur le bien et le beau. Jamais les sciences, avec ce qu'elles comportent de vérités démontrées, ne vaudront pour l'esprit humain ces chimères, si l'on veut, qui s'appellent philosophie, religion, politique. Une société s'élève plus à la poursuite de ces abstractions, à ces assauts de l'infini, qu'à la découverte de la gravitation et de l'électricité. Ce qu'elle entrevoit à cette hauteur est d'une telle nécessité pour les âmes, d'un tel fondement pour les droits, que le simple aperçu en est supérieur à ce qui se palpe, à ce qui se démontre dans l'ordre scientifique : ce n'est pas la certitude, mais c'est la vie. »

On ne me saura certainement pas mauvais gré d'avoir cité ce passage, qui est écrit d'abondance et de verve. J'y aperçois un sentiment qui me touche et que je partage ; mais je crois y apercevoir aussi de graves imperfections. Dire que la science n'avise et ne pourvoit qu'au bien matériel des sociétés, c'est confondre la science abstraite avec l'application qui s'en fait à l'industrie, et supprimer d'un seul trait ce point suprême où elle atteint le vrai et charme les esprits par de pures splendeurs indépendantes de tout service d'utilité industrielle. J'approuve autant que je puis la phrase de M. Dupont-White où il définit le but et l'idéal des sociétés : une vue sur l'ensemble des intérêts humains. Que sera pourtant cet ensemble des intérêts humains, si l'on en retranche l'immense enchaînement des vérités scientifiques ? Je ne voudrais pas insister sur cet argument, qui n'a besoin que d'être montré. Il faut donc absolument modifier l'une ou l'autre de ces deux propositions : ou admettre que le but social n'est pas relatif à l'ensemble des intérêts humains, ou faire à la science sa juste place. Ce dilemme ne veut pas dire autre chose que ceci : quelle est la part que le développement de la science a eue dans le développement total de l'histoire ? La question n'est point oiseuse ; car bien des gens sont disposés à croire que la science, considérée en soi, est une espèce de superflu sans efficacité, une œuvre de cabinet et de laboratoire, une curiosité de quelques esprits solitaires et amants des choses abstruses, fournissant (cela est maintenant incontesté) des ressources puissantes à l'industrie, mais ne sortant de l'utilité pratique que pour tomber dans la spéculation vide et stérile. S'il fallait par un seul fait montrer qu'il en est tout autrement, je rappellerais les efforts inouïs que font les croyances théologiques pour subordonner ou pour concilier la science, sans réussir ni à l'un ni à l'autre.

Suivant M. Dupont-White, quelques savants (il cite M. Auguste Comte, et me fait aussi l'honneur de me nommer) inclinent à identifier la civilisation avec les sciences naturelles ou exactes. Les sciences exactes sont les mathématiques et leurs dépendances, les sciences naturelles embrassent la connaissance des êtres organisés, et identifier avec ces sciences la civilisation, c'est supposer que le développement des unes est la condition du développement de l'autre. Il ne reste d'ailleurs aucun doute sur le sens, si l'on se rappelle que M. Dupont-White déclare ne connaître aucune civilisation fondée sur la géométrie ou la chimie. Pour ma part, je déclare comme lui n'en pas connaître, non plus que de fondées sur la botanique, la zoologie et l'histoire naturelle. Il faut donc que M. Auguste Comte ait voulu dire tout autre chose. M. Dupont-White est un homme aussi éclairé que désireux de rendre justice à la pensée d'autrui, même quand il la combat ; mais une opinion vulgaire a travesti de cette façon la conception de la philosophie positive et s'est imposée à un excellent esprit.

Écartons la méprise. C'est de cela uniquement qu'il s'agit, et non de faire une exposition ou une démonstration. La philosophie positive n'identifie pas la civilisation avec les sciences exactes ou naturelles ; elle ne la fonde pas sur la géométrie ou la chimie, elle ne prétend pas qu'aucune de ces sciences en donne la clé ou en soit la cause. Suivant elle, l'évolution des sociétés, ou civilisation, ou histoire, est soumise à une loi qui en détermine la direction et le progrès. Si vous niez ceci, vous admettez nécessairement l'une ou l'autre de ces deux hypothèses, suivant l'ordre de croyance auquel vous appartenez : si vos croyances sont théologiques, vous pensez que la Providence, par son intervention perpétuelle ou accidentelle, en produit le mouvement ; si vos croyances ne sont pas théologiques, vous pensez que le hasard seul en est l'agent, ou du moins qu'il n'y a rien à savoir sur un phénomène où la complexité dérobe toute connaissance de la loi. Notez bien ceci pourtant : si vous repoussez (ce qui arrive à beaucoup d'esprits de ce temps) l'intervention de la Providence, comme vous la repoussez de la chute de la foudre; si, considérant avec attention l'enchaînement des causes et des effets, vous pressentez que ce qui se passe dans l'histoire a sa raison d'être dans les conditions de l'histoire, alors vous appartenez à la conception de la philosophie positive ; vous pouvez l'interpréter tout autrement qu'elle ne fait : peu importe, un principe commun à vous et à elle est gagné. Le temps se chargera de produire et de tirer les conséquences.

Ce qui certainement a donné lieu à la méprise, c'est que M. Comte, dans son grand ouvrage, commence par exposer les théories générales de la mathématique, puis celles de l'astronomie, et ainsi de suite. On a pensé qu'il suffisait de cette seule indication pour comprendre le plan du livre et juger du but auquel il tendait ; on a conclu que, son début étant les sciences exactes ou naturelles, et son terme la doctrine de la civilisation, il fondait, pour me servir de l'expression de M. Dupont-White, la civilisation sur la géométrie et la chimie. Jamais conclusion ne fut plus précipitée et plus mal informée. Voici le sens très-simple et j'ajoute très-juste de cette hiérarchie : l'évolution historique est un phénomène qui se passe dans les sociétés par la réaction de leurs éléments les uns sur les autres ; quelle qu'elle soit, pour l'étudier avec fruit, il faut connaître l'homme individuel, l'ensemble des être organisés auquel l'homme appartient, les forces chimiques par qui tout se compose et se décompose, les forces physiques, la terre support commun, le système solaire ou monde auquel nous appartenons, et enfin ce qu'il est possible de savoir de l'univers, où notre monde ne paraît plus que la réunion de quelques atomes. Toute étude sociologique est mal engagée qui ne procède pas ainsi. La philosophie positive ne dit pas : Étudiez les sciences exactes et naturelles, afin d'apprendre comment elles font la civilisation. Elle dit : « Étudiez les sciences, afin de connaître les conditions inférieures qui supportent la civilisation ; sans ces conditions, tout est aussi impossible logiquement que matériellement. »

Maintenant que, munis de la sorte, nous ne sommes plus exposés à mettre la civilisation dans un milieu fictif et hors de ce qui la détermine, nous pouvons chercher la loi qui y préside. Et, bien loin de rencontrer dans cette recherche les sciences exactes ou naturelles, nous sommes dès lors dans un domaine où elles n'interviennent point, parce qu'il les dépasse. Il n'y est question ni de géométrie, ni de chimie, ni même de biologie; car les théorèmes géométriques, les affinités chimiques et les propriétés des êtres vivants ne sont pas les propriétés en vertu desquelles les sociétés parcourent leurs phases successives. Aussi rencontre-t-on ce que M. Dupont-White disait expulsé, *ces chimères qui s'appellent philosophie, religion, politique*. On les voit changer d'âge en âge, selon l'ensemble de la civilisation; elles changeront encore, n'ayant rien d'absolu, quel que soit le préjugé contraire, et s'accommodant à la croissance de l'humanité.

En résumé, et sans que je veuille entrer aucunement dans une exposition complète, deux points sont proposés : le premier point, c'est que l'histoire est un développement régulier dû aux forces intimes de la société, qui est sujette à l'évolution historique comme un être vivant est sujet à l'évolution vitale, sans que rien soit soustrait à la cause naturelle qui y préside, sans que rien soit abandonné au hasard ou au miracle. Le second point, c'est que, cette évolution étant un phénomène particulier, puisqu'elle est bornée à l'espèce humaine, et se passant dans un milieu qui en est une indispensable condition, on ne peut omettre de s'instruire dans les phénomènes plus généraux qui l'embrassent, et d'approfondir le milieu qui la soutient. Voilà les deux propositions sur lesquelles doit porter le débat, si l'on veut qu'il aboutisse. Imputer à la philosophie positive d'identifier la civilisation avec les sciences exactes ou naturelles, c'est non pas se donner trop beau jeu contre elle, mais au contraire c'est lui donner trop beau jeu contre vous; car qu'a-t-elle à craindre de coups qui ne sont dirigés que contre une ombre vaine? Mais elle sent trop bien la gravité des questions engagées pour se prévaloir d'attaques illusoires qui, d'ailleurs, ne cesseront de l'être que quand nul ne pourra plus se méprendre sur le fond du débat. Aussi je pense n'avoir pas écrit inutilement ces lignes dans lesquelles j'explique où l'on trouvera l'adversaire que l'on cherche.

Laissons maintenant l'histoire en soi telle que la conçoit

l'école positive, et terminons par quelques mots sur le rôle historique des sciences. « Si quelque chose, dit M. Dupont-White, a fait l'éducation du genre humain, ce n'est pas la pensée mathématique ou chimique, mais la pensée religieuse et philosophique. » Puis, posant que c'est par la contemplation de lui-même que l'homme a commencé à réfléchir, il ajoute : « Le souci du monde extérieur, entendons-nous, le souci scientifique ne vint qu'ensuite. » La remarque est juste, profonde, et d'un esprit habitué à ces hautes questions ; mais pense-t-il que cet ordre qu'il signale lui-même est fortuit ? pense-t-il que ce n'est pas une hiérarchie prescrite par la nature des choses et de l'humanité ? pense-t-il que l'homme pouvait commencer indifféremment par la religion ou par la science, par la contemplation de lui-même ou par le souci scientifique du monde extérieur ? Ces deux grandes créations ne sont aucunement contemporaines. Depuis longtemps les religions étaient fondées et intervenaient dans les rapports moraux des hommes, depuis longtemps la métaphysique, qui émane nécessairement des religions, avait débattu les problèmes absolus, que la science en était encore à ses plus simples rudiments. Mais elle grandit lentement et peu à peu ; car son œuvre, à elle, n'a rien de spontané et qui soit fourni immédiatement par l'âme humaine, jetant son premier coup d'œil sur l'ensemble des choses : elle a tout à créer, observations, méthodes et théories. Quand enfin elle a pris stabilité, consistance, prévision, puissance, alors son rôle commence, et il ne tarde pas à devenir très-sérieux, non pas seulement dans les applications qu'elle procure, mais dans l'ordre intellectuel et, par lui, dans l'ordre moral. Elle aussi donne l'assaut à l'infini, mais à sa manière ; elle met l'homme et la terre de l'homme à sa place dans l'abîme illimité de l'univers. Au lieu d'un monde inconnu et où l'imagination ne créait que de puériles merveilles, elle nous montre un monde soumis à l'éternelle régularité de lois immuables ; puis, par un privilége inattendu, elle satisfait la passion de l'homme pour les prodiges, je veux dire sa passion de commander à la nature, et elle y satisfait de la manière la plus élevée, je veux dire en illuminant son intelligence. Au lieu de ces appuis imaginaires que l'homme s'était créés et qui le laissaient chétif et cruel dans un milieu inclément, elle lui donne pour appuis ces mêmes lois qui, connues dans leurs conditions, l'adoucissent en adoucissant pour lui le monde. Pensera-t-on que cet ensemble est sans efficacité sur l'état progressif des sociétés ? Les sciences influent sur les grandes choses, religion, philosophie, politique ; elles sont évidemment un couronnement : les civilisations qui ne l'ont pas restent dans l'enfance, celles où il s'arrête s'arrêtent. Aussi apparaissent-elles tardivement ; tout commence sans elles, rien sans elles ne s'achève.

VI

Conclusions

Ce n'est pas à l'effet d'infirmer le principe du livre de M. Dupont-White que j'ai revendiqué pour le régime féodal le titre de gouvernement ; je le revendique également, ce titre, pour les monarchies orientales, l'Assyrie, la Perse, l'Égypte, dont la civilisation a précédé et éclairé celle des Grecs ; je le revendiquerais même pour les pauvres et les chétives associations, barbares ou sauvages, qui occupent l'Afrique, l'Australie et l'Amérique. Une telle filiation ininterrompue est en soi un grave argument qui corrobore singulièrement tous les autres. On peut, il est vrai, ne considérer l'État que dans une époque ou un pays ; mais il est bon d'avoir toujours devant les yeux la totalité de ce grand fait historique en vertu duquel toute société a un gouvernement. Les imperfections et les vices de ces gouvernements, ou, pour m'exprimer d'une façon plus philosophique, leur corrélation avec le milieu social où ils sont nés ne doit pas masquer la nature fondamentale des choses. En histoire, aucune théorie n'est bonne qui rompt le fil de la continuité et de la tradition ; il importe de toujours montrer que ce qu'on propose est un développement de ce qui fut. Dans l'infinie complexité, la pensée n'a pas d'autre boussole. Sans ce guide, on tombe dans les conceptions arbitraires, dans les utopies, soit qu'elles rêvent un avenir en dehors des données historiques, soit qu'elles aspirent à un passé qui ne peut revenir. Pour ceux qui traitent scientifiquement l'histoire, la tâche est maintenant de tracer les voies et moyens par où chaque présent a procédé de chaque passé. C'est, sous une autre forme, le programme du véritable et grand travail de la génération actuelle : étant admis que la civilisation est une évolution naturelle des sociétés, démontrer, dans les divers cas particuliers, comment s'est faite cette évolution.

J'ai certainement, en raisonnant ainsi du passé et en essayant d'y porter quelque système, soulevé bien des objections dans l'esprit des lecteurs. Moi-même, ce n'est qu'avec un labeur extrême que je suis parvenu à coordonner mes idées et à les présenter d'une manière qui s'enchaînât. Que sera-ce si j'entreprends de jeter un regard sur l'avenir? Pourtant il faut que j'en dise un mot, et ce ne sera qu'un mot vraiment. M. Dupont-White n'en a point parlé, et c'est à mes risques et périls que je l'entraîne sur ce terrain. Il y a pensé cependant, ainsi que cela devait être, et voici comme je me représente son idée : l'État est devenu assez puissant d'une part, de l'autre assez dégagé des impulsions sectaires, pour assurer à la pensée un libre développement que l'autorité théologique est toujours tentée d'arrêter; parallèlement, l'autorité théologique, bien que dépouillée de cette surintendance des âmes, garde une part considérable de l'administration intellectuelle et morale. Ainsi balancés, les deux pouvoirs exercent leur grande fonction, et la société moderne chemine dans le progrès qui lui est ouvert. Voilà l'aperçu. Et tout d'abord une grave objection se présente : les deux pouvoirs ne sont pas, il s'en faut, dans une condition égale. L'un, le pouvoir temporel, se trouve susceptible de développement, il va croissant, ses lumières s'étendent, il se charge de choses constamment plus importantes et plus élevées ; en un mot, il suit le mouvement ascensionnel de la société. L'autre, le pouvoir spirituel, n'a pas la même extensibilité : lié à des doctrines immuables, il ne peut s'accommoder à la mutation nécessaire des choses sociales, et de ce côté il est dans une infériorité fâcheuse en regard du pouvoir temporel. Des scissions pleines de trouble ne seront-elles pas au bout d'un rapport si mal concerté? Mais pourquoi mettre au futur ce qui est déjà pleinement effectué? Cette condition où le pouvoir temporel croît sans que croisse le pouvoir spirituel n'est pas autre que la grande révolution européenne qui a commencé longtemps avant nous et au milieu de laquelle nous nous mouvons. Peu d'esprits, même parmi les plus distingués, s'élèvent au-dessus; l'imagination publique est toute dominée et régie par de longues et puissantes impressions; elle se complaît surtout à ce qui les lui reproduit le mieux, et le vif succès qu'ont obtenu des livres hardis et incisifs s'explique, je crois, par une correspondance spontanée entre le livre et le public, tous deux imprégnés de la pensée révolutionnaire. Pourtant il faut que les bons esprits s'élèvent au-dessus; ce qui ne peut se faire qu'en méditant sur cette grave situation d'un pouvoir temporel qui se développe et d'un pouvoir spirituel qui demeure stationnaire, et sur les moyens non pas d'arrêter celui-là, mais de donner à celui-ci, par la science, la faculté d'évolution.

La pensée de quelques publicistes, fort éminents d'ailleurs, est que tout ce que la civilisation gagne, l'État le perd. La pensée de M. Dupont-White, absolument contraire, est que tout ce que la civilisation gagne, l'État le gagne. La première est en opposition avec la tradition historique, et conduira, là où elle prendra quelque ascendant, à l'imminence de l'anarchie. L'autre est en pleine conformité avec le passé politique des sociétés, et, en établissant pour mesure de la croissance de l'État la croissance de la civilisation, elle implique par cela même la garantie des intérêts essentiels. Il faut donner un exemple, qui vaudra pour tous, de cette corrélation : je le prends dans ce que je connais le moins mal. La médecine, en raison même de ses progrès, en est venue à passer de la considération de l'individu à la considération de la société, et à créer sous le nom d'hygiène publique un ensemble de notions d'une extrême importance. Chaque jour ajoute à ce domaine. L'air des villes dont il faut maintenir la salubrité; le sous-sol qui s'infecte; les logements, les hôpitaux, les cimetières, les armées en paix et en campagne; les industries insalubres; les ateliers et les ouvriers; le travail des enfants, la sophistication des aliments; les maladies épidémiques et endémiques, le rapport de ces maladies à l'altération des céréales, tel est en bref le champ qui lui est ouvert. Maintenant, en regard, suppose-t-on que l'État a dû, a pu, a voulu rester oisif? Non, sans doute; et lui qui naguère n'avait aucune théorie des mesures hygiéniques, aucune charge de ce côté, aucune fonction de ce genre, s'est investi très-promptement du très-considérable office de faire tourner les acquisitions de la science au profit de ses administrés. Appliquez ceci à tout le reste, et voyez si, à mesure que la civilisation gagne, les fonctions de l'État ne gagnent pas en étendue et en qualité.

C'est aussi une pensée de M. Dupont-White que la liberté de l'individu croit à mesure que les fonctions de l'État croissent et s'élèvent. Elle est certainement ingénieuse, je la crois très-vraie dans son principe; mais elle a besoin d'explications. L'État est une machine puissante dont le fonctionnement n'est pas toujours réglé pour le plus grand bien; le mécanicien peut avoir ses passions, ses erreurs, ses intérêts tout-à-fait en dehors de l'intérêt général, et alors non-seulement l'individu, mais encore la société seront exposés à de sérieux dommages. Ainsi, par exemple, de 1793 à 1801, l'Angleterre se trouva soumise à un gouvernement violent, énergique, armé d'un grand pouvoir, et qui mit toute sa force à étouffer la liberté. Heureusement, pendant qu'il marchait en un sens rétrograde, le peuple anglais, en vertu de son passé et de son présent, marchait en sens inverse et se portait de toutes ses forces vers ce libéralisme à tendances démocratiques qui le caractérise présentement. De la sorte le gouvernement échoua et la société triompha; cependant, si la tentative avait coïncidé avec un affaiblissement de la nation anglaise, nul doute qu'elle n'eût réussi. Ce sont là des éventualités toujours menaçantes. Néanmoins, en prenant le développement dans sa totalité, on peut dire avec M. Dupont-White que ce sont deux accroissements parallèles, celui de l'État et celui de la liberté de l'individu ; ce qui peut se résumer ainsi : plus les affaires de l'État deviennent générales, plus elles deviennent régies par des lois, et dès lors, sous cet abri, la sécurité de l'individu est augmentée. Par cet enchaînement, l'État se fait plus loyal dans ses transactions, plus humain dans sa gestion, plus ordonné dans ses procédés. Il doit son amendement progressif à l'avancement total de la civilisation et à l'influence croissante de l'opinion publique. On le règle et il se règle ; c'est là ce qu'on appelle liberté. M. Dupont-White ne dit pas autrement, et il se range sans hésitation et sans réserve dans le grand parti libéral, qui, malgré des conflits avec les gouvernements, a pris auprès de plus d'un une influence considérable. Le nœud vital de la liberté ainsi entendu est la publicité, la discussion libre, la liberté de la presse. Les formes de gouvernement, quelque importance qu'elles aient, sont moins essentielles. La liberté de discussion est l'aspiration et l'attribut de l'Occident. Quand elle manque, l'homme moderne est amoindri, *deminutus capite*, comme disait le Romain dans son énergique langage.

Ici je pose la plume et je prends congé du livre de M. Dupont-White. Tantôt je me suis joint à lui, et, m'efforçant de m'approprier sa pensée, je l'ai présentée au lecteur sous un autre jour, car quel est l'esprit qui ne donne pas aux pensées d'autrui son reflet ? Tantôt je me suis séparé de lui et j'ai discuté contradictoirement des opinions qui me paraissaient comporter des rectifications. Dans cet assentiment et ce dissentiment, je reconnais à M. Dupont-White, voué entièrement aux œuvres politiques, tout avantage, sauf un seul : c'est que je suis disciple d'une philosophie qui a la prétention de considérer l'histoire d'une façon nouvelle. Une philosophie est intrépide, même dans ses moindres disciples. Une lumière, quelles que soient les mains qui la portent, projette autour d'elle les rayons de sa clarté.

VI

DE
L'INDUSTRIE MODERNE

Par F. Verdeil, Paris, 1861.

[Cet article a paru dans le *Journal des Débats* (20 et 21 mai 1861) ; il a pour objet d'exposer très-sommairement les rapports de l'industrie avec la science et ses rapports avec l'évolution sociale.]

M. Verdeil a divisé son livre en trois parties.

La plus considérable, celle qui fait le corps même de l'ouvrage, est un exposé d'ensemble de tout le domaine industriel. « Il semble, dit-il, que le champ de l'industrie soit en quelque » sorte illimité ; il semble que les spécialités qu'elle comprend » doivent échapper, par leur multiplicité, à une coordination » qui en permette l'étude sous une forme concise et abrégée. » Mais plus un sujet, quelque vaste qu'il soit, a été étudié dans » ses diverses parties, plus il est possible d'en opérer la ré- » duction systématique ; c'est la marche ordinaire des sciences » et leur progrès final. » Guidé de la sorte, M. Verdeil a créé huit chefs sous lesquels il a rangé toutes les industries spéciales. Ces chefs sont : les métaux précieux, les métaux usuels, le fer, les combustibles minéraux, les arts chimiques, les arts textiles, les produits agricoles, les machines, et les moyens de communiquer la pensée. Cela compose un tableau où l'élément technique n'étouffe point sous les détails la généralité instructive, et où l'économie politique, au lieu de procéder par formules abstraites, est continuellement en présence des choses mêmes. C'était là ce que voulait l'auteur : faire toucher au doigt et à la pensée le groupe entier de l'industrie, l'immense solidarité qui y préside et les lois qui en déterminent le maintien et le développement. Après avoir lu, le lecteur studieux embrasse l'ensemble, saisit les rapports nécessaires et s'intéresse lui-même aux conditions permanentes.

Une autre partie est intitulée introduction historique. Il n'est, parmi les choses sociales, rien qui n'ait une histoire, et une histoire fort importante à connaître, si l'on veut sortir du pur empirisme et s'élever par l'intuition du passé à l'intelligence du présent, à la conduite qu'il réclame et à la prévision que l'avenir comporte. Tout ce qui croît par une vitalité intrinsèque (et les différents éléments sociaux croissent ainsi) a nécessairement un passé d'où dépend un avenir. L'industrie est aussi vieille que les sociétés humaines : il a toujours fallu se nourrir, se loger, se vêtir, s'armer. Mais il suffit d'un tel énoncé pour appeler l'esprit sur les nombreuses et profondes modifications qu'elle a subies en satisfaisant à des besoins de plus en plus complexes et exigeants. Depuis les trous de taupe où le législateur des Mexicains instruisait ses sauvages à mettre, au lieu de labour, les grains de maïs jusqu'aux opérations les plus combinées de l'agriculture, depuis les haches en silex des premiers hommes jusqu'à la façon des métaux les plus durs et les plus tranchants, quel immense intervalle de labeur, d'invention et de temps ! Mais aussi tout, dans ce long développement, est connexe du développement total, et rien n'est par soi et pour soi ; c'est une vérité que M. Verdeil n'a eu garde de négliger, et de laquelle son livre emprunte force et clarté.

Enfin une autre partie, sous le nom de considérations générales, examine la portée effective et l'influence sociale de l'industrie telle qu'elle se constitua au milieu des conditions générales du monde qui la détermine et que, pour sa part, elle détermine à son tour. Ces considérations n'ont rien de vague, de frivole ou d'abstrait ; car elles s'appuient à la fois sur l'ensemble actuel de l'industrie et sur son passé. Cela, écartant les utopies qui ne tiennent pas compte des nécessités organiques, et les regrets qui voudraient rendre la vie à ce qui est mort, ne laisse ouvert que la voie de l'expérience et de la science ; voie étroite sans doute, mais la seule qui satisfasse la raison mûrie, et, par elle, permette au cœur de prendre un sérieux intérêt à tant de graves et fécondes questions tirées désormais hors de l'ornière de la routine et hors des rêveries d'un crédule espoir ou d'une fausse science.

L'industrie est ce qui, dans l'économie des nations, crée et façonne les matériaux. Si l'on considère le corps social comme un corps organisé et muni de fonctions à l'aide desquelles il agit et pourvoit, cette comparaison, qui donne tout d'abord une idée approximativement suffisante, montre que l'économie politique embrasse l'ensemble des fonctions qui, dans un être vivant individuel, effectuent la nutrition. Cela suffit pour mettre aussitôt à sa place l'économie politique et à l'encontre de ceux qui la dénigrent et à l'encontre de ceux qui en font le tout de la vie sociale. Il est clair qu'à titre de fonction de nutrition elle occupe la base et joue un rôle indispensable ; si bien qu'il n'y a d'être vivant, et par conséquent d'être social, qu'à la condition que cette nutrition existe et s'exerce. Il est clair aussi que, là où la nutrition ne constitue pas tout l'être, elle devient le piédestal et l'instrument de fonctions supérieures qui sont dans l'organisme individuel les fonctions nerveuses et musculaires, et dans l'organisme social celles qui ont pour but de rendre l'homme meilleur (morale et religion), de cultiver son imagination et d'embellir sa vie (lettres et beaux-arts), et d'éclairer et d'agrandir sa raison (sciences). Il est clair enfin que tout cela forme un engrenage d'actions et de réactions, et que l'économie politique, ou, pour nous en tenir à notre sujet, l'industrie est constamment dépendante, pour ses progrès et son organisation, des trois fonctions énumérées ci-dessus qui en dépendent, à leur tour, pour effectuer leur objet.

L'industrie ancienne, comme l'industrie moderne, ont toujours été dans ce rapport nécessaire avec l'ensemble des choses ; mais, comme l'ensemble des choses s'est notablement modifié, pour, d'ancien, devenir moderne, inévitablement l'industrie a suivi une évolution parallèle.

Telle est la constitution de l'esprit humain, qu'en tout et

toujours il débute par un empirisme qu'inspirent ses instincts et que guide sa raison. C'est de la sorte que l'industrie a commencé ; et, à force de tâtonnements et de longueur de temps, elle parvint dans l'antiquité à de très-grands et très-beaux résultats, dont quelques-uns même sont perdus et oubliés, et dont d'autres font notre admiration sans que nous sachions encore les reproduire. Si l'on remarque que tous les arts industriels supposent l'emploi, soit de constructions géométriques, soit de forces physiques, chimiques ou vitales, on n'éprouvera aucune surprise à reconnaître que les sciences abstraites ont eu pour premiers langes ces arts anciens qui entretenaient la société. Mais alors les sciences abstraites étaient peu développées ; du moins celles qui l'étaient le plus, géométrie et astronomie, n'ont pas le plus d'influence sur l'industrie, qui met surtout à contribution la physique, la chimie, la biologie, alors rudimentaires. Ainsi, dans l'antiquité et dans le moyen âge, l'industrie ne dépouilla jamais le caractère qu'elle tenait de son début, à savoir : procéder par tâtonnements et par cas fortuits.

Ces rapports se renversèrent quand les sciences, à la suite des travaux du dix-septième siècle, du dix-huitième et du dix-neuvième, prenant une profonde connaissance des forces de la nature, conçurent qu'on pouvait les subordonner et en faire autant d'engins travaillant à notre profit. Sans doute, dans l'industrie ancienne, ce sont toujours ces forces qui travaillaient, et qui en définitive produisaient les résultats ; mais elles les produisaient à l'insu de l'industriel, qui ne voyait que le procédé et le résultat. Aujourd'hui on a tiré de son mystère la force qui opérait ; on sait ce qu'elle peut, ce qu'elle embrasse, ce qu'elle repousse ; et, au lieu de tâtonner par les effets, comme on faisait jadis, on tâtonne par les causes, ce qui est infiniment plus décisif, plus sûr et plus productif. A ce point, l'industrie, qui fut nourrice des sciences, leur devient subordonnée. C'est de là qu'elle tire sa grandeur et sa force progressive, désormais liée par un lien étroit à tout le développement de la science. Remarquons en retour, et comme exemple de la réaction des parties entre elles, qu'elle sert puissamment la science, lui fabriquant ces instruments de précision sans lesquels les observations resteraient vagues, mal limitées et inhabiles à entrer dans les combinaisons de l'induction ou de la synthèse.

Pendant que, techniquement, l'industrie passait par ces phases successives, socialement elle ne subissait pas de moindres transformations. Au début, ou, pour parler d'une façon plus précise, dans l'antiquité gréco-romaine, qui est l'antécédent historique du moyen âge, elle est fondée essentiellement sur l'esclavage. Tous les esclaves, à part ceux qui sont attachés au service personnel, sont employés dans les exploitations soit agricoles, soit industrielles. Dans la seconde moitié du moyen âge, le servage, qui avait été une profonde modification de l'esclavage, laisse échapper de son sein les communes affranchies, et l'industrie se groupe en corporations, qui, productives, puisqu'elles n'existaient que pour travailler, avaient privilége et étaient, de la sorte, limitées par elles-mêmes et par autrui dans leur production. Enfin, le régime féodal s'étant définitivement écroulé soit par les réformes, soit par les révolutions, l'industrie est devenue l'agent de la production illimitée en pleine concurrence. Ainsi, suivant les temps, l'ouvrier est esclave, homme de corporation, citoyen de la communauté. Que ces changements sociaux soient parallèles aux changements techniques, c'est ce que l'on comprendra sans peine en réfléchissant aux connexités, et l'on verra que plus de raison et de lumière ne pouvait entrer dans les sociétés sans qu'il y entrât simultanément plus de liberté et de responsabilité morale.

Chaque passage d'une phase sociale à une autre est accompagné de grandes perturbations, de souffrances et de pertes partielles qui ne se réparent pas. Ainsi l'esclave perd la sécurité de sa subsistance, et l'homme de corporation la solidarité de garantie. Mais, quelque réelles que soient ces pertes, elles ne prévalent jamais sur les satisfactions qui proviennent du nouvel ordre de choses; et jamais les hommes ne cherchent à rentrer dans les conditions dont ils se sont affranchis, et ne font pour les reconquérir, ce qui leur serait bien facile, les mêmes efforts qu'ils firent pour les briser.

Un célèbre économiste, M. de Sismondi, tout en reconnaissant que l'industrie moderne était bien plus puissante à produire, a pensé que l'industrie ancienne était meilleure pour l'homme qui en vivait et le mettait à l'abri de ces cruelles souffrances qui visitent si souvent tantôt l'une, tantôt l'autre des classes laborieuses. Il n'y a pas à fermer les yeux sur ces souffrances ; il n'y a pas à dissimuler ce qu'avait de bon le régime ancien, détruit par le développement naturel ; mais il n'y a pas non plus à méconnaître que tout retour vers le passé est impraticable. Les modifications survenues dans la société moderne ont fait à l'ouvrier une position qu'il n'abdiquera jamais. D'ailleurs voici ce qui se passe : les classes ouvrières, par leur nombre, par les lumières qui y pénètrent, par les commotions ou révolutions auxquelles elles se sont associées, sont devenues une puissance effective qui ne peut pas être négligée. En second lieu, les gouvernements, renonçant graduellement à leur empirisme et appelant autour d'eux les conseils de la science, y puisent une clairvoyance et une impartialité qui les subordonnent au soin des intérêts généraux. Enfin l'industrie elle-même prend, dans son organisation moderne, un caractère d'utilité générale qui est d'augmenter sans cesse l'abondance et le bon marché. Si les objets de première nécessité affluent et baissent de prix, si les salaires, loin de décroître, tendent à monter, si les gouvernements interviennent dans le règlement des heures de travail, de l'âge des travailleurs et des conditions de salubrité, si l'éducation devient accessible, on reconnaîtra que l'industrie moderne n'a point failli, et qu'en rendant tout plus abondant pour la société totale, elle fait simultanément aux classes ouvrières une position dépassant celle qu'elles avaient dans le régime antérieur ou des corporations. Qu'il en doive être ainsi et qu'il commence à en être réellement ainsi, c'est ce que montre l'exemple de l'Angleterre, où le développement naturel des choses industrielles est nécessairement plus avancé que partout ailleurs. Il faut voir dans l'ouvrage les détails et les preuves. M. Verdeil s'en appuie ; il en corrobore son raisonnement, il en vivifie son tableau ; heureux de constater, malgré des anomalies et des restrictions, cette importante conclusion : que ce qui fait une abondance pour tout le monde fait aussi une abondance pour les classes ouvrières.

VII

THÉORIE

DE

L'HOMME INTELLECTUEL ET MORAL

Par S.-Ch.-Henri Cros, 2 vol. in-8°, 4° édition.

[J'ai parlé du livre de M. Cros dans le *Journal des Débats* (21 et 22 avril 1861). Je me suis partout attaché à examiner les idées psychologiques du xviii° siècle, et à discuter la théorie idéaliste. Dans la réimpression que je fais de mon article, j'ai remanié ce qui est relatif à cette théorie ; c'est pour cela que je cite l'ouvrage de M. Bain, qui n'a paru qu'en 1864.]

M. Cros est le disciple de Condillac; il en accepte les principes, il les défend, il les interprète, il les développe, il voit avec regret ce qui s'en écarte, il appelle le moment auquel ils reprendront un ascendant momentanément affaibli. Je n'ai aucun désir de combattre cette admiration inspirée par Condillac ; c'est un esprit éminent, et sa philosophie ne fut pas une des moindres parties de ce siècle si considérable par la philosophie. Je ne puis en effet partager l'opinion de ceux qui accusent cette philosophie d'être superficielle et sans portée ; il n'est guère permis de le dire quand on se représente comment elle emplit tout son siècle, quelle autorité elle se fit dans les esprits, et quels grands événements en naquirent. A qui apprécie les choses par les connexions, cela seul suffirait sans doute pour demeurer persuadé que ce qui eut tant de portée ne dut pas être œuvre de pure superficialité. Indépendamment de cette considération indirecte, il en est une directe qui, à mon sens, tranche la question : toute doctrine s'évalue par sa relation avec ce qui la précède et ce qui la suit ; celle qui reçoit les précédents historiques, sans savoir les adapter aux conséquences qui vont devenir historiques à leur tour, celle-là, quelque apparence qu'on lui donne, est véritablement superficielle, car elle ne touche pas aux racines qui, faisant la tradition, font la végétation et le développement. Au contraire, celle qui tient régulièrement aux deux âges scientifiques en arrière et en avant ; celle qui modifie profondément les principes dans le sens de ce qui se développe ; celle qui commence à éliminer ce qui va être définitivement nié et à ouvrir la porte à ce qui va être pleinement affirmé, celle-là est réelle, puissante, et mérite d'être comptée dans l'esprit humain comme une phase qui a pu sans doute être courte et transitoire. Tel fut le lot de la philosophie du dix-huitième siècle, écourtée parce qu'elle se débarrassait de ce que la déchéance atteignait déjà, transitoire parce qu'elle ne faisait que préparer la voie à de meilleures et plus sûres notions, mais forte et profonde par ses connexions multiples et puissantes avec les développements de l'avenir.

Pourtant, malgré cette déclaration explicite, malgré ma conviction que ceux qui appartinrent à la philosophie du dix-huitième siècle furent dans le grand et vrai courant des idées, je ne puis me ranger à côté de M. Cros et me contenter de philosopher comme firent Condillac et ses amis. La contradiction n'est qu'apparente ; car autre chose est de traiter les doctrines historiquement, autre chose de les traiter dogmatiquement. Au point de vue historique, il suffit qu'une doctrine remplisse la condition positive d'être fille du passé et mère de l'avenir pour que ceux qui la contemplent lui accordent une haute valeur, se disant qu'on aurait été avec elle si on eût vécu alors, ou qu'elle serait avec nous si ses promoteurs apparaissaient dans notre siècle. Mais, au point de vue dogmatique, les questions, par le progrès des méthodes et des découvertes, peuvent s'être tellement agrandies et déplacées, qu'il faille délaisser des œuvres devenues rudimentaires et demander à des principes plus élevés des solutions plus compréhensives. Le cas est tel pour les doctrines du dix-huitième siècle. Présentement, philosopher comme lui, c'est moins le servir que le compromettre en lui ôtant ce qu'il a d'essentiel, à savoir d'être le vivant intermédiaire entre des notions qu'il écarte et des notions qu'il annonce.

L'ouvrage de M. Cros est un tableau succinct, mais fidèle, de cette philosophie; il en a les qualités, précis dans l'enchaînement des idées, clair et lucide dans le langage, recherchant la propriété et l'élégance des termes, écartant les ténèbres de la pensée comme celles de l'expression. Quatre chapitres principaux le composent : le premier est consacré à l'étude de l'homme intellectuel et moral, ce que l'auteur nomme métaphysique, dénomination sur laquelle je ne chicanerai pas, car le point est de s'entendre ; le second traite des idées morales qui, suivant la théorie bien connue, reposent sur l'intérêt individuel, non pas sans doute l'intérêt grossier et immédiat, mais l'intérêt sagement entendu et jugé dans ses plus lointaines conséquences ; le troisième a pour objet les lois universelles du langage, tout l'art de raisonner se réduisant, dans le système Condillac, à une langue bien faite ; enfin le quatrième est un précis raisonné de politique et de législation, où tous les principes des sociétés sont représentés comme dérivant originairement de l'intérêt individuel transformé en intérêt social. C'est bien là une vue très-sommaire sans doute, mais exacte pourtant, de la philosophie du dix-huitième siècle. Son principe est l'étude de l'homme, étude dont elle déduit des applications au gouvernement de l'individu (morale) et de la société (politique). Ce qui la distingue de la philosophie antécédente, c'est que, quel que soit son langage sincère ou dissimulé, elle renonce effectivement aux interventions surnaturelles. Ce qui la distingue de la philosophie subséquente, c'est que, tout en voulant aborder la réalité des choses, elle n'a qu'une fausse méthode qui ne l'y conduit pas.

Il s'agit de montrer qu'il en est ainsi. Au point de vue du dix-huitième siècle, l'étude de l'homme apparaît comme l'origine et le point de départ d'une double recherche, la morale individuelle et l'organisation sociale. Cela est vrai sans doute, mais à la condition que l'étude de l'homme, avant de devenir un point de départ, aura été un aboutissant, c'est-à-dire aura été considérée comme reposant sur le piédestal des sciences antécédentes et plus simples, qui, seules, font concevoir une idée étendue et positive de l'être humain. Or, telle ne fut pas la conception du dix-huitième siècle : il ne l'eut pas, il ne pouvait l'avoir, puisqu'elle ne pouvait apparaître que dans le siècle suivant. Pour lui, il y a deux domaines indépendants l'un de l'autre : le domaine non-seulement du règne inorganique, mais même du règne organique, en tant que comprenant les plantes et les animaux ; puis le domaine qui renferme l'homme et les sociétés, et qu'on peut étudier sans avoir passé par la série des degrés qui le supportent. Or, cela est essentiellement fautif ; toute étude de l'homme est superficielle et arbitraire, qui ne commence pas par reconnaître les racines par lesquelles il plonge dans la nature organique et inorganique. A ce manquement il faut joindre le manquement connexe par lequel l'esprit, se croyant en possession d'une clef de la nature individuelle de l'homme, se crut par cela même en possession d'une clef de la nature collective, ou, en d'autres termes, d'une clef de l'histoire et des sociétés. L'histoire ne peut se déduire, elle ne peut qu'être induite. Il faut l'observer comme un grand phénomène naturel, et alors on reconnaît qu'elle a suivi une marche, organisé des voies et moyens et créé des institutions qu'aucune pensée, partant *à priori* de l'homme individuel, n'eût pu concevoir ni prévoir.

Ces jalons posés servent à montrer la voie et à déterminer la direction de la discussion. Dans la philosophie du dix-huitième siècle, le point culminant de la théorie de l'homme est la célèbre doctrine de la transformation de la sensation. M. Cros l'adopte pleinement, et ces passages-ci, que je lui emprunte, expliquent ce que c'est : « Je considère la sensation
» comme l'origine unique de toute connaissance et de tout
» sentiment humain. » (T. Ier, pag. 15.) « Je traite des con-
» naissances étudiées dans leur nature, leur cause, leur ori-
» gine et leur génération. Je démontre que la sensibilité en-
» veloppe en elle toutes les facultés de l'entendement et de la
» volonté ; car les idées de toute espèce ont leur principe uni-

» que dans les idées sensibles, c'est-à-dire dans la sensa-
» tion. » (*Ib.*, pag. 16.) « Sentir c'est à la fois donner son
» attention, comparer, juger, raisonner, réfléchir, imaginer. »
(*Ib.*, pag. 88.) « J'achèverai d'établir comment toutes les idées,
» sans exception, ne sont, dans leur nature, que nos sensa-
» tions transformées, en montrant dans les idées sensibles le
» principe originaire des idées intellectuelles qui paraissent
» le plus s'en écarter. » (*Ib.*, pag. 247.) « Les idées morales
» ne sont également que les dérivations ou transformations
» des idées sensibles. » (*Ib.*, page 167.) Au point de vue historique, cette doctrine se présente comme suscitée par le besoin de rompre définitivement avec les idées innées qui plaçaient dans l'étude de l'homme un élément surnaturel, et de ce côté le service fut véritablement utile et merveilleusement accueilli par les intelligences que le progrès des connaissances y avait préparées. Au point de vue dogmatique, elle est erronée, faisant d'un seul phénomène la base de tous les autres ; mais elle avait l'avantage de porter la discussion sur le terrain de l'observation et de l'expérience, ce qui était donner la main à l'avenir.

Cette observation et cette expérience étaient encore dans les limbes. Elles eurent pour caractère d'apporter un soin tout spécial à l'examen de la sensation ; mais, du reste, elles se contentèrent de combiner d'une façon plus ou moins variée les fonctions traditionnelles de l'attention, de la comparaison, du raisonnement, de la réflexion, de l'imagination, etc., et de les mettre avec la sensation dans le rapport auquel conduisait la manière de voir contemporaine. Sans doute, ce sont là des phénomènes qui se passent dans l'âme humaine ; mais de savoir si ces phénomènes sont simples ou complexes, éloignés ou prochains, susceptibles d'être multipliés beaucoup ou réduits beaucoup, c'est ce qu'une telle observation et expérience ne permettent pas de décider. Et en effet il y manque deux termes essentiels, qui seuls conduisent à des déterminations positives, ou, quand ils y sont insuffisants, posent du moins le problème ; je veux parler du soin assidu de rattacher l'organe à la fonction, et de comparer les phénomènes de sensibilité dans toute la série des animaux, dans tous les âges et dans tous les états morbides.

Donc la théorie des facultés mentales ne peut plus être l'œuvre d'un philosophe, d'un penseur plus ou moins exercé qui, dans le fond de son cabinet et loin de toute observation objective et de toute expérience directe, spécule sur quelques phénomènes fournis par la première vue du sujet et par les premiers rudiments de la sagesse vulgaire. Il faut maintenant aller plus loin et procéder autrement. La première condition à remplir est d'avoir une suffisante connaissance des organes qui sont les agents de la sensibilité, du sentiment et de l'intelligence, pour comprendre et utiliser les faits infinis en nombre et de suprême importance qu'offre le vaste domaine du système nerveux. La seconde est de coordonner ces faits et d'en tirer la théorie de l'esprit humain, encore singulièrement imparfaite sans doute, mais pourtant de plus en plus approximative, à mesure que les faits se découvrent, se classent et se systématisent. Je n'ai pas besoin d'insister longuement sur la différence des deux méthodes : la première, celle du dix-huitième siècle et, en général, de la philosophie qui l'a précédé et suivi, est de spéculer sur un petit nombre de données prises, on peut le dire, à fleur de sol et regardées comme fondamentales ; la seconde, celle de la science des êtres organisés, est d'embrasser d'une vue simultanée l'organe et la fonction, ainsi que l'ensemble des modifications qu'offrent l'organe et la fonction, suivant l'animal, l'âge et la lésion. Cela étant fait, toutes induisent ; mais la première, n'ayant que des données peu nombreuses et peu profondes, tourne bientôt dans le vide ; la seconde, entrant au fur et à mesure en possession de faits plus nombreux et plus décisifs, édifie lentement, mais sûrement, une théorie positive.

Je reviens à la sensation transformée. C'est un des principes les plus fermement établis parmi les physiologistes que tout est spécifique dans l'organisation, et qu'une différence de texture, impliquant une différence de fonction, implique une modification de la fonction elle-même. On sait que le cerveau, organe des perceptions, et le nerf organe des sensations, sont tous deux constitués par la substance nerveuse. Mais les recherches sur les éléments du tissu nerveux ont montré que la disposition de ces éléments était autre dans le cerveau et autre dans le nerf. Etant certain anatomiquement qu'une telle différence existe, il est certain fonctionnellement que le phénomène produit par l'un diffère du phénomène produit par les autres, et qu'ils ne peuvent aucunement se remplacer. Le dix-huitième siècle a entendu, par sa doctrine de la sensation transformée, que la perception, la pensée, était seulement une prolongation de la sensation. L'anatomie coupe court à une pareille opinion. Sensation et pensée sont deux choses réellement distinctes, irremplaçables l'une par l'autre, puisqu'elles ont pour suppôt des textures nerveuses qui ne sont pas identiques.

« La raison, dit M. Cros, considérée comme indépendante
» et distincte du sentiment, n'est qu'une vaine chimère ; car
» il n'est rien qui puisse établir cette indépendance et cette
» distinction. La raison n'est autre chose que la puissance
» de raisonner supérieure qui distingue l'homme de la bête.
» C'est la propriété qu'a la sensation de se transformer, au
» moyen du langage, en des milliers de points de vue divers.
» (T. Ier, page 272.) » Je ne reviendrai pas sur la transformation de la sensation en raison ; aucune fonction des nerfs sensitifs ne se transforme en fonctions du cerveau ; ce sont deux domaines distincts. Ce qu'il y a de nouveau ici à examiner, c'est l'englobement de la raison dans l'ensemble des facultés mentales. Par raison M. Cros entend ici, je n'en doute pas, ce qu'on appelle aussi entendement, et, pour me servir d'un point de vue que j'affectionne, les facultés qui ont pour objet la connaissance du vrai. Eh bien! ces facultés sont-elles en effet confondues dans la totalité sans qu'on puisse y voir autre chose que des modalités d'un fonds commun, ou bien ont-elles par elles-mêmes une existence, c'est-à-dire sont-elles attachées à une portion distincte qui en soit l'organe? Toutes les recherches des physiologistes sur le système nerveux ont abouti à ce résultat que les fonctions de l'entendement sont dévolues à la partie intérieure et supérieure du cerveau, que là en est le siège,

qu'elles sont rudimentaires là où cette partie est rudimentaire, et développées là où cette partie est développée. Et qu'on ne croie pas que ce soit simplement une attribution au lieu d'une autre et une manière de considérer différemment un même objet. Considérer la raison comme une forme de la sensation est créer une confusion dont nul effort ne nous tirera ; la considérer comme une fonction spéciale dans une partie spéciale, c'est éclairer d'une vraie lumière l'ensemble mental.

« J'appelle, dit M. Cros, une *vérité* tout phénomène que
» nous ne pouvons nous empêcher de croire ; j'appellerai donc
» *vérité en général* le point de vue commun à certains phé-
» nomènes qui est de déterminer en nous une croyance irré-
» sistible, une certitude. » (T. Ier, p. 153.) Cela sonne bien, mais ne suffit pas : en effet, à quel signe reconnaîtrons-nous que nous sommes logiquement dans le droit d'appliquer la formule de M. Cros ? Ce qui paraît vérité évidente à tel ou tel est souvent une erreur parfaitement évidente à une raison plus éclairée. Et, sans aller plus loin, M. Cros lui-même me fournit un exemple de l'impossibilité de fonder la théorie de la certitude sur une base aussi mal définie : il n'est personne qui puisse s'empêcher de croire à l'existence des corps extérieurs, et cependant M. Cros est idéaliste, c'est-à-dire partisan d'une théorie qui nie cette existence. « Le sen-
» sualisme, dit-il, t. Ier, p. 27, conduit en droite ligne à la
» négation des corps proprement dits, système qui ne semble
» paradoxal que parce qu'il est généralement mal compris et
» mal expliqué. » Ainsi, ce que la conscience commune ne peut s'empêcher de reconnaître comme réel et comme vrai est nié par tout un système philosophique. Où est l'arbitre ?

L'arbitre est, suivant moi, dans l'expérience soumise aux conditions logiques de la connaissance. Mais n'anticipons pas, et voyons ce que vaut la théorie idéaliste, qui se lie au sensualisme du XVIIIe siècle, époque trop psychologiste pour n'avoir pas abondé facilement dans le système de Berkeley.

Les psychologistes se sont partagés sur cette question ; et, si plusieurs soutiennent l'idéalisme, plusieurs aussi soutiennent le réalisme ; c'est le nom que l'on donne à la doctrine qui regarde le monde extérieur comme autre chose qu'une simple perception de nos sens transmise à l'esprit. Je citerai comme partisans de la doctrine réaliste trois éminents psychologistes de l'Angleterre.

Sir W. Hamilton : « Dans l'acte de la perception sensible,
» je suis conscient de deux choses, moi comme *sujet perce-*
» *vant*, et une *réalité externe*, en relation avec mes sens,
» comme *objet perçu*. De l'existence de ces deux choses je
» suis convaincu, parce que j'ai conscience de connaître cha-
» cune d'elles, non médiatement en quelque chose autre,
» comme *représentée*, mais immédiatement en elle-même,
» comme *existante*. De leur mutuelle dépendance, je ne suis
» pas moins convaincu, parce que chacune est saisie égale-
» ment et tout d'un coup, dans la même indivisible énergie,
» l'une ne précédant ni ne déterminant, l'autre n'étant ni sub-
» séquente ni déterminée, et parce que chacune est saisie à
» propos de l'autre et en contraste direct avec elle. » Dans ce passage, l'auteur maintient que la conscience nous dit simultanément qu'il est un monde extérieur au monde de l'esprit et indépendant de lui, monde qui nous est connu par son contraste avec l'esprit.

M. Samuel Bailey : « Ce n'a été, ce semble, qu'après mille
» débats que l'on est parvenu à la simple vérité, laquelle,
» d'ailleurs, n'est pas encore, il s'en faut, reçue universelle-
» ment, à savoir que la perception des objets extérieurs par
» l'intermédiaire des organes des sens est un acte mental di-
» rect, un phénomène de conscience, non susceptible de se
» résoudre en quoi que ce soit autre. »

M. Herbert Spencer : « Les données fondamentales de l'in-
» tellect raisonnant sont limitées à trois termes : existence,
» son corrélatif non-existence, et croyance. Le problème est
» de trouver une règle de croyance qui ne présuppose rien
» de plus ; ces faits logiques à trois termes sans plus sont des
» intuitions, des axiomes, des évidences qui ont pour carac-
» tère immédiat d'être des croyances invariables, desquelles

» nous ne pouvons concevoir la négation. En ce sens, et ap-
» pliquée aux faits logiques de trois termes, l'invariable
» existence d'une croyance est le garant final de la certitude.
» Les croyances sont leurs propres garants, une croyance in-
» destructible n'en a pas d'autres que son indestructibilité, et
» l'inconcevabilité de la négation est simplement une preuve
» expérimentale de son indestructibilité. Maintenant, pour
» mettre à terme cet argument et le faire porter directement
» contre l'idéalisme, il faut interposer un autre fait logique,
» c'est que, partant de ces données premières, la conclusion
» à laquelle on arrive dans tout autre raisonnement sera d'au-
» tant plus certaine, qu'on y fera entrer moins de fois la va-
» lidité de cette garantie ; en d'autres termes, chaque degré
» qui éloigne l'argumentation de la certitude première la rend
» moins sûre, ne lui laissant qu'une certitude seconde, troi-
» sième, etc. Il est évident de soi que le réalisme a la certi-
» tude première, et que l'idéalisme n'a que les certitudes se-
» condes. Il en résulte donc que la croyance courante aux
» objets comme à des entités externes indépendantes a une
» garantie de plus que toute autre croyance, ou, si l'on veut,
» que, jugé logiquement aussi bien qu'instinctivement, le
» réalisme est la seule croyance rationnelle, et que toutes les
» autres se détruisent elles-mêmes par un véritable suicide. »

M. Bain, psychologiste non moins éminent, à qui d'ailleurs j'ai emprunté les citations précédentes (*The Senses and the Intellect*, 2ᵉ éd., 1864, p. 631), est idéaliste et combat énergiquement cette triple argumentation réaliste. Au point de vue psychologique, pour qu'une vérité de conscience ne soit passible d'aucune réfutation, il faut qu'elle soit axiomatique dans le sens étroit du mot, et qu'elle n'implique que des notions dernières, irréductibles ; telles sont, par exemple, pour ne pas sortir de l'exemple emprunté plus haut à M. Herbert Spencer, les trois notions d'existence, non-existence et croyance, ou bien encore les notions de couleur ou de chaleur. Or, M. Bain conteste formellement que ce caractère appartienne aucunement à la notion de l'objet représenté comme externe, indépendant et réel.

L'idée d'externalité, appliquée au monde-objet, est un emploi figuré de la notion que nous obtenons dans notre expérience des choses étendues. On compare le monde-objet aux choses qui nous sont extérieures, et l'on infère qu'il est également extérieur à notre esprit ; mais un pareil parallélisme est sans valeur.

L'indépendance est loin d'être une idée élémentaire, car ne provient-elle pas de l'étude des arrangements complexes du monde autour de nous ? Les enfants ne la comprennent pas d'abord. On la tire, par abstraction, d'un certain nombre de faits qui se dévoilent graduellement à notre expérience. En tout cas, elle est appliquée à la relation de sujet et d'objet avec moins de pertinence que la notion d'externalité.

Enfin, la réalité n'est pas une idée simple, irréductible, propre à entrer dans une vérité de conscience axiomatique ou dernière. C'est une notion excessivement subtile et complexe, obtenue par l'examen d'un vaste ensemble de faits. Ce terme n'est entendu que très-vaguement par la plupart des personnes ; en tant qu'appliqué à la théorie de la perception, il est obscur tout particulièrement.

Telle est l'argumentation de M. Bain, et il conclut que l'opinion réaliste n'est rien qu'un mode grossier d'exprimer la plus grande division que nous puissions tracer dans notre vie consciente ; elle convient aux buts ordinaires du genre humain ; mais elle est tout-à-fait indigne du nom de philosophie. Le nouveau réalisme n'est guère meilleur que la vieille notion populaire, avec Berkeley bâillonné.

Contre les psychologistes réalistes, je pense que M. Bain a raison. Au point de vue psychologique, le monde-objet est une impression, rien de plus ; et d'une impression, on ne peut tirer ni externalité, ni indépendance, ni réalité. Cela me paraît très-bien raisonné et irréfutable, tant qu'on se représente l'esprit comme quelque chose de primordial, d'inétendu, d'existant par lui-même, d'indépendant des organes. Une conception ainsi unilatérale donne immanquablement un résultat unilatéral, qui, ici, élimine le monde-objet du cercle des réalités.

Maintenant, sortons de la psychologie, et soumettons la

question de la certitude du monde-objet au procédé qui procure, dans toutes les branches du savoir, la certitude scientifique; c'est-à-dire, soumettons les données mentales à l'expérience, et l'expérience aux données mentales. La certitude scientifique est la seule qui nous importe; la certitude absolue est une chimère métaphysique que l'esprit ne cherche qu'à son dommage.

Dans le cas particulier qui nous occupe, la donnée mentale est l'impression fournie par nos sens, laquelle nous procure une certaine information. Sur quoi, nous formons spontanément, et de très-bonne heure dans notre existence, ce que j'appellerai l'hypothèse de la réalité des objets extérieurs. Spontanément aussi, cette hypothèse est soumise à l'expérience de tous les instants; et l'expérience de tous les instants répond uniformément que la réalité appartient au monde extérieur, qui ne se comporte jamais autrement que s'il existait. C'est là, comme je viens de le dire, la certitude scientifique : une conception d'accord avec l'expérience.

L'opinion idéaliste est un paralogisme provenu de la vue incomplète où la psychologie se place. En effet, si l'on restitue l'intégralité du phénomène, si l'on considère l'esprit comme une fonction du cerveau, si l'on met la notion du monde-sujet à côté de celle du monde-objet, on reconnaît que la notion du moi est une notion aussi complexe, aussi dépendante que l'est celle du monde extérieur. Comment avons-nous notion de l'objet ? Par les nerfs extérieurs qui nous en informent. Comment avons-nous notion du sujet ? Par les nerfs intérieurs dont les impressions réunies du cerveau forment le moi. Le moi ne naît que peu à peu dans l'individu, qui l'acquiert en se développant; le moi ne naît que peu à peu dans la série organique, où les êtres ne l'acquièrent qu'à mesure que leur cerveau se constitue. La physiologie psychique repousse l'opinion idéaliste.

En disciple fidèle de la philosophie du dix-huitième siècle, M. Cros pense que la morale a pour unique fondement l'intérêt individuel et n'est qu'une forme de cet intérêt; et, passant à la constitution des sociétés, il étend son principe jusque-là et prétend que cette constitution dérive originairement de l'intérêt individuel transformé en intérêt social. Il suffit de s'occuper de la première thèse ; la seconde, qui est une corrélation, se trouvera implicitement appréciée. Ce n'est pas arbitrairement que la philosophie du dix-huitième siècle, en dépit de l'expérience usuelle, déclara la morale une dépendance de l'intérêt personnel ; elle y fut poussée par des nécessités mentales qui lui parurent supérieures et qui la firent passer par-dessus d'évidentes réclamations. Ce qui, à ses yeux, primait tout, c'était, contradictoirement à la théologie qui disait que l'homme n'avait pour fonds que le néant et le péché, de trouver un principe qui donnât à la morale une assiette purement naturelle et humaine. Elle imagina l'hypothèse de l'intérêt personnel, hypothèse qui valut tout le temps que dura la crise, tant la situation était forte et suppléait aux faiblesses du système. Pendant que la philosophie régnante ne voulait reconnaître à l'homme d'autre puissance effective que l'égoïsme entendu, disait-on, sagement, J.-J. Rousseau avançait que l'homme naissait bon et que la société seule le pervertissait ; l'étude des enfants et des sauvages témoigne qu'il n'en est rien, et que chez eux les penchants égoïstes ont une prédominance qui ne laisse qu'une petite place à la morale. La vérité est, contrairement à l'hypothèse philosophique du dix-huitième siècle, que la nature morale de l'homme se divise en deux parts : l'une formée des penchants égoïstes, l'autre formée des penchants qui ont autrui pour objet, et que M. A. Comte, par un heureux néologisme, a nommés penchants altruistes. Les premiers président à la conservation de l'individu et en font un être personnel ; les seconds président à ses rapports avec les autres et en font un être moral et social. Celui chez qui les premiers ont une prédominance tend vers la méchanceté ; celui chez qui une prédominance appartient aux seconds tend vers la bonté. Non-seulement l'homme a des penchants altruistes, mais encore il a des facultés impersonnelles et ce sont finalement celles-là qui développent la morale. Ces facultés impersonnelles, qui sont celles de la raison et qui forcent notre assentiment aux vérités d'intuition ou de démonstration aussi bien contre nos intérêts que contre notre sentiment, interviennent entre l'égoïsme et l'altruisme, indiquent la place de l'un et de l'autre, et mettent leur poids du côté des penchants altruistes pour leur donner la lumière qui leur manque, la généralité qui les transforme, la justice qui leur imprime le sceau. C'est de cette façon que la morale est subordonnée aux temps et aux lieux et grandit à mesure que la société grandit.

On connaît l'opinion de la philosophie du dix-huitième siècle sur la théorie du langage. M. Cros, bien entendu, la prend à son compte. « ..... Tout l'art de raisonner, dit-il, se réduit » à une langue bien faite. » (T. Ier, p. 17.) Et ailleurs : « Pour » bien faire une langue, il faudrait, s'il était possible, suivre » exactement, dans la formation des mots, l'ordre successif » de la génération des idées. » (T. Ier, p. 139.) La question posée en termes précis revient à ceci : Une langue est-elle le produit du pouvoir logique de l'esprit humain ? ou bien provient-elle d'un tout autre pouvoir, en sorte que la logique n'aura qu'une action très-secondaire sur le langage à l'effet de le rendre plus propre qu'il ne l'est naturellement à l'expression des idées scientifiques, abstraites, générales ? Je n'arguerai pas de ce que l'anatomie et la physiologie cérébrales persistent, depuis une trentaine d'années, à soutenir que le langage a un organe distinct ; cette attribution demeure dans la science avec trop d'incertitude pour qu'on s'en fasse un point de départ et un principe. Mais la linguistique, qu'il faut là-dessus consulter avant toute autre, et que le dix-huitième siècle avait naturellement négligée, attendu qu'elle était alors trop peu avancée pour intervenir dans le débat, n'est aucunement favorable à l'opinion qui place la source du langage dans la faculté logique : les langues lui semblent une chose d'expression, de figuration, non de logique. Un tel sujet, si étendu, ne peut être qu'énoncé ici. Je me contente de l'indiquer par quelques exemples très-brefs : *fille* se dit en grec *thygatêr*, en allemand *tochter*, en anglais *daughter*, en sanscrit *duhitri* ; ces mots sont de même radical ; ni le grec, ni le germanique ne nous informent du sens primordial de ce vocable; mais le sanscrit ne laisse aucun doute, et, dans cette langue, la fille, *duhitri,* est *celle qui trait la vache.* Si la logique avait présidé, le mot impliquerait quelque rapport au père et à la mère, et il n'implique que la fonction qui, dans la vie pastorale, était dévolue à la fille aînée de la famille. Il est évident, par cet exemple, qu'une foule d'autres désignations semblables auraient pu devenir l'appellation de la fille. En tout cas, ce que ces langues primordiales ont rendu, ce n'est pas un rapport, c'est une expression, un tableau, une fonction. La force de transformation ne diffère pas dans son principe de la force de formation ; elle peut être étudiée dans les langues modernes qui transformèrent le latin en roman ; et cette étude donne un résultat conforme. Notre mot *danger*, s'il avait été formé logiquement, exprimerait quelque relation avec ce qui nuit ou menace ; or, le fait est qu'il vient du bas latin *domniarium*, qu'il a signifié dans l'ancienne langue française domination, pouvoir, et qu'il a pris par une dégradation insensible le sens de *péril*, acception qui vient sans doute de la sensation que fit éprouver l'imminence de pouvoirs mal refrénés. *Hommage*, à l'origine, n'a rien qui exprime la soumission de l'inférieur au supérieur ; il vient du bas latin *hominaticum*, dérivé lui-même de *homo*, et ne peint à l'esprit que la présentation de l'homme devant le suzerain.

Avec M. Cros, ami de la philosophie du dix-huitième siècle, et guide dévoué, j'ai parcouru les quelques parties essentielles de cette philosophie, moins pour la combattre que pour montrer comment les points de vue avaient changé, grâce à l'élévation du sol scientifique. A l'égard de cette philosophie, nous ne différons, M. Cros et moi, que par la position ; il en est disciple immédiat, moi j'en suis disciple médiat, et j'interpose le grand et fructueux travail qui ne permet plus de séparer l'étude des fonctions affectives et intellectuelles de leur substratum organique et de leurs conditions dynamiques dans l'échelle des animaux, dans l'évolution des âges et dans les phases de la santé et de la maladie.

VIII

LA CENTRALISATION

SUITE

A L'INDIVIDU ET L'ÉTAT

Par Dupont-White, 2ᵉ édition. Paris, 1861.

[Ce travail sur le livre de M. Dupont-White a été publié par le *Journal des Débats* des 7 et 11 octobre 1862. Dans la première partie, je suis et j'expose les idées de l'auteur sur la centralisation ; dans la seconde, je discute l'idée de race appliquée à l'explication du caractère et des aptitudes d'un peuple, et je donne dans ce caractère et ces aptitudes une part plus grande aux événements politiques et intellectuels qui composent son histoire qu'à la race elle-même.]

I

La centralisation. — La Liberté. — Une capitale.

Il y a plus de causes que de desseins, a dit avec profondeur M. Dupont-White. En effet, les desseins des politiques sont courts et peu compréhensifs ; beaucoup avortent ; et de ceux qui réussissent, la plupart finissent par produire des résultats qui n'ont plus de relation avec ce qui avait été voulu ou prévu. C'est que les causes, toujours complexes et toujours actives, sont intervenues, et que, comblant les lacunes laissées par les desseins, elles conduisent d'époques en époques et d'effets en effets l'œuvre sociale. Quand aux neuvième, dixième et onzième siècles s'établissait et florissait le régime féodal, une issue, réelle puisqu'elle a été réalisée, mais cachée dans la profondeur lointaine de la contingence, était que les donjons des seigneurs et les murailles des villes seraient nivelés pour laisser partout un libre accès; qu'une capitale élèverait sa tête au-dessus de tant de rivales, et qu'enfin la centralisation moderne s'organiserait peu à peu aux dépens, je ne dis pas de l'anarchie (car, pour moi, le régime féodal n'est pas une anarchie), mais des pouvoirs locaux et dispersifs qui en constituaient l'essence.

Cette centralisation qui s'est ainsi organisée, on peut la définir directement; mais, à mon sens, la définition s'en comprendra mieux et suscitera moins de difficultés si on la tire de l'histoire.

L'administration romaine exerçait une centralisation déjà fort avancée; cela se perdit quand les rois barbares se substituèrent aux empereurs romains; mais on acquit (car ce fut la condition de ce vaste bouleversement que de faire de grandes pertes et de non moins grandes acquisitions) l'établissement du pouvoir spirituel, que ne connut pas l'antiquité, et la transformation de l'esclavage en servage. Alors, d'un bout de l'Europe occidentale à l'autre (tant était forte la condition des choses) se fonda le système féodal, tenu, de suzerains à vassaux, par le lien de foi et hommage, de service et de protection. Tout se raccorda; l'Eglise, du haut de Rome, gouverna les consciences et les mœurs; la commune entreprise des croisades contre l'islamisme envahisseur fut exécutée avec un suffisant succès; les ordres religieux disséminèrent leurs fondations à la fois pieuses et agricoles; la culture des terres et le commerce alimentèrent une nombreuse population; l'architecture déploya sa remarquable convenance avec les époques religieuses en érigeant d'innombrables et merveilleuses cathédrales; les mystères célébrés dans les jours solennels à l'entrée des églises charmèrent les hommes; les récits épiques, les romans de la féerie et de la Table-Ronde, les chants d'amour et de guerre s'unirent à cet ensemble; la musique prit un nouveau caractère; la tradition de la science se maintint dans ce qu'elle avait de nécessaire à l'effet de préparer une nouvelle et plus haute résurrection; et, pour mettre l'ombre au tableau, cet ordre de choses, peu stable de sa nature et peu susceptible de se conserver en se développant, fut affligé par le vice des clôtures et des barrières, par le fléau des guerres locales et par les cruautés ecclésiastiques.

Ce qui le rompit définitivement, ce fut le changement des opinions et des mœurs qui l'avaient fondé, changement dont la première et la plus grande expression est l'impulsion morale qui poussa les communes, serves primitivement, à s'affranchir, et la puissance qu'elles eurent d'obtenir cet affranchissement de gré ou de force. Depuis ce moment, le régime féodal ne cessa de déchoir et de se dégrader. On pouvait, mais avec une condition qui désormais était prééminente, à savoir une population libre, on pouvait, dis-je, sortir du régime féodal, soit en dispersant toute chose autour de gouvernements locaux, soit en ralliant toute chose autour de pouvoirs centraux. Ces deux solutions, en différentes combinaisons, furent les issues effectives. En France, la monarchie absorba les indépendances locales; en Angleterre, il se fit un certain partage entre les localités qui demeurèrent puissantes et le gouvernement central du pays. En Espagne, la royauté devint non moins absolue qu'en France, mais il ne se forma ni, comme en Angleterre, une transaction entre l'activité locale et l'activité collective, ni, comme en France, une administration progressive et obligée de compter avec l'opinion. En Italie et en Allemagne, le fractionnement prit le dessus, avec cette différence qu'en Italie le catholicisme, devenu compresseur, maintint la sujétion sous les anciennes formes de censure et d'inquisition, tandis que le protestantisme, avec son espèce de libre examen de la Bible, laissa de l'ouverture à l'expansion.

La vue ne serait pas complète si ces différentes issues que prirent les cinq grands pays de l'Europe occidentale n'étaient pas confrontées avec les exigences et le développement de l'esprit moderne. Le fait est qu'arrivés tous cinq aux termes ci-dessus définis, vers l'époque de la révolution française, et cette révolution s'étant accomplie, la France travaille à mettre de la liberté dans sa centralisation, et l'Angleterre à mettre de la centralisation dans sa liberté, tandis que l'Espagne, l'Italie et l'Allemagne demandent au régime parlementaire les moyens de satisfaire aux conditions d'unité et de liberté sans lesquelles aujourd'hui les grands pays ne peuvent exister.

L'histoire ainsi posée, la définition de la centralisation en résulte avec sûreté et précision. C'est la substitution d'un lien administratif et général à un lien individuel et de foi et hommage, et la considération d'intérêts collectifs en place de la considération d'intérêts locaux. Plus l'humanité croît et l'histoire se développe, plus croît aussi l'importance de ces intérêts collectifs et la nécessité de les étudier et de les gérer.

A la vérité, on a dit que cette gestion n'appartenait point nécessairement à un gouvernement centralisateur ; que, laissée à la libre concurrence et à l'action des individus, elle suscitait des associations qui s'en acquittaient avec plus d'avantages et moins d'inconvénients. Pour la discussion théorique et abstraite de cette proposition, je renvoie à M. Dupont-White et à sa dialectique vive et puissante ; ici, j'aime mieux lui emprunter la réfutation concrète et historique. Deux puissants Etats, l'Angleterre et l'Amérique, se sont trouvés, par le concours de leurs circonstances propres, constitués, l'un avec une centralisation bien plus lâche que celle de la France, et l'autre avec une centralisation encore plus lâche que celle de l'Angleterre. Si le cours des faits sociaux veut que tout aille en s'individualisant et en se localisant davantage, voilà deux empires admirablement préparés pour un pareil développement. Si au contraire les intérêts collectifs que crée ou qu'augmente une civilisation progressive ne comportent pas un tel régime, voilà deux empires qui s'arrêteront dans la voie du morcellement ou qui en ressentiront de funestes effets. L'Angleterre, bien que non centralisée à tant d'égards, a pourtant une trop forte organisation par sa royauté et son parlement pour ne pas pouvoir, en face d'exigences nouvelles, prendre de nouvelles dispositions ; aussi le gouvernement s'est-il mis à concentrer dans sa main plusieurs services qui jusque-là lui avait été étrangers, et à concevoir, sous l'impulsion de l'opinion publique, de soumettre les intérêts collectifs à la gestion collective. Un tel point d'appui manquait à l'Amérique ; aussi est-elle restée à la merci de son organisation primitive ; et finalement elle est arrivée, de la loi de Lynch (je la cite comme un échantillon caractéristique), à la guerre esclavagiste et à toutes les menaces de la séparation. M. Dupont-White recommande à la méditation ces deux exemples. Joignez-y les efforts de l'Espagne, de l'Italie, de l'Allemagne pour réformer leur condition, et voyez si la gestion des intérêts collectifs peut être soustraite dorénavant et dans l'état de la civilisation moderne à une gestion centrale qui s'élève assez au-dessus de ce qui est local et particulier pour acquérir la lumière qui guide et l'impartialité qui exécute.

C'est aujourd'hui un lieu commun en France de louer les rois et les hommes d'Etat dont les efforts ont produit la centralisation. Si l'on veut seulement dire par là que la dissolution du régime féodal y aboutissait par une de ses issues, j'acquiesce pleinement à cet éloge historique ; mais, si l'on prétend y voir une haute entreprise de bien public, alors je pense qu'il faut distinguer. Nos rois ont poursuivi, d'instinct et dans leur intérêt personnel, le pouvoir absolu, chose mauvaise en soi, et ils ont rencontré la centralisation, chose qui est devenue meilleure au fur et à mesure qu'on s'est plus rapproché des temps modernes qui la comportent plus particulièrement. Les rois d'un grand esprit ont, dans leur gestion, donné une part plus considérable aux intérêts généraux et équitables de la centralisation ; les rois d'un petit esprit, aux misérables ambitions et aux caprices du pouvoir absolu. Cette vicissitude des tendances qui absorbe depuis Philippe-le-Bel l'action de la royauté on peut la voir représentée en petit dans la vie d'un seul personnage, le fameux cardinal de Richelieu qu'on vante tant pour les coups portés par lui aux pouvoirs locaux et aux indépendances individuelles. Tant qu'il végéta dans les honneurs obscurs du ministère de la reine-mère, luttant contre celui du roi et du duc de Luynes, tant, en un mot, qu'il vit le succès de son ambition dans le morcellement de l'Etat, dans la diminution de l'autorité royale et dans l'exaltation des princes et des seigneurs, nul ne fut un boute-feu plus ardent à susciter les factions, ni un ministre plus actif à faire ce que plus tard il devait châtier inexorablement par le fer du bourreau. Mais, devenu ministre de Louis XIII au lieu de l'être d'une reine révoltée, la même ambition lui suggéra une conduite opposée; et, comme c'était un grand esprit, il mit dans le beau rôle la même vigueur que dans le mauvais, reprit la politique d'Henri IV (car c'est à ce prince et non à Richelieu qu'il faut faire honneur de la conception), et mena à bien la compression des grands seigneurs au dedans et l'expansion de la guerre et de la politique d'équilibre au dehors. M. Dupont-White cite ces mots du cardinal au lit de mort : « Je n'eus jamais d'autres ennemis que ceux de l'Etat », et ceux-ci de son *Testament politique* : « Cet unique contentement de l'homme d'Etat, voir tant de gens dormir tranquilles à l'ombre de ses veilles et vivre heureux par sa misère. » Il ne faut jamais se fier à ces absolutions qu'on se donne à soi-même devant le public et pour le besoin de la cause. L'abominable supplice d'Urbain Grandier prouve que le cardinal eut d'autres ennemis que ceux de l'Etat; et sa conduite pendant qu'il était ministre de la reine-mère prouve que, pour qu'il ne restât pas un brouillon fort peu soucieux de faire dormir les gens par ses veilles et par sa misère, il lui fallait devenir premier ministre ; arrivé là, son génie en fit un grand homme d'Etat.

Laissant de côté les abus de la centralisation auxquels il est possible de remédier, laissant de côté les inconvénients qui, y étant inhérents, doivent être acceptés en vue des avantages, reste encore une grave objection, celle des esprits libéraux et des cœurs généreux qui la jugent incompatible avec la liberté. Si cette incompatibilité était démontrée, je n'hésiterais pas à me ranger de leur côté et à sacrifier pour les avantages de la liberté les avantages de la centralisation. Mais il n'en est rien; et il y a juste raison de penser avec M. Dupont-White que la liberté de l'homme moderne, dans les vastes et complexes sociétés qu'il a construites, ne peut arriver à un plein développement que sous la gestion impersonnelle d'intérêts collectifs qui sont à la fois indispensables à la nouvelle vie sociale et inaccessibles aux intelligences et aux volontés individuelles.

Pendant que le moyen âge sortait du morcellement féodal par des gouvernements plus ou moins centralisés, il sortait aussi des liens féodaux par toutes sortes de libertés, la liberté personnelle d'abord, qui, appliquée à tous les membres de la société, marque profondément la distinction entre l'ère moderne et l'ère ancienne, puis toutes les libertés qui en découlent. Ainsi s'est formé, dans la lutte entre les institutions destinées à déchoir et à disparaître et les institutions destinées à grandir et à se consolider ; ainsi s'est formé, dis-je, l'individu des temps actuels, qui représente et confond en lui seul les deux individus constitutifs du régime antique, à savoir l'esclave et le citoyen, et, plus tard, le serf et le seigneur, obligé comme le premier au travail et libre comme le second. Cette combinaison est celle qui résulte spontanément de l'éducation progressive de l'élite de l'humanité, conciliant le travail qui est la destination de l'homme avec la dignité qui en est l'auréole.

Mais, ainsi obtenue, elle comporte des nécessités corrélatives qui ont donné lieu à des commotions et à des périls, tout en marchant constamment vers leur accomplissement. En effet, ces hommes, qui, d'une part, tenaient entre leurs mains tout travail et toute production, et qui, d'autre part, avaient la libre disposition de leurs personnes, tendirent à éliminer les intérêts de caste et de privilége, forcèrent ces intérêts dispersifs à se transformer en centralisation, et intervinrent par toutes sortes de voies dans le gouvernement. De ces conditions toutes nouvelles et toutes-puissantes naquirent la liberté de la presse et la part donnée aux citoyens dans la gestion des affaires et de la politique.

Cette liberté et cette part de gestion sont dorénavant les deux gonds sur lesquels tout roule. L'Angleterre les a peu à peu régularisées et consolidées depuis la révolution de 1688. Pour la France, l'équivalent du 1688 anglais est dans le dix-huitième siècle, qui, grâce à l'opinion d'une puissante capitale et à la presse interlope de Hollande, obtint une si large intervention dans la direction des choses. De cette façon, il est vrai de dire que ces deux grands pays (y compris la Hollande) ont été la double école où s'est faite l'éducation des autres, le terrain où les expériences furent tentées et le fonds d'où sont sortis les enseignements sociaux. Aussi le reste du continent suit-il régulièrement une marche analogue ; et, quand on voit tant et de si grands peuples, avec des passés si différents, aboutir à cette même issue, il devient évident par la simple contemplation des faits que l'homme moderne, pour respirer, a besoin d'une nouvelle atmosphère, et que son esprit cherche la région de la liberté politique, du droit commun, de l'équité sociale, du travail et de la paix. Ainsi l'Espagne, arrachée au despotisme monarchique et religieux, ainsi l'Italie, secouant les petites dominations qui la comprimaient, ainsi l'Allemagne, se jetant de la liberté philosophique dans la liberté politique, viennent prendre leur part dans l'œuvre commune qui ne peut être consolidée et étendue sans leurs concours, et tout cela, sans parler de la Hollande, de la Belgique et des Etats scandinaves, satellites actifs qui ont secondé efficacement plus d'une importante péripétie ; sans parler de l'Autriche qui ne trouve plus de salut à ses périls et de voie à ses aspirations que dans la solution si longtemps et si dangereusement refusée ; sans parler de la Russie s'engageant dans une voie qui évidemment n'a pas d'autre issue ; sans parler enfin de la Grèce qui déjà pousse une pointe européenne dans les flancs de l'islamisme devenu semi-barbare.

Cette ère d'expansion et de grandeur est aussi l'ère des commotions sociales et des tumultes populaires, par une de ces connexions qui lient les souffrances au développement et apportent des perturbations en la marche idéale de l'humanité. « Dans le parallèle du présent au passé, dit M. Dupont-White, » il ne peut être question que d'un point qui est l'ordre, la » sécurité. » Et, partant de là, dans un chapitre vif et pressant, il établit que, en dépit des révolutions, l'ordre et la sécurité ont immensément crû depuis que la liberté et la centralisation ont fait de communs progrès. Quiconque parcourra l'histoire de la France rencontrera la même conclusion, même dans les temps relativement paisibles comme les règnes de Louis XV et de Louis XIV. Les violences privées des seigneurs, l'insuffisance de la justice, les exactions du fisc, les douanes interprovinciales, les multitudes de contrebandiers et de faux-sauniers, les prisons d'État, les lettres de cachet, les chambres ardentes, les procédures secrètes, les persécutions religieuses exposaient à mille dangers qui n'existent plus la vie et la liberté des citoyens. Plus, en remontant, on s'éloigne de ces règnes, plus se déroule l'ère des guerres intestines, entretenues soit par des princes de la famille royale qui troublent l'Etat dans l'intérêt de leur ambition, soit par les feudataires grands et petits qui guerroient entre eux et contre le suzerain, avec l'intermède des grandes compagnies, des routiers et autres brigands militaires qui infestent pendant de longues années le pays et dont les dévastations supportées par le paysan lui firent donner l'injurieux sobriquet de Jacques Bonhomme. Enfin, ce qui est d'un prix infini pour l'ordre et la sécurité, les conditions modernes des opinions et des intérêts limitent de plus en plus la guerre en intensité et en durée. Même la formidable commotion de 1789 n'aurait amené qu'environ sept ans d'une guerre qui, d'ailleurs languit rapidement, grâce au retrait de la Prusse et de l'Espagne, si l'ambition de Napoléon Ier maîtresse de la France n'avait gratuitement prolongé de plusieurs années les dévastations et les désastres.

M. Dupont-White examine par quelles défaillances (car c'est là un des grands arguments contre la centralisation) la France accepte par intervalles le joug d'une compression qui endommage toutes les libertés. Pour s'en rendre compte, il faut considérer aussi par quelles hardiesses elle anticipe les solutions et tente les expériences sociales. En suivant par la pensée ces péripéties dans leurs causes et dans leurs effets, on reconnaît que ce qui les résume le plus précisément est cette phrase de M. Duvergier de Hauranne, citée par M. Dupont-White : « Il faut voir là des essais de liberté dont chacun a été plus prolongé et plus heureux que le précédent ; les crises n'interrompent ce progrès que pour le développer. » Quant à moi, je n'en veux pour preuve que la différence entre le premier empire et le second. Du premier au second la situation mentale avait notablement changé ; et, dans la population, ni la partie comprimante, ni la partie comprimée, ni celle qui regardait faire n'étaient les mêmes que cinquante années auparavant, tout ayant passé par les libres régimes de la restauration, du gouvernement de 1830 et de la république. De plus, ce qui est non moins essentiel, l'état de l'Europe s'était immensément modifié; la paix régnait, les communications étaient ouvertes avec l'Angleterre dont l'opinion condamnait les mesures compressives ; l'Espagne restait constitutionnelle; l'Italie s'agitait. Ainsi, tandis que le premier régime impérial, devenant tous les jours plus oppressif pour la France et plus dangereux pour l'Europe, aggravait ses conditions d'origine, le second allégea les siennes : de là la mitigation des mesures, l'intervention de l'opinion publique, des acheminements de liberté ; tout cela connexe avec un changement équivalent dans le reste du continent : la libération de l'Italie, la constitutionnalité de l'Autriche; si bien que l'ère de réaction libérale qui suit l'ère de compression a déjà commencé partout (1).

A côté de la liberté de la presse et de celle de la tribune, quand elles existent, ou indépendamment quand elles n'existent pas, la centralisation comporte un correctif, et ce correctif est une capitale. « Une capitale, dit M. Dupont-White, » n'est pas un pouvoir étiqueté et classé parmi les pouvoirs » constitutionnels ; les publicistes n'ont pas encore défini le » jeu de cet organe dans la physiologie des nations... Son » œuvre est de créer des idées en dehors des églises et des » académies ; une mode et une société en dehors de la cour ; » une opinion en dehors du gouvernement... Si la centrali-» sation crée un gouvernement plus fort que le pays, elle » crée aussi bien une capitale plus forte que le gouvernement; » le poids et le contre-poids sont œuvres de la même main. »

---

(1) On se rappellera que ceci a été écrit en 1862 ; mais, même revu à la lumière des événements, le tableau reste vrai dans les traits généraux ; le règne de Napoléon III a été moins malfaisant que celui de Napoléon Ier, sauf en un point qui nous touche particulièrement : il a précipité, comme son oncle, la France dans l'abîme.

Ceci mérite quelque considération historique, car le sujet est important et curieux. Sous les Capétiens, Paris ne fut que la capitale de leur domaine privé; mais, à mesure que la monarchie gagna sur le régime féodal, Paris gagna aussi sur les autres villes; et, sous les premiers Valois, il devint révolutionnaire et entreprit de créer l'association des communes et de fonder une sorte de gouvernement qui portait déjà les caractères de la centralisation, ce qui étonnera moins si l'on se rappelle que depuis longtemps Paris était, par son Université, la capitale philosophique de l'Europe (il s'agit de la philosophie scolastique).

Soit que ces tentatives eussent effrayé les seconds Valois, soit que les soins de l'empire l'exigeassent, ils se tinrent plus volontiers à l'ouest et le long de la Loire. Néanmoins Paris pesa grandement sur la solution des guerres religieuses; il resta fermement catholique, trempa, à sa honte, dans la Saint-Barthélemy, fut ligueur; s'il eût été protestant, Henri IV ne se convertissait pas, et la France devenait officiellement protestante. La Ligue et la Fronde n'avaient pas sans doute bien disposé la royauté pour Paris; toujours est-il que Louis XIV, qui fit tant pour la centralisation, alla se fixer à quelques lieues de la grande ville et fonder à Versailles sa colonie administrative. Sous son règne, du moins dans la première partie, la cour prévaut, comme on le voit dans les comédies de Molière; mais, plus tard et durant tout le dix-huitième siècle, ce fut la ville qui prévalut. Depuis lors cette prédominance n'a fait que s'accroître; c'est qu'en effet, depuis lors aussi, la centralisation n'a fait que s'étendre, se perfectionner, se régulariser.

Noter historiquement la puissance de Paris dans les événements qui ont modifié la condition de la France entière n'est, dans le livre de M. Dupont-White, que les prémices d'où il tire une conséquence effective et applicable. « Il s'agit
» de savoir, dit-il, si les forces vives de tout un pays, con-
» centrées et façonnées dans une capitale, ne constituent pas
» au plus haut degré une valeur, une élite politique; s'il n'y
» a pas là une représentation du pays irrégulière, dépourvue

» de mandat, mais naturelle et puissante, qui doit entrer
» dans les institutions et recevoir du législateur la mission
» que sans cela elle pourrait bien prendre. » Suivant lui,
l'équité et l'efficacité seraient de traiter une capitale selon sa
valeur dans la répartition des pouvoirs représentatifs ; et il
ajoute que l'aristocratie est partout une puissance et qu'une
capitale est une aristocratie.

M. Dupont-White a traité de la centralisation comme elle
est aujourd'hui et comme on l'entend ; je l'ai suivi dans cette
marche. Je ne voudrais pourtant pas terminer sans signaler
d'où elle est née, quel est son titre et ce qu'elle renferme pour
l'avenir. Son acte de naissance est d'avoir succédé naturellement et par droit d'héritage aux pouvoirs fragmentaires de
la féodalité ; son titre est de concorder avec les exigences du
développement social. Tous les gouvernements européens se
détachent des conditions d'existence du moyen âge ; même
l'Italie et l'Espagne, les dernières à y échapper, y échappent
à leur tour. Ce régime qui passe s'en va par pièces et par
morceaux. Comment les pouvoirs civils pourvoient-ils à cette
usure successive des liens matériels et moraux ? Ils y pourvoient en prenant pour guides les lois réelles du monde qui
nous porte et nous entoure, ainsi que les forces élémentaires
et progressives des sociétés ; mode de gouverner qui, en définitive, repose sur l'expérience des politiques, sur les conceptions des philosophes, sur les notions positives de la science.
Gouverner sciemment selon la constitution du monde, de
l'être humain et des sociétés, est désormais et sera de plus en
plus l'affaire de la politique ; et gouverner ainsi compte parmi
ses conditions essentielles la centralisation.

II

La centralisation est-elle en rapport direct avec la race, particulièrement avec la race française ?

M. Dupont-White est pleinement pour l'affirmative. « La
» centralisation, dit-il, est un pur gallicisme, le reflet poli-

» tique d'un goût d'unité propre à la race et qui paraît en
» toutes choses ; religion, philosophie, théâtre, théories et
» fictions de toutes sortes.... Si vous voyez le goût de l'unité
» régnant sur un peuple, empreint dans sa manière de com-
» prendre la religion et l'art, de se grouper, de se divertir,
» il faut bien vous attendre à une chose ; c'est que vous re-
» trouverez ce goût, à moins d'obstacles tout-puissants, dans
» ses institutions, dans ses lois, dans ses usages économiques;
» tel esprit, telle cité. Ces obstacles ne se sont pas rencon-
» trés en France ; et le goût d'unité a pu passer de l'esprit
» de la race dans ses arrangements de territoire et de sou-
» veraineté.... Ce qui me touche dans la centralisation, c'est
» cette particularité frappante d'une fortune parallèle en tout
» à celle de la nation, et d'un développement identique à celui
» de la puissance et de la civilisation française. Sécurité,
» gloire, pensée, richesse, succès d'esprit et d'épée, essor des
» arts et de l'industrie ; chez nous tout a marché du même
» pas que la centralisation. Le progrès de celle-ci n'était-il,
» par hasard, que contemporain du progrès national ? Le pays
» a-t-il grandi, non à cause, mais en dépit de la centralisa-
» tion ? Cela peut se dire ; que ne dit-on pas ? Mais alors expli-
» quez-nous l'obstination, la persistance du préjugé français
» en faveur de la centralisation. Comment l'instinct du pays
» a-t-il pu s'égarer au point de vouloir, à toutes les époques
» et sous tous les régimes, ce qui était inutile ou même per-
» nicieux au pays ? »

J'aime mieux citer textuellement que résumer les paroles d'un auteur. Les lecteurs ont de cette façon une plus grande certitude de sa pensée. Cette pensée est, sans aucun doute, chez M. Dupont-White, qu'un goût d'unité inhérent à la race française, n'ayant été empêché par aucune circonstance défavorable, s'est pleinement développé et a empreint son caractère dans les institutions politiques, comme dans la philosophie, dans les lettres et les arts. Je n'ai aucune envie de contester qu'il y ait dans les races des aptitudes innées comme il y en a dans les individus ; loin de là, je suis convaincu aussi bien par les études anthropologiques que par les documents historiques, que les races primordiales, telles que les blancs, les nègres, les jaunes, les Aryens, les Sémites, les Berbers, et, secondairement, les sous-races formées par les migrations, par les climats et par les mélanges, possèdent des capacités originelles qui ne sont ni identiques ni équivalentes. L'ensemble des faits donne irrésistiblement cette conviction ; mais il s'en faut que les détails soient assurés et qu'on puisse affirmer de telle capacité qu'elle est primordiale et non acquise. Dans un travail sur Shakespeare que la *Revue des Deux-Mondes* a publié en 1860, et que j'ai reproduit dans un volume intitulé *Littérature et Histoire*, p. 71, j'ai essayé d'indiquer quelques-uns des points fondamentaux qui doivent entrer dans la caractéristique des races et des sous-races ; ici je vais, comme contre-partie, signaler à l'attention du lecteur certains cas particuliers où la capacité paraît acquise et non d'origine.

« De toutes les façons faciles, dit M. J. St-Mill, de se dis-
» penser de l'étude des influences sociales et morales sur
» l'âme humaine, la plus facile est d'attribuer les différences
» de caractères et de conduite à des différences naturelles
» indestructibles. » L'éducation est, à mon sens, une chose aussi réelle et aussi effective pour les peuples que pour l'individu, sauf que pour l'individu elle résulte du conflit entre ses dispositions innées et l'enseignement sciemment donné par le maître, tandis que pour les peuples le conflit est entre leurs dispositions innées et l'enseignement inscient que produit le concours des événements intérieurs et extérieurs. L'histoire française me fournira quelques exemples où l'influence de ce que j'appelle éducation des peuples me semble caractérisée ; ils serviront à éclairer la question en ce qui concerne la centralisation.

M. Dupont-White a groupé avec art et talent tout ce qui peut historiquement favoriser sa thèse, et il a montré les efforts constants des rois pour centraliser ; l'appui que leurs efforts ont rencontré dans les populations ; les succès de tous les genres qui en ont été le fruit ; la grande puissance ainsi créée au centre de l'Europe ; cet Etat qui est le plus vieux de tous les Etats formés après la chute de l'empire romain et à qui aucun ne peut disputer son titre de noblesse et l'honneur de compter le plus de siècles ; l'influence exercée au dehors soit par les armes, soit par les idées ; enfin tout ce qui fait la force et la grandeur de la France au dix-septième siècle, au dix-huitième et au dix-neuvième. Je ne prétends rien diminuer à ce tableau. La France, par la voie qu'elle a suivie, est devenue un pays puissant ; l'unité, la généralité, la théorie captivent son esprit ; la centralisation règne dans son gouvernement. Mais, historiquement, est-ce là la voie qu'elle a toujours suivie ? et n'a-t-elle pas, avec des tendances toutes différentes, trouvé déjà la grandeur entre les nations, l'influence pour son action politique, l'universelle diffusion pour sa littérature ?

On sait que la France fut le premier pays reconstitué après le débordement des barbares ; les Ostrogoths d'Italie furent dissipés par les Lombards, qui eux-mêmes disparurent devant les Carlovingiens, et la reconstitution de l'Italie fut renvoyée à une époque bien postérieure. Il en est de même pour l'Espagne, bouleversée par l'invasion musulmane ; pour l'Angleterre, dont les destinées modernes ne commencent qu'à la conquête de Guillaume ; pour la Germanie, que Charlemagne conquit et christianisa. Seule, la Gallo-France est antérieure à tous ces changements et forme un centre qui, au midi, arrête les Sarrasins débordés et au nord incorpore au christianisme et à l'empire la Germanie. C'est dans ces circonstances que se fonda le régime féodal, qui eut en France son établissement le plus ferme et le plus régulier. Les Français le portèrent partout avec eux : ils le portèrent en Angleterre, car les Neustriens, bien que baptisés plus tard du nom de Normands, imposèrent aux vainqueurs scandinaves leur langue, leurs mœurs et leurs institutions, et Rollon prête serment de foi et hommage ; ils le portèrent en Syrie durant les croisades, en Grèce après cette détestable expédition qui mit Constantinople en cendres, et il y eut des ducs d'Athènes, de Thèbes et autres lieux d'un renom classique. Ainsi, non-seulement la France, comme le reste de l'Europe, eut le régime féodal, mais encore elle l'eut par excellence ; elle y prima. Et dès lors, de deux choses l'une : ou bien son génie naturellement unitaire et centralisateur fut comprimé par les circonstances contemporaines ; ou bien régime féodal, régime centralisateur sont des institutions auxquelles un même peuple peut se conformer suivant le cours des siècles, des effets de ce que j'appelle son éducation, c'est-à-dire la manière de se subordonner aux circonstances extérieures en les modifiant. Rien n'autorise à écarter cette dernière interprétation.

Le régime féodal et le moyen âge sont aujourd'hui appréciés fort diversement. Les uns, acceptant le jugement du dix-septième et du dix-huitième siècle, corroboré par la révolution, n'y voient qu'une époque de barbarie et de ténèbres ; les autres, renouant la tradition catholique, y placent l'idéal de la foi et de la chevalerie. Mon opinion, depuis bien longtemps exprimée, est que cette époque fut un légitime intermédiaire entre l'antiquité et les temps modernes et eut les avantages et les inconvénients que comporte une telle situation. Mais laissant de côté cette controverse, les adversaires, au nombre desquels est M. Dupont-White, ne nieront pas que, tout étant alors féodal en Europe, ce qu'il importe d'apprécier ici, c'est l'usage que cette société fit de ce mode commun à chacune. Or l'intervalle qui s'écoula des derniers Carlovingiens au règne de saint Louis à la fin du treizième siècle fut un intervalle de beaucoup d'éclat pour la France ; elle dirige les croisades, elle influe profondément sur l'Angleterre par ses institutions et son langage, elle secourt continuellement l'Espagne contre les Sarrasins ; elle est la fille aînée de l'Eglise dans un temps où l'Eglise forme le lien spirituel des sociétés ; et dans les chansons de geste elle porte le titre de *Terre majeure* ou de *France la louée*. Contredire à ce langage des siècles et à ce concert unanime des témoignages n'est pas licite à l'histoire.

Ceci me conduit à un point en relation avec l'éducation des sociétés, c'est-à-dire avec le changement d'aptitudes qu'elles présentent suivant les phases de leur existence. Il s'agit ici des aptitudes militaires. En voyant les gens de pied faire le fonds des armées de Louis XIV, ceux du dix-huitième siècle triompher à Fontenoy de la vaillance anglaise, et ceux de la révolution tenir tête à l'Europe coalisée, qui ne croirait que la qualité fondamentale du Français est cette solidité qui constitue la bonne infanterie? Pourtant il n'en est rien ; et les récits de nos longues annales donneraient un démenti à une pareille opinion. Pour connaître la France, il faut toujours remonter au haut moyen âge où elle tient un rang si élevé. Alors sa force militaire fut grande, mais elle consistait essentiellement en cavalerie. Ses barons, aristocratie militaire chez qui la prouesse était le suprême honneur, exercés au maniement des armes dès l'enfance, couverts d'excellentes armures qu'ils choisissaient avec soin, montés sur de puissants chevaux dont ils cultivaient les races et les qualités, constituaient une bande de guerriers qui avaient peu d'égaux en Europe et nuls supérieurs. Aussi, dans tout le cours de ce haut moyen âge et de la plénitude du régime féodal, la France obtient par les armes un grand renom. Il suffit de rappeler Bouvines. Quant aux Anglais, qui étaient des demi-Français (car comment nommer autrement des gens qui parlaient français et qui possédaient à titre féodal la Normandie et la Guienne ?), les avantages se partageaient alors, comme cela devait être, et saint Louis leur infligeait à Taillebourg une sévère défaite. Mais alors il n'est question d'aucune infanterie qui compte vraiment dans la bataille.

Le tour de l'infanterie arrivait. Le quatorzième siècle se caractérise par un changement profond dans l'organisation sociale ; la royauté s'élève, la noblesse s'abaisse, les communes sentent leur force et s'agitent. Mais, en France, ces nouvelles conditions ne savent pas se combiner, tandis qu'en Angleterre elles commencent à prendre une constitution qui est le rudiment de l'Angleterre future. A ce moment, l'ancienne égalité militaire se rompt ; la baronnie française reste toujours vaillante, impétueuse, terrible, mais elle vient se briser follement contre l'infanterie, qui prend alors une place considérable dans les armées. Une série inouïe des plus grandes défaites ne la corrige pas. Son infanterie à elle n'est qu'une *piétaille*, sur le corps de laquelle elle passera au besoin pour aller plus tôt mourir sous les flèches acérées des vaillants archers d'Angleterre. Les Anglais sont encore fiers des trophées de Crécy, de Poitiers, d'Azincourt et de Verneuil. L'incapacité supposée du populaire français à former de bons fantassins était si invétérée, que, longtemps après encore, nos rois empruntaient l'infanterie suisse, que ses victoires sur le duc de Bourgogne avaient mise en renom, afin de faire avec leur propre gendarmerie, qui restait excellente, une armée complète. Il y a deux sortes de populaires parmi lesquels on recrute et forme des soldats : l'un serf ou, comme celui du quatorzième siècle, sortant à peine du servage et méprisé par une orgueilleuse noblesse ; l'autre libre et employé, non attaché, à la culture de la terre et à l'exercice des métiers. Avec le premier, on peut faire de bonnes troupes, si une discipline empruntée à une civilisation plus avancée et appliquée par des officiers appartenant à la caste nobiliaire donne de l'ensemble et de la consistance à ces hommes ; c'est le cas actuel de la Russie. L'autre, s'instruisant par lui-même s'il est en communauté républicaine, ou recevant son instruction des institutions monarchiques, forme des armées supérieures par l'organisation et par le moral ; car, dans ces armées, le soldat qui provient d'une classe libre y a quelque chose de l'officier. C'est de la sorte qu'à partir d'une certaine époque, l'infanterie française prend en Europe le rang que la gendarmerie française y avait occupé ; mais là on voit très-nettement l'influence des circonstances sociales et non l'effet d'aptitudes innées.

C'est pour cela que j'ai cité ce cas ; autrement un exemple militaire aurait été mal choisi, toutes les races d'hommes guerroyant et mourant, quand il le faut, dans les combats. Venons aux choses d'esprit. Ce fut la ferme opinion de tout le dix-septième siècle que, durant le moyen âge, langue, lettres et arts, tout avait langui dans la barbarie la plus misérable et la plus indigne du moindre regard ; et ce siècle le croyait, non point par hostilité (car la libre pensée et la révolution n'avaient point pris racine dans les esprits), mais par la rupture de toute tradition et par le dédain né de l'ignorance. On peut voir dans

La Bruyère ce qu'alors les gens de goût pensaient de l'architecture gothique, tant admirée aujourd'hui. Le dix-huitième siècle, passionné, libre penseur, révolutionnaire, n'ignora guère moins le moyen âge; pourtant il le feuilleta, afin d'y puiser des armes pour l'ardente guerre, finalement victorieuse, qui se poursuivait contre l'ancien régime. Le dix-neuvième siècle revient peu à peu, par l'étude, à de meilleures notions sur l'histoire; mais les préjugés à l'endroit du moyen âge sont tellement invétérés et étendus, que la saine érudition a peine à faire impression et à dissiper les erreurs accréditées. Condorcet a dit dans l'*Éloge de d'Anville* : « L'Italie,
« qui produisit des poëtes dignes rivaux de ceux de l'antiquité
« dans un temps où les autres nations n'avaient que des chan-
« sons grossières, qui parlait une langue déjà fixée lorsque
« les autres peuples n'avaient que des jargons sans règles
« comme sans noblesse.... » Il est peu de personnes, même parmi les personnes instruites, qui ne croiraient répéter une sorte de vérité banale en répétant ce dire de Condorcet, et pourtant ce dire ne contient pas un mot qui ne soit une erreur et en contradiction avec la plus certaine histoire. La vérité est que la France a eu des poëmes de tout genre longtemps avant l'Italie, et que la langue d'oïl a été écrite et fixée longtemps avant la langue italienne. Il n'y a plus, sur ce point, entre les éruditions, de contestation possible.

Je laisse de côté les explications, et ici je note seulement les faits. Or les voici: Dans le onzième siècle, dans le douzième, dans le treizième (la veine, en ce dernier, commence à s'épuiser) il se fait une vaste production de poésies sur toute l'étendue de la France; la langue d'oïl et la langue d'oc, qui ont en commun les mêmes règles et qui, par ces règles, se distinguent de leurs sœurs l'italienne et l'espagnole, sont devenues capables de rendre la pensée contemporaine, et cette pensée est surtout avide de poésie.

D'abord elle crée le vaste cycle de Charlemagne : cycle de guerres contre les païens du Nord ou ceux du Midi (car pour les trouvères ou les troubadours les Musulmans monothéistes sont aussi bien des païens que les adorateurs germains de

Thuiscon et d'Odin) ; et cycle de luttes contre d'orgueilleux vassaux (car on le confond aussi parfois avec quelqu'un de ses faibles successeurs) ; elle arrange à sa guise les histoires d'Alexandre et celles, comme elle dit, de *Rome la Grant ;* elle fait un roman de la guerre de Troie, et Shakespeare, à travers maint intermédiaire, y puise *Troïlus et Cressida.* Puis, quand les récits de la Table Ronde et d'Arthus, créés par l'imagination celtique, sortirent des retraites où les Bretons du continent et de la grande île étaient refoulés, les trouvères français s'emparèrent avidement de ces contes comme s'ils s'y reconnaissaient un droit de consanguinité, et, par leur langue universelle, les rendirent connus et chers à l'Europe entière. En même temps apparurent les romans d'aventure, les fabliaux piquants, le remarquable poëme satirique de Renart et des chansons sans nombre d'amour et de guerre dont beaucoup sont gracieuses et quelques-unes vraiment belles. On demandera peut-être quel fut le succès de tout cela ? Le succès ? Il fut immense, universel ; on traduisit ces poëmes dans toutes les langues ; on les lut partout, on les imita partout ; Boccace et Chaucer, admirés en Italie et en Angleterre, y puisèrent à pleines mains. M. Dupont-White, en signalant les fils nombreux de la trame qui fait le *Roland Furieux* de l'Arioste, dit que jamais plume française n'eût écrit une œuvre si compliquée et portant si peu le caractère de l'unité. Mais, à vrai dire, ce sont des plumes françaises qui ont formé le canevas, et l'Arioste n'a fait que le broder en homme d'esprit et en poëte ; lui et le Boiardo, qui ont pris pour héros les preux de Charlemagne, et pour aventures les guerres merveilleuses contre les Sarrasins, ont usé d'une source commune, à savoir *I reali di Francia,* compilation qui se fit en Italie au quatorzième siècle avec nos chansons de geste du cycle carlovingien.

Ainsi il est certain que, dans le haut moyen âge et avant toute autre nation européenne, il y eut, dans la langue d'oïl et dans la langue d'oc, c'est-à-dire dans les limites de la France, une vaste production littéraire ; qu'elle fut originale, ou, en d'autres termes, pleinement d'accord avec les opinions, les mœurs, les croyances du temps ; qu'elle obtint non-seu-

lement dans le pays, mais encore dans le reste de l'Europe, le succès le plus complet et partant le plus légitime (car quel succès plus légitime que celui d'œuvres qui satisfont l'esprit et le cœur des grandes sociétés?); qu'enfin longtemps après son déclin, toute cette littérature a laissé une vive et profonde trace dans des littératures renommées. A une telle phase de notre histoire ne peut s'appliquer, à mon avis du moins, ce que dit M. Dupont-White : « En France, la voie du progrès, c'est
» la centralisation appliquée aux choses que signale l'intel-
» ligence du pays concentrée et façonnée dans la capitale ; la
France ne parvient à toute sa pensée que par la capitale, à
» toute sa force que par le gouvernement. » Cette proposition, vraie pour notre temps, ne me semble pas l'être pour une époque plus reculée ; la France est parvenue jadis à toute sa pensée sans capitale, n'ayant eu alors d'autre pensée que celle qui résultait de sa situation dans l'Occident parmi les nations sœurs ; elle est parvenue à toute sa force, n'ayant point alors d'autre gouvernement que le gouvernement féodal ; enfin elle n'a pas eu pour voie du progrès la centralisation ; car, si l'on doit dire que tout régime social dont l'évolution naturelle et spontanée conduit au degré de civilisation immédiatement plus élevé satisfait aux conditions essentielles, on doit dire, par une conclusion nécessaire, que le régime féodal satisfit à ces conditions, puisqu'il fut l'acheminement de la civilisation moderne dont l'homme moderne est justement fier.

Montesquieu, cité par M. Dupont-White, signalant l'humeur facile, l'ouverture de cœur, la joie dans la vie qu'il remarque parmi le peuple de France, exprime que fanatisme et inquisition ne sont pas faits pour un pareil peuple. N'en déplaise à Montesquieu, le fanatisme n'a pas été étranger, il s'en faut, à la France ; sans parler de l'explosion de fanatisme politique que le grand publiciste ne vit pas, le fanatisme religieux avait, dans le seizième siècle, donné d'assez terribles preuves pour qu'on ne l'effaçât point de l'éventualité du caractère français; mais Montesquieu, en écrivant ceci, n'avait en vue que son temps et la société humaine et polie au sein de laquelle il vivait. Se trompant là-dessus, il ne se trompait pas moins sur l'inquisition. Sans doute, l'impossibilité où l'on fut d'exterminer les protestants, l'intervention modératrice de grands magistrats tels que le chancelier de l'Hospital, et finalement l'édit de Nantes, écartèrent le fléau d'un tel tribunal ; mais, dans les douzième, treizième, quatorzième et quinzième siècles, la France y fut sujette, et les bûchers y furent allumés sur tous les points. N'oublions pas l'histoire dans nos théories. Le même raisonnement s'applique à la question de la tolérance religieuse, question tranchée par M. Dupont-White en faveur de la France, qui, dit-il, fut la première et est restée la seule à traiter ce sujet politiquement. Sans doute l'esprit français inaugura le premier la tolérance religieuse sans restriction et sans réserve ; ce fut en 1789 et après la belle et longue prédication du dix-huitième siècle ; mais jusque-là les pays protestants, et surtout la Hollande, avaient usé d'une tolérance restreinte, il est vrai, mais bien supérieure aux rigueurs des pays catholiques, y compris la France. Qu'y a-t-il de comparable en détestables violences à la persécution contre les protestants exécutée sous Louis XIV et reprise un peu plus tard par le duc de Bourbon et sa maîtresse, Mme de Prie ?

Les questions d'aptitudes nationales innées touchent aux questions de races ; c'est pourquoi je transcris cette phrase de M. Dupont-White : « Il y a chez nous quelque chose de ger-
« main par où nous sommes philosophes ; et quelque chose de
« latin qui met en toute théorie française sa lumière et sa
« netteté. » Notre sol a été occupé au nord par les Francs, à l'est par les Burgundes, au sud par les Visigoths ; cela est vrai ; mais le sol italien l'a été par les Ostrogoths et les Lombards, et le sol espagnol par les Vandales, les Visigoths et les Suèves ; de sorte que, si nous avons quelque qualité qui nous vienne des Germains, nous l'avons en commun avec les autres nations latines, sans aucun privilège qui nous soit particulier. Mais je vais plus loin, et je maintiens qu'en fait de philosophie nous ne devons rien à l'antique invasion germanique. On se laisse faire illusion par l'éclat de la philosophie allemande depuis Kant ; et, à la fin du dix-septième siècle, par le renom de Leibnitz. Mais, si l'on gagne les siècles antérieurs, on ne

trouve en Allemagne aucun important témoignage d'éminence philosophique. Au contraire, ces témoignages abondent pour la France. Dans le moyen âge (je demande pardon aux ennemis de cette époque si j'y reviens sans cesse, mais où prendre l'histoire si ce n'est dans le passé?), Paris fut la capitale non pas seulement française, mais européenne de la philosophie; toutes les nations y envoyaient leur contingent d'écoliers. C'était, il est vrai, la scolastique qui y régnait, mais la scolastique fut la philosophie du moyen âge, et alors aucun peuple de l'Occident ne philosopha autrement qu'on ne philosophait à Paris. Puis, s'il faut dire entièrement ma pensée, je ne vois, dans toute la philosophie antique, dont la scolastique fut l'héritière et la continuation, aucune question qu'on puisse mettre sur le rang de la grande querelle du réalisme et du nominalisme ; car les penseurs du moyen âge amenèrent, comme le demandait l'évolution naturelle des choses, le nominalisme au point où il devait se transformer le plus facilement en cette moderne condition d'esprit d'où surgit la méthode expérimentale. Quand la scolastique, après avoir justement régné, est justement écartée, la France produit un philosophe dont le nom ne le cède à aucun autre nom, je parle de Descartes. Notre dix-huitième siècle a une philosophie qu'il est de mode de qualifier de superficielle et d'indigne d'attention; pour ma part, tout en en reconnaissant les graves défauts, je ne craindrais pas, si c'était le lieu, d'y montrer des compensations qui la font l'égale, pour ne rien dire de plus, de toutes les philosophies d'alors. Ainsi, chez nous, la tradition philosophique remonte au haut moyen âge; on y voit la France philosopher avant l'Allemagne ; et dès lors l'influence du sang germanique en ceci demeure sans base historique.

Je me résume et je dis que, à côté des dispositions innées de race, il est des dispositions acquises grâce au développement de civilisation; que cette acquisition est ce que je nomme éducation des peuples, et qu'il importe de distinguer ces deux ordres d'aptitudes.

J'appartiens à une école de philosophie qui, faisant de la filiation la condition théorique et abstraite de tout le développement de l'humanité, attache une minutieuse attention aux documents historiques. M. Dupont-White me pardonnera d'avoir consacré toute une moitié de mon travail sur son livre à rechercher dans nos annales quelques grands traits qui, selon moi, doivent faire douter de certaines propositions courantes sur nos aptitudes nationales. Les aptitudes innées des nations et des races n'apparaissent pas autant à la surface que l'on croit communément; il faut creuser pour les chercher, et, dans tous les cas, faire soigneusement, à l'aide de l'histoire, la déduction de ce qui appartient à la pression issue des circonstances et à l'éducation issue du progrès des choses. Appliquant cette déduction à la centralisation, le lecteur jugera laquelle des deux opinions doit prévaloir, celle de M. Dupont-White qui y voit un trait de caractère national, ou la mienne qui y voit un résultat du développement politique. Pour lui, c'est une aptitude innée; pour moi, c'est une aptitude acquise; pour tous deux, c'est une aptitude réelle et effective présentement. Le succès du livre de M. Dupont-White a été grand; et moi je suis venu si tard que c'est de la seconde édition, non de la première, que je rends compte présentement. En désaccord sur un point accessoire, je suis d'accord avec lui sur un point essentiel, ainsi caractérisé : l'avancement moderne de la civilisation exige que l'étude et la gestion des intérêts généraux soient entre les mains d'une autorité assez éclairée par ses connaissances positives pour en faire l'application, assez élevée pour embrasser l'ensemble et être impartiale, assez forte pour triompher des résistances fragmentaires; c'est ce que M. Dupont-White nomme centralisation.

IX

HISTOIRE

DE LA

RÉVOLUTION DE 1848

Par Daniel STERN, 2ᵉ édition.

[Ce livre, dont je rendis compte dans le *Journal des Débats* du 14 juillet 1864, est un document qui méritera toujours d'être consulté quand on écrira l'histoire du redoutable événement qui signala le commencement de l'année 1848. L'auteur prit pour épigraphe les mots de Tacite : *Futurorum præsagia, læta, tristia, ambigua, manifesta.* L'allégresse fut courte, et bien vite les espérances de la république de 1848 s'évanouirent. Ce qui fut manifeste et ce qui ne cessa de le devenir, ce fut en France et même ailleurs l'instabilité des pouvoirs établis. La tristesse qu'un odieux coup d'État et un absolutisme sans frein avaient répandue et qui semblait dans les premiers temps s'atténuer, aboutit, grossissant, à l'effroyable désastre de Sedan et de Metz. L'ambiguïté s'est résolue, pour la France du moins, en un état qui promet sécurité; mais elle n'en persiste pas moins pour l'Europe entière ; car comment se termineront ces préparatifs militaires toujours croissants, ces armées toujours plus dispendieuses qui obèrent tous les budgets? Par la paix et le désarmement, disent la civilisation européenne et la sagesse. Par la guerre et la conquête, disent les difficultés internationales et les convoitises des rois et des peuples.]

Cette seconde édition d'un livre qui, dans le temps, eut un grand succès, Daniel Stern l'adresse à la génération nouvelle qui s'est formée depuis la révolution de 1848 : « Entrée à peine dans la vie publique, dit l'auteur en sa préface, appelée à son tour à prendre part aux affaires, à voter dans les comices, à siéger dans les assemblées, à exercer les professions libérales et les droits civiques, cette génération, un peu décontenancée par la fréquence et la contradiction de nos changements politiques, se demande à cette heure ce que l'on doit entendre chez nous par le droit et la liberté. Dans le brusque passage de la royauté à la république, de la république à l'empire, qu'elle a vu s'accomplir avant l'âge où elle eût été engagée d'honneur sous l'une ou l'autre bannière, la jeunesse, sans préjugés, cherche un enseignement pratique. N'étant point compromise encore par son passé, elle écoute les leçons de l'histoire. Elle interroge les hommes et les événements. C'est de cette génération studieuse et impartiale que j'attends une appréciation définitive de l'*Histoire de la révolution de* 1848. »

Cette appréciation ne peut manquer ni à l'événement, ni au livre. L'événement, quoi qu'on en pense, a porté coup, et le livre qui le raconte demeurera comme un témoignage contemporain écrit avec la ferme résolution de l'impartialité, comme un récit émouvant de scènes émouvantes, comme une page d'histoire où les causes profondes des choses rapides apparaissent dans leur enchaînement.

Un homme dont je suis le disciple, Auguste Comte, écrivait en 1842 (notez la date) : « Dans les douloureuses collisions que nous prépare nécessairement l'anarchie actuelle, les philosophes qui les auront prévues seront déjà préparés à y faire convenablement ressortir les grandes leçons sociales qu'elles doivent offrir à tous. » Les collisions sont venues; pourquoi n'essaierais-je pas d'y chercher *les grandes leçons sociales* dont il est ici question? Sans avoir renoncé à la fidélité des souvenirs, qui est le guide le plus sûr de la fin d'une vie passée sous d'autres conditions (1), je n'ai pas renoncé non

---

(1) Ceci, écrit en plein empire, veut dire que je restais fidèle aux idées libérales qui avaient éclairé ma jeunesse et mon âge mûr, et que je refusais tout acquiescement au régime impérial. L'acceptation du coup d'Etat, de l'improbité qui violait un serment, de l'établissement d'un despotisme sans contrôle, m'avait semblé un événement si honteux et si mortel à la France que je songeai à m'expatrier pour ne plus revenir. Malheureusement, mes pressentiments (je ne dirais pas mes prévisions, car je ne prévoyais rien) se sont réalisés; le coup porté à la France a été affreux, 1870 plus terrible que 1814 et 1815, et nous sommes occupés à réparer les ruines d'un aussi complet désastre. Ce désastre matériel a été le produit, du désastre moral infligé par le régime du troisième empire. Guérissons-nous donc du mal de l'empire; c'est la plus urgente des corrections.

plus à m'intéresser au développement fondamental des choses. Ces *leçons sociales* qu'Auguste Comte recommande ne sont pas, on le comprend tout d'abord, des réflexions sur l'instabilité des temps et les jugements d'en haut, ou, pour me servir du langage de Bossuet, *sur le faible des grands politiques, leurs volontés changeantes ou leurs paroles trompeuses, ni sur l'illusion des amitiés de la terre qui s'en vont avec les années et avec les intérêts, ni sur la profonde obscurité du cœur de l'homme qui ne sait jamais ce qu'il voudra.* Elles s'élèvent plus haut que les passions, la faiblesse ou la force des individus ; car elles enseignent pourquoi les temps sont instables, et comment derrière les volontés changeantes et les illusions persiste une réalité qui, se faisant obéir, se fait reconnaître.

Ces grandes leçons ont leur source dans l'étude des causes, des suites et de la conduite, soit chez les gouvernemens, soit chez les peuples. On a dit de la révolution de 1848 que c'était un accident, la manœuvre d'une faction, un acte de violence et de traîtrise qu'un ordre donné à propos, un mouvement de troupes mieux exécuté, un prince de plus à Paris, un combattant de moins dans la rue, un orateur absent auraient empêché d'arriver au succès. Dans ces dires, il y a du vrai, il y a du faux. La faction qui cherchait une occasion, l'inhabileté du gouvernement qui la lui fournit et l'accident, tout cela est certain ; mais certaine aussi est la généralité d'un esprit de révolution qui rendait instable un établissement politique.

S'il y a eu simple accident plus ou moins habilement saisi par une faction et sans liaison intime avec une grande et grave situation, tout sera resté concentré dans le foyer de l'incendie local ; si, au contraire, il y a eu plus qu'un accident, si tout a été influencé par une grande et grave situation, des irradiations redoutables se seront fait sentir auprès et au loin. Est-il besoin de rappeler des faits si voisins de nous ? A peine ce conflit de trois jours, et qui, comme bataille, est la moindre des batailles, a-t-il éclaté, que le sol européen tremble tout entier ; l'Italie, l'Allemagne, la Prusse, l'Autriche éprouvent des commotions inconnues ; les trônes chancellent, les rois viennent dans la rue s'humilier au pied des barricades ; et, quand le désordre et l'anarchie qui éclatent faute d'idées mûries et d'organisation nouvelle, rendent aux gouvernements l'autorité, cette autorité n'est plus nulle part dans les mêmes conditions qu'auparavant.

Rien n'autorise à soutenir que les révolutions, quelque préparées qu'elles soient, ne puissent être écartées. Un grand roi à la place de Louis XVI aurait aperçu le danger et trouvé des issues ; un roi d'un esprit moins arriéré que Charles X n'aurait pas lui-même suscité le conflit ; un roi moins vieux que Louis-Philippe aurait senti qu'un intervalle de dix-huit ans avait nécessairement créé des tendances qui pouvaient devenir des entraînements, et surtout qu'il ne fallait pas s'exposer à la moindre barricade pour l'insignifiante question de l'adjonction des capacités électorales. Mais, quand la lutte commence, il est bien tard pour compter sur les circonstances accidentelles.

Une progression dans la participation européenne montre la continuité et la grandeur de l'événement. Quand la révolution de 1789 éclate, les peuples s'y intéressent sympathiquement, et, sans pouvoir empêcher les rois de guerroyer contre elle, ils ne s'associent nulle part à ce mouvement offensif. Quand c'est le tour de la révolution de Juillet, l'agitation est assez grande pour empêcher toute volonté d'agression. Enfin, quand arrive l'année redoutable de 1848, on s'estime heureux que quelques coups de fusils tirés sur les bords de la Seine et dans les rues de Paris n'emportent pas tout le vieil édifice européen.

Singulier spectacle qui, à la fois, témoigne de la solidarité européenne et de la puissance d'un coup, même faible et rapide, frappé à propos et en lieu opportun. Plus d'un prince qui n'y était pas perdit la bataille que perdait Louis-Philippe. Absents pour prendre leur part de la lutte, ils furent présents pour prendre leur part de la défaite. Vraiment, ceux qui disent que la révolution de Février fut un chétif accident font tort à Louis-Philippe et à son gouvernement ; ils font tort aussi à tous ces princes qui ressentirent, sans pouvoir en triompher, le premier contre-coup de la chute du roi. Serait-il possible que ce qui fut, dit-on, accident sur les bords de la Seine, l'ait été à Milan, à Vienne, à Berlin? Et ne voit-on pas qu'il faut décharger le gouvernement de Louis-Philippe de l'inculpation d'avoir fait naufrage sans qu'il y eût orage? L'orage était grand : je ne veux pas dire qu'il n'eût pu être détourné ; mais le détourner, en le prévoyant, quand il était temps encore, ou y succomber quand il eut éclaté, sont deux choses tout-à-fait distinctes.

En somme, il est certain que l'événement de 1848 eut un retentissement très-considérable ; et, à ce point de vue, on en pourra penser tout ce que l'on voudra, sauf le tenir pour chétif et exclusivement fortuit.

Telle est la première part des *grandes leçons sociales*, où il apparaît que, pendant les dix-huit ans écoulés de la révolution de Juillet à celle de Février, les gouvernements ou ne virent pas, ou virent mal, ou, en tout cas, ne prévinrent pas les dangers qui cheminaient sous la surface. Maintenant, il faut se tourner du côté des peuples et y chercher aussi les leçons qui vont à leur adresse. Louis-Philippe est tombé et la république est venue ; l'Autrichien a disparu du sol de l'Italie ; le roi de Prusse s'incline devant les barricades ; l'empereur d'Autriche a perdu Vienne et la Hongrie ; et un parlement révolutionnaire siége à Francfort. Que va-t-on faire de ces triomphes ? Aussitôt les empêchements et les difficultés passent du côté de la victoire. Les aspirations demeurent vagues ; les dissentiments éclatent ; les intérêts s'alarment ; et l'opinion effrayée se jette tête baissée dans la réaction. Alors paraît perdu tout le profit de l'effort.

La grande révolution de la fin du siècle, bien que la fureur des partis y ait provoqué plus d'une déviation funeste aux hommes, funeste aux choses, fut marquée d'un tel caractère philosophique et social que ses filles n'en ont jamais essentiellement dégénéré, et que le sentiment d'une moralité, d'une science et d'une politique supérieures y a toujours prévalu, quels que soient les actes des gouvernements, les excès des peuples, les tentatives rétrogrades des théologies. Un dynamisme intérieur, déterminé par le progrès de la science, qui élève le niveau de toute chose, combat les funestes effets des perturbations, et restaure la marche régulière de la civilisation moderne. Ainsi le premier empire (je dis l'empire, non le consulat), malgré tout le bruit de guerres acharnées, de grandes victoires et de plus grandes défaites, n'est autre chose qu'un immense avortement où tout ce qui fut voulu et entrepris non-seulement échoue directement, mais encore, ce qui est pis, tourne en sens contraire. Après dix ans d'un tumulte sanglant, on se retrouve ce qu'on était le lendemain du traité d'Amiens, c'est-à-dire dans la nécessité d'assurer à l'Europe la paix et un régime où la liberté pouvait entrer. En sens contraire, quand la politique populaire saisit une de ces idées sociales qui agitent le monde moderne, alors les sympathies s'éveillent de tous côtés ; les oreilles s'ouvrent ; les cœurs s'enflamment ; les frontières sont franchies ; et chacun, pour ou contre, sent qu'il s'agit moins d'une destinée locale que des destinées européennes. C'est de la sorte que, depuis le dix-huitième siècle, les révolutions de la France ont intéressé au loin et ont été des événements généraux.

La compression n'est pas la contre-révolution. La compression peut réussir momentanément ; la contre-révolution, dans l'ensemble, n'a jamais réussi. Ce sont deux choses distinctes ; on est tenté fort souvent de les confondre, parce que la compression s'allie, du moins à son début, avec la contre-révolution, qui est satisfaite de voir porter des coups à sa rivale ; mais il faut écarter l'accident et l'apparence. La contre-révolution, pour produire quelque chose d'effectif, devrait, remontant vers le passé, restaurer un système d'institutions, d'idées, d'opinions, de mœurs, que le courant social a emporté ou continue d'emporter ; il ne paraît pas qu'il y ait désormais dans la société un pouvoir, quelque excessif qu'on le suppose, qui soit capable d'obtenir une telle restauration. La compression survient quand l'ordre menacé l'appelle et la soutient ; n'ayant que l'efficacité signifiée par son nom, elle comprime une situation et ne la change pas. Elle suspend, elle interrompt ; puis, finalement, si elle est aveugle, elle s'aggrave et est détruite ; si elle est habile, elle se relâche et se transforme.

Mais, dira-t-on, est-ce donc à une misérable alternative de révolutions et de compressions que de la sorte est réduit le mouvement, si vanté par les uns, si redouté par les autres, de la civilisation moderne? Beaucoup le craignent, surtout à ces moments où la révolution est impuissante à réaliser des aspirations que la compression refoule violemment. Pourtant c'est une crainte qui doit être écartée et contre laquelle proteste d'ailleurs l'énergique et instinctif dévouement aux idées et aux espérances. Et de fait, ce dévouement ne se trompe pas ; si on examine les situations successives en philosophe attentif, sinon désintéressé, visiblement les choses changent et marchent; ni les révolutions ni les compressions ne sont des ornières dans lesquelles on retombe ; et, après chaque période un peu considérable, l'état de l'Europe apparaît dégagé de quelque lien, et plus voisin de quelque sage, grande, humaine conception qui règle les destinées politiques.

C'est ce que Daniel Stern a exprimé en disant que la révolution, qui fut en 1792 un essor héroïque de la nation, en 1830 un calcul hardi de la bourgeoisie, en 1848 un élan des classes laborieuses, est présentement la nécessité même des choses :
« Malgré des différences très-sensibles dans l'inspiration et
» dans la discipline des esprits, on n'est pas, au déclin du
» dix-neuvième siècle, moins révolutionnaire qu'on ne le fut
» en ses commencements : on l'est seulement d'une autre ma-
» nière. La révolution a quitté le monde souterrain des con-
» jurations, des sociétés secrètes ; elle a cessé, dans le même
» temps, d'agiter la place publique. Elle n'exalte plus les
» imaginations ; elle ne parle plus par la voix des sibylles et
» des prophètes ; le trépied est renversé, l'oracle se tait, les
» ténèbres et les mystères sont évanouis. C'est au grand jour
» de la raison publique que la révolution s'avance à pas comp-
» tés, à visage découvert. C'est dans les réalités palpables,
» dans la science, dans l'industrie, dans la rigueur des vérités
» positives qu'elle a trouvé sa force et fondé sa puissance.

» La science, au dix-neuvième siècle, est profondément

» révolutionnaire, car elle a établi dans l'infinité des mondes
» le règne de la loi, et, vengeant Galilée, elle a chassé des
» conseils de l'éternelle sagesse les oppresseurs insolents de
» la raison humaine. L'industrie, comme la science, est ac-
» quise à la révolution, car ses intérêts lui commandent la
» liberté ; avec la liberté, l'émulation du travail, d'où naissent
» la sollicitude pour la vie du travailleur et le respect du génie
» populaire. La politique aussi, l'antique droit des gens, se
» transforme au souffle de la révolution ; elle invoque le vœu
» des nations ; elle reconnaît, en des pactes solennels, les
» faits accomplis, contre la volonté des rois, par la volonté
» des peuples. »

Plus ces paroles sont vraies, fortes et profondes, plus on sent qu'on approche d'un temps où le mot de révolution cessera de convenir à un tel état social. En effet, plus on s'avance, plus on reconnaît que ce que voulut l'esprit moderne est mal exprimé par ce mot de révolution où la nécessité des choses fit qu'on vit d'abord et surtout la ruine de ce qui existait. Mais ce ne fut qu'un préliminaire, devenu bien vite un simple accessoire en une tâche où de plus en plus l'organisation prévaut sur la destruction. Désormais, à chaque phase troublée ou tranquille, il se consolide quelque chose qui appartient, non à la révolution, mais à la rénovation, non à la destruction, mais à l'organisation.

Daniel Stern a pris pour épigraphe de son livre ces mots célèbres de Tacite : *Futurorum præsagia, læta, tristia, ambigua, manifesta*. Détachés de ces funèbres *Histoires* où ils sonnent comme le glas de l'empire romain, ils s'appliquent très-bien à une époque grave, menaçante et troublée. Mais l'application n'en doit pas aller plus loin, et aucune ressemblance ne se trouve entre la lourde décadence de l'empire romain et l'essor scientifique et social de l'Europe moderne. Tacite est le premier qui ait entrevu la ruine des choses romaines et l'approche des barbares : notable prévision qui affligea ce grand esprit sans compensation ; car, de la même plume, il condamnait les aspirations naissantes du christianisme et une vie nouvelle infuse dans les veines de l'ancien monde. Aujourd'hui celui qui a été témoin de douloureuses catastrophes, celui qui en redoute de nouvelles, a, tout en les déplorant, la confiance que l'esprit qui vivifie la société moderne est placé hors de leurs coups et contre-coups.

L'esprit qui vivifie! Si, après ce qui vient d'être dit, on trouvait néanmoins l'expression vague, je dirais que c'est la combinaison, nouvelle dans le monde, du savoir humain avec la morale sociale, afin que tout ce que l'humanité acquiert de vrai s'applique à développer tout ce qu'elle a de bon:

X

AUGUSTE COMTE ET STUART MILL

A LA VEUVE D'AUGUSTE COMTE.

[Cet opuscule a paru d'abord dans la *Revue des Deux-Mondes*, 15 août 1866. Puis, je le fis réimprimer à part en 1867, augmenté d'un travail, sur le même sujet, de M. Wyrouboff, qui dirige avec moi la *Revue de la Philosophie positive*. M. J. St. Mill était un adversaire assez redoutable pour qu'on réunît contre lui plus d'un effort. M. St. Mill nie que l'œuvre que s'est proposée M. Comte, à savoir la constitution d'une philosophie positive, soit accomplie, et il le nie sur deux motifs : d'abord que la sociologie est manquée, ensuite que la psychologie est absente. Contre cette négation, je soutiens d'abord que la sociologie est constituée par l'œuvre de M. Comte, ce qui suffit au but philosophique, ensuite que la psychologie en est absente sans dommage, et que le rapport entre la philosophie positive et la psychologie est autre que ne le suppose la critique de M. Mill. Lorsque je publiai ce mémoire dans la *Revue des Deux-Mondes*, je le dédiai à la veuve d'Auguste Comte ; je conserve cette dédicace même au milieu d'un volume ; c'était une manière de reconnaître les soins et les services que madame Comte n'a cessé de rendre à l'œuvre de son mari. Rien n'a changé depuis lors, et je ne laisse pas échapper l'occasion de renouveler l'expression de cette reconnaissance.]

I

Une réponse (mon présent travail est une réponse) fait nécessairement des détours, des écarts, des excursions. Pour obvier à cet éparpillement, je pose tout d'abord le point du débat. La philosophie positive est-elle une manière de concevoir le monde, ou une manière de concevoir l'homme ? Cette question, à part un incident considérable sur la sociologie, est au fond de toute la discussion.

M. J. Stuart Mill vient de publier un important travail sur M. Comte et la philosophie positive (1). Ceux qui s'occupent de

---

(1) *Auguste Comte and Positivism*. London, 1865.

philosophie positive, de M. Comte et de M. Mill, connaissent les rapports que ces deux hommes ont eus ensemble. M. Mill reçut une grande lumière des ouvrages de M. Comte; il le témoigna dans son *Traité de logique*. On peut voir, dans mon livre sur Auguste Comte, toute cette histoire, nombre de lettres dont je dois la communication à la bienveillance de M. Mill, et l'indice des assentiments et dissentiments que son nouveau travail a pour but d'exposer dans tout leur jour et dans leur forme définitive.

Malgré les dissentiments, cette publication a été favorable à la philosophie positive. Le nom de M. Mill, justement célèbre, a agrandi pour elle le champ de la publicité. C'est quelque chose, car en tous lieux se trouvent des esprits qui l'ignorent, mais qui, impatients de théologie et de métaphysique, sont curieux de ce qui se propose pour les remplacer.

Ce nouveau travail de M. Mill a produit en moi des impressions diverses : tantôt j'ai voulu le traduire, tantôt j'ai voulu le combattre, suivant qu'il m'attirait ou me repoussait; mais cela n'a pu durer. Il fallait ou que M. Mill m'attirât de son côté, ou que M. Comte me retînt du sien. Voilà bien des occasions où je suis amené à faire passer par une épreuve rigoureuse, due à ce qui est nouveau et grand, mon adhésion aux dogmes fondamentaux de la philosophie positive. Cette fois c'est M. Mill qui présidait à l'épreuve. Mais, cette fois encore, mon esprit n'a pas douté; et, comme j'ai le zèle, j'informai M. Mill que je tenterais de lui répondre ainsi qu'on répond à un homme qu'on admire et qu'on aime.

Inséré dans la *Revue de Westminster*, réimprimé à part en Angleterre, bien accueilli à New-York, l'ouvrage de M. Mill a obtenu un notable succès. Ce serait scinder le témoignage que d'attribuer le succès, indépendamment du talent et du renom de l'auteur, à ce que M. Mill dit en faveur de l'œuvre de M. Comte, car il y approuve de grandes choses; mais ce serait le scinder aussi que d'attribuer le succès à la critique qu'il en fait. Louange et critique ont attiré l'attention, car le public sait qu'un débat entre la théologie, la métaphysique et la science, tel que le condense et le résume la philosophie positive, est une grosse affaire. M. Comte, dans sa première carrière, immolant tout à son œuvre, personnalité et succès, déclarait se contenter de cinquante lecteurs en Europe. Les temps ont fait plus, les temps ont fait mieux ; pourtant la philosophie positive reste toujours celle qui ne récompense, et c'est assez, ceux qui la servent que par le sentiment de l'avoir servie.

Je suis un disciple de la philosophie positive ; M. Mill en est un critique ; critique qui y est très-versé, dont le mode de penser la cotoie, mais enfin qui serait fâché que l'on crût qu'il lui appartient ; et c'est à lui-même sans doute qu'il fait allusion quand il dit : « Bien que le mode de penser désigné par les termes *positif* et *positivisme* soit très-répandu, on connaît mieux, comme c'est l'ordinaire, les mots eux-mêmes par les adversaires que par les partisans ; et plus d'un penseur qui jamais n'a donné ni à lui ni à ses opinions cette qualification, se gardant soigneusement d'être confondus avec ceux qui se la donnent, se trouve quelquefois à son déplaisir, bien qu'avec un instinct assez juste, classé parmi les positivistes et attaqué comme tel (p. 2). » Pour achever de caractériser la position, je note les paroles où il exprime que l'œuvre de M. Comte est une vue saine de philosophie avec un petit nombre d'erreurs capitales (p. 5). Je m'efforcerai tout à l'heure de montrer que là où la critique est juste l'erreur n'est pas capitale, et que là où l'erreur serait capitale la critique n'est pas juste.

Après avoir rappelé que M. Comte aimait à considérer Descartes et Leibnitz comme ses principaux précurseurs, M. Mill, qui trouve en effet beaucoup de ressemblance entre eux et lui, esquisse brièvement le parallèle : « Ils avaient, comme lui, une puissance extraordinaire d'enchaînement et de coordination ; ils enrichirent le savoir humain de hautes vérités et d'importantes conceptions de méthode ; ils furent, de tous les grands penseurs scientifiques, les plus conséquents et, pour cela, souvent les plus absurdes, parce qu'ils ne reculèrent devant aucunes conséquences, bien que contraires au sens commun, qui découlaient manifestement de leurs prémisses (p. 200). » Cela est vrai de Descartes et de Leibnitz ; mais cela est-il vrai de l'œuvre de M. Comte ? Ils furent les plus conséquents et, pour cette raison, souvent les plus absurdes... non, ce n'est pas pour cette raison. La conséquence est la première qualité d'un philosophe ; et, sans elle, philosopher est une chétive besogne. L'absurdité de Descartes et celle de Leibnitz, auxquelles M. Mill fait allusion, sont pour l'un la doctrine de l'automatisme des bêtes, et pour l'autre l'harmonie préétablie entre l'âme et le corps. Descartes, dans sa philosophie toute psychologique, se fondait exclusivement sur le témoignage de l'âme humaine ; mais ce témoignage se trouvait inquiété par toutes ces apparences d'âme que présentaient les animaux avec leur sensibilité, leur moralité, leur intelligence, moindres sans doute que chez l'homme, mais de même caractère. Il se débarrassa de l'obstacle en le niant, soutint que les animaux étaient des machines, fut conséquent, révolta le sens commun, et ne douta pas que la vérité suprême qu'il croyait tenir n'emportât tôt ou tard l'exception gênante et inexpliquée qui se rencontrait dans la nature des bêtes. Il en est arrivé tout autrement ; et c'est l'exception qui a emporté le prétendu principe ; la science postérieure a reconnu que, puisqu'il n'existe aucune différence anatomique absolue entre le cerveau de l'homme et le cerveau des bêtes, et, non plus, aucune différence fonctionnelle absolue par rapport aux facultés, les phénomènes sont de même ordre, et qu'une psychologie qui nie ce fait, une philosophie qui se fonde sur cette psychologie, sont avortées. L'erreur de Descartes n'est pas d'avoir été conséquent, c'est d'avoir eu un faux principe.

Il n'en est pas autrement de l'harmonie préétablie de Leibnitz. Ce philosophe admettait en toute chose une suffisante raison ; suivant lui, Dieu était la suffisante raison de l'univers, et chaque être, chaque phénomène, avait en soi une suffisante raison particulière qui était pour cet être, pour ce phénomène ce que Dieu était à l'univers, c'est-à-dire sa cause et son explication. Venant à l'esprit et à la matière, il les trouva agissant l'un sur l'autre, l'esprit sur la matière, la matière sur l'esprit ; et il lui fut impossible de découvrir, dans leurs attributs respectifs, aucune suffisante raison pour expliquer cette action mutuelle. Ainsi acculé, il recourut à la toute-puissance divine, recours naturel et toujours ouvert à l'ancienne philosophie imbue de théologisme, et supposa que l'esprit et la matière étaient comme deux horloges que Dieu avaient montées de manière qu'elles sonnassent toujours en même temps, sans avoir rien de commun l'une avec l'autre. Il ne s'étonna point de cette conséquence, mais le monde s'en étonna ; puis vint la science positive qui démontra que les manifestations intellectuelles et morales sont à la substance nerveuse ce qu'est la pesanteur à toute matière, c'est-à-dire un phénomène irréductible qui, dans l'état actuel de nos connaissances, est à soi-même sa propre explication. Ici encore il faut blâmer le philosophe non d'avoir été conséquent, mais d'avoir pris pour une loi de l'univers la raison suffisante, qui n'est qu'une conception subjective.

Maintenant en quoi cela touche-t-il à M. Comte ? S'il est, par esprit de conséquence, tombé dans des énormités qui étonnent le sens commun, il faut en conclure sans hésiter comme pour Descartes et pour Leibnitz, qu'il est parti d'un faux principe ; mais, contrairement à ces deux philosophes, ce qui l'a précipité dans les énormités qu'on lui reproche, c'est qu'il a été infidèle à son principe, à sa méthode. Chez Descartes et Leibnitz, le principe est responsable des conséquences ; chez M. Comte, les conséquences sont indues et le principe demeure intact. Il y a donc dans l'appréciation de M. Mill une confusion que je n'ai pas voulu laisser passer.

Continuant le parallèle, M. Mill dit : « S'il fallait exprimer toute notre pensée sur M. Comte, nous le déclarerions supérieur à Descartes et à Leibnitz, sinon intrinsèquement, du moins parce qu'il lui fut donné de déployer une puissance intellectuelle égale à la leur dans un état plus avancé de la préparation humaine, mais aussi dans un âge moins tolérant pour de palpables absurdités et à qui celles qu'il a commises, sans être en soi plus grandes, paraissent plus ridicules (p. 200). » De cette dernière phrase de l'ouvrage, le mot est *ridicules*. Je ne conteste pas à M. Mill le droit de l'appliquer à telle ou telle des conceptions malheureuses qui ont marqué la fin de M. Comte. Je ne l'aurais pas employé, croyant que ces *absurdités* sont plutôt pathologiques que philosophiques ; mais ce qui blesse mon sentiment d'équité et même d'artiste, c'est que ce triste mot soit le dernier sur lequel on laisse le lecteur, et qu'une phrase digne de M. Comte et de M. Mill ne reporte pas l'esprit sur les grandeurs de l'homme et de son œuvre (1).

Ce mot malheureux, sur lequel je n'aurais pas voulu que M. Mill quittât M. Comte, je ne veux pas à mon tour qu'il soit le dernier sur lequel je quitte ici M. Mill, et je prends, dans le commencement, un morceau plein d'élévation sur les devoirs de la critique à l'égard des grandes nouveautés, morceau que je donne comme un enseignement et comme un modèle.

« C'eût été une faute si les penseurs dont M. Comte a gagné et gardé l'admiration, sinon l'adhésion, s'étaient tout d'abord occupés d'attirer l'attention sur ce qu'ils regardaient comme des erreurs en son grand ouvrage. Tant que dans le monde de la pensée il n'avait pas pris la place qui lui convenait, l'affaire importante était non de le critiquer, mais de le faire connaître. En mettant sur les points vulnérables le doigt de ceux qui ne connaissaient ni n'étaient en état de connaître la grandeur du livre, on en retardait indéfiniment la juste appréciation, sans avoir pour excuse la nécessité de se garder de quelque grave inconvénient. Aussi longtemps qu'un écrivain a peu de lecteurs et nulle influence sinon sur les penseurs indépendants, la seule chose qu'on doive consi-

---

(1) Quelque chose de ce que je demande se trouve un peu plus haut, et M. Mill m'accuserait avec raison de n'être pas équitable, si je ne citais ces lignes écrites avec un cœur touché : « D'autres peuvent rire, mais nous, nous pleurerions plutôt à la vue douloureuse de cette décadence d'un grand esprit. M. Comte reprochait à ses premiers admirateurs anglais d'entretenir la conspiration du silence à l'égard de ses dernières productions. Le lecteur peut maintenant juger si un tel silence n'est pas suffisamment expliqué par un souci délicat de sa réputation et par une crainte consciencieuse de jeter un discrédit immérité sur les nobles spéculations de sa première carrière (p. 199). » On peut voir dans mon livre sur *Auguste Comte et la Philosophie positive*, p. 517-591, ce que j'ai dit dés dernières productions de M. Comte ; je n'y reviens pas dans le présent travail.

dérer est ce qu'il peut nous enseigner. S'il est quelque point où il se trouve avoir moins de lumière que nous n'en avons déjà, il est loisible de n'y pas prendre garde, jusqu'à ce que le temps arrive où ses erreurs peuvent faire du mal. La haute place que M. Comte a désormais obtenue parmi les penseurs européens et l'influence croissante de son principal ouvrage, si elles inspirent plus de confiance pour entreprendre de recommander au public les fortes parties de sa philosophie, font que, pour la première fois, il n'est pas inopportun de discuter ses méprises. Les erreurs qu'il a commises peuvent maintenant devenir dommageables, tandis que la libre critique de ces erreurs a cessé de l'être (p. 3). »

J'en ai fini avec le préambule; mais il a bien fallu introduire M. Comte et M. Mill et préparer le débat.

II

Ce débat, il importe d'en exposer en un seul mot tout d'abord le point, afin de mettre entre les mains du lecteur le fil qui doit le conduire. M. Comte a voulu faire une philosophie, on le sait; il l'a nommée positive, on le sait encore. M. Mill nie que l'œuvre proposée soit accomplie, pour deux raisons : l'une que la sociologie y est manquée, l'autre que la psychologie en est absente. Contre M. Mill, je maintiens d'une part que la sociologie y est constituée, ce qui suffit au but philosophique de M. Comte, d'autre part, que la psychologie en est absente sans dommage pour l'œuvre, et que le rapport entre la philosophie positive et la psychologie est autre que ne le suppose la critique de M. Mill. Ce sont pour moi les questions capitales dans le travail de M. Mill. Les autres, tout intéressantes qu'elles sont, me laissent tranquille; car, soit que je les résolve avec M. Mill ou contre lui, je n'ai rien à changer aux bases de ma croyance philosophique.

Maintenant, qu'est la philosophie positive? Si on n'en précise pas l'idée, la discussion ne peut procéder. « M. Comte est le premier, dit M. Mill (p. 3), qui ait tenté la complète systématisation du point de vue positiviste et l'extension scientifique de ce point de vue à tous les objets de la connaissance humaine. » Cette systématisation est en effet le propre de la philosophie positive ; mais cela ne suffit pas à ce que je veux, et il faut une définition qui montre clairement le fond, la nature, le but de la philosophie positive. Je reprends donc ici celle que j'en donne longtemps : la philosophie positive est la conception du monde telle qu'elle résulte de l'ensemble systématisé des sciences positives. Cette définition, qui a la propriété de se coordonner avec les philosophies théologique et métaphysique, a surtout l'éminente propriété de partager immédiatement le monde en deux parts, l'une connue, l'autre inconnue, ce qui est notre situation réelle.

Je reviens sur ma définition et j'y ajoute un développement qui y est impliqué : conception du monde par coordination des faits généraux ou vérités fondamentales qui y conduisent ; et je l'étends, comme cela doit pouvoir se faire, aux philosophies particulières des sciences, disant : la philosophie d'une science est la conception de cette science par coordination des faits généraux ou vérités fondamentales qui y appartiennent.

Autre est la définition que donne M. Mill : « Nous admettons que la philosophie est, suivant la signification attachée par les anciens à ce mot, la connaissance scientifique de l'homme, en tant qu'être intellectuel, moral et social. Comme ses facultés intellectuelles renferment la faculté de connaître, la science de l'homme renferme tout ce que l'homme peut connaître ; en d'autres termes, toute la doctrine des conditions de la connaissance humaine (p. 53). » Cette définition confond la philosophie avec une logique générale, si bien que, quelques lignes plus bas, il nomme la philosophie d'une science la logique de cette science.

Il m'est impossible d'accepter cette manière de voir et de confondre la logique et la philosophie. Je sais bien que, dans le passage que je viens de transcrire, il est parlé de « tout ce que l'homme peut connaître par ses facultés intellectuelles, » et j'accorderai, si l'on veut, que de cette formule on fera sortir les sciences positives, et peut-être leur classification ;

mais il n'en est pas moins vrai qu'en disant la philosophie étude de l'homme, on manque le droit chemin que M. Comte a sûrement tracé. La philosophie est l'étude générale du monde, ou, en terme scolastique, de l'objet, et dans ce monde, dans cet objet, l'homme se retrouve à sa place, soit comme être vivant, soit comme être social. Mettre l'homme en tête de la philosophie, c'est donner un faux titre, si l'on ne veut que rentrer, après un détour, dans la voie objective, ou donner une fausse méthode, si en effet le point de vue psychologique est celui duquel on part.

Mon objection est de même nature quand il nomme la philosophie d'une science logique de cette science : « La philosophie d'une science signifie cette science même considérée non quant à ses résultats et aux vérités qu'elle découvre, mais quant aux procédés par lesquels l'esprit les atteint, quant aux caractères par lesquels il les reconnaît, et quant à la coordination et à la méthode qu'il y introduit ; en un mot, la logique de la science (p. 53). » Ici M. Mill identifie complétement philosophie avec logique ; à tort, selon moi. La philosophie d'une science est ce qu'a fait M. Comte pour la mathématique, pour l'astronomie, pour la physique, pour la chimie, pour la biologie. Mais, quand on dit logique d'une science, on assimile cette science à l'entendement auquel la logique appartient en propre, et on y considère les conditions sous lesquelles, si je puis parler ainsi, elle pense et elle connaît ; or, ces conditions ne sont pas les généralités qui en constituent la philosophie ; ce qui devient très-visible dans l'opposition entre logique de l'esprit humain et philosophie de l'esprit humain : logique de l'esprit humain, c'est-à-dire conditions de la pensée et de la connaissance ; philosophie de l'esprit humain, c'est-à-dire idées générales sur la psychologie. Enfin, au fond de tout cela, et c'est là que j'en veux venir, on voit que la logique est formelle, et la philosophie réelle ; la logique, une manière d'être de l'entendement, et la philosophie, une conception des choses. J'ajouterai que là est la raison cachée, mais décisive, qui empêche qu'on ne puisse arriver à la philosophie positive par la psychologie.

Ce n'est point par subtilité et par chicane que j'ai argumenté

M. Mill sur sa définition de la philosophie d'une science en particulier; mais c'est que le point de vue psychologique et logique qui est propre à M. Mill renferme la cause profonde de ses dissentiments avec M. Comte, celle qui fait qu'il appartient à un autre mode de philosopher. Cette divergence, qui est à l'origine, se montrera sous différentes formes dans la suite de ce travail.

C'est la définition réelle, non formelle, objective, non psychologique, qui seule se concilie avec l'histoire philosophique. En effet, dans le développement de la pensée humaine, avant le temps de la philosophie positive est le temps de deux grandes philosophies, la philosophie théologique et la philosophie métaphysique. Là est manifeste l'impuissance de considérer la philosophie soit comme l'étude de l'homme en général, soit comme une sorte de logique générale; et, historiquement aussi bien que philosophiquement, ce dont il s'agit dans la philosophie, c'est une conception du monde.

La philosophie théologique conçoit que le monde est mû, ordonné, gouverné, créé par des volontés dont le modèle est dans la volonté humaine; elle admet entre l'homme et ces volontés des communications qui lui révèlent les hauts mystères; elle s'appuie souvent sur des livres dits inspirés, d'où se forme le dogme variable suivant les religions. Le dogme est un vrai traité de philosophie. Le polythéisme, le mosaïsme, le brahmanisme, le zoroastrisme, le bouddhisme, le christianisme, le mahométisme, nous offrent autant de systèmes étroitement liés les uns aux autres. Les conceptions théologiques sont la forme la plus ancienne de la pensée commençant à spéculer, à généraliser; et, sans être en état d'affirmer que cette pensée n'a pu avoir d'autre début, il est établi historiquement qu'en fait elle n'en a pas eu d'autre.

La philosophie métaphysique est aussi une conception du monde, mais différente de la précédente dans son origine et dans ses résultats. Elle est née d'une autre impulsion de l'intelligence; tandis que, dans le développement primitif, l'impulsion théologique de l'intelligence fut nécessairement de croire que tout était volonté, dans le développement secondaire l'impulsion métaphysique de l'intelligence fut nécessairement de penser que tout ce qui lui paraissait logiquement raison des choses devait être raison des choses effectivement. Il a fallu bien des siècles et bien des travaux pour détruire la force prétendue du raisonnement *à priori*. Par ce changement, la philosophie substituait au principe de l'autorité divine le principe rationaliste ; et en même temps elle agrandissait le champ de la spéculation ; car au domaine théologique qui ne comportait que l'idée de personnes divines ou théisme, et qu'une métaphysique des écoles élabora de concert avec la théologie, elle ajoutait le panthéisme ou système dans lequel la vie, l'esprit, le divin est infusé à toute chose, à tout être, à tout phénomène, et le matérialisme ou système des atomes dans lequel le mouvement et la forme des atomes sont supposés les producteurs de tout. On ne peut donc pas ne pas considérer la philosophie métaphysique comme un avancement notable dans la spéculation philosophique.

Après la philosophie métaphysique vient dans l'ordre des temps et du développement la philosophie positive, nouvelle conception du monde où règnent non des volontés mais des lois, d'où sont bannies les idées nécessaires de l'ancienne métaphysique, et où tout, émanant de l'expérience, retourne à l'expérience. Ce grand achèvement, qui est l'œuvre de M. Comte, avait toujours été jugé philosophiquement impossible ; mais pour cela il fallut, ce qui n'est guère un moindre achèvement, partager l'univers en deux parties, celle que nous connaissons et où notre intelligence a pour fanal l'expérience, et celle que nous ne connaissons pas, interdite à toutes nos spéculations.

Pour les anciennes philosophies l'univers est un tout infini dans lequel l'intelligence humaine se promène sans trouble et sans terreur, donnant au principe qu'elle suppose une égale infinité, n'y laissant aucune place où elle n'introduise sa raison, le droit de concevabilité et celui d'inconcevabilité, et réglant les choses reculées aussi loin des yeux corporels que des yeux de l'esprit avec un sang-froid qui jette aujourd'hui le moindre penseur dans un profond étonnement. Elles y sont, si je puis ainsi parler, en pays de connaissance, et ce qui leur paraît nécessaire leur paraît en même temp réel, éternel et infini ; mais à peine la philosophie positive a-t-elle pris possession de son empire que cet univers, cessant de se montrer concevable en son ensemble, se partage en deux parts, l'une connue selon les conditions humaines, l'autre inconnue soit dans l'étendue de l'espace, soit dans la durée du temps, soit dans l'enchaînement des causes. Cette séparation entre l'accessible et l'inaccessible est la plus grande leçon que l'homme puisse recevoir de vraie confiance et de vraie humilité.

J'ai noté que la philosophie théologique est l'œuvre de la raison concevant des volontés dans les choses ; j'ai noté que la philosophie métaphysique est l'œuvre de la raison mettant dans les choses les vues de l'esprit comme nécessaires ; je note maintenant que la philosophie positive est l'œuvre de la raison prenant dans les choses ce qui doit être mis dans l'esprit. La primordialité du premier état, ou état théologique, à l'égard des deux autres, est évidente, et la gradation du passage entre les trois ne l'est pas moins.

Ce qui a graduellement ébranlé dans l'esprit des hommes les philosophies théologique et métaphysique, c'est d'une part l'invérification qui leur est inhérente (il a toujours été impossible de vérifier *à posteriori* leur dire), et d'autre part l'incapacité où elles ont été de s'unir avec les sciences positives (il a toujours été impossible d'établir un rapport qui permît soit de remonter de la science à la théologie ou à la métaphysique, soit de descendre de la théologie ou de la métaphysique à la science). Ce qui fait l'ascendant croissant de la philosophie positive, c'est qu'il n'est rien dans la science qui n'y aboutisse, et rien dans cette philosophie qui ne redescende à la science. Jamais si vaste développement n'a été ouvert à la méditation, jamais le vol de la pensée humaine n'a été tracé à une si grande hauteur.

Ainsi toute la philosophie, telle que l'histoire nous la présente, provient de trois sources : l'opinion que les choses sont gouvernées par des volontés, la raison abstraite et l'expérience. Ce dernier terme, c'est M. Comte qui l'a ajouté, et avoir ajouté un terme à une pareille série, quel effort et quel succès ! La marche, on le voit, est, comme cela doit être, du moins difficile au plus difficile. La plus ancienne est une inspiration suggérée par le premier coup d'œil jeté sur les choses ; la seconde est un travail énergique de la réflexion ; la troisième succède et ne peut succéder qu'à des progrès continus dans tous les domaines du savoir.

Par quel procédé M. Comte est-il parvenu à fonder sur l'expérience acquise, je viens de le dire, dans tous les domaines, la base d'une philosophie? A son point de vue, M. Mill se croit justifié à écrire que la philosophie dite positive est non pas une récente invention de M. Comte, mais une simple adhésion aux traditions de tous les grands esprits scientifiques dont les découvertes ont fait la race humaine ce qu'elle est (p. 9). Les grands esprits scientifiques ! ce terme implique pour moi une confusion. S'agit-il de philosophes? eh bien ! les philosophes appartiennent à la théologie et à la métaphysique, et ce n'est pas leur tradition que M. Comte a suivie. S'agit-il de ceux qui ont illustré les sciences particulières? eh bien ! ceux-là n'ayant pas philosophé, M. Comte n'a pu recevoir d'eux sa philosophie. Ce qui est récent dans la philosophie positive, ce qui est l'invention de M. Comte, c'est d'avoir conçu et construit une philosophie, en choisissant, dans l'œuvre des sciences particulières et des grands esprits scientifiques, des groupes de vérités telles qu'on pût leur appliquer une méthode.

La philosophie positive provient de deux opérations : la détermination des faits généraux de chaque science fondamentale, et le groupement ou coordination de ces faits. Déterminer les faits généraux d'une science particulière et les coordonner, c'est, comme il a été dit plus haut, faire la philosophie d'une science. Ce travail, toujours ardu, même quand il se borne à un seul domaine, devient immense quand il s'étend au domaine entier de ce que M. Comte appelle les six sciences fondamentales. Aucun philosophe n'a exécuté rien de pareil. Si, pour en venir à bout, il était besoin d'un esprit encyclopédique, il était besoin aussi d'une instruction encyclopédique qui, je ne crains pas de le dire, n'appartenait à personne qu'à M. Comte quand il commença et acheva son entreprise. Au reste, M. Mill admire grandement et loue hautement toute cette partie de l'œuvre, du moins jusqu'à la biologie et sauf ce qui est relatif à la sociologie. Quand M. Comte eut ainsi entre les mains tous les faits généraux des sciences positives, il comprit (mais qui l'avait compris avant lui?) qu'il tenait les éléments d'une nouvelle philosophie, un *substratum* philosophique complétement original et tout à fait différent de celui des philosophies antécédentes. De cette façon, la première opération était terminée et la matière de la philosophie était trouvée.

La seconde opération consistait à infuser dans ce *substratum* la vie et le mouvement, c'est-à-dire à appliquer une méthode qui y convînt. Comme la philosophie d'une science est la coordination de ses faits généraux, il s'ensuit que la philosophie totale est la coordination des groupes particuliers obtenus dans la première opération. L'écueil était de prendre pour principe de coordination une vue quelconque de l'esprit et d'introduire par une grave méprise le subjectif banni de tout le reste. La coordination fut réglée par le degré de complication des phénomènes, suivant la hiérarchie qu'offre la nature elle-même dans les faits physiques, chimiques et biologiques, et elle s'appuie concurremment sur l'ordre historique qui est conforme au degré de complication, et sur l'ordre didactique qui oblige l'esprit à passer par un degré pour atteindre l'autre.

Ainsi fut faite la philosophie positive avec des matériaux qu'aucune main n'avait encore rassemblés et avec un principe de coordination naturelle, historique et didactique qu'aucune spéculation n'avait encore mis en usage.

M. Mill, à propos de la sociologie, dit que l'espérance de la créer fut, dès les premiers temps, le mobile de tous les travaux philosophiques de M. Comte. Cela n'est point suffisamment exact; constituer la sociologie fut pour M. Comte un moyen, non un but; le but était la philosophie positive. M. Comte trouvait une mathématique, une astronomie, une physique, une chimie, une biologie portées à un état pleinement positif par ces grands esprits scientifiques dont M. Mill parlait tout à l'heure ; une sociologie positive lui manquait et lui était nécessaire. Il se mit à l'œuvre, et, quand il eut réussi à son gré, tous les éléments essentiels de sa conception furent en son pouvoir. Eût-il eu devant lui une sociologie toute constituée comme il avait une biologie ou une chimie, la philosophie positive restait encore à faire.

Ainsi, déterminer les faits supérieurs de tout le savoir humain, les coordonner suivant une méthode naturelle, en tirer une conception réelle du monde, constituer une notion assez positive pour être en plein accord avec les éléments scientifiques et assez générale pour en assigner la place et la valeur dans l'ensemble : telle est la philosophie positive, telle est l'œuvre de M. Comte.

III

Je viens d'indiquer ce qu'a voulu faire, ce qu'a fait M. Comte. J'ai indiqué aussi les points d'attaque de M. Mill : la sociologie et la psychologie. Il ne me reste plus qu'à entrer dans le cœur du débat.

Sous le nom de philosophie positive, M. Mill entend quelque chose de différent de ce qu'entend M. Comte; mais il n'a pas spécifié le sens précis qu'il attache à cette locution; il ne m'appartient pas, de peur d'erreur, de le spécifier pour lui. Quant à moi, toutes les fois que je dis philosophie positive, c'est au sens qui vient d'être défini plus haut, c'est au sens de M. Comte.

Pour nous autres disciples de cette philosophie positive, le coup que porte M. Mill ne peut être que fortement ressenti. Si la sociologie n'est pas constituée, si la psychologie est indispensable à la constitution d'une philosophie positive, il est certain que M. Comte est resté à mi-chemin, et que nous nous sommes trop hâtés de prendre pour une lumière générale une conception qui n'est encore que partielle, et dont le complément peut modifier sinon le principe, du moins la méthode, les aspects et la portée. Une seule de ces blessures suffirait pour renvoyer l'œuvre à un autre temps; toutes deux s'aggravent mutuellement. Il s'agit de savoir si la philosophie positive est venue ou est à venir. J'ai pensé, il y a maintenant plus de vingt-cinq ans, qu'elle était venue; je le pense encore, même contre M. Mill. Lui et moi, nous plaidons devant le public présent et futur, et devant les solutions qu'amèneront le progrès de la pensée philosophique et le cours des choses. En attendant que ces juges prononcent, voici mon plaidoyer.

Sociologie. — Comme il a été montré plus haut que le but suprême de M. Comte a été de fonder une philosophie et spécialement la philosophie positive; comme pour atteindre ce but il faut que les sciences qu'il nomme fondamentales soient constituées; comme la sociologie est l'une et, dans sa hiérarchie, la dernière de ces sciences; enfin, comme avant lui la sociologie n'était pas constituée, c'est pour son œuvre une question vitale de décider si effectivement il a opéré cette constitution ou s'il y a échoué.

M. Mill nie qu'il y ait réussi. Ainsi le débat roule d'abord sur la définition qu'on donne de la constitution d'une science, puis sur l'application qu'on fait de cette définition à l'œuvre sociologique de M. Comte. En 1863, dans mon livre sur *Auguste Comte et la Philosophie positive*, je consacrai plusieurs pages, 294-307, à élucider cette idée, défendant contre un des plus éminents penseurs de l'Angleterre contemporaine, M. Herbert Spencer, la série hiérarchique établie par M. Comte. M. Mill. p. 52, approuve le sens que dans cette discussion j'attribuai au terme de constitution ; mais il conteste que ce terme ainsi défini appartienne à ce qu'a fait M. Comte en sociologie ; je pense au contraire qu'il y trouve une juste application. Tandis qu'alors je défendais la notion générale de constitution d'une science, aujourd'hui j'entreprends de défendre la persuasion où fut M. Comte, où je suis comme lui, que réellement il a constitué la sociologie, c'est-à-dire qu'il en a fait suffisamment la philosophie pour s'en servir au même titre que de la biologie, de la chimie et des autres sciences, dans l'édification de la philosophie positive.

En cette discussion circonscrite, un point de départ commun n'est pas difficile à fixer. M. Mill me l'offre, donnant pour exemple de la constitution d'une science la détermination des propriétés élémentaires des tissus dans la science de la vie (p. 53). Cet exemple m'est familier, je l'ai allégué plus d'une fois; je l'accepte pleinement. Les propriétés élémentaires des tissus une fois déterminées, il apparut que la science de la vie n'était un appendice ni de la mécanique, ni de la physique, ni de la chimie, ce qu'avaient toujours été tentés de croire les savants d'auparavant; que la vie était dans un rapport régulier et constant avec la substance organisée, ce qui écartait les conceptions théologiques; qu'il était inutile et trompeur d'admettre ontologiquement des principes indépendants des organes pour en expliquer l'action, puisque les propriétés étaient immanentes aux tissus, ce qui écartait les conceptions métaphysiques; enfin que cette notion des propriétés élémentaires devait dorénavant présider à toutes les conceptions biologiques. Voyons donc maintenant si M. Comte a fait pour la sociologie ce que Bichat fit alors pour la biologie.

Des lois sociologiques équivalentes aux lois biologiques dont il vient d'être parlé, pourraient, on le conçoit *à priori*, être prises soit dans l'état statique des sociétés, soit dans leur état dynamique, je veux dire soit dans le mode suivant lequel elles subsistent, soit dans le mode suivant lequel elles se développent. Mais cette liberté de choix disparaît devant l'examen, et l'état statique est impropre à les fournir, non pas précisément parce qu'il n'a rien de permanent (quelles différences n'offre-t-il pas depuis le rudiment qui appartient aux sociétés des sauvages, et, plus loin encore, à celles de l'âge de pierre, de l'âge lacustre ou de l'âge des cavernes?), mais parce que la cause de son impermanence gît non pas en lui, mais dans l'état dynamique qui est la cheville ouvrière du changement.

On n'aurait pas une idée nette de l'état statique et de l'état dynamique, si on ne les rapportait à ce qui, dans la nature humaine, en est la cause efficiente. L'état statique provient originellement de l'instinct d'association ; ce qui le prouve, c'est que des sociétés existent chez certains animaux ; l'état dynamique provient de l'intelligence humaine associée ; ce qui le prouve, c'est que l'état dynamique reste étranger aux bêtes, et que l'intelligence animale ne peut s'y élever. Les éléments sociaux se combinent d'abord (état statique) suivant leurs affinités propres ; puis (état dynamique) ils se développent suivant les applications de l'intelligence aux besoins et aux industries, à la morale et aux affaires de la vie commune, à la poésie et aux arts, à la recherche du vrai et à la science. Il est vrai que la priorité appartient à l'état statique, et, si je puis m'exprimer ainsi, une priorité ascendante, je veux dire que c'est au sein des états statiques successifs que l'état dynamique exerce son action ; mais cette priorité n'affecte en rien l'importance respective. Cela est si vrai que, s'il n'y avait que l'état statique soit chez les animaux soit à l'origine chez l'homme, il ne serait pas nécessaire de concevoir la sociologie; la biologie suffirait à expliquer ces rudiments.

Un phénomène se comprend surtout lorsqu'il est dans sa simplicité ; quelque compliqués que finissent par devenir les états statiques, ils proviennent d'un faible commencement amplifié sous l'influence de l'état dynamique successif. Celui-ci a pour caractère essentiel de ne prendre naissance que dans l'association instinctivement et primordialement formée, et de n'être pas le propre de l'individu. Aussi est-ce par lui qu'on sépare positivement la sociologie de la biologie. Notons ceci, car c'est l'essentiel : séparation de la sociologie d'avec la biologie. L'état dynamique seul est ce qui constitue un nouveau domaine scientifique ; l'état statique n'y suffirait pas : rudimentaire, il retomberait dans la biologie ; compliqué et part importante de la sociologie, il est subordonné au développement historique. Le développement historique appartient à ce que j'ai nommé des résidus (1), résidus dont la science inférieure ne peut rendre compte et qui forment la base de la science supérieure quand arrive un génie qui sait les utiliser.

---

(1) Voyez mon livre sur *Auguste Comte*, p. 304.

Ce génie fut pour la sociologie Auguste Comte. Saisissant le point qui était au-dessus des forces de la biologie, il y trouva le noyau d'une science indépendante et supérieure, et construisit la théorie du développement des sociétés, première œuvre sans laquelle aucune sociologie ne peut exister. J'en ai pour garant l'étude de l'état statique et l'économie politique dont M. Mill reproche tant l'omission à M. Comte, dont je dirai tout le bien que voudra l'illustre auteur anglais, mais qui pendant trois quarts de siècle a été cultivée par des esprits très-éminents, sans avoir durant ce long intervalle donné aucune vue d'évolution, incapable qu'elle est de produire des vues de ce genre et capable seulement d'être mise à son rang dans un ensemble sociologique. L'histoire est la partie première de la sociologie ; l'état statique n'en est que la partie seconde, et l'économie politique est une portion de l'état statique. L'état statique est proprement et originairement biologique ; l'état dynamique n'est jamais que sociologique. Si M. Comte eût cherché dans l'état statique la constitution de la sociologie, il ne l'y aurait pas trouvée ; car, remontant de proche en proche, il serait arrivé à des conditions biologiques, et sa recherche se serait évanouie entre ses mains.

Je n'ai pas besoin d'exposer la théorie historique de M. Comte, elle commence à devenir célèbre parmi les penseurs ; il me suffit de dire que le développement social passe par trois degrés : le degré théologique, qui est le plus ancien; le degré métaphysique, qui s'y adjoint et tend à le remplacer; enfin le degré positif, qui est le dernier et substitue les lois aux volontés et aux conceptions ontologiques. Cette théorie du développement n'est admise, je le sais, ni par les théologiens, ni par les métaphysiciens ; mais ici ce n'est pas avec eux que j'ai à discuter, c'est avec M. Mill, qui y voit le plus haut des achèvements de M. Comte. Le plus haut, à mon gré, n'est pas la théorie du développement historique, c'est la création de la philosophie positive. Quoi qu'il en soit, M. Mill ne met en doute ni la réalité ni la grandeur de cette théorie.

Mais comment ne serait-elle pas la constitution de la sociologie ? Elle la sépare de la biologie, ce que nulle autre ne peut faire et ce qui est indispensable ; elle la retire au domaine théologique en montrant que le cours des choses dépend non d'interventions providentielles, mais de conditions et de lois inhérentes aux sociétés; elle la soustrait à la métaphysique en écartant par la vue des choses les vues de l'esprit ; enfin elle établit la base sur laquelle toutes les conceptions ultérieures doivent s'appuyer, aucune ne pouvant échapper aux formes et aux successions de l'évolution sociale. Qu'a fait de plus Bichat instituant la doctrine des propriétés élémentaires des tissus ? Qu'a fait de moins M. Comte instituant la doctrine du développement historique ? L'un a montré inhérentes aux tissus les propriétés dont jusqu'alors on avait cherché la cause au dehors, et a rendu positive l'étude de ces propriétés et de ces tissus ; l'autre a montré inhérente aux sociétés la faculté de croître suivant un certain mode, attribuée jusqu'alors à de tout autres agents que la société elle-même, et a rendu positive l'étude de cette faculté et du milieu où elle s'exerce. Pour moi l'équivalence est complète, et aucun nuage n'obscurcit à mes yeux les droits d'Auguste Comte à se dire le constituteur de la sociologie.

Quelque convaincu que je sois, je ne puis en rester là, et je dois exposer les motifs qui jettent M. Mill dans un contraire avis. Il ne s'explique pas, comme je viens de m'expliquer, sur les parties qui, suivant lui, constituent la sociologie ; en tout cas, il attache une importance prépondérante à l'état statique, à l'économie politique, et à ce que j'appellerai d'une seule dénomination la physiologie sociologique. Aussi, bien qu'acceptant, ainsi que je fais, le développement historique tracé par M. Comte, comme il trouve chez lui peu de chose sur cette physiologie sociologique, et, dans ce peu, beaucoup à critiquer, il juge le travail incomplet et défectueux, renvoie le tout à un ample informé et déclare que M. Comte n'a rien fait en sociologie qui ne demande à être fait de nouveau et mieux. De ce qui est à refaire, j'excepte hautement, et M. Mill excepte avec moi, la doctrine du développement historique; et cela, ainsi que je l'ai dit tout à l'heure, suffit à toutes les prétentions de M. Comte et de ses disciples.

En effet, sociologiquement et dans la hiérarchie des parties de la science, l'état dynamique a la prépondérance sur l'état statique, puisqu'il le détermine dès qu'il y a changement, et puisqu'il n'y a sociologie que parce que le changement se produit; ce qui fait que nécessairement la constitution de la science y est attachée. Puis, philosophiquement, il importe non que les parties secondes soient élaborées, mais que les parties premières soient constituées, afin qu'il soit possible d'établir la philosophie positive, qui est l'œuvre poursuivie. En un mot, M. Comte a fait ce qui devait être fait, d'une part pour jeter le fondement de la science sociologique, d'autre part pour créer le dernier élément sans lequel la philosophie positive ne pouvait apparaître dans son achèvement.

Pour la précision du langage et par conséquent des idées, il ne sera pas inutile de rappeler ici la distinction qu'à une autre époque je fis des deux sens du mot sociologie et qui vient à point. Je disais (1) : « Il n'existe point de traité de sociologie. Les trois volumes qui terminent le *Système de philosophie positive* contiennent non une sociologie, mais le dessin du développement de l'histoire. J'en donnerai très-brièvement une idée claire en les comparant en biologie à un traité sur l'évolution de l'individu d'âge en âge. La *Politique positive* est, dans l'intention de l'auteur, un livre d'application où il s'efforce de montrer comment il faut passer des principes philosophiques et sociaux à l'organisation des sociétés. Personne, depuis, ne s'est essayé à un aussi grand sujet ; et, pour continuer ma comparaison avec la biologie, il n'existe en sociologie aucun traité qui soit l'équivalent d'une physiologie. Faute de termes qui ne sont pas encore créés, je suis obligé de prendre *sociologie* en deux sens différents : dans l'un, il désigne la science totale et répond à *biologie* ; dans l'autre, il désigne une portion de science et veut dire *physiologie sociologique*. »

Entre les critiques diverses auxquelles M. Mill soumet l'œuvre

---

(1) *Auguste Comte et la Philosophie positive*, p. 51.

sociologique de M. Comte, et qui, soit que j'y donne, soit que j'y refuse mon acquiescement, m'ont fait réfléchir et étudier, je choisis pour y revenir ce sujet de l'économie politique. On peut déjà par le rang que je lui ai assigné dans l'ensemble de la sociologie, préjuger le sens et le caractère de mon explication ; mais, comme M. Mill est d'opinion que l'économie politique touche à la constitution même de la sociologie, et comme la faveur dont elle jouit suggérerait peut-être l'idée que je crains d'aborder un côté que je sens faible et ouvert à une dangereuse trouée, je ne veux pas me contenter d'une réponse implicite. On sait que M. Comte non-seulement n'a tenu aucun compte de l'économie politique, mais encore, prononçant une condamnation sévère, l'a rejetée de l'ordre des connaissances positives. M. Mill, célèbre dans l'économie politique non moins que dans la logique, a vivement attaqué M. Comte pour avoir ainsi parlé. Moi-même, bien que sans autorité en ces matières, j'ai, dans un livre qui a déjà trois ans de date [1], signalé mon dissentiment avec M. Comte sur l'économie politique, la comparant, afin d'en donner une idée, à ce qu'est la vie végétative dans l'animal ; mais je n'allai pas plus loin, tandis que M. Mill déclare que là se montre le côté faible de la philosophie de M. Comte, qui rejette l'unique essai systématique fait par une suite de penseurs pour constituer un science non pas sans doute des phénomènes sociaux en général, mais d'une grande classe de ces phénomènes (p. 80).

Ici j'abandonne M. Mill et je repasse du côté de M. Comte. N'oublions pas qu'il s'agit de la constitution de la sociologie. A quoi pouvait y servir cette systématisation partielle ? L'économie politique n'est qu'une partie de l'état statique ; l'état statique lui-même est, des deux éléments sociologiques, le moins déterminant et le moins caractéristique ; eût-il été systématisé tout entier, ce qui d'ailleurs aurait été impossible, il n'eût pas même alors fourni les bases de la constitution de

---

(1) *Auguste Comte et la Philosophie positive*, p. 674.

la science, qui sont dans l'état dynamique. Pour cette constitution, M. Comte n'a donc eu aucun besoin ni de l'économie politique ni de sa systématisation partielle ; il a eu tort de la condamner, il a eu raison de n'en pas user.

Une systématisation partielle dans l'ordre qui doit devenir général serait un avant-coureur qui indiquerait la voie et qui pourrait être utilisé ; mais la systématisation partielle de l'économie politique n'est pas, dans l'ordre qui doit devenir général, un avant-coureur qui indique la voie ; en d'autres termes, on ne la prolonge pas quand on constitue la science. Seulement on reconnaît, quand cette constitution est faite, la place qui lui convient.

Un exemple de systématisation partielle incompétente pour la constitution de la science m'est fourni par la biologie ; il rend frappant le cas de l'économie politique. Avant que la détermination des propriétés inhérentes aux tissus organiques eût été faite, ce qui fut, comme je l'ai dit, la constitution de la biologie, on possédait des systématisations partielles très-étendues. Ainsi la digestion, la formation du chyle, le transport de ce liquide dans le sang, et celui du sang dans tout le corps par la circulation, formaient un ensemble lié qui égalait en importance, pour ne rien dire de plus, les acquisitions de l'économie politique. Pourtant ce ne fut pas en prolongeant cette systématisation partielle qu'on détermina les propriétés immanentes ; ce ne fut pas en se l'incorporant que telle ou telle conception grandit et se développa en constitution de la science. En voyant aujourd'hui quelle est cette constitution et quelle était cette systématisation partielle, on voit aussi qu'il n'y a pas de chemin de la seconde à la première ; en effet la lumière est venue d'ailleurs ; et qui songerait à contester la réalité de la constitution sur cet argument que celui qui la trouva n'usa pas de la systématisation partielle qui préexistait ?

Je viens de rappeler la comparaison que je fis de l'économie politique en sociologie avec la vie végétative en biologie ; mais, après la ressemblance, l'étude à laquelle je me livre ici m'indique une importante différence. Il est de méthode pour l'étude du corps animal que les fonctions nutritives soient traitées avant les fonctions supérieures. Rien d'équivalent ne se présente dans le corps social. Là, la primauté en méthode appartient au développement dynamique ou historique, attendu qu'il est ce qui règle la condition du reste. Sans doute, il faut que le corps social subsiste pour se développer ; mais, s'il ne faisait que subsister, il n'y aurait pas de société au delà de l'état rudimentaire, pas d'histoire, pas de science sociale, tandis que, dans l'organisation vivante, il suffit qu'elle subsiste pour que tout y dépende d'abord des fonctions nutritives. Dans cette différence entre le corps social et le corps animal apparaît par une autre face la différence essentielle entre la sociologie et la biologie. En tout cas, il valait la peine de prévenir de fausses conséquences qu'on aurait pu tirer de l'analogie entre la vie végétative et l'économie politique.

M. Mill conteste à M. Comte le mérite d'avoir le premier rendu positives les recherches sociologiques. Voici comment il s'exprime : « On ne saurait nier que les meilleurs auteurs, sur des sujets qui avaient occupé les facultés de tant d'hommes de la plus haute capacité, n'aient accepté aussi complétement que M. Comte le point de vue positif et rejeté aussi décidément que lui les points de vue théologique et métaphysique. Montesquieu, même Machiavel, Adam Smith et tous les économistes, tant en France qu'en Angleterre, Bentham et tous les penseurs initiés par lui avaient la pleine conviction que les phénomènes sociaux se conforment à des lois invariables que leur grand objet fut de découvrir et d'illustrer. Tout ce qui peut être dit, c'est que ces philosophes n'allèrent pas aussi loin que lui dans la découverte des méthodes les plus propres à mettre ces lois en lumière (p. 52). » Que ces philosophes aient conçu comme réglés les phénomènes sociaux, je ne le conteste pas ; mais c'était là une vue de l'esprit simplement hypothétique, tant que les lois n'y avaient pas été effectivement constatées. Que ces philosophes aient connu bon nombre de faits positifs, je ne le conteste pas non plus ; connaître de tels faits ou connaître la loi fondamentale d'une science sont deux choses bien différentes. Ce que l'on remarque ici en histoire s'est remarqué semblablement en chimie et en biologie, où l'on a eu, pendant un certain intervalle, des faits positifs sans doctrine positive, des systématisations partielles sans systématisation générale. Celui-là seul a rendu positives les recherches sociologiques, qui, le premier, a transformé une vue simplement hypothétique en une loi vérifiée, et qui a donné aux faits positifs acquis un lien non soupçonné aussi longtemps qu'il n'y avait eu que des systématisations partielles. Il ne faut pas attribuer à la préparation ce qui ne convient qu'à la constitution.

Au point de vue de M. Comte (et je m'y range sans réserve), la constitution de la sociologie est nécessaire pour que se fasse la philosophie positive. Je ne sais quel est là-dessus l'avis de M. Mill ; il me reste douteux s'il conçoit la philosophie positive, à l'exemple de M. Comte, comme une éclosion que produit la coordination des faits généraux des sciences, ou s'il la fait dériver de quelque autre source, de quelque autre combinaison. Pour l'une et l'autre alternative, la sociologie conserve le caractère de science; et la théorie du développement historique selon M. Comte est, non pas, comme le veut M. Mill, une méthode propre à mettre en lumière les lois sociologiques, mais la première de ces lois, le fait essentiel de la sociologie, et la systématisation générale et indépendante dont sont dépendantes les autres systématisations.

En résumé, dans la critique de M. Mill, je signale trois défectuosités qui, à mon sens, la rendent faible contre l'œuvre de M. Comte : d'abord n'avoir pas reconnu l'inégalité entre l'état dynamique et l'état statique, ce qui induit à ne pas voir la constitution de la sociologie là où elle est ; puis avoir cherché dans M. Comte une physiologie sociologique plutôt que le premier moteur auquel la physiologie sociologique est subordonnée ; enfin avoir perdu de vue le but de M. Comte, pour qui la constitution de la sociologie est un moyen d'arriver à la constitution de la philosophie positive.

Psychologie. — C'est la seconde grande objection de M. Mill, laquelle comprend quatre chefs : avoir fait de la psychologie une part de la biologie ; n'avoir pas admis la psychologie dans la série des sciences ; avoir rendu imparfaite la constitution de la sociologie, en n'y faisant pas intervenir la psychologie; ne pas fournir le critérium logique de la vérité.

Suivant M. Comte, il n'y a point de psychologie en dehors de la biologie ; suivant M. Mill, la psychologie forme un ensemble de notions dont la biologie ne peut rendre raison. Que dirai-je à cela, quand j'y remarque tout d'abord une confusion que j'ai besoin d'éclaircir avant de me prononcer? Cette confusion est que par le mot de psychologie on comprend tantôt les facultés cérébrales, tantôt les produits de ces facultés. S'il s'agit d'étudier les facultés, je suis avec M. Comte ; s'il s'agit d'étudier les produits, je suis avec M. Mill.

Cela vaut la peine d'être plus amplement expliqué. Il est bon nombre d'observations et de faits qui sont inscrits dans les livres des psychologistes, et qui pourtant ont un caractère purement biologique. M. Comte argue contre la psychologie que nous ne pouvons nous observer raisonnants ; M. Mill fait remarquer que l'argument n'est pas valable, puisqu'il est prouvé que l'esprit peut non-seulement avoir conscience de plus d'une impression à la fois, mais encore y donner son attention. J'en conviens, et cette remarque est dans les livres des psychologistes ; néanmoins elle appartient à la biologie et non à la psychologie. M. Mill ajoute que les faits qui se passent dans l'esprit peuvent être étudiés non dans le moment même de la perception, mais dans le moment qui suit et quand la mémoire est encore fraîche. A la bonne heure ; mais cela aussi appartient à la biologie. Enfin il dit que pour accomplir l'analyse des diverses facultés élémentaires il est besoin d'une étude psychologique directe portée à un haut point de perfection, puisqu'il est nécessaire entre autres de rechercher le degré d'influence des circonstances sur le caractère mental, vu que nul ne suppose que la conformation cérébrale soit tout, et les circonstances rien. Je le concède, mais cela encore est du domaine biologique.

Tout ce qui est facultés, analyse ou classification des facultés, jeu ou fonction des facultés, modification des facultés par les diverses influences et par les milieux, appartient à la biologie. Cette doctrine, sans être ancienne, n'est pas nouvelle; quoique vraie, elle est loin d'être beaucoup répandue en dehors du cercle des hommes voués à la science des êtres vivants; mais elle est admise par les physiologistes avancés, et Gall, tout en la compromettant par ses localisations, a rendu un grand service par cela seul qu'il l'a conçue et soutenue avec une précision et une vigueur que personne n'avait eues avant lui. Il ne faut pas oublier, parmi les philosophes, M. Comte, qui s'en fit, à son point de vue, le promoteur dans son *Système de philosophie positive*; je ne parle pas, bien entendu, de la tentative phrénologique à laquelle il se laissa si malheureusement aller dans ses œuvres postérieures. Pour reconnaître, observer, analyser, classer les facultés cérébrales, la biologie emprunte des renseignements à la sagesse vulgaire qui a ses intuitions, à la psychologie qui a beaucoup travaillé le sujet, à la phrénologie qui, comme étude de la nature cérébrale chez l'homme et chez l'animal, est digne d'attention, indépendamment de la localisation. Sans doute la physiologie cérébrale a pour but de trouver le rapport entre l'organe et la fonction, et, comme on sait, elle ne possède encore de cette doctrine qu'une imparfaite ébauche; mais cette imperfection ne l'empêche pas d'étudier fonctionnellement ce qu'elle ne peut étudier à la fois fonctionnellement et organiquement; comparable à la pathologie, qui, ignorant les conditions organiques de beaucoup de névroses et de plusieurs folies, ne les étudie pas moins dans leurs phénomènes, sans que personne songe à faire un domaine particulier, pour je ne sais quelle psychologie pathologique, de ces états morbides sans lésion connue. La physiologie est venue tard à traiter des facultés affectives et intellectuelles, qu'elle nomme maintenant, sans hésiter, du nom commun de facultés cérébrales; tout cela était jadis de la philosophie, de la psychologie; aujourd'hui elle reprend ce qui fut distrait de son domaine.

L'erreur est de croire qu'étudier fonctionnellement ne soit pas étudier physiologiquement. Je viens de rappeler plusieurs cas de pathologie où l'étude, pour n'être que fonctionnelle, n'en est pas moins physiologique. La condition n'est pas différente pour les facultés cérébrales ; on les étudie physiologiquement, même quand, comme c'est le cas, on est hors d'état de les analyser anatomiquement. Cette investigation purement fonctionnelle est incomplète sans doute, mais n'en est pas moins positive, dirigée qu'elle est par l'ensemble des connaissances acquises sur les tissus vivants en général et sur le tissu nerveux en particulier ; et on peut dire, sans beaucoup se tromper, que la valeur des psychologistes, en tant qu'occupés des facultés intellectuelles et affectives, se mesure sur le compte plus ou moins grand qu'ils tiennent des notions biologiques.

Il n'est pas douteux qu'il y ait une psychologie des animaux supérieurs, psychologie rudimentaire par rapport à celle de l'homme, mais néanmoins très-réelle. Cela appartient à la biologie, bien que ne pouvant non plus être étudié que fonctionnellement. La psychologie animale et par suite la psychologie comparée mettent à néant l'indépendance de la psychologie à l'égard de la biologie.

Ces explications montrent que M. Comte n'a commis aucune erreur de méthode, en plaçant dans la biologie l'étude de la psychologie, si par psychologie on entend les facultés intellectuelles et affectives. Mais si par psychologie on entend simultanément l'idéologie et même la logique, alors on reproche à M. Comte une chose toute différente de celle qu'on lui reprochait. Ce sont des confusions qu'il n'est pas sans importance d'écarter ; et là intervient la distinction que j'ai indiquée tout à l'heure entre les facultés et leurs produits. Je commence par un exemple qui présentera ma pensée sans l'exagérer ni l'amoindrir. Parmi les localisations cérébrales tentées par la physiologie contemporaine, il en est une qui approche beaucoup de la démonstration, je veux parler de celle qui place la faculté du langage dans une des circonvolutions antérieures du cerveau. Voilà de la physiologie cérébrale complète, une fonction déterminée, un organe déterminé ; mais, si la faculté du langage appartient à la biologie, la grammaire, qui en est le produit, ne lui appartient pas. C'est ainsi que n'appartiennent à la biologie ni l'idéologie, ni la logique, et, j'ajouterai, ni l'esthétique, ni la morale, qui sont aux facultés esthétiques et affectives ce qu'est l'idéologie aux facultés intellectuelles. Ce sont des résultats qu'il faut chercher et étudier dans les règles de morale personnelle, domestique, sociale, qui interviennent parmi les hommes, dans les œuvres poétiques, architecturales, pittoresques, sculpturales, que produisent les génies créateurs, dans les méthodes qu'enfantent les sciences en se développant, dans les idées et les raisonnements dont on examine les conditions. Ces embranchements ont un ensemble d'objets où ils puisent expérimentalement leurs doctrines ; il est manifeste qu'ils ne rentrent pas dans la biologie ; M. Comte n'en a point traité dans sa philosophie ; j'y reviendrai plus loin.

Ne pas admettre, dit M. Mill, et c'est le second chef de son objection, la psychologie dans la série des sciences, c'est vicier cette série, c'est rendre défectueuse la philosophie qui s'appuie dessus ; car on sait que le fondement de la philosophie positive est dans la série hiérarchique des sciences. Toute ma réponse est dans la distinction que je viens de faire. S'agit-il des facultés, le reproche porte à faux, car il en a été question en biologie tout autant qu'il était nécessaire pour la fondation de la philosophie positive. S'agit-il des produits de ces facultés, idéologie, logique, esthétique, morale, le reproche porte encore à faux ; car ces embranchements, productions des facultés qui y correspondent, n'impliquent rien qui modifie la place hiérarchique des facultés et leur considération dans la conception du monde. Pour cette conception, il fallait la place hiérarchique des facultés, il ne fallait pas leurs produits.

Je continue l'examen de l'objection. « La branche psychologique, dit M. Mill, de la méthode positive aussi bien que la psychologie elle-même, M. Comte les délaissa, et elles furent placées dans leur vraie position comme partie de la philosophie positive par des successeurs qui se mirent convenablement au double point de vue de la physiologie et de la psychologie, M. Bain et M. Herbert Spencer (p. 66). » Que M. Herbert Spencer et M. Bain aient avancé l'étude des facultés cérébrales au delà du point où elle était du temps de M. Comte, je le constate avec reconnaissance; on l'avancera encore après eux, et cela ne touche en rien à la philosophie positive, pas plus que n'y touchent les découvertes faites postérieurement à M. Comte en chimie ou en physique. Mais on insiste, et l'on dit que la place est vide où l'on devrait trouver la branche psychologique de la méthode positive, comme on trouve à leurs places respectives la branche biologique, la branche chimique, etc., de cette même méthode. Si j'interprète bien les mots : « branche psychologique de la méthode positive, » ils signifient la philosophie de la psychologie. La philosophie de la psychologie, ou étude générale des facultés tant dans leurs rapports entre elles que dans leurs rapports avec l'organisation (chose indispensable), ne peut être scindée de la biologie. Quant à la morale, à l'esthétique, à l'idéologie, là sans doute n'en est pas la place ; mais leur théorie générale n'est pas plus partie intégrante de la philosophie positive que ne le serait la théorie générale du langage et de la grammaire ; car vraiment, pourquoi ne pas réclamer en faveur de celle-ci, fort considérable assurément, si l'on réclame en faveur de celles-là ?

Si on définit la philosophie, comme je fais, une conception du monde, on se passe de la psychologie. Si on la définit, comme fait M. Mill, l'étude de l'homme et une sorte de logique générale, la psychologie y est nécessaire. J'ai discuté ces deux définitions, et je n'y reviens pas ; mais, à mon gré, je ne puis trop insister sur cette différence fondamentale qui sépare M. Comte et M. Mill, l'un étant au point de vue objectif, l'autre était au point de vue subjectif. Pourquoi ne pas les combiner? dira-t-on. Les combiner, non, mais les subordonner. La conception positive du monde n'est qu'au prix d'une élaboration purement objective.

En n'ayant pas une psychologie, dit M. Mill, et c'est le troisième chef de son objection, on rend imparfaite la constitution de la sociologie, et l'on sait que, dans le système de M. Comte, la sociologie est indispensable à la philosophie positive. Contre ce reproche ma distinction intervient et suffit. Ce sont les facultés telles que la biologie les connaît qui importent, car il faut que dans la sociologie rien ne se glisse qui soit contradictoire avec les données fondamentales de la physiologie cérébrale. M. Comte a usé des notions qu'on avait de son temps, ainsi qu'il a usé de celles qu'on avait sur la chimie ou la physique; comme pour la physique ou la chimie, elles ont suffi à son objet, et depuis rien n'est survenu qui ait démenti son œuvre.

Enfin, le quatrième chef de l'objection est une inculpation prise au domaine de la logique, à savoir : qu'on ne trouve pas dans la philosophie positive le critérium qui montre que les résultats obtenus l'ont été par un procédé régulier, et que l'induction qui a servi à former les vérités générales est légitime. Après avoir rappelé la revue que M. Comte a instituée des vérités de chaque science, M. Mill s'exprime ainsi : « Après tout ceci, reste une question ultérieure et distincte. On nous enseigne le droit chemin pour chercher les résultats; mais, quand un résultat a été obtenu, comment saurons-nous donc qu'il est vrai? Comment nous assurer que le procédé a été accompli correctement, et que nos prémisses consistant en généralités ou en faits particuliers prouvent réellement la conclusion que nous y avons fondée? Sur cette question, M. Comte ne jette aucune lumière ; il ne fournit aucun critérium de vérité (p. 55). » Puis, entrant plus particulièrement dans l'examen du procédé d'induction, capital en tout l'ordre scientifique, il ajoute : « Toutes les lois dernières sont des lois de causation, et la seule loi universelle au-delà du giron des mathématiques est la loi de causation universelle, à savoir : que tout phénomène a une cause phénoménale et quelque phénomène autre que lui, ou quelque combinaison de phénomènes, à quoi il est conséquent d'une manière invariable et inconditionnelle. C'est sur l'universalité de cette loi que repose la possibilité d'établir une règle de l'induction. Une proposition générale obtenue inductivement n'est prouvée vraie que quand les cas sur lesquels elle repose sont tels que, s'ils ont été correctement observés, la fausseté de la généralisation est incompatible avec la constance de la causation, avec l'universalité du fait que les phénomènes de la nature ont lieu conformément à d'invariables lois de succession (p. 58).

Tout ceci est de la logique ; j'en fais grand cas, et je m'intéresse singulièrement à l'étude qui nous enseigne les conditions imposées à la connaissance par la nature de notre esprit, et qui donne, si je puis ainsi parler, une sanction légale à nos raisonnements ; mais est-il bien vrai que le plan suivi par M. Comte ne lui ait pas fourni l'équivalent de cette sanction? Ce plan, qui est la combinaison de la hiérarchie des sciences avec leur philosophie, lui a procuré dans chaque domaine pour critérium de certitude le critérium même de chacune de ces sciences ; il est assez incontesté pour que je ne le discute pas ; ce critérium est l'expérience ou vérification.

Mais on me presse, et l'on me dit : Comment savez-vous que votre expérience, que votre vérification est valable ? Ici, tout au rebours de croire que l'expérience ait besoin de la logique, je crois que c'est la logique qui a besoin de l'expérience. Si les vérités scientifiques n'étaient vraies que logiquement, elles ne sortiraient pas du cercle des simples hypothèses ; mais c'est quand l'expérience les a fournies que se fait la théorie logique de l'induction. Bien loin que la philosophie positive dépende de la logique, c'est la logique qui dépend de la philosophie positive.

Ainsi, dans le passage de M. Mill, cité plus haut, comment connaît-on l'universalité de la loi de causation? Par l'expérience, non par la logique, car c'est une des excellentes opérations de la psychologie positive d'avoir démontré que la notion de cause n'est pas immanente à l'esprit humain. Cela posé, comment sait-on qu'une proposition générale de l'ordre scientifique est vraie? En montrant que dans tous les cas qui se présentent l'expérience la confirme : s'il survient des exceptions, il faut la sacrifier ou la modifier. Tout cela est si certain que nos inductions les plus assurées ne sont acceptées que sous le bénéfice d'une vérification constante ; et la sanction que leur donne la logique ne peut leur ôter ce caractère relatif, c'est-à-dire qu'elle n'ajoute absolument rien à leur certitude. Il y a deux caractères de la vérité et de l'erreur, l'un mental donné par la logique, l'autre expérimental donné par les sciences. Ce n'est pas le caractère mental qui domine le caractère expérimental, c'est le caractère expérimental qui domine le caractère mental. M. Comte a suivi celui qui domine et n'a pas eu besoin de celui qui est dominé.

Une expérience se constate par intuition. Une induction, une déduction se vérifie par expérience, c'est-à-dire par intuition. La certitude scientifique est donc partout et toujours une certitude d'intuition ; elle ne demande pas sa preuve à la logique ou régularité des raisonnements et des procédés ; elle la demande à l'expérience ou intuition. L'intuition, ne relevant que d'elle-même, constitue le critérium de la vérité objective, selon M. Comte et la philosophie positive. C'est ainsi que je résume ma réponse au quatrième chef d'objection.

Le groupe mal limité, mal défini qu'on nomme psychologie n'est nécessaire ni à la constitution de la sociologie ni à la série des sciences telle que M. Comte l'a fixée, et son œuvre demeure intacte. Il faut, même après ces critiques, concevoir comme lui le monde, et, comme lui aussi, prendre pour méthode des méthodes, pour lumière des lumières cette hiérarchie du savoir humain qui pense et philosophe pour nous partout où nous la conduisons.

Mon éducation biologique ne me permettait pas de ne pas renvoyer à la biologie l'étude des facultés cérébrales, bien que les psychologistes y aient établi une part de leur domaine : et aussitôt naquit la distinction entre ces facultés et leurs produits, distinction dont j'ai usé précédemment pour faire le partage entre ce qui appartient à la physiologie cérébrale et ce qui n'y appartient pas.

La comparaison chez les animaux et dans les différents

âges m'offrit une classification de ces facultés, fonctionnelle, non anatomique, mais pourtant naturellement hiérarchique : facultés des besoins, facultés affectives, facultés esthétiques, facultés intellectuelles. Le principe de la hiérarchie est la diminution croissante de l'empire qu'exerce la personnalité. A mon gré, il y a une lumière à concevoir cette superposition des facultés.

Voilà terminé l'examen des objections faites contre la philosophie positive au nom tant de la psychologie que de la sociologie. En le poursuivant avec toute l'attention dont je suis capable et que me commandait en cette circonstance l'autorité de mon adversaire, je me suis convaincu une fois de plus que la philosophie positive est fondée ; que la conception du monde telle que l'homme peut l'avoir est obtenue ; que l'ordre hiérarchique des vérités générales est déterminé ; que, grâce à cette conception et à cet ordre, le penseur se trouve au vrai centre de la nature intelligible ; enfin, que les conditions d'une philosophie positive, étant de provenir des sciences et d'instituer le rapport du tout et des parties, ont leur accomplissement dans ce qui a été fait par M. Comte et a reçu de lui un nom qui grandit.

Non pas que je prétende que l'œuvre soit close et qu'il n'y ait plus qu'à répéter la parole du maître. Loin de moi cette pensée ; M. Comte nous a seulement, nous et nos successeurs, mis sur le seuil ; d'immenses travaux sont à exécuter ; car, l'ancien point de vue des choses étant changé, il s'agit de tout remettre au nouveau. J'aurai donné à mon idée toute l'étendue et en même temps toute la restriction qu'elle comporte, en disant que M. Comte a fait la constitution de la philosophie positive, voulant dire, d'après le sens attribué par moi à constitution d'une science, que, depuis M. Comte, elle a sa base qui est dans les sciences, sa méthode qui est dans la hiérarchie scientifique, et son résultat qui est dans la conception du monde, mais voulant dire aussi qu'une philosophie constituée est seulement une philosophie commencée.

IV

Ma tâche est finie. Mais je viens d'être aux prises avec les conditions fondamentales de la philosophie que je professe, et avec un ordre d'objections puisées non plus, comme c'est l'ordinaire, dans la théologie ou la métaphysique, mais dans une doctrine où l'on a la volonté de philosopher suivant un mode positif tout en se séparant de la philosophie positive, œuvre de M. Comte. Le lecteur ne s'étonnera donc pas qu'à cette tâche, toute finie qu'elle est, j'ajoute quelques considérations qui, bien que subsidiaires, étendront et éclairciront la discussion.

M. Mill, quand la philosophie positive lui tomba entre les mains, avait reçu sa préparation essentielle par la psychologie et par la logique, dans lesquelles il s'est acquis tant de réputation et d'autorité. Moi, quand cette même philosophie positive est venue à ma connaissance, j'avais reçu ma préparation par la médecine, par la physiologie, par la biologie. Non pas que j'aie eu en biologie, comme M. Mill en logique, le bonheur d'attacher mon nom à quelque œuvre considérable ; mais ce n'en est pas moins l'étude de ma jeunesse, celle qui a laissé les plus profondes traces dans mon esprit, et qui m'est encore aujourd'hui un objet de lectures et de méditations. M. Comte, dans le temps de mon intimité avec lui, n'avait pas manqué de noter cette différence entre M. Mill, avec lequel il entretenait une correspondance philosophique, et moi qui étais son disciple. Ce n'est pas pour signaler cette différence d'origine et pour le futile plaisir de rappeler d'où je suis parti que j'ai amené cette courte digression ; c'est pour quelque chose de plus utile, c'est pour montrer que, dans le mode positif de philosopher, l'état actuel de la pensée offre deux manières, l'une procédant de la psychologie positive ou anglaise, l'autre du groupe de sciences que M. Comte a disposées en un ordre hiérarchique.

M. Mill, dans son excellent livre sur la philosophie de sir

William Hamilton, parle de l'école qui est partout et constamment en ascendant depuis qu'a cessé la réaction contre Locke et Hume, ce qui date de Reid en Angleterre et de Kant sur le continent. Cette école, qui est l'école psychologique, je l'accepte et lui voue beaucoup de reconnaissance pour avoir rendu positive la psychologie ; mais elle n'a point fait une philosophie ; et, à vrai dire, je ne pense pas qu'elle en fasse jamais une effective, m'appuyant sur ce principe invincible, déjà cité, que le sujet est subordonné à l'objet. On n'échappera pas à la nature des choses, et l'étude de l'homme ne donnera pas la conception du monde.

Philosopher positivement suivant le mode psychologique est une impasse, et c'est là qu'éclate le service rendu par M. Comte. Il a créé l'autre mode positif de philosopher, le mode objectif. Tandis qu'il écartait la philosophie théologique en substituant des lois aux volontés, et la philosophie métaphysique en remplaçant les notions *à priori* par des notions *à posteriori*, il écartait la philosophie psychologique en substituant l'étude du monde à l'étude de l'homme. Alors il n'y eut plus d'impasse : les sciences, transformées en un tout organique par la hiérarchie qui les subordonne l'une à l'autre, conduisirent la philosophie jusqu'au terme, sans solution dans l'enchaînement, sans contradiction dans la teneur.

Cette distinction entre l'origine psychologique et l'origine objective dans le mode positif de philosopher me mène directement au célèbre principe de la relativité de la connaissance humaine. Ce principe, qui est incorporé à la philosophie positive, est antérieur à M. Comte ; et M. Mill rappelle qu'il appartient à Bentham, à James Mill et à William Hamilton. Cela est incontestable ; cependant, en ceci, il importe grandement de distinguer les deux voies par lesquelles les philosophes anglais d'une part et M. Comte d'autre part y sont parvenus. Pour les philosophes anglais, le principe est psychologique et résulte de la nature de notre faculté de connaissance ; pour M. Comte, il est empirique et résulte de ce fait qu'en toute science positive on est arrivé à un fait, à un phénomène au delà duquel on n'a pu aller.

Ces deux manières diffèrent non-seulement par le procédé, mais encore par le résultat. La démonstration psychologique de la relativité de la connaissance humaine est insuffisante philosophiquement ; elle ne prouve qu'une seule chose, à savoir que nous ne connaissons un objet que par les sensations qu'il excite en nous, que la connaissance en est purement phénoménale, et que nous ne pénétrons jamais dans ce qu'il est en soi ; mais elle ne prouve pas que cela même qui n'est aperçu de nous que phénoménalement, n'est pas, au fond, partie et manifestation d'un absolu, s'il est un absolu. En d'autres termes, elle ne ferme pas la voie aux causes premières. Ainsi, pour donner des exemples, dans le système matérialiste, la relativité de la connaissance au sujet de la matière interdit seulement de professer que nous la connaissons en soi, mais n'interdit pas de la considérer comme un *substratum* absolu et une cause première de toute chose ; et, dans le système déiste, la même relativité, au sujet de Dieu, interdit seulement de s'enquérir de l'essence divine, mais n'interdit pas de rattacher toute chose à une cause créatrice et providentielle. Là se montre clairement l'impuissance objective de la psychologie, et, par une conséquence irrésistible, sa subordination à l'objet, ce qui détermine sa place en philosophie positive.

Autre a été le procédé de M. Comte et autre le résultat. Le procédé : ayant construit la philosophie de chaque science fondamentale, il reconnut *à posteriori* que dans toutes on arrivait à des conditions dernières ou non, mais au delà desquelles on ne pouvait trouver d'autres conditions ; c'est ainsi qu'il a formé expérimentalement son principe que, dans la connaissance humaine, rien n'est absolu, car telle est la formule qu'il en a donnée. Le résultat : tandis que la psychologie ne détermine en aucune façon le caractère de la limite où s'arrête la possibilité de décomposer les phénomènes en effets et en causes et laisse ouverte la porte à l'admission des causes premières, la philosophie positive, par la main de M. Comte, indique d'une façon lumineuse et certaine que cette possibilité s'arrête au phénomène irréductible que chaque science se déclare incapable de décomposer, ce qui marque la borne du monde intelligible et le bord de celui où l'intelligibilité cesse pour nous. Ainsi, dans la question de la cause première, soit matière, soit Dieu, dont j'ai parlé tout à l'heure, chaque science dans son domaine n'atteint rien qui puisse être dit premier, mais elle atteint certaines causes, ou existences, ou conditions, qu'elle n'a aucun droit de qualifier autrement que causes, existences, conditions impénétrées.

Tout cela étant considéré, il n'est pas exact de dire qu'en incorporant la relativité de la connaissance humaine à la philosophie, M. Comte n'ait rien innové, et n'ait fait que prendre à son service un principe qu'il a trouvé dans le domaine commun. Le sien diffère du principe psychologique par la source et par la portée. En effet, d'une part, bien loin que la relativité de la connaissance humaine soit le fondement de la philosophie positive, elle en est le résultat, le corollaire; la philosophie positive ne s'est pas faite par ce principe, elle a fait ce principe; et, d'autre part, il n'est dans la relativité psychologique de la connaissance humaine aucune vertu contre la notion des causes premières; il n'en est que dans le principe expérimental de la relativité, qui, n'ayant rien à dire sur leur existence ou leur non-existence, indique les points divers où dans la recherche ascendante des causes l'esprit humain est arrêté. Le principe psychologique et le principe expérimental de relativité appartiennent à deux terrains différents. Le terme où l'un conduit est de suprême importance, puisqu'il s'agit de la conception du monde; le second ne mène qu'à une certaine condition de notre mode de connaître et de notre esprit. Toujours et partout on trouve la psychologie subordonnée à la philosophie positive.

M. Mill est un critique qui, passant aux imperfections de détail, les signale sans être inquiet de les mettre à la charge d'un fond qu'il n'admet pas; moi, je suis un disciple qui les signale comme des taches qu'il est utile de faire disparaître, afin de donner plus d'éclat et de force à un fond que j'accepte. C'est pour deux buts différents que nous nous rencontrons en des critiques secondaires. M. Comte, on le sait, n'apercevant que la négativité des dogmes révolutionnaires, les poursuivit d'une polémique inexorable. M. Mill montre que ces dogmes, outre la partie proéminente qui est négative, renferment aussi une partie positive qui ne doit pas être négligée :

« La souveraineté du peuple, dit-il, cet axiome métaphysique qui, en France et dans le reste du continent, a été si longtemps la base théorique de la politique démocratique et radicale, est regardée par M. Comte comme purement négative et exprimant seulement le droit du peuple à se débarrasser, par l'insurrection, d'un ordre social devenu oppressif, et il ajoute que, si on l'érige en principe de gouvernement, elle condamnera indéfiniment tous les supérieurs à une dépendance arbitraire à l'égard de la multitude des inférieurs, et qu'elle est une sorte de transfert aux peuples du droit divin tant reproché aux rois. Sur cette doctrine, en tant que dogme métaphysique ou principe absolu, la critique est juste ; mais il y a aussi une doctrine positive qui, sans aucune prétention à être absolue, réclame la directe participation des gouvernés dans leurs propres gouvernements sous les conditions et avec les limitations que ces fins imposent (p. 79). »

J'accepte cette rectification, j'accepte aussi celle du point de vue de M. Comte par rapport au protestantisme :

« Comme presque tous les penseurs même incrédules, dit M. Mill, qui ont vécu dans une atmosphère catholique, M. Comte ne voit le protestantisme que par son côté négatif, regardant la réformation comme un mouvement purement négatif qui fut coupé court prématurément. Il ne semble pas s'apercevoir que le protestantisme ait eu aucune influence positive différente de l'influence générale du christianisme, de sorte qu'il laisse échapper un des faits les plus importants qui en dépendent, c'est-à-dire la remarquable efficacité qu'il a eue, par opposition au catholicisme, pour cultiver l'intelligence de chaque croyant individuel. Le protestantisme, qui fait appel à cette intelligence, compte qu'il ne sera reçu qu'en la trouvant active, non passive. Le sentiment d'une responsabilité directe de l'individu envers Dieu est presque entièrement une création du protestantisme. Même quand les protestants furent presque aussi persécuteurs que les catholiques, même quand ils croyaient aussi fermement que les catholiques le salut attaché à la vraie foi, pourtant ils maintenaient que cette foi devait être non pas acceptée d'un prêtre, mais cherchée et trouvée par le fidèle, à son péril éternel s'il se trompait. Eviter une erreur fatale devenait ainsi, en grande partie, une question d'instruction et de lumières ; et chaque croyant, quelque humble qu'il fût, était sollicité par un puissant mobile à chercher l'instruction et à y faire des progrès. Aussi, dans ces contrées protestantes dont les Eglises ne sont pas, comme l'Eglise d'Angleterre fut toujours, des institutions principalement politiques, en Ecosse, par exemple, et dans les Etats de la Nouvelle-Angleterre, une somme d'éducation dont il n'y a pas d'autre exemple parvint jusqu'aux moindres du peuple. Chaque paysan expliquait la Bible à sa famille, beaucoup à leurs voisins, ce qui procurait à l'esprit la pratique de la méditation et de la discussion sur tous les points de la croyance religieuse. L'aliment peut n'avoir pas été le plus nourrissant ; mais nous ne devons pas fermer les yeux pour ne pas voir combien de si grands objets étaient propres à aiguiser et à fortifier l'intelligence (p. 112). »

Il est un grief que j'ai non pas contre la philosophie positive, mais contre M. Comte, car lui aussi a quelquefois failli contre cette philosophie qu'il a créée. Ce grief, que je trouve articulé aussi chez M. Mill, est que, sur la fin de son grand traité, M. Comte se donne licence d'admettre un certain arbitraire avec la preuve, avec l'objectivité, avec la rigoureuse correspondance entre une conception et la réalité extérieure. Je laisse parler M. Mill.

« Dans un résumé de la méthode positive, M. Comte réclame en termes exprès la licence d'admettre, *sans aucun vain scrupule, des conceptions hypothétiques, à l'effet de satisfaire dans les limites convenables nos justes inclinations mentales qui se tournent toujours, avec une prédilection instinctive, vers la simplicité, la continuité et la généralité des concep-*

tions, tout en respectant constamment la réalité des lois extérieures en tant qu'elles nous sont accessibles (1)... Le point de vue le plus philosophique nous conduit à concevoir l'étude des lois naturelles comme destinées à représenter le monde extérieur de manière à donner aux inclinations essentielles de notre intelligence toute la satisfaction compatible avec le degré d'exactitude commandée par l'ensemble de nos besoins pratiques (2). Parmi ces inclinations essentielles, il compte non-seulement notre prédilection instinctive pour l'ordre et l'harmonie qui nous fait goûter toute conception, même fictive, servant à réduire les phénomènes en système, mais même *les convenances purement esthétiques, qui,* dit-il, *ont une part légitime dans l'emploi du genre de liberté resté facultatif pour notre intelligence.* Après la satisfaction convenable *de nos plus éminentes inclinations mentales,* il restera encore *une marge considérable d'indétermination qui devra être employée à gratifier directement notre besoin d'idéalité en embellissant nos pensées scientifiques, sans en endommager la réalité essentielle* (3). Conséquemment à tout ceci, M. Comte met les penseurs en garde contre un trop sévère examen de la vérité des lois scientifiques, et frappe *d'une sévère réprobation* ceux qui détruisent, *par une investigation trop minutieuse* (4), des généralisations déjà obtenues, sans être capables d'en substituer d'autres (p. 61). »

J'ajouterai que M. Comte, qui condamne les investigations trop minutieuses à l'encontre des généralisations déjà obtenues, a condamné aussi l'astronomie stellaire, inutile suivant lui à nos besoins théoriques et pratiques qui sont renfermés dans l'enceinte de notre système solaire ; condamnation dont, au nom de la philosophie, j'ai appelé il y a longtemps. M. Mill attribue de telles propositions à ce que M. Comte était peu soucieux du critérium logique de la preuve. Comme si, indé-

---

(1) *Cours de philosophie positive*, t. VI, p. 639.
(2) *Ibid.*, p. 642.
(3) *Ibid.*, p. 647.
(4) *Cours de Philosophie positive*, p. 639.

pendamment du cas de l'astronomie stellaire auquel ce reproche est inapplicable, comme si, dis-je, M. Comte avait eu besoin du moindre critérium pour apprécier l'irrégularité de telles conceptions, et comme s'il avait été aveuglé en ceci par quelque illusion de raisonnement! Mais, de propos délibéré, il faisait céder la rigueur de la réalité à une fausse utilité, jugeant plus avantageux de s'accommoder à certains penchants et plaisirs de l'intelligence que de poursuivre rigoureusement la correspondance entre la conception et le fait. Quel que soit le motif, du reste, la philosophie positive doit repousser ces accommodations. Il n'est pas bon de prendre pour suffisantes des conceptions sciemment hypothétiques ; il n'est pas bon de respecter des généralisations que la critique entame et défait ; il n'est pas bon enfin d'interdire les recherches qui plongent dans l'infinité de l'espace. A cela le péril serait double, soit que, scientifiquement, on s'exposât à étouffer la connaissance de faits dont la portée logique ne peut être d'avance estimée, soit que, philosophiquement, on ouvrît la porte à je ne sais quelle théologie ou métaphysique bâtardes.

Si je ne puis accepter de la main de M. Comte un pareil arbitraire dans le maniement de la science, je ne puis accepter de la main de M. Mill les accommodations qu'il suppose possibles entre la philosophie positive et le point de vue théologique. Je traduis le passage :

« Il est convenable de commencer par décharger la doctrine positive d'un préjugé que l'opinion religieuse a contre elle. La doctrine condamne toutes les explications théologiques et les remplace ou pense qu'elles sont destinées à être remplacées par des théories qui ne tiennent compte que d'un ordre reconnu de phénomènes. On en infère que, si ce remplacement était accompli, le genre humain cesserait de rapporter la constitution de la nature à une volonté intelligente, et de croire aucunement en un créateur et suprême gouverneur du monde. La supposition est d'autant plus naturelle que M. Comte était ouvertement de cette opinion. A la vérité, il repoussait avec quelque acrimonie l'athéisme dogmatique, et même il dit (dans un ouvrage postérieur, mais les antérieurs ne contiennent rien qui soit en contradiction), que l'hypothèse d'un dessein a plus de vraisemblance que celle d'un mécanisme aveugle ; mais une conjecture fondée sur l'analogie ne lui semblait pas, au temps de la maturité de l'intelligence humaine, une base capable de soutenir une théorie. Il regardait toute connaissance réelle d'une origine comme inaccessible ; et s'en enquérir c'était, suivant lui, outrepasser les bornes de nos facultés mentales ; mais ceux qui acceptent la théorie des stages successifs de l'opinion ne sont pas obligés de le suivre jusque là. Le mode positif de penser n'est pas nécessairement une négation du surnaturel ; il se contente de le rejeter à l'origine de toutes choses. Si l'univers eut un commencement, ce commencement, par les conditions mêmes du cas, fut surnaturel ; les lois de la nature ne peuvent rendre compte de leur propre origine. Le philosophe positif est libre de former son opinion à ce sujet conformément au poids qu'il attache aux analogies dites marques de dessein, et aux conditions générales de la race humaine. La valeur de ces marques est, à la vérité, une question pour la philosophie positive ; mais ce n'en est pas une sur laquelle les philosophes positifs doivent être nécessairement d'accord. Une des méprises de M. Comte est de ne jamais laisser de questions ouvertes. La philosophie positive maintient que, dans les limites de l'ordre existant de l'univers, ou plutôt de la partie qui nous en est connue, la cause directement déterminative de chaque phénomène est naturelle, non surnaturelle. Avec ce fait il est compatible de croire que l'univers fut créé et même qu'il est continuellement gouverné par une intelligence, pourvu que nous admettions que le gouverneur intelligent adhère à des lois fixes qui, étant seulement modifiées ou contrariées par d'autres lois de même dispensation, ne sont jamais délaissées capricieusement ou providentiellement. Quiconque regarde tous les événements comme des parties d'un ordre constant, chacun de ces événements étant le conséquent invariable de quelque antécédent, condition ou combinaison de conditions, celui-là accepte pleinement le mode positif de penser, soit qu'il reconnaisse ou ne reconnaisse pas un antécédent universel duquel tout le système de la nature fut originellement conséquent, et soit que cet universel antécédent soit conçu comme une intelligence ou non (p. 13). »

Dans la préface que j'ai mise en tête de la nouvelle édition du *Cours de Philosophie positive* de M. Comte (1), j'ai discuté une question fort analogue. M. Herbert Spencer fait de ce qu'il appelle l'*incognoscible* et de ce que j'appelle l'*inconnu*, la puissance suprême dont l'univers est la manifestation. Je l'ai combattu en disant que définir ainsi l'*incognoscible*, c'est véritablement le connaître dans un de ses attributs essentiels ; ce qui implique contradiction, car alors il n'est plus l'*incognoscible*. L'argumentation de M. Mill n'échappe pas à une contradiction à peu près du même genre. Elle se réduit à ceci : pensez ce que vous voudrez de la cause première, de l'origine, de l'antécédent universel ; admettez nommément que cette cause a créé et gouverne le monde ; pourvu que vous admettiez en même temps qu'elle ne se manifeste jamais dans les choses, vous ne sortez pas du mode positif de philosopher. Mais, si cette cause ne se manifeste pas dans les choses, si les lois seules s'y manifestent, elle est soustraite à toute aperception humaine, et il implique que l'on voie ce qui ne se montre jamais, que l'on connaisse ce qui ne se fait jamais connaître. Bien plus, c'est aux marques de dessein qu'on se réfère pour arriver jusqu'à la cause première ; mais les marques de dessein perpétuellement renouvelées dans la structure des mondes, dans le mouvement des astres, dans l'appropriation de notre planète, dans l'organisation des êtres vivants, de telles marques de dessein, dis-je, qu'est-ce autre chose que des actes d'intervention incessante de la cause première ? Par conséquent, si on les admet, on rompt avec le principe de la philosophie positive, qui repousse les interventions et n'accepte que les lois. Ainsi l'admission d'un antécédent universel montre son incompatibilité avec le

---

(1) Chez J.-B. Baillière, rue Hautefeuille, n° 19, six volumes.

mode positif de philosopher, tantôt en lui faisant dire qu'il connaît ce qu'il ne connaît pas, tantôt en lui imposant au milieu des lois la doctrine de la finalité. La valeur des marques de dessein n'est en effet pas autre chose que la doctrine de la finalité. Cette doctrine de la finalité, chaque science particulière l'a convertie en une doctrine positive connue sous le nom de principe des conditions d'existence, principe qui bannit toutes les interventions et qui, rencontré dans chaque domaine particulier de la science, est devenu un principe général de la philosophie positive. Il est la dernière borne à laquelle la connaissance puisse atteindre ; si on va au delà, on quitte à la fois la science et la philosophie.

Il ne faut pas considérer le philosopher positif comme si, traitant uniquement des causes secondes, il laissait libre de penser ce qu'on veut des causes premières. Non, il ne laisse là-dessus aucune liberté ; sa détermination est précise, catégorique, et le sépare radicalement des philosophies théologique et métaphysique : il déclare les causes premières inconnues. Les déclarer inconnues, ce n'est ni les affirmer ni les nier, et c'est, quoi qu'en dise M. Mill, laisser la question ouverte dans la seule mesure qu'elle comporte. Remarquons-le bien néanmoins, l'absence d'affirmation et l'absence de négation sont indivisibles, et l'on ne peut arbitrairement répudier l'absence d'affirmation pour s'attacher à l'absence de négation. Il ne serait pas impossible de retourner les arguments qu'avec raison M. Mill a employés contre M. Comte, accommodant à la satisfaction de nos inclinations mentales la rigueur de la preuve et l'objectivité du fait. La rigueur de la preuve et l'objectivité veulent ici que l'on ne nie pas, que l'on n'affirme pas, et malgré cela, par pure satisfaction de certaines vues partielles, on permet d'affirmer sans nier.

On ne peut servir deux maîtres à la fois, le relatif et l'absolu. C'est l'absolu que vous servez quand vous donnez aux choses un antécédent universel ; mais alors le philosopher positif, que rien ne peut faire sortir du relatif, vous abandonne et ne vous considère plus comme siens. Faire résoudre la question des causes premières dans un mode de philosopher qui partout en a constaté expérimentalement l'insolution, introduire l'absolu dans un mode de philosopher qui ne comporte que le relatif, concevoir une connaissance là où ce mode de philosopher met rigoureusement l'inconnu, c'est non pas concilier, mais juxtaposer les incompatibilités.

Enfin je rappelle ici la distinction que j'ai faite ci-dessus entre l'origine psychologique et l'origine expérimentale du principe de la relativité. Psychologiquement, la relativité de la connaissance humaine ne contredit pas l'admission d'une certaine théologie, sans quoi M. Mill, partisan déclaré de cette relativité, n'aurait en aucune façon parlé d'antécédent universel ; mais, expérimentalement, elle ne laisse la voie ouverte à rien de pareil. Cette remarque, qui porte à la fois sur le présent litige et sur le rapport entre la psychologie et la philosophie positive, montre une fois de plus le désaccord entre les deux conceptions du monde et clôt la discussion.

V

M. Mill pense que M. Comte n'a pas fondé ce qu'il nomme la philosophie positive, qu'il n'en a créé que des parties, et que l'œuvre, quelle qu'elle soit, reste toujours à mener au terme. Moi, au contraire, je pense que la philosophie positive est créée dans ses éléments essentiels, que l'avenir développera ces éléments sans les dénaturer, et qu'ainsi elle est, dans l'ordre général, ce que chacune des sciences positives est dans l'ordre particulier, c'est-à-dire un point de départ et une voie tracée.

Trois objections capitales (je ne parle point des objections de détail qui laissent l'édifice intact et n'exigent que des réparations) sont faites par M. Mill : la sociologie n'est pas constituée ; la théorie des facultés intellectuelles et morales n'est pas donnée ; la doctrine de la preuve n'est pas établie.

Ma réponse est, quant à la sociologie, que M. Mill n'a pas suffisamment pris en considération l'inégalité de valeur entre la subsistance des sociétés ou état statique et le développement des sociétés ou état dynamique ; que le premier, ramené à son origine, ce qui est scientifiquement indispensable, ne diffère pas notablement de l'état de société de certains animaux, et est explicable par les facultés étudiées en biologie ; qu'au contraire le second appartient exclusivement aux sociétés humaines, est le propre de la sociologie, la sépare de la biologie, a été systématisé pour la première fois par M. Comte, et forme l'assise primordiale soit de la sociologie prise en elle-même, soit de la sociologie employée comme élément d'une philosophie positive, ce qui est le point de vue de M. Comte. Ma réponse est, quant à la théorie des facultés intellectuelles et morales, que M. Comte l'a faite en la biologie où en est la juste place ; qu'à la vérité, d'une part, les matériaux physiologiques dont il s'est servi se sont améliorés, et que, d'autre part, il n'a pas usé de travaux psychologiques très-dignes d'attention ; mais que cela ne le met pas, par rapport à la philosophie positive, dans une position différente de celle où le mettent les progrès de la chimie ou de la physique ; et que, l'important étant de savoir si les accessions, perfectionnements, rectifications changent le rapport des sciences particulières avec la philosophie positive, comme aucun changement de ce genre ne se produit, cette philosophie, dont le caractère est, sous peine de mort, de s'accommoder avec tout le développement ultérieur des sciences, n'en reçoit aucune atteinte. Enfin ma réponse est, quant à la doctrine de la preuve, que, en soi, la philosophie positive n'a pas d'autre doctrine de la preuve que celle qui appartient à chaque science particulière, et que cela, suffisant à ces sciences, lui suffit aussi ; que, s'il s'agit de passer de la preuve expérimentale à la preuve logique, c'est-à-dire de montrer que ce qui est légitime selon l'expérience l'est aussi selon la logique, cette recherche, très-intéressante, n'importe pas à la philosophie positive, qui non-seulement n'en a pas besoin pour son but de la conception du monde, mais encore prête sa doctrine expérimentale à la doctrine psychologique, pour que celle-ci puisse être conçue non plus comme purement subjective, mais comme réelle.

M. Mill admire profondément les pages immortelles où M. Comte a tracé la philosophie des diverses sciences et la doctrine du développement de l'histoire. Ce sont pour lui de belles parties, mais seulement des parties de la philosophie positive. Cela étant reçu des mains de M. Comte, il y ajoute, comme autre partie, la psychologie positive telle qu'elle résulte définitivement de récents travaux dus à des hommes éminents d'Angleterre ; il y ajoute une logique positive, à laquelle lui-même a fourni une précieuse contribution dans un livre renommé. Mais comment, de ces différentes parties, un tout se fait-il ? Quel en est l'enchaînement et la hiérarchie ? M. Mill ne nous le dit pas. On y voit seulement un mode positif de philosopher, et encore un mode de philosopher où la subordination entre le point de vue objectif et le point de vue psychologique n'est pas appréciée.

C'est donc sans regret que, quittant ce qui me semble imparfait, je me tourne vers la philosophie positive, œuvre de M. Comte. Là aussi se trouve un mode positif de philosopher; mais ce mode y est réalisé en toutes ses parties ; ce que l'homme sait est systématisé, ce que l'homme ne sait pas est rigoureusement séparé ; systématisation et séparation sans lesquelles il n'y a point de positivité en philosophie.

La philosophie positive vient faire pour le règlement de la pensée générale et le gouvernement des choses humaines ce que chaque science a fait pour le règlement de la pensée particulière et le gouvernement des choses spéciales. En d'autres termes, avec la force dorénavant inhérente aux notions positives, elle se substitue au règne des notions théologiques et métaphysiques sous lesquelles s'est formée la jeunesse de l'élite de l'humanité.

« Une croyance, dit M. Mill, qui a gagné les esprits cultivés d'une société est sûre, ou plus tôt ou plus tard, à moins que la force ne l'écrase, de parvenir à la multitude (p. 24). » Cette opinion, qui a été celle de M. Comte et qui est aussi la mienne, dissipe les illusions qu'on se fait quelquefois quand on croit que, sur le domaine historique, philosophique ou scientifique, les recherches peuvent demeurer encloses dans les livres et dans les écoles. Non ; quelque intention qu'on ait, elles vont inévitablement porter coup à l'ancien ordre intellectuel, moral, social. Les partisans de cet ancien ordre ne s'y trompent pas, et s'indignent des vaines protestations dont on se couvre. Jamais la philosophie positive n'en a fait ni n'en fera ; car elle sait et professe qu'on ne peut pas avoir une conception du monde différente de celles qui régnèrent et qui règnent, sans que tout, s'en ressentant, se modifie et se transforme.

XI

APOLOGIE D'UN INCRÉDULE.

Par Louis Viardot, Paris 1868.

[Je n'ai pas voulu laisser passer la 3ᵉ édition du remarquable petit livre de mon vieil ami M. L. Viardot, sans en dire un mot dans la *Revue de la philosophie positive*, mars-avril 1869. Un incrédule qui dit son opinion sur les choses théologiques n'a pas, ce semble, besoin d'apologie. Cependant, le titre me paraît bien choisi; et j'ai essayé de le justifier à mon point de vue; j'y ai ajouté quelques réflexions sur ce qui suit la mort d'après la théologie et le spiritualisme, d'après le matérialisme et d'après la biologie. Ce sont de graves méditations auxquelles se complaît un disciple de la philosophie positive.]

On sait ce que la théologie païenne disait jadis à l'homme, ce que lui disent aujourd'hui la théologie chrétienne et la musulmane : la mort que tu subis n'est qu'un passage; ton âme est immortelle, elle survit à la dissolution du corps; même ce corps, suivant du moins les chrétiens et les musulmans, tu le retrouveras et tu recevras des mains d'un Dieu rémunérateur et vengeur, une récompense éternelle ou une éternelle punition, suivant que tu te seras montré fidèle aux commandements de ce Dieu. Le spiritualisme, depuis Platon, tient, de son chef, le même langage; moins affirmatif pour la résurrection du corps, il promet à l'homme la transformation d'une existence passagère en une existence sans bornes.

L'homme aime la vie; et des espérances par-delà le tombeau flattent cet amour. Mais ces espérances mêmes sont singulièrement troublées par la perspective que les religions positives ouvrent sur le sort futur des pauvres mortels. Un juge redoutable les attend; et beaucoup d'entr'eux, ce sont les religions qui l'affirment, n'auront vécu leur vie chétive que pour être livrés à des punitions variées, à des supplices cruels. « C'est, dit Bossuet, une chose horrible de tomber entre les » mains du Dieu vivant. » Et il ajoute : « Là commencera ce » pleur éternel, ce grincement de dents qui n'aura jamais de » fin. » C'est fort dur; mais est-ce juste?

Ce qui rend la justice divine inintelligible, c'est que, suivant l'hypothèse théologique, Dieu est le créateur des hommes. Dans le monde tel que ce créateur l'a disposé lui-même en sa toute-puissance, s'il est certain que sous l'influence des divers agents physiques naîtront une foule de maladies corporelles, il ne l'est pas moins que sous l'influence des divers agents psychiques naîtront une foule de maladies morales, c'est-à-dire des vices et des crimes. La médecine et l'hygiène d'une part, l'éducation et la justice d'autre part travaillent à diminuer cette somme de maux, et la diminuent en effet. Mais conçoit-on qu'au-delà du tombeau Dieu demande compte du résultat des causes qu'il a semées dans le monde? Autant vaudrait nous demander compte des maladies que nous éprouvons. La justice humaine se comprend; car elle est d'homme à homme; la justice divine ne se comprend pas, et, si elle existe, elle ne semble avoir aucun rapport avec ce que nous nommons justice.

On a dit souvent que le désir de vivre après la mort était inspiré par le sentiment égoïste d'une personnalité voulant se perpétuer dans la possession d'un bien qui ne nous est donné qu'en viager. Il y a du vrai en ce dire; mais cela est loin d'être le tout du sentiment de perpétuation. Le désir de rejoindre les personnes qui nous furent chères et que nous avons perdues en fait une bonne part. Le cercueil est si sombre et la terre est si froide, que ce qu'on accepterait pour soi, on ne l'accepte pas pour des êtres regrettés, et l'on écoute des promesses de chaleur, de lumière et de vie.

Mais, ici encore, les religions ont un pénible achoppement, et leur annonce est à double tranchant. Elles déclarent que ces réunions si souhaitées manqueront dans bien des cas; car la béatitude et la damnation mettront de terribles différences entre les personnes qui se sont le plus aimées ici-bas. N'ayant aucunes croyances théologiques, je ne puis dire comment cela s'arrange dans le cœur et dans l'esprit de ceux qui en ont. Mais, tel que je suis, il me semble que, si je voyais mon père et ma mère dans les supplices, pendant que je serais dans les jouissances, le ciel n'aurait pas de barrières assez fortes pour me retenir et pour m'empêcher de partager le sort de ceux pour qui ma tendresse persévère depuis tant d'années que je les accompagnai à la dernière demeure.

Ecoutons maintenant les matérialistes. Eux pensent que la mort est ce qu'elle paraît être, la destruction de l'individu, et que l'homme, l'animal, l'être vivant, quel qu'il soit, restituent les éléments réunis pour le tourbillon vital, et redeviennent, suivant un vers bien connu, ce qu'ils étaient *une heure avant la vie*. Ce langage est simple, ferme, et oppose sans vaine phrase le visible à l'invisible. Mais beaucoup ne s'en tiennent pas là, et ils veulent faire goûter à l'homme sinon la mort, du moins l'effet de la mort et l'anéantissement de la personne. Déjà le grand poète matérialiste, le précurseur et le rival de Virgile, gourmandant ceux qui, comme les héros d'Homère, pleuraient leur jeunesse et leur vie, s'écriait :

> Cur non ut plenus vitæ conviva recedis,
> Æquo animoque capis securam, stulte, quietem?

Pourquoi regretter, dit un moderne, les conditions mesquines de la personnalité? Les matérialistes qui s'expriment ainsi ne sont point radicalement guéris ni de toute théologie ni de toute métaphysique; et, gardant pour les vues et la bienfaisance de la nature un vieux respect qu'ils ne peuvent secouer, ils la déchargent du reproche d'avoir rendu éphémère la vie de l'homme, et mettent le repos en place de la béatitude. Devant la nature, ses dons et ses maux, qui pourrait tenir la balance entre la résignation et la reconnaissance? Ni tous les convives n'arrivent à la fin du repas, ô Lucrèce, ni l'anéantissement n'est le repos. Je suis de ceux qui font cas de la vie et qui pensent qu'elle mérite d'être bien employée; mais, de

la mort, l'être vivant ne peut avoir aucune notion ; car, quand elle commence, il disparaît. Dans ce sombre morceau sur une mort volontaire, tout plein d'une émotion douloureuse, Carrel a peint admirablement l'état de l'homme méditant sur la mort et son impuissance à se la représenter : « Qui de nous n'a pas
» songé à l'instant inappréciable qui marquera pour lui, un
» peu plus tôt, un peu plus tard, le passage du connu à l'in-
» connu, de la réalité quelquefois triste à un état dont il
» n'aura plus conscience et qui sera le vide, le rien, cette
» chose déconcertante pour la raison, qu'on appelle d'un mot
» confus le néant? J'ai pu conduire par la pensée ma vie jus-
» qu'à cet instant rapide comme l'éclair, où la vue des objets,
» le mouvement, la voix, le sentiment m'échapperont, et où
» les dernières forces de mon esprit se réuniront pour for-
» mer l'idée : je meurs ; mais la minute, la seconde qui sui-
» vra immédiatement, j'ai toujours eu pour elle une indéfi-
» nissable horreur ; mon imagination s'est toujours refusée à
» en deviner quelque chose (*Œuvres*, t. V, p. 315). »

Soit qu'avec le spiritualisme on se complaise à prolonger la vie au-delà du tombeau, soit qu'avec le matérialisme on pare du nom de repos l'anéantissement personnel, quel que soit, en un mot, le sentiment qui nous anime à l'égard de notre fin, rien ne sera changé par nos désirs ou par nos raisonnements à la destinée qui nous attend. Pas plus que nous n'avons été consultés pour apparaître sur cette terre aux rayons de notre soleil, pas plus ne le serons-nous pour le sort ultérieur des particules qui nous ont constitués. Des forces régulières et immenses nous produisent et nous détruisent ; elles nous ont tiré de l'éternité qui précède, s'il est une éternité précédente, pour nous jeter dans l'éternité qui suit, s'il est une éternité suivante.

Le chemin que je viens de parcourir me mène directement à l'*Apologie d'un incrédule,* par M. Viardot. Apologie? Ce mot, M. Sainte-Beuve, dans une lettre qu'il a écrite à l'auteur, n'a pas voulu le laisser complètement passer : « J'ai là, y dit-il,
» votre *Apologie*, qui ne doit pas s'appeler ainsi ; car le sage
» n'a pas à se défendre. C'est un compte-rendu que vous

» faites, non pas aux autres, mais à vous-même. Il me paraît,
» de tout point, exact et rigoureux. » Exact, rigoureux et
sage, oui sans doute, dis-je avec M. Sainte-Beuve ; pourtant
je comprends le sentiment qui a dicté à M. Viardot le titre de
son opuscule (lequel, par parenthèse, est à sa troisième édition et va être traduit en anglais) : la théologie est notre aînée ;
la conception théologique du monde est antérieure à la conception scientifique, qui l'élimine. En cette situation, il sied
de faire son apologie, surtout quand on a raison.

Ecoutons donc M. Viardot se justifiant. Lui aussi avait reçu
de la tradition une théologie, un spiritualisme, une création
du monde, une providence réglant les choses. Tout cela, appuyé sur des récits anciens et par des raisonnements métaphysiques, fut longtemps valable aux yeux des hommes et
l'est encore pour beaucoup. Mais, récits anciens et raisonnements métaphysiques ne satisfont plus l'esprit moderne ; on
demande à la théologie et au spiritualisme des preuves équivalentes à celles que donnent les sciences positives. Ni la
théologie ni le spiritualisme ne peuvent les fournir, la foi
chancelle et l'incrédule est justifié.

Cette négation inévitable, la philosophie positive me l'apprend, dit seulement ceci : borné dans un coin de l'espace et
du temps, l'homme sait qu'autant que son expérience s'étend,
des lois seules règnent, non une providence. Pourquoi, dira-t-on, ne spéculez-vous pas, comme les autres, sur l'origine
et la fin des choses ? parce que l'homme ne connaît rien que
par l'expérience, et que, nécessairement, l'expérience est toujours en deçà des origines et des fins.

Pascal, dans ses *Pensées*, combattant quelques incrédules
qui, eux aussi, faisaient leur apologie, objecte : « Quelle rai-
» son ont-ils de dire qu'on ne peut ressusciter ? Quel est le
» plus difficile, de naître ou de ressusciter ? que ce qui n'a
» jamais été soit, ou ce qui a été soit encore ? Est-il plus fa-
» cile de venir en être que d'y revenir ? La coutume nous rend
» l'un facile, le manque de coutume rend l'autre impossible :
» populaire façon de juger. » Non, sans doute, et Pascal a
raison en cela, l'un n'est pas plus facile que l'autre. Mais, po-

pulaire tant que voudra l'éloquent apologiste, justement parce qu'il ne nous est pas plus facile de concevoir la production que la reproduction d'un être vivant, une naissance qu'une résurrection, justement en cela nous n'avons pour notre jugement que la réalité et le fait. Nous voyons naître, et nous tenons la naissance pour réelle ; nous n'avons jamais vu renaître, et nous tenons la renaissance pour irréelle. Jusqu'à ce qu'un fait de résurrection vienne la démentir, notre expérience demeure constante, et, puisque Pascal le veut, populaire.

De même que la conception du monde est une question de science générale, de même la question de la vie après la mort est une question de science spéciale. Eh bien, la biologie et sa disciple la médecine n'ont jamais constaté un cas de retour à la vie après la mort accomplie. Il se pourrait que, comme la nature a disposé un appareil dont le but apparent est un but d'avenir, c'est-à-dire la production d'un nouvel être ; il se pourrait, dis-je, que, semblablement, elle eût préparé dans le vivant quelque appareil qui indiquât une reprise de la vie en d'autres conditions. Il n'en est rien ; du moins tout paraît se dissoudre et retourner à la masse commune des éléments terrestres.

On sait, en effet, que les êtres vivants, et, par conséquent, l'homme n'ont dans leur composition aucun élément qui ne soit emprunté à la grande masse ; seule, la force ou propriété qui fait la vie et qui est inhérente à la substance organisée, ne se retrouve pas dans la masse élémentaire. Aussi, de nos jours, plusieurs pensent que cette force n'est pas autre chose que la résultante des forces chimiques et physiques de la matière. Je ne me range aucunement à cette opinion ; non pas qu'elle implique rien d'absurde ; mais elle est une pure hypothèse qui ne deviendra une réalité scientifique que quand on aura démontré l'unité de la matière, autre hypothèse dont celle-là est un corollaire. Jusqu'à présent, pour nous, la nature est un assemblage d'éléments distincts et de propriétés distinctes, et non une grande et simple unité. Mais, multiplicité ou unité, l'origine de la vie nous échappe dans les profondeurs du passé, et l'issue s'en perd dans les profondeurs de l'avenir.

Ici se clôt l'*Apologie*, et je prends congé de M. Viardot, ayant évoqué une vieille amitié, la commune collaboration au *National* et beaucoup de souvenirs, calme satisfaction de l'homme qui vieillit. Le débat auquel cette *Apologie* se rapporte est la lutte entre les conceptions scientifiques et les sentiments. Les sentiments, comme le veulent la nature humaine et l'histoire, ont occupé les premiers le terrain, et il est juste que les conceptions scientifiques s'excusent en les troublant. A la longue, par leur claire et vive lumière, ces conceptions attirent à elles les sentiments, c'est-à-dire qu'elles les appliquent à la destinée humaine en sa réalité. La tâche est assez belle pour les captiver. Agrandir les voies de l'utile, du bon, du beau et du vrai que l'humanité a ouvertes, voilà notre idéal, d'autant plus haut et d'autant plus touchant qu'il est l'œuvre et le charme des pauvres mortels dont la condition est tant humble et précaire.

XII

DU MYTHE

De l'arbre de la vie et de l'arbre de la science du bien et du mal

DANS LA GENÈSE

[Le mythe est un récit relatif à des temps ou à des faits que l'histoire n'éclaire pas, et contenant soit un fait réel transformé en notion religieuse, soit l'invention d'un fait à l'aide d'une idée ; c'est un trait fabuleux qui concerne les divinités ou des personnages qui ne sont que des divinités figurées. Il appartient à toutes les religions ; et les religions appartiennent aux plus anciennes assises des sociétés. Il en résulte que le plus sûr moyen d'en donner une explication positive c'est de le ramener de proche en proche aux éléments primitifs qui le produisirent. Bien loin que ce travail soit achevé, il est seulement commencé ; et les notions de mythe dans l'histoire des religions est une notion toute nouvelle. On peut comparer la recherche de l'origine des mythes à la recherche de l'origine des mots. De forme en forme l'étymologie remonte, non pour tous mais pour beaucoup, à des racines irréductibles dont le mode de naissance est inconnu et livré jusqu'à présent aux hypothèses. Les éléments des mythes sont les racines des religions. L'article que je reproduis ici a paru dans la *Revue de la Philosophie positive*, novembre-décembre 1869].

I

Préambule.

Le titre, avec le mot mythe en tête, dit par soi-même que ceci n'est pas une critique analogue à celles du XVIII° siècle, c'est-à-dire une critique faisant, par des motifs purement rationnels, le procès à un dogme théologique. C'est une critique s'efforçant de montrer dans l'histoire la racine et le développement d'une idée dogmatique qui a joué un rôle considérable dans la pensée humaine et dans l'organisation sociale. Sans doute, il a fallu que la première, c'est-à-dire la critique du xviii° siècle s'exerçât pleinement et modifiât profondément la disposition mentale qui fait la foi aux livres religieux, pour que la seconde, c'est-à-dire la critique historique, eût son tour et maniât avec sang-froid ces choses sanctifiées par l'adoration des hommes. Ces deux procédés sont la suite, la conséquence l'un de l'autre ; mais le second, tout impartial qu'il est, est pourtant le plus radical. Aussi longtemps que l'on s'est borné à montrer l'incompatibilité de notions théologiques avec notre raison, on n'a guère fait que substituer un miracle historique à un miracle théologique ; car comment ces notions contraires à notre raison seraient-elles nées et auraient-elles crû, si elles n'étaient conformes à quelque chose? Toute explication n'est que ramener un fait plus complexe à un fait plus simple qui demeure irréductible. Une notion religieuse, quand elle a été ainsi ramenée, est expliquée ; et, dès lors, elle rentre dans le rang de tous les faits de développement que nous étudions, soit dans l'ordre biologique, soit dans l'ordre sociologique.

Je ne dispute en aucune façon aux juifs et aux chrétiens le droit de s'édifier dans la lecture et la méditation du chapitre III de la Genèse. J'ai remarqué, il y a longtemps, que l'édification dépend bien plus d'une disposition intérieure que de la nature extérieure de ce qui la provoque. Les chrétiens ont eu tort de reprocher aux païens leurs dieux bizarres avec des attributs naturels et des cérémonies plus ou moins convenables ; tout cela ne fut rien tant que la foi à Jupiter, à Mercure et à Junon fut intacte ; et l'homme pieux fit d'excellent fruit moral, comme disaient les prédicateurs du xvii° siècle, en priant dans les temples et en s'associant aux adorations de ses concitoyens. Mais, dégagé de cette foi païenne, le chrétien regarda de haut la religion déchue, et se scandalisa. C'est ainsi que tant de libres penseurs, scandalisés de mainte histoire de la Bible, s'étonnent que le chrétien s'y édifie, méconnaissant de la sorte une condition propre à l'esprit humain.

Mais, quand on est sorti d'une croyance, comme le chrétien

du paganisme, et le libre penseur du christianisme, alors, bien entendu, toute édification disparaît, et il ne reste plus que les dissonances intellectuelles et morales de mythes et de légendes antiques avec notre manière de penser et de sentir. Ainsi, dans le mythe dont je m'occupe ici, notre sens intellectuel, formé par l'expérience et par la raison, ne peut admettre que le serpent ait pris la parole pour séduire Ève, quand même on supposerait que le diable s'était emparé du corps du pauvre reptile pour le faire servir à ses mauvais desseins. Mais notre sens moral, tout autant que notre intelligence, se refuse à penser que la postérité d'Adam ait été punie pour une faute d'Adam par un être à qui l'on atttribue la suprême justice et la suprême bonté. Un tel échantillon de la divinité demeure bien au-dessous de la moindre justice, de la moindre bonté humaine. Que si l'on répond qu'en effet la nature ainsi procède, infligeant par voie d'hérédité à des innocents, soit les maladies et les souffrances corporelles, soit les perversions morales qui ne sont pas de moindres maux, qui ne voit qu'une telle réponse abolit précisément toute intervention intelligente et débonnaire, et y substitue le procédé aveugle, nécessaire, immiséricordieux que la science positive constate partout? Oui, cet enfant chétif qui vient de naître doit le mal qui le ronge à ses parents et n'a rien fait pour le mériter ; ainsi le veulent les conditions de la substance organisée, lois fatales qui nous font écarter toute providence. Et cela est tellement pressant que, même au début de la Genèse, le sage n'a fait qu'en mettre l'action inéluctable sous le nom de Jéhovah. La divinité, à mesure que la notion s'en épure, n'est conçue que comme l'amendement à l'ordre naturel. Mais, à mesure aussi que nous devenons plus familiers avec les lois des choses, il apparaît que cet amendement à l'ordre naturel, autant du moins que nous connaissons cet ordre, au lieu d'être absolu et dépendant d'une volonté surnaturelle, est relatif et dépendant des efforts de la société humaine.

Au point de vue de l'histoire, ces mythes antiques ne sont pas moins intéressants à considérer. Seule l'extrême contrainte qu'ils ont exercée sur les intelligences, a pu forcer l'esprit à recevoir toutes sortes de notions discordantes que des générations d'hommes supérieurs se sont consumées à concilier, de manière à leur faire produire des effets sociaux qui fussent utiles. Inévitablement, les données primitives commandent, dans une certaine limite, celles qui suivent ; rien, en histoire, ne peut échapper à cette condition. Et c'est ce qui fait l'extrême lenteur et l'extrême difficulté du développement humain. Non-seulement des événements politiques, à chaque instant, se jettent à la traverse ; mais aussi les conceptions mentales, les mythes, les légendes, devenues éléments intégrants de l'intelligence, la contraignent à louvoyer péniblement entre la direction où tend le passé et celle où tend l'avenir. Je reviendrai sur ce point important.

Plusieurs théologiens rationalistes ont dit du récit de la Genèse : c'est une histoire vraie, ce n'est pas une histoire réelle ; signifiant par là que rien de pareil ne s'est effectivement passé, mais qu'une haute vérité y est enfermée. Dans cet esprit, un savant théologien protestant, Eichhorn, l'a interprété comme le philosophème d'un ancien sage, qui a voulu faire entendre que le désir d'un autre état, considéré comme meilleur que l'état présent, est la cause dernière du malheur des hommes. Je n'ai pas le dessein de discuter en aucune façon cette interprétation, étant dans l'opinion que le système qui attribue à ces mythes, du moins dans l'origine, un sens philosophique, est erroné, et que le sens philosophique ne s'y glisse qu'à mesure qu'on s'éloigne de cette origine et par le travail d'hommes relativement modernes. C'est ce fond donné primordialement qui, combiné avec les remaniements successifs, introduit l'incohérence qu'on remarque dans les mythes. Ils sont comme les mots, ils ont à leur début une signification purement concrète ; mais, en cheminant à travers des sociétés qui se perfectionnent, ils englobent des conceptions sentencieuses, philosophiques, comme les mots passent aux significations les plus relevées et les plus abstraites.

De la transition du concret mythique à l'abstrait mythique l'érudition contemporaine permet de faire une application manifeste. Quel mythe plus beau, plus splendide, que celui de Prométhée chez les Grecs? L'avénement de Jupiter qui détrône Saturne, signale la période dans laquelle les hommes, déchus de l'âge d'or, sont en lutte avec la nature. Les dieux n'ont pas de bon vouloir pour le genre humain ; aussi Jupiter retient-il le feu, sans lequel la vie et le travail ne peuvent se développer. Ici le mythe a des obscurités ; on n'y dit pas d'où vient ce mauvais vouloir des dieux pour les hommes, cette envie qu'ils leur portent, et cette crainte de les voir devenir semblables aux personnages divins, crainte qu'a Jéhovah aussi bien que Jupiter ; tout au plus entrevoit-on, dans ce sacrifice où Prométhée veut tromper Jupiter, en lui faisant choisir la moins bonne partie des victimes, qu'en effet le mythe est lié à des rites d'une liturgie primordiale. Mais plus il se développe, plus il devient clair et magnifique. Le Titan a pitié de la destinée humaine, et, dérobant à Jupiter le feu céleste, il l'apporte aux hommes qui pourront, avec cette force, entreprendre et exécuter. C'est dans le creux du narthex ou férule qu'il cache son heureux larcin; mais Jupiter ne supporte pas cette infraction à sa volonté, et il punit cruellement le bienfaiteur des hommes. Des bourreaux célestes enchaînent Prométhée et le clouent sur un rocher du Caucase ; là, tous les jours, un aigle vient lui déchirer le foie qui renaît toujours. Mais l'esprit qui travaille le mythe et qui s'inspire d'ailleurs des visibles progrès de l'humanité, ne peut laisser le magnanime Titan sans espoir et sans secours. Quand les temps sont accomplis, il reçoit la délivrance; et par qui? par le fils même de Jupiter, Hercule, qui, de ses flèches inévitables, tue l'aigle, et, de sa main puissante, détache Prométhée. Cette délivrance est aussi celle de l'humanité, qui est ainsi réconciliée avec Jupiter.

C'est enfin dans Eschyle que le mythe prend toute sa sublimité. Il emporte au sein des choses suprêmes un poëte digne de les contempler et de les illuminer. Chez lui, Prométhée est un fils de Thémis ; il est prophète par sa mère et en possession de tous les secrets de l'avenir. Dans le combat des Titans, il se sépare de ses frères et aide par ses conseils Jupiter à remporter la victoire. Mais, quand on en vint au partage du monde, Jupiter n'eut pas souci des pauvres humains, et il voulut anéantir toute la race et en créer une nouvelle. Seul, Prométhée prit le parti des hommes, et non-seulement il les préserva de la destruction qui les menaçait, mais encore il leur procura le feu, source de toutes les inventions et gage de la domination sur la nature. Cet acte lui a valu le supplice que l'on connaît; mais Prométhée sait, et cela le console, que la malédiction de Saturne sur Jupiter s'accomplira, qu'il sera, comme Uranus et Saturne, précipité du trône, et qu'un libérateur viendra détacher les chaînes du captif du Caucase. Vainement, Jupiter s'efforce, par des menaces, d'obtenir connaissance du secret de Prométhée. Celui-ci, soutenu par le noble sentiment de ce qu'il sait et par une invincible fermeté, résiste; et le maître de l'Olympe appesantit sur lui sa main; mais enfin le nœud de ce drame divin se dénoue; et la réconciliation se fait entre Prométhée et Jupiter; Hercule délivre le Titan; la condition imposée par Jupiter, à savoir, qu'un immortel consente à mourir pour lui, est accomplie par Chiron, qui, souffrant d'une blessure incurable, accepte avec joie la mort pour Prométhée. Et cette réconciliation s'étend jusqu'aux autres Titans, qui, délivrés, témoignent que la paix du monde est rétablie, et que Jupiter et les dieux sont devenus plus doux et plus miséricordieux. Prométhée reprend sa place en l'Olympe, et annonce son secret qui est qu'il naîtra de Jupiter et de Thétis un fils encore plus puissant que son père. Qui ne voit poindre, sous la dernière forme de ce mythe grandiose, le symbole d'une humanité qui souffre sous des dieux incléments, d'une réconciliation avec les puissances supérieures et d'une promesse de l'avénement d'un nouveau règne du ciel? Qui ne voit aussi que, si le paganisme n'avait pas été, à ce moment même, tué radicalement par les philosophes et les savants de la Grèce, il y avait là une attache pour ouvrir un nouveau développement religieux et réaliser l'avénement de ce règne promis par Prométhée et d'un messianisme païen!

Bien qu'il soit difficile de pénétrer le sens primitif d'un mythe, justement parce que l'origine en est cachée, et que d'un autre côté toutes les parties n'en sont pas contemporaines, néanmoins on aperçoit dans celui-ci des traits de signification qui ne sont pas méconnaissables. Prométhée, le Titan, est fils de Japhet, et, de cette façon, intercalé dans les générations des hommes. Les Hellènes, se l'appropriant, en font le père de Deucalion, qui est le père de Hellen, le patronyme de toute la race. Ainsi placé, il prend le caractère d'un promoteur de la culture humaine, qui dompte la nature; mais, en domptant la nature, l'humanité se heurte contre la divinité; car cette soif de vérité et cette ardeur infatigable qui la poussent dans toutes les profondeurs des choses, devient facilement une présomption qui secoue le frein. Puis, à un plus haut degré, Prométhée, c'est l'humanité se libérant par le feu, symbole du génie des découvertes.

À cette hauteur, loin, bien loin sommes-nous du point de départ que maintenant nous connaissons, grâce à l'érudition moderne. Il est simple, concret, visible et tangible, non sans signification certainement, mais sans autre signification que celle que les choses naturelles portent en elles-mêmes; c'est un fait religieux incontestablement, mais un de ces actes effectifs qui entrent dans les liturgies de tous les peuples.

Cet acte est la consécration liturgique de la découverte qui permit aux hommes de reproduire le feu toutes les fois qu'ils en eurent besoin ; humble découverte qui est en pratique chez les sauvages d'aujourd'hui, et qui le fut chez les ancêtres des civilisés, mais immense découverte qui permit à ces pères des humains de fonder des sociétés primitives; car, sans le feu, qu'eussent-ils fait? Cette découverte est la production du feu à l'aide d'un bâton qu'on tourne rapidement dans un morceau de bois préalablement creusé.

En sanscrit, *Pramathius* est celui qui, dans le sacrifice, allume le feu en frottant le bâton *pramantha*. Le rite a conservé et consacré le vieux et bienfaisant procédé. *Pramathius* ou Prométhée est bien le donneur du feu. Mais, tandis que, dans l'Inde, le Prométhée reste un simple personnage fonctionnant dans la cérémonie, en Grèce, où le sens du mot se perdit et où l'acte liturgique ne fut pas gardé, le donneur du feu, le bienfaiteur de l'humanité devint un thème ouvert aux conceptions mythiques ; et, comme toute cette antiquité avait l'idée d'une envie des dieux contre les hommes, exprimée par Jéhovah même quand il témoigne la crainte que l'homme n'étende la main sur l'arbre de vie et ne vive éternellement, les Hellènes développèrent la lutte entre Prométhée et Jupiter, entre la race humaine et les divinités, non sans entrevoir à la fin une certaine conciliation entre les deux. Mais il n'en est pas moins vrai que Prométhée est simplement celui qui allume le feu en tournant rapidement le bâton, acte capital de l'antique vie du genre humain que la religion associa au sacrifice.

C'est une discussion de ce genre qui va être appliquée à l'arbre de vie et à l'arbre de la science du bien et du mal dans la Genèse. La démonstration est directe pour l'arbre de vie. Elle ne l'est pas autant pour l'arbre du bien et du mal, mais elle ne laisse pas d'être pleinement valable. Dans tous les cas, il ressortira que l'idée de fâcheuses conséquences nées d'un fruit mangé n'est point étrangère aux mythes de la race aryenne.

II.

De l'arbre de vie.

J'emprunte tout ce que je vais dire dans ce chapitre à M. le professeur Fr. Spiegel [1], le résumant et l'abrégeant pour le but que je me propose ; je l'emprunte et je l'adopte. M. Spiegel, bien connu par ses travaux sur les livres et les doctrines des Parses, est une excellente autorité dans ce domaine de l'érudition ; et moi, de mon côté, l'érudition générale m'est assez familière pour que je sache me diriger dans le choix des recherches et des résultats.

La Génèse commence par deux récits sur la création du monde qui diffèrent complétement l'un de l'autre; il a fallu

---

[1] Das Ausland, nos 12, 18, 19 et 22, 1868.

toute la prévention dogmatique pour lier ces deux récits bout à bout, comme s'ils étaient la suite l'un de l'autre, et pour ne pas voir qu'ils appartiennent à des conceptions qui n'ont pas même origine. La Genèse contient donc des fragments puisés en des lieux différents; ils sont demeurés reconnaissables, vu que le rédacteur, qui les jugea précieux, ne s'est pas occupé de leurs disparates; ces documents proviennent de sources plus anciennes ; cela rehausse historiquement le prix de la Genèse, mais l'annule dogmatiquement.

A un autre point de vue aussi, les critiques de la Bible ont cessé de considérer la Genèse comme un tout homogène ; et ils la partagent en parties distinctes d'après la dénomination que Dieu y reçoit. En effet, dans la Genèse, Dieu est tantôt nommé Elohim, et tantôt Jéhovah. Les parties où le nom d'Elohim est employé sont plus anciennes; les parties où est employé celui de Jéhovah sont plus modernes. Pour l'érudition, qui traite la Bible comme Homère ou Hérodote, c'est-à-dire, comme un vieux livre digne du plus haut et du plus sérieux intérêt, ces résultats sont incontestables; ils ne sont plus contestés que par le dogme; mais l'érudition, comme l'astronomie ou la physique, laisse le dogme s'arranger comme il veut.

Maintenant quittons les rives du Jourdain, traversons les contrées sémitiques, arrosées par l'Euphrate et le Tigre, et nous arrivons dans une vaste région qu'on nomme d'un nom général l'Eran ou l'Iran, et qui s'étend jusqu'à la Bactriane et aux rives de l'Indus. Là aussi est un livre sacré, non moins révéré que la Bible, un prophète qui l'a écrit et transmis aux hommes, une religion qui préside à de riches et puissantes sociétés. Ce prophète est Zoroastre, ce livre est l'Avesta. Encore aujourd'hui, pour les Parses échappés à la persécution musulmane et réfugiés dans l'Inde, l'Avesta est la parole divine ; mais, aux yeux de la critique européenne, c'est, comme la Bible, un livre singulièrement précieux pour l'antique histoire.

Les Hébreux, les Phéniciens, les Babyloniens, sont Sémites; les Eraniens sont Aryens. Ce qui va être dit montrera qu'il y a eu des communications doctrinales et légendaires entre les

Eraniens et les Hébreux. Mais ces communications sont de celles qui arrivent entre des peuples qui ont entre eux des rapports de commerce, de guerre, d'influence, d'instruction. Elles laissent complétement intacte la question de communauté d'origine. L'anthropologie, je crois, n'a trouvé aucun caractère vraiment distinctif entre le Sémite et l'Aryen ; mais la linguistique en établit un, et jusqu'à présent il a été impossible de ramener à un tronc commun le système des langues sémitiques et le système des langues aryennes. Quant au fond d'idées théologiques propres au groupe sémitique et au groupe aryen, la mythologie comparée n'a point décidé encore s'il provient d'une même source ou de sources séparées. De même que c'est sur le polythéisme sémitique que s'est élevé Moïse avec le monothéisme, de même c'est sur le polythéisme aryen que s'est élevé Zoroastre avec la doctrine de deux principes ou mazdéisme. Mais le polythéisme sémitique, le polythéisme aryen, et même le polythéisme égyptien encore plus ancien, quel est le rapport entre eux? C'est ce qu'on ne sait pas ; ce qu'on sait seulement, c'est que ces pays, les premiers civilisés du monde à notre connaissance, nous présentent la phase d'un polythéisme organisé, au sein duquel s'élève, par voie de réformation et de développement, les grandes idées philosophique et religieuses qui constituent la doctrine de Moïse et de Zoroastre, des Hébreux et des Eraniens.

Le premier récit de la création, le plus ancien, celui d'Elohim, représente au commencement la terre vide et confuse sur la surface de l'abîme, et l'esprit de Dieu planant sur la surface de l'eau. Malgré les différences de traduction qu'on trouve dans les interprètes, il est impossible de ne pas reconnaître que le rédacteur admet la préexistence d'un état chaotique, d'où l'esprit de Dieu tire le monde ; c'est aussi aujourd'hui l'opinion des principaux exégètes. Cela posé, l'œuvre de la création se partage en six jours, Dieu se reposant le septième ; et l'ordre s'en comporte ainsi : 1° Création de la lumière, séparation entre la lumière et les ténèbres ; 2° Création de la voûte du ciel, séparation de l'eau en deux moitiés ; 3° Séparation entre la mer et la terre sèche, production des végétaux; 4° Création du soleil, de la lune et des étoiles, et leur destination à marquer les périodes du temps ; 5° Création des animaux habitant l'eau et l'air; 6° Création de l'homme. A l'homme alors est remise la domination sur les autres animaux, et la nourriture végétale est attribuée comme la nourriture commune des uns et des autres. Dans ce récit, il n'est question ni de paradis, ni d'arbre de vie ou de science, ni d'infraction, ni de punition. Le genre humain se développe par un nombre fixe de générations qui corrompent leurs voies, Dieu les punit par le déluge, et un nouvel ordre de choses commence.

Plus tard et dans d'autres livres de l'Ancien Testament, l'idée cosmologique se modifie, et on admet que Dieu tira du néant la création ; mais il ne faut pas oublier que cette création du néant appartient aussi aux doctrines zoroastriennes. Plus on étudie l'Avesta, plus on reconnaît l'importance de ses doctrines pour l'histoire du développement des idées théologiques dans le monde occidental.

Nous n'avons sur la cosmogonie phénicienne qu'un maigre extrait tiré du livre perdu de Sanchoniathon; pourtant il y a lieu de le mettre en regard de la cosmogonie hébraïque. Au début, d'après les sages phéniciens, était un chaos préexistant et un esprit qui le met en mouvement. De l'esprit émana d'abord le Désir, et, par le Désir, la matière du monde non encore formée. Cette matière non formée prit ensuite la configuration d'un œuf d'où sortirent le soleil, la lune et les étoiles. Sur le procédé ultérieur de la création du monde, les extraits de Sanchoniathon ne donnent que d'insuffisants renseignements, qui, pourtant, nous apprennent que le royaume des étoiles, le monde animal et les hommes naquirent dans une succession semblable à celle qui est dans les documents hébraïques. Malgré les différences, la parenté des deux cosmogonies est manifeste. La préexistence du chaos et sa séparation d'avec l'esprit est ici exprimée d'une façon précise; mais l'idée d'un œuf du monde est nouvelle, on n'en trouve aucune trace dans l'hébreu, à moins qu'on ne veuille voir, ce qui n'est pas sans vraisemblance, une allusion à cet œuf, quand la Genèse représente l'esprit planant comme un oiseau sur la surface de l'eau.

Le mythe babylonien a aussi de visibles traits de ressemblance avec le mythe phénicien et le mythe hébraïque. Au commencement, dit Bérose, tout était ténèbres et eau : là vivaient des animaux d'une forme redoutable, des poissons et des reptiles monstrueux. Mais le dieu Bel sépara par le milieu les ténèbres, partagea le ciel et la terre, puis créa les étoiles, le soleil et la lune ; et tous ces monstres disparurent, qui ne pouvaient supporter la lumière. Bel, voyant la terre féconde, mais vide, commanda aux dieux de prendre de la terre et de la mélanger avec du sang divin, pour pétrir, avec ce mélange, des hommes et des animaux qui fussent en état de supporter la lumière et de respirer. Ici encore nous avons un chaos ténébreux qui est partagé en ciel et terre, et rendu habitable par la lumière ; ici aussi nous avons un créateur du monde qui est distinct et unique ; seulement, pour achever l'œuvre, il se fait aider par d'autres dieux. Il faut remarquer en outre que, d'après le mythe babylonien, comme d'après le mythe hébraïque, l'homme est formé de terre.

On connaît depuis longtemps le caractère principal par lequel la cosmogonie éranienne se compare avec la cosmogonie hébraïque : c'est le nombre six des périodes de création, commun à l'une et à l'autre, six jours de travaux pour l'hébreu, six intervalles plus longs et d'inégale durée pour l'éranien. D'après celui-ci, le ciel fut créé en 45 jours, l'eau en 60, la terre en 75, les arbres en 30, les bêtes en 80, et les hommes en 75 ; de la sorte la création entière occupe une année solaire de 365 jours. Dans la succession des œuvres règne une passable concordance entre le document hébraïque et le document éranien : Ahura Mazda, que nous nommons Oromaze, et qui, en qualité de dieu suprême et père de toutes les créatures quelqu'élevées qu'elles soient, doit être mis à côté du Dieu biblique, crée dans le monde matériel, d'abord le ciel, puis l'eau, puis la terre, puis les arbres et les plantes, puis les bêtes, et enfin l'homme. Il ne faut pas omettre de noter un point qui n'est pas sans importance, c'est que ce document éranien, comme le document hébraïque, destiné primitivement à la nourriture végétale les hommes, qui ne passent que longtemps après à la nourriture animale. En résumé, l'analogie entre le mythe de l'Avesta et le mythe de la Bible consiste en ce que l'un et l'autre admettent un créateur unique et souverain, qui crée le monde dans un intervalle partagé en six périodes, et que la création est close par la production de l'homme.

Dans le document biblique, il est dit que Dieu considéra ce qu'il avait fait, et que tout était bon. Cette réflexion m'a toujours paru singulière; comment tout pouvait-il être autrement que bon, émanant d'un être en qui on suppose la souveraine puissance et la souveraine sagesse? Mais, maintenant que l'on connaît les analogies qui existent entre le mythe biblique et le mythe éranien où Ahura Mazda crée le monde en présence du mauvais principe, et prend de la sorte sur lui l'avance et la supériorité, on comprend comment le Dieu biblique se rend à lui-même le témoignage de la bonté de son œuvre ; c'est une suggestion provenant de la doctrine des deux principes qui règne par-delà l'Euphrate et le Tigre. Dans le mythe éranien, Ahura Mazda créa le monde aux cris de joie du Temps infini et des autres génies.

S'il est incontestable que le premier document biblique tient aux doctrines cosmogoniques qui avaient cours parmi les Sémites et même, au-delà des Sémites, dans l'Éran, il est incontestable aussi, on va le voir, que le second document se rattache plus particulièrement à des conceptions éraniennes.

Le 2ᵉ chapitre de la Genèse commence en racontant que l'homme, d'abord seul et non partagé en deux sexes, mena, au début, une vie heureuse dans une région dite Éden, et où un jardin était planté pour lui. Un fleuve arrosait ce jardin, et puis se partageait en quatre fleuves qui sont nommés et qui, d'après le rédacteur, existent encore dans le monde. On a vainement cherché sur la terre un point d'où quatre fleuves sortissent ; il n'en existe pas ; mais, comme l'Euphrate et le Tigre sont parfaitement déterminés et que les deux autres, indéterminés il est vrai, représentent vaguement de grands cours d'eau situés plus loin, il est manifeste qu'on est en présence d'une conception géographique propre à des peuples qui se figuraient la terre comme ils pouvaient ; conception telle par exemple que celle d'Homère à l'égard de l'Océan, ceinture du monde. Or, cette conception géographique appartient à l'Eran ; suivant ses livres, deux grands fleuves partent du nord, allant l'un vers l'est, l'autre vers l'ouest, ils baignent le tour de la terre entière, et se réunissent finalement dans une grande mer. De ces deux fleuves, l'un est certainement l'Indus, l'autre est probablement l'Araxe. De ces deux fleuves qui bordent le monde à l'est et à l'ouest, proviennent des cours d'eau entre lesquels tiennent le premier rang l'Euphrate et le Tigre. M. Spiegel fait observer que le rapport qu'ont entre eux l'Euphrate et le Tigre, a fourni l'idée fondamentale de toute la conception : l'Euphrate et le Tigre naissent dans la haute chaîne de l'Eran, leurs sources sont séparées par une distance d'à peine deux mille pas, et pourtant ils prennent leur cours en des directions opposées, jusqu'à ce qu'enfin, se rapprochant, ils se réunissent en un seul fleuve peu avant leur entrée dans la mer. C'est ce rapport qu'on répéta, en imagination, dans les deux fleuves qui, découlant de la Montagne septentrionale des dieux, baignent le pourtour de la terre. Toutes ces conditions conviennent aux fleuves du paradis, sauf que ces quatre partent d'un même lieu, vu que le rédacteur hébreu ne connaissait sans doute pas aussi bien que le rédacteur éranien les sources de l'Euphrate et du Tigre, et que pour lui la montagne septentrionale à l'extrémité du monde se confondit avec les monts de l'Arménie. La rédaction biblique est un document de seconde main ; l'original est dans l'Eran.

D'après la conception éranienne, le paradis est situé au point de départ des deux grands fleuves, à l'Albourdj, montagne mythologique qui borne la terre vers le nord, qui entoure le monde entier et qui touche au ciel. Là est la demeure des génies ; là passe le chemin des bienheureux vers le ciel ; à un de ses sommets circulent le soleil, la lune et les étoiles. Ni nuit ni ténèbres n'y sont ; il n'y souffle aucun vent brûlant ou glacial ; on y trouve la fontaine Adviçura, d'où provient sans doute l'idée des fontaines de vie et de jouvence ; c'est là aussi que séjourna Yima, un des patriarches éraniens, dans son temps heureux. Voilà manifestement le type de l'éden biblique, séjour de bonheur, situé à l'origine des quatre grands fleuves, et, notons-le bien, reculé aussi, dans l'idée du rédacteur de la Genèse, à l'extrême nord. On comprend, sans que je le répète, que toutes les conceptions vont de l'Eran à la Palestine, et non de la Palestine à l'Eran ; elles portent, comme on voit, l'empreinte de leur origine.

Là ne s'arrêtent pas les ressemblances. L'Albourdj, cette montagne mythologique qui, comme je l'ai dit, soutient le paradis, offre deux arbres, croissant dans le voisinage l'un de l'autre. L'un porte le nom de l'arbre Tout-Bien, Toute-Semence ; j'y reviendrai dans le chapitre suivant ; l'autre est le haoma ; celui qui en mange devient immortel ; il sert surtout dans la résurrection, pour ranimer les corps des trépassés ; il croît dans la fontaine Adviçura. Ces conceptions mythologiques sont reproduites dans leurs traits essentiels par la Genèse. Dans le jardin que l'homme habite en état d'innocence, sont deux arbres, l'arbre de la connaissance du bien et du mal, et l'arbre de vie. D'abord, manger de ce dernier n'est pas interdit à Adam, mais il n'en mange pas. Ce n'est qu'après sa chute, qu'il est chassé du jardin, *afin qu'il n'étende pas la main, qu'il ne prenne du fruit de l'arbre de vie, qu'il en mange, et qu'il devienne immortel.* L'arbre de vie de la Bible est donc, comme celui des Eraniens, un arbre qui, si on en mange, donne l'immortalité ; il est, comme l'autre, dans le paradis ; et, comme l'autre aussi, il n'est pas seul, et à côté de lui croît un autre arbre mythologique.

Dans le document biblique, l'accès à l'arbre de la vie est interdit, après la chute, par des chérubs armés d'épées flamboyantes, afin que les hommes ne puissent en approcher. Ces chérubs sont des animaux mythologiques, conçus comme une espèce de sphinx, composés d'homme, de taureau, d'aigle et de lion, et probablement très-semblables aux figures ailées qu'on trouve sur les monuments assyriens. M. Spiegel note que, dans les livres éraniens aussi, l'arbre de vie est gardé :

des grenouilles mythologiques en font sans cesse le tour, pour empêcher qu'un crapaud, créé par le mauvais principe, ne l'endommage; et il ajoute : « Il est aisé de voir que » les chérubs occupent exactement la même place dans la Ge- » nèse. »

Le hom ou haoma des Eraniens est le soma des Indiens, qui joue un rôle essentiel dans le sacrifice brahmanique. Cela est important à remarquer; car c'est un chaînon avec la mythologie védique.

En portant le regard, même à un point de vue très-spécial, sur d'aussi anciens documents que les livres bibliques ou les livres éraniens, on rencontre des observations intéressantes qu'il est utile de ne pas laisser échapper. La paléontologie, en fouillant curieusement les couches superficielles de la terre, a fourni à l'histoire de l'homme des documents tout-à-fait inattendus; des débris certains ont appris que son existence remontait aux temps géologiques, et qu'il avait passé, pour arriver à l'état actuel, par des étapes d'une barbarie profonde, mais signalée d'intervalle en intervalle par la découverte et l'emploi d'instruments et de choses qui augmentaient sa puissance et amélioraient son sort. Ces nouveautés ont donné un intérêt tout particulier aux renseignements de même nature, qui se trouvent dans les plus vieux livres, et qui, par là, tout isolés et fragmentaires qu'ils sont, prennent un sens véritable et une réalité frappante. De la sorte se forment des attaches entre l'histoire écrite et l'histoire non écrite, entre l'homme historique et l'homme préhistorique. Rien n'est plus salutaire aux doctrines positives que la confirmation non cherchée qu'elles reçoivent, quand de nouveaux horizons s'ouvrent à l'improviste sur des terrains inconnus, comme rien n'est plus mortel aux doctrines théologiques, que les démentis qu'elles ne manquent jamais de recevoir en ces cas qui surprennent tout le monde.

D'après sa constitution, l'homme est omnivore, et, dans son régime actuel, la viande, surtout chez les peuples situés loin de l'équateur, forme une part considérable. Mais il n'est aucunement sûr, lorsqu'il était désarmé, qu'il ait pu ou su s'emparer des animaux et en user pour sa nourriture ; probablement il a longtemps vécu comme font aujourd'hui les grands singes. C'est pour cela que je note ce qu'en rapportent les vieux documents bibliques et éraniens. Suivant la Genèse, comme il a déjà été dit, c'est aux aliments végétaux que l'homme était destiné d'abord ; mais, plus tard, un changement s'opéra dans son alimentation, et, après le déluge, permission lui est donnée de manger de la chair. D'après la religion zoroastrienne aussi, la première et naturelle condition des hommes fut de vivre aux dépens des végétaux, et ils ne passèrent que fort tardivement à la nourriture animale ; d'après l'Avesta, c'est sous Yima qu'ils commencèrent à manger de la chair, que ce patriarche leur apprit à préparer en morceaux. Ces renseignements, quelque pauvres qu'ils soient, doivent être pris en considération, toutes les fois qu'on essaie de se représenter la série du développement de l'homme préhistorique.

Les métaphysiciens ont dit l'homme un animal religieux ; tout porte à croire que c'est là une idée subjective, et que l'homme est devenu religieux, mais qu'il ne l'a pas été dès l'origine. Nos documents théologiques offrent là-dessus quelques mots à noter. D'après la Genèse, ce ne fut qu'au temps d'Enoch, fils de Seth, que l'on commença à invoquer le nom de l'Eternel, c'est-à-dire à lui rendre les honneurs divins. Les documents phéniciens racontaient que la première génération avait commencé à lever les mains vers le ciel. Chez les Phéniciens comme chez les Eraniens, l'invention du feu et le commencement du culte divin paraissent mis en étroit rapport. Quand on lit à côté l'une de l'autre les cosmogonies biblique, phénicienne, babylonienne, éranienne, on y reconnaît un dessein de représenter, dans la succession de personnages génériques et non de personnages individuels, la succession des inventions et des développements qui avaient conduit l'espèce humaine au point où elle était lorsque ces cosmogonies furent écrites. La difficulté est de discerner sous ces documents ce qui fut naturellement et subjectivement suggéré par le spectacle même de la civilisation contemporaine, de ce qui est vraiment tradition et souvenir de temps préhistoriques. J'incline à croire qu'il faut ranger parmi les traditions et souvenirs ces dires sur les commencements des cultes.

Je reviens à l'arbre de vie. La conclusion, importante parce qu'elle s'applique à une foule de cas, est que cet arbre, qui figure dans les cosmogonies, et qui semble appartenir au monde surnaturel et divin et renfermer, d'origine, quelque idée suprême, n'est, au contraire, d'origine, pas autre chose qu'un végétal réel, employé dans les sacrifices, et qui, de cet office, a passé à l'office cosmogonique, et de la réalité à l'idéalité.

III.

De l'arbre de la science du bien et du mal.

Dans le chapitre précédent, rien n'a été plus direct que l'assimilation de l'arbre de vie du mazdéisme et de l'arbre de vie de la Bible. Tout concorde : la place, le nom, l'usage. La chose n'est pas aussi simple pour le second arbre ; non pas que l'identification soit douteuse, mais ce second arbre, dans le Zend-Avesta et dans la Bible, diffère de nom et d'usage ; et, si la place, ainsi que tout le reste, ne permet pas de les disjoindre (le principe des connexions ne vaut guère moins en histoire qu'en anatomie comparative), on n'a pas, autant du moins que s'étend notre connaissance de la mythologie comparée, le moyen d'expliquer par quelle série de modifications l'arbre éranien est devenu l'arbre biblique.

Donnons d'abord le preuve de l'identité. C'est l'Eran qui a la priorité dans la conception du paradis terrestre ; la Judée la lui emprunte et la modifie pour son usage. Dans le paradis biblique comme dans le paradis éranien, sont deux arbres, l'arbre de vie, qui est commun aux deux paradis, et l'arbre dit Toute-Semence ou Tout-Bien, qui appartient au paradis éranien, et l'arbre du bien et du mal qui appartient au paradis biblique. Ce parallélisme dans le même emplacement fait reconnaître les objets malgré les déguisements qui sont survenus. S'il pouvait y avoir quelque doute sur l'emprunt fait, quant au mythe du paradis par la Judée à l'Eran, la comparaison de la signification des deux arbres serait un argument, non sans force dans la question. En effet, on aperçoit distinctement une gradation d'une idée plus concrète et plus physique à une idée plus abstraite et plus intellectuelle; quand les sages de la Judée recueillirent l'idée éranienne, il s'était passé dans l'esprit humain des réflexions qui les obligèrent à donner un sens plus élevé au mythe traditionnel; et l'arbre Toute-Semence et Tout-Bien céda la place à l'arbre de la science du bien et du mal.

Quelques particularités accessoires, propres à confirmer la filiation des deux mythes, sont bonnes à noter. La Genèse, arrivée à un certain point du récit de la création, dit que toute production des champs n'était pas encore sur la terre, et que toute herbe ne germait pas encore ; *car l'Eternel Dieu n'avait pas encore fait pleuvoir sur la terre.* Sur quoi M. Spiegel remarque : « La question de savoir d'où la semence des plantes, d'après l'idée du narrateur, est venue sur la terre, a occupé plus d'une fois les interprètes. D'ordinaire, on admet qu'il l'a conçue comme gisant en la terre et appelée au dehors par la pluie. Mais je suis porté à croire qu'ici aussi se cache la conception éranienne, d'après laquelle la graine végétale, qui croît sur l'arbre Toute-Semence, est, lorsqu'il pleut, envoyée à la terre. »

Il faut s'expliquer de la même façon la présence du serpent dans le récit biblique. Considérée seulement au point de vue de ce récit, elle est complètement inintelligible ; on ne voit pas ce qu'est ce serpent ni à quel propos il se mêle de tenter l'homme à enfreindre un décret et à provoquer ainsi l'entrée du mal. Mais elle devient très-intelligible quand on se reporte au mythe éranien : là, le serpent n'est pas autre chose qu'un symbole du mauvais principe, Ariman, l'auteur du mal qui accable le monde; d'après l'Avesta, Yima, un des patriarches éraniens, après un règne long et heureux, se laissa séduire par les démons, aller à un mensonge, et c'est un serpent qui lui prépare la mort. Le caractère monothéique du récit biblique ne permit pas de conserver à Ariman son rôle de principe; et il devint, suivant le symbole, un serpent, mais un serpent dont l'acte ne s'explique que si l'on suppose derrière la bête rampante le funeste génie auquel les Éraniens imputaient la part de mal dont le monde est affligé.

Je l'ai déjà dit, le travail de pensée intermédiaire, par lequel l'arbre Toute-Semence est devenu l'arbre de la science du bien et du mal, nous échappe; toutefois il est possible de signaler, dans le domaine aryen, un mythe de jardin, de fruit et d'infliction; mythe obscur, isolé et qui a des analogies avec le mythe biblique. Comme l'Eran appartient au domaine aryen, et que certainement la Judée, dans les hauts temps, a communiqué avec l'Eran, rien n'empêche de chercher des analogies hors de l'Eran dans la mythologie aryenne générale.

Ce mythe est celui de Proserpine, condamnée à demeurer aux enfers parce qu'elle a goûté à un fruit du séjour souterrain. Hadès ou Pluton a un jardin où sont cultivés les fruits et entr'autres la grenade. Le terrible dieu a enlevé Proserpine; Cérès, sa mère, la cherche partout; la terre, négligée par la déesse, ne produit plus de moissons, et Jupiter intervient. Proserpine sera rendue à sa mère, si elle n'a goûté aucun fruit du jardin des enfers; ainsi le veut l'ordre des Parques. Malheureusement, Proserpine avait enfreint cette interdiction; elle avait innocemment cueilli une grenade sur un arbre chargé de fruits, et mangé sept graines tirées de la pâle écorce. C'en fut assez, et le destin l'attache pour jamais au séjour infernal.

Entre les deux mythes, biblique et hellénique, il y a une ressemblance lointaine sans doute, mais fondamentale. Des deux côtés, un fruit amène un grave événement; des deux côtés, il faudrait n'en pas goûter; des deux côtés la mort est en jeu. Dans le récit biblique, les deux premiers humains sont condamnés à mourir; dans le récit hellénique, la fille de Cérès, de celle qui est la mère nourricière du genre humain, est astreinte à séjourner dans l'empire de la mort. Un fruit goûté et un arrêt prononcé, voilà deux traits caractéristiques qui ne permettront jamais d'écarter la comparaison des deux récits. Le hasard des rencontres ne peut pas amener le concours de telles combinaisons.

Le sens du mythe hébraïque est clair ; c'est un sens moral ; on a voulu se rendre raison de la cause qui, à l'homme sorti parfait des mains du Créateur, avait fait perdre la perfection. Le sens du mythe hellénique est clair aussi ; c'est un sens cosmique ; la fille de Cérès, attachée six mois aux demeures souterraines, et rendue six mois au jour et au ciel, représente l'hiver et l'été, la semence enfouie et la moisson produite, ainsi que le balancement éternel entre la vie et la mort. Mais ce qui n'est pas clair, c'est comment des deux parts on a été conduit à lier tout cet ensemble de notions à un fruit que l'on mange.

Pris tel que le donne le dogme théologique, le mythe biblique est inacceptable à tout homme qui n'est pas chrétien. Pour le faire voir, il suffit de transporter, du domaine surnaturel, la scène dans le domaine naturel. Mettez votre enfant dans un jardin garni de fruits excellents ; défendez-lui de toucher à un arbre particulier que vous vous réservez ; supposez que cet enfant, ce qui est dans l'ordre des tentations enfantines, enfreigne votre défense et touche à l'arbre réservé. Est-ce que, pour ce péché, qui mérite sans doute une correction, vous irez chercher la plus terrible des peines, la mort, non-seulement pour lui, mais encore pour tout ce qui lui appartient ? Voilà cependant ce qu'on attribue à la justice et à la bonté divines, et ce qu'on n'oserait attribuer à la justice et à la bonté humaines ! Dans la philosophie positive, nous ne savons ce qu'est justice et bonté divines ; mais qu'il n'y ait rien à en savoir, c'est ce que prouve au mieux l'application que la théologie en fait en ce cas.

Le mythe hellénique porte aussi un caractère d'injustice ; car il attribue une pénalité exorbitante à une infraction légère en soi. Quoi ! Proserpine est privée du séjour céleste, elle est dévolue à son ravisseur, elle est reléguée aux enfers, elle est séparée de sa mère, parce qu'elle a mangé une grenade ! La

disproportion entre la faute et la peine est palpable. Aussi des interprètes ont-ils dit que cette manducation de la grenade signifiait la relation conjugale déjà établie entre Hadès et Proserpine ; la grenade étant, à cause de ses grains nombreux, un symbole de la fécondité. C'est le sens qu'un poète moderne, Schiller, dans sa pièce intitulée l'*Idéal et la vie*, se plaît à attribuer à cette grenade symbolique : « Voulez-vous dès la
» terre ressembler à des dieux, et être libres dans les do-
» maines de la mort? Ne cueillez pas du fruit de son jardin.
» Qu'on se donne, si l'on veut, le plaisir des yeux ; mais les
» joies fugitives de la jouissance sont bientôt vengées par la
» fuite des désirs. Même le Styx, avec ses neuf replis, n'em-
» pêche pas le retour de la fille de Cérès : elle porte la main à
» la pomme, aussitôt la loi de l'Orcus l'enchaîne pour jamais [1]. »
A ce propos, on se souviendra que des interprètes bibliques ont aussi expliqué l'invitation du serpent et la pomme mangée, en disant que c'est le symbole de l'éveil des désirs sexuels ; interprétation qui, coïncidant avec celle qu'on a donnée de la grenade de Proserpine, ajoute encore aux preuves de la communauté des deux mythes.

Cette impossibilité où nous sommes de concevoir comment manger un fruit eut les graves conséquences que signalent ces deux récits, bien loin d'ajouter à l'obscurité des choses, devient un trait de lumière. En effet, ce n'est pas volontairement que les deux conceptions se sont heurtées à cette difficulté ; elles n'ont point travaillé sur un terrain qui fût complétement libre ; le terrain était déjà occupé par la notion d'un jardin, d'un paradis, d'arbres et de fruits. C'est là-dessus que le mythe s'est élevé ; ses éléments primordiaux y sont demeu-

---

[1] Wollt ihr schon auf Erden Göttern gleichen,
Frei seyn in des Todes Reichen,
Brechet nicht von seines Gartens Frucht.
An dem Scheine mag der Blick sich weiden :
Des Genusses wandelbare Freuden
Rachet schleunig der Begierde Flucht.
Selbst der Styx, der neunfach sie umwindet,
Wehrt die Rückkehr Ceres Tochter nicht ;
Nach dem Apfel greift sie, und es bindet
Ewig sie des Orkus Pflicht.

rés, véritables énigmes logiques quand, les prenant en eux-mêmes, on se demande ce qu'ils font là, mais indices posés sur la voie de la pensée humaine, quand on reconnaît qu'ils proviennent d'une conception plus vieille et plus concrète.

En définitive, comme les deux arbres de la Genèse sont les analogues des deux arbres du Zend-Avesta, comme les deux arbres du Zend-Avesta sont le dédoublement de l'arbre unique, le soma ou homa, qui fut employé dans les sacrifices, il devient manifeste que le mythe de la pomme et de la chute, si important par ses influences philosophiques et sociales, est réductible de degré en degré à un végétal déterminé, de même que le mythe fameux de Prométhée est réductible au morceau de bois qui, tourné rapidement, s'enflamme et procure le feu.

IV.

Conclusion.

Un seul arbre, le soma ou homa, reçu pour une raison quelconque dans le rituel du sacrifice, transporté de là dans les conceptions cosmologiques, partagé en deux arbres distincts par les Eraniens, reçu sous cette nouvelle forme chez les Hébreux, de là chez les chrétiens, voilà l'origine concrète de doctrines très-éloignées du point de départ et devenues très-complexes et très-métaphysiques. On comprend tout de suite le procédé psychologique par lequel cette élévation s'est opérée : à mesure que la civilisation fait des progrès, que l'expérience s'acquiert, que les idées se combinent, que les questions surgissent, à mesure aussi s'introduisent dans la donnée primitive les conceptions nouvelles. Le mythe croît, s'agrandit, devient profond, et l'on admire cette savante composition qui se perd dans la nuit des temps. C'est ainsi, du reste, que tout mot abstrait se développe du sein d'un mot concret, autre opération merveilleuse qui suit pas à pas l'ascension du savoir.

De ces deux arbres transportés sur le terrain biblique, l'un, l'arbre de vie, meurt dogmatiquement; il n'a aucun rôle, il ne sert à rien, et, quand même il ne serait pas là, toute la scène mythique de l'introduction du péché dans le monde ne s'en effectuerait pas moins. Même il figure d'une façon tout-à-fait illogique; comme son fruit n'est l'objet d'aucune interdiction, il est impossible d'imaginer comment Adam n'en mange pas. Vainement, pour excuser cette invraisemblance, les exégètes disent-ils que, dans l'état d'innocence, Adam ne sentit pas le besoin de toucher à l'arbre de vie; la moindre curiosité devait l'y pousser; et, dans tous les cas, ce n'est que par hasard qu'il n'en a pas cueilli comme des arbres du reste du jardin; de sorte que, de cette façon, la mortalité d'Adam est purement accidentelle. L'arbre de vie est complètement dépaysé dans ce mythe; il n'en est plus question ultérieurement. Mais il en est autrement dans le sol qui lui donna naissance : là, il a une fonction active déterminée, permanente; c'est lui qui est employé à renouveler la vie éteinte, à procurer la résurrection.

L'autre arbre eut un destin différent; c'est lui qui devint le centre de l'idée. Les cosmogonies purement sémitiques, phénicienne, babylonienne, celle d'Elohim, dans la Bible, s'occupent peu de l'introduction du mal; les générations se succèdent, les arts sont inventés, la vie se développe, et la perversion s'avance en même temps, à mesure que s'éloigne l'antique innocence ou ignorance. Il n'en est pas de même dans la cosmogonie éranienne; la métaphysique a fait un pas considérable; elle s'est enquise de la cause du mal, et elle l'a personnifiée dans un mauvais principe indépendant, qui doit succomber, il est vrai, un jour devant le bon, mais qui, en attendant, attaque toutes ses œuvres et l'homme particulièrement. Dans le document biblique de l'Eden, le mythe a pris un tour particulier; d'abord l'unité de Dieu y a marqué son empreinte; et du mauvais principe, il ne reste plus de trace que le serpent qui vient solliciter Eve à une infraction. Cette infraction chasse l'homme du lieu d'innocence; et en même temps il a acquis la connaissance du bien et du mal, pourvoyant dès lors à son existence par le travail et l'invention des arts. De sorte que le problème est mythiquement, ou, si l'on veut, métaphysiquement résolu : savoir comment il se fait qu'à la fois l'homme soit déchu de l'innocence, et progressivement plus habile à perfectionner sa vie.

Cette solution mythique ou métaphysique dormit longtemps dans la Bible. Aucune allusion n'y est faite dans les livres canoniques de l'Ancien-Testament ; aucunes conséquences philosophiques et sociales n'en furent déduites ; elle n'influa point sur la constitution primitive du peuple hébreu ; et, plus tard, quand les prophètes, qui furent ses philosophes et ses politiques, prirent la parole, ce n'est pas là qu'ils allèrent chercher leurs inspirations. Elle demeura, comme le mythe de Prométhée chez les Hellènes, preuve de la méditation des anciens hommes, mais sans action directe sur les hommes nouveaux.

L'essor fut donné au mythe quand le christianisme advint, ou, pour parler plus justement, quand il fut, du domaine judaïque, transporté par saint Paul dans le domaine gréco-latin. Alors, tout se développa et se compliqua. L'infraction d'Adam, qui n'avait produit que la perte de l'innocence, de l'ignorance et de l'Eden, et mis seulement l'homme dans la voie de sa destinée à la sueur de son front et à l'effort de son intelligence, devint la plus grave des perversions morales, puisqu'elle atteignit toute sa postérité, la rendant incapable, par elle-même, d'aucune vraie moralité et la soumettant sans réserve au joug du péché.

De pareilles doctrines, à une époque où la religion est directrice des esprits, ne s'emparent pas du dogme sans amener des conséquences considérables. Au premier rang de ces conséquences, il faut mettre l'importance prépondérante qu'y gagna la morale. Une fois racheté du péché originel par le Messie, ne pas retomber dans le péché, devint le précepte essentiel de l'Eglise ; et tout un système de précautions, d'observances, de préceptes fut institué pour garder les fidèles des chutes dont l'effet était la colère de Dieu et une damnation éternelle. En regard de cette infinie pénalité, était une récompense infinie attendant ceux qui accomplissaient ponctuellement les prescriptions ecclésiastiques. Tel est le ton sur lequel la société fut montée ; et l'expression définitive en est dans le moyen âge, en sa grande période.

On voit ce qu'est l'histoire : un enchaînement de productions, déterminées chacune par la production précédente. Une fois que l'avénement du christianisme fut accompli au sein du judaïsme (et il y avait beaucoup de raisons pour que ce fût là qu'il s'accomplit), ce fut la Bible qui fournit les anciennes choses dont les nouvelles devaient sortir. Les Juifs attendaient un Messie tout différent, une sorte de réformateur politique et social qui donnerait la prépondérance au peuple de Dieu, et même, il ne faut pas l'oublier, étendrait la rénovation jusque sur les gentils. Mais, à ce moment, la voie politique était fermée, et c'était l'empire romain qui avait rempli ce triste office, non pas en écrasant les héroïques résistances des Juifs et de Jérusalem, mais en donnant au monde les cinq premiers Césars, sous la main de qui périt tout vestige d'aspirations et d'indépendance. Quel régime pourrait résister à une succession d'hommes comme Tibère, Caligula, Claude, Néron ! Dans cette situation, l'âpre notion d'un péché originel fut, socialement, bien venue ; car elle porta toutes les âmes vers une moralité mystique sans doute, mais impérieuse et dominatrice, si bien que le vaste domaine du dogme, de l'Eglise, de la conscience, échappa définitivement au joug des Césars dignes et indignes.

Ceci n'implique point une approbation sans condition du christianisme. Pour que l'histoire consacre une grande institution, il suffit qu'elle soit le développement des éléments progressifs de la société, et qu'à son tour elle préside à un ordre social fécond en éléments progressifs. Le christianisme a rempli cette fonction à son origine et durant le haut moyen âge ; c'est pour cela, et non parce qu'il a prévalu, que je me joins à lui d'esprit et d'intention lors de ces deux moments. Il ne suffit pas que quelque chose prévale pour que mon assentiment y soit acquis ; et, me tenant dans l'ensemble de l'époque, j'aurais préféré le succès de l'expérience de la république par Brutus et Cassius, au succès de l'expérience de la monarchie par Octave et Antoine, aussi bien que j'aurais préféré que l'empire romain eût eu la force de contenir les barbares et que l'évolution sociale se fût faite par le christianisme nouveau et par la sagesse antique, sans le brutal mélange qui jeta les arts, les lettres et les sciences dans le péril. A côté de l'excellence provisoire que la situation des choses assura au christianisme, il eut de bien tristes parties : au premier rang il faut mettre le supplice auquel il astreignit la raison par un enchaînement de dogmes incompréhensibles ; le *credo quia absurdum,* prononcé par un de ses plus illustres sectateurs, est un terrible mot. Puis l'ascétisme qu'il propagea fut malsain aussi bien quand il fut vrai et sincère que quand il fut faux et hypocrite. Enfin la cruauté dont il s'arma contre les hérésies excite une juste horreur ; les philosophes du xviiie siècle n'ont rien exagéré. Mais, tout compensé (et dans l'histoire les compensations sont quelquefois bien dures), le christianisme eut la vertu de faire franchir au corps social civilisé le dangereux passage de l'affaissement du polythéisme et de le préparer à l'ère moderne.

Avec l'arbre, l'infraction et l'expulsion hors du jardin, se forma un terrible imbroglio : le péché originel et la coulpe imputée à ceux qui n'y avaient aucune part, leur damnation et la justice de Dieu, le mal et la toute-puissance de Dieu, le libre arbitre de l'homme et la toute-science de Dieu. La théologie et la métaphysique y suèrent durant tout le moyen âge; et la raison moderne, à mesure qu'elle se dégagea des langes de la tradition, rejeta, indignée, à la face de saint Augustin, son exclamation ivre du triomphe de la foi. Pendant ce temps, avec plus de froideur et non moins de sûreté, l'érudition, démontant pièce à pièce la construction, réduisit l'échafaudage à des notions concrètes de peuples primitifs.

De cet imbroglio, empruntons un double échantillon à deux hommes voisins de nous et éminents entre tous, Pascal et Bossuet. Chez Pascal, l'arbre symbolique, planté dans l'Eden, produit deux idées principales qu'il accouple à son aise dans le ténébreux domaine de la grâce augustinienne et du jansénisme : l'une est que, sans la chute, il est impossible de concevoir l'homme, mélange inexplicable de grand et de petit, de haut et de bas, de faible et de fort, de bien et de mal ; l'autre, qu'il n'est pas moins impossible de ranger sous la catégorie de ce que nous appelons justice, l'imputation de la faute d'Adam à ses descendants, qui, quelles que soient leurs fautes à eux, sont certainement innocents de celle-là. Dans ce dilemme, inexorable pour tout esprit non prévenu, le sien, subjugué par la foi, admet que la chute est démontrée par l'état moral de l'homme, et que dès-lors il faut que l'autre idée s'accommode à celle-là ; de sorte qu'à Dieu est attribuée une justice toute différente de celle qui est parmi nous. Résultat monstrueux ! car, si la justice de Dieu n'est pas essentiellement semblable à la justice humaine, qu'est-ce que la sienne ? qu'est-ce que la nôtre ? De son côté, Bossuet, reprenant à son compte une idée de saint Augustin, se demande à quoi peuvent servir tous ces hommes de vertu et de génie qui ont signalé l'antiquité païenne. La question est en effet embarrassante pour quiconque a présent à l'esprit l'arbre fatal, la faute d'Adam et la pénalité infinie appliquée à ses descendants. A quoi bon de la vertu et du génie parmi ces peuples voués à la damnation, eux et leurs plus éminents représentants ? Moi qui ai tant lu Bossuet, la réponse m'est familière, mais elle est curieuse : leurs vertus sont des vices splendides, et Dieu les a mis au jour pour décorer cet univers. Voilà où de mauvaises prémisses, aidées de la logique, conduisent les meilleurs esprits. Ainsi, Dieu se joue de notre chair et de notre sang au point de nous produire pour servir de vaine décoration à son univers ; et ce plaisir qu'il se donne, il nous le fait payer, nous, par la damnation. Quoi ! les vertus de Socrate et d'Epaminondas ne sont que des vices splendides ; et les créateurs de la science, fondateurs de la vraie civilisation, sans qui il n'y aurait pas même eu de sol pour le christianisme, les poëtes et les artistes qui nous charment après tant de siècles, il ne faut voir dans leurs œuvres que la spécieuse enveloppe du vide et du néant ! Et tout cela, parce que le soma, introduit dans les sacrifices brahmaniques, s'est dédoublé chez les Eraniens en deux arbres mystiques, et a passé sous cette forme dans la Genèse!

Etrange spectacle! dira celui qui n'est pas familier avec les connexions des choses. Spectacle instructif! dira le philosophe, qui sait qu'en histoire rien ne peut naître que par filiation d'antécédent à conséquent, et qui voit ici le concret passer à l'abstrait, et la réflexion théologique élaborer les mythes à l'aide du progrès de la civilisation, jusqu'à ce que ce progrès finisse par les laisser à sec sur la plage, inclémente pour eux, du savoir positif. Au moment où Rome devint maîtresse des destinées du monde civilisé, et constitua le vrai corps social entre les Parthes à l'orient et les Germains au nord, toutes sortes d'éléments théologiques et métaphysiques étaient prêts pour une grande et nouvelle élaboration. L'unité de Dieu chez les Hébreux et les principaux philosophes grecs, Satan chez les Juifs et les deux principes chez les Eraniens, la Sagesse éternelle de Zoroastre et le Logos de Platon, la doctrine d'un messie et d'une rédemption chez les Eraniens et chez les Juifs, non étrangère aux Grecs par le mythe de Prométhée, la résurrection chez les pharisiens et chez les zoroastriens, voilà ce qui fermentait dans la pensée, alors si confondue, de l'Orient et de l'Occident. Le tout provenait, comme on a vu, des éléments préexistants, et le tout, comme on voit, préparait, par le même procédé de genèse, les éléments à venir. Ce qui rendait la situation favorable à une refonte, c'est que le polythéisme s'affaissait sur lui-même, méprisé par les philosophes, déconsidéré par leur critique, et faiblement lié au sentiment des foules, qui se jetaient passionnément dans toutes sortes d'excès religieux. Jésus et surtout saint Paul donnèrent la forme à cette masse théologique, et imprimèrent à la nouvelle religion un sceau éminemment moral. Ce fut, comme on s'exprima alors, la bonne nouvelle, qui rapidement se répandit partout parmi les gens des villes; la campagne fut plus longtemps réfractaire. On se hâta de toutes parts d'échapper aux misères du temps en se retirant dans cet abri moral, qui devint ainsi l'asile des réfugiés du paganisme et l'origine d'une nouvelle société. Si ensuite cette nouvelle société dompta les barbares, fonda le moyen âge et devint assez grandement progressive pour enfanter l'ère moderne, elle le dut à une condition autre que celle de sa théologie et de sa morale. Une religion, non moins morale que la religion chrétienne, le bouddhisme, n'eut pourtant aucune vertu progressive, et laissa les populations qui l'embrassèrent, dans la stagnation où elle les avait trouvées. La condition progressive, celle qui fit que le christianisme devint, pendant un long intervalle de temps, la suprême religion de l'humanité, ce fut l'élément de science grecque, de lettres grecques, d'art grec, qui, ayant tiré le monde de l'ornière orientale, n'a cessé de s'agrandir et de devenir prépondérant dans le développement des destinées de la civilisation. C'est lui qui régit l'ère moderne et qui régira encore davantage l'ère future à titre de doctrine philosophiquement positive. Mais il eut un long et difficile passage à franchir entre notre ère moderne et le vieux paganisme ; la civilisation chrétienne se chargea de cet office ; et l'histoire doit lui en garder une profonde et durable reconnaissance.

En présence des résultats fournis par l'histoire des théologies et la recherche des origines de leurs mythes, l'érudition déclare que la religion est psychologique. Il faut pénétrer dans le sens de cette proposition.

Dire que la religion est psychologique, c'est dire qu'elle provient d'un travail des facultés mentales ; et, comme en remontant, les dogmes ou mythes revêtent des formes de plus en plus simples et concrètes, on reconnaît que cette création rentre dans la grande catégorie des passages du concret à l'abstrait, qui forment un degré si important de l'évolution humaine.

Autre chose, on le sentira bien vite, est d'énoncer à un point de vue rationaliste, que la crainte la première a fait les dieux dans le monde, ou que les dieux sont une adroite invention de fourbes qui ont subjugué de la sorte les hommes, ou que l'homme a supposé les dieux par l'impulsion qui le portait à assimiler les mouvements qu'il voyait autour de lui, à la volonté qu'il sentait en lui ; autre chose, dis-je, est de combiner ces inductions plus ou moins plausibles, ou d'arriver de proche en proche à un terme, à un objet dans lequel l'homme introduit une idée supérieure destinée à devenir à son tour matière de développements plus grands. Le procédé est meilleur, et le résultat l'est aussi ; car on substitue une observation effective à une conjecture rationnelle. M. Ch. Robin, dans un important mémoire (1), a montré que l'embryogénie est une œuvre d'antécédent à conséquent, c'est-à-dire que la partie préexistante produit, à l'aide de matériaux apportés par la nutrition et ayant aussi leur manière d'être, une nouvelle partie complètement déterminée par ce qui la produit et par ce qu'elle est ; cette nouvelle partie est, de la même façon, cause de la genèse d'une partie suivante, et ainsi successivement jusqu'au complément de l'être organisé. Tout à fait semblable est l'embryogénie mentale qui, à l'aide de la conception préexistante et de matériaux nouveaux amenés par l'expérience et la réflexion, engendre un nouvel ordre de conceptions, et ainsi de suite jusqu'aux plus compliquées qui forment la trame de nos opinions et de nos mœurs. Dans cette embryogénie, les religions ont leur place ; il est un temps où elles n'existent pas, elles naissent de quelque conception concrète proportionnée à l'intelligence rudimentaire des hommes primitifs ; elles se développent en étendue et en profondeur, à mesure que la théologie met à profit tout ce qui s'acquiert d'éléments intellectuels ; enfin l'ébranlement en commence quand on reconnaît qu'elles sont psychologiques, c'est-à-dire des produits de l'embryogénie mentale.

Une fois sur cette voie, il est naturel que l'érudition recherche l'origine précise de l'idée théologique. Déjà on a tenté des essais, du moins pour le groupe aryen. Plusieurs indices dans le culte, dans les anciens usages, dans la langue, portent à croire que c'est le feu qui a suggéré l'idée d'une puissance divine ou surnaturelle. La découverte de ce puissant agent, les effets terribles qu'il produit quelquefois sur la terre, la liaison qu'on établit avec les feux de l'éclair et de la foudre, enfin l'assimilation plus lointaine avec le so—

---

(1) *La Philosophie positive*, t. I, p. 78, 212, 396.

leil et les étoiles, tout cela réuni paraît avoir produit chez les nations aryennes la notion abstraite de dieu.

Il n'est pas du tout sûr, il n'est pas même probable que cette origine ait été la même chez tous les groupes humains. C'est à l'érudition à reconnaître, si elle peut, dans les faibles indices laissés de temps si reculés, les échelons par lesquels les anciens hommes s'y sont élevés ; car il paraît bien que cette ascension a été opérée partout. Cependant, même encore aujourd'hui, on cite quelques rares peuplades, très-misérables d'ailleurs de toute façon, chez qui cette idée ne s'est pas dégagée. Cela, qui ne semblait pas concevable dans l'ancienne théorie des idées innées, l'est pleinement du moment qu'il a fallu passer par une ascension du concret à l'abstrait.

Du concret à l'abstrait ! Qu'on se figure, avec la connaissance qu'on a maintenant de l'homme pré-historique, quel a été ce concret dans sa simplicité et sa nudité primordiales ! Les langues nous conservent maintes traces de cette idéalisation ; et, quand on considère qu'un radical μένω, *manere*, demeurer, rester sur, a produit μένος, *mens*, l'intelligence, et qu'un autre radical signifiant souffler a produit *spiritus*, l'esprit, on reconnaît que l'abstraction est un vrai symbolisme. C'est de la sorte qu'à mesure du développement sont nés le mythe, la religion, la poésie. Cela, j'en conviens, a produit dans le détail parfois d'étranges choses ; mais ceux qui accusent de déraison l'ensemble, aveuglés par l'idée métaphysique d'une raison absolue, perdent de vue la trame de la raison relative que tisse l'humanité. Cet ensemble a pour lui le fait, le résultat ; car il a conduit l'homme aux hauteurs de la civilisation ; mais il a pour lui la théorie ; car on ne peut passer du concret à l'abstrait que par le symbole.

Nous venons de voir comment l'idée théologique s'est faite parmi les hommes ; il faut voir comment elle s'y défait ; car il est manifeste qu'aujourd'hui elle s'est défaite parmi beaucoup, et qu'elle va tous les jours se défaisant. Ici j'ai des réserves à énoncer, réserves qui sont le propre de la philosophie positive. Je ne veux substituer et défendre ni un panthéisme, ni un matérialisme quelconque, ni le hasard ni le destin.

L'idée de causes premières et d'univers nous est absolument inaccessible; nous ne connaissons, en fait de causes, que des causes secondes, et en fait d'univers, que le coin où nous sommes placés, coin toujours très-petit quand même on y adjoindrait les millions de soleils que découvre le télescope. Au-delà, affirmer ou nier est devenu également puéril. Oh ! si, par le discours, je pouvais représenter, comme je la sens, la faiblesse de l'esprit humain, qui ne s'élève que du simple au composé et de proche en proche, et pour qui l'immensité n'est toujours qu'un abîme et jamais une solution, j'inspirerais le regret de perdre en spéculations vaines désormais les forces effectives de l'intelligence. De même que, dans l'ancienne loi, la crainte du Seigneur est le commencement de la sagesse, de même, dans l'ère moderne, ce regret est le commencement de la vraie philosophie.

L'idée théologique se défait de deux manières différentes : l'une objective, l'autre subjective. La manière objective est celle qui cherche dans les objets extérieurs les conditions de leur existence; la manière subjective est celle qui cherche dans le sujet les conditions de la production de ses idées. La recherche des conditions de l'existence des objets, de quelque façon qu'elle ait été conduite, même avec tous les préjugés d'éducation que les savants avaient reçus comme les autres, n'a jamais, en aucun de ses domaines, rencontré quoi que ce soit de surnaturel, aucun être suprême ou autre qui fût en dehors du monde et eût son existence à part; l'idée théologique n'est au bout d'aucun des chemins que les sciences ont suivis et suivent encore; et elle est devenue une hypothèse dont non-seulement on peut se passer, mais dont on est obligé de se passer dès qu'on spécule scientifiquement. La recherche des conditions de la production des idées a d'abord, par un travail opiniâtre et régulièrement conduit, dissipé l'entité des idées innées, hypothèse provisoire de la métaphysique; puis, à l'aide de l'association des idées et du passage du concret à l'abstrait, qui n'est qu'une dérivation de l'association, elle a ramené le développement de l'esprit humain, non à une révélation suprême ou à une innéité primitivement savante, mais à un progrès qui part des plus humbles rudiments. De son côté, l'érudition retrouve archéologiquement les traces des vieilles associations d'idées et du passage du concret à l'abstrait. Ainsi tout concourt et se confirme.

La destruction n'a pas été sans reconstruction. En place s'est élevée la grande conception des lois naturelles qui gouvernent toutes choses, l'homme comme le reste, et desquelles on n'obtient rien par la prière, mais on obtient beaucoup par le savoir et par le travail. Non sans remarquer une dernière fois que nous ignorons absolument l'origine de ces lois ; que des choses nous connaissons non la nature, mais les impressions qu'elles font sur nous ; et que le résultat de ce haut scepticisme est de confesser en nous-mêmes qu'elles peuvent être en leur essence toutes différentes de ce que nous en apercevons. Quoi qu'il en soit, le savoir et le travail sont devenus les directeurs de la vie humaine. Avec eux, une morale supérieure à la morale théologique arrive sur la scène du monde : c'est la justice sociale, c'est l'humanité, c'est la tolérance, c'est la paix, c'est la subordination des intérêts privés à l'intérêt commun. Les maux deviennent moindres, les biens deviennent plus grands, et la terre s'éclaire et s'apaise.

XIII

DU GÉNIE MILITAIRE

DE

L'EMPEREUR NAPOLÉON IER

(*Histoire de la Campagne de 1815*, par le lieutenant-colonel CHARRAS, 4ᵉ édition ; *Histoire de la guerre de 1813 en Allemagne*, par le même. — *Centième anniversaire de la naissance de Napoléon I*ᵉʳ.)

[Ces deux articles ont paru dans la revue de la *Philosophie positive*, l'un en mai-juin 1868, l'autre en septembre-octobre 1869. Je les ai remaniés pour éviter les répétitions. Ils sont destinés à contester dans une certaine mesure le génie militaire de Napoléon ; dans une certaine mesure, dis-je, car ce serait être aveuglément injuste que de le trop rabaisser de ce côté-là, en invoquant les immenses désastres auxquels ce capitaine a présidé en 1812, en 1813, en 1814 et en 1815. Mais, justement, ces grands désastres, dans l'histoire d'un homme qui, empereur, disposait de tout, plan, moment et ressources, témoignent que dans son génie militaire existait une lacune, un défaut de premier ordre, qui, masqué par certaines circonstances, lui permettait de porter des coups décisifs à ses adversaires, et qui, laissé en liberté dans d'autres circonstances, le rabaissait au niveau des médiocres généraux. Il me semble que je donnerai à mon idée sa portée et ses restrictions en comparant Napoléon à Annibal. Ce sont deux noms fameux ; comparons-les. Nous voyons Napoléon foudroyant dans ses campagnes d'Italie, d'Autriche et d'Allemagne ; de même Annibal est foudroyant quand, descendant des Alpes, il défait dans quatre grandes batailles les armées romaines. Puis tout s'arrête, ou, pour mieux dire, tout est fini. Pourquoi ? parce qu'on lui oppose une tactique dont il ne sait pas triompher ; son génie, propre à une rapide attaque, ne sait pas se plier à un autre genre de guerre. Puis, comme Napoléon, il commet les énormes fautes. Son frère Magon lui amène une grande armée ; la jonction avec Annibal menace d'être décisive ; les Romains le savent, Annibal devrait le savoir. Eh bien non ; il laisse aux consuls romains se dérober devant lui, et aller avec l'élite de ses troupes porter à son collègue un secours qui amène la destruction de l'armée de Magon. Plus tard, quand Annibal est rappelé en Afrique pour défendre Carthage, au lieu de retourner contre son adversaire la tactique de temporisation et de chicane, il va au-devant des désirs de Scipion et livre la bataille de Zama. Ces procédés, ces succès, ces revers ne sont pas sans analogie avec les procédés, les succès, les revers de Napoléon.]

Si le centième anniversaire de la naissance de l'empereur Napoléon Iᵉʳ s'était passé dans les Tuileries et au sein d'une famille, je n'y aurais pas pris un texte, laissant aux sentiments privés les égards qu'ils méritent. Si de ce centième anniversaire on n'avait pas voulu faire une fête nationale, il ne me serait pas revenu en mémoire que ce chef national a fait prendre Paris deux fois, ce qui n'était jamais arrivé, ni à roi de France, ni à république française. Si Napoléon Iᵉʳ n'avait été que notre empereur, sans être en même temps l'oppresseur du continent, je ne me sentirais pas blessé comme Européen dans les sentiments de confraternité nationale qu'il faut cultiver dans l'âme de chacun de nous.

Quand ces pages paraîtront, le bruit des réjouissances officielles aura cessé, les illuminations et les artifices seront éteints (1); et les foules, attirées par ce spectacle, si elles ont ressenti quelque émotion au souvenir des victoires et des défaites du premier empire, seront revenues à leurs pensées quotidiennes. Je me réjouis de cette circonstance fortuite. Je n'aurais pas voulu qu'on me supposât l'outrecuidance de croire qu'une voix aussi isolée que la mienne, prétendît empêcher quoi que ce soit. Mais, quand tout est accompli, il convient à la voix, même la plus isolée, d'élever une protestation. Au reste la protestation contre le premier empire, qui ne trouva au début que quelques opposants imbus de dix-huitième siècle ou de république, protestation interrompue sous la restauration par un sentiment national égaré, a gagné de nos jours une intensité qui s'accroît, d'autant plus que l'on connaît davantage l'homme et ses actes.

C'est en qualité d'Européen, non de Français, que je prends la parole. Nous tous appartenant au mouvement réformateur qui tend à substituer la science à la théologie, à élever les mœurs du travail au-dessus des mœurs aristocratiques, nous avons nécessairement deux patries, celle qui nous a donné le jour et à laquelle nous attachent les premiers liens, et celle qui nous ouvre les grandes perspectives d'une politique plus éminente et d'une action plus décisive. Et remarquons-le bien, l'intérêt de l'une ne contrarie pas l'intérêt de l'autre; loin de là, ils se confondent et se prêtent un mutuel appui.

L'inspiration du centième anniversaire animait l'empereur Napoléon III, quand il prononça son discours du camp de Châ-

---

(1) Le numéro de la Revue ne parut qu'après l'anniversaire.

lons : « Soldats, a-t-il dit, je suis bien aise de voir que vous
» n'avez pas oublié la grande cause pour laquelle nous avons
» combattu il y a dix ans (à Solferino). Conservez toujours
» dans votre cœur le souvenir des combats de vos pères et de
» ceux auxquels vous avez assisté ; car l'histoire de nos guer-
» res, c'est l'histoire des progrès de la civilisation. Vous
» maintiendrez ainsi l'esprit militaire, nécessaire à un grand
» peuple ; c'est le triomphe des nobles passions sur les pas-
» sions vulgaires ; c'est la fidélité au drapeau, le dévouement
» à la patrie. Continuez comme par le passé, et vous serez
» toujours les dignes fils de la grande nation. »

La grande nation ! c'est la flatterie dont se servait Napopoléon Ier pour masquer le système de conquête et d'oppression auquel il faisait servir le bras de la France. Je vais, je le sais, choquer tous les préjugés français ; mais, à mon avis, jamais la France ne fut moins grande que dans les années qui s'écoulèrent de 1803 à 1814. Elle semblait avoir oublié tout ce qui avait fait naguère encore son glorieux enthousiasme, et donner l'exemple de la plus triste versatilité. L'énorme puissance que les guerres de la république lui avaient remise, elle ne l'employait qu'à des guerres injustes, à des conquêtes odieuses, à des spoliations iniques, à des érections de trônes ridicules ; toutes les hautes parties de la civilisation languissaient ; et elle n'avait pour elle que le sanglant éclat de triomphes stériles ; car ils allaient à l'encontre du développement libéral qui devient de plus en plus l'âme de l'Europe. Même ce sanglant éclat lui fut ravi ; des défaites encore plus grandes que les victoires lui furent infligées ; et il fut évident que les nations, avec une juste cause, étaient capables, à leur tour, de battre celui qui les avaient battues. P.-L. Courier a dit le mot, en s'adressant aux étrangers dont on nous faisait peur sous la restauration : « Ah ! si nous n'eussions jamais eu de grand
» homme à notre tête... jamais nos femmes n'eussent entendu
» battre vos tambours. »

Que l'histoire de nos guerres soit l'histoire de la civilisation, à ce compte nul n'aurait été plus civilisateur que Napoléon Ier ; car nul, en un si bref intervalle, n'a tant promené la guerre du nord au midi. L'Espagne, le Portugal, l'Italie, l'Allemagne, l'Autriche, la Russie l'ont vu inonder leurs campagnes de ses bataillons. Ce qui germait sous leurs pas, ce n'était certes point la civilisation, c'était l'oppression militaire, l'anéantissement de toute liberté, l'insolence rapace chez les vainqueurs, et d'irréconciliables ressentiments chez le vaincu. Dans ces conflits aussi affreux que rétrogrades, la cause de la civilisation passa tout entière du côté de ceux qui défendaient les indépendances nationales, qui voulaient la paix pour issue, et qui, en vue de consacrer leur drapeau, relevaient quelques-unes des doctrines libérales du xviii° siècle et de la révolution.

C'est tout confondre que d'attribuer dans l'ère présente à la guerre le rôle qu'elle joua jadis dans l'antiquité. Considérez ces deux types essentiels, la Grèce et Rome, et vous verrez que, indépendamment des impulsions qu'elles avaient, de leur chef, vers les armes, il leur était impossible de garder la paix. Alors il fallait vaincre ou être vaincu, conquérir ou être conquis. La Perse débordait sur la Grèce, les Gaulois et les Germains débordaient sur l'Italie, si la Grèce et Rome n'avaient pas pris la supériorité militaire dans cet inévitable conflit. Il fut manifestement meilleur à la civilisation que la victoire fût du côté de ceux qui, possédant les lettres, les arts et les sciences, tenaient en leurs mains ce qui la conservait ou la promouvait. Mais, dans la constitution internationale de l'Europe, quelle place peut-il y avoir pour un pareil rôle? Le dépôt de la haute industrie et des hautes connaissances n'est plus le privilége exclusif de la Grèce ou de Rome ; il vit chez toutes les nations civilisées, qui, justement par cette communauté essentielle, tendent à se rapprocher et à s'unir. On peut encore parler en Europe de guerres révolutionnaires, ou contre-révolutionnaires, ou conquérantes ; mais on ne peut plus parler de guerres civilisatrices.

Bossuet, dans l'*Oraison funèbre du prince de Condé*, dit :
« Puisque, pour notre malheur, ce qu'il y a de plus fatal à la vie
» humaine, c'est-à-dire l'art militaire, est en même temps ce
» qu'elle a de plus ingénieux et de plus habile, considérons

» d'abord par cet endroit le grand génie de notre prince. »
Au contraire, P.-L. Courier, dans sa spirituelle boutade intitulée *Conversation chez la comtesse d'Albany*, loin d'avouer que là soit ce qu'il y a de plus ingénieux et de plus habile, ne veut pas même reconnaître qu'il existe un génie militaire, et c'est justement de ce même Condé qu'il se sert pour sa thèse :
» Un jeune prince à dix-huit ans arrive de la cour en poste,
» donne une bataille, la gagne, et le voilà grand capitaine
» pour toute sa vie, et le plus grand capitaine du monde. —
» Qui donc? demanda la comtesse; qui a fait ce que vous
» dites là? — Le grand Condé. — Oh! celui-là, c'était un
» génie. — Sans doute, dit-il; et Gaston de Foix? L'histoire
» est pleine de pareils exemples. Mais ces choses-là ne se
» voient point dans les autres arts. Un prince, quelque génie
» qu'il ait reçu du ciel, ne fait pas tout botté, en descendant
» de cheval, le *Stabat* de Pergolèse, ou la *Sainte-Famille*
» de Raphaël. »

Cette *Conversation* fut écrite au commencement de l'année 1812; et, à ce moment, Courier, révolté de ce qu'on nommait la gloire impériale, n'était pas d'humeur à flatter les guerriers et les conquérants. Mais, s'il faut rendre justice au sentiment qui le pousse, il ne faut pas accepter le jugement que ce sentiment lui inspire. Evidemment, quand une armée est formée et qu'elle est pourvue de tout l'appareil en relation avec l'état correspondant de l'industrie, il n'est point indifférent d'en user de telle ou telle manière. Cet emploi comporte tous les degrés de l'habileté, jusqu'au génie lui-même. Une armée est une force ; et, comme toutes les forces, ce n'est que par la tête qui la dirige qu'elle produit ses plus puissants effets.

Mais, tout en récusant le dire de Courier, je ne veux pas laisser à la phrase monarchique et aristocratique de Bossuet sa pleine signification. Non, l'art militaire n'est pas ce que la vie a de plus ingénieux et de plus habile. Car, d'une part, il est tout entier subordonné, dans ses engins, à la science et à l'industrie; et, d'autre part, il n'est qu'une portion de l'art politique, portion d'autant plus importante, j'en conviens, qu'on remonte davantage dans l'antiquité et aux époques où la guerre mettait incessamment en question l'existence même des cités et finissait entre les mains de la Grèce et de Rome par faire triompher la civilisation sur la barbarie. Cette portion, qui a décru, décroîtra encore ; car, de plus en plus, le travail et la guerre soutiennent des rapports inverses.

L'histoire de la liaison qui est entre la constitution militaire et la constitution sociale est digne d'attention ; et, pour sortir de ses rudiments, l'art militaire a besoin d'un certain degré de civilisation. Aussi n'apparut-il d'abord avec ses vrais caractères que dans la Grèce. Il est incontestable que l'Egypte, l'Assyrie, la Judée, la Médie et la Perse avaient eu de grandes guerres ; mais elles n'avaient jamais dépassé cette période où les masses militaires agissent surtout par leur poids et leur impétuosité. Des armées très-nombreuses, animées de l'esprit guerrier et de la soif du butin, et poussées hardiment par un chef, sont toujours redoutables, surtout contre de petites agglomérations, et quand ces petites agglomérations ne savent pas calculer froidement les moyens de dissoudre les multitudes effrayantes. Ce fut en Grèce que le patriotisme, l'amour de la liberté, la poésie, la philosophie, le savoir firent trouver tout cela ; et on vit aussitôt combien le vieil Orient était arriéré, quand il vint briser contre Athènes et contre Sparte sa gloire et sa suprématie.

Carthage même, qui disputa l'empire du monde à Rome, était encore, quant à l'habileté militaire, dans les conditions des Etats asiatiques ; et il fallut qu'un officier grec vînt lui apprendre à user de sa cavalerie, de son terrain, de ses éléphants, pour qu'elle battît la petite armée romaine qui la désolait, et qu'elle prît Régulus. A la vérité, elle ne tarda pas à s'instruire dans ce métier qu'elle faisait si médiocrement ; et Annibal montra quels élèves pouvaient se former dans cette cité qui, évidemment, aurait, comme Rome, adopté la civilisation grecque, si elle eût triomphé dans ce duel mémorable entre l'Afrique et l'Italie.

Ce fut à Rome qu'échut véritablement l'héritage militaire de la Grèce. Si l'on fait attention qu'entre les groupes d'hommes où la civilisation avait pris le plus fortement racine, l'Orient, la Grèce, l'Italie, l'Afrique, et en présence d'un Occident encore tout barbare, il n'y avait aucun lien qui pût établir quelque harmonie ou équilibre, et qu'il fallait être absolument ou conquis ou conquérant, on reconnaîtra que Rome a, de fait, rempli l'office historique de donner une consistance indissoluble aux éléments politiques qui résumaient le monde ancien, et qui devaient enfanter le monde moderne. Ce qu'il y eut d'ambition effrénée, de patriotisme féroce, de sang versé, est l'effet des conditions douloureuses que la nature de l'homme a imposées au développement de l'homme.

Avec son caractère moitié barbare et moitié romain, le moyen âge offre une rétrogradation militaire. L'Occident voit ces multitudes désordonnées et impétueuses que l'Orient avait vues; seulement ici ce sont des chevaliers bardés de fer et portés par de puissants chevaux, que suivent des vassaux à pied. Tant qu'on fut en pleine féodalité, on ne sentit pas le besoin de sortir d'un pareil état, et c'est alors que la chevalerie française obtint un si brillant renom, victorieuse à Bouvines, et redoutée sur tous les champs de bataille. Quand d'autres temps arrivèrent et que les Occidentaux marchèrent à des innovations dont ils ne voyaient pas le but, mais dont ils ressentaient l'impulsion, l'ancienne organisation militaire devint aussi surannée que l'était celle des rois de Médie et de Perse. Des princes éminents, les Edouard et les Henri d'Angleterre s'en aperçurent; et, profitant du terrain, des armes de jet et de l'infanterie, ils infligèrent aux Français ces terribles désastres de Crécy, de Poitiers et d'Azincourt, où de très-petites armées défirent d'énormes cohues de chevaliers et de *piétaille* (je me sers du mot dédaigneux de nos barons français pour leurs fantassins).

C'est vers cette époque que les Occidentaux firent, de la poudre à canon, vieille invention de l'Orient, une application définitive à la guerre. Il y eut un temps mixte où les deux armements se combinèrent; mais enfin, à mesure que l'industrie devint plus habile, les nouvelles armes se perfectionnèrent; et, quand elles eurent suffisamment relégué entre les vieilleries la lance du chevalier, l'arbalète et la hache d'armes, l'art militaire moderne et les généraux modernes commencèrent. Plusieurs, soit dans la lutte entre Charles-Quint et François Ier, soit dans le conflit religieux que suscita la réforme, se firent un grand nom; mais ils furent les précurseurs et les précepteurs de ceux de l'âge suivant, entre lesquels je citerai, par privilége, Gustave-Adolphe et Turenne. Enfin le xviiie siècle est tout rempli par la grande figure de Frédéric II, qui nous amène jusqu'à notre époque, aux militaires de la révolution et à Napoléon.

D'ordinaire les grands militaires qui ont rempli les annales de leurs hauts faits, portent tous cette marque d'avoir réussi dans les opérations qu'il leur était échu d'exécuter; les revers, quand ils en avaient éprouvé, n'ont été que partiels ou provisoires, servant seulement à mieux mettre en lumière les ressources de leur esprit et leur supériorité effective. Cela dit, j'entre dans l'histoire militaire de Napoléon pour rechercher comment il se fait que Napoléon ait deux phases si opposées, l'une de succès, l'autre de revers, et pour considérer si les succès sont dus au génie et les revers à la fatalité, comme on l'a dit tant de fois en obéissant tantôt à une aveugle admiration, tantôt au deuil de la patrie. C'est une étude de psychologie historique, bornée à une seule faculté, la faculté militaire, chez un homme dont les moindres mouvements sont connus. Il en résultera que ce qui fit, pour Napoléon, la fatalité, c'est que sa capacité militaire, très-éminente en certaines circonstances données, était très-bornée pour le reste, et que, lorsque les circonstances où elle se déployait avec une formidable puissance manquèrent, elle tomba au-dessous de l'habileté de ses adversaires. A ce potentat, pour l'arrêter dans sa marche vers la ruine, il aurait fallu cet œil intérieur à l'aide duquel on se juge, on s'apprécie soi-même; mais il ne l'eut jamais; aussi tenta-t-il incessamment ce que les nouvelles circonstances rendaient impraticable; et sa fortune s'écroula de chute en chute jusqu'à l'île d'Elbe et Sainte-Hélène. Quand on le voit si limité dans le champ même où sa force intellectuelle est la plus grande, on comprend comment il a si peu connu ce que devait être la politique au commencement du xixº siècle et après la révolution française. Cela jette un jour psychologique sur tant et de si énormes contre-sens. Ces contre-sens ne changent pas l'ordre du développement social, qui dépend de conditions bien supérieures, mais ils le troublent ; et l'on est, longtemps après encore, occupé à les reconnaître, à les combattre, à les éliminer.

On m'objectera que je n'ai aucune compétence pour traiter des questions militaires. Cette objection, on peut le croire, je me la suis faite. Mais je me suis répondu qu'un historien, ayant par devers lui l'événement qui est en soi un si grand préjugé, le plan des généraux et le récit de l'une et de l'autre partie, est en état d'acquérir une idée claire et juste des causes du résultat final. Ce n'est plus qu'une affaire de critique historique.

J'embrasserai un bien plus grand espace que n'a fait le lieutenant-colonel Charras ; pourtant c'est à lui que je dois d'avoir exécuté cette étude avec une sécurité que je n'aurais pas eue sans cet appui. Là, pour une action circonscrite, pour un terrible drame militaire de quatre jours, j'ai trouvé une discussion précise, lumineuse, conduite avec toutes les pièces probantes, et constamment éclairée par les ordres de Napoléon, de Wellington, de Blücher, et par les rapports de leurs lieutenants. Avec ce modèle, on apprend vite à examiner critiquement une opération militaire. Et puis, mais ceci est personnel, ce n'est pas sans de profonds ressouvenirs que j'ai tenu et feuilleté son livre. M. Charras et moi, avons été collaborateurs au *National*, il y a bien des années. Lui est mort ; et moi, je tiens encore la plume ; mais la vieillesse, qui commence à la faire trembler en ma main, me laisse l'intime satisfaction de me retrouver semblable à moi-même et à mes amis.

Dans la carrière qui devait être finalement si funeste à l'Europe par ses succès, à lui et à la France par ses désastres, Napoléon entre par le commandement de l'armée qui défendait les débouchés des Alpes contre les Piémontais et les Autrichiens. Nul besoin n'était qu'elle passât d'une défensive suffisante à l'offensive : la république avait protégé son sol et son principe contre les rois ; ce qu'il lui fallait, pour elle et pour les autres, c'était la paix et non des conquêtes. Mais Napoléon, remarquez-le, car ce trait va se rencontrer dans toutes les phases de sa vie militaire, change la défensive en offensive, pénètre dans le Piémont, envahit les possessions autrichiennes, et étonne amis et ennemis par ses exploits rapides et décisifs. Ce qui est combiné profondément est exécuté activement ; la combinaison et l'exécution sont dignes l'une de l'autre. L'inépuisable Autriche répare incessamment ses armées incessamment défaites ; mais enfin elle se lasse, elle succombe, et il n'y aurait rien à retrancher dans cette grande page militaire, si la vilaine affaire de Venise ne venait montrer le nouveau héros sous un jour honteux dans le présent, inquiétant pour l'avenir.

La république française n'a pu garder les conquêtes en Italie ; la coalition de l'Angleterre, de l'Autriche et de la Russie les lui enlève, mais ne réussit pas à entamer son territoire ; les victoires de Masséna en Suisse, de Brune en Hollande, délivrent la France de tout péril. C'est alors que Napoléon, revenant d'Egypte, s'empara par un coup d'État de l'autorité souveraine ; et aussitôt, transformant la défense en offensive, il franchit les Alpes et frappa le coup de foudre de Marengo. De nouveau, la France déborde hors de ses frontières et devient menaçante pour l'Europe.

Lui, cependant, va camper sur les bords de l'Océan, où il combine une invasion de l'Angleterre. L'Autriche croit l'occasion favorable pour mettre un frein à la prépondérance croissante de la France ; mais ses militaires n'étaient pas de force à se mesurer avec le rapide guerrier qui leur semblait si loin et qui tout-à-coup fut si près d'eux. La capitulation d'Ulm et la défaite d'Austerlitz montrèrent que ses adversaires n'avaient pas encore trouvé le moyen ni de le déjouer, ni de le vaincre. Il mit son pied victorieux sur l'Allemagne, et entrevit de nouvelles victoires.

Elles ne devaient pas manquer. Ni l'orgueil, ni le patriotisme de l'armée prussienne ne purent supporter la situation faite par l'étranger à l'Allemagne ; les troupes prussiennes s'ébranlèrent et elles vinrent chercher Iéna. M. de Ségur appelle prophétiques les cartes militaires sur lesquelles Napoléon combina ses opérations. En effet, il dicta de Paris, avec infaillibilité, tous les mouvements de son armée jusqu'à Berlin, le jour fixe de son entrée dans cette capitale, et la nomination du gouverneur qu'il lui destinait. Tout s'accomplit de point en point; la Prusse tomba inanimée sous le coup qui lui fut porté, et le joug de l'Allemagne s'appesantit.

Il ne restait plus qu'à frapper la Russie, alliée tardive de l'Autriche et de la Prusse. Napoléon n'hésita pas à la poursuivre en Pologne. La victoire hésita à Eylau; mais elle se décida à Friedland; et, encore que leur adversaire fût bien loin de chez lui et de ses ressources, les Russes ne purent résister au poids d'armes jusque-là invincibles et d'un nom qui devenait une terreur.

Dans cette suite de succès si grands, si continus, si décisifs, qui mirent l'une après l'autre hors de combat l'Autriche, la Prusse et la Russie, rien n'est fortuit : le regard du capitaine détermine le point où le coup doit être porté ; sa pensée calcule les moyens ; sa volonté les exécute avec autant de rapidité que de sûreté. Mais on remarquera que toutes ces opérations sont des offensives; et des offensives pourraient être singulièrement dérangées si l'adversaire y opposait une habile défensive, une défensive qui traînerait la guerre en longueur. Mais telle n'était pas alors la disposition des ennemis avec qui la lutte était engagée. C'étaient des armées pleines d'esprit militaire et d'orgueil, aussi désireuses du champ-clos que Napoléon lui-même; seulement, leurs généraux ne pouvaient soutenir la comparaison avec lui ni pour les calculs, ni pour la décision, ni pour la rapidité. Enfin, les troupes qu'il menait étaient singulièrement redoutables, aguerries, encore pleines des souvenirs et des ardeurs de la république ; on pouvait tout leur demander : impétueuses à l'attaque, solides à la résistance, invincibles à la fatigue. Dans cet ensemble tout concourait : l'excellence des troupes, le genre de génie du chef, le mode offensif de la guerre, et la décision en un seul jour et sur un seul champ de bataille.

Les années 1807 et 1808 ont mis le comble à la grandeur militaire de Napoléon et à sa puissance. Il règne sur la France que la révolution avait agrandie de la Belgique et de la rive gauche du Rhin, sur l'Italie entière, directement ou indirectement, sur la Suisse dont il est le médiateur, sur la Confédération germanique dont il est le protecteur, sur la Hollande dont un de ses frères est roi et que bientôt il va incorporer, sur la Pologne qu'il a remise au roi de Saxe ; enfin il étend la main même sur le Portugal, occupé par une armée sous les ordres de Junot. Seule, l'Angleterre lui tient tête ; et, pendant qu'il domine le continent, elle s'empare des mers. Il est bien évident qu'il ne sait pas faire la guerre contre elle ; mais ceci est un autre côté, le côté maritime, des opérations de Napoléon ; je m'écarterais de mon sujet en en parlant ; et il me suffit d'observer que, bien que chassée du continent, l'Angleterre en avait les sympathies (sauf l'Espagne où l'on admirait la France et son empereur), et qu'à la première occasion ces sympathies se feraient jour et deviendraient de redoutables auxiliaires.

Napoléon ne se donna pas longtemps le repos relatif d'une situation et il ne guerroyait que contre l'Angleterre. Au point de victoire ou de puissance où il était, que faire ? Évidemment, le même dilemme qui s'était posé avant la rupture de la paix d'Amiens se posait encore avant la rupture de ce que j'appellerai la paix de Tilsitt, pour dénommer la tranquillité rendue un moment au continent : il fallait ou devenir modéré, prudent, juste, éclairé, en un mot de son temps et de son siècle ; ou bien pousser à bout l'œuvre et entreprendre définitivement la conquête de l'Europe. On comprend que celui que la France n'avait pas satisfait, ne se contenta pas d'y avoir ajouté l'Allemagne sous un nom ou sous un autre ; mais, dans cette voie désormais fatale et déplorable, une détestable pensée intervint : ce fut, à l'égard de l'Espagne, la pensée d'une trahison renouvelée des brigandeaux italiens du xvie siècle.

D'après M. de Ségur, dans les colloques qui eurent lieu à Vitepsk, durant la campagne de 1812, le comte Daru, détournant l'empereur de pousser jusqu'à Smolensk et à Moscou, lui dit que la guerre était un jeu qu'il jouait bien, où il gagnait toujours, et qu'on pouvait en conclure qu'il la faisait avec plaisir. En 1812, il y avait déjà quatre ans qu'il jouait mal ce jeu en Espagne, et qu'il avait cessé d'y gagner.

L'Espagne avait perdu ses derniers vaisseaux à Trafalgar en combattant pour nous; un corps espagnol était en Allemagne et nous servait comme allié. En cet état, il était bien dur de lui déclarer la guerre; mais encore cela eût-il mieux valu que ce qui fut fait. Je n'ai point à raconter les événements de Bayonne et cette mise en scène de la fable où La Fontaine peint le chat accordant les deux plaideurs en les croquant l'un et l'autre. Seulement, je veux noter la différence des temps : si le roi Louis-Philippe, profitant de ses relations avec la reine Isabelle, de la légion étrangère qu'il lui fournissait, et de la confiance qu'elle avait en lui, l'eût attirée à Bayonne, internée à Valençay et remplacée sur le trône d'Espagne par le duc d'Aumale ou le duc de Montpensier, je ne doute pas que les ministres, M. le duc de Broglie, M. Guizot auraient donné leur démission plutôt que d'attacher leur nom à une pareille infamie. Eh bien, en 1808, il n'y eut pas une démission. Non pas que les hommes de ce temps-ci soient autres que les hommes de ce temps-là; ce qui vaut mieux, c'est la liberté, la publicité, la discussion plus grandes aujourd'hui qu'alors.

A cet acte étrange en France et dans le XIX° siècle, l'Espagne répondit par un soulèvement universel dont le résultat immédiat, tant Napoléon avait été militairement imprévoyant! fut la prise de deux armées françaises. Celle de Dupont, lancée jusque dans le midi de l'Espagne, harcelée dans sa marche en avant, harcelée dans sa retraite, mit bas les armes; celle de Junot, coupée de France par l'insurrection espagnole, et vaincue en bataille rangée par les Anglais, capitula. A ces nouvelles, Napoléon rappelle en toute hâte ses troupes d'Allemagne; le major-général Berthier, en transmettant l'ordre à leurs commandants, disait, dans une lettre que j'ai tenue, que *d'assez grands malheurs* étaient survenus en Espagne. J'étais alors à Angoulême, bien enfant, et j'ai vu passer toute cette avalanche d'hommes, Français d'abord, puis Italiens, Suisses, Allemands, Polonais. L'opinion commune était que l'Espagne ne pourrait jamais résister à de telles troupes si nombreuses ; mon père lui-même, bien qu'ennemi du régime impérial, la partageait ; et il me souvient de paroles qu'il me semble que j'entends, et qu'à ce moment je ne comprenais guère, lui, exprimant cette opinion à un chirurgien espagnol prisonnier qu'il avait à sa table, et l'Espagnol répondant : Nous avons mis six cents ans à chasser les Maures...

Avec sa rapidité foudroyante, Napoléon accourut se mettre à la tête de son armée, traversa le nord de la Péninsule, dispersa l'armée espagnole, enleva Madrid, puis, cela fait avec un grand fracas, quitta l'Espagne et n'y reparut plus. J'accorderai, si l'on veut, qu'il n'ait pu y reparaître en 1809, occupé qu'il fut par la guerre d'Autriche ; mais il passa tout 1810 et 1811 dans son palais. Pourquoi cette inaction chez un homme si actif, qui l'année d'avant s'était précipité en Espagne, qui s'était élancé sur Vienne et sur le Danube, et qui allait, en 1812, entreprendre la lointaine expédition de Russie? La raison en est manifeste : l'Espagne lui offrait un genre de guerre pour lequel il n'avait aucune aptitude. On l'a vu : ce qu'il savait faire avec une singulière supériorité, c'était de combiner une hardie et rapide offensive, et de frapper l'adversaire d'un coup irrémédiable ; et c'est ce qu'il venait d'exécuter victorieusement à Ratisbonne et à Wagram ; mais pour cela il fallait que cet adversaire ne se dérobât pas à l'offensive. Or, l'Espagne n'offrait ni Wagram, ni Iéna, ni Austerlitz à son envahisseur : partout l'insurrection, des bandes qui harcèlent l'ennemi, des troupes qui, vaincues, se rallient, des siéges qui ne finissent pas, puis, à côté, une armée anglaise solide, capable de porter les plus rudes coups, mais en même temps habile à refuser les conflits où elle n'a pas mis de son côté les chances. Que Napoléon ait été impuissant à mener, de son cabinet, une pareille guerre, le fait le prouve ; pendant les années de 1810 et de 1811, où il fut en paix avec le reste de l'Europe, il employa vainement les immenses forces de son empire, ses armées si vaillantes, ses maréchaux si renommés à lutter contre les citadins et les paysans de l'Espagne, contre la solide armée de Wellington.

Presque dans le même moment où Napoléon se jetait sur Madrid, un officier anglais débarquait en Portugal avec une armée anglaise. Tandis que l'objet de Napoléon était de s'assujettir l'Espagne, l'objet de cet officier était de la défendre, et d'expulser *the french robber*, comme dit Byron. Dans cette lutte qui a duré six ans, lequel a le mieux approprié les moyens aux circonstances ? Qu'est devenue l'offensive entre les mains de celui qui en avait pris le rôle ? Et que n'a pas fait la défensive entre les mains de celui qui en était chargé ? Partout et toujours la défensive fut supérieure à l'offensive. Cette défensive, Napoléon aurait été incapable de la concevoir et de l'exécuter s'il avait été à la place de Wellington (et il s'y trouva bientôt lors de ses revers), et il fut incapable de la briser et de la vaincre.

Nous venons de voir Napoléon, avec toutes les forces de son empire, avec des troupes dont le renom militaire était incomparable, avec des généraux dignes de ces troupes, guerroyant sans succès pendant deux ans, du fond de son palais, contre les armées tumultuaires de l'Espagne et les troupes de l'Angleterre. Tout à coup il se lasse de cette stérile occupation, et, tournant le dos à la Péninsule, il se lance dans l'extrême nord. Je n'examinerai point s'il fut sage, tandis qu'on était enfoncé vers le Tage et vers le Guadalquivir, d'aller s'enfoncer vers le Borysthène et la Moscowa ; je prends les faits tels qu'ils sont, et je le suis dans sa nouvelle entreprise. Celle-là, il ne la confie pas à ses lieutenants, il s'en charge lui-même. L'armée française borde le Niémen ; l'armée russe est de l'autre côté, commandée par Barclay de Tolly. La partie commence ; de quelle façon les deux adversaires vont-ils la jouer ? Rien de plus simple que d'en exposer et faire comprendre le nœud. L'armée française était notablement supérieure en nombre, pleine d'impétuosité, et conduite par un général qui savait avec les masses frapper les plus terribles coups ; tout lui faisait donc désirer une rencontre où se déciderait le sort de la guerre. Au contraire, l'armée russe était inférieure en nombre, la seule ressource de la patrie, de sorte que, mutilée dans quelque grande bataille, il ne serait plus resté à son empereur de défense contre le vainqueur. Cette situation commanda la stratégie des deux généraux : Napoléon chercha une bataille, Barclay l'évita. Dans ce duel redoutable, l'habile officier sera celui qui mènera à terme son plan. Si, par ses manœuvres, Napoléon force Barclay à recevoir le combat qu'il évite, il sera supérieur à son adversaire ; si au contraire par ses manœuvres Barclay échappe constamment à cette bataille tant poursuivie, c'est lui qui sera supérieur. Eh bien, trois fois, à Vilna, à Vitepsk, à Smolensk, Barclay échappa à l'immense et rapide armée que Napoléon lançait sur lui ; son adversaire déjoué s'était enfoncé dans la Russie, avait perdu hommes et chevaux, et l'armée russe, toujours intacte, lui présentait ses baïonnettes, incessamment prête à l'offensive dès que, pour une retraite que chaque pas en avant rendait plus périlleuse, Napoléon reprendrait le chemin si imprudemment parcouru. Donc, partout dans cette campagne, Barclay fut supérieur à Napoléon.

On sait que dans ce plan la bataille de la Moskowa est un simple accident, provoqué par l'orgueil russe, qui se lassa de cette longue et sage retraite, exigea la démission de Barclay et la nomination de Kutusof. Celui-ci choisit son terrain, éleva des ouvrages de campagne et attendit l'ennemi. C'était une faute ; mais à cette distance le coup porté par Napoléon fut faible, il n'obtint qu'un champ de bataille ; l'armée russe se remit en retraite, conservant son organisation et restant disponible pour la future et prochaine offensive. Les pertes furent énormes des deux côtés, plus du côté des Russes ; mais avec cette différence décisive que, pour eux, elles allaient être réparées et au-delà par les recrues qui affluaient, tandis qu'elles étaient irréparables pour l'armée française, si éloignée de sa base d'opération.

C'était une singulière hallucination que celle qui conduisait Napoléon à Moscou, et qui, comme toutes les hallucinations, n'agissait que sur lui, chacun parmi ses entours s'alarmant de ce long voyage. En effet, il était clair que, dès qu'il serait à

Moscou, il serait vaincu; car les Russes n'auraient plus qu'à refuser de négocier pour l'obliger à quitter cette ville où il ne pouvait rester, et à faire retraite jusqu'à ses cantonnements en Pologne. Cette retraite était une défaite ; non-seulement la campagne se trouvait manquée, mais encore elle se terminait par une longue marche rétrograde où l'on reculait devant les Russes qui poursuivaient. Etabli dans le Kremlin, il écrivit pour traiter ; l'empereur Alexandre ne répondit même pas. Les Russes venaient de brûler leur capitale entre les mains de l'envahisseur ; ce n'était certainement pas pour la racheter par un traité de paix. Leur ennemi s'était lui-même livré ; mais ce que, dans leurs rêves les plus enivrants, ils n'auraient jamais pu imaginer, c'est que cet ennemi prolongerait son séjour dans la ville incendiée, et qu'entré à Moscou le 14 septembre, il n'en sortirait que le 19 octobre. Par cette inconcevable délai de cinq semaines, il mit la retraite, qui était de quarante journées de marche, en plein hiver moscovite. On sait ce qui en advint ; l'armée, accablée par le froid, manquant de vivres et d'habits, harcelée par les troupes russes auxquelles elle prêta constamment le flanc, périt tout entière ; il n'y a pas, dans l'histoire des armées appartenant aux puissantes nations de la civilisation, exemple d'un désastre pareil. Un militaire de haut caractère, un Alexandre, un César, un Frédéric II, s'il eût commis la faute d'aller à Moscou, se voyant vaincu par le seul fait de cette faute, n'eût plus songé qu'au salut des braves gens qui l'avaient suivi si loin, et, laissant les flammes consumer Moscou, il se fût hâté de prévenir l'hiver et de mettre son armée en sûreté. Mais l'obstination qui se mutine follement contre les choses retint Napoléon à Moscou jusqu'au moment où il ne put plus y demeurer. Cette particularité psychologique, nous la verrons reparaître à Leipsik et à Waterloo.

Ainsi Napoléon ne sut faire la guerre ni contre une nation insurgée qui se dérobait aux combinaisons statégiques, ni contre un général qui, de parti pris, manœuvra pour le harasser et l'épuiser sans se compromettre ; car la défaite fut, non dans le désastre final qui fut produit par le dépit de l'impuissance et dont l'énormité absorba toute l'attention, mais dans cette marche de cent cinquante lieues où Barclay, conservant l'armée russe, usa l'armée française et ses moyens d'agression. On va voir que Napoléon ne sut pas davantage faire la guerre quand, attaqué à son tour, il lui fallut se défendre contre les ennemis qu'il avait soulevés.

Ici je m'interromps à propos de la nouvelle armée qu'il forma en 1813, et j'examine ce qu'il fit des troupes qu'il avait reçues de la république. On a dit que, sous le premier empire, la force de l'armée française avait été due à l'habile et vigoureuse organisation imprimée par l'empereur. Rien n'est plus faux ni mieux démenti par les faits. Quand le général Bonaparte prit le commandement de l'armée des Alpes, il n'en changea en rien ni la composition ni la discipline, et c'est avec elle qu'il fit la belle campagne d'Italie. De même l'armée qu'il emmena en Égypte ne lui devait absolument rien comme organisation. Il ne fut pas plus le créateur de l'armée qui gagna la bataille de Marengo, c'était une armée d'origine purement républicaine et où rien d'impérial n'était mélangé.

Il n'en est pas de même de l'armée du camp de Boulogne, celle-là était mi-parti républicaine et mi-parti impériale, et elle fut capable de porter les rudes coups d'Austerlitz, d'Iéna et de Friedland. A partir de ce moment, c'est bien la main impériale qui façonne les armées, et l'empreinte de Napoléon y est mise, mais leur efficacité décroît rapidement. Celles qui guerroyèrent pendant six ans en Espagne, furent généralement inférieures aux Anglais en rase campagne, et aux Espagnols dans la guerre de guerillas. L'armée de Wagram, malgré la victoire, témoigna d'une décroissance attestée, au moment de ce terrible drame, par les acteurs. Que dire de l'armée de Moscou ? que son général ne lui donna jamais lieu, dans sa course aventureuse, de montrer ce qu'elle valait, et qu'il la perdit sans profit et sans gloire dans une longue retraite que seul ce contempteur insensé des hommes et des choses pouvait mettre en plein hiver. Je n'ajouterai rien sur les armées, inutilement vaillantes, de 1814 et de 1815, composées à la hâte et qui ne furent, par l'entêtement du chef, que des armées de défaite.

Le désastre de Moscou est accompli, et nous voici en 1813. Dans un langage qu'il enflait pour effrayer, Napoléon avait dit qu'il allait reparaître en Allemagne avec huit cent mille hommes, il y reparut avec trois cent mille. Pour les réunir il fit des prodiges d'habileté et d'activité ; mais ces prodiges n'empêchèrent pas que cette armée ne fût nouvelle, sans cohésion, pleine de conscrits trop jeunes, avec une cavalerie insuffisante, sans autre mobile de guerre que la volonté de l'empereur. De plus elle n'avait point de réserve derrière elle ; perdue, il ne restait rien par quoi la France pût la remplacer ; c'était, littéralement, le denier de la veuve ; il fallait la ménager comme la suprême ressource ; elle ne pouvait servir qu'à appuyer des négociations et à faire une paix honorable. Quel contraste chez les alliés ! Une armée où les soldats aguerris abondent, une puissante cavalerie, l'impulsion d'un patriotisme enthousiaste, l'ardeur de volontaires, non de conscrits, l'appui moral de l'Europe entière, et les inépuisables réserves que préparait une population soulevée. Napoléon ne vit rien de tout cela ; et, avec son armée débile contre une armée forte, il tenta à Lützen et à Bautzen ce qu'il avait tenté à Austerlitz et à Iéna. Lui demeurait le même ; le reste était changé.

Jusque là neutre, l'Autriche n'avait pas encore pris parti ; mais elle avait poussé activement ses armements pour influer sur la paix si Napoléon se décidait à traiter, pour se joindre contre lui aux alliés s'il se refusait à tout accommodement. Napoléon s'y refusa ; l'Autriche entra dans la coalition. La disproportion des forces, qui devint très-grande, conseillait de renoncer à la guerre offensive. Napoléon n'entendit pas ce conseil. Mais des revers partiels, multipliés, mal compensés par la victoire de Dresde, lui firent sentir le danger qu'il courait ; du moins j'ai entendu conter, il y a plus de quarante ans, par des gens bien informés qu'à ce moment il conçut le dessein de se retirer sur le Rhin, et qu'il dicta les ordres nécessaires pour ce mouvement ; il annonça sa résolution au général Sébastiani qui entrait chez lui, et qui s'écria que cette nouvelle le soulageait d'un grand poids, que l'armée fondait, et qu'un désastre était à craindre. Bientôt après, tout changea, l'obstination impériale prévalut, et la bataille de Leipsik fut livrée. Cette bataille est de deux jours; le 16 octobre, le combat, très-sanglant, très-opiniâtre, demeura indécis; le 17 on se reposa, et dans ce repos l'armée alliée reçut de grands renforts, l'armée française n'en reçut aucun et fut détruite le 18. Le même mobile qui avait fait perdre le mois fatal de Moscou, fit perdre la fatale journée du 17; le désastre fut d'autant plus grand que Napoléon combattit ayant deux rivières à dos; l'armée vaincue ne put faire retraite; trente ou quarante mille hommes furent pris dans Leipsik; beaucoup se noyèrent dans l'Elster ou la Pleiss; et Napoléon ne ramena sur le Rhin qu'un débris de ces trois cent mille hommes que six mois auparavant il avait lancés sur l'Allemagne en envahisseurs.

La situation réciproque de Napoléon et des alliés, qui fait si bien deviner l'issue de la campagne de 1813, s'applique encore avec bien plus de vérité à la campagne de 1814, où l'ardeur des peuples n'est pas moindre, où les forces alliées sont accrues, où les forces françaises sont diminuées. La transformation de la défensive, que la nature de la situation imposait, en offensive par un génie qui ne connaissait que ce genre de guerre, punie en 1813 par la défaite, le fut encore plus vite en 1814; la campagne de 1813 avait duré six mois, la campagne de 1814 en dura deux. C'est l'habitude, du moins en France, de vanter beaucoup cette bien courte campagne. Soit, l'armée y fut certainement admirable; formée, de la fin d'octobre à la fin de janvier, avec des débris de l'armée d'Allemagne (peu, car ce qui avait échappé au fer et au feu fut dévoré par le typhus), avec des dépôts de l'intérieur, avec des soldats de l'armée de l'Espagne (je les ai vus passer en charrettes de réquisition, c'étaient les chemins de fer du temps), avec la conscription anticipée, avec quelques gardes nationales, elle seconda héroïquement et sans faiblir un seul moment les plus hardies et les plus rapides évolutions de son chef. Lui, prompt et décisif comme aux beaux jours de sa carrière militaire, porta ses coups tantôt sur les Russes, tantôt sur les Prussiens, tantôt sur les Autrichiens, étonna plus d'une fois ses ennemis, et réjouit Paris de la pompe de prisonniers défilant dans ses rues. Mais à quoi tout cela pouvait-il aboutir ! C'étaient de brillantes passes d'armes, et pas autres chose. Du moment qu'un plan défensif n'avait pas été fortement combiné, et qu'on y substituait un plan purement offensif, il était inévitable qu'en un temps assez court les grandes armées de l'Europe, appuyées par de fortes réserves, qui elles-mêmes avaient derrière elles les populations, l'emportassent sur la petite armée française, que ne soutenaient aucunes réserves préparées. Offensivement, tout était inutile ; défensivement, c'eût été autre chose ; et, quand, avec les documents du temps, on compare les parties belligérantes, on ne doute guère qu'un Turenne, je le nomme parce qu'il était à la fois hardi et prudent, capable de tenacité et d'impétuosité, aurait défendu Paris assez pour faire désirer aux alliés un traité de paix.

La durée des campagnes de Napoléon va toujours s'abrégeant ; redoutable et parlante démonstration de l'irrationalité du système offensif là où la défensive la plus froidement combinée, la plus obstinée à disputer le temps et le lieu, la plus ménagère des ressources et des hommes, avait seule chance de réussir. La campagne de 1815 dura six jours ; du 14 au 18 juin tout fut terminé. Ce qui entourait Napoléon lui avait représenté les évidents avantages de la défensive : l'accroissement continu des forces à mesure que l'on se fortifie et que l'on s'arme, la diminution des forces ennemies à mesure qu'elles s'éloignent de leur base, qu'elles masquent des places fortes, qu'elles sont harcelées sur leurs derrières, la difficulté à une coalition de s'entendre longtemps pour continuer une guerre qui serait disputée. Rien de tout cela n'altéra sa résolution ; et, en effet, on lui demandait de faire ce qu'il n'avait jamais fait. Il recommença donc, comme si rien n'était changé, sa stratégie, et alla attaquer l'ennemi sur le territoire ennemi.

Dans le récit tant controversé de la campagne de 1815, il faut un guide, nul ne vaut M. Charras. En militaire instruit, il a parcouru le terrain, reconnu les positions, mesuré les distances. Cela fait, il a consulté les pièces, les ordres, les lettres, les narrations; il les a indiquées à leur date précise, et souvent à leur heure; car plus d'une fois, en des mouvements si rapides, l'heure est de suprême importance; il a contrôlé ces documents l'un par l'autre, et n'en a usé qu'après en avoir apprécié la valeur. Dans l'histoire, les pièces authentiques sont l'équivalent des faits dans les sciences naturelles. M. Charras a été pleinement fidèle à cette règle; aussi, son livre à la main, est-il possible de donner très-brièvement une idée tout à fait nette de ces terribles événements.

Quand Napoléon massa son armée sur la frontière de Belgique, prêt à ouvrir la campagne, cette armée était forte de 128,000 hommes; celle du duc de Wellington l'était de 95,000; et celle de Blücher, de 124,000. Le simple rapprochement de ces chiffres montre que, si l'armée française se heurtait sur un champ de bataille contre les deux armées réunies, elle succomberait sous la supériorité du nombre. Aussi la conception de Napoléon fut de manœuvrer tellement qu'il les combattît l'une après l'autre et fût chaque fois leur égal en nombre et leur supérieur en habileté; et on devrait la louer, si, comme il a déjà été dit ici, tout système offensif n'avait été, de soi, impraticable dans l'état de la France isolée et de l'Europe coalisée.

Ce qui rendait possible sa conception, c'est que les forces ennemies avaient deux généraux indépendants et deux cantonnements différents. L'opération réussit d'abord, sinon pleinement, du moins suffisamment. Le 14 juin la Belgique fut envahie, et le 16 l'armée prussienne était battue à Fleurus. Mais différentes circonstances empêchèrent que cette défaite ne mît pour longtemps les Prussiens hors de cause; la principale fut que Wellington, accourant en toute hâte au secours de son collègue, livra à Ney la sanglante bataille des Quatre-Bras. S'il eût tardé et que le corps de Ney fût demeuré disponible, il est probable que l'échec des Prussiens aurait été singulièrement grave.

Le 17, Napoléon, sur la fin de la journée, mettant à exécution la seconde partie de son plan, se porta de sa personne sur Wellington qui se retirait du côté de Bruxelles, et dirigea Grouchy sur Blücher qui se retirait du côté de Namur. Tout semblait succéder; et cependant, dans le fait, tout était compromis et le danger devenait suprême. Il faut en effet passer de l'autre côté et voir ce qui y était advenu. Dans cette même journée du 17, Wellington occupait la position de Mont-Saint-Jean, en avant de Waterloo, position qu'il avait reconnue soigneusement depuis plusieurs semaines, résolu à recevoir la bataille, si Blücher lui assurait le concours de deux corps prussiens, comme il le lui avait fait demander dans la matinée. La réponse de son allié lui arriva le même jour, ainsi conçue : « J'irai vous rejoindre non-seulement avec deux » corps, mais avec mon armée tout entière ; et, si l'ennemi ne » nous attaque pas le 18, nous l'attaquerons ensemble le 19 » (*Campagne de 1815*, p. 238). Ainsi les généraux alliés avaient concerté la réunion de leurs forces sur un point choisi par Wellington, et mis de leur côté toutes les chances de victoire.

Le seul jour où l'armée prussienne, non encore remise de sa défaite de Fleurus, n'était pas disponible, était le 17 ; ce fut donc aussi, de toute nécessité, le seul jour où Napoléon pouvait trouver Wellington isolé, et obtenir sur lui un avantage semblable à celui qu'il avait obtenu sur les Prussiens. Passé cet unique jour, il allait se heurter contre des masses énormes ; et rien, l'événement comme le raisonnement le prouve, rien n'était capable de sauver l'armée qu'il commandait. La bataille de Waterloo devait donc être livrée le 17 ; ce jour-là, Blücher n'y pouvait pas paraître. Il est difficile de décider si Napoléon perdit inutilement le temps et est responsable de ce retard gros d'un désastre, ou si les circonstances plus fortes que lui l'imposèrent ; mais ce qui est apparent, c'est combien étroit fut l'intervalle que lui laissa son irrationnelle offensive. Il n'eut que pendant vingt-quatre heures l'opportunité d'échapper à son destin ; ces vingt-quatre heures perdues, tout fut perdu.

L'imprévu, qui joue un si grand rôle dans les affaires humaines et surtout dans les affaires de guerre, trompa en partie l'attente de Wellington et la prévision de Blücher. L'armée prussienne n'eut, sur le champ de bataille de Waterloo, son avant-garde qu'à une heure, son premier corps qu'à quatre heures de l'après-midi, et le gros de ses forces qu'à sept heures et demie du soir. Donc, pour combattre Wellington isolé, il aurait fallu que l'affaire eût été finie avant quatre heures. C'est le même raisonnement que pour la journée du 17. Commencée à la pointe du jour, la bataille de Waterloo aurait pu être terminée avant les Prussiens ; mais, commencée à onze heures et demie, le retard des Prussiens ne servit de rien à Napoléon.

Considérons la bataille en elle-même, et nous y verrons le même esprit qui inspira les mortels retards de la retraite de Russie, et qui ne fût pas moins funeste à notre armée de 1815. Car il faut par des chiffres se faire une idée du désastre : l'armée comptait, le matin du 18 juin, 72,000 hommes ; et le 26, une situation sommaire qui est dans Charras, p. 450, porte le chiffre des hommes ralliés à 29,000. Ainsi 33,000 hommes étaient tués, blessés, pris ou dispersés. Quant à la responsabilité propre à l'empereur, le nœud en gît dans l'arrivée, en trois fois, de l'armée prussienne, permettant à chaque fois de reconsidérer la position et de se décider suivant les occurences. Il était une heure, la bataille était engagée depuis midi environ, quand on aperçut de l'infanterie prussienne qui marchait contre notre aile droite; pour ne laisser aucun doute sur l'immense gravité de cet incident, le hasard voulut qu'on prît un hussard prussien porteur d'une lettre de Blücher à Wellington, et annonçant l'approche d'un corps de trente mille hommes.

A une aussi certaine nouvelle il ne restait à opposer qu'une seule détermination, celle d'interrompre la bataille et de battre en retraite. A ce moment la retraite était sans péril, le gros des Prussiens était encore loin, Wellington ne serait pas descendu de ses positions, dont la force entrait dans son plan quand il accepta la bataille. A la vérité, la campagne offensive était manquée, mais la campagne défensive restait toujours ouverte, et l'armée était sauvée. Ce salut, Napoléon le sacrifia à l'impatience de reconnaître qu'il fallait changer tous ses plans; il détacha des troupes pour arrêter l'avant-garde prussienne, et continua affaibli de dix mille hommes.

Tel fut le premier avertissement. Le second fut donné trois heures plus tard, quand à quatre heures et demie apparut le corps tout entier de Bülow. S'il avait été sage de battre en retraite au premier avertissement, il était urgent de s'y résoudre au second. Cette manœuvre était devenue difficile, non impossible; tout était encore intact; et l'armée aurait exécuté non sans regrets, mais avec une ferme obéissance, ce que son chef lui aurait commandé. Son chef lui commanda de continuer une lutte qui, de moment en moment, était plus inégale et plus désespérée.

Le troisième et solennel avertissement fut à huit heures; alors une nouvelle masse de Prussiens vint prendre l'armée en flanc et à revers. Napoléon n'avait plus une seule réserve, sauf quelques mille hommes de garde impériale; le péril était immense; mais peut-être qu'en employant ce corps d'élite à la défensive, on aurait pu prévenir les derniers malheurs; non; on l'employa à une attaque sur les Anglais, qui échoua. Le résultat, quel Français le voudrait raconter?

Ainsi, deux fois certainement, et une fois douteusement, il a pu, non pas gagner la bataille, mais sauver l'armée; et il ne l'a pas fait. En cela rien ne peut être imputé à Grouchy. Celui qui étudiera la campagne de 1815, trouvera semblablement que la même misérable disposition d'esprit a produit l'effroyable catastrophe de Leipsick. Plusieurs semaines avant cette journée, il était évident, même pour Napoléon, qu'il n'y avait plus de salut que dans une retraite sur le Rhin. Il marcha pourtant non sur le Rhin, mais sur l'Elster, et là, dans un conflit qui dura deux jours, avec vingt-quatre heures d'intermission, ayant échoué dans son attaque du premier jour, il ne profita pas de l'intervalle pour soustraire son armée à une lutte désormais sans espoir, puisque, dans cet intervalle même, l'ennemi avait reçu d'énormes renforts, et que lui n'avait rien reçu.

On a dit, pour le grandir ou pour l'excuser, que c'était

César risquant sur une barque toute sa fortune (Ségur, *Histoire de Napoléon*, IX, 14). Certes, je n'ai aucune partialité pour l'homme qui eut le triste honneur d'être le père et le fondateur du régime nommé l'empire romain; mais jamais comparaison ne fut plus malheureuse pour celui qu'on veut relever. Quand César se jette dans une barque sur une mer irritée pour aller chercher des secours qui tardent, il n'expose que sa personne et sauve son armée. Quand Napoléon risque tout à Moscou, à Leipsick, à Waterloo, il sacrifie son armée et ne sauve que son orgueil.

On a accusé Grouchy de n'avoir pas paru sur le champ de bataille. Mais ce reproche ne peut se soutenir. M. Charras (p. 666) rapporte les dispositions de marche que Blücher prit le 18 *à la pointe du jour*, pour acheminer son armée sur Waterloo; et cependant, à part une faible avant-garde, il n'y arriva qu'à quatre heures du soir et à sept heures et demie. Or Grouchy, qui n'avait, notons-le expressément, aucun ordre de Napoléon pour prendre part à la bataille du 18, qui ne put y songer qu'à *midi passé*, quand il entendit les éclats du canon, qui était à la même distance de Waterloo que Blücher, serait certainement arrivé bien après le général prussien, qui exécutait un plan arrêté d'avance, et qui organisait son mouvement plusieurs heures avant lui. Cela réfute tous les raisonnements hypothétiques.

M. Charras dit : « Que Napoléon ait été un capitaine expé-
» rimenté, un capitaine de premier ordre, un capitaine de
» génie, cela n'est pas en question; mais nous croyons, et
» bien d'autres croient avec nous, que déjà avant la campagne
» de Belgique son génie avait baissé, était devenu au moins
» fort inégal; que, dans cette campagne même, il n'eut plus
» que des éclairs; et que son caractère, comme son activité,
» fut en continuelle défaillance » (p. 614). Je ne cite point ce passage pour y contredire, et le génie militaire de Napoléon est incontestable. Mais, dans le génie même, il est plusieurs degrés, et la marque de celui de Napoléon est de conduire supérieurement l'attaque, sans savoir également conduire la défense et de n'être, par conséquent, qu'un demi grand capitaine.

M. Charras a fait entre Napoléon et Wellington un parallèle succinct qu'il vaut la peine de citer : « La différence était
» grande entre le général anglais et Napoléon ; mais elle l'était
» beaucoup moins que celui-ci ne se l'imaginait, et que, long-
» temps, on ne l'a cru dans notre pays abusé par des mensonges.
» L'un avait le génie de la guerre à la plus haute puissance ;
» mais la politique insensée de l'empereur altérait, troublait
» les conceptions merveilleuses du stratége ; et l'énergie,
» l'activité physique faisaient souvent défaut aux nécessités
» dévorantes, aux durs labeurs de la guerre. L'autre n'était
» qu'un général de talent, mais d'un talent si complet, enté
» sur de si fortes qualités, qu'il atteignait presqu'au génie.
» Doué d'un bon sens extrême ; politique profond ; religieux
» observateur des lois de son pays ; excellent appréciateur
» des hommes ; instruit à fond de tout ce qui constitue la
» science et le métier des armes ; faisant parfois des fautes,
» mais sachant ne pas s'y obstiner après les avoir reconnues ;
» soigneux du bien-être de ses soldats, ménager de leur
» sang ; dur au désordre ; impitoyable aux déprédateurs ; ha-
» bile à concevoir et à exécuter ; prudent ou hardi, tempori-
» seur ou actif suivant la circonstance ; inébranlable dans la
» mauvaise fortune, rebelle aux enivrements du succès ; âme
» de fer dans un corps de fer, Wellington, avec une petite
» armée, avait fait de grandes choses ; et cette armée était
» son ouvrage. Il devait rester et il restera une des grandes
» figures militaires de ce siècle. Né en 1769, il avait quarante-
» six ans, l'âge de Napoléon » (p. 86).

Malgré ma profonde déférence pour M. Charras, je ne puis ici me ranger à son avis, et la différence me paraît être en faveur non de Napoléon, mais de Wellington. Je n'aurais aucune satisfaction à repasser, même brièvement, la carrière du général anglais, ni à rappeler que, par exemple, le triomphe de Vittoria sur les Français n'a rien à envier, en hardiesse, en combinaison et en résultat, au triomphe d'Iéna sur les Prussiens. Pour me décider, il me suffit de savoir que Wellington fut au niveau de toutes les situations militaires, tandis que Napoléon ne fut au niveau que de quelques-unes. Là il brilla :

dans les autres il s'éclipsa. Au métier de la guerre, le *talent* qui est égal à toutes les tâches l'emporte sur le *génie* qui ne sait faire qu'une moitié des choses. Les achèvements militaires ne sont pas de même nature que ceux des lettres ou des beaux-arts; il importe peu que Corneille ait fait *Agésilas* après avoir fait le *Cid*; mais il importe beaucoup que Napoléon, après avoir gagné Austerlitz et Iéna, ait perdu Leipsik et Waterloo. L'événement, qui est un juge douteux quand il est seul, prend une force irrésistible quand il est confirmé par la critique rigoureuse des faits; et, si les Perses et les Grecs coalisés avaient mis par deux fois Alexandre à Naxos et à Délos, cet Alexandre-là, eût-il gagné la bataille d'Arbelles, serait beaucoup au-dessous de celui dont l'histoire a gardé le souvenir.

On vient de voir dans la caractéristique du duc de Wellington, *qu'il faisait parfois des fautes, mais qu'il savait ne pas s'y obstiner après les avoir reconnues*. Napoléon faisait parfois des fautes, qui n'en fait pas? mais, quand il les reconnaissait, et il les reconnaissait souvent, son système à lui était de s'y obstiner. En voici un exemple : Les Russes, conformément à leur plan, qui était de ne point livrer de grande bataille et d'entraîner leur ennemi aussi loin que possible, lui avaient abandonné d'abord la Pologne, puis la Lithuanie; arrivé à Vitepsk, lui-même comprit que, devant le plan des Russes, il devait modifier le sien, qui avait été une grande bataille, une grande victoire et une paix dictée par le vainqueur. Il résolut donc de s'arrêter à Vitepsk et d'y passer l'hiver, disant : « 1813 nous verra à Moscou, 1814 à Pétersbourg; la guerre de Russie est une guerre de trois ans; » interpellant un administrateur par ces mots remarquables : « Pour vous, Monsieur, songez à nous faire vivre ici, » et s'adressant à ses officiers : « Nous ne ferons pas la folie de Charles XII (1). » Alors son étoile l'éclairait, dit M. de Ségur; mais, étoile ou non, le fait est qu'il abandonna un plan de guerre très-dangereux pour la Russie, et en suivit un qui ne fut plus dangereux que pour lui-même. 1814, disait-il, l'aurait vu à Saint-Péters-

---

(1) Ségur, *Histoire de Napoléon et de la grande armée*, V. 1.

bourg, il fit la faute militaire, et 1814 vit les Russes à Paris. Remarquez bien que, cette faute, il l'avait aperçue (tout le monde l'apercevait), et qu'il la commit cependant.

Ne nous en étonnons pas. Lui-même avait fait une maxime de la persistance dans la faute. Quand on a commis une faute, disait-il, il ne faut pas la reconnaître; au contraire, il faut s'y entêter, la pousser à outrance ; c'est, comme cela, qu'on en a fait un succès. Ce que vaut la maxime, et quels succès elle rapporte, on le voit par Moscou et la retraite, par Leipzik et son désastre, par les vaines passes d'armes de 1814, par Waterloo et ses péripéties.

On peut dire que l'ère de la révolution se clôt à la rupture de la paix d'Amiens, et que là commence l'ère impériale. Dans le conflit qu'avait suscité l'audacieuse et terrible république de 93, les peuples européens n'avaient appuyé d'aucun élan leurs gouvernements ; les armées seules avaient obéi et marché ; et, quelque nombreuses et quelque aguerries que fussent ces armées, elles avaient été vaincues par les milices révolutionnaires. Aux malheurs qui avaient accompagné ces faits de guerre, de notables compensations s'étaient jointes ; et, en somme, à mesure que se dissipaient les fumées de la poudre, les peuples acceptaient les nouvelles conditions européennes, nos succès qui ne les effrayaient pas, leurs revers qui ne les contristaient pas. Des traités étaient intervenus avec plusieurs des puissances coalisées, la Prusse par exemple et l'Espagne ; et l'aboutissement naturel de la situation fut la paix d'Amiens.

Æstuat infelix angusto in limite mundi celui que je n'appellerai pas un autre Alexandre, car Alexandre n'a pas fini deux fois captif de Darius. Au lieu de consolider et de développer le nouvel ordre de choses, qui était la paix et la liberté, comme malheureusement le coup d'Etat lui avait remis une puissance illimitée, il obéit sans contrôle à son esprit profondément rétrograde, qui lui inspira la guerre et le pouvoir absolu ; inspiration la plus antipathique à la situation, la plus funeste à l'Europe, y compris la France, la plus ruineuse à lui-même ; l'événement l'a fait voir amplement. Aussitôt il se mit à l'œuvre ; et son premier acte fut de rompre le traité d'Amiens, et de s'aller poster sur les plages de Boulogne pour menacer de là l'Angleterre. Il y resta longtemps, attendant son succès d'un hasard de vents, de brouillards et de réunions de vaisseaux ; hasard qui ne vint pas.

Son impuissance de ce côté l'engagea dans une autre voie : ce fut de faire la guerre au continent, et, finalement, de vouloir, à mesure des succès, le conquérir et l'incorporer en une monarchie gigantesque. La vérité est qu'il entrait dans une route sans issue. Pour faire la guerre à l'Angleterre avec des chances de succès, il fallait avoir l'amitié, au moins la neutralité du continent ; mais guerroyer contre le continent en laissant sur son flanc l'Angleterre reconnue inattaquable dans les conditions d'alors, c'était sûrement jeter tous les peuples l'un après l'autre dans les bras de cette puissance, qui, quelle que fût son ambition personnelle et son égoïsme, devenait la protectrice de l'indépendance universelle.

On se rappelle, il y a peu d'années, la lugubre impression que produisit la correspondance publiée de l'empereur Napoléon, quand on y vit tant d'ordres impitoyables et sanguinaires, tant d'exécutions individuelles ou collectives sur des gens dont tout le crime était de n'être pas satisfaits de la domination impériale. Eh ! bien, que par la pensée on remette tout cela en action ; qu'on se représente les mille tyrannies de la soldatesque dans les passages et dans l'occupation, l'indépendance des nations foulée aux pieds, toute liberté étouffée, les rois menacés aussi bien que les peuples, et l'on aura une idée des ressentiments qui s'accumulèrent de 1808 à 1812 et qui éclatèrent avec une force irrésistible en 1813. L'empereur Napoléon à ce moment n'avait plus un seul partisan en Europe ; et, chose impossible à imaginer, si elle n'était parfaitement réelle, dans ce soulèvement universel de l'opinion européenne, peuples et rois, d'ordinaire si divisés depuis la révolution française, s'entendaient et se coalisaient.

Alors apparut combien est caduque même une excessive puissance, quand elle travaille contre les honnêtes tendances des sociétés. Il suffit de l'intervalle compris entre le premier janvier 1813 et le 30 mars 1814, pour renverser le colosse qui opprimait l'Europe. Ce fut un entraînement. L'Espagne rejeta les envahisseurs au-delà des Pyrénées, l'Allemagne au-delà du Rhin. La Hollande, au cri de vive Orange ! se détacha de cet empire que, peu de mois auparavant, le sénat avait misérablement déclaré indivisible ; la Suisse ouvrit ses passages à la coalition ; l'Italie ne regretta point les aigles impériales ; même la Belgique fut heureuse (1) de la rupture d'une union qu'elle avait pu accepter avec la France républicaine, mais qui était intolérable avec la France impériale. Derrière ce vaste mouvement apparaissaient l'Angleterre et la Russie, qui recueillaient la reconnaissance des peuples affranchis. Qui l'eût dit, hommes de 89 et de la grande révolution ?

Je ne connais pas de plus grave jugement que celui qui fut ainsi prononcé par l'Europe contre Napoléon. Plaidée devant l'opinion publique, la cause fut perdue politiquement à l'unanimité ; plaidée à coups de canon sur les champs de bataille, elle fut perdue militairement. Le colosse tomba, l'Europe respira ; et les haines internationales s'éteignirent, de manière à laisser entrevoir dans un temps à venir une vraie paix européenne. Quinze ans avaient été non-seulement perdus, mais employés en désastres réciproques. C'est ainsi que les guerres impériales avaient été des guerres de civilisation.

Mais peut-être que, les temps ayant marché, les passions contemporaines s'étant calmées, et les événements s'étant développés, l'issue des choses a témoigné en faveur de la politique absolutiste et conquérante qui fut la pensée du règne de Napoléon. En aucune façon, et le verdict prononcé alors n'a cessé d'être ratifié par l'évolution qui a suivi. Tout a concouru dès lors, comme tout concourt à prouver que la politique qui entretient la paix, favorise le commerce et l'industrie, déve-

---

(1) On le vit bien l'année suivante, dans la campagne de 1815 où les corps belges combattirent avec beaucoup d'énergie contre les troupes impériales. Lisez dans Charras les émouvants détails qu'il donne sur la rencontre ennemie d'hommes qui, peu auparavant, servaient à coté les uns des autres (*Histoire de la campagne de 1815*, 4° édition, p. 187).

loppe la liberté et ouvre l'issue à la réformation progressive des sociétés, est la seule qui soit d'accord avec nos tendances modernes telles que les a faites le progrès du savoir positif tant particulier que général.

Je viens de dire quel ouragan de haines se forma et se déchaîna contre Napoléon. Eh! bien, ces haines formidables, ou il les a ignorées, ce qui est un misérable aveuglement; ou, s'il ne les a pas ignorées, il n'en a tenu nul compte comme de forces qui, n'étant pas sujettes à la conscription et à l'enrégimentement, n'étaient dignes d'aucune considération. Cette cécité, moitié volontaire, moitié involontaire, se liait, du moins chez Napoléon enivré d'empire, à une disposition puérile qui l'empêchait de prendre, même en présence des plus urgentes nécessités, un parti qui le contrariait. Puis, quand la force des choses avait triomphé anéantissant sa chétive opposition, il demeurait sans ressources; et du plus décidé des hommes dans la prospérité, il devenait le plus faible dans l'adversité. C'est ainsi que, vaincu, il abandonnait son armée et accourait à Paris demander des hommes et de l'argent. Cela, il le fit après le désastre de Russie, après celui de Leipsik, après celui de Waterloo.

Frédéric II, à la veille d'une journée qui pouvait être son Waterloo, prit froidement son parti, et, après avoir tout fait pour mettre la victoire de son côté, annonça en des vers célèbres qu'en cas de défaite *il mourrait en roi*. Devant une semblable nécessité, Napoléon a choisi la vie et la captivité. Byron a qualifié ce choix d'*ignoblement brave* (1). Je n'interviens pas dans cette décision; à ces moments suprêmes chacun prend dans son cœur la règle de sa conduite. Le voilà donc à Sainte-Hélène; et là, soudainement, sans autre transition que d'une haute fortune à un profond malheur, nous le voyons devenir libéral et faire leçons de liberté aux rois, qui en avaient, j'en conviens, besoin. Triste comédie! Ce n'était pas à Sainte-Hélène, c'était aux Tuileries qu'il fallait compter la liberté

---

(1) To die a prince, or live a slave,
Thy choice is most ignobly brave.

pour quelque chose. On sait combien ses plaintes retentirent à travers les mers sur l'insolence et la dureté de son geôlier ; on sait aussi, depuis que sa voix n'a plus été la seule entendue, qu'il avait constamment montré l'esprit de tracasserie au lieu de la stoïque résignation qu'exigeait son infortune, et qu'en définitive on ne lui avait guère infligé que les précautions que commandait la crainte d'une évasion renouvelée de l'île d'Elbe. Mais ce qu'on ne savait pas tout récemment encore, c'est que lui-même, au temps de sa souveraine puissance, avait été un geôlier bien plus ingénieux à tourmenter que n'avait jamais été Hudson Lowe. Quand j'eus lu dans M. d'Haussonville les raffinements de geôle exercés par l'impérial porte-clefs contre un vieillard dont il s'était saisi, sans avoir même le droit de la guerre, je perdis toute pitié de la captivité de Sainte-Hélène, et je ne pourrais bien exprimer quel dégoût moral j'ai ressenti pour les cruelles petitesses de la toute-puissance. Hudson Lowe n'en a pas fait autant ; il s'en faut, et, si, il n'était pas empereur.

Napoléon, revenant en 1815 de l'île d'Elbe, data du golfe Juan, le 1er mars, une proclamation où on lisait ces lignes : « La défection du duc de Castiglione livra Lyon sans défense » à nos ennemis... la trahison du duc de Raguse (1) livra la

---

(1) Il y a eu un retour d'impartialité pour le maréchal Marmont, et les historiens se sont gardés de donner crédit aux inculpations populaires, même fortifiées du poids des proclamations de l'empereur. On a dit que sur ce retour n'avaient pas été sans influence les liaisons du maréchal, par la famille Perregaud, avec M. Laffitte, puissant parmi le parti libéral. Je ne sais pas ce qu'il y a de vrai là-dedans, et je crois plutôt que l'examen des faits, quand il se fit, démontra que Marmont, bien loin d'avoir livré la capitale, l'avait défendue à outrance. Mais, en tout cas, à côté de la cause indiquée du revirement, si elle est réelle, il y en eut une individuelle aussi et tout-à-fait certaine. Le maréchal se trouva chargé dans les journées de juillet 1830 de défendre la royauté, et il nous fusilla au nom du roi comme quelques années plus tôt il nous aurait fusillés au nom de l'empereur. Cela excita contre lui, dans la population de Paris, une animadversion que je partageais. Aussi, quel ne fut pas mon étonnement, je dirais presque mon indignation, quand M. Arago, dans sa déposition à la chambre des pairs, lors du procès des ministres, témoigna de son amitié pour le maréchal proscrit ! Bien des années après, je me trouvais en maison tierce, chez M. Rayer, je crois, avec M. Arago. C'était un homme qui racontait merveilleusement, et qu'on ne se lassait pas d'entendre. Ce jour-là, il nous raconta comment s'était faite sa liaison avec le maréchal. Le maréchal appartenait à l'Académie des sciences. Le hasard voulut que lui et M. Arago se trouvassent d'une même commission.

» capitale. » Or, Augereau avait été faible, maladroit, mais il n'avait nullement trahi; et la défense de Paris par Marmont et Mortier est, à coup sûr, un fait d'armes des plus glorieux de notre histoire, et d'autant plus glorieux, que les deux maréchaux combattirent livrés à eux-mêmes, abandonnés par le gouvernement tout entier, y compris Joseph Bonaparte. Je n'aime pas une calomnie, même impériale.

Manzoni, dans son ode célèbre sur le 5 mai, dit que Napoléon fut l'objet d'*inestinguibil odio e d'indomato amor*. La *haine inextinguible* fut chez les peuples coalisés, l'*amour indompté* fut chez le peuple français.

Quand les nations eurent subi longuement les guerres, les vexations, les violences, l'oppression, l'orgueil de la domination impériale, et qu'il n'y eut plus pour elles espérance de paix, d'indépendance et de liberté, alors il se forma un terrible orage de ressentiments populaires. Elles chassèrent Napoléon de chez elles et le poursuivirent chez lui; même en 1815, quand il fit des protestations pacifiques, elles ne les écoutèrent pas et le précipitèrent une seconde fois du trône. Depuis, ces grandes inimitiés se sont nécessairement refroidies; les peuples coalisés avaient eu la gloire des décisives victoires, et, ce qui est bien préférable, l'honneur d'avoir donné à l'Europe une paix qui fut de longue durée.

Le spectacle est tout différent du côté de la France. Elle défendit obstinément Napoléon. Le patriotisme le voulut quand le territoire fut envahi; puis, quand l'empereur eut été renversé, son souvenir demeura vif et puissant. Je sais qu'on a attribué cette persistance des souvenirs à la polémique des libéraux, qui, pour combattre la restauration, exaltèrent l'empire. Je ne

---

M. Arago refusa d'en être. Le maréchal ne se méprit pas sur le motif; alors, s'adressant à M. Arago, il lui dit : « On ne juge pas les gens sans les entendre; voulez-vous que nous ayons une entrevue où je vous exposerai les faits? » « Cela est juste, » dit M. Arago. L'entrevue eut lieu, et il en sortit l'ami du maréchal, et convaincu que Paris, le 30 mars, avait été héroïquement défendu. Le fond de ce récit est certain; je ne pourrais errer que sur de simples détails, pour lesquels ma mémoire ne serait pas complètement fidèle; car bien du temps s'est écoulé, M. Arago est mort, M. Rayer est mort, et moi je suis vieux.

nierai pas l'action de tout ce qui fut fait alors, mais je dirai que ce fut plutôt un symptôme qu'une cause ; et j'en trouve la preuve dans le retour de l'île d'Elbe, qui fut si victorieux, à un moment où l'apothéose n'avait encore été inaugurée ni par les publicistes, ni par les chansonniers, ni par les poëtes. Deux autres grandes manifestations ont suivi : c'est en 1840 l'impression produite par la rentrée des cendres de Napoléon, et en 1848 la nomination, à la présidence, du prince qui est aujourd'hui empereur. J'appellerai populaires ces trois manifestations dans le sens restreint du mot ; car, bien que des actes aussi considérables soient nécessairement très-complexes, ceux-ci appartiennent plus à la classe des paysans et des ouvriers qu'à celle des bourgeois.

Comment se fait-il qu'il y ait un si grand écart entre le sentiment du reste de l'Europe et celui du populaire français ? Comment se fait-il que ce populaire lui-même, dont le sang a été versé avec tant de profusion, ait gardé un attachement qui a survécu à beaucoup d'années et à beaucoup de circonstances ? Serait-ce l'enivrement des succès militaires ? ils ont été grands sans doute ; mais les revers l'ont été encore plus, et, bien que la légende populaire ait supposé d'imaginaires trahisons pour les expliquer, elle n'a pu écarter ces revers de l'histoire de son héros.

Si la figure historique de Napoléon n'était pas double, je veux dire, si, en même temps qu'il était, de par les événements, le représentant et le directeur de la révolution, il n'en avait été, de par sa nature propre, l'adversaire et le compresseur, l'attachement du populaire français pour son nom ne serait l'objet d'aucune controverse. Mais que dire, quand sous une même enveloppe sont enfermés un nom et une chose qui se contredisent ? C'est une anomalie étrange et qui a troublé profondément la direction des opinions, que le grand chef de la révolution française ait été mû par des impulsions et des principes qui appartiennent bien plus au régime ancien qu'au régime nouveau.

J'ai rappelé des faits éclatants qui ont montré l'entraînement du populaire français vers Napoléon et vers ses souvenirs. Mais il faut aussi rappeler un fait antérieur encore plus éclatant, c'est l'adhésion inébranlable que ce même populaire, au milieu des plus périlleuses circonstances, donna à la grande révolution. Sans lui, elle aurait succombé comme une entreprise prématurée et éphémère; avec lui, elle s'installa puissamment. Sans doute il y eut des déchirements, et certaines provinces protestèrent contre les nouveautés. Mais le gros du peuple en avait été pénétré; et ce ne fut ni hasard, ni caprice; tout un âge de liberté de penser, de science, de philosophie, de tolérance, d'humanité avait agi sur les esprits et sur les cœurs; si bien qu'au bout de cet âge le xviii° siècle se fit France.

Le temps n'a point travaillé à l'encontre de l'impulsion primitive; loin de là, il l'a prolongée et consacrée. Mais, si, par l'effet de la double nature de Napoléon, la situation devint si étrange que l'Europe coalisée marcha contre la France au nom des principes mêmes dont la France avait voulu faire le droit des sociétés, il est certain que cette complexité n'a point été dissipée par les péripéties qui ont suivi ; car les suffrages du populaire français ont sanctionné, par indivis, et les souvenirs de l'homme qui, représentant la révolution, s'appellerait un *bleu*, dans le langage de nos provinces de l'Ouest, et de l'homme qui, avec le plus de persévérance et de force, avait combattu la révolution, ses principes politiques et sociaux, sa libre pensée et son expansion fraternelle et pacifique.

Evidemment, une situation si ambiguë n'est pas destinée à se perpétuer; et l'un des deux éléments se dégagera de l'autre. Pour reconnaître lequel ce sera, il suffit de se rappeler que ce qu'il y eut, dans la révolution, d'action immédiate ou d'action future sur les destinées sociales, a été le produit du savoir humain accumulé à la fin du xviii° siècle. Là est la cause, le soutien permanent et la force expansive de ce grand événement. Ai-je besoin de dire que, depuis, ce savoir s'est beaucoup agrandi et fortifié, et que, comme toujours, il prête son appui silencieux, mais indestructible, à ce qui a été fait, et ses lumières à ce qui doit se faire ? Sans doute, la démocratie, qui partout entre davantage dans la gestion des choses publiques, apporte des éléments insuffisamment préparés par l'éducation ; mais cela, qui rend la situation plus complexe, n'en change aucunement la solution définitive.

On a dit, dans le temps où les monarques régnaient de droit divin, que l'histoire était la leçon des rois. Aujourd'hui que les peuples ne reconnaissent plus que le droit humain, voyant dans la royauté une magistrature toujours soumise à l'autorité collective de la nation et au contrôle de l'opinion publique, il faut amender cet axiome et dire que l'histoire est la leçon des peuples. Plus l'histoire est voisine, plus cette leçon importe et est susceptible de se faire comprendre. Ainsi, pour nous, quoi de plus instructif que cet intervalle qui commence à la grande révolution et qui atteint ce temps-ci, c'est-à-dire la république, l'empire, la restauration, le règne de Louis-Philippe, la seconde république et le second empire ? Quand on songera vraiment à l'éducation populaire et à la préparation du suffrage universel, rien ne sera plus utile qu'un sommaire inspiré par la vraie histoire ; résumant les énergiques tendances de la France vers une rénovation politique et sociale, en accord, d'ailleurs, avec tout le mouvement européen, inscrivant nos succès dans cette voie, nos fautes et nos malheurs dans l'autre voie, et montrant au peuple, par son plus prochain passé, ce que doit être son plus prochain avenir.

Dans les sociétés immobiles, le pouvoir personnel et absolu, quand il s'y établit, devient facilement la forme durable du gouvernement. Ainsi l'Orient, immobile depuis tant de siècles, est le pays privilégié des monarchies despotiques, sans autre contrôle que des mœurs traditionnelles qui n'ont rien de bien exigeant. Mais dans les sociétés progressives de l'Occident il en est tout autrement. Là, de moment en moment, on voit éclore quelque découverte dans les sciences, quelque application dans l'industrie, quelque production dans les lettres et les beaux-arts, quelque conception dans l'ordre philosophique et moral, qui poussent en avant les esprits et leur inspirent ces grands sentiments d'amour de l'humanité, de justice sociale, de fraternité des nations qui sont le patrimoine de notre civilisation. C'est là ce qui meut la société ; et le gouvernement n'y est pour rien ; il ne découvre pas dans les sciences, il n'applique pas dans l'industrie, il ne produit pas dans les lettres et les beaux-arts, il ne conçoit pas dans l'ordre philosophique et moral. A quel titre viendrait-il donc, armé du droit divin ou d'un coup d'Etat qui est le droit divin de la force, placer au-dessus de tout cela un pouvoir personnel, maître de couronner ou de ne pas couronner ce qu'il ne créa en aucune façon ? Rien mieux que ce tableau de la force impulsive, inhérente aux sociétés occidentales, ne montre, que la royauté est uniquement une magistrature, grande sans doute, mais soumise à toutes les conditions des magistratures.

Un coup d'Etat, outre les violences de droit et de fait (il faut compter la journée du 4 décembre 1851 parmi nos sanglantes et inhumaines journées), a, au sentiment de la moralité moderne, cela de vulgaire et de répugnant, qu'en définitive et même en tenant compte de certains motifs sociaux qui peuvent n'y pas faire défaut, le but et le résultat en est d'adjuger à celui qui le fait, la puissance et l'argent, c'est-à-dire tout ce qui sert essentiellement à la satisfaction des désirs personnels. L'impersonnel y est petit ; et c'est aujourd'hui l'impersonnel qui fait essentiellement la grandeur et la moralité de nos actes, et surtout des actes sociaux. Au reste, Napoléon III lui-même a reconnu l'alliage, quand, dans son *Histoire de Jules César*, il a dépeint ainsi ceux qui viennent se mettre au service de la force s'emparant du pouvoir : « Aux
» époques de transition, dit-il, et c'est là l'écueil, lorsqu'il
» faut choisir entre un passé glorieux et un avenir inconnu,
» les hommes audacieux et sans scrupules se mettent seuls
» en avant... des gens souvent sans aveu s'emparent des
» passions bonnes ou mauvaises de la foule... Pour consti-
» tuer son parti, César recourut quelquefois, il est vrai, à des
» agents peu estimables ; le meilleur architecte ne peut bâtir
» qu'avec les matériaux qu'il a sous la main. » (II, 2, 9.) Quoi qu'en aient dit des flatteurs complaisants, il n'y a pas deux

morales. La France de 1869 pense autrement du coup d'Etat que ne pensa la France de 1851.

Il est maintenant bien établi par l'expérience sociologiste, que les formes de la liberté ont deux actions salutaires, l'une primaire, l'autre secondaire. L'action primaire est d'habituer les citoyens à l'exercice d'aptitudes et de qualités, sans lesquelles l'homme reste toujours inférieur, et, par là, impropre aux hautes destinées de la civilisation ; la secondaire est de fournir l'instrument par lequel la société intervient dans son gouvernement, refrène les pouvoirs personnels et établit la meilleure gestion de toutes les ressources matérielles et morales. C'est à ces deux titres que nous avons besoin de toute notre liberté. Si donc la présente crise (1) n'est point escamotée (et elle ne le serait que pour reparaître bientôt), on demandera des économies, car il est impossible de prolonger l'enchaînement de déficits et d'emprunts ; on demandera une éducation populaire digne d'une nation où règne le suffrage universel. L'éducation populaire, je le dis en terminant, est, parmi ces grosses questions, la plus grosse. N'est-il pas vrai que la première assise d'un grand et vrai socialisme est l'éducation populaire ? Toute plèbe qui se sent digne de ce nom doit le réclamer ; et tout suffrage universel doit le mettre dans son programme.

---

(1) Il s'agit de ce qu'on a nommé l'empire libéral.

XIV

MORALE PUBLIQUE ET SERMENT

[Depuis une haute antiquité, les hommes ont attaché à la parole donnée, au serment prêté, une valeur considérable. A mesure que les sociétés se sont civilisées, cette valeur a crû parmi ceux qui mettent l'honneur au rang de leurs priviléges; et les termes de déloyauté et de parjure ont exprimé le mépris qu'inspirait la violation de la parole et du serment. Ce qui m'avait particulièrement offensé dans l'établissement de l'empire plus encore que les violences qui l'accompagnèrent et l'absolutisme qu'il exerça, c'avait été cet effronté démenti donné à la morale, ignominieusement accepté par la nation. L'impulsion ne s'en effaça pas de mon esprit, et, au commencement de 1870 (*Revue de la Philosophie positive*, janvier-février), je donnai cours à mes sentiments, autant du moins, que le permettait le régime impérial. Au reste, ce régime touchait à sa fin; dans peu de mois, il allait se précipiter lui-même sur l'épée que la Prusse tenait toute tendue, et la malheureuse France payer d'un prix inouï l'assentiment qu'elle lui avait donné. Les gens qui avaient pris violemment par le parjure le gouvernement de notre pays, ne se contentèrent pas de l'immoralité, ils y ajoutèrent l'incapacité, et tout alla s'effondrer à Sedan et à Metz.]

Il ne s'agit pas ici de discuter si le serment imposé à quiconque brigue l'honneur d'être député est légal. Là-dessus le doute paraît impossible; la constitution de 1852 fait du serment une indispensable formalité.

Je n'ai pas non plus envie de parler de cette morale publique telle qu'on la définissait sous la restauration, et contre laquelle P. L. Courier fut accusé d'avoir péché dans un de ses célèbres pamphlets. Avoir voulu empêcher que Chambord ne fût donné par souscription au jeune prince héritier de la branche aînée des Bourbons, fut déféré au tribunal comme un outrage à la morale publique; le jury, qui alors jugeait les délits de presse, condamna l'auteur, et le tribunal lui infligea deux mois de prison.

Dans le temps que Paul-Louis avait ses procès, il fallait prêter serment pour exercer le droit électoral : « Le président, » dit-il, en racontant une élection de Tours, nous donna des

MORALE PUBLIQUE ET SERMENT

» billets sur lesquels chacun de nous devait écrire deux noms;
» mais il fallait jurer d'abord, nous jurâmes tous. Nous le-
» vâmes la main de la meilleure grâce du monde et en gens
» exercés. » En gens exercés, dit le railleur ; mais le fait est
que présentement ce genre d'exercice ne se fait plus d'aussi
bonne grâce ni d'aussi bonne volonté. Pourquoi cela ? C'est ce
qu'il faut examiner.

Mon étude est purement expérimentale ; je veux voir ce
qu'est devenue, sous l'influence des événements politiques,
la notion du serment. Pour les uns, le serment est un acte auquel la religion préside et où Dieu est invoqué comme témoin
et garant; pour les autres, c'est une parole qui ne diffère de la
promesse ordinaire que parce qu'elle est donnée en public et
dans une occasion solennelle. Je ne doute pas que la parole
échangée entre hommes honorables ne soit aussi fidèlement
tenue aujourd'hui qu'elle l'était hier. Mais le serment a subi
une singulière dégradation d'hier à aujourd'hui.

Beaucoup diront : à quoi bon revenir sur le passé ? dix-huit
ans se sont écoulés ; de graves changements se préparent ;
c'est le présent qui nous occupe. Oui, sans doute. Personne
n'aime moins que moi à revenir sur le passé irrévocable, à
perdre le temps en récriminations, et à oublier, en regrettant
ce qui fut fait naguère, ce qu'il faut faire aujourd'hui. Aussi
n'est-ce point pour récriminer, c'est pour étudier que je prends
ici la parole. Les événements moraux ne laissent pas voir tout
de suite leurs conséquences, et il faut du temps et de l'espace
pour les apprécier. Une violation de serment politique au plus
haut degré de la hiérarchie, est un événement moral ; voyons-
le donc dans l'espace et dans le temps. Un de mes amis que
j'ai perdu (perdre est le destin des vies qui se prolongent),
M. Guérard, savant illustre de l'Académie des inscriptions,
discuta un jour avec moi, au moment même de la péripétie, le
coup d'Etat, qu'il approuvait, en vue de l'ordre, pour le maintien duquel il était particulièrement inquiet. C'est cette discussion que je reprends à longue échéance, ayant pour interlocuteur, non plus un ami regretté, mais le développement des
choses.

Le deux décembre arrive, et le coup d'État s'accomplit. Je laisse de côté le sang qui alors coula dans Paris ; car, si je m'engageais dans ce souvenir, je ne garderais pas mon sang-froid, et je veux le garder dans ce qui est une étude sociologique. La constitution est changée ; les pouvoirs du prince président sont étendus et prolongés ; une réaction violente s'étend sur la France, emprisonnements, internements, transportations. Malheureusement, ces violences avaient des précédents ; et, peu de temps auparavant, la république n'avait pas été plus clémente pour les vaincus de juin, transportés eux aussi et emprisonnés sans jugement par milliers. Mais, enfin, l'ordre était assuré, le coup d'État pouvait arguer que la république était conservée. En tout cas, il fut soumis au suffrage universel, qui le ratifia à une immense majorité.

A personne ne vint l'idée de s'arrêter à ce moyen terme auquel Cromwell s'était tenu, au grand profit de l'Angleterre et de lui, qui pouvait sembler un corollaire moral de la mise au-dessus de la loi, et dont je ne ferai pas l'hypothèse. Un an après, l'empire était proclamé. Il n'y avait plus d'équivoque ; le serment prêté avait été absolument violé, et la république était détruite par celui qui avait accepté d'en être le premier magistrat. Cette fois encore, le suffrage universel sanctionna tout : violation et empire. On parut penser que le serment politique était une victime qu'il fallait sacrifier à nos révolutions. Seulement, la conscience publique demeura perplexe sur la question de savoir quelle garantie, une fois que la garantie d'une promesse solennelle pouvait ne pas lier, on avait de la fidélité des hommes politiques à leurs engagements.

Mais elle devint bien plus perplexe, et une confusion inextricable s'éleva quand le même pouvoir, qui venait de violer son serment, exigea qu'un serment lui fût prêté. Fut-ce une espèce de droit divin qui, se déliant lui-même des règles, s'imagina pouvoir en disposer pour lier les autres ? Fut-ce une vieille superstition qui se réveilla pour un acte longtemps consacré ? Quoi qu'il en soit, le serment fut prêté par ceux à qui on le demanda ; mais il resta sur la conscience publique ;

et, quand, la parole revenant à l'opposition et la France témoignant son mécontentement et son impatience d'un régime non contrôlé, le serment fut dédaigneusement traité, l'opinion ne marqua ni colère ni surprise. Le même homme qui s'offenserait grièvement si l'on doutait de sa parole, ne s'offense aucunement que l'on doute de son serment politique.

Cette étrange situation évoqua aussitôt les insermentés. A cette vue, on s'écria avec beaucoup de force et beaucoup de sens, que rien n'importait moins que de réveiller la querelle entre le serment violé et le serment imposé; qu'il fallait le prêter, entrer dans le Corps législatif, et, là, conquérir quelqu'une de ces garanties qui nous manquent et qui sont plus précieuses qu'une lutte sans issue pratique. Cela est sensé et habile, j'en conviens; mais, comme je suis persuadé que le moindre accroissement en probité, en justice, en humanité, qui s'incorpore dans l'opinion publique, n'a pas moins de valeur que ce qu'on gagne en politique, et comme la fausse position du serment me contriste, je comprends qu'une tentative ait été faite pour mettre les choses dans leur vérité, c'est-à-dire abolir le serment. Ce ne pouvait être qu'une protestation; mais, en de pareilles matières, une haute et ferme protestation porte un grand coup. Au lieu de cela, il sembla qu'on cherchait non une simple protestation, mais un acte effectif. Comme, en ce moment, la population ne veut pas, et avec toute raison, d'une journée, les insermentés perdirent la partie; et le serment politique resta avec sa blessure, ni rétabli moralement, ni aboli effectivement.

Pendant que tout cela s'agitait, les discussions publiques ont été très-véhémentes. La véhémence n'est point un mal, loin de là; pourtant l'effet de ces discussions, sans modifier en rien le vote général de Paris, si profondément hostile au pouvoir personnel, n'a pas été favorable sur l'opinion. On peut, de fait, y trouver deux défauts principaux : l'un relatif aux choses, l'autre relatif aux personnes.

Le défaut relatif aux choses est l'incohérence des doctrines. Je n'ai pas ici l'intention de l'étaler, ni d'aviver cette plaie; je me contenterai de mettre sous les yeux de qui me lit un enseignement tiré des faits actuels et de notre histoire la plus contemporaine. Voyez l'empire : de 1852 à 1869, c'est-à-dire pendant dix-sept ans, il a gouverné la France avec une autorité sans contrôle ; il nous a afflublés de la Constitution de l'an VIII, vieillerie qu'on croyait restée dans la défroque de 1814 ; il a fait la guerre ; il a fait la paix ; il a levé des sommes prodigieuses d'argent, des nombres prodigieux de soldats ; il a eu à sa disposition toutes les places que l'on donne ; il a régné sur le suffrage universel à l'aide des candidatures officielles ; il a changé les conditions de douane et de commerce international ; il s'est attaqué avec une sorte de furie aux édifices et aux rues de Paris et des grandes villes. Puis, quand cela s'est fait pendant tant d'années sans contrôle, voilà que tout s'ébranle, tout se déconcerte ; et qu'est-ce qui se laisse entrevoir ? le régime parlementaire, le socialisme, la république, tout comme si un immense pouvoir n'avait pas été dépensé à effacer de l'idée des hommes le socialisme, la république et le régime parlementaire. Cet exemple éclatant d'un si grand pouvoir d'un côté, et de si peu de résultat de l'autre, mérite la plus sérieuse attention de la part des parlementaires, des républicains, des socialistes. Ainsi, en fait, l'empire, le pouvoir personnel a été (qui l'eût dit au début ?) une utopie, qui n'a pu surmonter les conditions inhérentes à la société française. On ne les surmonterait pas davantage du côté parlementaire, républicain ou socialiste. La voie est obscure et embarrassée ; je le confesse. Mais, pour s'y reconnaître et pour guider l'impulsion qui anime le corps, il faut poser comme lumière et fanal : le savoir positif qui, laissant à chaque conscience individuelle le soin de croire ce qu'elle veut, élimine du domaine social tout théologisme ; la liberté ou *self-government* qui substitue l'intérêt général à tous les intérêts particuliers ; l'ascendant croissant du travail, qui prend la place de la guerre et du militarisme, ce qui change complétement le rapport des classes entre elles ; enfin, la paix avec les nations voisines qui courent même fortune que nous, qui nous aident, que nous aidons ; car la crise est commune.

Le défaut relatif aux personnes a été la tendance à remplacer incessamment les avancés par de plus avancés, les ardents par de plus ardents, les purs par de plus purs. Cette précipitation, en soi, est déjà fâcheuse ; elle l'est encore plus quand elle s'accompagne de défiance et de réprobation. Il s'est montré une certaine propension à témoigner plus de colère contre celui qui ne différait que par des nuances, que contre l'adversaire déclaré et l'ennemi véritable. Il faut tâcher de choisir des hommes en qui l'on ait confiance et estime ; mais, une fois choisis, il faut leur garder fidèlement cette estime et cette confiance, tant qu'ils n'ont pas failli à leurs promesses et à leur caractère, et les défendre non les attaquer. Dans la voie où l'ardent d'hier est menacé d'être distancé par le plus ardent d'aujourd'hui, il n'y a point d'arrêt ; et, devant le suffrage universel, tel qu'il s'annonce, il faut des arrêts sûrs et sérieux à chaque phase du mouvement politique et social.

Les hommes jeunes, arrivés depuis peu à la vie publique, ont tout droit de protester contre la violence du 2 décembre. Mais ce même droit appartient-il à ceux qui firent le coup de mai et le coup de juin 1848? *Quis tulerit Gracchos de seditione querentes?* Sans doute les auteurs de ces actes voulaient arracher la république à la réaction qui s'en emparait ; et les grands motifs révolutionnaires et socialistes n'ont pas manqué. Mais croit-on que les beaux prétextes aient fait défaut au 2 décembre, et ne nous a-t-on pas rebattu que l'ordre et la société périssaient sous l'anarchie sans cette intervention salutaire? Chacun juge les motifs suivant le parti auquel il appartient. Pourtant une différence reste, et elle est grande : ceux qui firent les coups de mai et de juin n'avaient pas prêté de serment.

Je suis étonné que le suffrage universel n'ait, dans cette dernière épreuve, amené à la Chambre ni un ouvrier, ni un paysan, et que Paris, ou Lyon, ou tel autre grand centre, n'ait pas donné ce bon exemple. On remarquera que le pouvoir personnel, qui, jusqu'à cette année, a dominé le suffrage universel par les candidatures officielles, n'a jamais songé à ouvrir l'assemblée représentative à des hommes du peuple ; toujours ses candidats ont été choisis dans les hautes classes. Cela doit servir d'enseignement pour faire le contraire. Je me rappelle, non sans satisfaction, et le dirai-je? non sans orgueil pour la république, que l'Assemblée de 1848 compta, dans son sein, des hommes des classes populaires. Puis, ces ouvriers républicains, après avoir ainsi rempli les hautes fonctions, emportés par la tempête réactionnaire, reprirent noblement, sans faiblesse et sans forfanterie, l'outil de leur métier et le gagne-pain de leur vie.

Dans l'opposition énergique et puissante qui s'élève contre le pouvoir personnel, il faut compter comme impulsion le poids de l'excessive dépense. Le vice profond impliqué dans tout pouvoir sans contrôle, ne pouvait pas prendre une forme plus visible et plus tangible. Certes, quelque mauvais que l'on suppose le gouvernement républicain, s'il n'avait point été intercepté par le coup d'État, il n'eût point en quinze ans augmenté la dette de plusieurs milliards. De même, en remontant au premier empire, que l'on mette à la charge du Directoire tous les défauts qu'on voudra, jamais il n'eût infligé à la France la honte d'être l'instrument de la dévastation de l'Europe ; jamais il ne lui eût coûté la vie d'un million de ses enfants ; jamais il n'eût provoqué des désastres tels que ceux de Russie et de Leipzik ; jamais il n'eût fait prendre Paris deux fois en dix mois. Pourquoi cela? et comment d'obscurs citoyens et de médiocres gouvernants auraient-ils échappé aux extrêmes fautes et aux irréparables malheurs? Par une condition bien simple, c'est qu'ils étaient contrôlés.

XV

SOCIALISME

[Je n'ai pas exclu de ce volume les morceaux relatifs au socialisme, pas plus qu'ils ne sont exclus de la *Revue de la philosophie positive*. Cela ferait sans doute une disparate dans tout autre recueil philosophique, mais n'en fait aucune dans le nôtre. La raison en est dans la conception de la philosophie positive, telle que M. Comte l'a constituée et telle que nous la tenons de lui. La philosophie des six sciences abstraites entre dans le cadre de la philosophie positive et dans les discussions qu'elle entreprend, mais surtout celle de la sociologie, qui est la plus élevée de la hiérarchie et la plus compliquée. Or, le socialisme est un mouvement qui caractérise plus spécialement la sociologie contemporaine ; c'est à ce titre que je réimprime ici ce travail, qui parut dans la *Revue de la philosophie positive*, mai-juin 1870.]

I

M. W. Th. Thornton, dans un livre *sur le Travail* (1), livre fort important et auquel je ferai tout à l'heure des emprunts considérables, commence ainsi sa préface : « A l'âge d'environ
» vingt-cinq ans, a dit feu M. Nassau Senior, je conçus le
» dessein de réformer la condition des pauvres d'Angleterre.
» Moi-même, à peu près, vers le même âge, sans me laisser
» aller à un aussi ambitieux dessein, il me vint un désir fort
» semblable à celui que ce dessein suppose. Plus de vingt-cinq
» ans se sont depuis écoulés, et aujourd'hui, presque sexagé-
» naire, ce n'est pas sans une certaine amertume que je mets
» en contraste l'insignifiance des résultats avec la magnifi-
» cence de mes projets de jeunesse. Mais la passion d'une vie
» n'est pas éteinte par des insuccès, quels qu'ils soient, qui

---

(1) On labour, its wrongful claims and rightful dues, its actual present and possible future, Londres 1869.

» n'éteignent pas la vie elle-même ; et, pour peu qu'il me reste
» de force, je l'appliquerai allègrement à continuer les recher-
» ches pour la cure de la misère. »

Sans vouloir en aucune façon me comparer aux hommes qui, comme M. Senior, M. Thornton et autres, ont consacré leur vie aux questions du travail et de la misère, cependant je veux rappeler, avec quelque satisfaction, qu'il y a plus de vingt ans je prenais rang, comme simple soldat, dans la phalange, écrivant ce qui suit : « Quoi qu'on fasse ou qu'on rêve,
» il est impossible de retourner en arrière ; et, à moins qu'on
» ne veuille éterniser l'état de révolution dont justement on
» se plaint, il faut se décider à suivre en avant le courant
» irrésistible qui nous emporte tous. De ce courant, le socia-
» lisme est une part. Socialisme est un mot heureusement
» trouvé pour caractériser un ensemble de sentiments, sans
» engager aucune doctrine. En effet, maintenant, l'œuvre ré-
» volutionnaire a suffisamment marché pour que la partie
» négative en soit à peu près terminée en France et même,
» jusqu'à un certain point, hors de France ; la partie positive
» ou de réorganisation doit commencer. Ainsi, par une véri-
» table conscience de la situation, les ouvriers se précipitent
» en masse dans le socialisme, forme, il est vrai, indéterminée
» de l'avenir, mais qui du moins est incompatible avec toute
» rétrogradation et laisse l'œil et le cœur ouverts (le *National*,
» 10 décembre 1849). »

A ce moment, c'est-à-dire au lendemain des tristes journées de juin et à la veille du coup d'État compresseur qui allait nous frapper, on était peu encouragé à se dire socialiste et à venir en aide à des hommes pour qui l'opinion dominante n'avait ni assez d'outrages ni assez de menaces. Aussi un célèbre socialiste d'alors, Proudhon, qui m'a reproché depuis de ne pas me faire chef d'école, et à qui justement j'ai reproché de ne pas se subordonner à une école, l'école positive, ce qui l'aurait tant assuré et grandi, Proudhon me fit remercier. Aujourd'hui, tout près d'être septuagénaire et beaucoup plus vieux que M. Thornton, je fais comme lui, et je ne renonce pas à donner une part du peu de force qui me reste aux relations de ce grand problème avec la philosophie positive.

Je l'ai dit ailleurs (1), il n'y a vraiment socialisme que quand les classes laborieuses mettent elles-mêmes la main à l'œuvre. Tant que les classes riches, signalant directement le mal social et s'efforçant même de le soulager, n'ont pourtant d'autre stimulant que le spectacle de la misère et des souffrances qu'elle inflige, il y a bon mouvement, charité, et non socialisme. Même, tant que les classes laborieuses, sous l'impulsion d'une détresse plus pressante, se livrent à l'émeute et à la révolte, il y a agitation inconsciente, et non socialisme. Le socialisme ne commence que lorsque commence la discussion. Du moment que les travailleurs discutent l'organisation sociale et la répartition de l'avoir commun, qu'ils signalent leurs vrais griefs, qu'ils essayent d'y trouver des remèdes, et qu'ils prennent l'initiative des théories, des expériences et des faits, alors la conscience publique et la science sociale sont mises en demeure; des hommes de bonne volonté leur viennent en aide des points les plus divers; et l'ère du socialisme est ouverte.

Les paroles de MM. Senior et Thornton que je viens de citer, montrent combien peu a été fait, et en même temps combien il est difficile de faire beaucoup. La difficulté essentielle provient du mode d'évolution historique suivant lequel la société s'est constituée. Sans doute, les travailleurs remplissent depuis bien des siècles un office d'indispensable production; mais pourtant il a fallu passer, ainsi le témoigne l'histoire, par l'esclavage, par le servage et par la roture sans droits. En tant qu'hommes libres et citoyens exerçant une part de puissance sociale, ce sont des nouveaux venus. Voilà pourquoi le socialisme apparaît de nos jours, et n'a point apparu dans les époques antécédentes. J'insiste sur ce point; car, s'il en est qui croient que la liberté politique est l'unique et dernier but, ce qui est une erreur, il en est qui croient que l'on peut entreprendre des réformes sociales sans être muni, au

---

(1) *Ce que c'est que le socialisme*, par Félix Aroux, Préambule, p. 9.

préalable, de la liberté politique, ce qui est une non moins grande erreur.

Même après la chute du régime féodal et l'abolition du servage, mille entraves pesaient sur le travailleur. « Qui ne sait, » dit l'*Almanach de la Coopération pour 1870*, p. 80, que, » dans la Grande-Bretagne, les ouvriers mineurs étaient atta- » chés aux mines sans pouvoir quitter le territoire, et qu'ils » étaient vendus avec l'établissement ? Oui, en Ecosse, les » mineurs étaient forcés, par la loi, sous peine du fouet, de » travailler dans les puits désignés par les propriétaires. » Cette loi, modifiée en 1779, ne fut définitivement abolie » par le parlement, qu'en 1797 et 1799, bien certainement » sous l'influence des idées de la révolution française. » J'ai donc bien eu raison de le dire, en fait de liberté et de puissance sociale, le salariat est un nouveau venu.

Aujourd'hui, la sociologie nous a dévoilé les causes de la dure condition faite au travailleur. Je ne suis pas un admirateur quand même de l'évolution de la vie collective, pas plus que, dans celle de la vie individuelle, je ne suis un admirateur des crises de la dentition, des orages de la puberté, des fièvres éruptives qui tuent les uns et défigurent les autres, des souffrances qui assaillent l'âge de retour. Mais, cela bien réservé, je n'en contemple pas moins avec une ardente curiosité l'organisme du corps individuel et du corps social, et cherche à en découvrir les lois pour en améliorer l'existence. La situation chétive des classes ouvrières est un cas d'évolution. Dans les hauts temps, alors que les hommes, sortis de la sauvagerie et des rudiments, eurent établi des cités et des Etats, il arriva que les castes religieuses, patriciennes, militaires, eurent la suprématie ; et pendant de longs âges ce régime subalternisa le travail et les travailleurs. Le régime industriel les tire de cette subalternité.

On n'aurait qu'une vue incomplète, si l'on ne considérait que les travailleurs, sans considérer en même temps les bourgeois. Dès la fin du moyen âge, les travailleurs étaient affranchis et formaient même, en certains points, de puissantes cités ; mais alors ils étaient confondus avec la bourgeoisie, et pressés comme elle par la noblesse. L'effort de la roture, tant haute que basse, soumise à une compression commune, se réunit pour rompre cette compression et pour effacer les priviléges féodaux. Quand cela fut accompli, quand il n'y eut plus, à proprement parler, de noblesse, quand le capital seul resta en présence du salariat, alors le travailleur vit nettement, je ne dirai ni son antagoniste ni son ennemi, mais la personne sociale à laquelle il avait affaire. Qui aurait pu songer au socialisme dans le xvi° siècle? Alors tout était occupé à rompre l'unité catholique, devenue intolérable. Qui aurait pu songer au socialisme dans le xvii°? Alors trônait partout, royauté en tête, le privilége qui ne laissait ni rien apercevoir de général, ni rien tenter de collectif. Mais vienne le xviii° siècle, son souffle impétueux, la révolution, et l'on verra naître dans le xix° deux grandes choses : la notion, parmi les savants, que l'évolution sociale est soumise à des lois qu'on peut modifier, non changer, et la demande, parmi le peuple, que son sort soit soumis à une révision, où cette fois il interviendra comme partie discutante et votante.

L'antiquité aussi eut ses guerres des pauvres et des riches; et ses républiques retentirent de la lutte entre la plèbe et le patriciat. Mais que pouvait une plèbe qui avait des esclaves sous elle, un patriciat qui ne connaissait que la guerre, et une religion qui concevait l'univers comme régi par des divinités placées dans tous les coins? Aussi ce monde antique, arrivé à une impasse, tourbillonna sur lui-même; et la société ne retrouva sa consistance et une nouvelle aptitude au développement, que sous une religion plus métaphysique, le christianisme, et sous le patronage des barons féodaux. Rien de pareil n'attend notre plèbe qui n'a point d'esclave, notre patriciat chez qui la guerre décline tous les jours (1), et notre conception du monde, où les lois naturelles remplacent de jour en jour les idées providentielles.

---

(1) Depuis les événements de 1870, la guerre a repris une place prépondérante parmi les préoccupations des peuples. C'est une dure infliction ; toutefois il ne faut y voir qu'une perturbation qui a fait et fera encore bien du mal, mais qui passera comme celle qui fut causée par Napoléon Ier.

L'ère d'une grande tâche s'ouvre pour tout le monde, pour ceux qui tiennent le capital, pour ceux qui sont salariés, pour les politiques, pour les penseurs. Aussi, importe-t-il de jeter tout d'abord un coup-d'œil sur ce qui se fait dans la voie socialiste, et par quels rudiments l'on commence.

II

J'attache une très-grande importance à ces rudiments. En effet, ils ont le caractère d'être spontanés, de provenir des conditions spéciales de la situation présente telle qu'elle se comporte, d'être, par cela même, susceptibles d'une mise en pratique, c'est-à-dire d'une expérimentation, et de posséder, si l'expérimentation réussit, la propriété de fournir une nouvelle base à de nouveaux efforts. Théoriquement, et d'après l'incontestable principe posé par M. Comte, que la sociologie est la plus compliquée des sciences, et par conséquent celle où il est le moins possible de faire des déductions à longue échéance, je professe que la voie de l'expérience de proche en proche est la seule praticable ; en fait, je suis bien aise de voir que l'aperçu théorique est vérifié par ceux-là qui sont en mesure de faire et d'agir. C'est par l'expérience, se prêtant à tout, que l'on commence, et non par les systèmes, ne se prêtant à rien.

On remarquera que les tentatives que je nomme des rudiments, n'ont pas d'adversaires plus décidés que ceux-là mêmes pour qui le socialisme a pris la forme d'un type systématique et idéalement conçu. On s'en étonnera peut-être d'abord ; mais, à la réflexion, on reconnaîtra que cette antipathie est naturelle ; c'est, je ne crains pas de le dire, l'antipathie de deux méthodes qui s'excluent. Que sont, en effet, les petites et laborieuses acquisitions faites sur la marge étroite que la situation offre au socialisme, à côté des promesses grandioses que font les systèmes de communisme, d'égale répartition et de droit au travail ? Mais, en revanche, que sont les promesses des systèmes à côté du *moindre grain de mil* de l'expérience ?

Venons donc aux grains de mil, et commençons par la coopération. On donne, comme on sait, le nom de société coopérative à une association de travailleurs dans laquelle, après avoir payé les salaires, on partage le surplus au prorata du nombre de journées de travail et au prorata du capital de chacun. Ce surplus, déduction faite de l'intérêt du capital, appartiendrait au patron dans le système du salariat. Ainsi, dans l'*Almanach de la coopération pour 1870*, je prends une association d'ouvriers serruriers pour meubles. Le chiffre des affaires faites a été de 42,981 francs. Le bénéfice net a été de 8,640 francs ; il sera partagé entre tous les associés au taux de 68 pour 0/0 de la main d'œuvre déjà payée ; ce qui représente 2 fr. 34 c. de supplément par journée de travail. C'est certainement un beau résultat. Voilà donc un groupe composé de quatorze ouvriers qui, s'ils travaillaient chez un patron, ne toucheraient pas cette somme de 8,640 francs. Cet exemple fait comprendre tout le mécanisme de ce genre d'associations.

En présence de résultats aussi évidents et aussi considérables, on se demande comment les sociétés coopératives ne se multiplient pas de toutes parts et ne s'emparent pas des principales industries. La réponse est donnée par cet *Almanach* même où je puise mes renseignements : « L'association
» de production, dit M. Capron, d'un degré bien supérieur,
» comme organisation sociale aux associations de secours
» mutuels, exige une initiative, une instruction que beaucoup
» d'ouvriers de notre époque ne possèdent pas encore. Ce qui
» leur manque évidemment, ce sont les connaissances com-
» merciales et administratives, c'est toute une éducation à
» faire ; elle peut être lente, mais, lorsqu'elle sera achevée,
» les résultats en seront prodigieux. » Là, en effet, est la difficulté. La société coopérative exige, pour que les succès de la coopération se généralisent, des connaissances et des aptitudes qui ne sont point encore suffisamment répandues parmi les travailleurs. Mais ce qui est à la portée de tous, à cause de

sa simplicité, c'est l'association de secours mutuels ; j'y reviendrai, et je ne veux pas anticiper sur ce que j'ai à dire à ce sujet.

En fait et pour le moment, les sociétés coopératives sont bornées dans leur extension et dans leur succès par des conditions dépendantes de l'état d'éducation des ouvriers. Mais les adversaires ne se sont pas tenus à signaler ces empêchements provisoires; et ceux qui pensent, à l'exemple de M. Comte, que tout l'avoir social doit être remis entre les mains de puissants patriciens qui le distribueront équitablement, objectent qu'aucune association n'a capacité pour diriger une grande entreprise, qu'il serait ridicule aux forgerons du Creuzot de vouloir conduire les travaux de l'usine, ou construire la *Great-Eastern*, ridicule aux matelots des bateaux à vapeurs de vouloir être les directeurs de la compagnie transatlantique ; qu'en un mot, toutes les grandes occupations industrielles périraient infailliblement sans ces aptitudes spéciales que, seule, une longue expérience est capable de donner, et que même elle ne donne qu'à bien peu.

Cette objection est très-grave, mais en apparence seulement, et M. Thornton en vient à bout d'une manière péremptoire. Il concède, ce qui est incontestable, qu'aucune collection d'individus, éclairés ou ignorants, ouvriers ou bourgeois, n'est apte à diriger une entreprise compliquée. Pourtant le fait est là, et plusieurs sociétés coopératives mènent à bien des affaires fort étendues. Comment cela ? S'il est vrai qu'une collection ne peut pas gouverner, il ne s'ensuit pas qu'elle ne soit capable de pourvoir à son propre gouvernement. C'est, en effet, ce que font les sociétés coopératives; elles trouvent, sur le marché du monde industriel, des capacités administratives qui ne demandent pas mieux, pour une juste rémunération, que d'être mises à la tête d'opérations importantes. Un gérant ou directeur est choisi, et, pour toute la besogne courante, investi d'un pouvoir comparable à celui du commandant d'une flotte ou d'une armée; et, s'il est un homme capable, il veille, avec tout le soin et toute la vigilance qu'aurait un employeur indépendant, au bien de l'entreprise, à son avenir et aux opportunités qui exigent de restreindre ou d'étendre les affaires.

Quand il y a patron et salariés, le patron, le chef, le grand intéressé enfin choisit ses salariés et les juge ; cela est ancien et facile. Au contraire, dans les associations ouvrières, le directeur est choisi par ceux qui ne sont pas encore habitués à juger ce genre de capacité ; cela est nouveau et difficile. Il ne faut ici dissimuler ni les dangers ni les difficultés ; mais encore moins faut-il que ces difficultés et ces dangers découragent. Il y a assez de succès pour servir de gages d'avenir ; il y a assez de revers pour servir d'enseignement. Que la chute des uns n'arrête pas les autres. Osez, tentez, dirai-je au petit nombre qui se sent capable de pareilles entreprises; car c'est encore un petit nombre ; mais il croît chaque jour, et, à vrai dire, il n'est pas petit, il est déjà grand si l'on considère quel effort est nécessaire pour aller du salariat à la coopération.

Il s'est passé en Angleterre, au sein des sociétés coopératives, un fait qui n'a pas été sans exciter de la réprobation. Une association, que M. Thornton a nommée le Judas des sociétés coopératives, prospérait ; son exemple, son influence gagnaient chaque jour en importance ; un avenir vraiment socialiste s'ouvrait devant elle, sa constitution étant de prélever sur le profit net l'intérêt du capital à 5 p. 0/0, de partager le surplus au prorata entre le capital et le travail, et de diviser la part du travail, proportionnellement aux salaires gagnés, entre tous les travailleurs, qu'ils fussent coopérateurs ou non. « Mais, dit M. Thornton, parmi les membres nom-
» breux qui y étaient entrés en dernier lieu, une grande partie
» n'avait été attirée que par la perspective de forts revenus ;
» ils s'y étaient mis sans vue plus haute que celle d'un gain
» personnel et sous l'impulsion de cette chétive sagesse qui
» compte trop bien les sous pour apprécier la sagesse supé-
» rieure d'une libéralité politique. Ces gens, au bout de quel-
» que temps, commencèrent à regarder la part payée aux
» travailleurs comme une pure prodigalité, ne considérant
» pas que le fond d'où ces payements provenaient n'aurait

» jamais existé, si la perspective de les obtenir n'avait sti-
» mulé le zèle des travailleurs, et que ce même fond, tout en
» pourvoyant à ces *boni*, fournissait aussi un surplus qui
» allait grossir les dividendes afférents au capital. Il sembla
» à ces actionnaires mal inspirés évident de soi, que les divi-
» dendes seraient nécessairement augmentés, si tous les profits
» étaient déclarés appartenir exclusivement au capital. En con-
» séquence, une résolution à cet effet fut présentée; et, bien que
» repoussée deux ou trois fois par la minorité plus prévoyante,
» elle finit par être votée à une majorité décisive. Depuis ce
» moment, la société a cessé d'être coopérative en toute chose,
» excepté le nom qu'elle garde dans l'inconscience complai-
» sante du blâme qu'il implique. »

Ce fait a été beaucoup reproché à la coopération comme indiquant que les ouvriers ne sont pas moins intéressés et avides que les patrons; et il l'a été surtout par ceux qui veulent supprimer chez l'ouvrier l'impulsion de la prévoyance et de l'épargne, pour qu'il se remette aux mains soit d'un patriciat, soit d'un communisme. Mais, comme un abus isolé ne prouve rien, et comme les coopérations ouvrières peuvent embrasser même de grandes entreprises et être aussi bien gérées que par un chef indépendant, il ne reste plus qu'à souhaiter la bienvenue à ce nouveau mode d'appropriation du capital au travail.

Autre est le système de la répartition. Là, le patron attribue, sur les bénéfices, une part à ses ouvriers, un prorata qu'il détermine, de sorte que plus l'entreprise prospère, plus ce prorata augmente.

M. Leclaire, de Paris, à la tête d'un grand établissement de peinture en bâtiments, est le premier qui se soit fait un renom bien mérité en organisant entre ses ouvriers et lui le régime de la répartition. « La totale absence de considération pour la
» justice ou la loyauté, dit M. Stuart Mill, est aussi marquée
» du côté des employés que du côté des employeurs. Nous
» cherchons vainement, parmi les classes laborieuses en gé-
» néral, le juste orgueil qui entend donner de bon travail
» pour de bons salaires. Pour la plupart le seul effort est de

» recevoir sous forme de salaire autant, et de rendre sous
» forme de service aussi peu qu'il est possible. » M. Leclaire,
trouvant insupportable de vivre en contact étroit et continuel
avec des hommes dont les intérêts et les sentiments étaient
en hostilité contre lui, se mit à considérer sérieusement comment des relations plus amicales pourraient être établies avec
eux. Il conçut que le plus sûr moyen d'obtenir plus de travail
et un meilleur travail serait de proportionner leur rémunération à la valeur de leurs efforts. En conséquence, il annonça que,
quand les comptes seraient dressés à la fin de l'année, on
prendrait, sur les profits nets qui se seraient produits, d'abord,
à 5 p. 0/0, l'intérêt du capital et un salaire de 6,000 fr. pour lui
comme surveillant et directeur, et que le surplus serait divisé
proportionnellement d'après le total des salaires gagnés par
chacun. Le résultat ne se fit pas attendre; ses hommes travaillèrent plus et mieux ; et le surplus partagé accrut de deux
cinquièmes la somme de leurs salaires.

L'exemple de M. Leclaire fut imité en beaucoup de lieux.
M. Thornton en rapporte, dans son ouvrage, plusieurs qui
appartiennent à l'Angleterre. Un des plus frappants est celui
de MM. Briggs, qui exploitent une houillère. Rien n'était plus
triste que la situation réciproque des employés et des employeurs : hostilité acharnée, grèves fréquentes, gaspillage
du temps et des matériaux. Dans cette condition, MM. Briggs
eurent recours au système de répartition, et décidèrent que,
toutes les fois que les profits, après une équitable et usuelle
réserve pour le rachat du capital et autres exigences, dépasseraient 10 p. 0/0, tous ceux qui sont employés comme conducteurs, agents ou travailleurs, recevraient la moitié de cet excédant comme gratification distribuée au prorata des salaires
gagnés, pendant l'année où un tel profit aurait été réalisé. Ce
changement de régime produisit les meilleurs effets pour les
employeurs et les employés ; l'entreprise prospéra, les ouvriers gagnèrent en bien-être, les sentiments d'hostilité disparurent, et avec plus de travail se montra une meilleure
moralité.

Je trouve dans le *Temps* du 10 février 1870 un cas allemand tout-à-fait analogue. Dans les premiers mois de l'année 1868, la maison Borchert, de Berlin, a été mise par son propriétaire et directeur en actions, de manière à permettre aux employés et ouvriers d'en devenir co-propriétaires. Quant à la répartition des bénéfices, voici d'après quels principes M. Borchert a agi : il conserve à tous ses ouvriers et employés leur salaire convenu. Il propose à la Société de rester lui-même directeur aux appointements fixes de 3,000 thalers. Les appointements divers payés, on prélève sur le bénéfice restant la somme nécessaire pour couvrir les assurances, l'entretien et le renouvellement du matériel, etc. Ce qui reste est réparti par égales portions, entre les actionnaires d'une part, et entre les travailleurs (ouvriers et employés) de l'autre. La portion afférente aux travailleurs est partagée entre tous ceux qui travaillent dans l'établissement, proportionnellement à leur salaire, et avec cette particularité que les ouvriers payés à la pièce reçoivent une part proportionnellement moindre que les ouvriers payés au mois, attendu, dit M. Borchert, que les salaires à la pièce sont déjà un tantième prélevé sur la recette brute. Tel est le plan que M. Borchert a soumis en 1868 à ses ouvriers. Ceux-ci l'acceptèrent. L'essai fut tenté; il réussit complètement. Tout payé, il resta 7,670 francs, qui furent répartis entre 69 personnes, outre le salaire habituel. Tel fut le profit que la nouvelle combinaison leur attribua. Dans l'ancien système, ces 7,670 francs seraient revenus au maître (1).

Dans la coopération, l'ouvrier remplace le patron par une gérance ouvrière ; dans la répartition, le patron l'associe à l'entreprise. Mais il reste une troisième combinaison, qui a été et est encore mise en pratique, c'est celle de la lutte contre le patron par l'association. Ce genre de lutte a eu surtout pour théâtre l'Angleterre, et l'organe en est dans les unions ouvrières (*Trades unions*).

---

(1) Voyez aussi dans la *Philosophie Positive*, septembre-octobre 1875, p. 217, un cas de socialisme pratique, tel que le met en œuvre un grand industriel, M. Godin, et tel que l'expose M. de Pompery avec beaucoup d'intérêt.

« La *trade-union*, dit M. le comte de Paris dans son remar-
» quable et intéressant livre sur *les Associations ouvrières en
» Angleterre*, est avant tout une caisse permanente de chô-
» mage. Après avoir généralement payé une entrée, parfois
» assez forte, les membres versent, chaque semaine, une
» souscription variant de un penny jusqu'à un, et même, dans
» certains cas, deux shillings (5 fr. 45 c., 65 fr. et 130 fr.
» par an). Il se forme ainsi un fonds de réserve, qui grossit
» rapidement dans les années prospères, et qui est destiné à
» soutenir les membres de la société lorsqu'ils chôment, soit
» faute d'ouvrage, soit par suite d'une grève. La souscription
» est égale pour tous les membres, et cette égalité est une
» des bases de l'institution, car elle implique un égal soutien
» en cas de chômage ; en temps de grève, il ne s'agit pas
» pour l'ouvrier de gagner plus ou moins, il faut que l'union
» l'empêche de mourir de faim, et pour cela sa plus ou moins
» grande habileté ne fait aucune différence. Le nombre de
» bouches qu'il a à nourrir, s'il est père de famille, peut seul
» faire augmenter l'indemnité que l'Union lui assure (p. 45). »

Les *trades unions* s'étendent sur toute l'Angleterre ; elles comptent huit cent mille associés. Elles ne sont pas liées entre elles; on a bien essayé de leur créer un lien et de leur donner une communauté d'existence, mais la tentative n'a pas réussi. Les ressources de quelques-unes de ces unions sont très-grandes ; ainsi, celle des mécaniens unis, qui a plus de trente mille membres, a fait, en 1865, 2,172,125 francs de recettes, 1,229,300 francs de dépenses, et élevé sa réserve à 3,500,000 francs.

Les luttes soutenues par ces unions ont été plus d'une fois terribles. On peut citer celle dont le North-Staffordshire fut le théâtre. « Les pertes en salaires, causées par cette grève, dit
» M. le comte de Paris, peuvent être estimées à 3,000,000 de
» francs ; par le *lock out* (renvoi des ouvriers) qu'ils pronon-
» cèrent, les maîtres empêchèrent leurs ouvriers de gagner
» 3,750,000 francs dans le South-Staffordshire et 1,250,000
» francs dans le nord de l'Angleterre. Cette lutte désastreuse
» priva donc les ouvriers de 8,000,000 de francs de salaires,

« sans compter ce qu'elle coûta aux caisses de leurs associa-
» tions. Les pertes des maîtres ne furent pas moindres ; aussi
» les uns et les autres s'en ressentent-ils encore (p. 134.) »

Les *trades unions* ont eu à se reprocher des exigences excessives, des tyrannies industrielles, des violences contre les ouvriers qui voulaient travailler malgré les interdictions, violences poussées quelquefois jusqu'au crime. Mais il ne faut pas imputer à leur principe les erreurs et le mal dont elles se corrigent tous les jours. Le principe reste, à savoir que le travailleur a le droit de refuser son office, toutes les fois que les conditions offertes ne lui conviennent pas. Il est bien certain que ce principe ne peut valoir que par l'association ; autrement, que serait la grève d'individus isolés? Toutefois, il ne faut pas oublier que les grèves, même conduites avec l'habileté et la détermination des Anglais, coûtent, comme les guerres dont elles sont une image, fort cher aux deux partis, et qu'aux deux partis aussi doit être conseillée la transaction, jusqu'aux dernières limites du possible.

Il n'est pas permis de ne pas reconnaître l'importance de ces rudiments, comme je les appelle, d'organisation socialiste. Tout y est pratique, expérimental; on voit, on touche, on juge. La tendance en est manifeste ; c'est, en augmentant la part de l'ouvrier, de lui remettre davantage la direction de sa propre destinée. Et ces efforts n'ont point été inutiles ni sans influence sur la condition ouvrière. Sans doute, ils n'ont pas transformé l'état social, mais; écartant la chimère, l'état social n'est transformable que pas à pas et de proche en proche. C'est aussi de pas à pas et de proche en proche qu'a été produit le bien résultant de ces efforts. Mieux que les paroles prononcées dans de bruyantes réunions, l'expérience montre ce qu'on veut, ce qu'on peut, ce qu'on fait.

III

J'ai tenu à exposer tout d'abord ce qui a été tenté pratiquement pour remédier aux maux qui sont inhérents au mode actuel de répartition de l'avoir social. Quand je dis actuel, je n'entends pas exprimer que ce mode soit pire que ceux qui ont précédé ; au contraire, il est meilleur ; mais, justement parce qu'il est meilleur, ou, si l'on veut, moins mauvais, il laisse plus clairement voir à ceux qui en souffrent et même à ceux qui en profitent l'imperfection de l'organisme politique tel qu'il s'est développé avec la marche de l'histoire. On admire l'étendue et le progrès des sciences qui pénètrent si avant dans la connaissance des choses ; on se complaît dans les merveilles de l'art, poésie, peinture, architecture, musique ; on jouit des créations sans nombre et des services croissants de l'industrie ; mais cette admiration, cette complaisance, cette jouissance est assombrie par la tache noire d'une misère toujours dure, quelquefois déchirante.

Ces tentatives se sont produites par l'action d'hommes qui étaient engagés dans les difficultés mêmes du problème. Elles sont parties des éléments qui existaient, les appliquant au but que l'on voulait atteindre. C'est là le caractère de toute entreprise véritablement socialiste : naître des éléments existants, et les modifier conformément à l'idée de meilleure répartition. Aussi ne se sont-elles point évanouies comme d'éphémères créations, elles gardent leur rang et leur caractère, et constatent un temps de lutte si l'on veut, mais un temps où l'homme de labeur agit par lui-même, a son impulsion propre, et se sert des voies et moyens qu'offre la situation.

Ceci me conduit directement à l'examen des systèmes, autrement ambitieux, qui portent aussi le nom de socialismes. Comment pourrais-je les omettre, quand, au lieu de cheminer terre à terre et de près à près comme le socialisme pratique dont je viens d'esquisser quelques traits, ils promettent une totale transformation ? Ils se dégagent de l'embarras de tenir compte des conditions présentes ; et, sans expliquer par quel moyen on passera de ce qui est à ce qu'ils imaginent, ils nous transportent, sans transition, dans une société où tout est réglé suivant le type propre à chacun. Car chacun a son type ; et, bien loin de s'accorder, ce qui serait une présomption de vraisemblance sinon de vérité, ils diffèrent totalement, ce qui est une présomption d'arbitraire et d'erreur.

Agir en petit est le caractère des œuvres socialistes partielles et commençantes dont j'ai retracé une esquisse; et c'est là ce qui en fait la sûreté et la lenteur. Agir en grand est le caractère des systèmes généraux et d'ensemble; et c'est ce qui en fait le danger et la séduction. Je ne veux pourtant pas qu'on se méprenne sur l'intention de mes paroles, qui ne sont dictées par aucune malveillance; car je reconnais que ces grands systèmes, tout dangereux que je les juge, proviennent de la sympathie de leurs auteurs pour les souffrances populaires, et que la séduction qu'ils exercent s'explique par ces souffrances mêmes. J'entends rendre justice et à ceux qui les conçoivent, et à ceux qui s'y confient.

J'ai contre tous les systèmes, ainsi qu'on peut le pressentir d'après ce que j'ai dit en commençant, une fin de recevoir générale. Ils sont entachés de ces deux vices irrémédiables, d'ailleurs connexes : ils ne partent pas des conditions actuelles pour les développer, et ils introduisent, dans une science qui ne les comporte pas, les déductions à perte de vue. De sorte qu'à la fois ils manquent de la sanction de l'expérience, seule garantie dans l'ordre scientifique, et ils n'ont, pour se soutenir, qu'une fragile série de raisonnements invérifiés et invérifiables dans l'état actuel des faits. Que dirait-on et quel dédain ne témoignerait-on pas si dans quelqu'une des sciences positives on se permettait ce que l'on se permet si légèrement dans la sociologie? Eh quoi! c'est au moment où la biologie, moins complexe pourtant et moins difficile, répudie toute méthode qui n'est pas rigoureusement expérimentale et toute déduction qui n'est pas l'expression prochaine des faits, que l'on irait, en sociologie, avec bien plus de difficultés et bien plus de chance de se tromper, devancer l'expérience et construire une société hypothétique sur laquelle on n'a d'autre notion que la notion indéterminée d'une amélioration! Je le répète, la méthode scientifique, devenue notre véritable garant, notre seul soutien, notre dernier appel depuis qu'est tombée la foi aux révélations, la méthode scientifique, dis-je, oppose à tous les systèmes socialistes une fin de non recevoir sans exception.

Ainsi, au point de vue de la méthode, il faut mettre sur le même rang et le socialisme communiste des ouvriers, et le socialisme passionnel de Fourier, et le socialisme catholico-féodal d'Auguste Comte. Ils ont tous cela de commun, qu'ils sont le résultat d'un procédé subjectif dans lequel on arrange, suivant les convenances propres à chaque esprit, la solution telle qu'on la désire. C'est par ce procédé que les métaphysiciens trouvent dans leur intellect les entités qui appartiennent à leur philosophie. Ces procédés, frappés de discrédit dans la métaphysique, de quel droit se montrent-ils dans la sociologie? Il n'y a aucun moyen, dans l'état présent des choses et des esprits, de savoir si la société sera conformée d'après le socialisme communiste, ou d'après le socialisme passionnel, ou d'après le socialisme catholico-féodal.

Je nomme catholico-féodal le socialisme tel que M. Comte l'a exposé dans ses derniers ouvrages, parce qu'en effet c'est un calque fidèle de l'organisation catholico-féodale, alors qu'elle était en sa fleur dans le haut moyen âge. Des deux côtés on a un pouvoir spirituel, pape et clergé, qui a la direction de la conscience publique et privée; des deux côtés on a un pouvoir temporel, là barons, ici capitalistes, qui tiennent entre les mains tout l'avoir de la communauté; des deux côtés on a un peuple, là serfs et vassaux, ici prolétaires, qui, en retour de leur travail, reçoivent du pouvoir temporel l'administration et l'entretien, sous la direction d'une morale dirigée, là par des prêtres de Jésus-Christ, ici par les prêtres de l'humanité. Je n'ai aucun besoin de discuter ce système socialiste; il me suffit de la fin de non-recevoir qui arrête, dès le seuil, toute conception sociologique qui n'émane pas de l'expérience; mais j'ai voulu seulement montrer que l'assimilation avec le régime catholico-féodal est ce qui en donne le mieux l'idée.

Le régime catholico-féodal! et, vraiment, s'il était besoin de faits historiques pour démontrer que l'évolution sociologique ne se laisse ni deviner à longue échéance, ni hâter prématurément, je n'en voudrais pour témoin que ce régime même. Il lui a fallu sept ou huit siècles pour se constituer.

D'abord, apparaît la doctrine religieuse, émanée du judaïsme et de la philosophie grecque ; on sait par combien de luttes, d'écrits, d'hérésies, de conciles, elle passa pour prendre enfin le caractère de catholicisme. Puis, vient le régime politique : écarter les empereurs, transformer leur autorité en suzeraineté, établir partout des chefs locaux, ranger toute la population en vassaux et en serfs ; on sait encore combien de temps et de tâtonnements furent employés à cette organisation. Qu'on joigne les deux bouts de cette longue chaîne, c'est-à-dire la prédication de Jésus et l'avénement des barons sous les derniers Carlovingiens, et que l'on dise s'il est facile d'employer la méthode subjective et de se passer d'expérience pour prévoir les mutations sociales.

Continuons la comparaison. Notre route sociale est aujourd'hui aussi obscure que le fut la route des hommes d'alors. Mais, comme ils avaient leur lumière, nous avons la nôtre. Leur lumière était la ferme conviction qui les possédait, que la théologie qu'ils apportaient au monde valait mieux que celle qui l'avait régi jusque-là ; et, à cette conception supérieure, ils liaient un système d'amélioration morale qui, suivant leurs prévisions, devait leur ouvrir les portes du paradis, et qui, ce qu'ils n'avaient aucunement prévu, les conduisit à la transformation de l'esclavage en servage et du servage en prolétariat libre. Notre lumière à nous, hommes d'aujourd'hui, c'est la supériorité de la science positive sur toute théologie, supériorité jointe à un sentiment d'amélioration morale qui, dans la prévision de quelques-uns, conduit au paradis des systèmes socialistes, mais qui, dans la réalité nécessairement voilée, n'agit que de proche en proche sur l'avenir.

Je ne saurais, trop fortement, à mon gré, inculquer combien nous sommes incapables d'imaginer subjectivement les procédés sociologiques. Nous connaissons par l'histoire quelle a été l'évolution sociale ; mais faites, en pensée, abstraction de tous ces renseignements, et placez-vous en face de ces antiques tribus qui taillaient le silex pour s'en faire des outils et des armes. Je veux bien, pour vous faciliter la tâche, que vous soyez informé du but à atteindre qui est la connaissance des choses, la domination sur la nature et l'amélioration humaine. Si vous essayez de tracer le chemin, vous vous perdrez mille fois dans l'infinie complication des inventions, des événements et des idées. Comment prévoir que, pour fonder le travail et sa prééminence, on passerait par la guerre et par l'esclavage? ou, si vous voulez un fait particulier, comment se figurer à l'avance que les anciens hommes couvriront le sol de monuments mégalithiques, chose en effet si peu concevable abstraitement que, même en voyant ces pierres brutes et énormes, nous ne savons quel objet, nécessaire pourtant, ils ont poursuivi? Quoi de plus? Les procédés sociologiques sont tellement loin de notre divination, que, même lorsqu'ils se sont produits, les plus savants esprits ne peuvent encore les accepter : tout dans ce moment-ci est partagé entre la théologie chrétienne et la révolution ; eh bien ! la théologie chrétienne ne voit, dans le paganisme qui l'a précédée, qu'une œuvre du démon et une aberration monstrueuse ; et la révolution ne voit dans la théologie chrétienne, qui l'a précédée aussi, qu'une œuvre de ténèbres et un malheur sans excuse. Seule, la philosophie positive les met l'une et l'autre à leur place et à leur office ; mais aussi elle ne devine pas, elle examine et constate.

De tous les systèmes socialistes, le plus intéressant est incontestablement le communisme des ouvriers. Celui-là du moins sort des entrailles mêmes du peuple. Suggéré par un vif sentiment de souffrance, il donne une solution tranchante et radicale. Tout commun, tout partagé, dit celui qui n'a rien à celui qui a beaucoup. Quoi de plus simple et de plus efficace? Simple ? mais voyez vous-même, sans plus ample discussion, quel immense intervalle sépare la situation présente d'une situation communiste, et dites si, en effet, la chose est simple. Efficace? mais qu'en savez-vous, puisque aucune expérience ne témoigne comment pourraient fonctionner en grand la communauté et le partage?

Toutes les questions socialistes sont dominées par deux conditions prépondérantes : l'une biologique, l'autre historique. La condition biologique est l'inégalité naturelle entre les individus ; quoi qu'on fasse, on n'échappera jamais à la supériorité de la force, de la santé, du talent, du génie, de la beauté; il faut l'accepter, mais la régulariser. La condition historique est la valeur de plus en plus grande que prend l'individu des classes laborieuses par l'égalité des droits, par le progrès de son éducation, par le prix accordé au travail. C'est la tendance constante de l'histoire ; jamais elle n'a été plus accusée que de notre temps; et elle est directement contraire aux conceptions qui transforment le prolétariat en une vaste clientèle.

De cette critique des systèmes socialistes, tirons, pour conclure, une définition effective du socialisme. Le socialisme est une tendance à modifier l'état présent, sous l'impulsion d'une idée d'amélioration économique et par la discussion et l'intervention des classes laborieuses.

IV

Après ce que je viens de dire, on comprend bien que je ne vais pas essayer, à mon tour, de construire quelque socialisme qui me plairait, mais auquel chacun adresserait la critique dont je viens d'user à l'égard des conceptions de ce genre. Je n'ai point de solution radicale et lointaine à proposer, c'est terre à terre que j'ai volonté de procéder et en partant rigoureusement du présent. La métaphysique socialiste n'a pas plus de charme pour moi que la métaphysique philosophique, et j'ajoute : elle n'a pas plus d'efficacité. Recourons donc à l'expérience, qui travaille, comme l'ouvrier, depuis le soleil levé jusqu'au soleil couché, qui gagne chaque jour son petit salaire, mais qui, par une conduite qu'il faut recommander à l'ouvrier, fait sur le produit quotidien une épargne fructifiante.

C'est un axiome de la doctrine positive, axiome dû à M. Comte (que ne lui doit-on pas en vraie philosophie?) que plus une science est élevée dans l'ordre hiérarchique, et, par conséquent, en complexité, moins aussi l'écart est grand entre elle et les données fournies spontanément par la sagesse commune. La sociologie est la plus élevée et la plus compliquée des sciences ; en elle donc se vérifie surtout le principe. Cela seul, bien compris, suffirait pour dissuader des synthèses sociologiques, et pour conseiller, au rebours, l'observation attentive des faits empiriques, où est la source première et nécessaire des inductions scientifiques.

Poser ainsi dans sa vérité ce principe abstrait, porte sans retard sa récompense avec soi. En effet, en se laissant guider par les indications spontanées que fournit l'instinct des parties intéressées, on reçoit en même temps la direction qu'il importe de suivre. Si l'on néglige ce soin, et si l'on cherche les points de départ en dehors de l'expérience, il est fort à craindre qu'on ne s'égare et qu'on ne s'abandonne à des vues sans issue. Les commencements effectifs sont destinés à écarter les commencements arbitraires, c'est-à-dire les idées qui attribueraient aux impulsions ouvrières telle ou telle tendance conçue *a priori*. La tendance réelle est celle qui se manifeste dans les œuvres rudimentaires par lesquelles les ouvriers cherchent à fonder leur personnalité économique.

Je prends donc pour mon thème ce qui a été fait, me proposant d'apprécier les éléments existants, de les coordonner et de les généraliser.

Parmi les éléments existants, j'ai déjà noté plus haut la coopération et la participation. Cela ne suffit pas; il reste à inscrire la société de secours mutuel, qui n'est pas particulière aux ouvriers, mais qui leur est véritablement adaptée ; car plus on est pauvre, plus elle est nécessaire.

Si l'on cherche à apprécier ces trois opérations, on reconnaît bien vite qu'elles appartiennent à des développements différents. Les deux premières et surtout la coopération exige de véritables aptitudes pour triompher des difficultés. Au lieu que la société de secours mutuels n'exige que le sentiment du besoin réciproque, l'impulsion de la fraternité et le soin d'une petite épargne.

Cette simple remarque donne le classement. Si la participation et la coopération sont les degrés que l'on doit se proposer d'atteindre, la société de secours mutuel est la base de laquelle on doit partir; car c'est elle qui exige le moins de combinaisons et dont l'exécution ne peut être entravée par rien. Tandis que dans la participation et la coopération il s'en faut de beaucoup que toutes les conditions soient à la portée des ouvriers, au contraire la société de secours mutuel est toujours à leur portée. C'est cette qualité qui en fait le fondement de toutes les entreprises socialistes ultérieures.

Mais, et cela est évident de soi, la société de secours mutuel ne peut remplir cet office, si elle demeure isolée, éparpillée çà et là et sans but commun. Tant qu'elle reste à l'état d'isolement, elle n'est pas, à proprement parler, une fonction du socialisme, elle est tout simplement une œuvre qui soulage, dans un coin ou dans un autre, quelques misères. Mais autre est la portée du moment que l'on conçoit la société de secours mutuel dans sa vraie signification, c'est-à-dire comme un moyen, qui, en écartant la part la plus pressante des souffrances pesant sur les prolétaires, les met en état de soutenir avec plus de clairvoyance, de sang-froid et de sécurité la lutte de leurs intérêts. Plus un homme a de ressources devant lui, mieux il peut tirer parti de la situation ; plus les travailleurs auront de ressources devant eux, plus leur rang s'élèvera dans la hiérarchie économique.

Ces ressources ne mériteront d'être comptées que lorsqu'elles seront agrandies par l'association des sociétés de secours mutuel. Non-seulement il importe que les différents métiers dans les différentes localités s'associent à l'effet de pourvoir aux accidents les plus pressants ; mais encore il importe que les sociétés de ces différents métiers s'associent entre elles, qu'elles passent les limites des provinces d'un même pays, les frontières du territoire des Etats (1), et qu'elles fas-

---

(1) C'est l'association que les ouvriers ont effectuée sous le nom d'Internationale. J'ai voté contre la loi qui a prononcé l'interdiction de cette association. Mais je ne puis méconnaître qu'à aucun prix les ouvriers n'auraient dû faire jouer à une association socialiste un rôle politique dans le soulèvement de la commune de Paris en 1871. Comme individus, ils pouvaient, à leurs risques et périls, se joindre au parti qui leur convenait ; mais l'association internationale, comme telle, devait rester neutre. Ce fut un grand méfait contre le socialisme de lui ôter ce caractère de neutralité (1875).

sent sur chacune d'elles un prélèvement pour fonder un fonds commun qui vienne au secours là où les sociétés particulières ne suffiraient pas. Dans cette combinaison, les besoins seraient toujours indiqués par les sociétés particulières ; et la société générale ou fonds commun n'interviendrait qu'instruite et informée par les intéressés. Le général et le particulier se trouveraient ainsi liés. Grande gestion, qui aurait à porter partout un œil vigilant et une main secourable, et à soutenir un certain niveau au-dessous duquel, à moins de catastrophes, aucune classe de travailleurs ne tombât.

De même que les individus font une épargne pour constituer une société, de même les sociétés de secours prélèveront sur leurs fonds une épargne pour constituer une société plus générale. Rien n'empêchera ces sociétés générales de se fédérer en Europe. Elles auront pour attribution supérieure la surveillance des chômages et des grèves. Elles secourront sans doute, mais aussi elles retiendront et modèreront, comme font toujours ceux qui sont placés au point le plus élevé des vues et des intérêts.

Ici on m'arrête et l'on me dit : que prétendez-vous obtenir par cette combinaison d'efforts ? Sans doute un moyen, pour les travailleurs, de traiter sur un meilleur pied avec les patrons qui les emploient ? Mais, de quelque façon que vous vous y preniez, cela est impossible ; le taux des salaires n'est point déterminé par les rapports plus ou moins égaux des employés et des employeurs; il est réglé par une loi naturelle, par une loi économique, par la loi de l'offre et de la demande; tant que l'offre et la demande resteront les mêmes, les salaires ne varieront pas. Mais l'économie politique s'était trop hâtée d'inscrire cette formule au rang des principes qui tenaient tout sous leur subordination ; elle doit être profondément modifiée; et c'est le mérite de M. Thornton, dans son livre *Sur le travail* que j'ai déjà cité, d'en avoir donné la preuve, en faisant connaître des exemples où les relations entre l'offre et la demande ne déterminent pas le prix; des exemples où, bien que la demande surpasse l'offre, le prix ne s'élève pas; des exemples enfin où, au prix résultant finalement de la concurrence, l'offre et la demande, c'est-à-dire la quantité offerte à vendre pour un certain prix et la quantité demandée à acheter à ce prix, ne seront pas égales. Des économistes consommés, entre autres M. Stuart Mill, ont concédé que M. Thornton avait frappé juste, et qu'il fallait réformer la formule donnée et acceptée pour vraie.

A la théorie de l'offre et de la demande qu'il nomme une fausseté malfaisante, M. Thornton rattache comme une autre fausseté de même nature, la conception d'un fonds de salaire qui, dans la société, est destiné et appliqué à payer le travail ; de sorte que la part du travailleur est nécessairement égale au quotient de ce fonds divisé par le nombre des travailleurs. M. Thornton fait voir qu'il n'existe rien de pareil :
» Jamais fermier, manufacturier, entrepreneur, se dit-il à lui-
» même : Je peux payer tant pour le travail ; en conséquence,
» pour le travail que je loue, quelle qu'en soit la quantité, je
» paierai tant ? Non, mais il se dit : J'ai besoin de tant de tra-
» vail, je peux aller jusqu'à tant pour le payer ; je vais voir
» pour combien moins que le maximum auquel j'irai s'il le
» faut, je puis avoir tout le travail dont j'ai besoin. De la
» sorte, s'il n'existe point de fonds de salaire déterminé pour
» chaque particulier qui emploie du travail, il n'existe pas
» non plus de fonds collectif déterminé pour l'ensemble des
» employeurs. D'où il résulte évidemment qu'il n'y a point de
» fonds national de salaire qui, divisé par le nombre des sa-
» lariés, indique la moyenne des salaires qu'ils obtiendront
» (p. 84). »

Est-ce à dire que le salaire est quelque chose qui ne soit pas soumis à l'empire de conditions déterminantes ? Non, il n'y a rien de tel dans l'ordre sociologique ; mais c'est-à-dire qu'il n'est pas réglé absolument par l'offre et la demande ; que c'est là une erreur qui paralyserait les efforts ; que les limites du salaire peuvent être étendues ou rétrécies suivant les circonstances ; que rien, dans la nature, n'empêche les travailleurs de l'améliorer par leurs propres efforts bien dirigés, de même qu'il a été tenu aussi bas que possible par l'ascendant que les conditions sociales donnaient aux patrons.

Donc, il reste une marge, et c'est cette marge de laquelle l'état présent des choses et des esprits veut qu'on tire parti.

La difficulté de tirer parti de cette marge provient de quatre conditions principales : la quotidienneté du travail, la pauvreté des travailleurs, leur défaut d'éducation et leur inorganisation.

Il y a longtemps qu'on a remarqué que le travail qui se loue diffère de la chose qui se vend, en ceci qu'il ne peut se garder. Le drapier qui n'a pas vendu aujourd'hui sa pièce de drap, la retrouve demain, elle n'est pas perdue pour lui ; au lieu que la journée que le travailleur n'a pas employée, ne lui reste pas ; c'est une perte irréparable. La quotidienneté est imposée au travail, sans quoi il souffre et périclite.

Si la quotidienneté presse, la pauvreté paralyse. Les travailleurs sont pauvres. Entre l'employeur, qui veut obtenir le travail au meilleur marché possible, et l'employé, qui tâche de tenir aussi élevé que possible le prix de cette location, il y a, comme on a vu plus haut, une part disponible qui, dans l'état de lutte où nous sommes, appartient à qui la dispute. Le plus fort s'en empare, et le pauvre n'est pas le plus fort.

Au même résultat aboutit le défaut d'éducation, c'est-à-dire à une infériorité dans une lutte. Je ne veux pas nier qu'il n'y ait parmi les travailleurs un sérieux effort pour s'instruire. Je ne veux pas nier non plus que le sens pratique et positif d'hommes illettrés sans doute, mais d'hommes de métier, ne conserve une véritable valeur en face de l'éducation incohérente des patrons, en partie littéraire, en partie métaphysique, en partie scientifique ; mais il n'en est pas moins certain que, la culture étant une force, l'inégalité de culture représente une inégalité de force.

Enfin, il faut considérer que le nombre des employeurs est excessivement petit en comparaison de celui des employés. Cela, ici, a beaucoup d'importance. En effet, le petit nombre se centralise ou se combine facilement, au lieu que le grand nombre appartient naturellement à la dispersion et à l'incoordination. Or, le travailleur, par cela même qu'il est déjà pressé par la quotidienneté, par la pauvreté et par le défaut d'éducation, ne peut prendre une certaine puissance que par la combinaison. De petites forces, isolées, ne sont rien ; réunies, elles sont beaucoup.

Il arrive quelquefois qu'un jeune homme, curieux des études philosophiques, vient me demander des conseils. Je ne les lui refuse pas ; mais je ne manque jamais de m'informer comment il satisfait aux nécessités de la vie, lui recommandant d'assurer d'abord ses moyens d'existence, puis de philosopher dans le temps qui restera disponible. Sans doute, les esprits de génie et de vocation peuvent se mettre au-dessus de ces règles étroites ; mais le vulgaire des esprits, parmi lequel je me range (car je ne philosophe qu'après que j'ai accompli la tâche quotidienne), est astreint, sous peine de cruels mécomptes, à assurer d'abord le nécessaire.

Assurer le nécessaire est aussi ce que je dis aux travailleurs, non pas, bien entendu, aux individus, ce serait de la morale particulière et domestique, dont je n'ai pas à parler ici ; mais je le dis aux corporations, et ceci est de la morale socialiste, afin qu'elles se lient les unes avec les autres, et fassent entre elles ce que font entre eux les membres isolés qui les composent. Ce n'est point du tout pour un but de grève et d'hostilité que je propose ce plan de fédération des associations. Non pas que je dissuade absolument les grèves ; mais ce sont des moyens extrêmes qui blessent les deux parties ; le but essentiel et direct est de rendre chaque association plus puissante, chaque individu plus assuré de secours, chaque chômage plus assisté, chaque grève plus sage, et par là de diminuer la pression qu'exercent la quotidienneté du travail, la pauvreté des travailleurs et leur dispersion.

Pour qui rêve la guerre contre le capital et la transformation de la société, c'est bien peu que d'associer des associations. Mais des associations associées, efficaces pour secourir, le sont surtout pour mettre les travailleurs sur un meilleur pied qu'ils ne sont à l'égard des employeurs. Augmenter la consistance de la classe ouvrière, tout en laissant à chaque individu la libre disposition de soi, est l'œuvre la plus étroitement liée aux impulsions présentes du socialisme.

V

Est-ce donc un terme que je pose? Non, c'est un degré.

C'est un degré à deux points de vue : au point de vue économique, celui qui touche uniquement en ce moment les travailleurs, et au point de vue philosophique, qui les touchera aussi à mesure que la liaison des deux apparaîtra davantage. Aujourd'hui le socialisme est solidaire des idées révolutionnaires ; car que serait-il sans ces idées, et si la révolution n'avait pas dispersé aux quatre vents l'ancien code politique et théologique? Demain il sera solidaire des idées positives, auxquelles la révolution a ouvert un ample chemin.

Dans ce même article de 1849, que j'écrivis dans le *National*, je trouve le passage suivant : « Quelques divergences
» qu'on remarque au sein du socialisme, on peut les ramener
» sous deux chefs principaux, et dire qu'il n'y a vraiment que
» deux socialismes. L'un, disciple de l'économie politique bien
» qu'il la maltraite, met au premier rang les réformes écono-
» miques, organisation du travail, propriété, capital, impôt,
» et laisse subsister tout l'appareil théologique et métaphy-
» sique qui enlace encore les esprits. L'autre, disciple de
» l'histoire, et convaincu qu'il n'y a de réforme radicale dans
» les choses que quand les esprits ont été radicalement réfor-
» més, veut faire, par rapport au christianisme, ce que le
» christianisme fit autrefois par rapport au paganisme, et
» construire une doctrine qui, remplaçant toutes les notions
» théologiques par des notions positives, ait la même effica-
» cité sociale. C'est à ce dernier socialisme, inauguré par
» M. Comte sous le nom de philosophie positive, que j'appar-
» tiens (1). »

---

(1) En 1849, au moment où j'écrivais ces lignes que je viens de citer et que je ne rétracte en rien, j'étais sur le point d'entrer dans l'adhésion que j'ai donnée aux dernières conceptions de M. Comte. Dans le *Procès de madame Comte contre les exécuteurs testamentaires de son mari* (Voy. *la Philosophie positive*, mars-avril 1870, p. 373),

Ceci agrandit la question du socialisme, et en montre la connexion avec un socialisme philosophique qui n'est pas autre chose que la philosophie positive. Il faut, de proche en proche et en partant des données socialistes qui viennent d'être exposées, montrer comment le socialisme philosophique est le compagnon et le soutien du socialisme économique.

Du moment qu'il est reconnu que les travailleurs entreprennent d'améliorer leur situation par la coopération, par la participation, et surtout, suivant moi, tout d'abord par la généralisation et l'association des sociétés de secours mutuels, il est évident aussi que cette grande et salutaire entreprise ne peut réussir qu'à la condition d'une certaine réforme dans les habitudes des travailleurs. En voyant quelques-unes des détresses des ouvriers, on a plus d'une fois dit que mieux valait la condition des esclaves, à qui, du moins, le maître assurait toujours le vivre, le couvert, l'habillement. Mais passons sur ce dire; car il est bien certain qu'à aucun prix les prolétaires ne veulent rentrer dans la servitude d'où l'évolution sociale les a tirés. Le travailleur, qui tente aujourd'hui d'améliorer sa condition, comme on voit, par des efforts d'intelligence, de conduite, de combinaison, renonce par cela même à l'in-

---

on a rappelé cette adhésion, et on m'a mis en contradiction avec moi-même. Cela est de bonne guerre ; et il est certain que ce que je pense aujourd'hui sur cet objet est en contradiction avec ce que j'ai pensé jadis.

Dans mon livre sur *Auguste Comte et la philosophie positive*, j'ai rétracté et expliqué mon adhésion. Ce fut surtout une faute de caractère. J'étais alors sous le charme de la confiance, sous l'ascendant de l'autorité; et j'acceptai sans un suffisant examen ce qui fut proposé. J'ajoute que je n'étais pas alors assez maître de la doctrine positive pour discerner, à l'aide des principes mêmes, l'erreur fondamentale. Cette faute, il a été juste que je la payasse ; mais il a été naturel aussi que je voulusse en tirer quelque profit. Ce profit a été de m'inspirer une salutaire défiance de moi-même, et de me faire repasser très-sévèrement sur toute la philosophie pour l'éprouver et m'éprouver de nouveau. Celui qui se contredit, non-seulement affaiblit son crédit auprès des autres, et cela est la punition méritée, mais encore, s'il sait se rendre justice, il affaiblit son crédit auprès de lui-même, et cela est le stimulant pour plus de vigilance et d'étude.

J'ai tâché d'agir en conséquence ; et, tout compensé, je suis trop reconnaissant à M. Comte des grandes vues qu'il m'a ouvertes, pour lui en vouloir, tant soit peu soit-il, de m'avoir mal guidé dans un bout du chemin.

souciance non-seulement de l'esclave, mais aussi de celle d'un salariat qui ne s'occupe que d'aujourd'hui et ne pense pas au lendemain. Il faut que, chez lui, l'épargne et la prévoyance deviennent plus grandes qu'elles n'ont été et qu'elles ne sont.

Cet accroissement moral (car l'épargne et la prévoyance appartiennent à la moralité de l'homme libre, comme l'insouciance est le dédommagement de l'homme enchaîné) ne peut marcher sans un accroissement d'éducation. En même temps qu'il procure les moyens d'acquérir plus d'éducation, plus d'éducation devient aussi un instrument pour consolider les avantages acquis, et pour marcher dans la voie qu'on a ouverte. L'éducation est en ce moment un privilége; parmi les travailleurs, beaucoup n'en ont pas du tout; beaucoup aussi en ont très-peu; un petit nombre, grâce à de pénibles efforts, ont acquis un fonds qui les met de niveau avec les plus éclairés. Plus les travailleurs s'élèveront, plus ils sentiront combien cette inégalité leur nuit.

Il faut donc faire un pas de plus, et, de ce soin de prévoyance et d'épargne, de l'amélioration qui l'accompagne, du besoin d'éducation qui se développe, passer à l'examen de l'éducation elle-même. Apprendre à lire et à écrire est beaucoup, car c'est l'ouverture au reste; mais ce n'est pas tout, et un peuple qui sait lire et écrire, s'il ne lit que ce qui lui recommande l'autorité ecclésiastique, peut demeurer très-arriéré.

Dépassons donc le degré tout à fait élémentaire, et montons plus haut. Mais qu'enseignera-t-on? A cette question, la philosophie positive répond sans hésiter: on enseignera ce qui est réellement su, c'est-à-dire que, du savoir, gagné par tant d'efforts, sur le monde, sur l'homme, sur la société, on tirera un sommaire plus ou moins restreint, plus ou moins étendu, suivant les circonstances, qui ouvrira les esprits, fécondera leurs aptitudes, et en même temps leur imprimera le sentiment de l'ordre naturel et de la réalité. J'ajoute qu'un sommaire analogue ne sera pas moins nécessaire aux classes aisées qui, dans ce moment, reçoivent une éducation surtout littéraire. Car quel autre fonds peut-il y avoir de commun entre les deux classes, si ce n'est celui de la science positive, certain par la démonstration, efficace par l'application, et contenant en son universalité toutes les lois des choses ?

Mais je ne suis pas encore arrivé au dernier terme de l'enchaînement des conséquences socialistes. Dans l'état actuel, on le sait, l'éducation, qui, par sa nature a deux domaines, l'un moral, l'autre intellectuel, est divisée entre deux régimes, non-seulement différents, mais hostiles : la théologie et la science. C'est la théologie qui distribue l'enseignement moral, c'est la science qui distribue l'enseignement intellectuel ; sans souci l'une de l'autre, car la science frémirait si on voulait lui imposer les méthodes théologiques, et la théologie frémit quand elle entend parler des résultats scientifiques. La morale et la science, cela n'est pas douteux, se rejoindront, et elles se rejoindront dans l'ordre positif. La liberté en est l'acheminement. Alors les écoles laïques pourront enseigner une morale laïque faite pour la terre, pour le travail et pour l'humanité.

C'est ainsi que le socialisme économique est lié au socialisme philosophique. Mais, en attendant, et revenant à mon point de départ, il faut que les travailleurs tirent de la situation présente tout le parti qu'elle comporte, pour améliorer d'un degré leur condition. L'association, aussi généralisée qu'il est possible, est leur premier et plus efficace moyen. Puis, quand la paix et la solidarité auront gagné du terrain en Europe, quand les travailleurs pèseront davantage dans la balance des pouvoirs publics, quand le progrès économique aura augmenté les facilités communes, une nouvelle étape s'ouvrira qui trouvera des têtes et des cœurs pour la conduire à mieux.

XVI

ÉTUDES

SUR LA

CRISE DE GUERRE DE 1870 ET 1871

[Les événements que je désigne par ce nom ont eu une importance considérable, surtout pour la France, mais aussi pour l'Europe entière. En un clin d'œil (comment exprimer autrement cette campagne qui, commencée le 3 août, était finie le 1ᵉʳ septembre?) un grand pays fut précipité dans l'abîme. Un moment on put croire qu'il n'en sortirait pas. Il en sortit cependant, et il essaie en ce moment même de réparer ses ruines et de reprendre des forces. Cette étude, la crise de 1870-1871, comprend trois articles qui n'avaient été aucunement destinés à faire corps, qui parurent à des temps différents, mais qui pourtant se sont prêtés sans peine à se ranger l'un après l'autre. Le premier considère le préambule de ce terrible drame, c'est-à-dire l'état de désorganisation politique et militaire où le régime impérial avait réduit la France, et l'habileté prévoyante avec laquelle la Prusse avait préparé ses armes et ses opérations. Le second considère une des péripéties, la capitulation de Metz. Le troisième se rapporte à la situation que ces événements ont faite à l'Europe, au socialisme et à la France].

I

LA PRUSSE ET LA FRANCE DEVANT L'HISTOIRE, ESSAIS SUR LES CAUSES DE LA GUERRE : Paris 1874 (1).

Le livre est à sa quatrième édition. L'auteur n'y a pas mis son nom; je ne le connais pas. Ses opinions sont monarchiques; il est hostile à la république et aux républicains. Ce n'est pas sans de notables restrictions qu'il plaide pour l'empire; mais enfin c'est un plaidoyer, au moins pour toute la période qui embrasse les origines du conflit avec la Prusse et son explosion. Il aime la France et la justifie de la responsabi-

---

(1) L'article sur cet ouvrage a paru dans la Revue de la *Philosophie positive*, janvier-février 1875.

lité que les Allemands constamment et Napoléon III après la défaite lui ont imputée dans la déclaration de guerre. Il sait très-bien l'allemand, et est fort au courant des divers écrits publiés en cette langue. Ceci établi, je vais essayer de rendre compte de ce livre et de l'apprécier, en faisant abstraction de mes opinions sur la république, la monarchie et l'empire, ainsi que de mes sentiments de Français à l'égard de l'Allemagne, comme s'il s'agissait d'un document sur quelqu'une des guerres qui ont marqué l'antiquité ou le moyen âge.

Suivant moi, on pose mal la question, et c'est ce que fait l'auteur du livre, en disant : Qui a voulu la guerre? On arrive sans peine à montrer que, depuis Sadowa, l'Allemagne se préparait à un conflit avec la France; mais, quelque considérable que soit l'amas de preuves de son mauvais vouloir, il est un point que nulle démonstration n'atteindra et qui restera toujours enveloppé d'un doute insoluble, à savoir : Si l'empereur Napoléon III n'avait pas pris l'initiative de la déclaration de guerre, le roi Guillaume l'aurait-il prise? On aura beau l'affirmer, rien ne peut en donner la certitude.

Au contraire, la certitude est complète, si l'on pose la question autrement : Au moment où la guerre a éclaté, l'Allemagne était-elle prête? Oui, elle l'était. La France était-elle prête? Non, elle ne l'était pas. C'est à ces deux réponses que se mesure la responsabilité de l'empereur Napoléon III, à l'égard du peuple français, du roi Guillaume, à l'égard du peuple allemand.

Quant à la responsabilité devant l'histoire, il appartiendra à nos descendants d'en prononcer la sentence. Nous, nous n'avons pas qualité pour cela. La victoire a été pour les Allemands et les enivre ; la défaite a été pour les Français et les accable. Voilà le présent, qui est seul soumis à notre juridiction. C'est cette juridiction que prétend exercer l'auteur du livre. Il s'efforce de démontrer et, je crois, démontre que, depuis Sadowa, la Prusse a réitéré les provocations. Seule, la déclaration de guerre *in extremis* reste dans le dossier du gouvernement impérial; l'auteur essaie bien de l'en ôter ; mais il ne peut.

Maintenant voyons le livre; car il contient des documents

intéressants sur les sentiments et les dispositions des deux peuples allemand et français, depuis la grande paix de 1815, à l'égard l'un de l'autre.

Au début de son livre, l'auteur s'occupe des relations primordiales entre Allemands et Français après la mort de Charlemagne et lorsque ses petits enfants commencèrent à se partager son empire. Il peut paraître bien singulier de remonter si haut à propos de la guerre de 1870 ; pourtant rien n'est plus naturel dans la situation et plus justifié. L'histoire et l'érudition, entre les mains des Allemands, ne sont pas restées des témoins impartiaux de ce long passé qui a mis en contact et souvent en conflit deux populations limitrophes ; elles sont devenues, avec une assez grande généralité pour servir de caractéristique à une époque, des engins d'hostilité, d'empiétement, de conquête, chargés de soutenir les prétentions de l'Allemagne aux dépens de qui il appartiendrait (1).

« Il est comique, dit l'auteur, p. 2, d'observer outre Rhin
» l'espèce d'indignation qui s'empare des écoliers d'un patrio-
» tisme trop précoce, ou des patriotes d'un âge mûr, mais
» d'un caractère plus déraisonnable encore, lorsqu'un Fran-
» çais a le malheur de laisser entrevoir en leur présence qu'il
» considère, lui aussi, Charlemagne comme un souverain
» national. » Oui, sans doute, Charlemagne appartient à ce côté-ci du Rhin ; de l'autre côté, il ne se montre qu'en ennemi, et, finalement, en conquérant.

Mais il était Germain. Incontestablement. Néanmoins entendons-nous : il descendait de ces Francs qui, depuis longtemps établis dans la Gaule, en avaient pris, avec la religion, le gouvernement. Autant vaudrait dire que les princes issus de Guillaume le Conquérant, et qui, à ce titre, régnaient sur les Anglo-Saxons, étaient néanmoins des princes français. La

---

(1) Ce n'est pas seulement l'érudition qui a été employée à cet office : les sciences naturelles aussi s'y sont prêtées. N'a-t-on pas vu tout à l'heure un naturaliste d'outre-Rhin, homme d'ailleurs d'un éminent savoir, couronner sa théorie du transformisme en posant comme le dernier mot de la sélection, de la concurrence vitale et du développement humain l'homme anglais et... l'homme allemand ?

conquête les avait naturalisés sur le sol de l'Angleterre, comme elle avait naturalisé les Francs sur le sol de la Gaule.

Des érudits allemands ont regretté que la grande invasion barbare, qui renversa l'empire romain, n'eût pas germanisé tout l'Occident. Cela était, on doit le croire, en opposition avec la nature des choses, puisque ce fut le contraire qui s'effectua. L'élément germain fut absorbé par l'élément latin en Gaule, en Italie, en Espagne, comme les langues en témoignent, et c'est à peine si les limites entre Germains et Gallo-Romains furent changées de ce qu'elles étaient sous la domination de Rome.

En effet, quand les Mérovingiens et surtout les Carlovingiens, fixés en Gaule, en furent les rois, ils reprirent de toute nécessité le rôle du gouvernement impérial, et défendirent âprement la rive gauche du Rhin contre les passages de Germains, qui se renouvelaient sans cesse. Cette situation était aussi dangereuse pour les Francs qu'elle l'avait été pour les Romains, jusqu'à ce qu'enfin Charlemagne, par une guerre longue et acharnée, conquit la Germanie, la christianisa de force, et l'incorpora définitivement à l'héritage de Rome. Ce fut un immense service rendu à la commune civilisation, et rendu par un Franc dont les aïeux avaient depuis longtemps oublié la terre germanique et qui était à la tête de la Gaule, de l'Italie et d'une portion de l'Espagne.

En revendiquant Charlemagne, qu'est-ce donc que l'érudition allemande prétend revendiquer ? Elle veut s'assurer des droits à la possession des pays situés sur la rive gauche du Rhin, qui, lors du partage entre les héritiers de Charlemagne et lors des démembrements subséquents, n'échurent pas aux souverains de la Gaule. A ce moment, dans la réalité, il n'y avait ni Allemands ni Français; il y avait, de ce côté-ci, des Gallo-Romains gouvernés par des Francs, et, de l'autre, des Germains conquis par ces même Francs. Les nations modernes n'existaient pas encore; mais elles étaient proches; et, quand elles apparurent, ce fut à la guerre et à la politique de leur assurer des frontières. Le travail dura plusieurs siècles. On le croyait terminé depuis 1815 entre l'Allemagne et la

France. Nos désastres ont permis aux Allemands de détruire une œuvre qui contribuait à l'équilibre européen et qui avait la consécration suprême de l'assentiment des populations.

Ainsi laissons en paix la période où les deux nations, sortant des limbes de l'empire barbare, commencèrent à vivre de leur vie propre et moderne, et venons plus près de nos temps. Le grief le plus immédiatement invoqué pour s'approprier l'Alsace et la Lorraine a été qu'il fallait une frontière défensive à l'Allemagne, toujours attaquée et envahie, contre la France, toujours attaquante et envahissante. L'auteur du livre fait facilement justice de pareilles allégations, prétendues historiques. Et en effet, quoi de plus faux ! Je ne remonterai pas au-delà du XVIe siècle, ce serait inutile ; car, durant toute la période féodale, les deux nations ont eu peu de conflits, sauf à Bouvines, sous Philippe-Auguste ; elles firent ensemble les croisades, et les empereurs d'Allemagne sont absorbés par leurs démêlés avec la papauté ; plus tard, la France est engagée dans sa guerre de cent ans contre les Anglais, et n'a ni le temps ni le pouvoir de se mêler des affaires d'Allemagne. Soit donc le XVIe notre point de départ. Eh bien, dans ce siècle, l'Allemagne, conduite par les princes de la maison d'Autriche, ne cesse de menacer et d'envahir la France. C'est à grand'peine que les rois François Ier et Henri II se défendent contre l'énorme puissance de Charles-Quint et sauvent l'indépendance de leur pays. Plus d'une fois, dans ce conflit, il sembla que la monarchie française allait s'abîmer. Et quels ravages dans nos provinces du nord, de l'est et même du midi ! A côté de ce qui se fit alors, les dévastations ordonnées par Louis XIV et par Louvois dans le Palatinat, sans rien perdre de leur barbarie, perdent de leur gravité.

Au XVIIe siècle commence la revanche contre une prépondérance menaçante, contre de perpétuelles agressions et de cruels ravages. Richelieu et Mazarin en furent les instruments. Et encore, en travaillant dans l'intérêt de la France à la diminution de la maison d'Autriche, ils travaillèrent aussi au bien de l'Allemagne, ou du moins d'une partie de l'Allemagne ; car ils avaient pour alliés les princes protestants de ce pays, ainsi que la Suède, et ce long conflit se termina par une paix équitable qui fut longtemps le droit public de l'Europe.

Louis XIV, désertant la politique de son père et de son grand-père, et faisant la guerre aux petits et aux protestants au lieu de les protéger, fut plus agressif. Il devint à son tour un espèce de Charles-Quint, qui, alarmant l'Europe, suscita contre lui une formidable coalition. Il succomba, et, dans la paix qui suivit, l'Allemagne reçut toutes les satisfactions que la situation comportait. Ainsi le vieux compte se trouva réglé.

Le XVIII° siècle ne fit rien pour le rouvrir, soit que Louis XV guerroyât ayant pour allié Frédéric II de Prusse, soit qu'il joignît ses armes à celles de Marie-Thérèse d'Autriche. Vint la révolution française. Sans doute, les souverains de la Prusse et de l'Autriche se sentirent irrités par de tels mouvements populaires ; mais au déplaisir qu'ils éprouvèrent, se joignirent, plus puissantes encore, des vues d'agrandissement ; car le partage de la Pologne avait mis en appétit de démembrement les deux grandes puissances. La révolution se défendit mieux qu'on n'avait pensé, et à son tour, devenant conquérante, elle incorpora la rive gauche du Rhin. Dans le moment même, des voix s'élevèrent contre cette conquête. On a dit, pour la justifier, qu'elle compensait seulement l'agrandissement obtenu par la Prusse, l'Autriche et la Russie au démembrement de la Pologne ; mais, même avec cette idée de compensation, je pense que la révolution eut tort. En tout cas, rien ne peut être allégué en faveur de l'envahissement permanent de l'Allemagne par Napoléon Ier. J'ai une profonde aversion pour l'Allemagne contemporaine, mais je n'en ai pas une moindre pour *le Corse aux cheveux plats*, et nos défaites ne m'empêcheront jamais de déclarer que les ressentiments de l'Allemagne furent justes et que son insurrection fut vaillante. Napoléon, qui avait entraîné la France dans de folles conquêtes, l'entraîna dans ses revers, et la paix de 1815 régla d'une façon acceptable les intérêts et l'équilibre européens. Mais n'oublions pas que le point de départ de ces vingt-cinq ans de collisions et de calamités est dans l'invasion de la France par l'Allemagne que commandaient la Prusse et l'Autriche.

Encore une fois le compte parut réglé. Mais l'Allemagne ne l'entendait pas ainsi. Dès 1815, elle avait réclamé l'Alsace et la Lorraine non-seulement contre le droit des anciens traités, mais contre la volonté des habitants ; volonté si bien connue qu'un fougueux patriote allemand demanda que Strasbourg fût rasée en punition de sa trahison envers la patrie allemande, ne laissant debout que le Munster. Depuis, la conquête de l'Alsace et de la Lorraine, je ne dis pas la revendication, l'Allemagne n'ayant rien à revendiquer, devint, de l'autre côté du Rhin, une idée permanente qui se réveillait avec un paroxysme d'acuité dans toutes les crises européennes. Elle reparut en 1840, quand Louis-Philippe fut menacé d'une rupture. Mais ce qui nous parut étrange, inconcevable, monstrueux, à nous autres Français, c'est l'explosion qu'elle fit parmi les démocrates allemands de 1848, eux qui ne devaient leur venue sur la scène politique qu'à la France et à sa révolution. « Dès le 31 mars 1848, dit l'auteur du livre, page 285,
» à l'époque même où M. de Lamartine inondait les archives
» de la diplomatie européenne de ses propositions lyriques et
» enthousiastes de fraternité, pendant la première séance du
» *Vorparlament*, le député Welcker, esprit beaucoup plus
» pratique et infiniment moins cosmopolite, parlait, sans ex-
» citer aucun mouvement ni même aucune contradiction, de
» la nécessité de délivrer l'Alsace et la Lorraine, détenues
» captives par la France ; et l'orateur qui lui succédait à la
» tribune ne différait avec lui que sur les moyens et le moment
» d'opérer cette délivrance. »

Après Sadowa l'explosion du sentiment de conquête devint plus formidable que jamais. Les armes de la Prusse s'étaient montrées d'une supériorité écrasante, soit par le nombre des hommes, soit par la qualité de l'armement, soit par l'habileté stratégique. La proie était sous la main. L'opinion allemande espérait bien qu'on ne laisserait pas échapper un moment unique où toutes les chances étaient d'un seul côté. Un de mes amis, qui voyageait alors en Allemagne, exprimant en deux localités fort éloignées l'une de l'autre combien le papier monnaie alors usité était peu commode, reçut dans les deux lieux une réponse identique, comme si on se fût donné le mot : « Nous irons refaire notre monnaie dans la France qui est riche. » Le fait est petit, mais il est caractéristique, témoignant de ce qui se pensait, de ce qui se voulait partout en Allemagne. On se savait fort, on savait la France faible ; et l'on attendait avec impatience le conflit. En cette situation si tendue, le comble de l'habileté fut de se faire déclarer la guerre et, ce qui est prodigieux, on y réussit.

Maintenant est-il vrai que le compte réglé par les traités de 1815 ait été, non moins que par l'Allemagne, rouvert par la France, qui n'aurait cessé de réclamer l'incorporation de la rive gauche du Rhin. Le grand état-major général des armées allemandes l'affirme ; je cite d'après l'auteur du livre, page 191 : « La pensée de reconquérir le Rhin vivait dans le » cœur de la nation toute entière, entretenue qu'elle était par » ses historiens et ses poëtes ; l'accomplissement de ce vœu » semblait seulement une question de temps. » Est-ce vrai ? Voyons les faits.

La restauration, longtemps occupée à refaire des finances, une armée et tout ce qu'avaient détruit les désastres impériaux, ne manifesta point de désirs de conquête. Les partis non plus ; ils étaient occupés de tout autres visées. Il n'en fut pas de même sous Louis-Philippe. Le roi, dès le début de son règne (et il persévéra invariablement dans sa pensée) voulut la paix ; ce qui excluait sans retour une agression sur le Rhin. Mais les partis, du moins dans les premiers temps, se firent de la guerre une arme d'opposition ; et ils sommèrent le gouvernement et la révolution de juillet de rendre à la France ce qu'on appelait alors ses frontières naturelles. Il n'advint rien de ces sommations ; le roi resta ferme et assura l'indépendance de la Belgique ; le pays demeura pacifique ; et elles s'affaiblirent graduellement, jusqu'à ne plus laisser guère de traces.

On le vit bien à la révolution de 1848, qui aurait lâché la bride aux inspirations conquérantes si elles avaient été populaires comme elles la lâchèrent, on vient de le voir, en Allemagne où elles fermentaient incessamment. Le cri de la démocratie triomphante fut un cri de paix et de fraternité internationale, dont l'Allemagne ne fut pas exceptée. Dans le désarroi où la révolution de février avait jeté l'Europe monarchique Italie révoltée, Autriche bouleversée, Berlin faisant des barricades, Bade en insurrection et en armes, il y avait, qu'on me passe la crudité de l'expression, *de bons coups à faire ;* et le *Times* félicitait le gouvernement provisoire de n'en avoir tenté aucun. C'était là le *moment psychologique,* pour nous servir du langage d'outre-Rhin. Quelque triste que soit notre présent, je ne regrette pas cet esprit de générosité et de fraternité.

Sans doute la restauration de l'empire renouvela vaguement les idées de guerre et de conquête qui s'attachaient spontanément au nom de Napoléon. Mais l'empereur les découragea lui-même en disant : « L'empire c'est la paix ? » A la vérité, il ne tarda pas à se démentir ; mais il tourna d'abord ses armes contre la Russie, puis contre l'Autriche et finalement contre le Mexique. Tout cela ne réveilla rien contre l'Allemagne ni contre la rive gauche du Rhin ; et ce que dit l'auteur du livre est parfaitement vrai : « A part un certain
» nombre d'exceptions inévitables et un arriéré insignifiant
» d'anciennes illusions patriotiques qui tendaient à disparaître
» de jour en jour, la nation française n'entretenait
» d'hostilité envers personne, et plus d'une fois même elle
» avait donné des marques coûteuses d'amitié à de plus faibles
» qu'elle (page 210). »

Un article du *Journal des Débats* du 12 octobre 1864, que j'emprunte au livre, page 327, résume exactement la disposition de l'esprit public parmi nous à l'égard de la rive gauche du Rhin : « Nous croyons la France suffisamment défendue
» par la frontière artificielle si admirablement conçue et exé-
» cutée par Louis XIV et Vauban, et si heureusement réparée
» et complétée par Louis-Philippe. Nous n'oublions pas que
» la France, protégée par cette frontière, résista victorieu-
» sement aux coalitions de l'Europe en 1792 et en 1794 ; et

» nous avons la confiance que, s'il se formait d'autres coali-
» tions contre elle, la France triompherait encore, pourvu
» que ses armées fussent commandées par des généraux
» vaillants et habiles, comme elle en a toujours à son ser-
» vice. »

Pauvre *Journal des Débats*, assez naïf pour croire que l'empire vieillissant laissait à ses armées et à ses généraux la force de défendre l'ancienne frontière de la France !

« Depuis cinquante ans, en résumé, dit l'auteur du livre,
» page 169, à part certains excès à discuter, en Amérique ou
» en Asie, ni l'Europe ni surtout l'Allemagne n'a eu à se
» plaindre de nos prétendues passions militaires. » Cela est absolument vrai jusqu'au règne de Louis-Philippe et à la république de 1848 inclusivement ; mais, à partir du règne de Napoléon III, une grande restriction doit être apportée ; cet aperçu, vrai à l'égard de l'Allemagne, ne l'est pas à l'égard de l'Europe. Voyez en effet : l'empereur rouvre l'ère des grandes guerres, qui, depuis 1815, n'y avaient plus éclaté ; longue interruption qui avait inspiré à quelques-uns l'espérance prématurée de la paix européenne. Je me rappelle avec quel serrement de cœur je vis la déclaration de guerre à la Russie. Non moins vive fut mon appréhension à l'explosion de la guerre contre l'Autriche, quelque vif que fût l'intérêt que je portais à l'Italie. Une fois le démon déchaîné, il ne fut plus possible de l'arrêter ; l'Autriche fut frappée par la Prusse, et bientôt la France le fut par l'Allemagne.

En 1859, au moment où les armes de Napoléon III, alliées à celles du Piémont, jetaient les fondements du royaume italien ; au moment où l'on s'arrêta aux confins de la Vénétie qui demeura entre les mains de l'Autriche, il fut question, à la chambre des seigneurs, en Prusse, de cette possession. « Là,
» dit l'auteur du livre (p. 305), le docteur Stahl affirma, et sa
» motion fut adoptée à l'unanimité, que l'Allemagne avait le
» droit et le devoir de conserver sa domination, si loin qu'elle
» s'étendît, et de ne point abandonner un pouce de terrain.
» Or, la possession de l'Italie avait été, pendant de longs
» siècles, une affaire d'honneur de l'Allemagne ! » Mais, dira-

t-on, ce furent les seigneurs, les *hobereaux*, le parti aristocratique qui fit une déclaration aussi cyniquement égoïste. Eh bien, détrompez-vous, les démocrates n'avaient pas été moins ardents que les seigneurs à conserver à l'Allemagne un pied dans l'Italie : en 1848, au parlement révolutionnaire de Francfort, il fut déclaré que la Vénétie devait rester allemande ; car alors l'Autriche était dans l'Allemagne.

Je ne connais rien qui établisse mieux la différence de caractère entre le peuple français et le peuple allemand. Dans les moments d'expansion démocratique, le peuple français devient impersonnel et se livre à ses élans de fraternité. Au contraire, le peuple allemand, dans les mêmes moments, devient personnel et veille avant tout à maintenir sous sa domination ce qui ne lui appartient pas, comme ce qui lui appartient, dût-il garder sans merci le pied sur la gorge du frère ou du voisin.

Au point de maturité des ambitions prussiennes, quand attaquer l'Autriche devint un objet exclusif, il fallut avant tout s'assurer que l'empereur Napoléon III ne troublerait pas cette opération. D'abord on dut obtenir de lui qu'il permît à l'Italie de s'allier à la Prusse contre l'Autriche ; sans cette permission, rien ne se faisait ; il la donna. Il fallait aussi qu'il ne mît pas sur notre frontière d'Allemagne un corps d'observation ; quelque délabrée que fût notre armée après l'expédition déplorable du Mexique, elle suffisait amplement à immobiliser une notable partie des forces de la Prusse ; et c'est peut-être la seule fois qu'en présence de graves événements une puissance limitrophe ne prit aucune précaution militaire. Enfin, quand le coup de Sadowa eut été porté, il était nécessaire d'empêcher que, par un brusque revirement, Napoléon III ne vînt au secours de l'Autriche (il le pouvait) et n'arrêtât le vainqueur. Ces trois concessions, si difficiles en apparence, furent gagnées ; et il n'en coûta à la Prusse que des conversations, des pourparlers et de vagues propositions de dédommagement, au bruit desquelles notre triste César s'endormit paisiblement dans ses Tuileries.

Il se réveilla en sursaut (et qui ne se serait réveillé ?) à la vue de la formidable puissance qu'il venait de laisser se faire. C'est alors que le maréchal Niel fut chargé de mettre l'armée française sur un pied équivalent. Le maréchal Niel mourut, son œuvre n'aboutit pas, l'armée resta telle quelle, et César se rendormit.

Nous approchons de la crise. Tant que l'agression contre l'Autriche était en perspective ou en opération, la Prusse fut obséquieuse, accommodante et prête à accorder, si on l'exigeait, des dédommagements. On n'exigea rien et elle sortit de ses difficultés sans engagements précis, sans rien que des projets informes, qui, même en cas de besoin, purent être divulgués au grand détriment de l'ancien interlocuteur, devenu adversaire.

A peine en eut-on fini avec l'Autriche que le ton changea. La Prusse devint difficultueuse, exigeante, intraitable. On le vit bien à l'affaire du Luxembourg, qui s'éleva bientôt après. Rien n'était plus naturel que de laisser au gouvernement impérial cette très-insuffisante compensation de l'énorme accroissement de puissance qu'on venait d'obtenir, surtout si l'on tenait à lui témoigner quelque bon vouloir et quelque reconnaissance de tout ce qu'il avait laissé faire. Loin de là; la Prusse s'opposa violemment, arrogamment, à cette incorporation; la guerre parut menaçante; et il ne fallut rien de moins qu'un arbitrage de l'Europe pour la prévenir.

M. le comte Daru, pendant son court ministère, fit, par l'intermédiaire de l'Angleterre, des propositions d'un commencement de désarmement au gouvernement prussien, et il insista. Ses instances furent péremptoirement repoussées. Ici viennent très à propos de graves remarques de l'auteur du livre (p. 223) sur la force militaire toujours croissante de la Prusse. « Le
» fait est qu'on cherchait d'une manière générale à devenir le
» plus fort possible, parce qu'on sentait vaguement et très-
» clairement tout ensemble, qu'être très-fort est un avantage
» qui mène à tous les autres, et que la force est comme l'amorce
» de la fortune. Quelle prépondérance ne devait pas espérer
» en effet un peuple qui resterait seul tout entier en armes,
» au milieu de l'Europe en train de désarmer et ne se lassant

» pas de soupirer après le fantôme de la paix universelle ! Un
» pareil triomphe ne demandait, pour être sûrement obtenu,
» qu'un peu de persévérance et énormément de discipline.
» Une certaine hypocrisie était nécessaire aussi ; car il impor-
» tait d'endormir tout d'abord ceux qu'on se proposait de per-
» dre. »

Tels furent deux épisodes qui occupèrent l'intervalle entre les extrêmes complaisances de la Prusse avant Sadowa et la dernière catastrophe. Egalement décidée à refuser au gouvernement impérial la moindre satisfaction, et en même temps à ne diminuer en quoi que ce fût ses formidables préparatifs, elle attendait, elle espérait, elle cherchait les occasions. Au reste, ceux qui voudront apprécier impartialement, comme je fais, la conduite de la Prusse à l'égard de la France n'ont qu'à se référer à celle qu'elle tint à l'égard de l'Autriche, quand elle fut déterminée à lui déclarer la guerre. Même résolution d'entamer une querelle, même recherche des occasions, et mêmes précautions : dans le premier cas, en s'assurant la connivence du gouvernement français, sans avoir eu, en échange, rien à donner que de vaines paroles ; dans le second, en se ménageant la Russie, à qui l'on concéda la rescision du traité de Paris ; rescision qui eut lieu à peu près au moment où notre capitale succombait.

Il n'est même pas nécessaire de remonter si haut pour avoir un spectacle qui n'est pas sans analogie. Aujourd'hui, en 1874, des bouches très-autorisées déclarent dans le parlement allemand que nous tramons une attaque contre l'Allemagne. Eh bien, il est notoire en France et ailleurs que nous ne pouvons pas faire la guerre, notre frontière étant sans défense, nos pertes en matériel non réparées, et nos finances incapables de supporter des fardeaux nouveaux ; que la paix nous est indispensable pour notre réorganisation ; et que plus cette paix durera, mieux cela vaudra pour nous. Certes nous ne tramons rien ; mais ne fournissons aucune occasion, ainsi le commande notre suprême intérêt ; car l'Allemagne saurait mettre à profit ces trames qu'elle dénonce dès à présent, semant pour l'avenir.

Donc, la Prusse ourdit avec Prim, qui alors gouvernait l'Espagne, la candidature d'un prince allemand au trône espagnol. Rien ne pouvait être plus désagréable au gouvernement impérial ; aussi la repoussa-t-il énergiquement. Il avait raison. Je ne veux point ici examiner s'il s'y prit avec toute la prudence nécessaire en une aussi délicate et dangereuse aventure, je ne m'occupe que des faits. Tout le monde sait qu'au fort de l'anxiété publique, un télégramme arriva, qui annonçait que le père du candidat au trône espagnol retirait la candidature de son fils ; tout le monde sait encore que l'on crut à la paix, et que telle fut, entre autres, l'opinion de plusieurs des ministres français ; tout le monde sait que, le matin, l'empereur autorisa M. Nigra à télégraphier au gouvernement italien que la paix ne serait pas troublée ; tout le monde sait enfin que, le soir de ce jour, l'avis changea en haut lieu, et que la partie la plus étroite et la plus intime du bonapartisme décida l'empereur à la guerre, au lieu de négocier sur cette dernière donnée à l'aide d'un arbitrage européen, qui lui était offert, comme pour le Luxembourg, au dernier moment.

L'auteur du livre rapporte ces mots, p. 571 : « Jamais nous
» ne vous ferons la guerre, disait M. de Bismarck au colonel
» Stoffel ; il faudra que vous veniez nous tirer des coups de
» fusils chez nous à bout portant. » Il se réservait, en souriant intérieurement, de nous forcer à tirer ces premiers coups de fusils.

Nous y força-t-il ? Cela est bientôt dit. Quoi qu'il en soit, voici comment l'auteur du livre entend que nous fûmes forcés à la guerre : « La France n'a tiré l'épée contre la Prusse que
» poussée à bout par cette dernière et devant une nouvelle
» provocation qui ne laissait plus à une nation militaire et
» encore jalouse de sa dignité d'autre alternative qu'une sa-
» tisfaction immédiate ou la guerre (p. VII). » Et ailleurs, p. 594 : « De la part d'un ministère qui croyait avoir en mains
» la force nécessaire pour se faire respecter, c'eût été une
» lâcheté que de ne point trahir le ressentiment d'une offense
» aussi froidement infligée. Il nous en a coûté notre puissance,
» il nous en coûtera probablement notre existence nationale ;

» mais il nous en eût coûté notre honneur d'agir autrement.
» Si nous ne devons plus recouvrer le droit des peuples libres
» à se sentir offensés, du moins aurons-nous pour la der-
» nière fois fait un noble et légitime usage de ce droit
» sacré et de notre confiance dans la justice de notre
» cause. »

L'auteur du livre enveloppe ici dans une certaine confusion le rôle de la France, celui du gouvernement impérial et le point d'honneur. Dégageons-les.

Et d'abord on met mal à propos la France en participation de la politique décousue de son gouvernement. La France aimait la paix, et ne songeait pas à la guerre. A la différence de l'Allemagne qui nous gardait une haine invétérée, la France n'avait aucune haine pour l'Allemagne. La guerre n'étonna point l'Allemagne qui s'y attendait ; mais elle étonna grandement la France qui ne s'y attendait pas. Sans doute, quand la déclaration fut partie du trône impérial, il fallut se battre et le patriotisme s'éveilla. Mais jusque-là tout était paisible et immobile; situation morale qui exigeait, comme le reste, qu'on négociât jusqu'à la dernière extrémité ; car on passait, sans préparation, d'un calme profond et sans passion nationale à la plus violente lutte contre une passion nationale aussi ancienne que déterminée.

Le gouvernement impérial comprit autrement son office, et j'en abandonne le jugement à l'auteur du livre : « L'épée fut
» enfin tirée du fourreau, et le fut par malheur avec une vi
» vacité trop française. Nous ne songerons pas à dissimuler
» que cette vivacité était on ne peut plus fâcheuse. Mais le
» tort en retombe uniquement et retombe d'un poids écrasant
» sur notre ministre de la guerre, non sur notre politique
» nationale (p. 649). » Je ne veux aucunement diminuer la responsabilité du ministre de la guerre; mais je ne veux pas non plus la laisser à lui seul (1). Quoi ! Lorsque l'état-major

---

(1) L'auteur du livre, p. 601, ne s'est pas refusé cette remarque : « L'antique et
» incorrigible avocat israélite qui devait encore ajouter à nos désastres le ridicule de
» s'intituler ministre de la guerre dans le pays de Vauban et de Napoléon Ier..... »
A mon tour, je ne me refuserai pas la contre-partie de sa remarque. M. Crémieux

prussien, tous nos militaires qui avaient visité l'Allemagne, et un simple député, M. Thiers, savaient que nous n'étions pas prêts, les collègues de M. le maréchal Lebœuf n'en savaient rien ! L'empereur était absolu (1), il s'était fait tel le 2 décembre, et rien n'avait pu le dépouiller de ce caractère ; nommant tous les sénateurs, nommant la plus grande majorité des députés par la candidature officielle. Il était absolu dis-je, et un prince absolu est tenu d'avoir, en sa surveillance générale, une vue de tout.

Reste le point d'honneur. Selon l'auteur, il exigeait que la France fût précipitée dans la guerre par son gouvernement coûte que coûte, à tout hasard et dût-elle y périr. Non, ce n'est pas là le point d'honneur d'un chef d'Etat. Son honneur à lui, c'est de combiner, de prévoir, et de ne lancer dans les hasards le pays qui lui est confié, que quand il a soustrait à la fortune tout ce qui peut lui être soustrait. L'empereur Napoléon, quelque provoqué qu'il ait été, avait pour devoir étroit de demeurer impassible. Ce qu'un prince ne doit perdre en aucune circonstance, c'est l'instinct de cette grandeur nationale dont il est la personnification, et l'ambition d'agir toujours et partout au mieux des intérêts de son peuple, quoi qu'il en puisse coûter à ses sentiments personnels.

Mais, dira-t-on, l'empereur Napoléon III se croyait prêt. — Alors ne parlons plus du point d'honneur ; parlons de l'incroyable impéritie qui fit prendre à un souverain régnant de-

---

aura été aussi mauvais ministre de la guerre qu'on le voudra ; mais le fait est que lui et ses collègues, sans soldats de ligne, sans officiers, sans cadres, sans armes, ont prolongé la résistance pendant quatre mois, tandis que les héritiers impériaux de Vauban et de Napoléon Ier ne l'ont fait durer, avec deux cent cinquante mille hommes de ligne bien organisés, qu'un mois, du 3 août au 1er septembre ! Avec de pareils exploits de maréchaux et de généraux, il faut être indulgent pour l'incorrigible avocat israélite et ses collègues.

(1) M. Villemain, secrétaire de l'Académie française, présentant, comme c'est l'usage, un nouvel académicien au chef de l'Etat, adressa touchant l'Institut quelques réclamations à l'empereur, qui répondit qu'il n'y pouvait rien. — Mais, sire, vous êtes absolu. — Je ne le suis pas, répliqua l'empereur. — Dans la forme, il n'était pas absolu ; mais qu'est-ce que la forme ? Un pouvoir conquis par la force reste toujours un pouvoir de la force.

puis dix-huit ans un état de flagrante infériorité militaire pour un état d'égalité.

L'auteur du livre insiste en toute rencontre pour mettre en relief l'astuce et la malveillance de la Prusse, en l'opposant aux bonnes intentions et à la confiance de l'empereur Napoléon III. Ce qu'il y a de fondé dans ces assertions peut être ramené à ceci, qui est incontestable : la Prusse, tant qu'elle a eu besoin de la neutralité bienveillante du gouvernement impérial, fut amicale, prévenante, flatteuse ; mais, sitôt que le dangereux détroit de la guerre autrichienne fut franchi, elle devint intraitable et provoquante (1). On qualifiera comme on voudra une pareille conduite dont l'Allemagne triomphe et s'applaudit ; mais nul ne pourra manquer de dire avec l'auteur qu'en tout ceci l'empereur Napoléon III a joué « un rôle de dupe peut-être sans exemple dans l'histoire (p. 362). »

Dans la vie privée, il vaut mieux être dupé, bien qu'il faille faire ce qu'on peut pour éviter une pareille déconvenue, que dupeur, surtout s'il ne s'agit des intérêts que de celui qui traite. La responsabilité s'aggrave dans le cas où le dupé est un fondé de pouvoir. Mais que dire si ce dupé est le fondé de pouvoir d'une grande nation ? Que dire enfin si ce fondé s'est emparé des pouvoirs par le parjure, un complot, la violence, un massacre dans Paris, des proscriptions dans les provinces ? Louis XV, triste roi, pouvait arguer que c'était non sa volonté, mais sa naissance qui lui avait imposé une fonction qu'il n'était pas capable d'exercer. Mais le médiocre Bonaparte qui crut assez en son ambition pour demander à un coup de main nocturne le gouvernement de trente-huit millions d'hommes, que peut-il alléguer, lui qui laisse démembrée, désorganisée, obérée, cette nation qu'il prit intacte, forte et florissante ?

Le mal qui nous travaille et dont l'empire restauré fut le plus désastreux sans être l'unique symptôme, est cet esprit de révolution violente qui, tantôt par en haut et tantôt par en bas, porte atteinte aux institutions établies. Il aurait appar-

---

(1) Jamais ne fut plus vrai qu'en cette évolution le proverbe italien : *passato il pericolo, gabbato il santo*.

tenu à un prince qui n'était point auteur de la révolution de février et qui venait de recevoir cinq millions de suffrages, de rompre, si son âme avait égalé son ambition, ce funeste enchaînement. Mais non ; il y ajouta un chaînon de plus, et le plus indigne de tous ; car il le signala par un de ces manquements à la foi promise, à la parole donnée qui déshonorent un homme dans la vie privée ; et, par une ironie moralement malfaisante, il demanda un serment le lendemain du jour où il venait de violer le sien.

Moralement malfaisante ! Ecoutez ce que dit l'auteur, comme s'il avait eu ce mot sous les yeux pour le paraphraser : « Une
» responsabilité à laquelle la cour impériale ne saurait échap-
» per, c'est l'encouragement perpétuellement accordé par elle
» pendant dix-huit ans à toutes les frivolités malsaines, à
» toutes les turpitudes plus ou moins spirituelles que peut
» produire du soir au matin une capitale, capable peut-être
» aussi de l'excès du bien, mais coutumière à coup sûr de
» l'excès du mal, en matière de direction intellectuelle. Ce qui
» nous paraît bien autrement coupable encore que les batailles
» perdues de Metz et de Sedan, c'est d'avoir jeté la France
» comme en pâture à la Bohême parisienne, et de ne pas avoir
» compris que le devoir le plus sacré d'une monarchie, comme
» la condition première de tout développement démocratique
» régulier, c'est d'accaparer, pour ainsi dire, la haute tutelle
» des mœurs, le soin de rétablir le respect sous toutes les
» formes, le contrôle incessant des idées mises en circulation,
» en un mot, de diriger en la réglant l'émancipation lente,
» mais sûre, de l'intelligence publique. Nous ne lui pardon-
» nerons jamais d'avoir créé une école toujours ouverte
» d'affolement mutuel et d'insanité mentale, dont la contagion,
» d'abord limitée à un coin social, n'a fait pendant vingt ans
» que s'étendre chaque jour de tolérance en tolérance, et qui
» devait aboutir fatalement à la dissolution complète de la
» société française (p. 11). »

Et notez, ces paroles ne sont pas d'un adversaire implacable de l'empire ; car il ajoute aussitôt : « Nous ne craignons pas
» de le dire, même pendant cette période funeste (à l'intérieur),

» les rapports du cabinet des Tuileries avec l'Europe n'ont pas
» cessé, par une contradiction fort heureuse, d'être d'une
» loyauté désintéressée et parfois chevaleresque, d'une bien-
» veillance sincère qui dépassait tout à fait les limites d'une
» courtoisie banale, en même temps malheureusement que
» celles d'une prudence nécessaire (p. 12). » Il y a beaucoup
de vrai dans ce tableau ; pourtant, tout n'y est pas vrai, car il
y eut des projets contre la Belgique. Mais surtout ce libéralisme à l'extérieur, cette bienveillance sincère et ce défaut de
prudence, le tout assaisonné de grandes guerres, formaient
quelque chose de décousu qui inquiétait l'Europe et livrait la
France.

Tout est étrange dans cet étrange empire. On pouvait croire
qu'il lui restait du moins quelque vigueur guerrière. Le premier empire, tout vaincu qu'il était par la coalition, se montra
terrible dans ses derniers combats et inspira jusqu'à la fin la
crainte à ses ennemis malgré leur nombre. Mais le second
empire ne se contenta pas de faire battre ses armées ; il les fit
prendre. Deux cent cinquante mille hommes faits prisonniers,
avec leurs fusils, leurs canons, leurs drapeaux ! La capture
de deux cent cinquante mille hommes braves, disciplinés et
pourvus de tout leur armement est un fait sans exemple dans
les annales des armées modernes. Sans doute l'ennemi, supérieur en nombre, profita rapidement, habilement des fautes
commises ; mais ce n'est qu'une moitié de l'explication ; l'autre
moitié reste à la charge de l'empereur et de ses généraux.

M. de Bismarck vient de dire devant l'Allemagne et devant
l'Europe, que l'Alsace et la Lorraine, conquises dans l'intérêt
de l'empire, seraient gouvernées dans l'intérêt de l'empire [1],
quelque oppression qu'il en dût résulter pour les deux provinces. Une telle déclaration est la confirmation de ce que

---

(1) J'ai parlé plus haut de mon aversion pour l'Allemagne contemporaine. Ce qui l'inspire, ce n'est pas notre défaite, cela appartient aux hasards de la guerre ; c'est l'égoïsme cynique dans l'iniquité nationale. En ces dures paroles pour l'Alsace et la Lorraine, M. de Bismarck vient de se faire le franc truchement de l'opinion allemande ; et encore faut-il noter à la charge de cette opinion, que quelques indices ont montré le ministre comme moins ennemi qu'elle de toute modération dans la vic-
toire.

l'auteur du livre écrivait longtemps avant de l'avoir entendue :
« Ne tenir compte que de ses passions et de son égoïsme, sans
« avoir souci de l'opinion publique et de sa propre conscience,
« c'était déchaîner la violence à perpétuité dans le monde, et
« manquer par conséquent à la première des obligations de
« tout peuple civilisé. La race allemande, de 1815 à 1870, n'a
« pourtant jamais fait autre chose, la plume ou le fusil à la
« main (p. 242). »

Non autre, du reste, est le traitement infligé aux Polonais, victimes de la ruse et de la violence employées par l'Allemagne contre leur malheureux pays. Aussi la haine vit dans leur cœur ; et, le jour où ces Slaves iront se rejoindre à leurs parents les Russes, ce ne sont pas des regrets et des lamentations, comme il y en a présentement en Alsace et en Lorraine, qui salueront l'expulsion des Allemands, ce seront des cris de joie et de vengeance.

L'auteur du livre, déplorant la rupture entre la nation allemande et la nation française (et, quoi qu'en pense en sa sécurité l'Allemagne victorieuse, on doit la déplorer), dit p. VIII :
« Une fatale et interminable querelle de races qui ne se dé-
« nouera probablement à présent que par la réduction des
« Hohenzollern à la portion congrue, ou, plus vraisemblable-
« ment encore, par la destruction totale de notre pays... » Et non moins pessimiste dans un passage que j'ai cité plus haut, il exprime « qu'il nous en coûtera probablement notre exis-
« tence nationale. » Je conviens, sans hésiter, avec l'auteur que notre situation est dangereuse. Depuis quatre ans, nous avons beaucoup remonté du fond de l'abîme où Napoléon III nous a précipités ; mais il nous reste encore bien des degrés à gravir ; et à chacun de ces degrés nous attendent de menaçants hasards. Toutefois qui dit périlleux ne dit pas désespéré.

De grande puissance que nous étions, nous sommes devenus puissance secondaire. Les grandes puissances sont l'Allemagne, la Russie et l'Angleterre. Notre rôle secondaire, il faut l'accepter ; et notre sagesse sera de nous y renfermer.

Cette sagesse consiste à ne rien provoquer en Europe, et à

attendre que l'Europe, par une circonstance quelconque, sorte de l'équilibre instable où elle est provisoirement placée. Alors, si nous avons su dans l'intervalle (plus l'intervalle sera long, plus il nous sera favorable) réparer nos forces, nous fournirons, soit pour la paix, soit pour la guerre, à qui le recherchera, un appoint qui ne sera pas à dédaigner.

Cet appoint, il importe de le constituer hâtivement. Et, pour se hâter, il ne faudrait pas perdre son temps à renverser M. Thiers, à délibérer, sans pouvoir en sortir, sur le septennat personnel ou impersonnel et sur les lois constitutionnelles, à remplacer M. de Broglie par M. de Fourtou, M. de Fourtou par M. de Chabaud-La-Tour, et à clore cette singulière besogne de plus d'un an et demi par un ajournement et un repos de quatre mois. Heureusement, la nation travaille ; et, quand on lui donnera un gouvernement définitif, ce gouvernement la trouvera toute prête à marcher avec lui (1).

Trois objets essentiels doivent être présents incessamment à notre esprit : refaire nos finances, refaire notre armée, refaire notre éducation publique. Avec de bonnes finances, une bonne armée et une bonne éducation, on peut traverser bien des périls.

II

LES VAINCUS DE METZ (2).

Il paraîtra peut-être hors de propos que la revue de *la Philosophie positive* s'occupe de la catastrophe de Metz, évènement particulier chez une nation particulière. Ce n'est pas cependant parce que l'auteur a écrit dans cette revue, et lui-même

---

(1) Depuis lors, ce que je demandais a été fait, et la république est constituée.

(2) Par E. J... ancien élève de l'Ecole polytechnique. Paris 1871. Mon article sur ce livre parut dans la revue de la *Philosophie positive*, novembre-décembre, 1871, par conséquent avant le jugement du maréchal Bazaine.

ne m'a pas demandé en m'adressant son livre que j'en parlasse ; mais c'est parce qu'il est possible d'y rattacher des considérations de morale politique qui ont à la fois leur généralité et leur application.

Avant d'y arriver, j'ai nécessairement à traverser des évènements militaires et à les apprécier. Mais, me dira-t-on aussitôt, quelle est votre compétence, et quel droit avez-vous de porter un jugement? Ma compétence est nulle; mais un homme de sens, habitué aux études historiques, ayant devant lui les récits des deux adversaires et le résultat, est en état, du fond de son cabinet, d'apprécier les opérations militaires, en tant que partie d'échec bien ou mal jouée.

A ce point de vue, j'ai à examiner, avec le livre de M. J..., la conduite de M. le maréchal Bazaine en trois circonstances capitales, d'abord quand il fut coupé en avant de Verdun et qu'il perdit ses communications avec le reste de la France ; puis pendant que le maréchal Mac-Mahon entreprenait la périlleuse marche sur Sedan ; enfin, durant le blocus de Metz et au fur et à mesure des progrès de la famine. Ce sont là les trois phases du grand drame auquel a présidé M. le maréchal Bazaine. A chacune de ces trois péripéties, l'avenir qui nous était réservé pouvait être changé : non coupé, M. le maréchal Bazaine gardait à la France une nombreuse armée; agissant pour coopérer avec M. le maréchal Mac-Mahon, il diminuait les périls de son collègue ; troublant le blocus, il diminuait les périls de la France.

M. J*** est un jeune officier qui est entré en campagne avec la déclaration de guerre et qui a été blessé et pris à Metz. Et, afin qu'on fasse aussitôt connaissance avec l'auteur et son livre, voici une page où, tout en se demandant si arracher le commandement au général en chef n'eût pas créé pour la malheureuse armée quelque chance de salut ou de lutte désespérée, il accepte avec une mâle douleur les rigueurs de la discipline militaire : « Par une froide journée de décembre (M.
» J*** était alors prisonnier en Allemagne), nous nous étions
» réunis en secret pour lire un journal français dont la vue
» irritait nos geôliers, et nous nous posions tristement, au

» coin d'un maigre poêle, cette question terrible, ce problème
» effrayant (les causes de la capitulation de Metz). L'un de
» nous nous fit comprendre la solidarité de la chaîne à la-
» quelle se liait notre destinée, par la lecture de quelques
» lignes d'un livre que nous avons souvent relu depuis :
» *L'armée est aveugle et muette. Elle frappe devant elle du
» lieu où on la met. Elle ne veut rien, et agit par ressort.
» C'est une grande chose que l'on meut et qui tue ; mais c'est
» aussi une chose qui souffre* (ALFRED DE VIGNY, *Servitude
» et grandeur militaires*). Nous comprîmes alors la puissance
» fatale et irrésistible de ces deux choses qu'on appelle la dis-
» cipline et l'esprit militaire, choses excellentes cependant
» en des mains habiles et honnêtes. Nous comprîmes alors,
» plus que jamais, la grandeur du sacrifice de l'homme qui
» abdique sa volonté pour l'obéissance sans restriction. La
» rougeur au front, nous repassions dans notre mémoire le
» mépris qui, depuis quelques années, accueillait notre abné-
» gation, et dans les journaux, et sur les théâtres, et dans
» notre propre famille. Nous baissions la tête sous le poids
» de si lourdes réflexions, trouvant, dans l'excès de notre
» malheur, une sorte de joie amère dans l'accomplissement
» tout entier de notre pénible devoir, espérant que peut-être
» un jour la nation, revenant à des idées plus morales, se re-
» pentirait de ses railleries bouffonnes, et se sentirait de l'es-
» time et du respect pour l'homme qui sait tout souffrir sans
» murmurer, et qui accepte jusqu'au bout le sacrifice sous
» toutes les formes.

» Dans une telle situation, l'impuissance de l'individu est
» flagrante pour réagir contre les choses qu'il déteste. L'o-
» béissance n'a pas de limites ; elle devait être complète, elle
» le fut. Ce qui avait été notre force aux jours relativement
» heureux de la lutte, devint, par la fatalité, la source de no-
» tre honte. Ce qu'il faut accuser, ce n'est pas l'institution,
» qui est la plus parfaite expression de l'organisation, but de
» toute société civilisée, mais l'infamie des hommes qui l'ont
» confisquée, comptant y trouver leur profit. Si les hommes
» qui ont manié cet instrument docile avaient été d'honnêtes

» citoyens, notre sacrifice, qui reste obscur et insignifiant,
» aurait pu devenir éclatant et victorieux dans une certaine
» mesure. Comme l'a dit Alfred de Vigny, la carrière du sol-
» dat est une vie d'abnégation. Depuis longtemps, ce rôle
» nous était familier; nous n'aurions jamais cherché à en
» éviter les épreuves. Loin de les fuir, nous les avons au con-
» traire réclamées avec une instance qui explique l'absence
» calculée du maréchal Bazaine au milieu des tentes. Nous
» savions tous que nous étions la seule puissance organisée
» de la nation, la force vive du pays, l'espoir de la patrie
» dans ces jours funestes, et nous étions résignés, dès les
» premiers jours, à prendre la plus dure partie du fardeau.
» C'est même grâce au maintien de cet esprit que le système
» de l'inertie parvint à gagner du temps, jusqu'au moment
» où il n'était plus possible de reculer (p. 238). »

Ce sont les paroles d'un brave et loyal militaire. Je ne dissimulerai pas (et on l'entrevoit dans le morceau rapporté ci-dessus), que M. J*** incrimine autant les arrière-pensées que les actes de M. le maréchal Bazaine. Pour moi, ici, laissant de côté les arrière-pensées que je n'ai aucune prétention de deviner, je m'occupe uniquement des actes militaires. Ai-je besoin de dire que je ne m'en occupe pas pour refaire l'histoire, ni représenter ce qui serait advenu si les mesures prises avaient été autres ? Ce sont des suppositions auxquelles toute réalité manque, et de pures complaisances du vaincu à l'égard de lui-même. Mais la France, qui était pleine de force et de vigueur, et capable, si elle avait été préparée et conduite, de soutenir les luttes les plus dures, fut en quelques jours renversée et vaincue de manière à ne pouvoir s'en relever. En quelques jours, notez-le bien. L'histoire a un véritable intérêt à savoir comment cela s'est fait. La ruine est devenue irrémédiable, je ne dirai pas par la défaite, mais par la perte intégrale des deux seules armées que nous eussions. Voyons donc par quels actes ces deux armées ont été perdues.

Après les trois grands revers du début de la campagne, l'armée, vaincue mais non coupée (vous verrez tout à l'heure quelle immense différence il y a entre vaincu et coupé), se retira sur Metz, et M. le maréchal Bazaine en eut le commandement. Elle était dès-lors assez réorganisée pour livrer des batailles, témoin Borny et Gravelotte. Les Allemands, qui disposaient de forces très-supérieures, conçurent le projet décisif, non pas de défaire l'armée française, mais de la cerner. Que M. le maréchal Bazaine ait soupçonné le dessein de ses adversaires ou ne l'ait pas soupçonné, peu importe, le soin le plus urgent était de mettre son armée en sûreté, je veux dire de conserver les communications avec la France. Une armée coupée n'était plus bonne à rien, ne pouvant se concerter avec les autres corps, destinée à tomber finalement entre les mains de l'ennemi, et ne servant plus désormais qu'à occuper momentanément une certaine partie de ses forces. Le général en chef devait donc, à tout prix, se mettre opportunément en retraite, au prix d'une bataille, au prix même d'une défaite; car des débris d'armée auraient encore servi à la défense. On dira ce que l'on voudra sur les retards des mouvements; le fait est qu'on s'attarda, quand la plus urgente rapidité était commandée; la retraite sur Verdun fut coupée; et là s'accomplit le premier acte de la ruine de la France.

M. le maréchal Bazaine a écrit qu'il avait gagné la bataille de Borny. Soit; certes, les Allemands auraient acheté à un bien plus haut prix encore le succès de leur mouvement stratégique. Quand à Paris, après le premier fracas des batailles de Borny et de Gravelotte, on sut que l'armée était coupée de Verdun, et cernée dans Metz, tous ceux qui suivaient avec anxiété les événements comprirent que cette victoire était pire que la plus sanglante des défaites puisqu'elle menait droit à une capitulation. Et en effet, quoi qu'on dise de Borny, celui-là a la victoire qui réussit dans l'accomplissement d'un plan décisif. Les généraux allemands voulaient cerner l'armée du maréchal Bazaine; ils la cernèrent. Qu'importe ce qu'on fit ou ne fit pas à Borny, et quelle triste hâblerie de parler de victoire, quand on se laisse couper et enfermer?

Dans cette menaçante situation, le gouvernement eut à prendre un parti. Des deux armées qu'il avait tout à l'heure, il ne lui en restait plus qu'une, la moins nombreuse et la moins solide, celle du maréchal de Mac-Mahon. Il se trouva à son tour devant la même alternative où le maréchal Bazaine s'était trouvé peu de jours auparavant : sauver l'armée par une retraite fermement résolue et bien conduite, ou hasarder de la perdre et avec elle de tout perdre par un aventureux coup de main, dans l'espoir d'un grand succès qui procurerait la jonction des deux armées, jonction négligée à Borny et à Gravelotte. Quand le projet fut mis en discussion, je sais que quelques-uns de ceux qui furent consultés opinèrent pour qu'on abandonnât l'armée de Metz à son sort, et pour que l'on conservât intacte l'armée de Châlons. Il est palpable que cette résolution, quelque douloureuse qu'elle fût, était la seule militairement valable. C'était, notons-le bien, l'unique force organisée qui restât, environ cent mille hommes, un matériel considérable, des officiers, des cadres, tout ce qui manqua quand, sur la Loire, on s'efforça à la hâte, sans soldats, sans canons, sans fusils, de refaire une armée. Quelles furent les intentions qui dictèrent l'ordre de la marche sur Sedan? Je ne les recherche pas ; ici je recherche seulement les actes ; et cet acte est, après la faute qui permit aux Allemands de couper notre armée en avant de Verdun, la plus grande faute militaire de cette guerre.

L'expédition du maréchal Mac-Mahon était trop hasardeuse, pour que le gouvernement ne mît pas tout en œuvre, à l'effet d'en diminuer les périls, c'est-à-dire de procurer au maréchal une diversion du côté de son collègue enfermé dans Metz. Des hommes déterminés furent choisis pour porter au maréchal Bazaine l'annonce de la marche de l'armée de Châlons ; le gouvernement, je le sais positivement, eut la conviction que certains de ces agents avaient pénétré dans Metz et remis la dépêche. Là plane encore un mystère : le gouvernement s'est-il trompé dans sa conviction ? De quel côté est la vérité, chez ceux qui soutiennent que la dépêche a pénétré dans la ville bloquée, ou ceux qui soutiennent qu'elle n'y pénétra pas ? Je n'ai, bien entendu, rien à dire sur tout cela, qui est purement un point de fait à établir judiciairement par témoignage. Mais ce qui n'est sujet à aucun débat, judiciaire ou autre, c'est que du côté de Metz, l'affaire du 26 août ne fut qu'une simple démonstration, que celle du 31, plus sérieuse, n'aboutit à rien de décisif, et que le maréchal Bazaine ne fut d'aucun secours à son collègue. Il aurait été justifié si, faisant un suprême effort, il avait perdu une grande bataille. Or, ni l'affaire du 26 août, ni celle du 31 août ne furent une grande affaire ni un effort suprême.

Maintenant septembre est arrivé; l'armée de Sedan est vaincue et prisonnière; l'armée de Metz est étroitement bloquée. Cette armée, tous les témoignages l'affirment, était complètement remise de l'indiscipline des débuts de la campagne; les combats de Borny et de Gravelotte, vigoureusement soutenus, lui avaient donné beaucoup de solidité; et elle était animée d'un grand courage, organisée, désireuse de bien faire et suffisamment pourvue d'artillerie. Dans cette situation matérielle et morale, elle était capable d'un puissant effort, le sentait et le voulait. Mais, cernée comme elle était grâce aux fautes de ceux qui avaient eu la conduite de la guerre, il était possible que la seule issue fût une capitulation. Toutefois, pour qu'il demeurât certain qu'une telle issue était inévitable, il aurait fallu que l'armée, livrant une grande bataille pour forcer le blocus, la perdît; alors il eût été évident que les lignes allemandes n'étaient pas forçables, et l'on eût avec résignation laissé venir la famine et la capitulation; mais, puisque cette preuve décisive n'a pas été donnée, la critique militaire est en droit de dire qu'on a fait ce qui a échoué, et qu'on n'a pas tenté ce qui seul était à faire.

On peut voir dans le livre de M. J*** et, du reste, dans tous les récits, que le temps du blocus, c'est-à-dire septembre et les deux tiers d'octobre se passèrent en affaires très-fréquentes, mais petites, et qui pouvaient fatiguer l'ennemi, mais qui ne lui causaient aucun embarras sérieux. L'armée sentait qu'elle devait à elle-même et à la France de teindre, à profusion, de son sang les environs de Metz; elle avait horreur de la honte de défiler entière devant l'ennemi, et elle aurait payé du quart, de la moitié de son effectif, l'honneur de ne se rendre que sanglante, mutilée, les armes brisées, les drapeaux déchirés, les canons démontés. Une grande bataille lui eût procuré cet honneur ou le succès ; les petites batailles la livrèrent à l'ennemi affamée et prisonnière.

Des manquements si lourds et si décisifs répondaient à l'entrée en campagne; et l'entrée en campagne elle-même répondit à la déclaration de guerre et aux préparatifs. Certes Louis XV et ses ministres tant décriés dans notre histoire, furent des héros et des génies, comparés à l'empereur et aux ministres de l'empereur (1).

Mais je quitte ici M. J*** et son livre, et je me rejette à vingt ans en arrière, au 2 décembre 1851 ; car c'est là, quand je me suis occupé des *Vaincus de Metz*, que je voulais venir. Au jour même de cet événement, je fus contristé autant au moins que je l'ai été par nos défaites et par une paix désastreuse. Je l'ai dit alors et le redis aujourd'hui : ce que nous perdîmes en ce jour est d'un prix peut-être plus grand que ce que nous perdons aujourd'hui ; nous perdîmes notre foi en la probité.

Il se trouva un homme qui, sans contrainte et de son plein gré, jura solennellement en face de son pays et de l'Europe qu'il gouvernerait loyalement et fidèlement la république ; et

---

(1) En 1867, j'écrivais : « Je suppose, ce que supposent les vagues alarmes du public, que le gouvernement français, se repentant d'avoir laissé faire en 1866 l'unité de l'Allemagne qu'il put empêcher, tente de la défaire par la guerre. Pour une œuvre pareille, il faut des alliés ; et il n'y a de disponibles pour la France que l'Angleterre, l'Italie et l'Autriche. Qui ne sait que l'Angleterre, irritée contre qui troublera la paix, restera neutre et gardera ses hommes et ses trésors pour de tout autres emplois que de vaines et sanglantes entreprises ? On voit bien ce que l'Italie aurait à perdre dans un pareil conflit, on ne voit pas ce qu'elle aurait à y gagner, d'autant plus facilement neutre qu'on vient de la blesser et de l'apaiser mal en ce qu'elle a de plus vif, la question de Rome. Quant à l'Autriche, il faut distinguer : il est fort possible que l'Autriche, si la Prusse prenait le rôle agressif, et, en menaçant la France, la menaçât, elle aussi, très-sérieusement, devînt une très-utile alliée ; mais, si c'est le gouvernement français qui est l'agresseur, le sentiment allemand, si fort dans les provinces allemandes de l'empire, ne laissera pas la liberté d'action au cabinet autrichien. Ainsi, dans l'aventure d'une agression contre l'Allemagne, on ne pourrait compter sur personne ; et ce serait refaire, aux bords du Rhin et sur une incalculable échelle, la faute du Mexique, si chèrement payée en hommes, en argent, en influence, et close si tristement (la *Philosophie positive*, t. I, p. 323). » Si un homme aussi isolé que je l'étais a pu voir si clairement l'avenir, comment des ministres, des généraux, des députés, des sénateurs s'y sont-ils trompés ?

ce même homme, sans remettre son mandat, se servit de tout ce qui lui avait été confié pour violer impunément son serment et s'emparer, avec son vicieux entourage, du pouvoir et de tout ce que le pouvoir donne. Cette grossière improbité alla s'asseoir triomphante sur le trône.

Un si haut exemple fut suivi. Comment ne l'aurait-il pas été? En vain l'empire installé demanda-t-il qu'on respectât la probité qu'il n'avait pas respectée. On le laissa dire ; et beaucoup, non pas tous (car le fond honnête de la nation résista à cette rude épreuve d'immoralité), furent tentés et se mirent à l'aise avec les devoirs. Un devoir n'est pas plus qu'un serment ; et la violation du devoir, sans rapporter un sceptre, a pu rapporter de quoi satisfaire à des appétits qui se crurent aussi autorisés que l'appétit impérial.

L'histoire, rigide exécutrice des lois de l'évolution sociale, abandonne tout le reste de son domaine à l'intervention de conditions inférieures qui ne représentent plus pour nous ni justice, ni rétribution. Mais, cette fois-ci, elles n'ont point été aveugles comme d'habitude et ont satisfait au désir des justes châtiments : elles ont brisé un trône improbement acquis et livré celui qu'elles en firent descendre aux amertumes de l'ambition trompée et aux regrets de la grandeur perdue.

A l'immoralité ne se borna pas le mal, tout grand qu'il fut. Jusqu'en 1870, avant la candidature Hohenzollern, on pouvait se flatter de l'espérance que les conditions pacifiques prévaudraient en Europe sur les conditions guerrières; que souvent la paix serait ou menacée ou partiellement troublée ; mais que, d'ajournements en ajournements, on arriverait à quelque entente internationale, à quelque système d'arbitrage. Ces espérances étaient des illusions ; non seulement la grande guerre a éclaté, mais la paix qu'elle laisse derrière elle, est une paix beaucoup plus armée que n'était la précédente, qui a pourtant abouti à une conflagration. Ainsi l'intronisation des Bonaparte, tandis qu'elle portait une grave atteinte à la probité en France, ne troublait pas moins profondément en Europe les éléments de paix qui luttaient contre les éléments de guerre.

En effet telle fut la signification de cette intronisation, et tel en fut aussi le résultat. Les Bonaparte s'élevèrent à l'empire par le guet-apens du deux décembre; ceci est imputable à l'homme ; mais ils furent élevés à la présidence par le vote du dix décembre ; ceci est imputable au suffrage universel, particulièrement aux paysans et aux ouvriers infatués des souvenirs de guerre du premier Napoléon. L'empire c'est la paix, fut-il dit à Bordeaux, pour capter le commerce, la banque, l'industrie ; mais le démenti ne se fit pas attendre. Tout, dans ce nom, menaçait la fragile constitution de la sécurité commune, aussi bien le souvenir de l'extension illimitée des conquêtes que celui de la défaite et du châtiment. Le démon de la guerre et des aventures était lâché, et il ne devait plus s'arrêter que sur les bords de la Seine et de la Loire, après des désastres sans exemple dans l'histoire, pas même dans celle du premier empire. A cet égard Bonaparte troisième a surpassé Bonaparte premier.

M. J***, en m'envoyant son livre, m'écrivit que sans doute je ne serais pas d'accord avec lui sur une certaine note qu'il m'indiqua. Voici cette note : après y avoir sévèrement blâmé, au nom des événements actuels, les attaques contre l'armée et l'esprit militaire qui avaient cours sous l'empire parmi les libéraux et les républicains, ainsi que les propositions de désarmement et les perspectives d'une fraternelle union entre les peuples européens, il ajoute (p. 296) : « Tout cela est faux,
» absolument faux ; en république, comme en monarchie, une
» nation est constamment menacée, dans ses intérêts, dans
» son développement, par les nations voisines, dont le tem-
» pérament et quelquefois la race sont essentiellement diffé-
» rents ; et toutes, elles ont entre elles un antagonisme per-
» pétuel. On verra sans cesse surgir une question qui rompra
» l'équilibre ; si ce n'est pas une question dynastique, ce sera
» surtout et toujours une question économique, une question
» d'existence. Proudhon a démontré clairement comment la
» guerre est chose humaine, comment elle tient aux bases
» même d'une société organisée. Le progrès (mot dont on a
» tant abusé) ne consiste pas à supprimer le guerre, mais à la

» transformer, à la rendre moins terrible aux Etats qui la su-
» bissent, à la rendre plus connexe avec les questions vitales.
» Les guerres seront moins meurtrières, plus logiques, plus ra-
» res ; mais ce n'est pas à notre génération à le nier. Notre siècle
» est essentiellement un siècle de luttes; le devoir des penseurs
» consiste à les étudier dans leurs relations avec les problèmes
» économiques, avec le développement intellectuel, avec les
» mœurs, et non pas à prêcher des billevesées. Le christia-
» nisme n'a pas réussi à changer notre race sous ce rapport;
» que peuvent faire alors les efforts isolés de quelques hom-
» mes de cabinet?... Il n'est pas une race humaine chez la-
» quelle la guerre ne soit considérée comme un fait normal
» continuel. C'est un mal, c'est possible, mais c'est un fait
» fatal. »

Je ne suis pas en effet de l'avis de M. J*** ; pourtant j'ai une notable distinction à introduire. A moi comme à lui il apparaît que le siècle présent est un siècle de luttes; la dernière guerre n'a pas épuisé les chances de conflits ; au contraire elle les a augmentées en intensité. Cela posé, je pense comme M. J*** qu'il faut nous réorganiser militairement avec une détermination inflexible, ne reculer devant aucun sacrifice, ni matériel, ni moral, et entretenir dans tous les cœurs un sérieux amour de la patrie. Dans notre reconstitution, n'oublions jamais ce que c'est qu'être vaincu et envahi (1).

Maintenant, et c'est la seconde question impliquée dans la note de M. J***, quel sera l'avenir de notre espèce ? Doit-elle

---

(1) En lisant l'histoire de France, on est frappé des nombreuses défaites qui la signalent. Contre les Anglais, au XIVe et XVe siècles, nous ne cessons de perdre des batailles ; au XVIe, notre infériorité est continue en regard des Espagnols ; au XVIIe, une coalition brise la puissance de Louis XIV ; plus tard, c'est encore une coalition qui vient à bout de l'empire de Napoléon Ier ; enfin l'Allemagne, à elle seule, écrase celui de Napoléon III. A la vue de tant de désastres, on s'étonne vraiment que la France n'y ait pas péri, et l'on est tenté de croire que la race gauloise, qui n'a fait que changer de nom en devenant française, est impropre, toute vaillante qu'elle est, aux grandes et savantes opérations militaires. Toutefois, cette opinion trouve sa contradiction dans d'autres faits historiques : les succès de Charles V, ceux de Henri IV, de Richelieu et de Mazarin, ceux de Louis XVI et de la Convention. En comparant ces deux séries opposées, on comprendra ce qu'ont été dans notre pays les guerres faites avec réflexion, sagesse et habileté.

toujours guerroyer entre elle ? Ou bien de grands groupes de peuples finiront-ils par se pacifier ? Là-dessus on n'a, bien entendu, que des inductions ; mais je crois que les inductions essentielles indiquent une pacification progressive. Ces inductions essentielles sont au nombre de deux, la raison publique et les intérêts internationaux. Leur croissance est continue et toujours dans le même sens ; c'est-à-dire que de plus en plus ils créent des difficultés à la guerre. La raison sans les intérêts, les intérêts sans la raison seraient impuissants ; réunis, ils agissent lentement, mais sûrement vers un même résultat. Les grandes perspectives sociales, quand elles ont pour origine la contemplation de la marche du savoir positif et de l'histoire humaine, inspirent aux philosophes des espérances qui dépassent la durée de bien des générations, et qui pourtant ne sont pas des vanités.

Et les guerres sociales, qui se dressent si redoutables, qu'en dit-on ? Que pense-t-on de leur durée ? On sait, depuis qu'elles ont pris leur caractère, quelle est la relation qu'elles entretiennent avec les guerres internationales : quand celle-ci prédominent, les autres passent sur le second plan ; au contraire, l'imminence des guerres sociales arrête, par les inquiétudes qu'elles inspirent aux gouvernements, les guerres internationales. Pour le plus prochain avenir, c'est la menace des guerres internationales qui est la plus urgente : mais qui peut dire ce qu'il en sera dans un avenir ultérieur ? Pour moi, je pense qu'elles finiront les unes et les autres, et à peu de distance les unes des autres, comme tenant essentiellement à un même principe. L'humanité comme idéal, et la solidarité comme intérêt en triompheront.

Notre présent est loin de cet avenir. Après cinquante-cinq ans d'interruption, après, ce semblait, une véritable prescription, reparaît sur la scène de l'Europe l'affreux droit de conquête, le plus grand méfait que des peuples de même civilisation puissent aujourd'hui commettre les uns contre les autres. M. J***, dans son livre, p. 51, rapporte que, lors de l'armistice, les jeunes filles d'une école, en Allemagne, ont chanté un chœur commençant par ces mots « O que tu dois être contente, Strasbourg, d'être enfin redevenue allemande! » On peut aller vérifier sur les lieux combien, en effet, et Strasbourg, et l'Alsace entière, et la Lorraine, sa voisine, sont contentes d'avoir été annexées par la force, contre leur volonté déterminée, à l'empire allemand! En France, si, après la victoire, un pareil méfait avait été commis, et il eût été difficile à commettre, d'innombrables et hautes protestations se seraient élevées parmi tous ceux qui ont souci de l'honneur de la civilisation. La moralité politique internationale compte pour beaucoup dans l'évaluation de la moralité d'un peuple. Elle est au plus bas niveau chez le peuple allemand.

La France, ayant touché le fond de l'abîme, commence à s'en relever. Le premier signe visible en est le concours déterminé qu'elle a donné au gouvernement occupé de solder la contribution imposée par les Allemands et nos dettes de guerre. Là il n'y a point eu d'hésitation ; et, quelle que fût l'incertitude des circonstances présentes, l'argent est venu abondant et courageux. C'est une preuve incontestable de vitalité ; et avec la vitalité tout peut se refaire.

Après une défaite complète et la chute de l'empire, la France a-t-elle vainement roulé dans le vide des révolutions ? Pendant quatre-vingts ans elle a eu l'initiative des luttes politiques et sociales, et il n'est en Europe aucun Etat qui ne s'en soit ressenti. Aujourd'hui, malgré les circonstances les plus défavorables et en vertu de sa constitution intime, elle tente pour la troisième fois l'expérience d'une grande république au milieu de l'Europe. C'est le résultat de cette expérience qui dira ce qu'elle vaut et si elle entend continuer son histoire.

III.

DE LA SITUATION QUE LES DERNIERS ÉVÈNEMENTS ONT FAITE A L'EUROPE, AU SOCIALISME ET A LA FRANCE (1).

1

Europe.

Sous le règne de Louis-Philippe, à des gens de la gauche qui témoignaient s'inquiéter des dispositions des puissances étrangères, M. Guizot répondit : « Ce que je crains, c'est non pas l'extérieur, mais l'intérieur. » Il avait raison ; et cette parole, qui ne se méprenait pas, ne tarda pas à être vérifiée par les événements : la révolution de février en 1848, l'insurrection de juin et le coup d'Etat de 1851.

Aujourd'hui, cela n'est plus vrai ; la situation est renversée ; c'est l'extérieur qui est à craindre, non l'intérieur. Et il faut le dire non pas seulement de la France qui vient d'en faire une si rude épreuve, mais aussi de tous les Etats européens, même ceux qui se croient le plus loin d'un pareil péril.

L'équilibre européen, cette garantie insuffisante mais pourtant réelle du repos des grandes puissances et de la sûreté des petites, n'existe plus ; il n'en reste rien, et rien ne l'a remplacé. Les traités de 1815 avaient organisé un système qui, encore que défectueux, eut pourtant l'avantage de tout système sur le désordre et l'anarchie : il procura à l'Europe cinquante ans de paix, qui lui assurèrent une prospérité considérable et qui semblaient avoir créé des sentiments de concorde et de fraternité internationales. Malheureusement, ce n'était là qu'une apparence. Ces traités sont mainte-

---

(1) Cet article a paru dans la revue de la *Philosophie positive*, septembre-octobre 1871 et novembre-décembre, même année.

nant lettre morte, et la sécurité des Etats grands et petits est livrée à la décision d'événements où la force prime tout.

Après la victoire de Sadowa, la Prusse, ayant expulsé l'Autriche de la Confédération germanique, et s'étant adjoint par des traités les forces de la Bavière, du Wurtemberg et de Bade, avait formé une puissance militaire énorme, contre laquelle rien en Europe ne pouvait se mesurer ; car seule elle avait fait de tout homme un soldat, tandis que les autres Etats n'avaient à leur service que des conscriptions, toujours restreintes. Cependant ce colosse avait à côté de lui un Etat qui autrefois avait été une puissance militaire de premier ordre et qui semblait l'être encore. Je dis semblait, car, à l'épreuve, cette puissance ne put mettre en ligne qu'environ 250,000 hommes, sans un seul soldat de réserve. Toutefois, en se ménageant et en vivant sur un vieux renom, le gouvernement français pouvait contenir l'ambition allemande ; mais un César en délire d'ineptie, du même coup prit l'initiative de la guerre, donna la victoire à l'Allemagne, et procura la formation de l'empire allemand et le démembrement de la France.

Il est inutile de s'arrêter à considérer ce qui aurait pu être ; il faut voir ce qui est. La France a été privée de 1,700,000 habitants ; l'Allemagne accrue de 1,700,000 ; le changement de proportion entre les deux est donc de plus de trois millions.

De la sorte s'est formée, au centre de l'Europe, une puissance militaire qui compte maintenant environ quarante millions d'habitants, où tout homme est soldat, et où tout est organisé de la façon la plus savante pour la guerre. Et qu'on ne dise pas que cette organisation où tout homme est soldat a un caractère essentiellement défensif. Cela serait une grave erreur, complétement réfutée par les deux guerres dont nous venons d'être témoins, la guerre contre l'Autriche et celle contre la France. Une offensive aussi rapide que redoutable a signalé les deux cas. Nous ne savons comment l'Allemagne soutiendrait une guerre défensive ; mais nous savons qu'elle est plus préparée qu'aucune autre nation aux guerres offensives.

Que l'Allemagne soit sans contrepoids, c'est ce que montre un simple coup-d'œil jeté sur la carte. Je laisse de côté l'Italie et l'Espagne, séparées, actuellement du moins, de tout contact avec l'Allemagne, et d'ailleurs notoirement inférieures. Quant à l'Angleterre, si l'absence d'une flotte allemande la met provisoirement à l'abri de toute attaque, la faiblesse numérique de son armée met, en retour, l'Allemagne sans crainte de ce côté; car ce n'est pas avec 40 ou 50 mille hommes qu'on peut exercer une action considérable sur les destinées de l'Europe. Restent donc uniquement l'Autriche et la Russie en face de l'Allemagne. Est-il besoin de démontrer que, isolée, l'Autriche n'est pas de force à lutter contre l'Allemagne? Sa population est moins nombreuse; sa cohésion est bien plus faible, car elle est formée de quatre nationalités, des Allemands, des Hongrois, des Slaves et des Roumains; enfin, son organisation militaire est inférieure à celle de l'Allemagne. Certes, au moment où la lutte éclaterait, les populations austro-hongroises combattraient vaillamment pour se défendre de la domination étrangère; mais, si elles n'étaient pas secourues, il est fort à craindre que le nombre ne l'emportât. Bien que l'empire russe dépasse notablement en population l'empire allemand, cependant cet avantage ne suffit pas pour lui assurer le triomphe; des finances en mauvaise condition, un état industriel moins avancé, les longues distances à parcourir lui créent une manifeste infériorité; il lui est impossible, comme vient de le faire l'Allemagne, de mettre en trois semaines 800,000 hommes sur pied à la frontière, et de les entretenir au complet durant tout le temps de la guerre. La Russie, si elle est seule, succombera, comme, seule aussi, succombera l'Autriche. Que la Russie n'oublie pas non plus qu'elle a beaucoup d'Allemands en son sein et dans toutes les positions. Au moment donné, tous ces Allemands se trouveront des ennemis acharnés, instruits de toutes les choses russes, guidant partout l'ennemi, et payant par le ravage l'hospitalité reçue.

L'empire allemand, on le voit, est en chemin de s'emparer de la dictature de l'Europe. En a-t-il l'intention ?

Bien que les événements de 1866 et ceux de 1870 aient montré, dans les chefs allemands et la nation allemande, un esprit d'agrandissement et de conquête dangereux pour les voisins, cependant je me garde de former aucune conjecture sur ce que veulent, pour le moment, les chefs de cette nation ; mais ce que je sais et ce que je n'ai garde de taire, c'est qu'une situation est toujours plus forte que les hommes. L'Allemagne pense avoir à faire autour d'elle ce qu'elle nomme des revendications, et ce que je nomme des usurpations. Mais ne nous occupons pas des mots ; car il s'agit de force et de conquête.

Ce n'est pas d'hier que le pangermanisme a jeté son dévolu (et ce n'est pas demain qu'il y renoncera) sur trois territoires pour lesquels le sort de l'Alsace et de la Lorraine n'est pas rassurant. Ce sont, dans la monarchie austro-hongroise, l'Autriche proprement dite et le Tyrol ; dans la Confédération helvétique, la partie où l'on parle allemand ; et sur les côtes de la mer, la Hollande. D'une façon ou d'une autre, dans un temps plus ou moins éloigné, par la faute de ceux-ci ou de ceux-là, ces territoires, incessamment convoités comme l'ont été l'Alsace et la Lorraine, risquent d'être attaqués. Même on prétend que les provinces baltiques, où l'aristocratie est allemande, pourraient être germaniquement débarrassées, bien que ce ne soit pas l'avis des Russes, du joug moscovite.

Mon intention n'est pas de poursuivre le jeu des éventualités de la conquête et de la défense, de la victoire et de la défaite ; ce jeu est trop complexe pour qu'on puisse aller au-delà de quelques linéaments. Mon intention n'est pas davantage, considérant l'autre côté des choses et les moyens qu'a l'Europe pour échapper à une prépotence oppressive, de rechercher ce que tenteront la diplomatie et les alliances, et si la Russie, l'Autriche et l'Angleterre apercevront les dangers de l'équilibre rompu, ou si l'Allemagne et la Russie voudront se partager l'Europe, comme y songèrent un moment, à Tilsitt, Napoléon et Alexandre.

En attendant que l'avenir apporte ses éventualités, il est

un objet sur lequel les gouvernements commencent déjà à ouvrir les yeux, c'est sur leur état militaire. Or, manifestement, cet état militaire est, par rapport à celui de l'Allemagne, aussi arriéré que pourraient l'être des fusils à pierre et des navires sans cuirasse. Il leur faut donc se mettre au niveau, et cela en toute hâte ; car le péril est à leur porte, et, s'il les prenait non préparés, quels regrets n'auraient-ils pas, eux et leurs peuples ! Chaque Etat, grand ou petit, neutre ou non neutre (car, dans les annexions possibles, la neutralité sera de mince garantie) doit, s'il veut compter pour quelque chose dans l'issue et dans sa propre destinée, avoir non-seulement une armée qui comprenne tous les hommes en état de porter les armes, mais encore une armée qui soit mobilisable rapidement. Tel est le but que, sauf les modifications appropriées aux pays et aux habitudes, chacun doit se proposer ; car, hors de là, il n'y a plus de salut pour personne. Que la Russie, que l'Autriche, que l'Italie, que l'Espagne, le Danemarck, la Suède, la Hollande, la Belgique (la Suisse seule est déjà toute prête) organisent au plus vite leur défense nationale non sur le pied d'une armée de conscription mais sur le pied d'une armée de peuple. Et cette nécessité, l'Angleterre elle-même n'y échappera pas, malgré la mer protectrice et sa puissante marine. Si le continent succombe, elle succombera après lui, n'étant pas capable de résister aux forces navales que l'empire allemand pourra, dans cette hypothèse, réunir contre elle ; et alors, à son tour, elle saura ce que c'est que terre ravagée, villes pillées, villages incendiés et joug d'étrangers vainqueurs (1).

La paix actuelle, celle que l'Allemagne vient d'imposer à la France, a pour conséquence immédiate d'augmenter énormément l'état militaire dans l'Europe ; elle tend à n'y plus laisser un individu qui ne soit pas prêt de corps et d'es-

---

(1) La *Bataille de Dorking*, fiction qui reprend pour le compte de l'Angleterre l'histoire de la France dans la dernière guerre, et qui montre l'Angleterre prise au dépourvu, envahie et vaincue par les Allemands, témoigne que plus d'un Anglais ne se fait aucune illusion sur la possibilité de dangereuses éventualités.

prit à la guerre. Triste et détestable résultat, mais résultat inévitable ; préparation non de paix, mais de guerre.

Ce n'est pas tout. Dans la guerre que les Allemands ont faite, ils ont incendié les villages qui donnaient refuge aux troupes françaises, ils ont fusillé les hommes qui avaient un fusil sans avoir un uniforme, ils ont fait monter sur leurs trains les notables des villes et des cantons, de peur de déraillements. En un mot, systématiquement, ils ont fait de la terreur. Dans les négociations de Versailles, quand M. Thiers au désespoir des exigences allemandes, a été sur le point de rompre les pourparlers, M. de Bismarck lui dit que jusque-là les Allemands avaient fait la guerre avec modération, et que, si la guerre recommençait, elle serait conduite avec une tout autre rigueur. Et en effet, il n'y a point de limite assignable aux rigueurs de la guerre, on peut toujours pousser plus loin ces choses-là. Ainsi la terreur est un engin de guerre, comme un fusil à aiguille ou un canon se chargeant par la culasse. Du moment que l'élément moral de la civilisation ne se développe pas à l'égal de l'élément scientifique, la guerre ne peut manquer de prendre extension et intensité ; car la puissance de détruire devient plus énergique et plus systématique.

Sans être ni ravagée ni mise à contribution comme la France, l'Europe est malade aussi, et malade d'un même genre de maladie ; je veux dire qu'elle est entrée dans une phase de désorganisation dangereuse pour la paix et la sûreté. Je parle ici en Européen, non en Français ; je mets les intérêts de l'Europe au-dessus de ceux de ma patrie, comme je mettrais les intérêts de l'humanité au-dessus de ceux de l'Europe, si jusqu'à présent il existait une humanité autrement qu'en idée. Mais, remarquons-le bien en même temps, plus il y aura de garanties pour le bien commun de l'Europe, plus aussi il y en aura pour chaque membre en particulier. Au reste, ces sentiments que j'exprime sont ceux du XVIII° siècle, tant épris d'humanité. « Si je savais, dit Montesquieu, « quelque chose qui me fût utile et qui fût préjudiciable à « ma famille, je le rejetterais de mon esprit. Si je savais,

« quelque chose qui fût utile à ma famille, et qui ne le fût pas
« à ma patrie je chercherais à l'oublier. Si je savais quelque
« chose utile à ma patrie et qui fût préjudiciable à l'Europe
« et au genre humain, je le regarderais comme un crime. »
(*Pensées diverses.*)

J'entends par maladie la dissolution du principe qui tendait à faire de l'Europe un grand corps vivant d'une vie jusqu'à un certain point commune ; dissolution qui la livre au jeu terrible de la force et du hasard, sans l'élément qui jadis travaillait à modérer l'aveugle violence de ces deux agents.

J'ai dit jadis. Quand, à la chute de l'empire barbare qui avait succédé à l'empire romain, les nations modernes se constituèrent, le principe de vie commune résida dans le catholicisme et la papauté, dont l'autorité tempérait spirituellement les mouvements de ce grand corps. La réforme ayant brisé l'unité religieuse, l'idée d'équilibre, par l'entremise de la diplomatie, intervint dans les rapports et les guerres des différents Etats. En 1815, après les bouleversements européens et la juste défaite de Napoléon Ier, les rois, dans une intention fort louable, mais qui malheureusement s'appuyait sur un principe caduc, firent de la légitimité la règle qui devait garantir la sûreté des trônes et l'indépendance des nations. A son tour, la légitimité n'ayant été respectée ni par les nations ni par les rois, la souveraineté populaire, c'est-à-dire le droit qu'une population a de disposer d'elle-même, essayait de se montrer en Europe et d'y prévaloir ; mais ce droit vient d'être précipité à terre et foulé aux pieds par l'Allemagne, qui, malgré l'énergique et désespérée protestation de l'Alsace et de la Lorraine, s'annexe ces deux provinces, et qui, malgré de non moins vives protestations, s'est annexé les Danois du Sleswig.

A l'heure présente, il ne reste donc entre les Etats européens, ni autorité spirituelle commune, ni règle d'équilibre et de diplomatie, ni légitimité royale, ni souveraineté populaire. Tout est à-vau-l'eau ; et présentement, ou bien la dissension poursuivra son œuvre, ou bien il surgira de la situation quelque nouveau principe de vie commune et d'union ; à quoi les rois et les peuples sont aussi intéressés les uns que les autres.

Une seule chose reste, et je ne veux pas en nier l'utilité et la force, c'est la solidarité du commerce et de l'industrie entre les nations. Tous les peuples souffrent, même ceux qui ne prennent pas part au conflit, quand une guerre éclate. Cela pèse d'un certain poids, mais, comme on vient de le voir, est tout-à-fait insuffisant à empêcher les explosions.

Ces annexions violentes, nous autres amis de l'humanité, démocrates, socialistes, philosophes, nous les regardons comme des crimes. Elles sont l'équivalent de ce qu'était la servitude chez le vaincu dans l'antiquité. Ah ! j'avais toujours plaint profondément les hommes privés malgré eux de leur nationalité, les Polonais, les Danois du Sleswig, et, dans le temps, les Vénitiens ; mais je ne les avais pas assez plaints, et le sentiment de leur douleur ne m'est apparu dans toute son intensité que le jour où je fus témoin de l'angoisse des députés d'Alsace et de Lorraine demandant si l'on ne pouvait plus rien pour eux, de leur affliction devant l'inexorable nécessité, de leur protestation contre un joug détestable et de leurs adieux. Jamais cette grande et déchirante scène ne sortira de ma mémoire, et l'impression en est telle que j'aime mieux être parmi les opprimés que parmi les oppresseurs.

Je n'ai point à rechercher comment les Allemands auraient dû user de leur victoire. Cela serait oiseux dans la bouche d'un autre et peu digne dans la bouche d'un Français. Tout ce que je tiens à dire, c'est qu'après cinquante-quatre ans de paix ininterrompue avec l'Allemagne, nous avons appris, à notre grand étonnement, je dois le constater, que, durant tout ce temps de calme apparent, les Allemands n'avaient pas cessé de nous considérer comme l'ennemi héréditaire (*Erbfeind*). Soit ; mais sachons-le cette fois-ci, et ne l'oublions pas.

En 1866, au lendemain de Sadowa, je fus fort alarmé de cette terrible explosion de guerre. Je ne le fus pas encore assez, et le mal a dépassé mes craintes. Quelle ruine de belles et généreuses perspectives ! Nous qui élevions nos enfants dans l'amour des peuples et le respect des étrangers ! Il faut changer tout cela ; il faut les élever dans la défiance et dans l'hostilité ; il faut leur apprendre que les exercices militaires sont leur premier devoir ; il faut leur inculquer qu'ils doivent toujours être prêts à tuer et à être tués ; car c'est le seul moyen d'échapper au sort de l'Alsace et de la Lorraine, le plus triste des malheurs, la plus poignante des douleurs.

M. Comte avait pensé que les grandes guerres n'étaient plus possibles entre les peuples européens, grâce à la prépondérance des intérêts commerciaux et industriels, soutenus par le développement correspondant des intérêts intellectuels et moraux. Il s'était trompé, présumant trop de l'avancement contemporain. Qui pourrait aujourd'hui parler de désarmement, ce rêve qui, hier encore, ne paraissait pas impossible ? Les signes du temps annoncent que l'Europe entre dans une période militaire. Aucune doctrine ne le regrette plus profondément que ne fait la philosophie positive ; mais aucune doctrine n'est plus convaincue que cette perturbation, toute grave et douloureuse qu'elle doit être, ne sera qu'une perturbation, c'est-à-dire n'altérera pas le mouvement de la civilisation européenne, et que les hommes, quand ils en seront sortis, sauront et pourront fonder la paix commune sur de meilleures garanties que celles qui, aujourd'hui, tombent de tous côtés et nous livrent *aux jeux de la force et du hasard.*

2.

Socialisme.

Je me suis dit depuis bien des années, et je me dis encore socialiste. Ce n'est pas qu'à la lumière des événements qu'amène le cours du temps, on ne puisse, on ne doive même abandonner des opinions que l'expérience et la raison condamneraient ; et, je le confesse, les rudes épreuves que nous venons de traverser grâce au socialisme en armes, ont de quoi susciter des retours de doute que comporte éminemment la nature si complexe des choses sociales. Mais la philosophie positive est, de soi, une doctrine socialiste, puisqu'on entend par socialisme toute doctrine qui se propose de renouveler l'assiette ancienne de la société. Toutefois elle diffère du socialisme particulier des classes ouvrières en ceci, que celui-ci veut changer la base temporelle sans s'inquiéter des bases spirituelles, tandis que la philosophie positive veut changer les bases spirituelles, en s'inquiétant, il est vrai, de l'organisation temporelle, mais en déclarant que, subordonnée à l'autre, elle l'est aussi à des conditions naturelles qu'on peut améliorer et transformer, mais non anéantir. Différence capitale qui fait que la philosophie positive ne menace jamais l'ordre, et que le socialisme l'a menacé souvent. Je sais bien que le socialisme, tel qu'il est pratiqué, nous rejette, nous hommes de la philosophie positive, comme des étrangers et même comme des ennemis, et qu'il prétend réaliser les projets malgré l'ordre, malgré l'histoire et, ils l'ont dit, malgré la science. Malgré la science!... mais passons, et ne notons ce propos que comme un indice de notre anarchie mentale et de nos dangers sociaux.

J'abhorre la guerre que le prolétariat parisien vient de susciter. Mais je ne voudrais pas qu'on se méprît sur ma pensée : ce n'est pas parce que ce sont des prolétaires qui l'ont suscitée; car je n'abhorre pas moins celle de l'empereur Napoléon III contre la Prusse, et celle du roi Guillaume contre la France après Sedan. Puisqu'il est malheureusement vrai que les guerres de nation à nation ne sont pas devenues impossibles, et même, comme il a été dit ci-dessus, sont menaçantes autant que jamais, il est vrai aussi que les guerres de classe à classe ont, comme les autres, leur place dans l'arène commune. Tel est, malgré d'incontestables progrès, notre situation dans le dernier tiers du XIX° siècle : du consentement de tous, l'ancien droit à la guerre reste ouvert; et les prolétaires, ainsi que les rois, la déclarent quand, avec la permanence de leurs griefs, l'occasion s'en trouve.

Pourquoi ai-je ainsi rapproché et mis sur le même niveau

les guerres faites par les prolétaires et les guerres faites par les princes, les coups d'Etat frappés par les princes et les coups d'Etat frappés par les prolétaires? Pour montrer les énormes et fatales lacunes de notre civilisation européenne, encore barbare à tel point que ni les rois, ni les prolétaires ne connaissent d'autre recours, dans leurs différends, que la force et les armes. Puisque les rois, pour des vues d'agrandissement et de conquête, peuvent engager les armées et verser le sang, semblablement les prolétaires, pour conquérir le communisme ou telle autre combinaison socialiste aux dépens des bourgeois, se lèvent en bandes et dressent leurs barricades. Je ne fais point une apologie, je constate un fait : notre civilisation, par la même raison qu'elle n'est pas assez forte pour empêcher la guerre entre les nations, ne l'est pas non plus assez pour l'empêcher entre les classes.

La guerre internationale et la guerre civile ou insurrection ont chacune leur pénalité. Dans la guerre internationale, le vaincu est livré aux réquisitions et aux violences ; on le dépouille d'une partie de son territoire ; on lui impose d'exorbitantes contributions. Dans l'insurrection, le vaincu expie devant la justice de son pays les atteintes qu'il a portées à l'ordre.

A mesure qu'elle voyait la France lui échapper, l'insurrection s'efforçait davantage de conserver la domination de Paris comme cité indépendante et se gouvernant elle-même ; je n'ai point à examiner ce que, dans une pareille dissolution, les autres communes auraient fait ; je note seulement, que cette déclaration d'indépendance et d'autonomie était une sécession véritable, et que le devoir le plus étroit de tout gouvernement, monarchique ou républicain, est d'empêcher les sécessions. Ainsi ont fait les Etats-Unis contre le Sud, au prix d'une grande guerre ; ainsi a fait la Suisse contre le Sonderbund, qui, refusant de se soumettre à l'amiable, fut soumis par la force des armes ; ainsi a-t-il été fait contre les insurgés de Paris, prétendant se gouverner en dehors des lois du pays et de l'autorité nationale. Ceux qui tentèrent très-méritoirement une conciliation, s'étonnèrent autant qu'ils regrettèrent de ne rien obtenir ; mais pouvait-il en être autrement, quand, d'un côté, le gouvernement avait la stricte obligation de ne pas permettre une sécession, et que, de l'autre côté, la sécession était maintenue les armes à la main par le comité insurrectionnel ?

Bien que séparées par un intervalle de plus de vingt ans, les deux insurrections de juin 1848 et de mars 1871 n'en ont pas moins de fortes ressemblances : mêmes acteurs, les ouvriers ; même but, s'emparer du gouvernement de la France. Frappé de ce formidable événement de 1848, M. Comte crut y voir un appui à ses idées sur la période transitoire que nous traversons ; il se plaça au point de vue du triomphe des classes ouvrières, et admit que ces classes et les plus grandes villes où elles sont agglomérées étaient les plus propres à régir la situation révolutionnaire, comme plus que le reste dégagées des doctrines et des intérêts rétrogrades. Je tins la plume et rédigeai le plan qu'il avait conçu ; mais, depuis longtemps, j'ai complétement répudié ce que, à très-grand tort, je le confesse et l'ai plus d'une fois confessé, j'adoptai sur la parole du maître (1). Trois erreurs mettent à néant ce plan d'une prépondérance des classes ouvrières, dans la phase présente période de la révolution. La première, c'est que M. Comte n'y croyait plus possibles les grandes guerres ; or les grandes guerres y sont possibles, elles y font explosion, il est à craindre qu'elles n'y fassent explosion encore, et le socialisme n'a aucun moyen de satisfaire à l'urgence des préoccupations militaires. La seconde erreur, c'est d'avoir supposé les classes ouvrières capables de gouverner ; elles ne le sont pas. Et enfin, la troisième est relative à une certaine indépendance d'esprit qu'il leur prêtait à l'égard des doctrines qui enlacent les autres classes ; cette indépendance n'y existe pas ; elle est enchaînée par un étroit socialisme qui, ne tenant compte que de lui-même, est naturellement impropre à toute gestion effectivement générale. Le socialisme, sans une phi-

---

(1) Voy. ce que je dis de ma rétractation, p. 401.

losophie qui le guide, est un aveugle qui trébuche et s'égare ; mais rien ne dit qu'il ne s'instruira pas par ses revers.

Qu'il trébuche et s'égare, on s'en convaincra en jetant un coup d'œil sur les tendances manifestées durant le triomphe. Ils ont proclamé l'athéisme ; ils ont voulu universaliser la propriété (je me sers de leurs expressions), c'est-à-dire établir le communisme; enfin, ils ont porté toute sorte d'atteinte au mariage, dont l'abolition, en effet, paraît être une conséquence de la communauté des biens. Athéisme, communisme, abolition du mariage ont été beaucoup discutés, et peuvent l'être dans l'arène présente du conflit des opinions, puisque la doctrine théologique n'a plus assez de force et que la doctrine positive n'en a point encore assez pour frapper de discrédit social les discussions subversives. Mais les mettre de force en pratique au milieu d'une société stupéfaite est une désolante aberration; et il faut avoir une foi bien robuste en ces prétendus principes, pour aller fanatiquement dresser en leur honneur une barricade, tirer sur un compatriote et incendier une maison.

Ceux qui pensent que le socialisme est quelque chose de fortuit qu'un accident apporta et qu'un accident peut remporter, se trompent. Comme il est non-seulement français, mais européen, on demeurera convaincu qu'il a des racines dans l'intimité même de la situation. De cette intimité, aucune doctrine n'est capable d'indiquer la cause réelle, si ce n'est la philosophie positive. La vraie explication de son existence et de sa persistance est que, la base spirituelle de la société ayant été déplacée par la science, tant que la nouvelle base spirituelle ne sera pas reconnue et instituée, il y aura dans la société une impulsion révolutionnaire que le parti conservateur, provisoirement du moins, n'est capable ni de comprendre ni de maîtriser. Le socialisme, doctrine des classes pour lesquelles l'ordre social a le moins de faveurs, est naturellement le porteur de cette impulsion ; et c'est pour cela que M. Comte pensa un moment que le gouvernement devait passer entre les mains des classes ouvrières des villes. Mais, comme l'ordre est la condition sociale qui prime toutes les autres, et que ces classes ignorent présentement cette vérité fondamentale, elles échouent toujours en définitive. Puis, méconnaissant la raison de leur défaite, elles s'irritent contre la nature des choses, et arrivent à ces tristes excès en paroles et en actes dont nous sommes les témoins.

Le socialisme est manifestement détaché des opinions théologiques, et cela aussi bien dans les pays protestants que dans les pays catholiques. Sorti du giron de l'Eglise par les causes profondes qui en ont dissipé l'autorité générale, il n'y rentrera jamais. Il importerait que le parti conservateur se pénétrât de cette réalité, et ne perdît pas en d'inutiles tentatives des forces dont l'ordre a si grand besoin.

Le socialisme ignore complétement les lois de l'histoire; et, quand il en entend parler, il les redoute; car il craint d'être contrarié par elles. Les lois de l'histoire, comme du reste les lois du monde dont elles sont une partie, contrarient tous ceux qui ne sont pas résignés à la destinée humaine; résignation qui commande de les supporter courageusement dans ce qu'elles ont d'inéluctable, de les amender scientifiquement dans ce qu'elles ont de modifiable.

Les disciples de la philosophie que M. Comte a inaugurée, sont convaincus que de la conception positive du monde dépendent à la fois le mode d'usure qui élimine les organes de l'ancien ordre social, et le mode de substitution qui doit en régir le remplacement. Mais, d'une part, il s'en faut que la conception positive du monde soit universellement adoptée; la conception théologique tient encore un très-grand nombre d'esprits, la conception métaphysique en tient beaucoup d'autres, et à elles deux elles occupent officiellement le rôle de directrices et d'enseignantes. D'autre part, parmi ceux qui reconnaissent la conception positive, plusieurs ne se rendent pas compte de l'influence qu'elle exerce déjà et qu'elle doit exercer dans l'avenir sur les états sociaux de l'humanité. Enfin, ceux-là mêmes qui lient les deux termes, vu la distance très-considérable qui les séparent et vu la complexité des phénomènes, sont présentement dans l'incapacité d'indiquer en fait d'application quel est l'ordre social qui correspond à la conception positive du monde ; et dès lors, s'ils sont prudents, ils n'ont, pour se guider dans leur marche vers la réunion des deux termes, que l'étude des mouvements que les classes impliquées dans la révolution et dans la rénovation, produisent spontanément. En cette condition, les événements suscitent bien moins des conseils aux socialistes que des remarques.

Quand on considère les relations du socialisme avec le reste de la société, on voit qu'il n'y est point isolé ; et les solutions qu'il conçoit et qu'il aspire à réaliser intéressent gravement les bourgeois, les paysans, les capitalistes, les patrons, les artistes, les savants. Il importe donc à tous ceux-là de suivre d'un œil vigilant les idées et les actes des classes ouvrières, non avec le parti pris de l'hostilité, mais avec le parti pris de l'examen et de l'étude, afin de favoriser ce qui est sain et utile, et de se défendre de ce qui est faux et dommageable. Il importe aussi aux ouvriers que les autres classes n'opposent pas un véto déterminé à tout ce qu'ils tentent ni à tout ce qu'ils espèrent. Ces réciproques ménagements, qui disparaissent dans la guerre civile, reprennent de la force dans les intervalles où la lutte se poursuit par les voies vraiment sociales. Ce rôle d'intermédiaire et de conciliation appartient, par privilége, à la philosophie positive, qui, elle aussi, est socialiste, mais d'un socialisme qui embrasse toutes les classes, parce qu'elle renouvelle toutes les conceptions.

Ce fut sous le règne de Louis-Philippe que le mouvement socialiste commença à se distinguer du mouvement général de la révolution. Les adeptes déclarèrent que les questions politiques leur importaient peu, et que la primauté passait aux questions sociales. Puis vint la grande éruption de 1848. Elle fut comprimée, mais la défaite ne fut pas une fin. Durant les vingt ans d'empire, le socialisme se rallia et se fortifia ; et aujourd'hui il n'est pas un Etat d'Europe où il n'ait pris pied, et où il ne soit devenu un élément quelquefois menaçant, toujours considérable.

Les classes socialistes sont les seules qui, déterminément et en face des classes bourgeoises muettes là-dessus, proclament que la société doit être renouvelée dans son organisation. Une telle déclaration mérite une attention toute particulière de la philosophie positive, qui, elle aussi, et dans un sens bien plus général, demande que les opinions, les mœurs et les institutions découlent désormais du nouveau principe, qui est la conception scientifique du monde. La philosophie positive indique le sens de la rénovation, laissant aux tentatives des classes et aux événements le soin d'indiquer les mesures transitoires; à ce titre donc elle sympathise avec le socialisme. A un autre titre encore, la déclaration de rénovation appelle son regard; c'est que, tandis que la philosophie positive est arrivée à sa notion par l'histoire et par la sociologie, le socialisme est arrivé à la sienne par la seule action inconsciente des causes qui révolutionnent et renouvellent l'Occident tout entier. Dans les phénomènes d'évolution historique, les manifestations spontanées sont une vérification expérimentale des inductions et des prévisions positives.

La rénovation sociale, dont le socialisme n'est qu'une partie, mais une partie importante et active, demeure certainement l'affaire capitale ; mais les affaires, même capitales, cèdent en certaines circonstances le pas à des conditions impérieuses de lutte pour l'existence politique. Nous sommes dans une de ces phases, et la rénovation sociale recule, non résolue, non abandonnée, mais remise à des temps où les dangers militaires ne seront pas la préoccupation absorbante. Les socialistes, dans leurs réunions, proclament qu'il n'en est rien, et qu'il suffit de ne pas laisser pendante la question sociale pour empêcher le développement des armées, détruire la concentration politique et conjurer les guerres nationales. Pour ma part, je voudrais bien qu'elle ne restât pas pendante, et qu'elle fût l'affaire absorbante; nous n'aurions pas vu les tristes combats qui ont ensanglanté l'Europe et qui menacent de l'ensanglanter encore; mais, croire que la question sociale, telle qu'elle est soutenue par les classes ouvrières, soit capable de faire tomber les armes des mains des rois et des peuples, ou croire, comme M. Comte, que l'avancement de la civilisation et les liens de l'industrie et du commerce pèsent assez dans la balance politique pour

empêcher tout grave conflit entre les nations européennes,
est une même erreur. La question sociale des classes ouvrières
et les liens de civilisation et de commerce n'ont pas empêché
la guerre de Crimée, la guerre d'Italie, la guerre d'Allemagne
contre le Danemark, la guerre de la Prusse contre l'Autriche
et enfin la guerre de l'Allemagne et de la France. Où est, en
1871, la force plus grande de ces conditions de paix contre
les conditions de guerre ?

Les socialistes luttent en vain, par des argumentations,
contre un fait brutal et pressant. Ce fait, le voici : l'Allemagne
a aujourd'hui douze cent mille hommes parfaitement disciplinés et armés, munis de tous les engins de destruction les
plus perfectionnés, et susceptibles d'être mobilisés en quinze
jours et d'être jetés au-delà de leurs frontières. Cet appareil
vient d'être employé à enlever à la France deux provinces,
malgré les protestations des habitants, et cinq milliards. En
présence de cette force énorme, disponible pour l'attaque,
tous les Etats, grands et petits, amendent et augmentent leur
système militaire. Pourquoi? parce qu'ils veulent, s'ils peuvent
ne pas perdre cinq milliards et deux provinces. Voilà le fait
actuel, contre lequel, malheureusement, le socialisme ne peut
rien. Les socialistes, enrégimentés et commandés, marcheront;
et, dans la campagne de France, l'on n'a pas remarqué que
les socialistes allemands *aient moins bien fait leur devoir*
contre nous que leurs autres compatriotes.

Voilà les motifs communs à toute l'Europe qui mettent sur
le second plan la question socialiste; mais, outre ces motifs
communs, il en est de particuliers pour la France. Elle a trois
milliards à payer aux Allemands, l'évacuation de son territoire à obtenir et une dette de vingt milliards à équilibrer
avec ses ressources diminuées par le démembrement qu'elle
a subi et par l'énorme contribution de guerre qui lui est imposée. Cela, il faut le dire, la préoccupe plus que la question
sociale, toute formidable qu'elle s'est montrée; et, en effet, la
question sociale s'ajourne, et les payements et les impôts ne
peuvent s'ajourner. Au reste, on remarquera qu'une grosse
dette publique est une barrière considérable opposée au socia-

lisme, aussi longtemps qu'il demeurera divisé en lui-même, insurrectionnel et anarchique. Le moindre ébranlement, volontaire ou involontaire, infligé au crédit, produirait une catastrophe ruineuse pour des millions d'individus.

Comme la France vaincue et abattue, le socialisme, lui aussi, après sa défaite, a besoin de recueillement et de repos. Il y est contraint partout, grâce aux forces supérieures dont les gouvernements disposent. C'est pour lui le moment de s'examiner ; c'est aussi le moment de l'examiner pour tous ceux qui étudient les efforts des classes ouvrières et la connexion de ces efforts, soit avec la révolution, soit avec la rénovation.

Toute la force de l'action ouvrière au milieu de la fermentation sociale gît dans l'association, principe excellent qu'on ne saurait trop louer ni recommander. Isolés et ne sortant de leur isolement que pour des cas fortuits, les ouvriers n'auraient que des moments d'influence irrégulière ; associés, leur influence devient régulière et continue. Il ne sera donc pas hors de propos de dire ici quelques mots de leur association aux quatre points de vue des secours, des grèves, de la politique et de l'éducation.

Le nombre des ouvriers, leur groupement dans de grands centres, leurs associations disciplinées, les vastes intérêts qu'ils représentent, la presse active et ardente qui leur sert d'organe, tout leur donne une influence considérable, surtout dans les pays de suffrage universel. Souvent, dans leurs journaux et dans leurs réunions, ils se vantent d'être la masse numérique prépondérante ; ils se trompent. La masse des paysans l'emporte notablement sur la masse ouvrière, du moins, en France. Oui, le nombre serait de leur côté, s'ils entraînaient les paysans avec eux. Mais l'homme de la campagne est propriétaire, ou, quand il ne l'est pas, s'efforce de le devenir par l'épargne. Cette dissimilitude de condition et de penchants sépare profondément, par les intérêts et par les opinions, la masse paysanne de la masse ouvrière.

Dans la situation telle que la révolution générale l'a faite, une classe forte et nombreuse a deux voies ouvertes devant elle pour essayer d'obtenir ce qui lui paraît équitable dans ses rapports avec les autres classes. Par la première, on travaille à modifier la législation en agissant sur l'assemblée législative par la presse, par les réunions, par le vote ; on s'efforce de faire entrer dans les assemblées des ouvriers ou des hommes dévoués à leur cause ; et, en comptant sur tous ces efforts, on compte aussi sur le temps, grand modificateur des choses et grand réformateur. Dans la seconde, on dédaigne ces moyens légaux comme insuffisants d'une part, et comme trop lents de l'autre ; et l'on espère que des insurrections heureuses produiront des solutions rapides et décisives.

Aujourd'hui même, on peut dire que ces deux procédés sont en voie d'expérience. En Angleterre, les masses ouvrières, soit de gré et par plus de prudence, soit de force et à cause d'une compression plus efficace, ne tentent pas la révolte, et dès-lors tournent toutes leurs pensées vers des moyens légaux ; et encore n'ont-ils pas le suffrage universel. En France, où les grandes résistances politiques sont désorganisées, les masses ouvrières ont trouvé plus d'une occasion où à leurs yeux a lui l'espoir de s'emparer du gouvernement et, par là, de modifier la société à leur gré ; témoin juin 1848 et mars 1871. Maintenant, qu'adviendra-t-il ? Les Anglais se lasseront-ils des moyens légaux pour recourir à la violence ? Les Français, découragés par leurs défaites, se résoudront-ils à ne compter que sur la discussion et le vote ? De quelque façon que se fasse l'expérience, et en souhaitant que le mode anglais soit imité partout, aux uns et aux autres la philosophie positive croit pouvoir dire qu'ils resteront en deçà des solutions effectives aussi longtemps du moins qu'une doctrine positive, embrassant à la fois l'intelligence et le moral, n'aura pas donné à tout le monde certains principes communs, équivalents des religions.

Naguère encore, il n'y avait que deux politiques, celle des rétrogrades et des révolutionnaires, ou, si l'on veut, des conservateurs et des libéraux ; aujourd'hui, il y en a une troisième, celle des socialistes. Cette troisième prend, à l'égard de la politique libérale, exactement l'attitude que celle-ci prenait à l'égard de la politique rétrograde ou conservatrice : elle la traite d'arriérée et d'impuissante. Pas plus que la politique révolutionnaire n'a pu évincer la politique rétrograde, la politique socialiste ne réussira pas à évincer les deux autres. Quoi de plus? Il n'est pas nouveau dans l'arène de l'histoire que des classes luttent les unes contre les autres, témoin la plèbe romaine contre le patriciat, et, au moyen âge, les paysans contre les seigneurs ; mais ce qui est nouveau, c'est qu'il commence à devenir possible de s'élever au-dessus de ce conflit, d'en saisir la cause dans la dissolution des anciennes opinions, et d'en espérer la solution dans la prévalence graduelle des doctrines positives.

Il n'est pas douteux que les ouvriers se préoccupent de leur propre éducation; leurs journaux et leurs réunions en font foi. Cette recherche de l'éducation est un excellent symptôme, d'ailleurs en parfait accord avec la condition imposée à la solution des problèmes sociaux, solution qui ne peut être obtenue que par la science positive. Il est donc urgent que toutes les classes, sortant de l'ignorance primitive, introduisent, dans leur régime mental, toutes sortes d'éléments intellectuels et moraux, utiles acquisitions pour le présent et véritables jalons pour l'avenir.

Que sera cette éducation, qui, cela va sans dire, doit dépasser les rudiments de lecture, d'écriture et de calcul? Là-dessus s'élèvera un grand débat. Les écoles théologiques sont puissantes ; elles règnent dans un grand nombre d'esprits ; il serait détestable de faire violence aux consciences et de tenter par la force la suppression de ces idées. Voyez, d'ailleurs, quel effet moral la Commune a produit en persécutant les prêtres, dissipant les congrégations et fermant leurs institutions scolaires; elle a nui à sa cause et a servi la leur. En outre, les novateurs ne sont aucunement d'accord sur les principes qui doivent présider à l'éducation populaire. On a donc en perspective une ardente discussion, dont le premier effet sera non pas de résoudre la question, mais d'en préparer la solution en écartant un grave obstacle. Elle aboutira à demander la séparation de l'Eglise et de l'Etat; et, si la république, comme je le souhaite et l'espère, dure en France, cette grande mesure sera mise à l'ordre du jour plus tard et quand les périls extérieurs auront été écartés.

Quant au principe supérieur qui doit dominer l'éducation populaire, les classes ouvrières inclinent de plus en plus vers l'athéisme, et cela non-seulement dans les pays catholiques, mais aussi dans les pays protestants, où l'on croit communément que l'idée chrétienne a gardé plus de puissance. Ce phénomène moral, qui n'a pas une grande portée philosophique, a une grande portée sociale; car il témoigne combien les idées théologiques deviennent étrangères et même antipathiques à des masses considérables. On a voulu rendre l'athéisme responsable des meurtres et des incendies qui ont signalé le règne de la Commune; autant vaudrait rendre le catholicisme responsable de la Sainte-Barthélemy; ils ne le sont ni l'un ni l'autre; c'est le fanatisme qui l'est. Ceux qui interprètent historiquement comment se fait en grand, parmi les populations européennes, le détachement des idées théologiques, savent aussi que, ayant été impuissantes à retenir, elles sont impuissantes à restaurer; en conséquence, ils s'attachent résolûment aux éléments positifs de la rénovation courante et ont ferme confiance que ces éléments, vu que la nature humaine reste la même, auront même vertu sociale qu'eurent jadis les éléments théologiques.

La philosophie positive n'est point déiste, mais elle n'est pas non plus athée. Comment cela, et quel moyen terme y a-t-il donc entre les deux alternatives? Le moyen terme est la confession de notre incapacité, expérimentalement démontrée, de nous faire une idée de l'origine du monde et de sa fin qui soit autre chose qu'une hypothèse. Du monde, nous ne savons ni s'il est éternel ou créé, ni s'il est infini ou fini, ni s'il a une finalité en lui ou hors de lui. Nous sommes confinés dans un coin de l'univers, où nous n'apprenons rien que par l'expérience; et l'expérience n'a aucune prise sur de pareilles questions. Laissons-nous là-dessus aller à tous les sentiments qu'il nous plaira; le champ en est illimité; mais, quand nous enseignons ou agissons, ne prenons pour règle que ce qui est humainement certain, c'est-à-dire le savoir positif.

Celui qui s'est soumis à cette discipline a conquis la résignation intellectuelle, gage de la résignation morale, toutes les deux également nécessaires à la chétive situation que nous a faite la nature des choses. L'orgueil théologique ou métaphysique, spiritualiste ou matérialiste, croit connaître le monde dans son principe ; il ne le connaît pas, et il lui demande plus ou moins qu'il ne peut donner. Lui demander plus est de la chimère ; lui demander moins est de l'incapacité. Si le principe de l'éducation populaire ne doit plus être théologique, il ne doit pas être, non plus, athée ou matérialiste. Il ne peut plus reposer que sur la connaissance expérimentale des choses, sur la nature de l'homme et les lois de l'évolution sociale.

3.

France.

Montaigne a dit dans un temps aussi alarmant que le nôtre pour les destins de la France : « En cette confusion où nous
» sommes... tout homme françois se veoit à chaque heure
» sur le poinct de l'entier renversement de sa fortune ; d'au-
» tant faut-il tenir son courage fourny de provisions plus
» fortes et vigoureuses.. Comme je ne lis gueres en histoires
» ces confusions des aultres estats, que je n'aye regret de ne
» les avoir peu mieulx considerer, present, ainsi faict ma
» curiosité que je m'aggrée aulcunement de veoir de mes yeux
» ce notable spectacle de notre mort publicque, ses symp-
» tomes et sa forme ; et, puisque je ne la puis retarder, je suis
» content d'estre destiné à y assister et m'en instruire. »
Aussi contristé que lui, mais moins stoïque, j'aurais mal à considérer *notre mort publique pour m'en instruire*, si je ne pensais que je m'en instruis pour essayer d'apercevoir les germes du salut. De cette terrible épreuve, au XVIᵉ siècle, que Montaigne crut définitivement mortelle, la France sortit avec de profondes blessures qui se cicatrisèrent rapidement. La vie

et la force revinrent; l'histoire recommença pour elle; et trois siècles se passèrent dans les vicissitudes qui sont le lot d'un grand empire, mais aussi avec tout l'éclat et toute l'influence qui lui appartiennent.

Sortira-t-elle de l'épreuve présente comme elle sortit de l'épreuve passée, c'est-à-dire avec un nouvel avenir devant elle? Le péril est immense, mais il n'est pas au-dessus de ses forces intellectuelles, morales et matérielles.

Depuis Henri IV, puisque cette date m'est fournie par Montaigne et la citation, nous fîmes nos affaires avec l'intervention populaire que permettait chaque siècle et avec un succès suffisant. Même le terrible gouvernement de la révolution, au milieu des convulsions, ne laissa rien perdre de la grandeur de la France. Seuls, les Bonaparte nous ont précipités trois fois dans l'abîme, et trois fois par le même procédé : le despotisme au dedans, au dehors l'abandon de la politique traditionnelle de la France et l'entreprise de guerres aussi follement déclarées que mal conduites. Trois fois! et si cette famille néfaste revenait par je ne sais quelle impossible circonstance sur le trône, je ne pourrais me défendre du pressentiment qu'un destin sinistre veut détruire la France et la rayer du nombre des nations.

La défaite de l'insurrection parisienne et le succès de l'emprunt de deux milliards prouvent seulement que le salut n'est pas impossible; mais ils sont loin de l'assurer complétement. Pour cela, il est besoin que trois autres milliards soient payés à l'Allemagne, que les troupes allemandes évacuent notre sol, et que des déficits annuels ne viennent pas montrer notre impuissance à supporter nos charges et compromettre nos finances et notre crédit. A ce prix, et quand tout cela sera accompli, nous serons une nation amoindrie, déchue, mais indépendante et sauvée.

Cette fois-ci, les événements, non les hommes, font la république. C'est elle qui contracte les emprunts colossaux, impose les plus lourds fardeaux, établit le service militaire obligatoire, réforme l'administration. D'une pareille tâche, aucune monarchie ne serait capable; la puissance lui manquerait pour l'effectuer. Bien que, dans un pays aussi troublé que le nôtre, il soit difficile d'étendre fort loin la prévision, cependant il est probable que la république en viendra à bout.

La philosophie positive, on le sait, ne reconnaît qu'avec des restrictions ce qui est nommé dans le parti révolutionnaire le dogme de la souveraineté populaire ; pour deux raisons, d'abord parce que la volonté du peuple, pas plus que celle d'un roi ou d'un législateur, ne peut changer les conditions essentielles de l'existence des sociétés et de leur développement ; puis, parce que le peuple est incapable de gouverner directement et par lui-même. Mais cette même philosophie reconnaît que, à un certain point du développement des peuples, ils ont le droit et le devoir de nommer ceux qui font les lois et le gouvernement ; ils donnent la puissance, mais ne l'exercent pas.

C'est aujourd'hui presqu'un lieu commun de passer en revue nos trois monarchies. Je n'ai que du respect pour les princes de la maison de Bourbon, aînés ou cadets. M. le comte de Chambord a déclaré qu'il ne règnerait sur nous qu'avec le drapeau blanc et comme roi légitime ; cette prétention qui, en 1830, coûta le trône à Charles X, comment le rendrait-elle en 1871 à son petit-fils ? Les princes d'Orléans, tout entiers à la joie d'avoir retrouvé leur patrie, ne nous parlent pas, mais quelques-uns de leurs amis nous parlent, de monarchie constitutionnelle ; toutefois notre milieu social est bien trop agité pour comporter aucune fiction ; et vraiment qui, aujourd'hui, voudrait s'inquiéter si le roi règne et ne gouverne pas ?

Nos troisièmes monarques sont les Bonaparte. De ceux-là, je me détourne ; non point parce qu'ils ont tué une république, ce sont des actes de violence auxquels les révolutions donnent place, mais parce qu'ils l'ont fait d'une manière déshonorante. J'ai un gros mot sur les lèvres que je ne prononcerai pas ; mais violer un serment est une de ces actions qui, commise dans la vie privée, entacherait l'homme et qui ne l'entache pas moins dans la vie publique. Quand, à la fin d'août, je vis Napoléon III partir pour Sedan, je dis hautement que la responsabilité de tels désastres ne s'expiait que par la mort, et que sans doute il allait se faire tuer. Grâce à la loi rendue par l'Assemblée nationale, tous les princes peuvent rentrer en France, même Napoléon III ; mais, s'il rentrait, il devrait être traduit devant la justice du pays, et jugé, non pas à cause du 2 décembre, puisque les plébiscites l'ont couvert, mais à cause de la déclaration de guerre et des opérations qu'il a conduites, étant responsable aux termes mêmes de sa constitution.

Il y a des désastres tels qu'ils excitent une vraie stupéfaction, comme en excitent des évènements incroyables, mais pourtant réels. Une année, il prit envie à Napoléon Ier d'aller à Moscou avec quatre cent mille hommes ; il y alla, mais le grand empereur n'imagina pas que l'hiver de Russie était froid ; l'hiver fut froid comme à l'ordinaire ; et l'empereur laissa ses quatre cent mille hommes dans les neiges et sous les frimas du septentrion. Une autre année, il prit envie à Napoléon III de faire la guerre à l'Allemagne ; il avait trois cent mille hommes braves et solides ; en un mois, il n'en restait plus ni un homme, ni un fusil, ni un canon ; tout était prisonnier. Tandis qu'il aurait fallu, après les défaites de Forbach et de Wœrth, conserver, comme la prunelle de l'œil, les armées de Lorraine et de Châlons, il se fait couper en avant de Verdun, il se fait couper à Sedan, et laisse la France sans un officier, sans un soldat régulier et sans une arme. Qui n'admirerait la profondeur d'une telle incapacité ?

Sans sortir de l'histoire contemporaine et sans rappeler que la France inscrivit honorablement son nom dans la fondation de la grande république américaine, c'est à notre pays que la Belgique et l'Italie doivent leur indépendance et leur constitution. Après la défaite de Louvain, la Belgique rentrait sous la domination hollandaise, si une armée française n'était pas intervenue ; et l'impuissance de l'Italie à se délivrer elle-même avait été constatée par les succès éphémères de 1848 et les revers définitifs de 1849. Ces choses-là, nous ne les ferons plus. Pour les faire, il faut une puissance effective que nos désastres nous ont enlevée, et une expansion de volonté qu'ils n'ont pas moins comprimée. Toute notre puissance et toute notre volonté se concentreront désormais sur nous-mêmes. Pour longtemps, personne en Europe n'a rien à craindre ni à espérer de la France.

La doctrine sociologique, en étudiant le mouvement qui tendit à changer les bases catholico-féodales de l'ordre social, a noté que, depuis quatre-vingts ans, la France en était le principal agent. Les faits et leurs conséquences étaient manifestes ; les dates de 89, de 1830 et de 1848 ne laissaient aucun doute à cet égard, et elles s'enchaînaient avec une régularité remarquable. Ni 89, ni 1830, ni 1848 ne restèrent des évènements locaux ; ils rayonnèrent beaucoup ; et tel prince ou tel peuple, qui ne pouvait mais de ce qui se passait sur les bords de la Seine, avait fortement ressenti l'ondulation révolutionnaire. Même, il est permis de croire que la chute de l'empire, si, comme bien des signes l'annonçaient pour le moment de la mort de l'empereur, elle avait résulté d'un mouvement populaire, n'eût pas été sans contre-coup social en Europe. Mais aucun effet de ce genre n'a été produit, l'empire ayant péri dans une catastrophe purement militaire. Bien plus, l'insurrection socialiste de Paris est restée isolée matériellement et moralement, et n'a suscité que de très-restreintes manifestations. Cela montre comment cette fonction de foyer qui appartenait à la France lui est retirée par les évènements ; non pas qu'il s'en doive former quelque autre au dehors d'elle ; c'est une fonction provisoirement éteinte.

Voyant la France vaincue et renversée, le parti socialiste a tenté de s'en emparer par la force des armes ; il a été défait. De leur côté, les partis monarchiques ont songé et songent encore à y restaurer un trône. Mais, provisoirement du moins, toute tentative de ce genre est interceptée durant le temps qui sera nécessaire pour libérer notre territoire et équilibrer nos finances. Au 4 septembre, quand la république fut proclamée, plusieurs ont dit qu'elle était fondée, si elle réussissait à sauver la France de l'immense péril que lui léguait l'empire ; mais que, si elle n'y réussissait pas, elle était proscrite à jamais. Elle n'y a pas réussi ; pourtant elle n'est pas proscrite ; toute précaire qu'elle est, elle paraît encore moins instable et moins infirme qu'aucune des monarchies qui se proposent.

Plusieurs, parmi les observateurs et les penseurs, étaient d'opinion que la rénovation sociale, qui demeure, malgré tout, la grande affaire de l'Europe, ne serait entravée par rien d'étranger, et qu'elle ne rencontrerait que les complications issues de sa propre nature. C'était là le cours régulier des choses; mais, malheureusement, dans l'histoire, le cours régulier est souvent interrompu ; et aujourd'hui apparaît la guerre internationale, perturbation la plus fâcheuse de toutes. L'incontestable prédominance militaire de la nation allemande conduira la situation à cette alternative : ou que cette prédominance deviendra absolue et qu'il se formera un grand empire qui, semblable à l'empire romain, subjuguera toutes les nations indépendantes ; ou que ces nations soutiendront leur indépendance soit par des combats soit par des ligues ; ou que, incapables de porter sans terme un écrasant fardeau d'impôts, les nations s'entendront d'une façon ou d'une autre pour la paix.

A chaque crise politique et sociale, les deux grands partis qui se partagent l'Europe, le parti conservateur et le parti révolutionnaire, interrogent avec inquiétude la situation, demandant, l'un, si les doctrines théologiques ont gagné ou perdu ; l'autre, si les rois et les prêtres ont essuyé des échecs ou reconquis des positions. Ce n'est pas dans ces deux ordres de faits que la philosophie positive prend les règles de ses prévisions; elle constate si la science a continué de faire des progrès, d'enregistrer des découvertes et de fonder des lois, et si l'industrie, qui dorénavant ne peut marcher sans elle, a poursuivi son essor. Toutes les fois que la réponse est affirmative, et jusqu'à présent elle l'est toujours, la philosophie positive déplore ces catastrophes qu'une sagesse plus éclairée pourrait éviter, mais elle reconnaît que la civilisation suit le cours que l'histoire lui trace.

Le rôle que la France a joué depuis 1789 dans le mouvement social de l'Europe est, je l'ai dit, terminé; les événements militaires, la défaite et notre déchéance y ont mis fin. Si nous parvenons à fonder une grande république au centre du continent, ce sera un fait politique qui donnera une notable preuve de notre consistance et de notre maturité ; si, au contraire, nous reprenons un roi, nous irons nous ranger, piètre monarchie, derrière les monarchies vraiment héréditaires. En attendant et durant nos ans de cicatrisation, la France a seulement à réparer ses pertes et à recueillir ses esprits. Comme les illustres familles tombées dans l'infortune, nous devons à la fois être fiers et humbles, fiers de notre passé, humbles de notre présent ; n'acceptant jamais notre déchéance, nous ne pouvons nous en relever que par ce double sentiment.

Depuis nos désastres, on a beaucoup parlé en France de la décadence de la France ; et cette idée n'a pas trouvé chez nous une grande contradiction. On y a vu la cause de la défaite, et on a été fort disposé à dire son *mea culpa*. Un *mea culpa* est en effet à dire ; mais, suivant moi, ce n'est pas pour une prétendue décadence que je ne puis apercevoir nulle part. Dans une de ses belles chansons, Béranger disait qu'il chantait :

> Pour consoler son pays malheureux.

Consoler appartenait au poëte, mais n'appartiendrait pas au philosophe, rigoureux observateur de la réalité. Aussi, est-ce sur des faits, non sur des sentiments, que je me fonde. Ces faits sont patents, je vais les rappeler.

Je commence par ce qu'il y a de plus visible et de constatation la plus irrécusable, je veux dire la production, l'industrie, le commerce, la richesse. Dans cet ordre non-seulement il n'y a pas décadence, mais il y a progrès considérable. Même aujourd'hui, malgré les destructions causées par la guerre, malgré deux milliards payés aux Allemands, le crédit de la France est intact, et, financièrement, elle possède une puissance de premier ordre, bien que sa puissance militaire et politique soit brisée et qu'elle n'occupe plus aucun rang dans l'Europe. Maintenant, réfléchissez que la production, l'industrie, le commerce supposent un travail soutenu, vigoureux, intelligent, et en même temps requérant l'application constante d'une science perfectionnée, et dites-moi en quoi il est possible de prétendre que dans ce domaine la France est en décadence. Notre richesse est grande ; la possibilité de faire face à nos désastres suffit à le prouver.

J'ai parlé d'abord de la production, parce qu'elle se traduit en chiffres. D'autres activités ne s'expriment pas de cette façon ; je vais pourtant essayer d'y trouver des signes qui ne laissent pas de doute sur leur prospérité ou leur décadence. Les lettres et les arts sont un domaine où depuis les hauts temps la France a tenu un rang honorable ; et, dès l'origine du moyen âge, l'épopée chevaleresque qu'elle créa fit le charme de toute l'Europe d'alors. Apprécier une littérature contemporaine, des arts contemporains est toujours compliqué d'une certaine incertitude ; car la postérité est loin de ratifier toutes les admirations du moment. Mais, pour le jugement que je cherche ici à porter, le point de vue relatif est suffisant ; et la comparaison de nos lettres et de nos arts avec les lettres et les arts de nos voisins, sera l'instrument de précision qui marquera si nous subissons une décadence. Les oscillations de cet instrument ne nous sont pas défavorables ; partout nos lettres et nos arts marchent côte à côte de ce qu'il y a de plus relevé en Europe dans ce moment.

Et les sciences ? Pour elles aussi, je m'abstiendrai d'entrer dans le détail des choses et des hommes, ne voulant ni élever ni abaisser. Certes, je me garderai bien d'imiter ces Allemands qui viennent de traîner Lavoisier dans la boue, et je rends équitablement justice aux illustrations de l'Allemagne contemporaine. Mais, usant du même raisonnement, j'examine si nos voisins, nos rivaux nous tiennent en quelque estime. Or, il est un corps qui, sans concentrer, il s'en faut, toute la science française, en est cependant son considérable représentant, je parle de l'Institut de France. Que ce corps soit fort honoré en Europe, cela ne fait doute pour personne ; d'illustres savants étrangers acceptent avec satisfaction d'y être agrégés. Ceci dure encore, même après nos désastres, et prouve qu'on ne nous croit pas assez en décadence pour dédaigner les modestes honneurs que des savants accordent à des savants.

Je ne veux pas prolonger cette revue ; aussi, je terminerai par un mot très-bref sur la philosophie. Il y a en ce moment en Europe trois philosophies : la philosophie allemande, qui a pour chef Hegel ; la philosophie anglaise, dont les représentants les plus éminents sont Stuart Mill, Bain et Herbert Spencer ; et la philosophie française, dont Auguste Comte est le fondateur. Si je me prononçais, je serais juge et partie ; car, depuis beaucoup d'années, je suis un des disciples d'Auguste Comte. Aussi, me garderai-je d'intervenir dans la question, et je m'adresserai, ici encore, aux témoignages extérieurs. Quel est le rapport de ces trois philosophies l'une avec l'autre ? la philosophie anglaise repousse, de la façon la plus décidée, la philosophie allemande, et a beaucoup de contacts avec la philosophie française. Dans l'arène philosophique, nous soutenons la lutte, et, si nous en croyons le témoignage de la philosophie anglaise, par rapport à la compétition allemande, nous la soutenons avec avantage.

Quoi donc ! ai-je le dessein d'égarer mes compatriotes et de leur faire une flatteuse illusion au sujet de la situation ? Non, certes ; mais, par les faits positifs que je viens de rappeler, il me paraît que la France a succombé au moment où elle était pleine de force et d'activité. Est-ce que je veux les encourager à s'endormir dans une plate satisfaction d'eux-mêmes, et à ne pas faire les efforts puissants et continus que réclame la réparation des désastres ? Non, certes ; il n'y a ni temps ni force à perdre ; et, dans le cercle restreint où j'ai quelque influence, j'excite les jeunes gens à se mettre énergiquement à la besogne. Mais je tiens à montrer qu'avant notre chute, nous ne portions en nous aucune lésion considérable de la vitalité.

Et pourtant notre chute a été profonde. Nous avons été vaincus, et vaincus en un tour de main : la guerre entre armées a duré moins d'un mois. Commencée dans les premiers jours d'août, elle était finie le 1er septembre. Le reste a été tenté sans officiers, sans fusils, sans canons, sans soldats autres que des hommes appelés à la hâte. Mais il le fallut ; que dirions-nous aujourd'hui à nos compatriotes d'Alsace et de Lorraine, si nous n'avions pas livré les derniers, les inégaux combats ?

Vis expers consilii mole ruit sua, a dit le poëte. Le conseil a manqué à celui qui était à notre tête ; il n'a su ni préparer la guerre ni la faire ; et pourtant c'est lui qui l'a déclarée ! Je ne sais quel affidé du bonapartisme écrivit peu de jours avant le coup d'Etat de 1851, et en l'annonçant, que l'assemblée se précipitait sur l'épée nue qui lui était tendue. Eh bien, la Némésis de l'histoire a voulu qu'à son tour cet infatué se soit précipité et nous ait précipités sur l'épée nue que la Prusse tendait.

L'*incapable Ibrahim*, qui traînait dans les Tuileries sa vide majesté, n'avait eu une certaine prévoyance que pour la comédie de Sarrebruck, que pour les préparatifs de son entrée à Berlin. Mais la vraie politique, mais la vraie guerre, à cela il n'avait point songé. Incapable au début des hostilités et dès l'engagement des premières affaires, quelle ne devint pas son incapacité quand il eût fallu tant de décision et d'activité pour ménager les deux armées qui nous restaient et pour les conserver à la défense de Paris et au ralliement de ce qui fut plus tard l'armée de la Loire ! L'ennemi, rapide et nombreux, ne laissait passer aucune faute sans en profiter. Toutes les fautes furent commises, et bientôt il ne resta plus un seul homme des 250,000 qui étaient entrés en campagne. M. de Ségur, dans son *Histoire de l'expédition de Russie*, XI, 2, rapporte que Napoléon, poussé de désastre en désastre jusqu'à la Bérésina, s'écria : « Voilà donc ce qui arrive quand on entasse fautes sur fautes ! » Entasser fautes sur fautes et nous précipiter dans l'abîme est le privilége des Bonaparte.

Violateur du serment et de la probité, le prince Louis Bonaparte sut habilement disposer le guet-apens par lequel il dispersa l'assemblée et s'empara du pouvoir. Mais toute cette habileté nocturne lui a fait défaut dans la guerre au grand jour et sur les vastes champs de bataille : un parjure pour début, Sedan pour terme, voilà la carrière du neveu de Napoléon Ier.

Après les premières défaites et après Sedan, on demanda

au Corps législatif de prononcer la déchéance et de s'emparer de la direction des affaires. Ce qui serait advenu de ce coup d'autorité pour la guerre, pour la paix, pour la monarchie, je ne sais ; mais, ce moment très-court une fois passé, tout devint fatal. L'empereur ne s'étant pas fait tuer à Sedan, l'empire est maudit ; les grandes villes, Paris et, avant Paris, Lyon, Toulouse l'exécutent ; la république s'y proclame spontanément. Pendant tout ce temps, la monarchie ne bouge nulle part; aucun roi n'est à la tête de nos derniers bataillons; aucun roi ne va négocier la plus douloureuse des paix, ni entreprendre la réparation de nos désastres. Je ne rappelle tout cela qu'afin de résumer toutes les diverses impuissances qui paralysent la monarchie parmi nous.

Si les chefs des nations sont responsables des fautes qu'ils commettent, les nations sont responsables des chefs qu'elles se donnent. Il n'y a rien à imputer à la France pour avoir eu un Louis XV à sa tête ; l'ordre antique de la monarchie le voulait ainsi. Mais il y a tout à lui imputer pour avoir fait empereur un deuxième Bonaparte, après avoir essayé du premier. J'ai dit tout à l'heure que la France n'avait point subi de décadence, et qu'elle était riche, laborieuse et intelligente comme par le passé ; mais il faut faire une exception considérable pour la politique. Là, tout est en désarroi et en décadence. La monarchie restaurée tombe par des ordonnances que lui inspire l'esprit rétrograde et clérical. La monarchie de 1830 provoque, pour l'adjonction des capacités à la liste électorale, une bataille qu'elle perd. Les deux républiques de 92 et de 48 succombent, parce qu'elles inspirent des craintes d'anarchie. Ces commotions intérieures, qui n'empêchent pas la France de prospérer dans les voies du développement, se compliquent des deux Bonaparte, qui la précipitent dans les extravagances militaires et dans les extrêmes désastres. C'est au lendemain d'un Bonaparte et d'un désastre que nous sommes aujourd'hui.

Le mouvement qui produisit les événements de 1830 et de 1848, et auquel l'Europe entière participa plus ou moins, avait pour cause essentielle un intérêt général de rénovation, non un intérêt particulier d'agrandissement. Le flot a retourné : c'est l'intérêt particulier d'agrandissement (la guerre de 1870 l'a prouvé) qui prévaut sur l'intérêt général de rénovation. Quelque fâcheux que ce soit, il faut y accommoder notre politique. Dans ce déchirement qui ajourne les aspirations sociales et qui ouvre la porte aux ambitions conquérantes, une république française peut avoir un rôle salutaire à la France, utile à l'Europe.

La France n'est plus parmi les grandes puissances; cette perte de rang est le résultat manifeste des défaites qu'elle vient de subir. C'est peu de payer une contribution de guerre de cinq milliards ; c'est peu de s'être vu arracher deux provinces ; il lui faut assister à l'oppression de ceux qui furent siens, qui restent siens du plus profond de leur cœur, et entendre à sa frontière leurs douleurs et leurs plaintes ; rien ne montre mieux qu'elle n'est plus parmi les grandes puissances.

Certes ces douleurs et ces plaintes sont un honneur pour elle et pour sa manière de partager la vie commune et l'œuvre de civilisation. Ceux que la conquête lui arrache ont le cœur serré, ils aimeraient mieux subir avec elle la mauvaise fortune, que jouir avec le vainqueur des splendeurs de la victoire. Un jour viendra sans doute où les Slaves de la Posnanie seront disputés entre Russes et Allemands. Ce jour-là, la Posnanie n'exprimera ni douleurs ni plaintes, et, bien qu'annexée depuis cent ans, elle fêtera joyeusement l'évènement qui l'arrachera des mains allemandes.

Nous avons maintenant notre Vénétie. C'est un honneur pour l'Italie que jamais les Vénitiens n'aient consenti à être Germains. Alors nous plaignions le sort de ceux que la conquête opprimait ; aujourd'hui pourquoi l'Italie ne plaint-elle pas cette Alsace et cette Lorraine que la conquête opprime, que la violence démembre ?

Je dis donc qu'il n'y a plus que trois grandes puissances en Europe : l'Allemagne, l'Angleterre et la Russie. L'Angleterre poursuit le développement d'une industrie florissante et d'un vaste commerce. La Russie est sans limite en Asie, et sy étend incessamment. L'Allemagne espère réunir à soi les Allemands ou les demi-Allemands partout où il y en a.

Au milieu des violentes récriminations contre l'empereur, ses ministres et ses instruments, des voix se sont élevées pour demander qu'on ne chargeât pas de tout le mal ces boucs émissaires, oubliant la part de responsabilité qui appartient à la nation. Cela est juste ; quels que soient les méfaits d'un tel empereur et de tels instruments, ne méconnaissons pas notre propre culpabilité. Toute expiation est double : l'une se fait par les souffrances, celle-là est accomplie, et nos souffrances surpassent notre faute ; l'autre se fait par l'amendement ; elle se prépare de tous les côtés, et le débat entre monarchie et république en est un des symptômes.

A personne l'état présent de l'Europe ne peut paraître doué d'une grande stabilité. Les traités de 1815, destinés à replacer sur de nouvelles bases le système européen, restèrent fidèles aux idées d'équilibre, et remirent l'hégémonie de l'Europe à cinq grandes puissances, l'Angleterre, l'Autriche, la France, la Prusse et la Russie. Ils n'existent plus. Je ne sais à quelle place l'Autriche se met depuis Sadowa ; mais, depuis le traité de Versailles, la France est déchue de son ancien rang. L'hégémonie du continent appartient à l'Allemagne et à la Russie ; mais, en se rétrécissant, les bases sont loin de prendre plus de solidité.

Redevenir une puissance militaire de premier ordre et prête à conquérir comme est maintenant l'Allemagne, ce serait tourner dans un cercle auquel le génie progressif de la France s'efforcera sans doute d'échapper. Les conflits, il est malheureusement permis de les augurer ; mais il n'est permis d'en entrevoir ni l'heure, ni le caractère, ni l'issue. L'indépendance des nations est menacée, on le voit ; il faudra la défendre, on le sent. L'équilibre entre l'Allemagne et la Russie a remplacé l'équilibre entre les cinq grandes puissances ; il est précaire. Durant le répit qui est donné à tout le monde, la France reprend sa tradition républicaine. La république de 1793 fut attaquée par tous les rois ; celle de 1848 ébranla plusieurs trônes. Celle de 1871 n'est attaquée par personne et n'ébranle personne. La préoccupation de l'Europe est ailleurs. La nôtre est de réparer nos désastres et de fonder un gouvernement républicain. Avec cette tâche, nous ne manquerons ni de but pour diriger nos effets, ni de travail pour occuper notre activité, ni de patience pour attendre les conjonctures.

XVII

REMARQUES

SUR LA

MÉTHODE SUBJECTIVE

DANS LA PHILOSOPHIE POSITIVE

[C'est un sujet vaste et important que je recommande aux méditations des disciples de la philosophie positive; ici je me borne à quelques observations qui m'ont été suggérées par un livre publié en Amérique sous le titre de *Rudiment positiviste* (1), et qui ont paru dans la revue de la *Philosophie positive*, mars-avril 1872.]

M. David a bien voulu m'envoyer son livre, je l'en remercie. Il me combat sur quelques points ; je vais lui répondre ; c'est notre droit à chacun.

M. David expose, suivant M. Comte, la religion de l'humanité, dont il est un des croyants. Ici, je distingue : je reconnais que la conception sociale de l'humanité est une base sur laquelle des ralliements commencent à se former parmi les hommes des nations civilisées. Mais que cette conception doive se transformer en culte, et que, plus particulièrement, ce culte doive être le calque de l'organisation catholique, comme l'a proposé M. Comte, c'est ce que je ne sais pas, c'est ce que personne ne sait ; car personne ne peut démontrer que la réorganisation sociale prendra une telle forme. L'expérience

---

(1) *A positivist primer being a series of familiar conversations on the religion of humanity*, by C. G. DAVID, New-York, 1871.

seule, en nous acheminant vers cette réorganisation, nous montrera quels en sont les traits essentiels. Jusque-là la conception est purement subjective.

C'est sur ce mot que porte le débat; car M. David dit, comme je le dis, que les questions de méthode sont les plus hautes questions; et là-dessus il répète, après M. Comte, que la méthode subjective est, en sociologie, aussi positive que l'est la méthode objective dans l'étude des autres phénomènes. Voici ses arguments : « La méthode subjective est simple-
» ment la refonte et la classification des résultats de la re-
» cherche objective relativement à la conception de l'huma-
» nité, p. 41. » Et page 42, développant son idée, il dit : « Nous
» sommes habitués à qualifier de subjectives les philosophies
» théologique et métaphysique ; et, quand on nous assure que
» la méthode subjective prédomine dans la construction poli-
» tique et religieuse de Comte, nous sommes disposés à la ran-
» ger dans la même catégorie. C'est certainement une mé-
» prise complète. Les méthodes subjectives du passé étaient
» un procédé mental par lequel on recherchait les phé-
» nomènes cosmiques ; et ce procédé ne pouvait que four-
» nir des résultats fictifs. La méthode subjective du posi-
» tivisme ne poursuit aucunement l'investigation du monde ;
» elle saisit la grande conception du genre humain, et, autour,
» elle groupe les vérités présentement connues, signalant
» quelles sont les vérités qu'il est le plus désirable de recon-
» naître. C'est là la partie purement intellectuelle de la mé-
» thode. En second lieu, rassemblant les résultats des re-
» cherches biologiques et sociologiques sur l'histoire passée
» et présente des nations et des familles, elle indique, par
» rapport au grand être, l'humanité, les meilleurs modes de
» satisfaire à ses besoins par le moyen des institutions sociales ;
» c'est là le côté politique de la méthode. Enfin, la partie
» morale et religieuse est résumée dans l'indication d'une
» culture pour les sentiments esthétiques, moraux et révé-
» rentiels, culture qui, étant en harmonie avec le passé du
» genre humain, tendra à procurer un meilleur avenir. »

Examinons l'argumentation de M. David, et pour cela discutons d'abord sa principale définition : *La méthode subjective est la refonte et la classification des résultats de la recherche objective relativement à la conception de l'humanité.* Cette définition, je l'accepte pour la sociologie comme pour d'autres sciences. En beaucoup de sciences, il y a un travail mental pour refondre et classer les résultats de la recherche objective, c'est-à-dire pour en tirer les faits particuliers qui sont transformés en faits généraux par l'induction, dite, si l'on veut, méthode subjective.

Mais la méthode subjective n'a pas toujours opéré ainsi ; autrefois, par une nécessité inévitable, au lieu de prendre les principes généraux dans une expérience qui n'existait pas encore, elle les prit dans des conceptions puisées au fond d'idées tel qu'il se trouvait alors dans l'esprit humain.

A ce point de vue, on dira qu'il y a deux méthodes subjectives, l'une théologique et métaphysique, condamnée désormais, l'autre positive affermie par l'expérience. Mais, ceci admis provisoirement, quel usage fera-t-on de la méthode subjective positive? La méthode subjective positive, semblable en cela à la méthode subjective métaphysique, procédera par déduction.

Ici, je remarque que, la méthode subjective positive étant, quand elle constitue ses principes généraux, l'induction, et, quand elle opère sur ces principes, la déduction, on a tort de changer ces noms consacrés, de ne pas éviter une confusion, et d'ôter aux philosophies théologique et métaphysique la dénomination exclusive de méthode subjective.

Mais, soit, admettons, comme le veut M. Comte, la méthode subjective positive, et voyons si, en en mal usant, on ne retombe pas dans la méthode subjective métaphysique.

Du moment que la méthode subjective positive n'est pas autre chose que la déduction ou méthode synthétique, elle devient soumise à un ferme principe établi par M. Comte, à savoir que la déduction ou méthode synthétique est d'autant plus limitée dans son exercice, que la science à laquelle on l'applique est plus compliquée. Or, de toutes les sciences, la plus compliquée est la sociologie. Ainsi, c'est celle où il sera le moins permis de déduire avec sûreté.

Eh bien! en présence de ce principe incontestable, qu'a fait M. Comte? Il a fondé un culte, établi un pape et un pouvoir spirituel, organisé un système singulièrement semblable au système catholique; en face, il a placé un pouvoir temporel, concentré la fortune sociale entre les mains d'un petit nombre de chefs, et chargé ces possesseurs de pourvoir aux nécessités des travailleurs.

Certes, il n'y a jamais eu de plus longue déduction, de synthèse plus étendue; et cela dans la sociologie, qui ne comporte que de courtes et restreintes déductions ou synthèses. Il est impossible de savoir si tout cela est faux; mais il n'est pas moins impossible de savoir si tout cela est vrai; c'est là le caractère de toute vue métaphysique ou subjective, dans le sens ancien.

Si Newton avait étendu, par déduction ou synthèse, le principe parfaitement positif de la gravitation à la chimie et à la biologie, s'il avait organisé là-dessus ces deux sciences, il aurait fait quelque chose hors de notre portée; il aurait fait de la métaphysique scientifique.

En résumé, la méthode subjective positive ou synthèse devient pure vue de métaphysique, quand elle ne se conforme pas au rapport qui existe entre l'étendue de la déduction et la complication de chaque science.

Au reste, M. David lui-même, s'exprime d'une façon très-dubitative au sujet du plan religieux et social de M. Comte : « Si l'avenir réalisera ou ne réalisera pas l'utopie de Comte, » c'est ce qu'il est encore impossible de décider ; mais on se-» rait aveugle si l'on n'apercevait pas dès à présent maintes » tendances qui y portent, p. 43. » Je ne dis pas autre chose: utopie de laquelle on ne sait ce que l'avenir décidera. Une utopie ne peut intervenir dans la science ni comme partie de la théorie, ni comme guide de la pratique. Seulement, quand elle émane d'un homme comme M. Comte, il y a lieu de considérer quelles connexions existent entre elle et les tendances contemporaines.

J'ai tenu à discuter complétement un point très-important de méthode. Ce qui suit n'est qu'accessoire.

M. David, p. 105, en preuve de la sûreté de prévision de M. Comte, cite la destruction de la colonne de la place Vendôme et la tendance qu'avait la Commune à fractionner la France ; idées qui se trouvent l'une et l'autre dans ses écrits. Mais, sans rappeler que la colonne va probablement être rebâtie, et que certainement la Commune a échoué, il est facile de trouver une bien plus grave prévision où M. Comte s'est absolument trompé. Il a toujours affirmé que la grande guerre n'était plus possible en Europe, vu le développement des intérêts et des mœurs. Les évènements ont donné un triste démenti à cette prévision. Je ne veux pas insister là-dessus. J'aime mieux m'arrêter sur un cas où sa faculté de prévoir, s'appliquant à un domaine qui en comportait un plein exercice, a été pénétrante et admirable : c'est quand il annonça que l'anarchie commencée croîtrait sans cesse dans les doctrines et dans les faits. Cette parole, depuis qu'il l'a prononcée, étant incessamment vérifiable, va toujours se vérifiant davantage ; jamais les périls sociaux n'ont été aussi grands. En vain, les doctrines qui eurent jadis le gouvernement de la société et qui l'ont perdu s'efforcent de le reconquérir ; leurs efforts ne font qu'aggraver la situation. Dans ce désarroi, il ne reste debout, puissant et jeune, que le savoir positif. M. Comte, qui, par une grande conception, constitua ce savoir positif en doctrine générale, en a fait, par une grande conception, application au système social, donnant pour but le progrès de l'humanité et pour moyen le savoir positif. C'est autour de ce but et de ce moyen que les hommes d'ordre et de progrès, de quelque côté qu'ils viennent, seront amenés à se rallier.

Tout désireux qu'est M. David de se conformer au plan de M. Comte, pourtant il ne le suit pas dans un point où j'ai, il y a longtemps, exprimé que je ne le suivais pas non plus, je veux dire la limitation de la science. M. Comte a pensé que, pour le bien de l'humanité, il importait d'empêcher les recherches scientifiques de s'appliquer à des objets trop éloignés de nous, par exemple la constitution des planètes et l'astronomie stellaire. M. David réfute en fort bons termes cette opinion, et il explique que, dans l'ignorance où nous sommes de l'influence qu'une vérité encore inconnue peut exercer sur nos opinions et nos destinées, il faut laisser la porte ouverte à la recherche du vrai dans toute son étendue et dans toutes les directions.

J'ai discuté avec M. David, comme il a discuté avec moi, faisant ce que font des hommes qui plaident une cause devant le public. Notre public est très-restreint; mais il croît, et nous espérons, lui et moi, qu'il deviendra considérable. Qui m'aurait dit, il y a vingt-cinq ans, que j'aurais un débat de philosophie positive avec un homme de New-York ? Je m'arrêterais sur cette réflexion satisfaisante, si je n'avais, tout à fait en dehors de notre philosophie commune, un reproche à lui adresser ; c'est d'avoir donné accès dans son livre, p. 133, à de violentes injures d'un Allemand contre la nation française. Un citoyen Américain ne doit pas, ce me semble, prêter ses pages à de pareilles effusions. Il faut laisser cela aux Allemands.

XVIII

DE L'USAGE DES MALADIES

[Je me suis complu à considérer du point de vue de notre philosophie l'état de maladie, que Pascal a considéré du point de vue chrétien. Je n'ai pas en l'outrecuidance de vouloir lutter avec cet homme que j'admire tant; mais je n'ai eu aucune hésitation à mettre en face du dogme théologique le dogme scientifique. Ce petit article parut dans la revue de la *Philosophie positive*, mars-avril 1872.]

J'emprunte ce sujet à un opuscule de Pascal, intitulé : *Prière pour demander à Dieu le bon usage des maladies*. Pendant une maladie que je viens de subir, douloureuse et dangereuse, ayant par conséquent toutes les qualités requises pour le bon usage, Pascal me revint en mémoire, et, dès que je pus lire, je le relus. Son éloquence éclate là comme ailleurs. « Elle nous émeut encore quand elle ne nous persuade pas, » dit M. Havet dans son excellent commentaire. Nous con» templons avec une admiration douloureuse ces efforts éner» giques, non pour étouffer les plaintes de la nature qui souffre, » mais pour la fortifier ; non pour trouver le repos dans un » endurcissement orgueilleux, ou la joie dans les illusions » d'une imagination trompée, mais pour faire descendre du » sein d'un Dieu, idéal de sainteté et d'amour, la patience qui » supporte le mal et la vertu qui s'y épure. »

Pas plus que M. Havet, cette éloquence ne m'a persuadé. Pourtant l'opuscule m'a intéressé par deux côtés. D'abord, il m'a paru important de noter quelles différences suscitait la considération d'un même objet, la maladie, au point de vue d'un catholique janséniste et à celui d'un adepte de la philosophie positive. En second lieu, comme l'Eglise, ayant eu pendant des siècles la direction des âmes, a reconnu à quels besoins spirituels il faut répondre dans le régime théologique, le régime positif a des enseignements à demander à cette longue expérience pour satisfaire à un tout autre état des consciences.

Ceci montre que je n'entends aucunement faire de la polémique contre l'idée chrétienne qui anime l'opuscule de Pascal. Loin de là, j'en veux tirer parti. La philosophie positive, reconnaissant le passé humain comme une évolution nécessaire et finalement civilisatrice, ne permet pas à ses disciples d'exercer une critique purement négative à l'égard des doctrines théologiques.

La maladie nous assiége de mille côtés. C'est à la fois une source de souffrances, un tribut considérable prélevé sur le fruit de notre travail, un temps précieux qui nous est enlevé. Devant un mal qui nous attaque si sérieusement, quelle doit être notre attitude morale? Avant de répondre, voyons quelle est celle que Pascal prend pour lui et qu'il recommande.

Je rencontre, au début de cet opuscule, une pensée générale, une conception du monde qu'il faut exposer ; car elle est à la fois la racine et l'explication du mode chrétien de sentir qui y est développé à l'égard de la maladie. « O Dieu, dit » Pascal, qui ne laissez subsister le monde et toutes les cho» ses du monde que pour exercer vos élus, ou pour punir les » pécheurs... » Soit comme géomètre et physicien, soit comme écrivain, peu d'hommes peuvent être comparés à Pascal ; c'est un génie. Et pourtant il a écrit cette phrase après Copernic et Galilée! L'entendez-vous, hommes modernes? C'est pour exercer un petit nombre d'élus, c'est pour punir quelques misérables pécheurs que le monde et toutes les choses du monde subsistent! Je n'abuserai pas (lecteurs, ne craignez rien) de l'astronomie contre Pascal. Je note seulement qu'aujourd'hui aucun esprit, imbu si peu que ce soit du savoir positif, ne peut entretenir une aussi chétive conception de l'univers. Pascal croyait savoir pourquoi l'univers subsiste ; nous, plus modestes, nous n'en savons absolument rien ; mais nous savons que, bien certainement, cet univers ne subsistait pas pour l'homme élu ou pécheur, au moment où il n'y avait pas encore d'hommes sur la face de notre petit globe. L'espèce humaine y est récente, elle est à peine vieille de deux ou trois cent mille ans. Que ceux qui cherchent des motifs à l'existence des choses, en cherchent un autre que l'homme, ses vertus et ses péchés pour tout le temps auparavant.

Du moment que le monde n'est fait que pour exercer les élus et pour punir les pécheurs, la conséquence immédiate, le lecteur le voit comme moi, est que les maladies sont des châtiments. « Faites-moi bien connaître, dit Pascal en s'adressant » au Seigneur, que les maux du corps ne sont autre chose » que la punition et la figure tout ensemble des maux de l'âme. » Ainsi dans l'opinion de Pascal, toutes les fois qu'on est malade, on est puni non point parce qu'on a manqué à quelque précaution d'hygiène ou de régime, mais parce qu'on a manqué à quelqu'un des préceptes moraux auxquels l'âme est assujettie.

Et il ne faudrait pas objecter à Pascal que les bons ne sont pas moins que les méchants sujets à la maladie. Cela le toucherait fort peu. Il est profondément convaincu que tout homme est pécheur et tombe sous le coup de la justice de Dieu, ne s'exceptant pas lui-même de cette condamnation générale, et reconnaissant que, bien qu'exempte de grands crimes, sa vie a été très-odieuse à Dieu par sa négligence continuelle, par le mauvais usage des plus augustes sacrements, et par la perte du temps qui n'avait été donné que pour la pénitence. De la sorte, quel que soit celui que frappe la maladie, elle frappe nécessairement un coupable.

Que penser, au point de vue scientifique, d'une telle conception? La physiologie la repousse absolument : elle ne reconnaît dans la maladie qu'un phénomène naturel qui se produit conformément aux propriétés de la substance vivante ; phénomène d'autant moins évitable que cette substance vivante est soumise à un flux continu de composition et de décomposition. Mais, sans entrer dans l'examen abstrait de cette question, il suffit de citer quelques faits journaliers et manifestes pour montrer que l'idée de maladie ne comporte en aucune manière l'idée de châtiment. Les enfants sont malades, ils le sont parfois dès le sein de leurs mères ; pourtant ils n'ont pas encore mérité d'être châtiés. La maladie n'est pas bornée à l'espèce humaine ; elle atteint tous les animaux ; comment leur appliquer l'idée de châtiment ? Et comment l'appliquer aux végétaux, qui, eux aussi, sont malades ? La physiologie a donc raison contre Pascal ; et la maladie, qui est souvent (non pas toujours, il s'en faut) la punition d'une infraction des règles de l'hygiène publique ou privée, ne l'est pas de l'infraction des règles morales.

Que va faire Pascal de ce châtiment qui lui fut rudement infligé ? car il vécut en proie à la maladie sous bien des formes, et mourut jeune. « Que votre grâce toute puissante, dit-il au » Seigneur dans sa prière, me rende vos châtiments salutaires. » Et ailleurs : « Vous m'envoyez la maladie pour me corriger. » Ainsi, pour lui, la maladie est un châtiment salutaire et un avertissement d'éviter le péché et de pratiquer la pénitence.

Ici intervient une réserve : se corriger est une œuvre morale qui implique la plénitude et l'intégrité de nos facultés. Dès lors on reconnaît que cette œuvre n'est possible ni chez les enfants, ni chez les malades qui ont le délire, ni chez les vieillards en enfance, ni chez les aliénés ou les idiots. De plus Pascal prend la maladie en bloc et comme une et toujours identique à elle-même. Le fait est que rien n'est plus variable et plus différent ; et, de même que l'on meurt comme on peut et non pas comme on veut, de même on est malade non pas comme on veut, mais comme on peut. Ces différences font qu'en une foule de cas la maladie ne laisse aucune liberté d'esprit pour en faire un profit moral.

Voilà le cas dans toute sa généralité ; mais contentons-nous de l'avoir signalé, et, dans cette masse, ne prenons que le malade que suppose Pascal, c'est-à-dire capable de s'observer et de se commander. Pascal, s'observant et se commandant, déclare que ses maladies doivent servir à glorifier le Seigneur. Il offre ses souffrances comme un moyen de détourner la colère divine, et il demande qu'elles deviennent pour lui une occasion de conversion et de salut. Se corriger est une grande chose, que tout homme faisant un retour sur lui-même sera toujours disposé à payer fort cher; et, ici, l'opinion qui voit dans les maladies autant de châtiments, a été, toute fictive qu'elle est, heureusement employée à un certain genre de moralisation individuelle.

Mais la doctrine est erronée. Aucune liaison n'existe entre les maux du corps et les maux de l'âme; la maladie n'est point un châtiment. Plus d'une fois, sans doute, la maladie est le produit de nos vices; et quelquefois aussi nos vices sont le produit des maladies, il n'est pas de médecin qui n'ait vu des cas pareils; mais, malgré ces accidents, il n'y a point de liaison essentielle entre la maladie et le vice. Le mal corporel dépend d'une altération dans la composition des parties élémentaires, altération due à des réactions soit intérieures, soit extérieures; le mal moral dépend de la dépravation suscitée par nos sentiments, par nos passions, par nos intérêts.

Etant reconnu que la maladie n'est point un châtiment, il est reconnu en même temps qu'elle ne dépend d'aucune cause finale. De but, elle n'en a point; elle est un résultat des conditions d'existence au milieu desquelles nous sommes placés. Améliorons ces conditions, et la maladie diminue; empirons-les, et elle augmente. Ce qu'on peut ainsi diminuer ou augmenter, évidemment n'est pas un châtiment.

Nous sommes en un monde qui a des rigueurs pour tout ce qui vit. Dans l'espèce humaine, la vie moyenne est l'expression de la compatibilité de notre conservation avec le milieu. L'on peut ajouter qu'elle exprime en même temps ce que furent à l'origine de l'homme, de quelque façon qu'on se représente cette origine, la clémence et l'inclémence du ciel et du sol. Plus de clémence alors, et notre vie moyenne serait plus longue; plus d'inclémence, et c'est à peine si l'homme aurait pu naître et se perpétuer.

Là doit être pris l'enseignement que la maladie porte avec elle; là l'usage que nous en devons faire. C'est un redoutable ennemi dont il faut rétrécir le domaine, puisqu'il ne nous sera jamais donné de l'annuler. Tous les efforts de notre science progressive y sont nécessaires, non-seulement pour le service de l'individu, mais aussi pour le service de la société. Comme c'est seulement par la science que nous bornerons le ravage de la maladie, nous ne pourrons jamais assez apprendre pour satisfaire à notre tâche. La maladie est un des côtés les plus sévères de notre lutte avec la dureté des choses. Etudier soigneusement l'être vivant dans sa structure et ses fonctions, considérer les actions qu'il exerce sur le milieu et que le milieu exerce sur lui, et faire tourner à notre profit ce que ces relations ont de modifiable, voilà le grand objet que l'homme s'est donné à mesure qu'il a reconnu les conditions de sa laborieuse existence.

Que la maladie soit, par l'idée de châtiment, une excitation à un amendement individuel, voilà qui est une fausse vue, valable seulement tant qu'on y croit. Mais qu'elle soit, par l'idée connexe de science et de puissance, une excitation à une étude continue des conditions de la santé publique et privée, voilà qui est une vue réelle, toujours valable, car on y croira toujours de plus en plus. Il ne faut pas méconnaître (dans le régime théologique) l'office moral de la maladie conçue comme châtiment, bien que cet office soit infiniment plus restreint que Pascal ne l'a imaginé. Encore moins doit-on méconnaître la grandeur et la portée de la conception positive.

Et l'individu, que devient-il? car c'est de lui qu'il s'est agi au début. Selon le dogme théologique et son interprète Pascal, l'homme, châtié par la maladie, doit se tourner vers Dieu et lui demander de rendre l'expiation fructueuse pour son salut. Selon le dogme positif, l'homme, atteint par quelqu'une des perturbations que comporte la constitution des êtres vivants, prend dans les lois invariables du monde la résignation. Je ne chercherai point, car il est impossible d'établir l'équivalence entre des dispositions mentales toutes différentes, quel est le moins malheureux, celui qui reçoit la maladie comme un châtiment, ou celui qui la reçoit comme un fait naturel. Tous deux souffrent; d'aucun côté n'est un remède, on n'a qu'un palliatif. C'est peu; mais usons du peu que nous avons. Le médecin de Louis XIV, Fagon, devenu très-vieux, très-malade,

très-souffrant, disait : « Je suis trop bon physicien pour m'ir-
» riter contre la nature. » Etre bon physicien, c'est connaître
l'invariabilité de la nature et son indifférence. On ne s'irrite
ni contre l'indifférence, ni contre l'invariabilité.

XIX

LA POUTRE ET LA PAILLE[1]

[Bossuet, engagé dans une vive polémique contre les protestants, trouve qu'un de leurs princes, particulièrement dévoué à la cause, a été bigame, et que cette bigamie fut autorisée par l'assentiment des directeurs spirituels de l'homme qui épousa une seconde femme, la première étant encore vivante. L'évêque catholique use énergiquement de l'avantage que lui donne un pareil scandale. Cela est de bonne guerre. De bonne guerre ? Oui, mais à la condition que celui qui fait le reproche sera pur de tout reproche analogue ; or, pendant qu'il stigmatisait le landgrave de Hesse pour la bigamie, il encensait Louis XIV, scandaleusement adultère dans sa propre cour. La bigamie ecclésiastiquement autorisée est mauvaise ; l'adultère adoré comme il fut par tout le monde, grands seigneurs ou évêques, ne vaut pas mieux.]

Ce titre pris au langage évangélique m'est venu à l'esprit dès que j'eus conçu le projet de ce travail, et il me parut convenir ; non qu'il indique le sujet même, puisqu'il annonce seulement que celui qui fait des reproches est lui-même fort reprochable ; mais parce qu'il s'agit d'ecclésiastiques, un évêque catholique et des pasteurs protestants. Que de fois, dans leur terrible conflit, le catholicisme et la réforme ont eu la poutre dans l'œil, tout en signalant la paille dans celui de l'adversaire ! Et ce conflit sanglant n'a été apaisé et n'est devenu incapable de se raviver, que parce que le vaste corps des libres penseurs, puissant par les lumières modernes qui l'ont constitué, interpose entre les passions théologiques la tolérance, qui est son œuvre humaine et magnanime.

---

(1) *La Philosophie positive*, septembre-octobre 1872.

Les pasteurs protestants sont Luther, Mélanchthon et Bucer; l'évêque catholique est Bossuet. Grands noms de part et d'autre et profondément gravés dans la mémoire des hommes. Pourtant je mets entre eux une notable différence, ou du moins je ne les range pas dans la même classe. Comme orateur sacré, comme maître en l'art de déployer les hautes pensées et les sublimes images, comme génie habile à modeler le langage en beauté souveraine. Bossuet est incomparable. Mais là s'arrêtent ses mérites. Parmi des paroles de haine que je conçois, il a souvent pour Luther des paroles de mépris que je ne conçois pas. Jamais mépris ne fut plus mal appliqué de la part d'un esprit aussi impuissant socialement à un esprit socialement aussi puissant Comment, dans cet ordre d'idées, mettre en comparaison le moine clairvoyant et hardi qui scinda le catholicisme, et l'évêque défenseur monarchique des libertés gallicanes, qui n'eut de force que pour combattre à outrance les innocentes chimères de Fénélon et du quiétisme, pour applaudir aux persécutions contre les protestants, et étouffer provisoirement l'exégèse biblique en la personne du P. Simon?

En disant la poutre et la paille, je n'entends nullement dire qu'une des parties n'a qu'une paille, tandis que l'autre a une poutre. Non, en aucune façon. Sur ceci mon titre est fautif ; la poutre est bien dans les yeux des deux adversaires. Le protestant, acerbement accusé par l'évêque, a tort assurément ; mais, si les préjugés avaient permis à l'évêque de mettre la main sur la conscience, il aurait senti moins de confiance en l'effet de ses accusations.

Cette locution de poutre et de paille passée de l'Evàngile dans l'usage commun, je ne l'aime point ; et il a fallu une circonstance aussi spéciale pour que je m'en servisse. On accorde sans peine une exagération au langage métaphorique ; mais vraiment ici la métaphore, quelque latitude que l'on donne à l'imagination orientale, dépasse toute mesure. On conçoit une paille dans l'œil, et c'est un petit accident de tous les jours ; mais comment y mettre une poutre? L'auteur évangélique a voulu exagérer sa parole, afin de mieux marquer l'indulgence de l'amour-propre pour soi-même et sa rigueur pour autrui ; mais il n'a pas été heureux dans le choix d'une image impossible ; et, s'il ne s'était pas agi ici d'hommes pour qui l'Evangile est la loi et la parole, j'aurais évité une locution dont l'habitude seule nous empêche de voir combien, en la créant, on a péché contre la loi de la métaphore.

Bossuet, au moment où il était à l'apogée de son influence et de son autorité, fut engagé dans d'actives controverses avec le protestantisme. D'abord il écrivit un livre considérable, les *Variations*, où il combattit la réforme en opposant la stabilité catholique à l'instabilité protestante. Puis, ayant appuyé de tout ce qu'il avait de crédit la révocation de l'édit de Nantes et la résolution d'éteindre par la force et par la persécution la religion protestante, attaqué, attaquant, il publia nombre d'écrits de circonstance, Avertissements, Défenses, Instructions. Je les ai tous lus plus d'une fois ; j'en ai retiré un grand profit pour mon Dictionnaire de la langue française, un très petit pour mon instruction historique et philosophique. Instruction historique : ce sont des livres de polémique, non de véritable histoire ; Bossuet est incapable de s'élever à la hauteur d'impartialité que l'histoire exige, et il est probable que tout auteur sérieusement catholique en est incapable comme lui. Instruction philosophique : on ne peut dire combien ce gros livre des *Variations*, consacré au récit des fluctuations par lesquelles la pensée protestante a passé, est dénué de vues profondes ou simplement équitables sur le passé ou sur l'avenir ; son propre préjugé est partout devant ses yeux. Quand il dit à la fin de sa Préface : « Le propre de l'hérétique, c'est-à-dire
» de celui qui a une opinion particulière, est de s'attacher à
» ses propres pensées ; et le propre du catholique, c'est-à-dire
» de l'universel, est de préférer à ses sentiments le sentiment
» commun de toute l'Eglise, » il ne voit pas que cet argument, qu'il croit fort, n'a de valeur que si le catholicisme avait existé de tout temps ; mais, comme il a commencé, comme les ancêtres des catholiques actuels ont été païens, il faut bien admettre qu'au moment où ils ont quitté le paganisme, ils *se sont attachés à leurs propres pensées*, et ils *ont préféré* leurs senti-

ments au sentiment de l'universel qui était alors l'idolâtrie. Ce qui fut licite à l'origine reste licite dans tout le cours du temps ; et les protestants ont eu, pour se séparer du catholicisme, le droit que les premiers chrétiens avaient eu pour se séparer de la religion de Jupiter.

Mais ce n'est pas de cela qu'il s'agit. Une vingtaine d'années avant la publication du livre des *Variations*, il avait paru sous un pseudonyme un écrit qui révélait d'une manière authentique une turpitude protestante, c'était la bigamie du landgrave de Hesse, autorisée par les principaux soutiens de la réforme, Luther, Mélanchton et Bucer. Bossuet s'en empara avidement. Cela n'importait en rien au principe de la réforme ; et une mauvaise action tenue longtemps secrète ne l'infirmait en rien ; mais enfin, la trouvaille était de bonne guerre, puisque c'était la guerre que faisait Bossuet.

Le landgrave de Hesse embrassa la réforme, soutint Luther et fut un des plus puissants appuis du parti protestant en Allemagne. Il était avec l'électeur de Saxe à la tête de la ligue de Smalkade ; vaincu avec cette ligue, il fut détenu prisonnier par Charles-Quint en violation d'une parole formelle, violation que je n'appellerai pas catholique, bien qu'elle ait été commise à l'égard d'un protestant par un prince catholique fervent. Il était d'ailleurs d'un caractère violent, impétueux, et supporta très-impatiemment sa prison. Ceci rappelé, je viens au fait, je le rapporte dans les propres termes de Bossuet. Il s'agit d'un prince qui vivait en adultère, à qui sa conscience faisait des reproches, et qui demandait à ses prêtres de régulariser sa position à l'égard de Dieu.

Le landgrave expose d'abord que « depuis sa dernière ma-
» ladie il avait beaucoup réfléchi sur son état, et principale-
» ment, sur ce que quelques semaines après son mariage, il
» avait commencé à se plonger dans l'adultère ; que ses pas-
» teurs l'avaient exhorté souvent à s'approcher de la sainte
» table ; mais qu'il croyait y trouver son jugement, parce
» qu'il ne veut pas quitter une telle vie. Il rejette la cause de
» ses désordres sur sa femme, et il raconte les raisons pour
» lesquelles il ne l'a jamais aimée ; mais, comme il a peine à

» s'expliquer lui-même de ces choses, il en a, dit-il, découvert
» tout le secret à Bucer.

» Il parle ensuite de sa complexion et des effets de la bonne
» chère qu'on faisait dans les assemblées de l'empire, où il
» était obligé de se trouver. Y mener une femme de la qua-
» lité de la sienne, c'était un trop grand embarras. Quand
» ses prédicateurs lui remontraient qu'il devait punir les
» adultères et les autres crimes semblables : Comment, di-
» sait-il, punir les crimes où je suis plongé moi-même ?
» Lorsque je m'expose à la guerre pour la cause de l'Evan-
» gile, je pense que j'irais au diable si j'y étais tué par quel-
» que coup d'épée ou de mousquet. Je crois qu'avec la femme
» que j'ai, ni je ne puis, ni je ne veux changer de vie, dont
» je prends Dieu à témoin ; de sorte que je ne trouve aucun
» moyen d'en sortir que par les remèdes que Dieu a permis à
» l'ancien peuple, c'est-à-dire la polygamie.

» Là, il rapporte les raisons qui lui persuadent qu'elle n'est
» pas défendue sous l'Evangile ; et ce qu'il y a de plus misé-
» rable, c'est qu'il dit « savoir que Luther et Mélanchton ont
» conseillé au roi d'Angleterre de ne point rompre son ma-
» riage avec la reine sa femme, mais avec elle d'en épouser
» encore une autre. » C'est là encore un secret que nous igno-
rions. Mais un prince si bien instruit dit qu'il le sait, et il
ajoute qu'on lui doit d'autant plutôt accorder ce remède,
qu'il ne le demande que pour le salut de son âme. « Je ne
» veux pas, poursuit-il, demeurer plus longtemps dans les
» lacets du démon ; je ne puis ni ne veux m'en tirer que par
» par cette voie. C'est pourquoi je demande à Luther, à Mé-
» lanchton et à Bucer même, qu'ils me donnent un témoi-
» gnage que je la puisse embrasser. Que s'ils craignent que
» ce témoignage ne tourne à scandale en ce temps et ne nuise
» aux affaires de l'Evangile, s'il était imprimé, je souhaite
» tout au moins qu'ils me donnent une déclaration par écrit,
» que, si je me mariais secrètement, Dieu n'y serait point
» offensé, et qu'ils cherchent les moyens de rendre avec le
» temps le mariage public, en sorte que la femme que j'é-
» pouserai ne passe pas pour une femme malhonnête ; au-

» trement, dans la suite des temps, l'Eglise en serait scanda-
» lisée. »
Après il les assure « qu'il ne faut pas craindre que ce second
» mariage l'oblige à maltraiter sa première femme, ou même
» de se retirer de sa compagnie, puisque, au contraire, il veut,
» en cette occasion, porter sa croix, et laisser ses Etats à leurs
» communs enfants. Qu'ils m'accordent donc, continue ce
» prince, au nom de Dieu, ce que je leur demande, afin que
» je puisse plus gaiment vivre et mourir pour la cause de
» l'Evangile et entreprendre plus volontiers sa défense ; et je
» ferai de mon côté tout ce qu'ils m'ordonneront selon la
» raison, soit qu'ils me demandent les biens des monastères
» ou d'autres choses semblables. » (*Variations*, VI.)

Comme on voit, les ministres qui dirigeaient la conscience du landgrave lui recommandaient, pour trouver la force de s'arracher aux liens du péché, de s'approcher de la sainte table. C'est aussi la communion que Bossuet invoque, quand, autorisé par Louis XIV, il lui écrit une lettre pour insister sur les scrupules du roi et le déterminer à rompre son commerce avec Madame de Montespan.

« Sire, le jour de la Pentecôte approche, où Votre Majesté
» a résolu de communier. Quoique je ne doute pas qu'elle ne
» songe sérieusement à ce qu'elle a promis à Dieu, comme
» elle m'a commandé de l'en faire souvenir, voici le temps
» que je me sens le plus obligé de le faire. Songez, Sire, que
» vous ne pouvez être véritablement converti, si vous ne
» travaillez à ôter de votre cœur non-seulement le péché,
» mais la cause qui vous y porte. La conversion véritable ne
» se contente pas seulement d'abattre les fruits de mort,
» comme parle l'Ecriture, c'est-à-dire les péchés ; mais elle
» va jusqu'à la racine, qui les ferait repousser infailliblement,
» si elle n'était arrachée. Ce n'est pas l'ouvrage d'un jour, je
» le confesse ; mais plus cet ouvrage est long et diffi-
» cile, plus il y faut travailler. Votre Majesté ne croirait pas
» s'être assurée d'une place rebelle, tant que l'auteur des
» mouvements y demeurerait en crédit. Ainsi jamais votre
» cœur ne sera paisiblement à Dieu, tant que cet amour vio-

» lent, qui vous a si longtempts séparé de lui, y règnera.
» Cependant, Sire, c'est ce cœur que Dieu demande. Votre
» Majesté a vu les termes avec lesquels il nous commande de
» le lui donner tout entier ; elle m'a promis de les lire et les
» relire souvent. Je vous envoie encore, Sire, d'autres pa-
» roles de ce même Dieu, qui ne sont pas moins puissantes,
» et que je supplie Votre Majesté de mettre avec les premières.
» Je les ai données à Madame de Montespan, et elles lui ont
» fait verser beaucoup de larmes. Et certainement, Sire, il
» n'y a point de plus juste sujet de pleurer, que de
» sentir qu'on a engagé à la créature son cœur que Dieu
» veut avoir. Qu'il est malaisé de le retirer d'un si malheu-
» reux et si funeste engagement! Mais cependant, Sire, il le
» faut, ou il n'y a point de salut à espérer. Jésus-Christ, que
» vous recevrez, vous en donnera la force, comme il vous en
» a déjà donné le désir.
» Je ne demande pas, Sire, que vous éteigniez en un instant
» une flamme si violente, ce serait vous demander l'impos-
» sible ; mais, Sire, tâchez peu à peu de la diminuer, craignez
» de l'entretenir. Tournez votre cœur à Dieu; pensez souvent
» à l'obligation que vous avez de l'aimer de toutes vos forces,
» et au malheureux état d'un cœur qui, en s'attachant à la
» créature, par là se rend incapable de se donner tout à
» fait à Dieu, à qui il se doit...
» Je vois autant que je puis Madame de Montespan, comme
» Votre Majesté me l'a commandé. Je la trouve assez tran-
» quille; elle s'occupe beaucoup aux bonnes œuvres, et je la
» vois fort touchée des vérités que je lui propose, qui sont
» les mêmes que je dis aussi à Votre Majesté. Dieu veuille vous
» les mettre à tous deux dans le fond du cœur, et achever son
» ouvrage, afin que tant de larmes, tant de violences, tant
» d'efforts que vous avez faits sur vous-mêmes, ne soient pas
» inutiles. »

Cette lettre est mesurée et suffisante ; le pasteur essaye, comme c'est son devoir, de retirer un pécheur de son péché. Sans y faire aucune objection, j'y remarque pourtant deux choses. La première, c'est qu'on y peint sous des couleurs passionnées l'amour du roi et de Mme de Montespan ; je le veux bien ; néanmoins Bossuet savait que tout à l'heure, à côté de Mme de Montespan et sans se tourmenter de sa jalousie, le roi entretenait dans un non moindre faste Mme de La Vallière en qualité de maîtresse attitrée ; la lettre est de 1675, et c'est en 1674 que Mme de La Vallière embrassa la vie carmélite ; et tout à l'heure Bossuet allait apprendre que, sans rompre le moins du monde avec Mme de Montespan, Lous XIV allait donner le titre de duchesse et de maîtresse à la belle Mlle de Fontanges. Autant voudrais-je entendre parler des déchirements de Salomon dans son sérail, entre la reine de Saba et la Sulamite. La seconde observation, c'est que dès lors on voit poindre l'influence qui, profitant des inquiétudes de Louis XIV sur son salut, le maria avec Mme de Maintenon. Or, ce mariage améliora, il est vrai, la moralité domestique de Louis ; mais elle nuisit grandement à sa moralité royale, si je puis ainsi parler, et fît de lui un sectaire qui se crut, pour réparer ses fautes, obligé de persécuter ceux de ses sujets qui ne pensaient point comme lui. Je le dis sans hésiter, dans la position souveraine qu'occupait Louis XIV, il était beaucoup moins mauvais au point de vue même de la moralité, qu'il péchât comme homme, que de pécher comme roi. Ici les devoirs royaux primaient les devoirs particuliers.

La lettre de Bossuet est le pendant des bons conseils que les ministres protestants donnaient à leur ouaille le landgrave. Louis XIV persista dans ses multiples adultères ; le landgrave à l'adultère préféra la bigamie.

Je reprends le récit de la consultation du landgrave de Hesse auprès des docteurs de la réforme. Elle leur fut soumise, et Bossuet expose ainsi ce qu'il en advint.

« A de pressantes raisons on avait joint un habile négocia-
» teur. Bucer tira de Luther une consultation en forme, dont
» l'original fut écrit en allemand, de la main et du style de
» Mélanchthon. On permet au landgrave, selon l'Evangile
» (car tout se fait sous ce nom dans la réforme), d'épouser
» une autre femme avec la sienne. Il est vrai qu'on déplore
» l'état où il est de ne pouvoir s'abstenir de ses adultères

» tant qu'il n'aura qu'une femme, et on lui représente cet
» état comme très-mauvais devant Dieu, et comme contraire
» à la sûreté de sa conscience. Mais, en même temps et dans
» la période suivante, on le lui permet, et on lui déclare
» qu'il peut épouser une seconde femme s'il y est entièrement
» résolu, pourvu seulement qu'il tienne le cas secret. Ainsi le
» crime devient permis en le cachant. Je rougis d'écrire ces
» choses, et les docteurs qui les écrivirent en avaient honte,
» c'est ce qu'on voit dans tout leur discours tortueux et em-
» barrassé. Mais enfin il fallut trancher le mot, et permettre
» au landgrave, en termes formels, cette bigamie si désirée.
» Il fut dit pour la première fois, depuis la naissance du chris-
» tianisme, par des gens qui se prétendaient docteurs dans
» l'Eglise, que Jésus-Christ n'avait pas défendu de tels ma-
» riages. Cette parole de la Genèse : ils seront deux dans
» une chair, fut éludée, quoique Jésus-Christ l'eût réduite à
» son premier sens et à son institution primitive, qui ne
» souffre que deux personnes dans le lien conjugal. L'avis en
» allemand est signé par Luther, Bucer et Mélanchthon. Deux
» autres docteurs, dont Melander, ministre du landgrave,
» était l'un, le signèrent aussi en latin à Wittemberg, au
» mois de décembre 1539. Cette permission fut accordée par
» forme de dispense, et réduite au cas de nécessité ; car on
» eut honte de faire passer cette pratique en loi générale. On
» trouva des nécessités contre l'Évangile ; et, après avoir
» tant blâmé les dispenses de Rome, on osa en donner une de
» cette importance. Tout ce que la réforme avait de plus con-
» sidérable en Allemagne consentit à cette iniquité. Dieu les
» livrait visiblement au sens réprouvé ; et ceux qui criaient
» contre les abus pour rendre l'Eglise odieuse, en com-
» mettent de plus étranges et en plus grand nombre dès
» les premiers temps de leur réforme, qu'ils n'en ont pu
» ramasser ou inventer dans la suite de tant de siècles,
» où ils reprochent à l'Eglise sa corruption (*Variations*,
» VI). »

Bossuet s'élève avec une grande force contre ces docteurs de l'Eglise réformée qui violent leur conscience et pactisent

avec le péché. « Une si infâme consultation eût déshonoré
» tout le parti, et les docteurs qui le souscrivirent n'auraient
» pas pu se sauver des clameurs publiques qui les auraient
» rangés, comme ils l'avouent, *parmi les mahométans, ou
» parmi les anabaptistes qui font un jeu du mariage*. Aussi
» le prévirent-ils dans leur avis, et défendirent sur toutes
» choses au landgrave de découvrir ce nouveau mariage. Il
» ne devait y avoir qu'un très-petit nombre de témoins, qui
» devaient encore être obligés au secret, *sous le sceau de la
» confession*; c'est ainsi que parlait la consultation. La nou-
» velle épouse devait passer pour concubine. On aimait mieux
» ce scandale dans la maison de ce prince, que celui qu'au-
» rait causé dans toute la chrétienté l'approbation du mariage
» si contraire à l'Evangile et à la doctrine commune de tous
» les chrétiens.
» La consultation fut suivie d'un mariage dans les formes
» entre Philippe, landgrave de Hesse, et Marguerite de Saal,
» du consentement de Christine de Saxe, sa femme. Le prince
» en fut quitte pour déclarer en se mariant qu'il ne prenait
» cette seconde femme par *aucune légèreté ni curiosité*,
» mais par « d'inévitables nécessités de corps et de conscience
» que Son Altesse avait expliquées à beaucoup de doctes,
» prudents, chrétiens et dévots prédicateurs qui lui avaient
» conseillé de mettre sa conscience en repos par ce moyen
» (*Variations*, VI). »

Jurieu ayant essayé de défendre Luther et ses amis, Bossuet l'accable à son tour : « Comment veut-il (Jurieu) que
» nous appelions, et comment veut-il appeler lui-même des
» gens assez corrompus pour flatter l'intempérance d'un
» prince jusqu'à lui permettre la polygamie, dont ils rougis-
» saient en leur cœur, puisqu'ils prenaient tant de pré-
» cautions pour la cacher ; des gens qui, ayant honte de ce
» qu'ils faisaient, le font néanmoins, de peur de choquer ce
» prince, qui était l'appui de la réforme ; qui leur déclarait
» ouvertement qu'il pourrait bien s'adresser à l'empereur
» pour cette affaire ; qui leur faisait aussi entrevoir qu'on
» pourrait bien y mêler le pape ; qui leur faisait craindre par

» là qu'il pourrait bien échapper au parti ; qui, pour ne rien
» oublier et gagner ces âmes vénales par les intérêts les plus
» bas, leur propose de leur accorder pour prix de leur iniquité
» tout ce qu'ils demanderaient, *soit que ce fût les biens des*
» *monastères et autres semblables ?* C'est ainsi que les traite
» le landgrave, qui, assurément, les connaissait : et, au lieu de
» lui répondre avec la vigueur et le désintéressement que le
» nom de réformateur demandait, ils lui répondent en trem-
» blant : *Notre pauvre Eglise, petite, misérable et aban-*
» *donnée, a besoin de princes régents vertueux,* tel qu'était
» sans doute celui-ci, qui voulait bien tout accorder à la ré-
» forme et lui demeurer fidèle, pourvu qu'on lui permît
» d'avoir plusieurs femmes en sûreté de conscience, à l'exem-
» ple des mahométans ou des païens, et de contenter ses
» désirs impudiques (4° *avertissement*). »

Le ministre Basnage, dans une réponse à Bossuet, avait
dit : « Il faut rendre justice aux grands hommes autant que
» la vérité le permet ; mais il ne faut pas dissimuler leurs
» fautes. J'avoue donc que Luther ne devait pas accorder au
» landgrave de Hesse la permission d'épouser une seconde
» femme, lorsque la première était encore vivante ; et M. de
» Meaux a raison de le condamner sur cet article. » Bossuet
ne laisse passer ni cet aveu, ni cette atténuation.

« C'est quelque chose d'avouer le fait, et de condamner le
» crime sans chicaner ; mais il en fallait davantage pour
» mériter la louange d'une véritable et chrétienne sincérité ;
» il fallait encore rayer Luther, Bucer et Mélanchthon, ces
» chefs des réformateurs, du rang de *grands hommes.* Car,
» encore que les grands hommes en matière de religion et de
» piété, qui est le genre où l'on veut placer ces trois person-
» nages, puissent avoir des faiblesses, il y en a qu'ils n'ont
» jamais, comme celle de trahir la vérité et leur conscience,
» de flatter la corruption, d'autoriser l'erreur et le vice connus
» pour tels ; de donner au crime le nom de la sainteté et de la
» vertu ; d'abuser pour tout cela de l'Ecriture et du ministère
» sacré ; de persévérer dans cette iniquité jusqu'à la fin, sans
» jamais s'en repentir et s'en dédire, et d'en laisser un monu-

» ment authentique et immortel à la postérité. Ce sont là
» manifestement des faiblesses incompatibles, je ne dis pas
» avec la perfection des *grands hommes*, mais avec les pre-
» miers commencements de la piété. Or, tels ont été Luther,
» Bucer et Mélanchthon : ils ont trahi la vérité et leur cons-
» cience. C'est de quoi M. Basnage demeure d'accord, et, en
» pensant les excuser, il met le comble à leur honte : « Je re-
» marquerai, dit-il, trois choses : la première, qu'on arracha
» cette faute à Luther ; il en eut honte, et voulut qu'elle fût
» secrète. » Bucer et Mélanchthon ont la même excuse ; mais
» c'est ce qui les condamne ; car ils n'ont donc pas péché par
» ignorance ; ils ont donc trahi la vérité connue ; leur cons-
» cience leur reprochait leur corruption, ils en ont étouffé les
» remords, et ils tombent dans ce juste reproche de saint
» Paul : *Leur esprit et leur conscience sont souillés.* Voilà
» les trésors de la réforme et les chefs des réformateurs. Si
» c'est une excuse de cacher les crimes qui ne peuvent pas
» même souffrir la lumière de ce monde, il faut effacer de
» l'Ecriture ces redoutables sentences : *Nous rejetons les*
» *crimes honteux qu'on est contraint de cacher ;* encore : *Ce*
» *qui se fait parmi eux, et, qui pis est, ce qu'on y approuve,*
» *ce qu'on y autorise, est honteux même à dire ;* et enfin
» cette parole de Jésus-Christ même : *Celui qui fait mal hait*
» *la lumière.* Ainsi qui veut découvrir le faux de la réforme
» et la faible idée qu'on y a du vice et de la vertu, n'a qu'à
» entendre les faibles excuses dont elle tâche de diminuer et
» de pallier les faiblesses les plus honteuses de ses prétendus
» grands hommes *(Défense de l'histoire des variations).* »

J'ai laissé leur libre cours aux flots de l'indignation de Bossuet. Je ne les ai pas atténués dans la transcription ; je ne les atténuerai pas non plus par des réflexions. Je pense comme lui sur ce fait. Je ne partage pas sa partialité contre les protestants, mais je partage la condamnation qu'il prononce. Cet acte ne fait point honneur, je ne dirai pas, comme Bossuet, à la réforme, mais à ceux qui l'ont signée ; je mets le landgrave hors de cause, on verra pourquoi tout à l'heure quand je parlerai de Louis XIV. Bossuet condamne l'acte pour condamner la réforme comme mère de toute aberration; moi, je le condamne comme acte de faiblesse, d'accommodation politique et de manquement à la conscience. L'impartialité, impossible à Bossuet entre catholicisme et protestantisme, était déjà possible à Bayle ; elle est devenue très-facile à un libre penseur éclairé par la philosophie positive. Le catholicisme et le protestantisme ont eu leur office historique, qui est maintenant accompli. Ils ne comportent plus aucun progrès de développement, et le sceptre des idées est passé en d'autres mains. La philosophie positive les combat l'un et l'autre, au même titre qu'elle combat toute théologie, et comme elle combattrait le mahométisme, ou le brahmanisme, ou le bouddhisme, si c'était au sein des populations mahométanes, brahmaniques ou bouddhiques que s'agitât le problème social. Mais il n'en est pas de même quand on se met au point de vue de l'histoire. Alors les grandes phases prennent leur caractère propre qui ne laisse plus de place à l'impartialité. Au XVIe siècle on doit être partial avec la réforme ; car elle ouvre, dans le domaine dogmatique et religieux, la révolution qui depuis lors se poursuit dans tous les domaines et dépasse sa mère de si loin. Dans les siècles antérieurs on doit être partial avec le catholicisme ; car c'est lui qui organise tout le régime du moyen âge. Plus anciennement encore, on doit être partial avec le christianisme ; car, au sein du paganisme mort et décomposé, il sème, lui seul, le germe d'une nouvelle vie sociale. Est-ce donc qu'il faut être du parti de tout ce qui réussit? Non, sans doute; et, par exemple, malgré César et Auguste, il n'y a pas lieu d'être pour l'empire, tout triomphant qu'il est ; car c'est une chose qui tombe, se décompose et n'a en soi aucune végétation. En un mot, ce qui doit faire l'objet de la partialité de l'histoire, je ne crains pas d'employer ce mot ainsi entendu, c'est ce qui porte en soi les moteurs des évolutions déterminant les formes de plus en plus progressives des sociétés.

Il faut bien le dire, Bossuet perd son temps, quand, de la guerre contre les protestants, il fait un des principaux objets de sa polémique. L'époque véritable des polémiques entre chrétiens était passée, et celle-ci n'était plus qu'un vain simulacre de bataille, quand, dans le fait, tout était depuis longtemps décidé par l'histoire. C'est au xvi⁰ siècle qu'elle avait sa place légitime, alors que le débat entre le catholicisme et la réforme n'était pas jugé, et qu'on pouvait attacher à une vigoureuse argumentation une espérance d'efficacité. La polémique était l'indispensable appui de la force des armes ; et, dans cette guerre essentiellement d'opinion, il fallait agir sur l'opinion par la presse. Mais, à la fin du xvii⁰ siècle, que pouvait-on en attendre? rien en Europe, où les positions respectives étaient définitivement prises et sont restées telles quelles jusqu'à nos jours ; rien même, en particulier, dans la France, sinon la satisfaction sinistre de joindre l'accompagnement de sa parole aux ordonnances de la cruelle et misérable politique qui persécutait les protestants. La perspicacité historique faisait trop défaut chez Bossuet, pour qu'il s'aperçût de ce changement des choses ; changement si grand que l'ennemi n'était plus, à vrai dire, le protestant, mais cette armée de libres penseurs qui s'avançait rapidement pour donner l'assaut et au catholicisme et au protestantisme. Bossuet parle bien çà et là, incidemment, de ces *libertins qui se révoltent avec un air de mépris*, et auxquels il demande *s'ils iront se plonger dans l'abîme de l'athéisme et mettre leur repos dans une fureur qui ne trouve presque point de place dans les esprits*. Mais il n'y voit jamais qu'un groupe restreint de pervers, perdus dans la masse catholique ou protestante, justiciables, quand ils se montrent, du magistrat, qui suffit à en venir à bout. S'il avait eu le regard tourné vers l'avenir au lieu de l'avoir tourné si obstinément vers le passé, il aurait entrevu le danger qui approchait pour toutes les notions théologiques ; et, laissant varier les églises protestantes autant qu'elles l'ont fait ou qu'elles le feront, il aurait composé quelque grand livre contre la libre pensée, signalant les dangers qu'elle amène, les révolutions qu'elle prépare, et la défiant d'élever dans le monde moderne un solide édifice. Sans doute il n'aurait rien empêché : mais il aurait laissé un monument de sa pénétration, et, avec sa grande éloquence, fait honneur à ce dernier combat.

Bossuet ne voyait que les protestants, et même, à vrai dire, que les protestants de France, la révocation de l'édit de Nantes et le triomphe de l'orthodoxie par la puissance absolue du grand roi. Il fut vaincu, même en cela ; car le protestantisme, bien que mutilé, ne succomba pourtant pas en France, et il y resta en témoignage de la force des idées et des convictions contre une des plus terribles persécutions qui ait jamais été exercée. Eh bien, ces persécutions qui ont coûté tant d'exils, tant de spoliations, tant de supplices, tant de gibets, tant de roues, tant de dragonnades, tant d'arrachements d'enfants aux parents, Bossuet ne les connaît pas; il n'en a pas ouï parler, et il entend dire la même chose aux évêques. Le passage est incroyable, il faut le citer : « Je ne m'étonne
» pas, mes très-chers frères (il s'adresse aux nouveaux
» convertis), que vous soyez revenus en foule et avec
» tant de facilité à l'Eglise où vos ancêtres ont servi Dieu. Le
» fond même du christianisme et, comme je l'ai déjà dit, le
» caractère du baptême vous y rappelait secrètement; aucun
» de vous n'a souffert de violence ni dans sa personne, ni dans
» ses biens. Qu'on ne vous apporte point ces lettres trompeu-
» ses que des étrangers travestis en pasteurs adressent sous
» le titre de *Lettres pastorales* aux protestants de France qui
» sont tombés par la force des tourments. Outre qu'elles sont
» faites par des gens qui n'ont jamais pu prouver leur mission,
» ces lettres ne vous regardent pas : *loin d'avoir souffert des*
» *tourments, vous n'en avez pas seulement entendu parler ;*
» *j'entends dire la même chose aux autres évêques* (Lettre
» pastorale aux nouveaux catholiques de son diocèse), » Quel misérable et honteux langage! Bossuet savait bien que, dès avant la révocation de l'édit de Nantes, les violences avaient commencé, que les *Lettres pastorales* qui couraient parmi les protestants terrifiés n'étaient que trop vraies; et surtout il savait que tout allait encore s'aggraver, et que Louis XIV et son ministre Louvois étaient décidés à toutes les rigueurs, depuis les plus petites et les plus basses jusqu'aux plus oppressives et aux plus sanguinaires. Cela a grandement diminué mon estime morale de Bossuet. Je crois et n'ai aucune raison de ne

pas croire qu'il était honnête homme dans la vie privée et dans ses fonctions épiscopales; mais il manquait de cette haute et noble moralité qui fait qu'on est incapable de faillir à la loyauté et à la vérité, même à l'égard d'un adversaire, même en faveur de son parti.

Cette lacune morale que je signale dans le type de Bossuet apparaît encore de la façon la plus désagréable, quand il vient à parler des supplices endurés par les protestants pour leur croyance. Il se rencontre plus d'une fois dans son livre des *Variations* qu'il a à mentionner les cruautés exercées, soit par Marie d'Angleterre, soit par les rois de France, soit par les ducs de Savoie dans les vallées des Alpes. Chacun sait qu'il y eut des constances tantôt admirables, tantôt touchantes, des trépas comparables aux plus beaux trépas des premiers chrétiens, et pour me servir des expressions d'un illustre païen, *laudatis antiquorum mortibus pares exitus.* Eh bien, chaque fois que son sujet lui amène quelqu'un de ces mémorables exemples, il n'a que des paroles ou haineuses, ou dédaigneuses, ou sceptiques, tout prêt à railler ces rebelles à Dieu qui n'endurent les cruels supplices du feu et de la tenaille que pour tomber dans les éternels supplices de l'enfer.

Sous quelque mauvais jour que se montre en ceci le caractère de Bossuet, il n'en a pas moins raison dans l'affaire du landgrave de Hesse. C'est en effet une poutre, non une paille, dans l'œil de Luther et de ses docteurs. Mais, à son tour, est-ce une paille, non une poutre, qu'il a dans le sien? Voyons comment il s'est comporté à la cour de Louis XIV, dont il était un des prêtres les plus autorisés et une lumière morale, non point en affaire de bigamie (on ne commettait point de bigamie à cette cour), mais en affaire de concubinage et d'adultère, l'un et l'autre trônant dans l'or et dans la soie, sous les titres pompeux de la grande noblesse, et avec le luxe dont la misère populaire faisait les frais.

Je n'ai besoin que de rappeler quelques faits connus de tout le monde. Louis XIV, outre certaines dames de la cour qui ne sortaient pas de l'ombre, avait, à côté de sa femme et en titre, deux maîtresses : Mme de La Vallière qu'il fit duchesse, et Mme de Montespan. Ces deux dames vivaient à la cour et étaient en perpétuel contact avec la reine. Elles montaient dans les mêmes carrosses, et il est arrivé que ces trois personnes se sont trouvées enceintes en même temps et assises à côté l'une de l'autre. J'épouverai, tant qu'on voudra, de l'indignation contre le landgrave et Marguerite de Saal, qui vient prendre place à côté de la femme légitime. Mais, en vérité, quel nom donnerai-je à Mme de La Vallière et Mme de Montespan, qui demeurent sous le même toit que la reine, qui ont des enfants élevés à la cour comme les enfants de la reine, et qui participent à toutes les grandeurs et à toutes les pompes de la royauté ! Je les appellerai des demi-femmes ; car elles en ont complétement le rôle et la position. Et deux demi-femmes ne valent-elles pas l'unique bigame Marguerite de Saal? Quand Mme de La Vallière eut pris retraite et pénitence dans le couvent des Carmélites, le roi ne tarda pas à compléter son nombre de deux demi-femmes en accordant le titre de maîtresse à la belle Fontanges, dont il fit une riche duchesse. Cela dura jusqu'à ce qu'enfin, l'âge venant et les scrupules s'augmentant, on décida le roi à épouser Mme de Maintenon. Mais ce fut un malheur pour la France ; j'ai déjà eu l'occasion de le dire : Louis XIV, régulier, fut un plus mauvais roi que n'avait été Louis XIV, irrégulier.

Je ne voudrais pas qu'on prît ceci comme un procès fait par un rigoriste à la mémoire d'un roi qui ne fut rangé qu'à la fin de sa vie. Non, je connais et j'admets toutes les circonstances atténuantes : Louis XIV aimait passionnément les femmes ; et il avait devant lui une foule de femmes charmantes qui ne lui opposaient pas une très-vive résistance. Même quelquefois des parents, heureux d'une si haute distinction et désireux des faveurs qui en découlaient naturellement, offraient sans façon leurs parentes au roi. Bussy-Rabutin se réjouissait quand le bruit courut que le roi avait jeté les yeux sur la belle Mlle de Sévigné ; et le marquis de Villarceaux, sachant qu'il y avait des gens qui se mêlaient de dire à sa nièce, jeune fille de quinze ans, que le roi avait quelque dessein pour elle (c'est Mme de Sévigné qui parle), le supplia de se servir de lui, ajoutant que l'affaire serait mieux entre ses mains que dans celles des autres, et qu'il s'y emploierait avec succès. Louis XIV refusa en galant homme cette honnête proposition. Mais que pouvait faire un prince jeune et beau au milieu de toutes les tentations qu'il ressentait et qu'il inspirait ? Ceux-là seuls qui auraient résisté à tant de périls seraient en droit de prononcer sa condamnation.

Ceci admis avec toute l'indulgence que comporte la faiblesse humaine, il demeure manifeste que cet homme ne s'est pas bien conduit à l'égard de sa femme. Eh bien, voici ce que Bossuet dit de ce même homme sur le cercueil de cette même femme, dans l'oraison funèbre de Marie-Thérèse :
« N'oublions pas ce qui faisait la joie de la reine. Louis est le
» rempart de la religion : c'est à la religion qu'il fait servir
» ses armes redoutées par mer et par terre. Mais songeons
» qu'il ne l'établit partout au dehors que parce qu'il la fait
» régner au dedans et au milieu de son cœur. C'est là qu'il
» abat des ennemis plus terribles que ceux que tant de puis-
» sances jalouses de sa grandeur et l'Europe entière pourraient
» armer contre lui. Nos vrais ennemis sont en nous-mêmes ;
» et Louis combat ceux-là plus que tous les autres. Vous
» voyez tomber de toutes parts les temples de l'hérésie ; ce
» qu'il renverse au-dedans est un sacrifice bien plus agréa-
» ble ; et l'ouvrage du chrétien, c'est de détruire les passions
» qui feraient de nos cœurs un temple d'idoles. Que servirait
» à Louis d'avoir étendu sa gloire partout où s'étend le genre
» humain ? Ce ne lui est rien d'être l'homme que les autres
» hommes admirent, il veut être avec David *l'homme selon le*
» *cœur de Dieu*. C'est pourquoi Dieu le bénit. Tout le genre
» humain demeure d'accord qu'il n'y a rien de plus grand
» que ce qu'il fait, si ce n'est qu'on veuille compter pour plus
» grand encore tout ce qu'il a voulu faire, et les bornes qu'il
» a données à sa puissance. Adorez donc, ô grand roi, celui
» qui vous fait régner, qui vous fait vivre, et qui vous donne
» dans la victoire, malgré la fierté qu'elle inspire, des senti-

» ments si modérés. » Et ailleurs, dans cette même oraison : « Ouvrez donc les yeux, chrétiens, et regardez ce héros, dont » nous pouvons dire comme Saint-Paulin disait du grand » Théodose, que nous voyons en Louis *non un roi, mais un* » *serviteur de Jésus-Christ* et un prince qui s'élève au- » dessus des hommes, plus encore par sa foi que par sa cou- » ronne. » Ainsi, ce roi qui entretient, en promiscuité avec sa femme, Mme de la Vallière et Mme de Montespan, *fait régner la religion dans son cœur ;* il est *l'homme selon le cœur de Dieu ;* et l'on voit en lui *non un roi, mais un serviteur de Jésus-Christ.* Ces mensongères flatteries, qui pouvaient moins qu'ailleurs être prononcées en présence de la bière de la morte, valent la permission de bigamie, misérable certainement, mais pourtant qui ne fut accordée que sous le sceau du secret ; et Bossuet a aussi sa poutre dans l'œil.

Trois ans avant la mort de la reine, Bourdaloue prêchait le carême à Saint-Germain, devant la cour. Mme de Sévigné, qui se trouva à un de ces sermons, écrit à sa fille : « Nous » entendîmes après dîner le sermon du Bourdaloue, qui » frappe toujours comme un sourd, disant des vérités à bride » abattue, parlant contre l'adultère à tort et à travers ; sauve » qui peut, il va toujours son chemin (29 mars 1680). » Sauve qui peut, dit la marquise, parce qu'on ne savait quelle contenance tenir devant un langage religieux que tout le monde appliquait ; mais il me semble qu'on aurait pu dire aussi sauve qui peut à entendre les pompeuses contre-vérités qui sortaient de la bouche de Bossuet.

Pourtant ici, comme à propos de Louis XIV, j'ai des réserves à faire, et je ne prétends nullement condamner Bossuet d'une façon absolue. On sait de quelle atmosphère d'encens Louis XIV était entouré. Bossuet ne faisait point exception à cette adoration ; de plus, évêque catholique, il admirait le roi qui faisait servir sa puissance absolue à écraser l'hérésie, dût l'hérésie ne pouvoir être étouffée que dans la violence et dans les supplices. Enfin, l'opinion mettait les personnes royales dans une région sacrée où le sujet ne devait pas porter les yeux. Tout cela explique un excès de louanges directement contraires à ce que fut le roi. Il faut donner, en ceci, à Bossuet toutes les circonstances atténuantes que l'on voudra.

Aussi je ne lui reproche point ses louanges, et je les lui passe comme faisant partie de sa situation et de ses opinions ; mais ce que je lui reproche sans réserve, c'est d'avoir tonné du haut de son rigorisme contre la faiblesse des docteurs. Oui, ils furent faibles, mais c'était envers un des plus puissants soutiens de leur cause ; Bossuet fut faible comme eux, et justement pour une raison analogue, c'est-à-dire parce que Louis XIV appesantissait de plus en plus sa royale main sur les hérétiques de son royaume. Oui, leur consultation concluant pour une bigamie secrète fut indigne ; mais indigne aussi est le langage de Bossuet en déclarant sur la bière de la reine, homme selon le cœur de Dieu un homme qui avait eu simultanément sous le même toit un triple ménage, sa femme et deux demi-femmes. Il ne fallait pas triompher si hautainement des misères de la réforme, quand par devers soi on avait de pareilles misères. Un humble retour sur soi-même aurait donné au langage plus de modération ; et un admirateur tel que je suis du génie littéraire de Bossuet aurait accepté les fausses et fastueuses louanges comme un tribut payé au temps et au lieu, sans relever chez lui cette fâcheuse lacune morale, l'aveugle indulgence pour soi-même jointe à l'extrême sévérité pour le parti opposé.

Les docteurs qui écrivirent la consultation pour le landgrave en eurent honte, et voulurent qu'elle demeurât strictement secrète. Cette honte était un juste châtiment que leur mauvaise action imposait à leur conscience ; elle doit être comptée en leur faveur. Mais je ne vois nulle part que Bossuet ait jamais eu honte des flatteries qu'il a prodiguée *à la vertu* de Louis XIV.

Le secret imposé par les docteurs fut bien gardé ; et dans le temps on ne sut pas que Marguerite de Saal eût été unie au landgrave par un mariage bigame, il est vrai, mais que l'autorité ecclésiastique avait sanctionné. Bonivard, Génevois, protestant, n'en sait rien quand il écrit son livre *des difformes Réformateurs*, où il flagelle les vices des siens : « Le

» segond protecteur de l'Evangile, qu'est le landtgraaf de
» Hesse Philippe (car je tiens l'electeur duc de Saxoigne
» pour le premier), entretenoit publiquement une concubine
» avec sa femme, aussy bien comme faisoient les roys Fran-
» çoys et Henri son fils, qui estoient papistes. Ce que me faict
» esmerveiller de Sledan, qui ha escrit comme en une jour-
» née imperialle ce landtgraaf havoit reproché au duc Henri
» de Braunschweig, comme il n'observoit pas bien sa loy
» papale, combien qu'elle ne valust rien ; car, pour le moins,
» elle deffendt adultaire, ce qu'il havoit commis et non pas
» une fois, mais perseveré (p. 137). » Bonivard ignorait que
le landgrave se croyait complétement en droit de faire des
leçons de morale à quiconque ne s'était pas mis en règle
comme lui.

On connaît l'exclamation de Molière : où va se nicher la
probité ! Je dirai de même à propos du landgrave : où va se
nicher la délicatesse de conscience ! Voilà un prince à qui ses
scrupules ne laissent pas de repos dans l'adultère auquel le
poussait son tempérament ; car, je me sers ici du langage de
Bossuet, « il déclarait à des docteurs fort grossièrement et
» sans équivoque, ce que j'ai honte de répéter, qu'il ne voulait
» ni ne pouvait se contenter de sa femme (4° *Avertisse-*
» *ment*, § 8). » Mais sa conscience devint tranquille, dès que
ses prêtres, sous le sceau du secret, l'eurent autorisé à joindre
un second mariage au premier et en eurent fait un bigame. O
la grande vertu de l'orviétan ! pour continuer à citer Molière.

De son côté, Louis XIV, par des raisons très-analogues à
celles du landgrave, chercha des distractions en dehors du
lien matrimonial. Mais là les scrupules sont différents ; on lui
aurait fait horreur, si on lui avait parlé de bigamie et de prendre, à côté de Marie-Thérèse, Mme de La Vallière et Mlle de
Fontanges. Mais en revanche, ces belles dames trônaient dans
la cour ; l'adultère s'étalait en robes de duchesses dans toutes
les splendeurs royales ; et cependant les hommes les plus
éloquents déclaraient que le roi était véritablement le prince
selon le cœur de Dieu.

On peut continuer le parallèle. Le landgrave borne ses

désirs à une seule femme, qui n'est pas la sienne ; le désordre est limité, et, cela une fois permis par ses docteurs, il se range complétement sous la loi de son second mariage. On a même vu qu'il faisait des réprimandes à ceux qui, mariés, ne s'effrayaient pas, comme lui, d'avoir des maîtresses. Pour Louis XIV c'est autre chose ; aucune limite n'est posée à ses appétits ; il a d'abord sa femme, puis deux sous-femmes en titre, puis plusieurs autres que tout le monde connaît mais qui ne sont pas affichées, et encore au-dessous de ces dernières, des occasions qui ne comptent pas comme étant roturières. La manière de faire à l'égard de l'autorité ecclésiastique est également différente : l'un, étroitement, sollicite un acte authentique qui lui serve de garant contre les colères d'en haut à propos de ses offenses conjugales ; l'autre, royalement, ne se soucie d'aucune restriction ni formalité, et s'en remet à ses prêtres du soin de sa sûreté théologique, comme un prince tout-puissant s'en remet à sa police de sa sûreté personnelle.

La philosophie positive reconnaît les éminents services rendus par la doctrine chrétienne à la morale, et surtout à la morale domestique. Dans cette histoire à double compartiment que je viens de mettre sous les yeux du lecteur, la doctrine chrétienne s'est montrée singulièrement faible. Je dis la morale et non le dogme : si le landgrave ou Louis XIV eussent porté la main sur le dogme, l'Eglise protestante et l'Eglise catholique se seraient séparées d'eux ; mais on fut faible sur un point de morale, parce qu'en effet l'opinion publique laissait sur ce point une grande licence aux princes. L'Eglise protestante, comme l'Eglise catholique, s'y accommoda. De nos temps, l'opinion a restreint cette licence des princes, et la charge de maîtresse en titre n'existe plus dans les cours ; mais ce n'est pas grâce à un progrès de l'Eglise, c'est au contraire grâce à la déchéance de son autorité dogmatique. Cette déchéance a permis l'ascension d'un pouvoir nouveau qui, reposant sur la science et sur la démocratie, comporte de moins en moins les hautes et fastueuses exceptions et qui surtout ne permet pas à la poutre de se donner pour la paille.

XX

ANATOMIE & PHYSIOLOGIE CELLULAIRES[1]

[La philosophie biologique est un des affluents de la philosophie positive, et la théorie cellulaire est un point important de la philosophie biologique. Ce m'a été, en même temps, une occasion de discuter le transformisme, doctrine qui, jusqu'à présent, quoi qu'en pensent ses partisans, n'est pas sortie du domaine de l'hypothèse].

I

Théorie cellulaire.

Dans la substance organisée des plantes et des animaux il est des formes élémentaires, irréductibles en parties plus simples autrement que par destruction physique ou chimique qui leur enlève l'individualité statique et mécanique. La cellule est une de ces formes. On la définit : élément anatomique sphéroïdal, polyédrique ou aplati, dont les dimensions, généralement égales en tous sens, ou à peu près, varient entre un millième de millimètre et un dixième (grandeur qu'ils dépassent beaucoup dans nombre d'ovules et de cellules végétales), constitué par une masse ou corps creux ou plein, granuleux ou homogène, et pourvu souvent d'un ou de plusieurs noyaux, avec ou sans nucléole dans le noyau.

La théorie cellulaire comprend trois points : 1° la constitution

---

(1) Par Charles Robin, de l'Institut, professeur d'histologie à la Faculté de médecine de Paris. — La *Philosophie positive*, janvier-février, 1874.

des plantes et des animaux par des parties analogues dites cellules; 2° la manière dont, par leur évolution (métamorphose), elles arrivent aux états qu'elles présentent chez l'adulte; 3° le mode de génération des cellules.

Ce n'est point, on le pense bien, par l'étude directe sur l'adulte qu'on a obtenu des résultats recélés si loin du regard. Il y a fallu et l'analyse végétale et l'analyse embryologique. M. Robin a consacré un long chapitre à l'histoire de la théorie cellulaire. Rien ne fait mieux la critique d'une théorie qu'un bon historique; et celui-là, rédigé avec un soin extrême, est de main de maître. Je vais le résumer pour l'instruction du lecteur.

Mirbel, fondant l'anatomie générale des plantes à peu près dans le même temps que Bichat fondait l'anatomie générale des animaux, établit le premier (1802) que les tissus végétaux sont formés d'un seul et même tissu membraneux différemment modifié; il démontra l'absence des fibres admises par hypothèse et considérées comme reliant entre elles les diverses parties constituantes des plantes. « Les tubes et les vaisseaux des plantes,
» dit-il, ne sont que des cellules très-allongées. Le végétal est,
» dans l'origine, formé essentiellement d'un simple tissu cellu-
» laire, qui subit des modifications par l'effet du développement.
» Le végétal se compose tout entier d'une masse utriculaire,
» l'utricule étant le seul élément constitutif dont nous puissions
» reconnaître l'existence au moyen de l'observation directe.
» Mais, puisque, dans une innombrable quantité de cas, la
» transformation des utricules en trachées, tubes annulaires,
» fausses trachées, tubes poreux, est évidente, nous ne saurions
» refuser d'admettre comme une conséquence naturelle et
» nécessaire, que tous les tubes de cette nature, quelle que
» soit d'ailleurs la place qu'ils occupent dans le végétal, ont
» commencé par être des utricules. Ceci n'est plus une vue de
» l'esprit, une simple hypothèse; c'est une vérité démontrée,
» un fait matériel qui se rattache à la science et se place sur
» cette extrême limite de nos connaissances positives, passé
» laquelle il n'y a plus carrière que pour l'imagination. Voilà
» donc le végétal ramené à sa simplicité originelle. Ne perdons
» pas de vue cependant que cette simplicité n'exclut pas les

» différences essentielles entre les utricules des diverses espèces.
» Ces différences, insaisissables à la naissance de la plante,
» sont rendues sensibles à l'aide du temps, par les développe-
» ments, les métamorphoses, l'agencement si varié des utricules.
» De là résultent les formes organiques qui distinguent et
» caractérisent les espèces, soit à l'extérieur, soit à l'intérieur.
» Cette théorie est-elle applicable aux animaux comme aux
» végétaux ? Ou bien les deux grandes classes des êtres orga-
» nisés seraient-elles soumises à des lois différentes ? C'est sur
» quoi je m'abstiendrai de me prononcer. La question est
» grave; il ne suffit pas, pour la résoudre à la pleine satisfac-
» tion des physiologistes, de conclure par analogie; des
» observations directes sont indispensables. »

Dans cette théorie, M. Robin élève haut l'intervention de Dutrochet, disant qu'il est, en fait, le promoteur de l'idée que les animaux et les végétaux se développent de la même manière, et de cette autre que les uns et les autres dérivent de cellules. C'est la comparaison entre l'organisation des végétaux et celle des animaux qui le conduisit à cet important résultat. « Les corpuscules globuleux, dit Dutrochet, qui com-
» posent, par leur assemblage, tous les tissus organiques
» des animaux, sont véritablement des cellules globuleuses
» d'une excessive petitesse, lesquelles paraissent n'être réu-
» nies que par une simple force d'adhésion ; ainsi tous les
» tissus, tous les organes des animaux ne sont véritablement
» qu'un tissu cellulaire diversement modifié. » Pourtant la conception de Dutrochet n'eut pas en ses mains la même influence qu'en celles de Schwann. Cela tient à ce qu'il ne décrivit anatomiquement, d'une manière bien exacte, que ce qui se rapporte aux plantes.

C'est à Schwann qu'appartint l'honneur d'achever la démonstration de la théorie cellulaire et de l'incorporer définitivement à notre avoir scientifique. Après avoir montré que l'embryon est d'abord formé de cellules, et indiqué les analogies entre les cellules animales et les cellules végétales, il admet que les tissus de l'animal parfait sont composés d'éléments qu'il classe ainsi qu'il suit : 1° des cellules isolées, indépendantes (globules de la lymphe, du sang, du pus, etc.); 2° des cellules indépendantes mais réunies, adhérentes ensemble (épiderme, corne, cristallin); 3° des cellules dans lesquelles les parois seules sont soudées et confondues les unes avec les autres (cartilage, os, dents); 4° des fibres-cellules, ou des cellules indépendantes s'allongeant en un ou plusieurs faisceaux de fibres (tissu cellulaire, tissu des tendons, tissu élastique); 5° des cellules dans lesquelles la paroi de la cellule et la cavité sont confondues chacune l'une avec l'autre : tels seraient les tissus nerveux, les muscles, les vaisseaux capillaires. L'animal se trouve de la sorte formé entièrement de cellules comme le végétal, mais seulement métamorphosées. « Cette hypothèse, dit M. Robin, a été incontestablement confirmée par l'observation quant à ce qu'elle a de plus général et pour le plus grand nombre des éléments. »

A ce qui fut fait naguère encore dans l'interprétation des phénomènes biologiques, il faut comparer ce qui vient d'être fait.

L'anatomie générale, fondée par Bichat, ramena à trois tissus fondamentaux toute la trame des corps vivants : le tissu végétatif, doué de la seule propriété de nutrition; le tissu musculaire et le tissu nerveux pourvus en sus l'un de la contractilité, l'autre de toutes les fonctions de la névrilité. Ces trois propriétés fondamentales sont dites vitales et organiques : vitales, parce qu'elles ne se montrent que dans les corps auxquels appartient le genre d'activité de la vie; organiques, parce qu'elles sont indissolublement liées à un élément anatomique qui en est le siège. Cette tripartition, qui reste vraie, car elle est fondée sur des faits certains, est maintenant dépassée; l'analyse a pénétré plus avant dans la recherche des dernières parties de l'organisme, et l'on est parvenu à la cellule et à la théorie cellulaire.

Selon cette manière de voir, le tissu devient secondaire ; et ce qui est à connaître, c'est le rôle spécial que remplit dans l'économie chaque élément, en raison des qualités dernières, irréductibles, qui lui sont inhérentes. Nous retrouverons bien les trois propriétés fondamentales attribuées aux trois tissus fondamentaux, mais elles sont descendues plus profondément dans l'intimité de la substance vivante, et c'est aux cellules qu'elles appartiennent, la névrilité aux cellules nerveuses, la contractilité aux cellules musculaires, et la nutrilité sans rien de plus aux autres. Cette répartition montre que le nombre des cellules douées de propriétés animales est petit en comparaison de celles qui sont douées de la propriété végétative. Mais on se tromperait si l'on pensait que ces dernières remplissent toutes un même rôle physiologique, et peuvent, à cet égard, être rapprochées ou confondues sans inconvénient. Ainsi certaines conditions physiques font jouer un rôle particulier aux cellules dans les os, dans le tissu élastique, dans le cartilage. Ailleurs, les cellules qui entrent dans la composition de la moelle des os servent à la nutrition du tissu osseux. Dans le sang, les hématies sont employées à la dissolution des gaz qui doivent être assimilés, et de ceux qui, désassimilés, doivent être expulsés. Dans les capillaires sanguins et lymphatiques, dans les séreuses et dans les canalicules respirateurs, les cellules épithéliales, réduites à une extrême minceur, présentent, dans leur office, de simples faits d'osmose, pour les principes venus soit du dehors, soit du plasma sanguin. Ou bien, sont-elles épaisses, molles, humides, on les trouve douées d'énergiques facultés assimilatrices et désassimilatrices : assimilatrices à la surface de la muqueuse intestinale et autres, où, grâce à leur pouvoir, elles prennent aux substances qui les touchent un excès de tels ou tels principes se déversant dans les capillaires sous-jacents ; désassimilatrices dans la profondeur des culs-de-sac glandulaires, où les épithéliums empruntent activement, en sens inverse du cas précédent, aux capillaires ambiants des principes dont l'excès tombe dans le canal glandulaire. Ainsi, en poursuivant tous les genres de cellules et en s'en formant le tableau, on voit que la nutrition générale résulte d'une exagération d'absorption par une cellule relativement à un principe déterminé, lequel, en assimilation, s'incorpore à l'organisme s'il provient de l'aliment solide, liquide, gazeux, ou, en désassimilation, se sépare de l'organisme s'il provient de la substance même de l'être.

C'est ici le cas de consigner l'importante remarque de M. Robin sur ces deux actes d'assimilation et de désassimila-
« tion. Chacun d'eux, considéré isolément, c'est-à-dire d'une
» manière abstraite, peut être envisagé comme un phénomène
» chimique; mais leur simultanéité ne s'observe que sur les
» parties douées d'organisation (p. 162). »

Il faut ajouter que la cellule contractile et la cellule nerveuse, c'est-à-dire les cellules de la vie animale, ont pour substratum la propriété de nutrition, de même que la cellule végétative a pour substratum les propriétés physico-chimiques de la matière. C'est la hiérarchie inéluctable.

Une observation attentive démontre que le vitellus fécondé représente un nouvel être encore unicellulaire, dont va dériver une organisation multicellulaire; qu'ensuite il se segmente en globes vitellins ou sphères vitellines; que, la segmentation continuant, ces globes passe à l'état de cellules : 1° de la tache embryonnaire; 2° de la vésicule ombilicale; 3° des replis amniotique et chorial. L'embryon se trouve, de la sorte, constitué entièrement par des éléments ayant la forme dite de cellule. D'après ce fait certain, la doctrine cellulaire conclut que tous les tissus proviennent exclusivement d'une prolifération cellulaire; qu'il n'y a pas d'autre voie que la prolifération pour la production des cellules; que la cellule est réellement le dernier élément morphologique dans lequel la vie se manifeste; qu'on ne peut rejeter le siége de l'animation vitale au-delà de la cellule. Enfin, comme, depuis la juste subordination de la pathologie à la physiologie, toute théorie physiologique a sous sa dépendance une théorie pathologique, ici aussi une pathologie cellulaire est née d'une physiologie cellulaire, et l'on s'est efforcé de prouver que, dans toutes les circonstances où un produit morbide se manifeste, l'apparition de ce produit résulte de la formation de cellules qui ont pour point de départ non plus le vitellus, mais tel ou tel élément cellulaire des tissus normaux.

Les dérivés cellulaires accidentels constituent les produits morbides. Ce que sont ces produits morbides, le nom de *dérivés* l'indique. Les anciennes doctrines, qui admettaient l'hétéroplasie, l'hétéromorphie, ont été écartées pour faire place à la grande loi biologique qui veut que la pathologie ne soit que de la physiologie pervertie. Ces éléments de nouvelle apparition sont altérés sans doute dans leur forme, dans leur constitution, dans leurs propriétés ; mais leur genèse montre qu'ils représentent essentiellement les éléments normaux, dont ils ne sont que des déviations. Même dans les tumeurs cancéreuses les plus délétères, aucune spécificité d'éléments n'existe ; et, quelles que soient les modifications évolutives que présente le tissu morbide, l'étude de texture permet toujours de déterminer s'il est de nature cartilagineuse, fibroplastique, épithéliale, etc. Ces faits tendraient à éloigner de la tumeur l'idée de la malignité, et à la reporter sur l'économie, qui, sous l'influence d'une dyscrasie malheureuse, déterminerait l'évolution ulcérative des tumeurs et leur reproduction ; ce qui est le caractère clinique des cancers. Mais, soit qu'on place la malignité dans l'économie comme y invite l'impossibilité de déterminer anatomiquement la nature cancéreuse, soit qu'on la place dans les tumeurs elles-mêmes comme on l'a fait longtemps et le fait encore souvent, on émet une hypothèse dans les deux cas ; on ne sait pas si la constitution est dyscrasique, ou la tumeur maligne ; on sait seulement que des tumeurs très-diverses d'apparence et de texture aboutissent également à l'ulcération et à la reproduction, et qu'elles n'ont entre elles de commun aucun type anatomique qui porte une marque de malignité. C'est à propos de ces productions morbides, du tubercule et des chondromes que Goodsir, répété par Virchow, a établi les *territoires cellulaires*, c'est-à-dire les groupes cellulaires par lesquels ces formations pathologiques débutent.

II.

Limitations de la théorie cellulaire.

Contre cette théorie absolue où tout se réduit à un engendrement de cellules les unes par les autres ou prolifération, M. Robin soutient qu'à la production progressive de l'organisme prend part une genèse ou génération spontanée de certaines parties constituantes. Je n'ai pas besoin de faire remarquer à mon lecteur que ceci est un grave débat de physiologie embryogénique.

Il faut laisser parler M. Robin : « La génération spontanée
» des éléments anatomiques est un fait constant : elle consiste
» en une apparition de particules formées de substance or-
» ganisée, alors qu'elles n'existaient pas là quelques instants
» auparavant ; mais on voit aussi que, par les conditions dans
» lesquelles a lieu cette apparition, conditions aujourd'hui
» bien connues, elle est nettement distincte de ce qui touche
» au fait de la génération d'êtres dans les milieux cosmolo-
» giques ou non organisés (*hétérogénie*)... Il est certain que
» des éléments naissent hors de l'épaisseur d'autres éléments,
» sans dériver généalogiquement et directement de la subs-
» tance même de ceux qui les entourent. Ce phénomène est
» des plus évidents en ce qui concerne la genèse de la subs-
» tance des parois propres des parenchymes glandulaires et
» non glandulaires. Il en est de même pour ce qui regarde la
» genèse de la cristalloïde autour de l'intorsion du groupe de
» cellules épithéliales par lequel débute le cristallin. Même
» remarque en ce qui touche la genèse de la gaîne propre de
» la notocorde, du myolemme, du périnèvre, etc. L'évidence
» n'est pas moindre dans les parenchymes et sur les mem-
» branes, lorsque, inversement et consécutivement au phé-
» nomène précédent, on voit à la face interne de la paroi
» propre des tubes des reins, par exemple, naître des cellules
» épithéliales qui remplacent celles qui se desquament, sans
» que les nouvelles dérivent de cette paroi propre non
» plus que des cellules préexistantes, dont le rôle, sécréteur
» ou autre, est achevé et qui muent par suite (p. 183). »

Les deux mots *reproduction* et *production* résument le débat. Selon la théorie cellulaire, il n'y a dans les corps organisés que reproduction, et jamais production ; les cellules sont douées d'une force reproductive, et c'est en se reproduisant qu'elles satisfont à tout. Au contraire, selon la théorie de M. Robin, la production n'est aucunement absente des corps organisés; à côté de la reproduction qui est incontestable, il y a la genèse consistant en la production moléculaire d'une partie de forme déterminée, dont les principes sont fournis par les éléments préexistants dans le lieu où se passe ce phénomène moléculaire.

C'est en vertu de cette genèse que M. Robin a été amené à modifier l'ancienne énumération des propriétés d'ordre vital et organique. Les propriétés y étaient au nombre de trois : la nutrilité, la contractilité et la névrilité. M. Robin y ajoute la natalité, ou production, molécule à molécule, d'un individu élémentaire nouveau, et l'évolutilité, propriété qu'a toute substance organisée en voie de rénovation moléculaire de se modifier quant à son volume, à sa forme et à sa structure. La nutrilité, la natalité et l'évolutilité appartiennent à la vie végétative; la contractilité et la névrilité, à la vie animale.

De ce qui vient d'être dit, il résulte qu'il y a des éléments organisés plus simples que la cellule et étrangers à la cellule. Plus simples que la cellule : « les éléments ultérieurs de l'orga- » nisation, dit un éminent pathologiste d'Edimbourg, M. Ben- » net, ne sont point des cellules ni des noyaux, mais de » petites particules possédant des propriétés physiques et » vitales indépendantes, en vertu desquelles elles s'unissent » et s'arrangent pour constituer des formes plus élevées. Ces » formes sont les noyaux, les cellules, les fibres, les mem- » branes. Toutes peuvent se former directement de ces molé- » cules. » Etrangers à la cellule : ce sont les faits de genèse sur lesquels M. Robin insiste avec tant de force. Ces restrictions limitent la théorie cellulaire.

Dans la substance organisée, dans la matière à l'état d'organisation, ce qui a forme, figure propre, l'emporte dans chaque être sur ce qui est amorphe, c'est-à-dire sur les portions de cette matière dont la forme est subordonnée à celle des interstices que laissent entre eux les éléments anatomiques figurés.

Le noyau est ce qu'il y a de moins variable, de plus stable, de plus constant comme forme, volume et structure.

Le noyau occupe le centre du corps cellulaire ; mais il y a toujours des noyaux, en petit nombre il est vrai, qui restent libres, c'est-à-dire non entourés d'un corps cellulaire.

Le corps cellulaire offre, dans sa substance, des configurations très-diverses d'une espèce d'élément à l'autre et d'une période évolutive à l'autre dans chaque espèce. Quelques fibres (fibres musculaires viscérales) sont représentées par une longue cellule ; mais presque toutes les autres fibres (musculaires striées, nerveuses, élastiques, tendineuses) sont des prolongements multiples du pourtour d'un corps cellulaire.

Le rôle de la cellule est de former le rudiment spécifique de l'individu. Pas de développement individuel dans aucune espèce sans une cellule d'où part l'évolution. Ce n'est ni le noyau, ni la substance amorphe, ni les particules qui fournissent ce commencement déterminé ; puis une prolifération cellulaire fort étendue produit la masse de l'être adulte à travers toute sorte de métamorphoses.

Ce n'est pas tout, et le procédé formateur est plus compliqué : une genèse introduit dans la masse certaines parties qui naissent dans la substance organisée, indépendamment des cellules. Prolifération et genèse, voilà les deux facteurs de l'organisme.

III.

Epigenèse.

L'évolutilité aberrante qui produit l'éclosion et le progrès des funestes tumeurs n'est qu'une déviation particulière de l'évolutilité générale, qui, prenant à l'état embryonnaire les éléments de l'organisme, les conduit à l'état sénile. C'est une série où chaque terme est rigoureusement déterminé par celui qui précède ; non pas en ce sens que le terme antécédent contienne le terme subséquent tout formé et n'ait qu'à le laisser paraître, mais en ce sens qu'il est la condition du terme subséquent qui n'existait point. Dans l'ancien débat, aujourd'hui terminé, entre la préexistence des germes et l'épigenèse, on supposa, pour se représenter l'ordination conduisant pas à pas l'économie aux dispositions qui ont pour résultat l'aptitude à l'accomplissement de chaque fonction; on supposa, dis-je, que, dans le germe, l'être vivant existait tout préformé, et que se développer n'était autre que faire passer, de l'état invisible à l'état visible, les parties successives. L'étude des monstruosités a mis hors de cause cette hypothèse. Voyez en effet ce qui arrive : toute déviation accidentelle dans l'achèvement régulier du blastoderme produit un blastoderme irrégulier, divisé plus ou moins profondément; la division peut aller jusqu'à la duplicité presque complète et même complète ; de sorte que d'un œuf simple, à vitellus et vésicule germinative uniques, sortent des monstres, ou doubles, ou simples, avec des portions plus ou moins considérables d'un autre individu. Cela élimine la préexistence d'un germe ; car il aurait fallu que ce germe, prévoyant l'accident, représentât ou deux individus, ou un individu plus une moitié ou plus un quart d'un autre individu.

La monstruosité non-seulement écarte la préexistence, mais encore établit l'épigenèse, évidente en ces cas pathologiques où le blastoderme lésé produit ce que veut, soit l'étendue, soit l'époque de la lésion. Dans cette Revue même, M. Robin a consacré un important travail à la question de savoir comment, dans l'évolution de l'être, se disposent les parties organiques les unes par rapport aux autres pour constituer un organisme. Il le reprend dans son *Introduction*. Le résumé de toute la doctrine est ceci : Négativement, la portion embryogène du blastoderme ne contient ni l'embryon, ni le petit, ni l'enfant, ni l'homme en puissance, ne possédant rien au-delà des conditions nécessaires à la génération des premiers organes embryonnaires ; positivement, cette portion présente d'une manière immédiate les conditions qu'exige l'apparition du premier organe, celui-ci présentant à son tour les conditions qu'exige

l'apparition du second, et ainsi de suite jusqu'à la fin de l'é-
volution. Cela est tellement précis et déterminé que chacun
des lobes du blastoderme, s'il vient à être divisé anomalement,
donne naissance, selon la division, aux organes céphaliques
ou aux organes de l'arrière du corps, dans le même ordre que
quand l'évolution se fait régulièrement.

Par la fécondation, le vitellus acquiert la propriété de présenter une série de changements moléculaires, tous, on vient
de le voir, déterminés successivement les uns par les autres.
Mais il n'a rien acquis de plus. Que devient donc, dira-t-on,
dans cette doctrine, très-certaine expérimentalement, le type
préordonné de chaque espèce? Car, à quelque manipulation
ou lésion qu'on soumette un ovule, on pourra bien le déformer, on ne pourra jamais le transformer ; l'espèce du loup et
celle du chien sont bien voisines, pourtant il n'est point
d'exemple qu'un ovule de chien ait été amené à produire un
développement de loup. Il est donc dans l'ovule quelque chose
de prédéterminé, qui, ne permettant les déviations que dans
les limites spécifiques, ordonne chaque partie pour la constitution des caractères de telle ou telle espèce. Oui, sans doute;
mais ce qui prédétermine est exactement du même ordre que
ce qui règle la coordination, une fois que la fécondation a
commencé. De même que le premier organe est déterminé
par la portion embryogène du blastoderme, de même la portion embryogène du blastoderme est déterminée par les deux
parents qui ont donné naissance à l'ovule.

IV.

Génération spontanée et transformisme.

Et au-delà? Au-delà, c'est l'origine des espèces. Sans
parler des imaginations mythiques pour lesquelles toutes les
religions se sont mises en frais et qui n'ont de valeur que
dans l'histoire de l'esprit humain, je viens tout de suite aux

vues précises de la science. La géologie a démontré qu'à un certain moment de l'existence du globe terrestre, les conditions physiques n'y permettaient la vie à aucun degré; par conséquent les espèces ne sont pas contemporaines de la terre. La paléontologie a démontré qu'une fois commencés, les êtres vivants se sont succédé dans de longues périodes qui suivent un certain ordre hiérarchique ; par conséquent les espèces ne sont pas toutes contemporaines les unes des autres.

Ainsi, dans l'enchaînement des causes secondes et de leurs effets (en science il n'est jamais question que de causes secondes), se découvre un double hiatus : l'un, entre la constitution des conditions propres à la vie en général et l'apparition des premiers organismes; l'autre, entre les différentes catégories d'organismes dont les apparitions se suivent depuis les époques les plus antiques jusqu'à l'époque présente. Ces deux hiatus ne sont jusqu'à présent comblés que par des hypothèses.

Avant de concevoir comment les êtres vivants se sont succédé aux différentes surfaces de la terre selon les périodes géologiques, il faut d'abord concevoir comment la vie apparut pour la première fois sur notre planète. On y a pourvu par l'hypothèse de la génération spontanée, qui a la précédence dans l'ordre logique. Elle admet que de la substance vivante peut se former de soi-même sous les conditions physiques et avec les éléments chimiques qui constituent le milieu terrestre. Mais jusqu'à présent aucune démonstration expérimentale qui fût à l'abri de tout reproche n'a pu en être donnée; et la voie par laquelle s'opère le passage des éléments chimiques aux éléments vivants demeure inconnue. Cette hypothèse, néanmoins, reste ouverte et parfaitement légitime ; car nul ne peut dire ce que les expériences de la science future pourront jeter de lumière sur la question, soit en la résolvant directement, soit en resserrant davantage les limites du phénomène à expliquer. Mais, dans les discussions à fond, aucun esprit philosophique n'en fera la base de ses raisonnements, et, trop rigoureux pour argumenter à l'aide de ce qu'il ignore, il s'en tiendra étroitement au fait certain d'un commencement de la vie à un moment donné de l'histoire de la terre, commencement petit d'abord, mais que l'on sait avoir été développable, puisqu'il s'est développé.

Cette ignorance pleinement reconnue n'autorise point à introduire l'intervention d'une création surnaturelle, soit d'une première matière vivante, soit des espèces qui se sont géologiquement succédé. A une hypothèse ce serait ajouter une nouvelle hypothèse; car l'existence du surnaturel n'est pas autre chose, n'ayant jamais pu être prouvée expérimentalement. Les hommes ont universellement cru jadis au surnaturel; beaucoup y croient encore; mais ce fut une affaire d'impression et de sentiment, puis de tradition. La science l'a cherché partout, car la croyance générale le lui donnait partout; elle ne l'a trouvé nulle part. La philosophie positive renonce à s'en occuper, et le range dans cet immense inconnu où l'esprit de l'homme ne pénètre pas, et duquel on ne peut rien nier, parce qu'on n'en peut rien affirmer.

Le transformisme, ou théorie de l'évolution, est destiné à combler le second hiatus, celui qui existe entre les différentes séries des formations paléontologiques. Cette théorie est due à Lamarck, qui en a tracé tout d'abord les caractères essentiels : formation première d'une substance mucilagineuse pour la vie végétale, azotée pour la vie animale; point gélatineux, contractile, sans organes quelconques, d'où proviennent les animaux; état cellulaire absorbant et exhalant, d'où accroissement et complication croissante; scission des parties accrues; reproduction des modifications acquises et des perfectionnements obtenus; et, enfin, avec l'influence des milieux et le temps, production d'une série animale sans discontinuité, mais rameuse et irrégulièrement graduée, représentée par des collections d'individus qui n'ont qu'une persistance relative et ne sont invariables que pour un temps. Là est tout le transformisme; et, comme le dit M. Robin, la combinaison de la substance carbonée avec l'eau, qui, d'après M. Häckel, formerait une matière mixte intermédiaire entre la matière brute et la matière organique; la substance albumineuse formant le corps homogène, sans organes distincts, des *monères* du même auteur; le passage des monères à l'état de cellules; la disposition des êtres en séries ramifiées, d'après la manière dont il suppose que les familles végétales et animales dérivent de ces *plastides* ou êtres plus simples, ne sont qu'un remaniement, sous des termes plus techniques et avec des documents plus étendus, des vues de Lamarck.

La remise en honneur de l'hypothèse de Lamarck est l'œuvre de Darwin. En même temps il faut reconnaître ce qui lui appartient en propre : c'est d'avoir apporté à l'appui de l'influence des milieux tout l'ordre d'arguments tirés de l'action lente de la concurrence vitale et de la sélection tant proprement dite que sexuelle. Mais la sélection sexuelle, M. Robin le fait remarquer, n'est guère applicable aux protozoaires; elle ne l'est pas aux invertébrés portant les deux sexes; elle ne l'est guère aux animaux à sexes séparés dont les œufs sont fécondés dans l'eau sans accouplement préalable; elle l'est seulement aux articulés et aux vertébrés.

M. Comte, appréciant il y a près de quarante ans, avec son habituelle hauteur de vues (1), la théorie de Lamarck, qui n'est, il ne faut pas cesser de le répéter, autre que le transformisme de Darwin, fait remarquer qu'elle consiste à considérer l'ensemble de la série biologique comme parfaitement analogue, aussi bien en fait qu'en spéculation, à l'ensemble du développement individuel, et encore restreint à la seule période ascendante. Sans parler d'une telle restriction qui gêne si notablement la tentative d'assimilation, la théorie transformiste, mise ainsi en formule, laisse apercevoir aussitôt son côté faible, je veux dire son côté hypothétique; car, dit M. Robin, ce n'est que grâce à une vue subjective de l'esprit que l'on donne comme expression d'un mouvement évolutif qu'on n'a pas vu, le résultat du classement d'objets analogues, mais distincts et inégalement séparés les uns des autres.

On a prétendu que, si la doctrine transformiste n'est pas encore universellement adoptée, il faut s'en prendre à ce

---

(1) Discussion que s'étonneront toujours de voir passée sous silence ceux qui l'auront lue, dit M. Robin.

manque de culture philosophique qui caractérise la plupart des naturalistes contemporains, et que ce reproche est surtout mérité par la France, où le darwinisme a fait jusqu'à présent beaucoup moins d'adeptes qu'en Angleterre et en Allemagne (1). A ce reproche, M. Robin a répondu en digne disciple de la philosophie positive : « Tous ceux qui sont familiers avec les
» écrits d'Auguste Comte, savent depuis longtemps que les
» sciences n'ont de portée que par la valeur des conceptions
» générales qui éclairent les faits de leur domaine en les reliant
» les uns aux autres. Ils connaissent aussi le rôle important
» des hypothèses dans les sciences, et savent que toute inven-
» tion n'est qu'une hypothèse vérifiée ; mais ils savent, par
» suite, qu'une hypothèse n'est bonne que si elle est vérifiable,
» et qu'elle ne représente pas une découverte si elle n'est qu'une
» vue subjective sans démonstration, quelque simple et brillante
» que soit l'explication qu'elle semble donner de tels ou tels
» faits. La question est simplement de savoir si la science est
» du côté de ceux qui sont satisfaits dès qu'ils expliquent, ou
» du côté de ceux qui démontrent. Aussi, hormis les cas
» d'antiscientifique mélange des subjectivités théologiques aux
» problèmes biologiques, ce n'est aucunement le manque de
» culture philosophique des savants contemporains qui diminue
» en France le nombre des adhésions aux doctrines de Lamarck
» et de ses continuateurs, quelque vif que soit l'intérêt présenté
» par les documents qu'ils rassemblent ; c'est au contraire le
» développement de cette pensée philosophique que la portée
» d'une vue spéculative se juge par la possibilité d'un contrôle
» positif ; c'est enfin le manque d'un contrôle réel à cet égard,
» puisque jusqu'à présent ce contrôle n'a pas encore été donné
» pour une seule espèce d'êtres, pas plus que pour une seule
» espèce de cellules (2). Nul homme de science ne méconnaît

---

(1) Dumont, *Hæckel et la théorie de l'évolution en Allemagne*, p. 42.

(2) Durant la vie individuelle, soit intra-ovulaire, soit indépendante, l'une quelconque des espèces de ses éléments anatomiques ne se trouve soumise à des influences perturbatrices assez longtemps pour qu'ils arrivent à prendre les caractères que possèdent l'économie ou les éléments anatomiques des individus d'une autre espèce animale ou végétale, Robin, p. xxiv.

« ce qu'a de séduisant cette manière de substituer l'idée du
» métamorphisme indéfini à celle des variations individuelles,
» de représenter toutes les collections d'individus analogues
» comme des descendants du plus simple des organismes
» observés, c'est-à-dire de les considérer comme unies les
» unes aux autres par un lien généalogique direct, infléchi,
» mais continu partout, remontant jusqu'à cette monade.
» Seulement, nul ne peut nier que, sans méconnaître l'intensité
» et l'ingéniosité des efforts tentés, on est en droit de demander
» pour ces hypothèses une vérification, ne fût-ce que pour
» une seule de toutes les espèces vivantes, de manière à pouvoir
» déterminer, à l'aide de documents paléontologiques, de quels
» êtres elle descend; car il est certain qu'il n'y a jusqu'à pré-
» sent de donné comme preuves que des possibilités sur les-
» quelles peu de naturalistes s'accordent, et non des réalités.
» Mais, en science, des probabilités ne suffisent pas pour
» valider une hypothèse, ni pour constituer le point de dé-
» part de nouvelles démonstrations (p. 34). »

M. Robin est dans le vrai : aucune explication ne peut être tenue pour une démonstration. La génération spontanée et le transformisme, étant des explications, mais non des démonstrations, demeurent deux hypothèses dont on n'usera que comme hypothèses, c'est-à-dire que, tandis qu'on ne doit jamais en argumenter comme de réalités dans les discussions générales, on peut les prendre pour mobiles des recherches qu'on entreprend. La panspermie, l'embryogénie, la paléontologie ont gagné et gagneront encore aux expériences qu'on tentera, aux faits qu'on découvrira en les poursuivant.

Le transformisme use libéralement du temps sans limites; et, en effet, bien du temps est exigé pour venir de la monade primitive ou du plastide originaire aux animaux supérieurs, par le simple travail de l'action des milieux, jointe même, si l'on veut, à la concurrence vitale et à la sélection. Or le temps écoulé depuis le moment où la terre devint habitable jusqu'à la dernière époque géologique est contenu dans des limites approximatives sans doute, mais restreintes. L'homme est quaternaire, probablement tertiaire; et, comme, dans l'hypothèse, il est le dernier terme à partir de la monade, c'est autant de rogné sur l'intervalle accordé au transformisme, ou plutôt à toute théorie qui se produira sur l'enfantement de la vie et des espèces à la surface terrestre. La supputation du temps deviendra certainement un élément considérable dans la question, quand la science future la serrera de plus près.

C'est la cellule, élément primordial des végétaux et des animaux, qui nous a conduits à l'embryogénie et au transformisme. A ce point, il ne me reste plus qu'à terminer en citant le passage où M. Robin trace d'une main ferme les linéaments de la biologie : « Elle prend, dit-il, son vrai caractère, quand
» on en vient à ne jamais séparer la considération des actes de
» celle des états de la substance organisée sous forme d'élé-
» ments anatomiques, d'humeurs, de tissus, et des conditions
» de milieu et d'âge évolutif dans lesquelles les actes se manifes-
» tent. Elle perd entièrement tout caractère hypothétique, dès
» qu'on cesse de supposer l'acte comme pouvant être séparé
» de l'agent sous le nom de principe vital et autres; elle cesse
» d'être une science incertaine, pour devenir une science nette-
» ment définie et positive, telle que la chimie, la physique,
» où, les lois des phénomènes de leur domaine étant connues,
» il n'est plus possible de laisser place à l'intervention durable
» de vues arbitraires quelconques, contrairement à ce dont la
» médecine nous offre encore de fréquents exemples. L'im-
» manence des qualités à la substance qui les manifeste, tant
» qu'elle se trouve placée dans les conditions qui permettent
» cette manifestation, est le résultat dominant des études mo-
» dernes d'anatomie et de physiologie générales (p. 154). »

XXI

RESTAURATION DE LA LÉGITIMITÉ

ET DE SES ALLIÉS (1).

> Malheureux roi, malheureuse France !
> *Journal des Débats* sous Charles X, à la
> menace des ordonnances.

[En 1873, MM. les princes d'Orléans ayant fait ce qu'on appela la fusion, c'est-à-dire ayant reconnu M. le comte de Chambord pour chef de leur famille et ayant renoncé à toute compétition au pouvoir contre lui, le parti légitimiste et le parti orléaniste se réunirent et entreprirent de rétablir la monarchie et de rendre à Henri V le sceptre de ses ancêtres. Ce qui serait advenu de cette tentative, je ne puis le dire, car elle ne vint pas à l'épreuve décisive et elle échoua sur une question préliminaire : M. le comte de Chambord refusa d'accepter le drapeau tricolore et d'admettre une constitution qu'il ne donnerait pas. Là-dessus, la coalition se rompit, et il ne put plus être question de restauration. J'ignore quelles sont les invincibles répugnances de M. le comte de Chambord à l'endroit du drapeau tricolore; mais, quant à l'incompatibilité de son droit héréditaire avec la souveraineté populaire, il s'est mépris. Les deux institutions ne sont point incompatibles ; témoin l'Angleterre, où le droit héréditaire règne sans conteste, et où la souveraineté populaire est en plein exercice. Un même obstacle qui arrêta le descendant des Stuarts invité à monter sur le trône d'Angleterre a aussi arrêté M. de Chambord, invité à monter sur le trône de France : l'impossibilité de se conformer au milieu social que la révolution anglaise et la révolution française avaient créé respectivement. C'est des deux côtés un cas d'atavisme, la plus insurmontable des barrières quand il s'agit pour les hommes d'entrer dans de nouvelles manières de sentir et de penser. J'appelle l'attention sur ce point de physiologie psychique. Je l'appelle aussi sur la condition sociologique qui montre la France si florissante quand on considère son industrie, ses lettres et ses sciences, si déroutée quand on considère sa constitution politique, et qui enseigne que ce n'est certes pas dans une monarchie légitime ou césarienne qu'elle trouverait de la stabilité.]

PRÉFACE

Les trois articles qui composent la présente brochure ont été écrits alors que je résidais à Pornic, sur les bords de la mer ; *le Phare de la Loire* les a publiés, et je remercie M. Mangin, directeur de cet important journal, de leur en avoir ouvert les colonnes. Je remercie aussi les différents

---

(1) E. Dentu, libraire-éditeur, Palais-Royal, 17 et 19, galerie d'Orléans, 1873.

journaux de Paris et des départements qui les ont reproduits ; et c'est en raison de cet accueil que je les remets sous les yeux du public (1). Le temps presse, le péril est grand, et chacun doit intervenir selon ses forces dans la lutte.

Ces articles correspondent aux trois phases que la fusion a présentées successivement. D'abord nous eûmes la phase pure du drapeau blanc, de la légitimité restaurée et de M. de Chambord relevant la monarchie traditionnelle. Puis on parla de la vieille constitution monarchique de la France, de celle que la révolution avait si méchamment mise à mort. Enfin, renonçant, vu les impossibilités, au drapeau blanc et à la vieille constitution, la fusion se fixa au drapeau tricolore et à des institutions que la chambre ferait adopter au futur Henri V. Là est la suite et l'unité de ces articles.

Les hommes qui combattirent l'établissement de l'empire de toutes leurs forces, auraient, on le voit amplement, rendu à la France un signalé service, s'ils eussent réussi. Ceux qui combattent aujourd'hui de toutes leurs forces le rétablissement de la légitimité, rendront, s'ils réussissent, un non moindre service ; car, vu le prince et le pays, l'avenir de la restauration ne sera pas autre que n'a été son passé.

Je comprends sans peine que des hommes éclairés et bien intentionnés préfèrent la monarchie constitutionnelle, et, soit par souvenir, soit grâce à l'exemple de l'Angleterre, y voient un gage de sécurité. Sans partager leur opinion, vu que, suivant moi, ils ne se rendent pas suffisamment compte des difficultés qui attendent en France tout rétablissement monarchique, et des facilités qui présentement favorisent la république; sans partager, dis-je, leur opinion, j'en aperçois clairement les motifs plausibles et les raisons sérieuses. Mais ce que je ne comprends pas, c'est que ces hommes éclairés et bien intentionnés se soient adressés à la légitimité.

En ceci, leurs lumières les abandonnent, leurs bonnes intentions s'égarent, et leurs plus chères convictions seront trompées. La force des choses, encore plus que l'intention des

---

(1) Sous forme de brochure, en 1873.

hommes, veut que cette transaction soit semée de mécomptes et de déceptions réciproques. Ils auront les paroles du prince, mais les légitimistes et les cléricaux auront le prince. Charles X est là pour montrer lequel vaux mieux, avoir le prince ou avoir les paroles. Être plus habile que Charles X avec les mêmes vues politiques et religieuses, voilà sur quoi roulera toute la future restauration.

L'hypocrisie du drapeau tricolore chez les politiques qui poursuivent la restauration légitimiste, en est le visible augure. Et comment exprimer autrement ce changement de couleurs, quand on lit dans la lettre de M. le comte de Chambord à M. Dupanloup : « La France ne comprend pas plus le chef de » la maison de Bourbon reniant l'étendard d'Alger, qu'elle » n'eût compris l'évêque d'Orléans se résignant à siéger à » l'Académie française en compagnie de sceptiques et d'a- » thées (1). »

Cette année de 1873 représente fidèlement l'année de 1851. On travaillait alors, comme on travaille aujourd'hui, contre la république. En 1851, l'ennemi en était le prince Louis-Napoléon, président; en 1873, l'ennemi en est une coalition formée dans la droite et le centre droit. Les mots seuls sont changés : c'était pour l'empereur, c'est pour le roi. Il s'agit toujours de mettre au pays la camisole de force, en 1851 la camisole césarienne, en 1873 la camisole cléricale.

Aucune masse populaire n'appelle Henri V ; aucune acclamation que celle des pèlerins et des cléricaux ne se prépare pour accueillir sa royauté. Inutile royauté qui ne nous a été d'aucune aide ni dans nos désastres ni dans notre réparation; royauté vieillie qui ne pourrait vivre que d'adoration et qui n'en trouve plus; royauté déceptive à qui les faiseurs mar-

---

(1) C'est moi que ce passage désigne ; mais, j'en demande pardon à M. le comte de Chambord, il a été inexactement informé. Je ne suis ni sceptique (ayant la foi en la science positive, flambeau et guide de la vie individuelle et collective), ni athée (traitant l'athéisme et le déisme d'explications du monde également inacceptables, et écartant comme inaccessible à l'esprit humain toute recherche d'origine et de fin). — Dans une déclaration toute récente, M. de Chambord promet, il est vrai, la tolérance aux protestants ; mais il ne promet rien aux libres penseurs qui, sous diverses formes, sont si nombreux dans toutes les classes.

chandent sa légitimité et qui leur marchande une constitution; enfin, royauté contestée et contestable tant qu'elle durera, car elle est issue d'étroits conciliabules, hors de la clarté du jour et sans la consécration nationale ! Vraiment, je ne sais par quelle frontière M. de Chambord pourra rentrer, ni quelle ville traverser, sans entendre retentir à ses oreilles le cri de : Vive la République ! Il triomphera, je le veux, de ces clameurs, il dispersera ces foules, il passera, dût son entrée coûter des violences. Mais après? mais la suite? mais l'avenir?

Dans la France remaniée par la révolution, la légitimité cléricale est, quoi qu'on fasse, un gouvernement suspect, d'un bout du pays à l'autre, en haut et en bas, dans les villes et dans les campagnes. Quoi de plus dangereux pour lui comme pour nous qu'un gouvernement suspect?

La nouvelle restauration qu'on nous apprête, numérotons-la, cela vaut la peine; c'est la troisième, et ce chiffre dit tout. Admirables recommenceurs ! Cette rechute dans la légitimité et le cléricalisme amènera la rechute dans la révolution. Les recommenceurs en révolution ne manqueront pas plus que les recommenceurs en légitimité. La république, seule, ouvre une ère nouvelle, à la fois affranchie des restaurations provoquantes et des révolutions provoquées.

8 octobre 1873.

I.

1815 et 1873.

La nouvelle restauration qu'on nous prépare est, comme la première, légitimiste et cléricale, et d'une façon encore plus criante et plus insupportable; car elle est soumise à des doctrines ultramontaines et au *Syllabus* qui n'existaient pas lors de l'ancienne restauration, et elle se trouve en face d'une société plus déterminément laïque et moderne que n'était celle des hommes de 1815.

Pourtant un péril réel s'approche. Il ne faut pas l'atténuer en parole, tandis qu'il subsiste en fait ; mais il faut l'envisager tel qu'il est pour le combattre résolûment. Dire à cause des difficultés que les partis monarchiques rencontrent dans leurs dissentiments entre eux et dans les dispositions du pays, que l'existence de la république n'est pas menacée, est une erreur qui serait funeste si, nous endormant dans une fausse sécurité, elle nous portait à compter uniquement sur la situation. Cette situation, pour prévaloir, réclame le concours de tous les amis de la stabilité, l'union de tous les républicains et leur discipline sous ceux qui, dans ces importantes conjonctures, sont leurs chefs naturels.

J'ai parlé tout à l'heure des dangers auxquels la république est exposée présentement ; mais ce n'est point assez ; je dois dire : les dangers de la France, dont, bien entendu, je mets les intérêts au-dessus de ceux de la république. Si la réunion des députés à Bordeaux dans le néfaste mois de février avait trouvé la monarchie existante ou l'avait aussitôt rétablie, je n'aurais pas, tout républicain que je suis depuis longtemps, rien voulu faire pour l'ébranler et la troubler, tant je suis convaincu qu'après les effroyables désastres où la folle ineptie de l'empire nous a précipités, ce qui presse uniquement est la reconstitution de nos forces morales et matérielles. Comme c'est la république que la Chambre a trouvée debout à Bordeaux et qui dure depuis plus de deux ans, les bons Français, que j'oppose sans hésitation aux *gens de biens* ligués pour le gouvernement de combat, ne doivent gaspiller ni temps, ni force à défaire ce qui est fait. Deux ans de république ont établi l'ordre, libéré le territoire, assuré nos finances. Dans ce progrès des choses, combien trois mois de déchirements monarchiques jetteront-ils de mal et de désordre !

Ceci est, dans la tentative de renverser la république, le danger prochain ; mais il en est un lointain qui n'en est pas moins grave. Les coups de force qui, depuis quatre-vingts ans, enchaînent ou déchaînent tour à tour la révolution, sont un malheur et une honte pour le pays. A tout prix, il faut y mettre un terme ; toutes les bonnes volontés, tous les courages, toutes les prévoyances, doivent tendre à ce but. Eh bien, les infatués et les fanatiques, seuls, s'imaginent que la royauté légitimiste et cléricale peut s'affermir sur notre sol démocratique. Une commotion l'emporterait ; mais une commotion aggraverait nos charges financières, entraverait notre réorganisation et ferait de nous une proie plus facile à nos vigilants ennemis.

Si la situation française veut l'apaisement et la continuité, la situation monarchique veut toute autre chose. La royauté bourbonienne a, pour agir, peu de temps devant elle, quelques mois seulement. Elle ne songe pas à consulter le suffrage universel qu'elle redoute ; encore moins songe-t-elle à susciter dans le pays un entraînement pour des dynasties vers lesquelles, dans nos désastres et notre réorganisation, aucune main ne s'est tendue, et dont les derniers événements ont mis dans tout son jour la complète inutilité ; mais elle songe à profiter hâtivement de la force que le hasard d'élections faites pour une prompte paix lui a créée et qu'emporteront les prochaines élections. Ainsi, une impérieuse nécessité la contraint de tenter un effort décisif dans le court espace de temps qui est devant nous. Un peu plus tard serait trop tard.

A la nécessité d'agir vite se joint celle d'agir réunis. Si le parti monarchique bourbonien restait divisé, il demeurerait tout à fait impuissant, même dans la Chambre, où est son unique espérance. Sous cette pression, M. le comte de Paris, avec l'autorisation de toute sa famille, s'est rendu auprès de M. le comte de Chambord et l'a reconnu pour son roi.

Dès les premiers jours qui ont suivi le 24 mai, on a dit que la coalition des trois partis n'était entre eux qu'une trêve où chacun essayerait de duper, d'évincer les deux autres. Aujourd'hui, la chose est accomplie ; le bonapartisme est dupé ; l'orléanisme s'évince lui-même ; et le légitimisme clérical reste seul maître du terrain gagné par les trois coalisés.

Dans l'union des deux monarchies bourboniennes, l'alternative était ou que M. le comte de Chambord prendrait le drapeau tricolore, ou MM. les princes d'Orléans se soumettraient au drapeau blanc. C'est cette dernière solution qui a prévalu. Abandonner le testament si décisif et si remarquable de son père a dû coûter au comte de Paris. Non moins pénible à MM. les princes d'Aumale et de Joinville a dû être le sacrifice de 1830 et de Louis-Philippe. Mais enfin les raisons dynastiques l'ont emporté.

Je me sers des termes drapeau tricolore et drapeau blanc, comme désignations abrégées des deux doctrines politiques et sociales qui, en définitive, divisent la France depuis quatre-vingts ans. Le drapeau tricolore représente ce que le chef de la catholicité a, dans une lettre toute récente, nommé *les erreurs d'un droit nouveau,* c'est-à-dire la liberté politique, la liberté de conscience, la liberté de la presse, le libre examen et le développement indéfini de la société sous le régime de la science. Le drapeau blanc représente le droit divin, l'alliance du trône et de l'autel, l'asservissement politique, et, ce qui est encore plus dur et plus insupportable pour les sociétés modernes, l'asservissement théologique.

Si la république subsiste, MM. les princes d'Orléans seront de riches et puissants citoyens, mais ils ne seront que cela. Si, au contraire, le drapeau blanc revient flotter sur les Tuileries, ils seront princes du sang, et, comme M. le comte de Chambord n'a point d'enfants, ils seront, par droit de légitimité, rois de France. Pendant ce temps, les Bonaparte, sans qui le 24 mai aurait échoué, repasseront la frontière et iront méditer en Suisse et en Angleterre sur les mérites de l'appel au peuple et les douceurs du plébiscite.

Le drapeau blanc est fort dans la Chambre, mais très-faible dans le pays. Sa puissance et ses partisans y ont constamment décru. Ils furent moindres en 1815, pendant les Cent Jours, que dans les terribles guerres de la Vendée ; moindres en 1832 lors de l'expédition de la duchesse de Berry qu'en 1815 ; moindres encore en 1848 et en 1870, où sa couleur n'a pu même se montrer. Si des intrigues l'emportaient dans la Chambre, on verrait bien que c'est une grosse affaire d'ôter le drapeau tricolore à l'armée, à nos villes républicaines, à nos campagnes, où il est le symbole de leur affranchissement du seigneur et du prêtre, à tant de provinces qui frémiraient si on tentait de le leur arracher.

Ainsi notre faiblesse est dans la Chambre; notre force, dans le pays. Une situation exactement connue, un terrain bien étudié fournit immédiatement des règles de conduite. Susciter toutes les sympathies pour le drapeau tricolore, réveiller toutes les aversions pour le drapeau blanc, ces deux symboles des doctrines les plus antagonistes depuis quatre-vingts ans, voilà ce qu'il faut faire partout et tous les jours durant la prorogation, afin d'opposer une puissante opinion publique à des formations de majorité qui, n'étant jamais que des coalitions sans lendemain, livrent le pays aux hasards de toutes les commotions.

Nos moyens de résistance sont grands, même dans la Chambre, parce que grandes sont les difficultés qui gênent nos adversaires. Voyez, en effet, la série des mesures qu'il leur faut faire passer. Supprimer le drapeau tricolore, adopter le drapeau blanc, rétablir la monarchie de droit divin, recevoir du roi une charte octroyée, se rendre, en un mot, sans condition au légitimisme et au cléricalisme. Il n'est pas un de ces points qui ne soulève les plus violents orages, et qui ne permette d'entraver suffisamment les clauses particulières pour faire avorter le plan général.

Quelques-uns se rappellent, et l'histoire témoigne, combien en 1814, l'ancien régime, reparaissant, souleva de répugnances, enlevant soudainement à la restauration les sympathies que le retour de la paix et une charte lui avait tout d'abord conciliées. Ce fut un spectre; que sera-t-il donc, ce spectre, soixante ans après, quand le régime moderne a pris possession de la société entière! Souveraineté nationale, liberté politique, laïcité de l'Etat, doctrines philosophiques et sociales sans autre contrôle que la science, la science elle-même ne reconnaissant d'autorité que la démonstration, sans aucun souci des textes légendaires, enfin les classes laborieuses prenant en main leurs propres intérêts et les soutenant par la parole et par les actes d'association et de grève, où dans tout cela l'ancien régime trouvera-t-il à se loger? Il flottera à la surface, comme une écume que le moindre souffle dissipe.

Les ultras de la nouvelle restauration nous disent qu'ils la feront même à une voix de majorité. C'est peu. Elle sera belle à voir, cette restauration, quand, dans une position cent fois plus précaire que l'ancienne, elle aura à lutter contre une implacable opposition. Libéraux, républicains, socialistes, bonapartistes, que d'adversaires ! Et notez que, tandis que la république s'ouvre à tous ceux qui veulent, de quelque côté qu'ils viennent, l'ordre et la liberté, la nouvelle restauration ne peut s'ouvrir qu'aux fauteurs du *Syllabus* et à ceux qui répètent avec foi les détestations du chef de la catholicité contre les principes de 89 et le droit nouveau.

Une voix de majorité dans la chambre, et la minorité dans le pays ! Et ce sont des hommes politiques qui se confient en des combinaisons aussi arbitraires, ne tenant compte ni du passé, ni du présent, ni de la force des choses ! Il faut, à chacune de nos crises, reconnaître avec une véritable douleur et une profonde mortification, qu'en France les classes supérieures sont absolument incapables de tenir la direction des mouvements sociaux. Tandis que, dans l'Angleterre, des classes supérieures, bien autrement solides que les nôtres, ne s'obstinent jamais dans leurs rancunes ou leurs préjugés, et obéissent prudemment et honnêtement aux nécessités sociales ; les nôtres, avec la légèreté de cœur que l'on connaît, ne demandent qu'une voix de majorité parlementaire pour se mettre au-dessus de toutes les volontés et de tous les instincts du pays ! La seule chose que nos conservateurs aient jamais conservée, est leur infatuation.

Je ne m'occupe point, on le comprend, des rumeurs d'après lesquelles M. le comte de Chambord déserterait le drapeau blanc, adopterait le drapeau tricolore, recevrait de l'assemblée une charte, et, de roi légitime, deviendrait roi constitutionnel. Il a toujours repoussé résolûment et franchement une pareille transaction. A cet égard, ses délarations n'ont jamais varié.

Si aujourd'hui elles variaient, quelle confiance sa nouvelle attitude pourrait-elle inspirer ? Son cœur, — qui en doute ?— est tout entier avec le drapeau blanc. Son entourage intime sera exclusivement légitimiste et clérical. Ses légitimistes l'exciteront journellement contre la révolution ; ses prêtres lui interpréteront ses promesses et lui allégeront la conscience. C'est ainsi que son grand-père Charles X, qui ne valait pas moins que lui, viola la charte, souleva la guerre civile et fut rejeté hors de France.

M. le comte de Chambord ne se commettra point en des contradictions si dangereuses pour tout le monde. Ses déclarations demeureront invariables, car il les a mises sous l'autorité du chef suprême de la catholicité. Le pape, condamnant les *erreurs du droit nouveau*, place sa confiance dans la monarchie légitime, dans le droit divin, dans la restauration de nos anciens rois ; événements qui rendront, dit-il, aux doctrines catholiques et au régime théologique toute la puissance des anciens jours. Le pape n'est-il pas un assuré garant du roi ?

II

Constitution politique de la France.

1

Le parti monarchique nous parle sans cesse de l'antique constitution de la France, de la révolution criminelle qui nous l'a enlevée, et du salut qui nous attend quand nous y retournerons. Jamais paroles plus vaines n'ont été prononcées. La révolution n'a point détruit la vieille constitution de la France ; depuis longtemps cette constitution n'existait plus au moment où la révolution éclata ; et c'est la monarchie elle-même qui, se débarrassant de la représentation nationale d'alors, coupa la tradition historique, cette garantie de durée pour les institutions.

L'ancienne constitution de la France, qui fonctionna depuis le commencement du quatorzième siècle jusqu'au commencement du dix-septième, c'est-à-dire pendant plus de trois cents ans, comprenait la monarchie héréditaire et les états généraux, composés des trois ordres, le clergé, la noblesse et le tiers-état.

Celle-là n'avait jamais été écrite. Celles qu'on n'écrit pas sont les meilleures et les plus solides ; car elles proviennent des conditions sociales et des profondeurs de l'histoire. Telle en effet était l'origine de la monarchie héréditaire et des états généraux. La monarchie remontait à Hugues Capet, à la dissolution de l'empire carlovingien, à la formation du grand système féodal. Les états généraux remontaient aux assemblées d'église et de baronnie, qui délibéraient avec le roi, et auxquelles s'associa sans difficulté le tiers-état, quand un tiers-état se fut formé. Ainsi s'était constitué notre antique gouvernement, avec ses deux organes solidaires l'un de l'autre, le roi et le conseil national. Tout fut traditionnel dans ces institutions ; et il aurait fallu de bien malheureux événements pour qu'elles n'eussent pas puissance et durée.

Ni la puissance ni la durée ne leur manquèrent. Les états généraux et la monarchie remplirent leur office séculaire. La royauté et la nation, liées l'une à l'autre par des relations régulières, se développèrent concurremment ; et l'histoire remarque que, durant ce long espace de temps signalé par tant de vicissitudes, les plus utiles réformes naquirent des délibérations des états-généraux.

Mais, sous Louis XIV, il plut à la monarchie, profitant d'un ascendant momentané, d'usurper sur la nation le droit de délibération des affaires publiques, et de s'affranchir du contrôle des états-généraux. On ne les appela plus. De cette façon se trouva supprimée une moitié de la constitution historique de la France. Il ne resta que l'autre moitié, la monarchie héréditaire, sans communication avec la nation, et coupable d'un attentat aussi illégitime qu'impolitique.

Du moment que la monarchie eut goûté des trompeuses douceurs de l'autorité absolue, rien ne put l'en détacher. Elle repoussa loin d'elle tous les souvenirs des états-généraux. Les hommes qui se hasardèrent à les lui rappeler furent considérés comme des ennemis et des factieux. De période en période, l'isolement s'accrut entre la nation que la nécessité des réformes travaillait, et la monarchie héréditaire à qui son méfait ne permettait pas de s'y laisser aller. Ce ne furent ni la fin de Louis XIV, ni le gouvernement du régent, ni le règne de Louis XV qui amoindrirent les dangers d'une pareille situation. Plus le siècle s'avança, plus il devint impossible, dans les difficultés qui s'élevèrent, de songer à aucun autre remède qu'une plus grande tension dans l'arbitraire, un plus fréquent emploi de la Bastille, et plus de mauvaise humeur contre la discussion philosophique et la libre pensée.

Si, durant les cent quarante ans de ce régime de plus en plus discordant avec l'esprit de la société, les états-généraux eussent été convoqués régulièrement, les besoins de réformes eussent été graduels, et graduelles aussi les réformes. La nation et la monarchie auraient marché de concert, et non l'une d'un côté, et l'autre de l'autre. Qui pouvait prévoir ce que serait la rencontre, quand la nécessité des choses les remettrait en présence ?

Cette remise en présence advint en 1789. La monarchie étant réduite aux abois par une opinion publique formidable et par le désarroi financier, on redemanda impérieusement les états-généraux, tombés en désuétude, sans précédents prochains qui les guidassent, sans tradition reconnue qui les contînt. Tout était nouveau, la situation, les hommes, les besoins, les aspirations. On n'avait derrière soi que l'incandescence d'un siècle dégoûté du présent, audacieux dans ses pensées, fier de son ardent amour de l'humanité. Les états généraux, ressuscités en ces redoutables conjonctures, arrivèrent pleins de réformes retardées, accumulées, qui n'étaient rien moins qu'une révolution ; et la monarchie fut emportée.

Ami de l'histoire et de la tradition, personne plus que moi ne déplore l'attentat de la monarchie contre la tradition et les franchises nationales. Il supprima le développement parallèle et salutaire de la nation et de la monarchie. La vieille constitution française possédait tout le nécessaire pour se développer au fur et à mesure des besoins matériels, intellectuels et moraux de la société. Elle l'avait amplement prouvé pendant trois grands siècles d'existence. Mais les regrets historiques sont superflus ; le passé peut être étudié, non refait. Depuis l'anéantissement des états-généraux par les mains de la royauté, la France flotta sans constitution politique, au gré d'une monarchie purement administrative en ce qu'elle avait de bon, purement arbitraire en ce qu'elle avait de mauvais. Cela ne pouvait durer au milieu de la fermentation des nouvelles sciences, des nouvelles opinions, des nouvelles choses, des nouvelles mœurs ; et la révolution, en précipitant tout dans le vide laissé par la longue suppression des états généraux, ne fit qu'obéir à la nécessité impérieuse.

La nation ne peut être responsable de la catastrophe. L'instinct universel ne s'y trompa point ; et il importe de noter le très-rapide changement qu'éprouvèrent les sentiments du peuple. Peu auparavant, il était profondément attaché à la famille royale ; et il n'est besoin que de citer les transports de joie qui éclatèrent à propos de la convalescence de Louis XV. Mais à peine le conflit entre la royauté et la révolution eut-il pris feu, que les attachements traditionnels disparurent. La fidélité royaliste demeura chez une fraction de la population ; mais la plus grande partie, à beaucoup près, renonça à la vieille allégeance, et depuis n'y est plus retournée.

Que veut-on donc nous dire, quand on prétend nous rendre la monarchie de nos pères ? Sont-ce les états-généraux ? Mais la monarchie les supprima il y a maintenant bien plus de deux siècles ; et le temps a supprimé les deux ordres de la noblesse et du clergé. Est-ce la monarchie absolue avec les parlements, les remontrances et les lits de justice ? Mais on rirait rien que d'y songer. De quelque côté que, se mettant en face du présent, on regarde la vieille monarchie, elle apparaît comme une chimère sans figure et sans nom. On a beau dire et beau faire, le problème reste toujours de s'accommoder aux conditions présentes et futures de la société moderne, constituée sans doute dans ses éléments fondamentaux par le passé de notre histoire, mais remaniée par la révolution.

2

La France, privée de ses organes historiques par l'usurpation de la royauté, séparée de sa tradition politique par cent quarante ans de désuétude, disputant sa liberté et son avenir à un régime qui retardait en tout désormais, entra alors dans cette phase qu'Auguste Comte a si justement et si grandement nommée : sa périlleuse initiative.

Tous les problèmes politiques et sociaux se pressèrent à la fois. Que faire de la royauté, de la noblesse, du clergé, des parlements? et surtout que faire avec les nouveaux éléments qui entraient dans la société, avec les nouvelles opinions qui la transformaient? Supprimer fut relativement facile, n'étant que négatif; mais un régime à organiser positivement requiert plus que des hommes capables, il requiert la coopération du temps. Aussi la révolution ne put-elle ébaucher que des commencements.

Périlleuse, une telle initiative l'était par sa nature, et le fut grièvement dans la réalité; tant et de si profondes réformes équivalaient, je l'ai dit, à une révolution. Pacifique? Qui pouvait l'espérer en un conflit si ardent entre deux régimes incompatibles, le régime de foi et de privilége qui s'en allait, et le régime de science et d'égalité qui arrivait? Violente? Elle le devint par la guerre civile qui fut affreuse, par la guerre étrangère qui fut formidable, et par la cruauté qui ensanglanta les mains des deux partis. La France y faillit périr; la monarchie y périt; et le pauvre Louis XVI, roi en un si terrible moment, paya pour ses trois prédécesseurs, Louis XIV, le régent et Louis XV.

Ce fut aussi une grande et féconde initiative. A ce moment, tous les hommes éclairés d'un bout de l'Europe à l'autre, sentant le malaise politique et social, désiraient et attendaient des changements. Qui en donnerait le signal? Ce fut la France, ce furent ses assemblées. L'accueil aux nouvelles choses fut partout vif et sympathique. Mais bientôt les craintes d'anarchie, les violences, la guerre et — pourquoi ne le dirais-je pas? — les crimes effrayèrent l'opinion européenne. Ce ne fut toutefois que pour un moment. Dès que le règne perturbateur de Napoléon Ier fut passé et la paix rétablie, les idées émanées de l'initiative française prirent leur essor; et aujourd'hui, après quatre-vingts ans, l'Europe entière est modifiée selon la direction ouverte par la révolution de 89.

Si, depuis lors, les rois étaient devenus plus absolus, plus indépendants de leur peuple, plus maîtres de sa bourse et de sa vie, plus dégagés de toute autre responsabilité que de leur responsabilité, comme ils disaient, envers Dieu, il faudrait bien convenir que la révolution n'eût été qu'une vaine et stérile commotion. Mais point; partout des chambres, des assemblées législatives, un contrôle effectif, la gestion des finances soustraite à l'arbitraire, la liberté individuelle et la liberté de la presse. Si, depuis lors, les noblesses étaient redevenues plus privilégiées, avaient regagné leur prépondérance et rétabli l'antique distinction entre le noble homme et le vilain, oui, sans doute, la révolution aurait échoué. Mais point; partout l'ordre nobiliaire a vu ses prérogatives s'amoindrir, là où il lui en reste, et, dans bien des contrées, il ne lui en reste aucune; partout la noblesse féodale, la seule vraie et historique, s'efface, et il ne s'en fait point de nouvelle. Si, depuis lors, l'Eglise avait subordonné de nouveau le temporel au spirituel, si elle avait repris tout ce que la laïcité de l'Etat lui a ôté, si elle pouvait protéger par le bras séculier, comme jadis, ses dogmes contre les dissidences des hérétiques, contre les discussions des libres penseurs, contre les découvertes menaçantes de la science, qui nierait que la révolution eût perdu son travail et sa peine? Mais point; partout les choses deviennent de plus en plus laïques; ce qui est la grande et visible marque du progrès de l'opinion dans son indépendance à l'égard des doctrines cléricales; et, pour tout résumer, le pape même n'a plus Rome.

C'est par leurs conséquences lointaines et durables que s'apprécie la valeur des évènements historiques. Quand Louis XIV, poussé par son clergé, entreprit contre les calvinistes cette détestable croisade qu'on nomme la révocation de l'édit de Nantes, ce fut un coup sans avenir et sans portée. Le protestantisme européen n'en souffrit aucune atteinte, et même celui de France ne fut pas extirpé. C'était attaquer dans leur germe la tolérance, la liberté de conscience, la liberté d'examen. Que put le tout-puissant monarque pour les empêcher d'éclore? Le mouvement général de l'esprit moderne fut plus fort que lui; mais la révolution de 89, qui fut et demeure en accord avec ce mouvement général, n'a cessé de s'étendre et de s'accroître, sans autre limite que le progrès même du savoir humain qui en prend désormais la direction.

Cette extension, cet accroissement continu depuis quatre-vingts ans sont un grand témoignage qui frappe tous les yeux. Ce qui doit frapper non moins les yeux, ce qui est la cause profonde de l'extension et de l'accroissement, c'est la concordance intime avec le développement de la science. Cette concordance ôte au progrès moderne tout ce qui pourrait paraître accidentel et contingent, et en assure l'avenir. Il n'est point une seule des découvertes successives qui viennent confirmer les anciennes opinions: toutes, de loin ou de près, directement ou indirectement, les entament, les affaiblissent, les contredisent. En revanche, il n'en est pas une seule qui ne contribue à assurer, à diriger, à rectifier le mouvement social. Tous deux, le mouvement scientifique et le mouvement social, sont désormais liés indissolublement.

Je n'oublie point la précédence de la révolution d'Angleterre et de celle de Hollande, ni l'appui qu'elles donnèrent à l'élaboration du dix-huitième siècle, ni la reconnaissance qu'on leur doit. Mais ces considérables évènements avaient fourni tout ce qu'ils pouvaient fournir; et leur caractère historique leur imposait des limites, que ni la Hollande, ni l'Angleterre ne voulaient franchir tant dans le domaine théologique que dans le domaine social. Pourtant il fallait les franchir. C'est ce grand effort qui, échéant à la nation française, fut sa périlleuse initiative.

3

Les ébranlements qui ont plus d'une fois renversé nos gouvernements, quelques dangers qu'ils aient comportés, n'ont point été des symptômes de dissolution. Pour s'en convaincre, il suffit de considérer que, malgré ces renversements, la France n'a cessé de gagner dans la production, dans l'industrie, dans la richesse, dans la science. Son progrès, en tout cela, a été aussi irrésistible que régulier. Tant il est vrai que la surface seule est tourmentée, et que les éléments fondamentaux, plus forts que les commotions, poursuivent sans relâche leur activité féconde.

Ces éléments qui opèrent avec tant de continuité et de succès ont été déterminés dans leur constitution intime par les conditions sociales issues de la révolution française; et, à leur tour, ils en garantissent et régularisent le développement. A qui demande où sont chez nous les bases de l'ordre moderne, on n'a qu'à montrer le sol possédé par les paysans, l'industrie avec ses patrons et ses ouvriers, le commerce avec sa liberté, la science avec son essor incompressible.

Je rappelle ces grands faits pour indiquer que, depuis quatre-vingts ans, la France travaille réellement et par la seule voie efficace à se refaire une constitution historique, puisque celle que lui avaient donnée les siècles lui a été enlevée par ses rois.

Elle y travaille négativement, en rejetant tout ce qui est mal compatible avec l'ordre nouveau. Elle y travaille positivement, en consolidant chaque jour davantage les intérêts matériels et moraux que cet ordre nouveau a produits.

C'est le travail négatif qui, à maintes reprises, décida de l'écroulement de monarchies impériales et royales vainement établies ou rétablies. La force des circonstances réduisit toujours à des fonctions purement viagères ces hérédités prétentieuses qui s'adjugeaient l'avenir. On projetait des dynasties, et aucun règne n'a pu être achevé, ni aucun prince héréditaire hériter de la couronne qui lui était promise. Notre récente histoire éclaire le grand sens de Cromwell ; lui mourut protecteur de l'Angleterre, parce qu'il ne s'en fit pas le roi et ne s'attribua qu'un pouvoir viager. Le pouvoir prétendu héréditaire de nos Cromwells n'a servi qu'à les conduire à l'exil.

C'est le travail positif qui crée peu à peu et lentement à la France une constitution née de son développement naturel et régulier. Je le répète, ce développement politique a repris à nouveau en partant de l'ère de 89, ayant été interrompu dans sa continuité ancienne par la monarchie usurpatrice. Et il n'a pas opéré en vain ; car déjà, grâce à lui, le nouvel ordre lui doit son symbole, le drapeau tricolore ; sa force, une société égalitaire ; son expression, le suffrage universel ; sa direction, la science appliquée à toutes les choses sociales.

Pas plus que l'ancienne constitution française, la nouvelle ne s'écrit ; elle se fait. Toutes les fois qu'on a voulu l'écrire, on lui imposa une forme qui la contraignait inutilement et qui demeurait sans vertu. Les intérêts et les opinions lui donnent la force ; les précédents lui servent d'échelons. Il est difficile de voir qu'une constitution qui se fait ainsi par des lois successives et appropriées aille à la monarchie ; il est facile de voir qu'elle va à la république.

Dans le parti bien indûment désormais qualifié de conservateur, les classes supérieures, unanimes en cela seul qu'elles regrettent plus ou moins les anciennes choses et qu'elles tirent tant qu'elles peuvent la France à rebours, lui offrent trois solutions monarchiques : la monarchie de droit divin avec la prépondérance du cléricalisme et la soumission à la papauté ; la monarchie constitutionnelle très-mal définie, puisqu'on ne sait ni sur quel droit électoral elle entend se fonder, le cens restreint ou le suffrage universel, ni à quel monarque elle se voue, attendu que, depuis la résignation des princes d'Orléans entre les mains du roi de droit divin, il n'y a plus de roi pour une constitution émanant de la souveraineté nationale ;

enfin, la monarchie césarienne, avec ses tendances plus ou moins démagogiques.

Entre ces trois énigmes :

> Devine, si tu peux, et choisis, si tu l'oses.

Il faut avoir du courage pour invoquer en faveur de la monarchie l'argument de stabilité, quand nous avons en présence trois héritiers, représentants de trois monarchies déchues. Une monarchie n'est un gage de stabilité qu'à la condition d'un amour enraciné pour une ancienne race royale. Où trouver chez nous rien de pareil? La monarchie de Louis-Philippe ne fut jamais qu'un mariage de raison dont tous les motifs ont disparu. Le nom des Bonaparte a été légendaire; mais Sedan et le cruel démembrement de la France ont atteint profondément la légende. Quant aux fidèles d'Henri V et du drapeau blanc, ils sont une petite minorité; encore est-il parmi ces fidèles bien des cléricaux qui ne tiennent à Henri V que parce qu'ils comptent que, défaisant l'Italie, il rendra Rome au pape. Les difficultés de la monarchie font la facilité de la république.

Il faut à la France des garanties qui lui assurent la conservation de ses intérêts modernes, de ses opinions modernes, de son développement moderne. La république seule est sans incompatibilités, grandes ou petites, avec la pleine action et le plein accroissement de ces éléments. C'est la vue claire de la situation qui porta M. Thiers, ancien monarchiste, à maintenir la république qu'il trouva établie, et donna un si éclatant succès à ses deux ans de gouvernement. Qui peut comparer sa politique d'apaisement inhérente au maintien de la république, avec la politique de combat inhérente aux espérances monarchiques ? Jugez par ces deux échantillons combien la monarchie sera de combat, combien la république est d'apaisement, et estimez par là leur stabilité respective.

III.

Paris vaut bien une messe.

En sommes-nous là ? Le descendant d'Henri IV est-il disposé, pour obtenir Paris et la France, à passer du côté de la majorité du peuple français, à prononcer une abjuration politique, et à recevoir des mains de l'assemblée le drapeau tricolore et une charte, comme le Béarnais passa du côté de la majorité, abjura le calvinisme et reçut la messe ? On en parle. Parlons-en.

La fusion, en réunissant la branche aînée et la branche cadette de la maison de Bourbon, doubla immédiatement les forces de la monarchie; et, au premier moment de la surprise, on put croire que M. le comte de Chambord n'avait plus besoin que d'une formalité parlementaire pour reprendre une couronne que Charles X avait volontairement compromise en vue d'intérêts de légitimité et de sacristie. Mais cette impression n'a pas longtemps duré. Drapeau blanc, légitimité, sacristie, qu'est-ce là, a-t-on pensé d'un bout du pays à l'autre? Les pélerins et les pélerinages ont eu beau crier vive Henri V ! vive la légitimité ! et arborer, sans être inquiétés par le gouvernement de combat, le drapeau blanc: tout ce qui ne *pélerine* point est resté hostile, et l'opinion publique s'est montrée si vite et tellement résolue, que la difficulté de l'entreprise est devenue une impossibilité, et qu'il a fallu renoncer à conduire le pays du centre gauche, où longtemps on a dit avec raison qu'il est placé, à l'extrême droite où il n'a jamais été.

Cela est tellement certain que la chambre elle-même, où la majorité est monarchique, où la fusion a reçu tout accueil, où la république a ses plus ardents ennemis, la chambre elle-même, dis-je, mettrait en minorité le drapeau blanc et une charte octroyée. Que serait-ce dans le pays, où la fusion n'a excité que des alarmes, où la monarchie n'apparaît que comme un nouveau bouleversement et où l'on devient rapidement républicain par expérience et par raison ?

La fusion a donc eu pour premier et incontestable résultat de manifester l'impossibilité politique et sociale où est M. de Chambord, s'il veut être présenté, discuté et voté à l'assemblée, de faire prévaloir le drapeau blanc et l'intégralité de ses opinions légitimistes, de ses doctrines cléricales. La France n'est pas à droite ; en voilà la démonstration. Il est bon de voir de temps en temps apparaître les démonstrations des grands faits politiques et sociaux. J'ai rappelé qu'en somme la France est centre gauche. Je ne disconviens pas qu'un centre gauche ne puisse s'accommoder d'une monarchie constitutionnelle et, si l'on veut, d'une légitimité convertie à la souveraineté nationale. Mais, légitimité avec conversion, ou conversion avec légitimité, nul ne sait ce qu'il adviendra d'un amalgame hétérogène.

Paris et la France valent bien une messe, a dit jadis Henri IV. M. de Chambord dira-t-il : Paris et la France valent bien l'amertume du drapeau tricolore et des principes de 89 ? Il est curieux de noter combien tout est opposé dans les deux situations, et à rebours l'une de l'autre. Henri IV était plus libéral que son peuple ; M. de Chambord est moins libéral que le sien. Henri IV apportait et imposait la tolérance à qui ne la connaissait pas ; elle sera imposée à M. de Chambord, qui n'y voit qu'un damnable effet du libre examen. Henri IV était en avance sur son temps, si bien que ses successeurs, aveugles et rétrogrades, détruisirent son œuvre ; M. de Chambord est en arrière du sien, et ses instructeurs politiques et religieux lui ont inculqué la détestation de tout le droit nouveau depuis 89 et surtout de l'évolution progressive qui le développe conformément à ses origines. Henri IV se liait avec les puissances protestantes contre l'esprit d'intolérance et de domination qui animait les puissances catholiques ; M. de Chambord, vu que le débat s'est transformé, n'étant plus entre catholicisme et protestantisme, mais entre l'Etat laïque et la religion d'Etat, est pour la religion d'Etat contre la laïcité. Quelle étrange et significative discordance ! Comment attendrait-on des effets semblables d'une aussi dissemblable situation ? Dans les deux transactions, dans les deux sauts périlleux, pour me servir de l'expression d'Henri IV, tout se tourne le dos : l'une a réussi, parce que le roi se trouva politiquement supérieur à son peuple ; l'autre échouera, parce que le peuple se trouve politiquement supérieur à son roi.

Tout cela saute aux yeux ; mais ce qui n'y saute pas moins, c'est l'étroite nécessité qui contraint le parti monarchique bourbonien, ne lui laissant le choix ni des moyens ni du temps. Une circonstance unique, qui ne se reproduira pas, lui a procuré dans la chambre une prépondérance dépassant bien des fois ce qu'il a réellement de pouvoir dans le pays. Des élections faites pour toute autre chose que la restauration de la légitimité, ont porté à l'assemblée, en qualité d'amis de la paix, des légitimistes et des orléanistes qui viennent de se fondre et qui forment une masse compacte. Des élections générales, tout le monde le sait et eux mieux que personne, balayant un grand nombre de bourboniens, mettraient les partis dans des proportions bien différentes. Des gens sages se méfieraient d'un avantage à la fois fortuit et précaire ; mais les partis sont des gens fous. Le nôtre (dans sa fraction radicale) n'a-t-il pas, malgré tous les avis, mis en minorité M. Thiers à Paris et rendu possible le 24 mai ? Cette rude leçon porte des fruits ; le parti républicain demeure sage en face du gouvernement de combat, et compte sur le concours que l'opinion publique lui prête et sur les fautes de la légitimité tricolore, puisque c'est là le bizarre symbole de la fusion en sa phase présente.

Bizarre symbole, en effet. On a vaincu les républicains dans la chambre, seul terrain où les bourboniens pussent l'emporter sur eux. On a dupé les bonapartistes, ces renards pris si piteusement au piège par les poules légitimistes. Mais la légitimité blanche est inacceptable et inacceptée, même à la chambre. Voilà comme on arrive forcément à la légitimité tricolore. On espère que les légitimistes voteront pour elle, parce qu'elle est légitime, et les orléanistes, parce qu'elle est tricolore ; et, si l'on réussit, on se félicitera d'avoir effectué une combinaison mal vue des blancs, mal vue des bleus, assaillie par les bonapartistes, combattue par les républicains, sans confirmation par le pays, sans autre direction qu'une tendance vers le cléricalisme et le passé, en opposition avec la tendance moderne vers la science sociale, résumé de toutes les sciences positives.

Depuis le 5 août, jour de la visite de M. le comte de Paris à M. le comte de Chambord, la solution par le drapeau blanc a été éliminée en vertu de la force des choses. Reste la solution par le drapeau tricolore ; et le dilemme est posé : ou renoncer à un trône sur les marches duquel on pense avoir déjà le pied, ou recevoir, symbole et tout, le régime nouveau.

Cela se fera-t-il ? Je n'en sais rien. Les déclarations négatives de M. de Chambord ont été fort explicites ; mais *Paris vaut bien une messe.* Ce mot résume tout, en bien comme en mal, les bonnes tentations comme les mauvaises, la résistance des principes personnels et les influences collectives du parti, les inspirations de la conscience naturelle et les occultes suggestions de la direction sacerdotale.

Cela réussira-t-il ? Je n'en sais rien non plus. Il ne faut pas se dissimuler qu'une monarchie avec le drapeau tricolore et une constitution votée a des chances, du moins dans la chambre. Cette combinaison réunit les orléanistes et les légitimistes, sauf pourtant les dislocations ; car notez bien que le concours n'est qu'apparent, les orléanistes votant pour la constitution avec un médiocre souci du roi, et les légitimistes votant pour le roi avec un médiocre souci de la constitution ; ces deux négations feraient une assez piètre affirmation.

La restauration de la légitimité, c'est, au-dedans, la contre-révolution et la révolution aux prises, ce qui est, pour un pays, une dangereuse destinée ; c'est, au-dehors, l'hostilité sourde tant qu'on ne pourra faire plus, et la guerre déclarée, si l'on se croit assez fort, contre les faits accomplis au nom de la laïcité de l'Etat. Mais, pour mettre à nu l'hétérogène combinaison de la légitimité et du drapeau tricolore, pour en détourner tous ceux qui ne veulent plus de révolution, il faut un moment la supposer réalisée.

Soit, c'en est fait; le pas est franchi, la messe a été entendue solennellement, je veux dire, le drapeau tricolore, symbole de la révolution, et une constitution votée par la chambre ont été acceptés par Henri V. Tous les adoucissements compatibles avec le fait lui-même ont été mis en œuvre; mais enfin le calice amer, longtemps repoussé des lèvres, les a touchées; et devant les nécessités politiques les répugnances se sont dissimulées.

Eh bien! à cette dissimulation de répugnances, à cette renonciation de principes, nul ne croira, ni les amis du nouveau roi ni ses ennemis, ni la contre-révolution ni la révolution, ni les partisans du drapeau blanc ni ceux du drapeau tricolore. Sous la restauration, ce ne furent pas les libéraux qui y crurent; et le roi se méfia d'eux constamment, à tort pour quelques-uns, avec raison pour plusieurs. Ce ne furent pas les légitimistes qui y crurent; le pavillon Marsan fut en conspiration permanente contre les institutions octroyées; et finalement, ce fut la royauté qui, manquant de parole, rompit le pacte et la paix.

Le danger des suspicions réciproques qui fut si grand alors, quel ne sera-t-il pas dans un pays encore plus avancé et sous un prince encore plus arriéré?

Les gens de 1814 se souviennent que M. le comte d'Artois avait différé de jurer la charte octroyée par son frère; mais, quand, en 1815, Napoléon, débarquant à Cannes, marcha sur Paris, le prince retardataire se hâta de prêter un serment que les circonstances lui demandaient. Ce sont encore les circonstances qui demanderont à son petit-fils l'acceptation de couleurs qu'il hait, de doctrines politiques dont il condamne le principe, d'une laïcité d'Etat avec laquelle sa religion lui interdit de pactiser.

Les événements de 1789, de 1815, de 1830 et de 1870 ont compté par grandes masses le parti légitimiste. Mais on peut aussi, avec non moins de certitude, le compter par détail. On y rangera d'abord les gentilshommes légitimistes et ceux des bourgeois qui affectent de s'associer aux idées et aux prétentions de la noblesse ; puis, dans certaines contrées du Midi et de l'Ouest, quelques masses populaires ; enfin, le parti clérical, dévoué au légitimisme tant qu'il y verra un chef de croisade. Mais tout cela ne fait, en nombre, en richesse, en intelligence, en puissance, qu'une bien mince fraction de la France. Cette minorité, peu dangereuse dans sa faiblesse, le devient beaucoup, quand la royauté la préfère, la grandit et la sert.

Les légitimistes et les cléricaux sont partisans de M. de Chambord. Qui pourrait s'en étonner ? M. de Chambord est légitimiste et clérical, au premier chef. Il lui est impossible de comprendre sous une autre forme que celle de désordre, de mal et de péché, ce qui s'est fait depuis quatre-vingts ans contre les droits de la monarchie légitime et l'autorité de l'Eglise catholique. Or, que ne s'est-il pas fait ! tout cela s'appelle révolution, et la France moderne est la fille de la révolution.

J'use toujours à regret, pour exprimer notre situation moderne, de ce mot de révolution, vu qu'il est devenu, par le développement des choses, insuffisant et vicieux. Insuffisant, car la révolution a fait bien plus et bien mieux que détruire ; vicieux, car, si détruire est parfois nécessaire, c'est toujours un malheur ; on peut, à un moment donné, vouloir une certaine destruction ; mais on ne s'intéresserait pas longtemps à une œuvre de renversements successifs. Si la révolution n'était que cela, M. de Chambord en aurait meilleur marché. Mais c'est une rénovation où, socialement, tous les éléments producteurs de richesse, de savoir et de moralité, remaniés, refondus, ont pris une activité incompatible avec l'antique organisation, et où, politiquement, toutes les formes ont été changées et remplacées ; en un mot, une rénovation des opinions et des mœurs, aussi assurée dans son principe que dans ses conséquences, étant parallèle au développement régulier des sciences positives. Quoi de commun entre cette situation progressive, d'une part, et, d'autre part, le légitimisme et le cléricalisme dont M. de Chambord est le porteur ?

Je ne nie point qu'il y ait deux Frances ; l'une fait et voit des miracles et donne une entière soumission au régime du *Syllabus* ; l'autre aime la liberté et l'égalité, respecte le libre examen, et s'efforce de devenir de plus en plus disciple de l'observation sociale et de l'expérience. Je ne nie point qu'il y ait deux directions politiques ; l'une prend son principe dans le droit divin de la royauté et dans les dogmes de l'Eglise, et s'affirme par la compression de tout ce qui ne se soumet pas à ces deux autorités ; l'autre, émanant de la souveraineté nationale, a pour flambeau l'étude positive de l'évolution naturelle des sociétés. Ces deux Frances, ces deux directions ont été jadis en conflit dans l'année 1789 ; elles y ont été de nouveau en 1830. Eh bien ! elles y seront une troisième fois sous M. de Chambord ; et l'on peut répéter d'avance le cri de douleur et d'effroi lancé quand Charles X songea définitivement à déchaîner les fatales ordonnances : Malheureux roi, malheureuse France !

La laïcité de l'Etat, l'Etat laïque, voilà la forme que prend l'évolution régulière. La religion d'Etat en est le contre-pied. Plus une société moderne se trouve gênée dans le régime théologique, plus la religion d'Etat perd de son empire, et plus la laïcité gagne de prépondérance. Qui osera dire que M. de Chambord est pour la laïcité de l'Etat ? Si les cléricaux pouvaient un moment s'imaginer qu'il ne travaillera pas au rétablissement de la religion d'Etat, qu'il ne combattra pas à outrance la laïcité de l'Etat, qu'il ne s'efforcera pas d'ôter Rome à l'Italie et de rendre au pape le domaine pontifical et le pouvoir temporel, ils l'abandonneraient.

Cette tendance est tellement imminente, tellement dans la nature des choses, que, dès à présent, de grands Etats prennent leurs précautions ; et même la catholique Autriche s'associe à la ligue contre le *Syllabus*. La France avait une noble et utile attitude d'impartialité dans le conflit théologique qui est engagé ; ni persécutrice du *Syllabus* ni asservie à ses prescriptions, respectueuse pour toutes les autorités spirituelles, elle demeurait fermement laïque, et offrait en exemple sa neutralité sûre et bienveillante. Il a suffi d'un souffle de cléricalisme et de l'approche de M. de Chambord pour dissiper cette salutaire influence de la république. En ceci, la légitimité ne peut être ni neutre ni impartiale; elle y est naturellement belligérante; et déjà l'on se prépare contre le champion que la restauration va produire.

J'ai admiré tout à l'heure l'aveuglement des impérialistes, qui se sont livrés à leurs ennemis les royalistes. Je n'admire pas moins celui des constitutionnels travaillant à mettre sur le trône un prince qui ne croit qu'à la légitimité et qui n'a pour inspirateur de conscience que le cléricalisme. Ils se repentiront, cela est sûr, à loisir; mais, en attendant, ils acculent le prince et la nation dans une impasse; lutte légale à outrance pour les premiers temps de la nouvelle restauration, et pour les derniers, des troubles politiques, une compression mortelle si le prince triomphe, une révolution de plus s'il est vaincu.

Dès aujourd'hui on peut se représenter ce que sera cette nouvelle restauration. Dans la chambre, on aura une opposition irréconciliable composée de républicains et de bonapartistes, à côté une opposition parlementaire toujours fort dangereuse pour une monarchie légitime et cléricale, un centre tel quel, et à droite un groupe d'ultras faisant leur partie dans ce quatuor.

Pour être roi, s'il y a encore place en France pour une royauté, et si, en relevant le trône, on veut préparer autre chose qu'un office viager, comme l'a été de fait l'office des deux Napoléon, de Charles X et de Louis-Philippe; pour être roi, dis-je, il faudrait être aussi prêt à déposer la couronne que l'était feu Léopold de Belgique, aussi résigné à suivre l'opinion publique que l'est la reine d'Angleterre, aussi dégagé des religions d'Etat que le fut Frédéric II. Certes, ce n'est pas M. de Chambord qui remplit ce programme.

APPENDICE

[Comme nous avons été menacés d'une prépondérance cléricale par la restauration de M. de Chambord, il n'est pas inutile de rappeler ce que valut à la France cette prépondérance au déclin du règne de Louis XIV.]

UN TRIOMPHE CLÉRICAL (1)

Il y a un peu moins de deux cents ans, le cléricalisme remporta en France un signalé triomphe sur la société; il anéantit, dans les supplices, dans les persécutions et les proscriptions, la liberté de conscience.

Un grand roi avait établi cette liberté, donnant ainsi à la France l'avance sur le terrain de ce que je nommerai libéralisme; le mot est prématuré, la chose ne l'est pas; car les deux pays alors les plus tolérants souffraient, il est vrai, les catholiques, mais ne les admettaient pas aux emplois publics.

Deux ministres différents mais habiles avaient respecté un ordre de choses qui n'avait produit que de bons résultats. La paix intérieure régnait, et les protestants ne le cédaient pas à leurs concitoyens catholiques en dévouement à la monarchie, lorsqu'il plut à un roi vieillissant dominé par son confesseur de briser une constitution qui alors avait beaucoup d'années de durée. Aucun trouble religieux n'agitait la France : tout fut, de la part de Louis XIV, spontané et gratuit, et tout serait inexplicable, si le fanatisme aveugle et impitoyable n'était pas ce lion que l'Ecriture représente *quærens quem devoret*.

Par quelle dénomination qualifierai-je l'esprit du fléau qui tout d'un coup s'abattit sur la surface de la France, dévasta plusieurs provinces, ruina le commerce et l'industrie et mit la terreur et la désolation là où régnaient la sécurité et le bonheur? Pour cela, examinons ce qu'on voulut défaire et comment on le défit. Ce qu'on voulut défaire? la tolérance accordée aux protestants, le libre exercice de

---

(1) *Revue de la Philosophie positive*, septembre-octobre 1875.

leur culte, leur accès aux emplois ; ne sait-on pas que Duquesne, le victorieux amiral était protestant (1) ? Comment on le défit? quand on se sentit maître, par la main du roi, de la situation, on défendit à tout protestant de rester protestant, sous peine... je dirai tout à l'heure quel ensemble de supplices et de persécutions on organisa froidement, à tête reposée, sans relâche pendant une longue suite d'années. Les protestants étaient dans la liberté du mal, suivant le jargon du cléricalisme actuel; on ne leur laissa que la liberté du bien. L'Eglise prêta la doctrine, le roi prêta ses dragons, et la restauration religieuse, ils le crurent du moins, fut accomplie.

Ceux qui décidèrent le roi à rompre avec la politique de son aïeul, ceux qui foulèrent aux pieds la liberté de conscience, ceux qui d'un trait de plume supprimèrent les protestants et les transformèrent en catholiques, étaient des cléricaux; et je ne commets point d'anachronisme en leur appliquant un nom qui caractérise aujourd'hui, par excellence, la lutte contre la liberté de conscience. Les cléricaux du XVII° siècle déclarèrent la guerre à la France de Henri IV, comme les cléricaux du XIX° la déclarent à la France de la révolution. Heureusement celle-ci est beaucoup plus forte que l'autre ne fut; mais les intentions sont les mêmes, les paroles sont les mêmes, les actes seraient les mêmes si le bras séculier redevenait serviteur des doctrines intolérantes. Il est donc bon de n'oublier jamais ce qui fut fait alors pour supprimer la liberté de conscience, cette peste, comme on l'appelle, de l'esprit moderne, assez pervers, non-seulement pour ne plus vouloir verser le sang à propos des croyances, mais encore pour défendre aux fanatiques et aux intolérants de le verser.

Quand l'œuvre d'Henri IV eut été définitivement condamnée par le parti clérical, et qu'on entreprit d'anéantir en France la liberté religieuse qui y régnait, on ne s'amusa point à interdire aux protestants l'accès des emplois, ni à les empêcher d'exercer leur culte publiquement, en un mot à les gêner. La mesure fut plus radicale; on leur enjoignit de se faire catholiques, et on considéra leur conversion comme accomplie au commandement. Retournez la situation, et supposez qu'un pouvoir protestant enjoigne aux catholiques d'Angleterre ou de Hollande de se faire protestants, entreprenne d'arracher de la conscience des fidèles le trésor de leur foi, et les mette dans l'alternative ou de se mentir à eux-mêmes (2), ou de subir l'horreur de la

---

(1) Je suis fâché de me priver de vos services, dit Louis XIV à Duquesne ; mais ma conscience me le défend. — Sire, répondit Duquesne, ma conscience ne m'a jamais défendu de vous servir fidèlement.

(2) Le contrôleur général ordonna d'arrêter un marchand de Gien, ancien religionnaire, qui avait été accusé par devant l'intendant d'enlever des blés à Saint-Pourcain, et

persécution. Que feront-ils? que deviendront-ils? Partir (1)? Rester? Mourir? Choisissez, catholiques; c'est le choix qu'eurent les protestants.

Il adviendrait de ces malheureux catholiques ce qu'il advint de nos malheureux réformés. Les faibles se soumettraient, les forts résisteraient. Beaucoup de faibles, en effet, se soumirent, et Bossuet, dans son indigne louange de la révocation de l'édit de Nantes, se félicita de voir les églises remplies par un nouveau peuple. Mais beaucoup de forts résistèrent : et alors les ministres du roi et de l'Église s'unirent pour triompher des consciences révoltées, et pour rendre effective l'ordonnance qui déclarait que, désormais, il n'y avait plus de protestants en France.

J'ai beaucoup d'horreur pour la terreur de 1793, qui, pendant près de trois ans, fit tomber sous le couteau de la guillotine tant de têtes sans choix et sans relâche, coupables, innocentes, illustres, obscures. Mais j'ai encore plus d'horreur pour le régime de la révocation de Nantes, parce qu'il fut plus long, plus meurtrier, plus ingénieux à varier les souffrances. M. Wallon, aujourd'hui ministre de l'instruction publique, dit dans son *Histoire de la terreur*, en flétrissant cette époque : « Appliquons à l'histoire les prescriptions de la morale qui » est universelle, et ne souffre pas d'exception. Tout régime qui at- » tente à la liberté avoue que le bon droit lui manque; tout régime » qui ne peut vivre qu'en répandant le sang est un régime contre » nature (cité dans le *Journal Officiel*, 9 octobre 1875). » Appliquons-les en effet, et poursuivons de la même détestation et les crimes de la terreur et les crimes de l'intolérance sous Louis XIV devenu dévot.

Dans ce long martyrologe des protestants, les supplices tiennent le premier rang; cela est ainsi dans l'histoire des persécutions. Plusieurs milliers de personnes périrent par le gibet ou sur la roue. En ce temps-là, on n'avait pas de vains scrupules sur les souffrances infligées aux hommes. Aussi la mort finale était-elle souvent précédée de la torture. L'héroïque femme dont j'ai parlé (*la Philosophie positive*, juillet-août 1875, p. 268), avant de perdre la vie, fut soumise à la

---

qui ne craignit pas de déclarer, dans le procès-verbal, qu'il avait abjuré par force et qu'il était toujours de la R. P. R. (Boislisle, *Correspondance avec le contrôleur général des finances*, p. 496.)

(1) Les religionnaires se servent de toutes sortes d'expédients pour quitter le royaume et emporter leurs effets à l'étranger. Tantôt, des provinces les plus éloignées, ils les envoient plomber à la douane de Paris, pour n'être plus sujets à la visite, et prennent des passeports au nom de catholiques, ou de marchands étrangers ; tantôt ils n'ont que des congés mal attestés, sur lesquels ils obtiennent cependant la permission d'embarquement. (Boislisle, *ib.*, p. 535.)

question. Le gibet, la roue, la question présidèrent à la répression des résistances religieuses.

Les besoins spirituels de tant de malheureux livrés sans défense à des prêtres ennemis et à des agents persécuteurs, étaient immenses. Les mesures les plus rigoureuses avaient été prises pour les séparer de leurs ministres qui étaient en exil. Mais des pasteurs courageux et dévoués d'avance au martyre se glissaient furtivement au milieu de leurs malheureuses ouailles qu'ils venaient consoler. C'étaient ceux-là que l'on traquait tout particulièrement ; et, quand un ministre rentré était saisi, on le mettait à mort, non sans des accessoires tels que celui-ci : « M. de Bâville, 12 septembre 1693, rendant compte de » l'exécution du ministre réformé Guion, demande le payement de la » gratification de 2,000 livres promise à la femme qui avait dénoncé » le fugitif (1). »

Quand un nouveau converti mourait, il arrivait souvent qu'à son dernier moment il abjurait le catholicisme et déclarait mourir dans la religion réformée. Alors, on tirait le corps sur une claie, et on confisquait ses biens (Boislisle, p. 328). Un intendant, M. de Bezons, 21 juillet 1693, dit qu'on a connu par expérience (notez ce genre d'expérience), que l'exemple de tirer un corps sur une claie ne produit aucun bon effet. Un autre intendant écrit à propos d'un nouveau converti mort relaps, qu'il ne croit pas à propos de faire le procès au cadavre, que ce sont des spectacles qui ne produisent d'autre effet que de confirmer les religionnaires dans leur opiniâtreté. Mais le contrôleur général des finances, ferme dans le devoir, répond laconiquement : « Procès et traîné sur la claie (Boislisle, p. 475). »

Le protestantisme n'était pas toujours pendu au gibet, rompu sur la roue, traîné sur la claie, et, dans des cas mitigés, il était simplement envoyé aux galères. On sait ce qu'étaient alors les galères du roi ; elles marchaient à la rame, et les forçats étaient chargés, sous le fouet du comité, de les faire voguer. Celui qui alors les aurait visitées y eût trouvé assujettis à une pareille occupation et livrés à une pareille brutalité les plus honnêtes gens du monde, d'excellents gentilshommes, d'honorables bourgeois et de pieux personnages.

Un ministre, dont d'ailleurs je n'entends aucunement contester la capacité dans son département, fâché de voir que les gens résistaient, que les nouveaux convertis avaient de la tiédeur et que ceux qui pouvaient s'échapper fuyaient, imagina les dragonnades. Je ne pense pas que les dragons de Louis XIV aient été pires que d'autres ; mais représentez-vous toute une population de *civils* livrée à la discrétion d'officiers et de soldats qui ont pour destination de gêner ceux qui les

---

(1) Boislisle, *ib.*, p. 324.

logent malgré eux. Les domiciles sont envahis ; les exigences sont capricieuses; d'étranges moyens de conversion sont employés par ces missionnaires bottés, comme on disait alors. Le mot est plaisant, mais la chose ne l'était pas. J'ai, dans mon enfance, connu une famille de l'Angoumois chez qui se conservait encore l'odieux souvenir des dragonnades.

Certes tout cela est bien horrible, dragonnades, galères, claie, question, roue, gibet. Mais il y a quelque chose de plus poignant dans ce qui se fit contre la famille. On enleva les enfants pour les soustraire à l'influence des parents et leur inculquer la religion catholique. On a des détails navrants sur ces séparations violentes. Les couvents, les hôpitaux, les colléges furent remplis de ces pauvres petits dont on s'était emparé (1); on employa tous les moyens pour triompher des jeunes obstinations, et l'on se félicita d'avoir déchiré le cœur des mères.

A côté des grandes vexations les petites ne manquaient pas, et l'on frappait d'une amende les pères nouveaux convertis qui n'envoyaient pas leurs enfants à l'instruction (Boislisle, p. 443).

L'obligation de paraître catholique quand on était protestant, l'insupportable oppression qui en résultait pour les consciences, les infinis soupçons auxquels on était en butte, les mille persécutions qui naissaient à chaque instant, rendirent le séjour de la France odieux, je ne dis pas à quelques individus, mais à des multitudes entières. Alors survint ce lamentable exode qui est resté dans la mémoire des hommes. Des centaines de mille hommes et femmes s'expatrièrent, non sans difficulté et sans péril, car les passages étaient gardés et des peines étaient infligées à ceux qu'on saisissait. Mais enfin le désir d'échapper à la tyrannie religieuse, la pire de toutes, triompha des obstacles. Un nombre infini de fugitifs gagnèrent la Suisse, l'Angleterre, la Hollande, l'Allemagne, y portèrent leur savoir, leur industrie, leur courage, et payèrent largement à leurs nouvelles patries le secours qu'ils avaient reçu.

Il n'est pas inutile de consigner à ce sujet quelques dires des agents du gouvernement.

M. Bezons, intendant de Bordeaux, 12 et 21 décembre 1688 : « La » désertion continue parmi les nouveaux convertis, et elle est d'au- » tant plus fâcheuse que ce sont ces gens-là qui font la plus grande » partie du commerce de Bordeaux. Si l'on prenait quelque mesure

---

(1) J'ai fait enlever un grand nombre d'enfants de nouveaux convertis, parce qu'ils recevaient une très-mauvaise éducation chez leurs pères ; et j'ai fait mettre à l'hôpital général de cette ville ceux dont les parents ne sont pas en état de payer pension, écrit M. de Serancourt, intendant en Berry, 1699. (Boislisle, p. 538.)

» violente pour les arrêter, ils pourraient aussitôt suspendre toutes
» les affaires ; et d'autre part, quoiqu'on les surveille, il est difficile
» d'empêcher qu'ils ne sortent sous prétexte d'aller à la campagne, ne
» s'embarquent sur leurs vaisseaux, et ne s'y dérobent à toutes les
» recherches (Boislisle, p. 167).

Plaignons ce pauvre intendant à qui les protestants causent tant d'embarras, et écoutons celui de Rouen, M. Feydeau de Brou, qui écrit le 1ᵉʳ juin 1687. « J'ai eu l'honneur de mander plusieurs fois à
» M. de Châteauneuf que l'esprit du passage dans les pays étrangers
» régnait entièrement parmi les nouveaux convertis, principalement
» depuis deux ou trois mois. J'ai appris que cette influence maligne
» avait pris son origine en Basse-Normandie, fondée sur l'observance
» plus étroite et régulière des édits et déclarations qu'on a tenue à
» leur égard, soit pour l'éducation forcée de leurs enfants dans les
» colléges ou maisons religieuses, soit pour les obliger, en général et
» en particulier, par des condamnations d'amendes considérables, à
» observer tous les devoirs d'un catholique parfait. Ces Bas-Nor-
» mands, chagrinés de ce traitement, ont pris une de leurs routes
» pour s'enfuir par deux ou trois faux ports de ce canton, entre au-
» tres celui de Saint-Aubin, où ils ne trouvaient pas d'autres obsta-
» cles que celui qui leur était causé par des paysans qui les atten-
» daient au passage et, après s'être emparés de leur petit butin, les
» laissaient passer, à ce que l'on dit, même du consentement des
» juges qui prenaient part aux dépouilles (Boislisle, p. 104). Ainsi, les malheureux fugitifs n'étaient pas seulement en butte aux rigueurs de l'autorité légale ; mais encore, comme on les savait hors de la loi, des attroupements les pillaient impunément. Il y a toujours eu peu de protestants en Normandie ; cependant, là même, la persécution ne les extirpa pas complètement, et aujourd'hui encore un temple protestant est ouvert aux fidèles de cette communion, non loin de Saint-Aubin, dont il est ici parlé.

La spoliation fut immense comme la persécution. En échantillon de ce qui se passait à cet égard, voici les instructions sommaires que le contrôleur général des finances donnait à M. Bouchu, intendant du Dauphiné : « On doit gêner la liberté des désertions en arrêtant,
» par le ministère des gardes de la douane, les meubles et hardes,
» l'argent dont les déserteurs se trouveront nantis et les enfants au-
» dessous de quatorze ans. Ordonner la disposition définitive et
» irrévocable de la propriété des biens des déserteurs, et en com-
» mencer incessamment les préliminaires, pour exciter au retour
» ceux qui sont sortis et retenir ceux qui restent dans le royaume,
» par la crainte de la perte certaine de leurs biens. » A la cour, on faisait cadeau d'un protestant, quand sa fortune en valait la peine, et ceux qui étaient ainsi gratifiés n'hésitaient pas à se souiller d'un pa-

reil argent. La plume tombe de dégoût devant cet épisode clérical du grand règne.

C'est en présence d'un pareil régime, en présence de ces saturnales de l'intolérance et du pouvoir absolu que Bossuet s'écrie : « Touchés
» de tant de merveilles (la conversion des protestants), épanchons
» nos cœurs sur la piété de Louis, poussons jusqu'au ciel nos excla-
» mations, et disons à ce nouveau Constantin, à ce nouveau Théodose,
» à ce nouveau Marcien, à ce nouveau Charlemagne, ce que les
» six cent trente Pères dirent autrefois dans le concile de Chal-
» cédoine : vous avez affermi la foi, vous avez exterminé les héréti-
» ques; c'est le digne ouvrage de votre règne ; c'en est le propre ca-
» ractère. » Vraiment, il est dommage que nous n'ayons pas à mettre en regard de cet odieux cri de victoire que l'évêque de Meaux n'a jamais ni rétracté ni adouci, quelque discours d'un éloquent grand-prêtre de Jupiter félicitant Dioclétien d'avoir persécuté à outrance les chrétiens, et remporté sur eux l'éphémère triomphe de la violence et des supplices.

Le style de M. de Maupeou, évêque de Castres, est moins grand que celui de Bossuet; mais il a aussi son mérite. Ce prélat écrit le 27 mars 1693 : « Nos églises sont entièrement désertes ; il n'y a plus
» que les écoles qui subsistent par la continuelle application que nous
» y donnons..... Mais ces gens-là sont si méchants que les pères et les
» mères, chaque fois, font tout ce qui est en eux pour faire oublier à
» leurs enfants tout ce qu'ils ont appris pendant le jour... En ma vie,
» je n'ai vu de gens plus méchants ni plus malintentionnés; il n'y a
» rien de si rebutant que de travailler à un pareil ouvrage et où l'on
» réussisse si peu, car on ne sait de bonne foi de quelle manière les
» prendre (Boislisle, p. 316). » Les aveux de cette lettre sont précieux, mais la *méchanceté* de ces protestants est une idée merveilleuse et à mettre à côté de la phrase de Mme de Sévigné écrivant au sujet des protestants qu'on poursuit : « M. de Grignan donnera la chasse à ces
» *démons* qui sortent des montagnes et vont s'y recacher (*Lettre du*
» *28 février* 1680). »

La curiosité m'a pris de voir si, en même temps que le roi appesantissait cruellement sa main sur ses sujets protestants, il faisait du moins prospérer ses sujets catholiques. J'ai été effrayé de ce que j'ai trouvé, et encore incidemment (1), dans des lettres et des rapports officiels, il est vrai, mais qui n'ont pas pour objet spécial de dépeindre la situation des populations, ne s'occupant de la misère qu'au point de vue des difficultés qu'elle suscite au recouvrement des impôts. Je

---

(1) Ce n'est non plus qu'incidemment qu'il est question des protestants dans ces documents officiels.

remplirais bien des pages de cette revue, si je copiais dans M. de Boislisle tout ce qui se rapporte à ce triste sujet, et je me borne à donner quelques passages.

M. du Heutoy, gouverneur du Charollois (mars 1694) : Il n'y a pas dans aucune paroisse du Charollois de blé à moitié près de ce qu'il en faut pour la faire subsister jusques à la récolte ; et dès à présent le pauvre peuple vit avec du pain de racines de fougère, ce qui cause une telle infection qu'il n'est pas possible aux honnêtes gens de demeurer dans les églises de la campagne pendant les messes des paroisses ; et enfin, nous voyons, en nos villes de Charolles et de Paray, les pauvres mourir de faim dans les rues, sans leur pouvoir donner du secours, parce que le nombre en est trop grand et qu'on ne trouve pas du blé pour de l'argent. (Boislisle, p. 357.)

Les gens du conseil et échevins de Reims, 13 janvier 1694 : De vingt-cinq à vingt-six mille personnes de l'un et de l'autre sexe, dont la ville (Reims) est composée, y compris les enfants et les communautés, il y en a onze ou douze mille à la mendicité et à qui on est obligé de donner du pain. Le soin qu'on a eu jusqu'à présent n'a pas empêché qu'il n'en soit mort de disette et de langueur, depuis six mois, plus de quatre mille (Boislisle, p. 350).

M. Bouville, intendant à Limoges, 6 juin 1693 et 7 octobre : Il meurt tous les jours un si grand nombre de pauvres qu'il y aura des paroisses où il ne restera pas le tiers des habitants. C'est une chose bien douloureuse de voir mourir les gens sans les pouvoir secourir, parce qu'ils ont tant souffert que, dès le moment où on leur donne à manger, ils étouffent. — 7 octobre : Si les dyssenteries et les fièvres malignes continuent, comme il est fort à craindre, puisque le nombre des malades augmente tous les jours, il faudra bien moins de blé l'année prochaine, par la diminution des habitants, dont il meurt une prodigieuse quantité, non-seulement dans les villes, mais dans quasi toutes les paroisses de la campagne. Les plus jeunes et les plus robustes résistent moins que les autres. Enfin il y a telles paroisses où il se fait tous les jours dix ou douze enterrements. (Boislisle, p. 319.)

M. de Châteaurenard, intendant à Moulins, envoie son rapport sur la partie de son département (cent dix paroisses) qui appartient au diocèse de Limoges. Il y compte vingt-six mille personnes réduites à la mendicité, et plus de cinq mille pauvres honteux, sans parler des habitants qui ont déserté... Ces habitants sont actuellement assiégés par les neiges, en sorte qu'ils ne peuvent sortir de leurs maisons. La plus grande partie sont contraints d'arracher des racines de fougère, les faire sécher au four et piler pour leur nourriture ; d'autres, à faire du pain d'avoine pied-de-mouche, qui n'est pas suffisant pour les nourrir, ce qui leur donne une si grande faiblesse qu'ils en meurent, et ce qui peut causer dans peu de temps une peste (avril 1692). (Boislisle, p. 274.)

M. de Bouville, intendant, 12 janvier 1692 : Vous serez sans doute surpris d'apprendre qu'après avoir examiné l'état des paroisses du Limousin avec toute l'exactitude imaginable, j'ai trouvé plus de soixante et dix mille personnes de tous âges et des deux sexes qui se trouveront réduits à mendier leur pain avant le mois de mars, vivant dès à présent d'un reste de châtaignes à demi pourries, qui seront consommées dans le mois prochain au plus tard (Boislisle, p. 274).

M. Combes, directeur des fermes en Bourgogne, 19 juillet 1691 : J'arrive d'une tournée de trois semaines dans tout le Charolais et l'Auxois. Ces pays-là m'ont paru bien gueux... La misère y est si grande qu'il y a des familles qui n'ont pas mangé de sel depuis plus de six mois. Ils se servent d'herbes et de racines amères pour mettre dans leurs soupes, qui équipollent le sel (Boislisle, p. 248).

Revenons aux protestants persécutés. On sait que les Cévennes furent le théâtre d'une insurrection opiniâtre qui fatigua longtemps les troupes royales. Sous l'influence combinée des souffrances qu'ils enduraient pour leur foi et de l'exaltation qui s'emparait des multitudes, il se déclara parmi eux une de ces maladies mentales que les médecins connaissent sous le nom de maladies religieuses. Toutes les fois qu'elles éclatent, les amis y voient une manifestation de Dieu, les ennemis, une manifestation du diable, les médecins une manifestation d'un trouble pathologique du système nerveux. Les plus simples prophétisaient, les petits enfants ouvraient la bouche pour prêcher, et les pauvres gens se croyaient entourés de merveilles surnaturelles. Bien entendu, ni les catholiques ni les jésuites n'ajoutaient foi à des miracles dont les protestants auraient eu le profit.

Ce n'étaient pas seulement les miracles protestants que les jésuites récusaient; ils déniaient aussi les miracles jansénistes. Quelques années avant les désastres de la révocation de l'édit de Nantes, sous une influence analogue de persécution et d'exaltation, un miracle fort célèbre se produisit au sein d'une communauté de Port-Royal. Il fut attesté par les plus honnêtes gens du monde et fort éclairés, Pascal en tête; mais cela ne toucha pas les jésuites; ils tinrent ferme pour déclarer le miracle apocryphe, soit illusion des témoins, soit effet d'une cause naturelle. Certes, ils avaient raison alors, juste autant qu'ils ont tort maintenant qu'ils font des miracles à leur tour. Mais nous, disent-ils, comme le personnage de l'*Ecole des Vieillards*, mais nous, c'est autre chose ; et ils prétendent que l'on ajoute foi à tous ces miracles incohérents qui foisonnent dans les milieux crédules.

APPENDICE.

Faire des miracles est à l'heure présente un signe visible d'infériorité. La société, à ce point de vue, peut se diviser en ceux qui croient aux miracles et ceux qui n'y croient point. Les premiers renferment, sauf quelques exceptions que je n'entends nier aucunement, la masse des gens crédules, arriérés, demeurés, à des degrés divers, dans les limbes du moyen âge; les autres renferment ce qui est éclairé, indocile aux diverses superstitions et lancé dans toutes les voies de l'activité moderne. Tel est le dénombrement des deux armées, l'une marchant sous les enseignes de la théologie, l'autre sous celles de la science positive.

La révocation de l'édit de Nantes, avec la persécution qui suivit, est une cruelle expérience; mais enfin c'est une expérience politique. Quel enseignement pensez-vous que les cléricaux en aient tiré? c'est qu'il fallait recommencer. De même qu'alors ils déclarèrent une guerre acharnée à l'œuvre de Henri IV, de même aujourd'hui ils déclarent une guerre acharnée à l'œuvre de la révolution. Les principes qui les dirigèrent et les principes qui les dirigent sont les mêmes. On es affirme imperturbablement. Pour tous ceux qui sont en dehors du dogme, rien n'est plus menaçant que ces maximes impitoyables qui mettent le dogme sous la protection de l'intolérance.

Les catholiques libéraux, dont le nom indique qu'ils reconnaissent aux doctrines diverses le droit de se produire et de vivre ; les catholiques libéraux, dis-je, ont été condamnés par la suprême autorité catholique. N'en parlons pas. Nous savons que le cléricalisme refuse toute transaction avec la société moderne, dont la tolérance est un des dogmes. A-t-il tort? a-t-il raison (au point de vue de son intérêt, veux-je dire)? Ce n'est pas à ceux qui sont en dehors de l'Eglise à décider ; mais c'est à eux de défendre et de promouvoir la société. Après la terrible exécution qui appartient à la fin de Louis XIV, il fallait ou que la France succombât sous le cléricalisme, comme l'Espagne au temps de Philippe II, ou qu'elle réagît. Elle a réagi. Le XVIIIe siècle et la révolution répondirent à Louis XIV et à son confesseur. Et l'Espagne, elle-même, où en est-elle de son cléricalisme si chèrement acheté et dont elle se dégage la dernière ?

La société moderne, qui ne croit pas plus aux miracles qu'elle n'en fait, est tolérante même pour les intolérants. Grand effort de vertu qui montre visiblement de combien la moralité purement humaine a pris le dessus sur la moralité théologique et la dépasse. J'insiste particulièrement sur cette supériorité morale corrélative à la supériorité scientifique. L'Eglise seule doit être libre, dit le cléricalisme ; tout le monde doit être libre, y compris l'Eglise, dit la société, élevée à ce haut degré d'équité sociale par la philosophie et la science.

Une doctrine a le droit de se croire la seule vraie; mais, tout en ayant cette croyance, elle s'élève à la vraie grandeur morale et devient propre à diriger la conscience contemporaine, quand, forte de sa vérité, elle y joint la sérénité, les égards pour les dissidences et le ferme propos de défendre leur liberté comme la sienne propre. Au contraire, une doctrine qui, dogmatiquement, refuse à ses adversaires le droit de discuter et, quand elle peut, leur ferme la bouche, de quelques titres pompeux qu'elle se décore, reste au-dessous de la conscience contemporaine et est devenue impropre à la diriger.

La tolérance n'est ni l'inertie ni la duperie ; à nous aussi on prétend révoquer notre édit de Nantes (1). Défendons-le par la parole, par le livre, par l'enseignement, par la science, par le progrès en tout genre, et tout d'abord par nos votes. L'occasion en est prochaine, les élections ne tarderont plus beaucoup ; combattons-y les candidatures cléricales aussi énergiquement que les candidatures bonapartistes. Je ne puis rien dire de plus.

---

(1) En ce moment, le parti clérical réclame en Espagne l'abolition de la liberté religieuse. Il veut recommencer Philippe II, espérant faire, non mieux, la chose est impossible, mais aussi bien. Et pourtant ce monarque modèle n'a réussi qu'à retarder pour l'Espagne l'époque d'une émancipation qui tient au développement général de la civilisation.

XXII

LES
DÉCOUVERTES SCIENTIFIQUES LES PLUS RÉCENTES
ET LA
PHILOSOPHIE POSITIVE

[Plusieurs fois on s'est demandé, en voyant tant et de si belles découvertes apparaître depuis le jour où M. Comte fonda la philosophie positive, quels rapports ces découvertes avaient avec cette philosophie, et si elles portaient ou ne portaient pas une atteinte sérieuse à ses principes. On sait combien les découvertes scientifiques ont été et sont encore dommageables aux doctrines théologiques. On pouvait craindre ou espérer, suivant les dispositions de chacun, que le progrès contemporain des sciences eût inquiété le domaine de la philosophie positive. C'est à cette grave question qu'est consacré le morceau que je publie ici (1). On y trouvera en même temps une discussion sur le différend qui sépare la philosophie anglaise de la philosophie positive: la première plaçant subjectivement la base de la philosophie dans la psychologie; la seconde la plaçant objectivement dans la série coordonnée des six sciences fondamentales].

Il y a maintenant quarante ans que les premiers linéaments de la philosophie positive ont été tracés par M. Comte. Ce fut en 1822. Les développements suivirent, de point en point, volume par volume, cette esquisse initiale; et, en 1842, le système entier était soumis au jugement du public. Grâce à cette admirable fixité du premier jet, les lecteurs purent, même avant le complet achèvement, apercevoir où on les conduisait, et quelques-uns d'entre eux s'attacher à la doctrine dans le

---

(1) Il a paru dans la *Revue de la Philosophie positive*, septembre-octobre 1874, sous le titre de : *De la Philosophie positive*. Je lui donne ici un titre plus déterminé.

cours même de l'exposition. Ce fut mon cas ; je n'attendis pas le dernier volume ; les cinq premiers avaient suffi pour me donner ce que je cherchais, sans avoir pu le trouver par moi-même : une doctrine aussi générale que la théologie ou la métaphysique, et aussi assurée que les sciences positives.

Ainsi fut formé un troisième parti philosophique. Jusque-là il n'y en avait eu que deux, la théologie et la métaphysique : la première plus ancienne que la seconde, au moins comme manifestation extérieure et croyance ; toutes deux partagées en sectes innombrables. Depuis l'intervention de M. Comte il y en a trois. Et quand je le nomme l'inaugurateur du troisième, je ne dis pas trop ; car, s'il est vrai que le mode de penser positif a commencé à s'établir bien avant M. Comte, il est vrai aussi que ce mode n'était que fragmentaire, et M. Comte, le premier, lui donna un ensemble, une organisation, une vie, une âme.

Il n'est pas un astronome, pas un physicien, pas un chimiste, pas un biologiste, qui n'ait reconnu pour base de sa science particulière l'expérience ; pas un non plus qui ait aperçu la portée d'une telle unanimité. M. Comte, qui la vit, les prit au mot, et fit, avec leur expérience particulière, une philosophie qui fut à la fois relative et l'expression de tout le savoir positif.

D'après ce qui vient d'être dit, la philosophie positive est née en contradiction à la théologie et à la métaphysique. En contradiction ? Est-ce bien exprimer la situation ? Non, elle est venue pour les remplacer ; car leur office faiblit depuis bien des années, et il ne pourrait rester en déshérence sans un véritable dommage pour la société. L'office de l'une est surtout social, comme le montre l'universelle prédication qu'elle exerce ; l'office de l'autre est surtout critique, comme le montre le droit qu'elle s'attribue d'approuver, de combattre, d'étendre, de resserrer les dogmes de sa rivale.

La théologie est en décroissance ; j'entends qu'à mesure que les temps modernes s'écoulent, un plus grand nombre d'esprits se détachent de ses dogmes, sans que jamais elle revienne, je ne dis pas à la plénitude qu'elle posséda jadis, mais seulement à l'échelon que les derniers conflits lui ont fait descendre.

Contemplez ce qui s'est passé en Europe depuis vingt-cinq ou trente ans, et appréciez à ce point de vue l'état mental des pays qui étaient restés les plus théologiques. Partout la foi y a diminué, et, avec elle, l'autorité ecclésiastique. Pour que la théologie réparât ses pertes et changeât la vieille et décroissante force qui lui reste en une force rajeunie, il faudrait que le surnaturel prît possession de la nature et de l'histoire, comme les anciens hommes ont cru jadis qu'il en était le maître. Mais rien de pareil ne se montre. Je sais bien que des individus, voire des milliers d'individus vont en pèlerinage demander des guérisons miraculeuses, et que dans le nombre des malades il se trouve toujours quelques miraculés ; la curabilité de certaines maladies par l'influence d'une foi vive est un fait connu des médecins (1). Ces chétives reproductions de miracle et de surnaturel qui font éclater en transports les foules croyantes, glissent sur les foules incroyantes sans y faire aucune impression. Entre les docteurs de la théologie qui affirment le surnaturel et les savants qui ne connaissent dans leurs sciences que le naturel, les foules incroyantes n'hésitent pas : leur confiance délaisse la théologie et va vers la science.

Je n'entamerai pas une comparaison entre la satisfaction que procure la doctrine théologique et celle que procure la doctrine positive. Cela serait oiseux ; car ce sont des états d'esprit qui s'excluent l'un l'autre. Puisque tant de gens quittent incessamment la doctrine théologique, c'est qu'elle ne suffit ni à leur intelligence ni à leur cœur.

La fonction sociale de la philosophie positive est de recueillir les esprits qui échappent journellement à la théologie, de leur assurer un mode de vivre et de penser qui ne vienne se heurter ni contre le progrès de la science, ni contre le développement de l'histoire, et à enseigner que désormais l'ensemble systématique du savoir humain suffit au gouvernement intellectuel et moral des sociétés.

---

(1) Voyez, dans mon recueil intitulé *Médecine et Médecins*, l'article où il est parlé de guérisons miraculeuses opérées au tombeau de saint Louis à Saint-Denis.

Cela est tout récent. Auparavant, la métaphysique était l'unique refuge de tout ce qui argumentait contre la théologie. La métaphysique a tant de ressemblances et de dissemblances avec la théologie ; tant de ressemblances quand elle la défend, tant de dissemblances quand elle l'attaque ! C'est de la sorte qu'elle donne naissance au déisme, au panthéisme, à l'athéisme, au matérialisme. Puisque la théologie n'est pas capable d'assurer aucun avantage de principe au judaïsme, au bouddhisme, au christianisme, au musulmanisme l'un sur l'autre, comment la métaphysique réussirait-elle à faire triompher l'un des succédanés qu'elle propose (1) ?

L'expérience, qui a écarté le surnaturel théologique, est aussi celle qui a eu raison du surnaturel métaphysique, c'est-à-dire des conceptions subjectives auxquelles la métaphysique prétend attribuer un droit de réalité objective. Elle n'a pu soutenir son principe ni contre l'école de Locke et de ses successeurs, laquelle a banni de l'entendement les idées innées, ni contre l'école physiologique qui a montré un rapport intime, tant normal que pathologique, entre la substance nerveuse et les facultés intellectuelles et morales.

L'esprit théologique et l'esprit métaphysique n'ont qu'antipathie contre ce nouveau venu, l'esprit positif. Aussi le procès qui se poursuit entre eux trois est affaire de longue échéance. Il s'agit de modifier l'état mental des hommes ; et cela ne peut se faire que par le travail ininterrompu de la science, que par l'enseignement qui vulgarise les résultats scientifiques, que par l'évolution historique qui change le milieu social, et par l'hérédité qui consolide les acquisitions.

Dans la lutte que la philosophie positive, par le fait même de son origine, entretient contre la théologie et la métaphysique, une importante réserve est à faire : c'est que, pour le

---

(1) On a souvent de la peine à se mettre au point de vue de la philosophie positive, qui n'est ni déiste, ni panthéiste, ni athée, ni matérialiste. Aucune science particulière, astronomie, physique, chimie, biologie, sociologie, n'aboutit à l'une ou l'autre de ces opinions. Comment la philosophie positive y aboutirait-elle, puisque sa conclusion générale n'est que l'expression de toutes les conclusions particulières établies par le savoir positif ?

passé, elle change complétement d'attitude. D'hostile à outrance, elle devient tout-à-fait favorable, et, dans tout le cours de l'histoire, elle rend pleine justice au rôle à la fois nécessaire et salutaire que la théologie et la métaphysique ont rempli. Le caractère relatif de la philosophie positive non-seulement lui permet, mais encore lui impose de reconnaître que, les satisfactions morales et intellectuelles variant suivant les différents étages de l'évolution, il y a eu de longues périodes où rien autre que les conceptions théologiques et métaphysiques ne convenait. Ainsi se trouve conciliée la liberté pour tout l'avenir avec le respect pour tout le passé.

Entre la théologie et la métaphysique devenues immobiles et improgressives, et la science incessamment mobile et progressive, la philosophie positive est placée. Issue directement de la science, comment se comporte-t-elle à l'égard de ce savoir qui lui a donné d'être, il est vrai, mais dont le propre est de se développer toujours? Le savoir positif n'est pas resté au point où il était quand elle naquit. Loin de là, il s'est étendu de tous les côtés, d'importantes découvertes l'ont accru, et rien, autant que nous sachions, n'en limite l'avenir.

Aussi quelques esprits, justement frappés de tant de notables résultats et inquiets des réactions qui en sortiraient pour la doctrine générale, se sont demandé ce qu'en effet il était advenu. Quoi! ont-ils dit, l'astronomie stellaire, la spectroscopie, l'étude si curieuse des corpuscules cosmiques, l'équivalence des forces, la reprise par Darwin du transformisme de Lamarck, tout cela, pour ne citer que quelques faits principaux, a-t-il pu se produire dans le domaine scientifique, sans modifier la doctrine qui prétend y avoir pris naissance? La philosophie positive en est demeurée à l'an 1842, où M. Comte, l'achevant, publia son dernier volume. Elle se fait tort en ne recevant pas dans son sein les nouvelles acquisitions, et s'arrière tous les jours, non sans laisser percer le soupçon que, dans les nouveautés qui apparaissent, il s'en pourrait trouver de dangereuses à sa propre constitution.

Ces remontrances ne sont pas sans apparences, mais apparences seulement. Comme chaque science, en son domaine, ne procède que de l'expérience et n'arrive qu'à des propositions, ou lois expérimentales. M. Comte a transformé le principe particulier qui est scientifique, en un principe général qui est philosophique. Ce qu'il a pris pour base suffit et suffira toujours à l'établissement de la philosophie positive, comme cette même base a suffi à l'établissement des six sciences particulières.

On voit dans quel sens et dans quelle limite la philosophie positive est désormais indépendante du progrès des sciences. Sa destinée péricliterait, si les sciences changeaient de principe; elle est en sûreté, tant que le même principe préside à leur développement. C'est pour cela qu'avec une entière sécurité elle assiste à la prospérité et au développement des sciences; c'est pour cela que l'accord entre sa généralité et leurs particularités ne peut se rompre; c'est pour cela que la théologie et la métaphysique, dont le principe est en dehors de l'expérience, reçoivent par les sciences de si fréquents démentis.

Pour élucider tout-à-fait mon dire, mettons en action, dans quelques cas particuliers, l'indépendance où j'assure que la philosophie positive est à l'égard des questions qui s'agitent ou se résolvent dans les domaines scientifiques.

En ce moment, il n'est bruit que du transformisme, théorie mise en lumière il y a une cinquantaine d'années par Lamarck, reprise vigoureusement par Darwin au nom du combat pour l'existence et de la sélection, et poursuivie par Hæckel jusqu'aux essais déterminatifs des passages d'un type à l'autre. Pour moi, c'est seulement, j'ai déjà eu l'occasion de m'en expliquer, une hypothèse, ou, selon la judicieuse remarque de M. Robin, une explication, non une démonstration. Mais je n'entre pas ici dans le débat, et je dis: Qu'adviendra-t-il à la philosophie positive de l'issue qu'il aura? Si le transformisme triomphe, ce sera un grand fait acquis à la science de la vie; s'il succombe, ce sera une grande erreur écartée; mais la question reste toujours biologique, et la philosophie positive, en tant que philosophie, y est désintéressée. Sans doute, elle verrait avec une satisfaction profonde que la biologie fît un pas décisif dans la connaissance de la production des espèces vivantes ; mais elle est assez ferme pour ne pas se laisser troubler par l'aveu d'une ignorance qui désormais vaut mieux que des explications subjectives et un savoir hypothétique.

Et l'astronomie, avec ses incontestables découvertes, la spectroscopie, la constitution du soleil, l'analyse de la lumière des étoiles et des comètes? Ce sont là des faits grands et nouveaux. Qu'ils soient les bien-venus. Tant que les recherches expérimentales qui ont présidé à la fondation de l'astronomie présideront à son accroissement, la philosophie positive recevra de cette science un assentiment constant et assuré.

Autre exemple. Grâce à des observations reconnues, depuis peu insuffisantes, on pensait que la fonction la plus continue de l'organisme, la respiration, consistait, chez les végétaux, en une absorption d'acide carbonique suivie d'un exhalation d'oxygène, tandis que, chez les animaux, elle consistait en une absorption d'oxygène suivie d'une exhalation d'acide carbonique. De la sorte, la respiration des plantes décomposait l'acide carbonique produit par la respiration des animaux, et maintenait ainsi la constance de la composition de l'atmosphère; opposition, balancement par lequel les deux règnes se complétaient l'un l'autre. Cette vue de l'ordre entre les végétaux et les animaux était une erreur. Un botaniste ingénieux et persévérant a montré que la respiration nocturne des végétaux, celle où ils absorbent de l'oxygène, celle qu'on disait intermittente, exceptionnelle, est véritablement continue, et forme leur seule et réelle respiration; que la respiration diurne, c'est-à-dire l'absorption d'acide carbonique, est un phénomène d'assimilation, de digestion; qu'en un mot les végétaux et les animaux respirent de la même manière. Certes voilà un changement bien profond dans la théorie qui considère le rapport entre végétaux et animaux. Mais, quelque profond qu'il soit, il ne touche pas au principe expérimental de la biologie ; c'est pourquoi la philosophie positive s'y accommode d'avance.

Y a-t-il lieu de penser que, en aucun cas, de quelque nature que soient les découvertes, la science vienne à subvertir le principe qu'elle a transmis à la philosophie positive? Non, jamais. Et sur quoi se fonde une affirmation si décisive et si péremptoire ? Sur la constitution même de l'esprit humain. On a pu légitimement penser, au début des recherches, que la conscience, ou moi, ou sujet, avait, dans ses intuitions, un témoignage valable sur la nature des choses. Il n'en n'est rien. L'analyse psychique a montré qu'aucune de ces intuitions ne doit être acceptée qu'après discussion, c'est-à-dire épreuve au jugement de l'expérience. L'expérience reste donc seule maîtresse du terrain scientifique ; et nulle porte autre que celle-là n'est ouverte aux éventualités de l'avenir.

En face du progrès continu des sciences, qu'ont à faire les disciples de la philosophie positive ? Selon leurs goûts, leurs aptitudes et leur préparation, ils se tiendront au courant de ce qui s'y fait d'essentiel ; mais ils demeureront convaincus qu'il ne peut désormais rien survenir dans le domaine scientifique par quoi soit disloqué le domaine philosophique, comme il le fut quand il était théologique et métaphysique. Chacun, pour son usage, effectuera la mise à jour du livre de M. Comte ; cela est utile, et même, à qui veut prendre part aux discussions, nécessaire. Mais, pour bien faire entendre ma pensée, le livre de M. le Comte, au lieu de paraître en 1842, eût-il paru en 1874 avec toutes les découvertes de ces trente années, la philosophie positive eût été exactement la même pour le principe, le caractère et la portée.

Dans cette revue de la situation, il est, à côté des vieilles sciences bien assises, une jeune science pour laquelle on peut demander quelque éclaircissement. Il ne faudrait pas remonter à beaucoup d'années pour apercevoir un vide dans la hiérarchie. Alors la sociologie n'existait pas, et c'est M. Comte qui le premier en a tracé le cadre. Ce cadre, dans son dessin général, est-il suffisamment sûr ? Je le crois pour ma part; mais, dans un sujet si neuf et si compliqué, il importe d'avoir l'esprit ouvert à la critique, de ne faire bon marché d'aucune difficulté, et d'être prêt toujours à accepter les contrôles, c'est-à-dire, soumettre la théorie à l'épreuve des faits et surtout des faits nouveaux. Depuis l'époque où M. Comte fit connaître les points essentiels de la théorie sociologique, trois grandes nouveautés ont enrichi l'histoire; ce sont : la lecture des hiéroglyphes et une connaissance effective de la haute antiquité égyptienne; le déchiffrement des écritures cunéiformes et l'acquisition de précieux documents sur les annales de Babylone et de l'Assyrie ; enfin la découverte de l'homme fossile, préhistorique, contemporain des mammouths et des terrains quaternaires. Tout cela était fort inattendu ; mais tout cela, bien loin de contredire à la notion du développement humain telle qu'elle était formulée, y a pris place sans difficulté; il ne faut pas laisser passer de pareilles confirmations sans les noter. En revanche, la contradiction a été complète soit avec les dires théologiques d'une ère paradisiaque ou d'un âge d'or, soit avec les conceptions métaphysiques d'une ancienne science éteinte et de renouvellement cyclique des choses ; il ne faut pas non plus laisser passer, sans les noter, de pareils démentis.

Ainsi, d'une part, à l'égard de la théologie et de la métaphysique, la philosophie positive, ayant étudié tout ce qu'elles ont produit en vertu, chacune, d'un principe qui n'a pu se maintenir, ne les combat plus que comme des restes encore puissants d'un long passé. D'autre part, à l'égard de la science, la philosophie positive est absolument dépendante du principe scientifique ; mais elle est indépendante des développements scientifiques particuliers.

Ceci réglé et bien compris, reste un adversaire considérable, la psychologie anglaise. Elle mérite de grands éloges pour la précision avec laquelle elle a décrit les phénomènes mentaux, la vigueur qu'elle a déployée dans sa guerre contre les idées innées et intuitives, pour l'insistance victorieuse qu'elle a mise à soutenir la relativité nécessaire des connaissances humaines. Elle n'est pas sans porter quelque intérêt à la philosophie positive; et M. J. St. Mill, tout en refusant, et avec raison, de se dire positiviste, n'en a pas moins exprimé son admiration pour le génie de M. Comte. Toutefois, la dissidence demeure fondamentale, irrémédiable, car elle porte sur le principe et la méthode, ce qui est le nœud vital des philosophies. Aussi de ce côté sont parties deux fortes attaques d'autant plus dignes d'attention qu'elles ne s'appuient ni sur le surnaturel ni sur l'absolu, la psychologie anglaise convenant avec nous et nous convenant avec elle que ces deux éléments sont désormais écartés du domaine de la connaissance.

L'une de ces attaques provient du célèbre philosophe, M. Herbert Spencer; elle porte sur la classification des sciences établie par M. Comte. Il déclare qu'elle est arbitraire, ne représentant qu'une vue de l'esprit, et comparable en philosophie à ce que furent en botanique le système de Tournefort ou celui de Linné. Dans mon livre sur *Auguste Comte et la Philosophie positive* (1), j'ai discuté dans le plus grand détail tous les arguments de cette attaque. Je ne reproduirai pas ici ma discussion, ce serait un double emploi ; mais je dois à mon lecteur de lui signaler du moins le point décisif qui fait de l'arrangement dressé par M. Comte, la reproduction d'un arrangement dressé par la nature elle-même. Il est certain que les phénomènes dont notre univers est le théâtre et qui sont accessibles à nos investigations, présentent une hiérarchie où l'inférieur est nécessaire à l'existence du supérieur. Point de faits chimiques sans les faits physiques qui sont la base de tout ; point de faits biologiques sans les faits chimiques et physiques. Voilà là base naturelle de la classification des sciences ; voilà ce qui fait qu'elle résiste à toutes les objections, même celles qui proviennent d'une psychologie exercée aux discussions les plus serrées (2).

En écrivant les pages où je combattis l'opinion de M. Her-

---

(1) 2ᵉ partie, chapitre VI.
(2) Qu'il me soit permis de rappeler, non pour mon amour-propre, mais pour la cause commune, que, dans cette polémique, M. J. St.-Mill m'a donné l'avantage : « M. Littré, dit-il, dans *Auguste Comte and positivism*, p. 41, a critiqué avec quelques développements la critique de M. Herbert Spencer. M. Spencer est du petit nombre des personnes qui, par la solidité et le caractère encyclopédique de leurs connaissances et par leur puissance de coordination et d'enchaînement, peuvent prétendre à être les pairs de M. Comte et à voter dans le jugement porté sur lui. Mais, après avoir donné à ses remarques la respectueuse attention due à tout ce qui vient de sa plume, nous ne pouvons trouver qu'il ait fait triompher aucune de ses objections. »

bert Spencer, je ne m'étais pas demandé pourquoi ce fut la psychologie anglaise qui dirigea une sérieuse attaque contre la classification de M. Comte. En les relisant, je me suis fait la question et j'y ai aussitôt répondu. Cette classification, on vient de le voir, est tout objective, et forme en même temps la clef de voûte de la philosophie positive. Si la psychologie anglaise était seulement une psychologie, elle aurait pu s'en accommoder; mais elle est une philosophie, ou, du moins, elle assure qu'elle est le point de départ d'une philosophie ; et, dès lors, se trouvent en présence et en conflit les deux principes, objectif chez M. Comte, subjectif chez eux.

C'est cette dissidence, fondamentale en effet, qui a suscité la seconde attaque dirigée par la psychologie anglaise contre la philosophie positive. M. J. St. Mill admet (1) que la philosophie est, selon la signification attachée par les anciens à ce mot, la connaissance scientifique de l'homme, en tant qu'être intellectuel, moral et social ; que, comme ses facultés intellectuelles renferment la faculté de connaître, la science de l'homme renfermé tout ce que l'homme peut connaître, en d'autres termes toute la doctrine des conditions de la connaissance humaine. Ailleurs (2), il note que Coleridge et Bentham s'accordaient pour penser que le fondement de la philosophie doit être posé sur la philosophie de l'esprit. Dans le même sens, M. Bain déclare (3), que, si l'étude des propriétés de l'objet appartient à d'autres sciences, les fondements, les racines de ces propriétés doivent être cherchés dans la science mentale.

C'est ce que les psychologistes anglais nomment la métaphysique. La confusion des termes pourrait causer des méprises sur les choses mêmes. Pour l'école de Locke et ses successeurs, pour Condillac et les siens, la métaphysique est l'ensemble des lois psychologiques étudiées par l'observation, tandis que, dans la signification ancienne et authentique, la métaphysique

---

(1) *Auguste Comte and positivism*, p. 53.
(2) *Dissertations and discussions*, I, p. 396.
(3) *Les Sens et l'Intelligence*, p. 2, traduction française.

est l'étude de l'être en soi par les procédés intuitifs. Il faut laisser à chacun sa phraséologie, mais la comprendre.

L'opinion de la psychologie anglaise sur la base de la philosophie, je l'ai combattue; M. Wyrouboff l'a combattue aussi dans son article sur un nouveau livre de philosophie positive (1). C'est une polémique qui reparaîtra souvent. Elle est destinée, comme la polémique avec la théologie et la métaphysique, à se résoudre surtout par le progrès des connaissances positives dans leurs domaines respectifs. Ici ce sera la physiologie cérébrale ou plutôt physiologie psychique, terme que j'ai introduit, je crois, le premier et dont j'aime mieux me servir, ce sera, dis-je, la physiologie psychique qui fera le plus efficacement la critique progressive de cette opinion et qui en montrera l'inexactitude.

Aussi, sans vouloir entrer dans la redite des arguments, je me bornerai à rappeler, comme les renfermant tous, celui qui se tire de la physiologie comparée. Il est incontestable que les animaux vertébrés présentent des phénomènes moraux et intellectuels que l'on comprendra sous le nom de psychologie animale. Il est incontestable que la psychologie humaine, vu la similitude de l'organisation cérébrale et des facultés fondamentales chez tous les vertébrés, ne peut être séparée, quelle qu'en soit l'éminence, du tronc commun. Il est incontestable enfin que la psychologie animale appartient au domaine de la biologie et entraîne avec elle la psychologie humaine, qui n'en est qu'un cas particulier.

J'ajouterai une considération qui me frappe maintenant que je suis plus familiarisé avec la psychologie anglaise. Pourquoi s'est-elle engagée de la sorte en une voie qui, à mon sens, n'est pas la vraie? Cela tient à la définition qu'elle donne de l'esprit. « L'esprit, dit-elle, est l'opposé de l'étendu (2). » Je ne puis, je l'ai dit il y a longtemps ailleurs, me rallier à une pareille définition. Je me déciderais autant à dire que la pesanteur ou la chaleur est l'opposé de l'étendu.

---

(1) Voyez la *Revue de la Philosophie positive*, n° de juillet-août 1874, p. 93.
(2) Voyez Bain. *Les Sens et l'Intelligence*, p. 1.

La chaleur, la pesanteur sont des propriétés de la matière générale, et l'esprit est une propriété de la matière particulière dite nerveuse. Mais il est clair que, du moment que l'on pose ainsi l'esprit à part de l'étendu, on doit être disposé à lui attribuer une indépendance que la biologie ne lui accorde pas, et à en faire la base d'une philosophie. La psychologie anglaise est l'ennemie déclarée de la méthode intuitive ; et l'on peut voir un très-beau monument de sa polémique en ce genre dans le livre où M. J. St. Mill réfute Hamilton (1). Mais, à son insu, elle s'est laissée aller à une sorte d'intuition ; mode de philosophie dont elle a fait ailleurs si bonne et si habile justice.

M. J. St. Mill, au début de son livre intitulé *Auguste Comte and positivism*, dit : « Bien que le mode de penser exprimé
» par les termes de positif et de positivisme soit fort répan-
» du, les mots eux-mêmes sont, comme d'habitude, mieux
» connus grâce aux adversaires de ce mode de penser que
» grâce à ses amis ; et plus d'un penseur qui ne donna ja-
» mais ni à lui ni à ses opinions cette qualification, se gar-
» dant soigneusement d'être confondu avec ceux qui se la
» donnent, se trouve, quelque peu à son déplaisir, bien que
» par un instinct suffisamment correct, classé avec les posi-
» tivistes et attaqué comme tel. » En ces paroles, M. J. St. Mill est l'interprète exact de la psychologie anglaise. Non sans certaines affinités avec la philosophie positive, elle n'en décline pas moins (on vient de voir pourquoi) toute fusion ou plutôt toute confusion avec nous. Elle a raison. Mais alors, pourquoi nous reproche-t-on notre intolérance, notre étroitesse, notre exclusion, nous qui refusons péremptoirement comme elle d'admettre dans notre domaine sans distinction tous ceux qui participent peu ou prou au mode positif de penser, fort répandu suivant la juste remarque de M. J. St. Mill ? Penser ainsi ne suffit pas ; et, de même que, pour appartenir à la psychologie anglaise, il faut la reconnaître comme base de la

---

(1) *An examination of sir William Hamilton's philosophy*, excellent livre que M. Capelle vient de traduire.

philosophie, de même, pour appartenir au positivisme, il faut reconnaître que la base de la philosophie est dans l'ensemble des sciences rangées en leur ordre hiérarchique et convergeant en une généralité commune.

On nous demande parfois par quoi notre conception du monde se caractérise. C'est M. Comte qui, le premier, résuma toute l'évolution de la pensée humaine en ces trois termes : conception du monde théologique, conception du monde métaphysique, conception du monde positive. Une conception positive du monde est présentement, jusqu'à un certain point, le partage de beaucoup d'esprits, puisque le mode de penser positif s'est infiltré de bien des côtés. Mais, dans ce mode commun, la philosophie positive a sa vue profondément distincte : elle hiérarchise tout le savoir humain, y compris la sociologie, dont tant d'hommes distingués ignorent encore ou nient l'existence ; à côté de cette hiérarchie qui contient l'histoire et la généralité suprême du développement humain, elle reconnaît un incognoscible indéfini, immense, qui lui enseigne à penser avec réserve et humilité et à laisser tous les absolus aller où l'imagination les conduit.

XXIII

LA DOUBLE CONSCIENCE

FRAGMENT DE PHYSIOLOGIE PSYCHIQUE (1).

[En lisant le livre de M. Krishaber, je fus frappé des faits singuliers qui y étaient rassemblés. Ils témoignaient de variations dans le sentiment de la personnalité, qui tendent à prouver que ce sentiment est non un principe, mais un résultat. Depuis, le livre de M. Krishaber a été plusieurs fois allégué dans des discussions relatives aux fonctions psychiques, et toujours on a constaté le grand intérêt qu'avaient les phénomènes pathologiques recueillis par le savant médecin.]

Je nomme double conscience un état dans lequel le patient ou bien a la sensation qu'il est double, ou bien, sans avoir connaissance de la duplicité, a deux existences qui n'ont aucun souvenir l'une de l'autre et s'ignorent respectivement.

I.

Cas où le patient a la sensation d'être double.

M. le docteur Krishaber (2), le premier, a fait de cet état singulier l'objet d'une étude particulière. Voici les dires des malades tels qu'il les a recueillis.

1° Un malade voulut parler; mais il dut s'interrompre, tant le son de sa propre voix l'étourdissait; elle lui paraissait étrange et comme ne lui appartenant pas. « Il m'a semblé rêver, nous

---

(1) *La Philosophie positive*, mai-juin 1875.
(2) *De la Névropathie cérébro-cardiaque*, Paris 1873.

LA DOUBLE CONSCIENCE.

» dit-il, et ne plus être la même personne. Il m'a littéralement
» semblé que je n'étais pas moi-même (p. 8). »

« Si, au lieu de ne tenir aucun compte de ce que nous dit
» ce malade, écrit M. Krishaber, nous en prenons note pure-
» ment et simplement, et que, plus tard, un autre individu,
» atteint comme le premier de vertige, d'insomnie, éprouve la
» même sensation et l'exprime par une phrase identique, il
» faudra bien admettre qu'elle est l'expression d'un trouble
» déterminé (p. 11). »

2° M*** avait eu des cauchemars très-pénibles qui se terminaient par de véritables attaques de catalepsie de très-courte durée. A la même époque, il avait de temps en temps une conception bizarre qui consistait à se croire double (p. 12)... Il concevait des doutes sur son existence : il lui semblait qu'il n'était pas lui-même, et il pouvait à peine croire à l'identité de sa propre personne (p. 14)... Il était constamment étonné; il lui semblait qu'il se trouvait en ce monde pour la première fois. Il n'y avait dans son esprit aucun rapport, aucune relation entre ce qui l'entourait et son passé. Il n'était pas le même homme qu'avant, il avait comme perdu la conscience de lui-même; et c'est ainsi qu'il arriva quelquefois à cette conviction si étrange en elle-même, qu'il n'existait plus (p. 18).

3° Un malade décrit ainsi son état : « Souvent il me semble
» que je ne suis pas de ce monde; ma voix me paraît étran-
» gère... Très-souvent, en vérité, je ne sais si je rêve ou
» suis éveillé ; il me semble que je ne suis pas moi-même (p. 30). »

4° La malade formula quelquefois cette étrange phrase si familière aux malades atteints comme elle : « Il me semble
» que je ne suis pas moi même (p. 37). »

5° Un malade s'exprime ainsi : « Une idée des plus étranges,
» mais qui m'obsède et s'impose à mon esprit malgré moi,
» c'est de me croire double. Je sens un moi qui pense et un
» moi qui exécute ; je perds alors le sentiment de la réalité du
» monde ; je me sens plonger dans un rêve profond, et ne sais
» pas si je suis le moi qui pense ou le moi qui exécute. Tous
» les efforts de ma volonté n'ont pas de puissance sur ce bizarre
» état qui s'impose à mon esprit (p. 46). »

6° Chez un malade, des conceptions fausses sur le monde extérieur et sur lui-même se produisirent; mais le malade s'en rendit très-bien compte, et, formulant cette phrase : il me semble que je suis changé, il savait parfaitement que rien n'était changé que la perception de ses sens troublés (p. 78).

7° A un malade il semblait quelquefois être un automate, il se sentait en dehors de lui-même; mais il savait parfaitement, et il se répétait souvent, que ces sensations étaient fausses, quoiqu'elles s'imposassent constamment à son esprit (p. 80).

8° Les rares réponses qu'on put obtenir de Mlle*** prouvaient qu'elle avait gardé, au milieu de troubles profonds, toute l'intégrité de son intelligence; mais elle disait fréquemment qu'elle ne se connaissait plus, qu'il lui semblait qu'elle était devenue une autre personne (p. 83).

9° Il semble à un malade que sa tête est vide, qu'elle n'est pas à lui, qu'elle ne tient pas à son corps, que ses idées vont se perdre (p. 88).

10° Il semble au malade que sa tête n'est pas à lui, ou qu'il doit perdre la raison (p. 119).

11° Mlle X a des troubles de perception qui lui font dire qu'il lui semble qu'elle ait deux moi. Il faut peu de chose pour déterminer cette incohérence de la conscience. Cependant elle a toujours été maîtresse d'elle-même (p. 125).

12° Chez un malade il se produisit des perceptions perverties conscientes; il lui semblait qu'il n'était pas lui-même (p. 142).

13° La malade a des conceptions perverties conscientes; elle dit qu'il s'est produit dans sa tête quelque chose de très-pénible, mais d'indéfinissable. « Quelquefois, dit-elle, il me semble
» n'être pas moi-même, ou bien je me crois plongée dans un
» rêve continuel (p. 146). »

14° Un malade dit : « Je perds quelquefois jusqu'à la notion
» de ma propre existence; je me sentais si complètement
» changé qu'il me semblait être devenu un autre. Cette pensée
» s'imposait constamment à moi, sans que cependant j'aie
» oublié une seule fois qu'elle était illusoire. Je sentais bien
» que mon intelligence était intacte, que mes sens étaient
» pervertis et me donnaient une notion fausse sur ce qui m'en-

» tourait; c'était une lutte incessante entre les impressions
» involontaires et mon jugement (p. 151) (1). »

J'ai donné un extrait de tous les cas de M. Krishaber, et j'engage le lecteur à ne pas se rebuter de ces répétitions. Il acquerra, en les lisant, la conviction que là est un phénomène pathologique déterminé et dû à des conditions constantes. Quelque étrange que puisse paraître un état mental où le patient ne se reconnaît pas lui-même et doute de sa propre identité, quelque difficulté qu'il y ait d'accommoder cette conception morbide avec le moi ou conscience, où l'on n'est pas habitué à se figurer une pareille dissociation, l'accumulation des faits observés par M. Krishaber en met la vérité hors de contestation.

A ces doutes sur la réalité du monde intérieur s'en joignaient sur la réalité du monde extérieur. Chez les malades observés par M. Krishaber ce phénomène a été moins fréquent que l'autre; mais il a existé, et en voici les cas.

Chez un malade à qui il semblait qu'il n'était pas lui-même, le monde extérieur aussi avait changé de forme, d'aspect et de manière d'être (p. 142). — Un malade dit : « Cent fois je touchais
» les objets qui m'entouraient; je parlais tout haut pour me
» rappeler la réalité du monde extérieur, l'identité de ma propre
» personne (p. 9). »

Ce sont là les deux seuls cas de trouble au sujet du monde extérieur rapportés par M. Krishaber. Dans la singulière névropathie qui fait l'objet de son mémoire, la notion du monde intérieur était beaucoup plus lésée que l'autre.

Enfin, un troisième phénomène, digne aussi de beaucoup d'attention, se manifestait chez les malades de M. Krishaber : plusieurs ne reconnaissaient pas leur voix ; leur propre voix

---

(1) Je joins ici une ancienne observation qui n'appartient pas à la névropathie cardiaque de M. Krishaber, mais qui offre quelques particularités analogues. Un malade, atteint d'une fièvre qui dura six semaines et qui fut caractérisée par le délire, put rendre compte de tout ce qui lui avait passé par la tête durant ce temps (Abercrombie, *On the intellectual powers*, p. 140, 9ᵉ éd., 1838.) En terminant, Abercrombie ajoute : « Un
› point mérite d'être noté, c'est que le patient paraissait avoir perdu toute idée de son
› identité personnelle. Ainsi, durant le cours de sa maladie, il eut mal à une oreille,
› ce qui paraissait lui causer beaucoup de malaise; mais il n'avait aucune idée que ce
› fût sa propre oreille ; il pensait qu'elle appartenait à un enfant de troupe. »

leur semblait étrangère. Je me sers, pour rendre cet état, des expressions mêmes des malades.

Un malade, ayant reçu la visite d'un ami, voulut lui parler; mais il dut s'interrompre, tant le son de sa propre voix l'étourdissait; elle lui paraissait étrange et comme ne lui appartenant pas (p. 8). — Un autre malade : lorsqu'il parlait, sa voix lui semblait étrange, il ne la reconnaissait pas, et ne la croyait pas sienne (p. 14). — Un malade dit : Ma voix me paraît étrangère (p. 30). » — Une malade dit : « Je ne reconnais pas le son de
» ma voix ; il ne me semble pas que c'est moi qui parle (p. 67).
— Chez un autre, aux bourdonnements d'oreille s'ajoutait une perturbation auditive qui empêchait le malade de reconnaître la nature et la provenance des sons ; sa propre voix lui semblait étrange, il en était de même de celle de ses interlocuteurs (p. 149). — « Je ne reconnaissais pas le lieu de provenance
» des sons ; et non-seulement la voix des interlocuteurs, mais
» même ma propre voix me semblait venir de très-loin. Tou-
» tes mes impressions étaient si étranges, que j'étais cons-
» tamment étonné. Très-souvent il me semblait que ma tête
» n'adhérait pas au corps ; et il en était constamment de
» même pour mes jambes, qui semblaient se mouvoir sans
» intervention de ma volonté. Je reconnaissais cependant la
» forme des objets au toucher, je sentais nettement le sol en
» marchant (p. 152). »

Ici se présente un rapprochement fort intéressant. Ces voix semblant étrangères à ceux-là mêmes qui les font entendre rappellent un symptôme analogue que d'anciens narrateurs ont consigné à propos de maladies religieuses. C'est ce que l'on vit entre autres chez les convulsionnaires de Saint-Médard.
« Il arrive souvent, dit Carré de Montgeron, que la bouche
» des orateurs prononce une suite de paroles indépendantes
» de leur volonté, en sorte qu'ils écoutent eux-mêmes comme
» les assistants, et qu'ils n'ont connaissance de ce qu'ils
» disent qu'à mesure qu'ils le prononcent (1). »

---

(1) Calmeil, *De la Folie considérée sous le point de vue pathologique, philosophique, historique et judiciaire*. Paris, 1845, t. II, p. 353, 312, 42 et 45.

La Fontaine, dans sa fable de Démocrite, parle des *labyrinthes du cerveau*, qui occupaient le philosophe abdéritain. L'expression est heureuse et je la conserve. En effet le cerveau, bien que circonscrit dans l'étroit emplacement de la boîte du crâne, est un vaste organe où les explorateurs se perdent facilement. Pourtant rien n'a découragé la recherche physiologique, qui, aidée de méthodes plus rigoureuses, d'expériences plus délicates et d'inductions plus assurées, a fait de véritables progrès dans la détermination des parties et de leur office. C'est ce progrès qui a permis à M. Krishaber de tenter une interprétation du phénomène pathologique qu'il a si bien mis en lumière.

« La localisation, dit-il, qui consiste à rattacher ces troubles
» fonctionnels à la partie de l'encéphale où a lieu l'élaboration
» des impressions sensorielles, me semble d'une logique ri-
» goureuse.

» La physiologie expérimentale, muette ou à peu près sur
» la grande question de la production de l'intelligence, nous
» enseigne cependant le mécanisme de la perception des
» images sensorielles. Les impressions sont recueillies à la
» périphérie par des nerfs sensitifs d'ordres divers ; ces nerfs
» les transmettent au mésocéphale, directement quant aux
» nerfs crâniens, indirectement en passant par la moelle, s'il
» s'agit des nerfs de la sensibilité générale. C'est au niveau
» du mésocéphale que l'impression est *sentie*, sensation
» brute, non consciente, mais qui, à son tour, va être con-
» duite à travers les corps opto-striés (appareil de conjonction)
» jusqu'à la couche corticale ou substance grise des hémi-
» sphères cérébraux. C'est dans ces organes qu'a lieu la sen-
» sation consciente, l'*idéation* des impressions sensorielles,
» c'est-à-dire la conception des images. En d'autres termes,
» pour que l'image consciente puisse se produire, l'incitation
» venant du dehors traverse plusieurs départements du sys-
» tème nerveux : l'expansion périphérique du nerf sensoriel,
» organe d'impression ; le nerf lui-même, organe de con-
» duction ; le mésocéphale, siège de la sensation brute ;
» la masse opto-striée, organe de transmission ; la

« couche corticale de l'hémisphère, organe de conception...
» C'est au niveau du mésocéphale, siége de la perception
» brute, que je rapporte les troubles profonds en vertu desquels
» le malade a des sensations confuses et erronées sur le
» monde extérieur. Ce qui prouve que l'organe de la sen-
» sation consciente n'est pas troublé, c'est que ce même in-
» dividu se rend compte de la fausseté de ses sensations
» brutes et que sa conscience les rectifie sans cesse : ses con-
» ceptions sont restées normales. Il est vrai que, dans quelques
» cas, les plus graves, les sensations sont si profondément
» perverties, si différentes de celles de la vie normale, que le
» malade conçoit des doutes sur la réalité des choses qui
» l'entourent, voire même sur l'identité de sa propre per-
» sonne ; mais, sa mémoire et son jugement étant restés
» debout, il se rappelle ses sensations exactes, les compare et
» *comprend* qu'il est en proie à des illusions multiples et in-
» cessantes. Voilà ce qui différencie ce malade de l'aliéné ; car,
» chez celui-ci, que les sensations soient justes ou fausses,
» les conceptions sont toujours troublées (p. 222 et p. 223). »

A cette explication je ne contredis en rien ; loin de là, je l'accepte ; seulement, il me paraît qu'elle a besoin d'être complétée. En effet, elle ne s'applique qu'aux impressions sensorielles qui proviennent du monde extérieur. Or, cela ne suffit pas. Quand le malade déclare qu'il doute de sa propre identité, il est clair que ce ne sont pas les impressions du monde extérieur qui ont éprouvé la perturbation ; ce sont celles du monde intérieur. Celles-ci arrivent au centre intellectuel autres qu'elles doivent y arriver et qu'elles y arrivaient précédemment ; et cette dissemblance étrange fait que le patient ne se reconnaît pas lui-même. C'est une autre personnalité qui apparaît au centre intellectuel. Il est vrai que ce centre, étant demeuré intact de toute altération, fait effort contre ces apparences décevantes, et, par le raisonnement, revient constamment à la vérité de la situation. Mais il ne peut s'affranchir des sensations pathologiques qui l'obsèdent ; et, si par le raisonnement il maintient incessamment son identité, il la perd par la sensation incessamment.

C'est toute cette portion de sensations qu'il faut rendre aux cas de M. Krishaber pour en avoir l'interprétation entière. Les sensations que l'intérieur envoie au centre intellectuel prennent le même chemin que celles qui sont envoyées par l'extérieur; elles viennent aboutir aux couches optiques. Si la fonction de ces couches est intacte, la sensation parvient avec toute sa réalité; mais, si elle est troublée d'une façon quelconque, l'impression sensorielle arrive pervertie et ne peut donner qu'un faux renseignement sur l'état des choses. Heureux quand, comme chez les malades de M. Krishaber, l'intelligence, restant indemne, ne se laisse pas décevoir, ainsi qu'elle est déçue dans les hallucinations (1).

Quand on considère le fonctionnement psychique en sa totalité zoologique depuis les premiers rudiments jusqu'à l'homme inclusivement, on reconnaît que le centre psychique ou ensemble des cellules corticales est, aussi bien zoologiquement qu'embryologiquement, de formation postérieure et par conséquent subordonné à tout ce qui l'a précédé et le conditionne, c'est-à-dire l'extérieur et l'intérieur. Non que des attributs spéciaux et de haute importance lui fassent défaut; mais ces attributs travailleraient à vide, si deux grands courants, appartenant à tout ce qui l'a précédé et le conditionne, n'amenaient les matériaux qui lui sont indispensables. Ces deux grands courants sont l'apport des sensations du monde extérieur et l'apport des sensations du monde intérieur. Pour passer de l'état d'impression à l'état de perception, les sensations, tant extérieures qu'intérieures, subissent dans les couches optiques une élaboration spéciale. Quand cette élaboration est faussée, le monde extérieur et le monde intérieur cessent d'être perçus tels qu'ils sont, et le trouble peut aller jusqu'à faire douter de la personnalité. Le centre psychique reçoit les deux courants, et, alimenté par eux, il en tire, d'un côté, la partie intellectuelle de notre être et, d'autre

---

(1) Voy. dans la *Philosophie positive*, juillet-août 1874, p. 151, un article où j'ai rendu compte du rôle des couches optiques dans l'hallucination, d'après les recherches de M. Luys exposées par M. Ritti.

côté, la partie sentimentale. C'est une doctrine que j'ai essayé d'ébaucher en 1867, en 1868 et en 1870 (1); je la reprends en cette circonstance, où elle m'aide à interpréter des faits singuliers de pathologie.

II.

Double conscience où l'une est saine et l'autre folle.

Voici maintenant des cas où le sujet perd toute sa connexion avec son existence antécédente; il se livre pendant quelques moments, pendant quelques heures, pendant quelques jours, à des actes qui ont tous les caractères de la folie. Puis la folie cesse, la raison revient; le patient n'a aucun souvenir de tout ce qu'il a fait pendant l'intermission de sa conscience normale, et la vie ordinaire recommence jusqu'à nouvelle crise.

Citons des exemples.

Un magistrat, un jour présidant une audience, quitta inopinément son siége, s'avança de quelques pas et prononça devant l'auditoire des propos incohérents; immédiatement après, il retourna à sa place et continua à diriger les débats sans avoir conscience de ce qu'il venait de faire. Un autre jour, étant à Paris dans une réunion à l'Hôtel-de-Ville, il sortit au milieu d'une discussion, descendit sur le quai, où il resta exposé tête nue au vent et au froid, bien étonné de se retrouver là quand il fut revenu à lui (LUYS, *Physiol. et path. cérébrale*, p. 139).

Une jeune fille atteinte de vertiges épileptiques, lorsqu'on l'interrogeait avec énergie pendant son attaque, répondait d'une voie brève et en criant. Revenue à elle, elle ne se souvenait plus de ce qu'on lui avait dit et de ce qu'elle avait répondu (ID. *ib*).

M. Lélut rapporte l'observation d'un homme qui quittait la

---

(1) Voy. la *Philosophie positive*, t. I, p. 340 et p. 356, t. IV, p. 166, et t. VI, p. 6.

société, le salon, et allait dans quelque endroit retiré où il imitait à diverses reprises le chant du coq. Cela fait, il revenait sans aucun souvenir de cet étrange exercice et comme si rien ne s'était passé.

M. Jules Falret résume ainsi cet état : Les accès ont une invasion rapide et presque subite ; ils présentent pendant leur cours une prédominance marquée d'idées pénibles ou terrifiantes et une tendance extrême à la production d'actes instantanés, violents et automatiques, peu motivés et plus ou moins aveugles. Ils offrent pendant leur durée l'alliance bizarre d'une demi-lucidité des idées avec un notable degré d'obtusion, et présentent après leur cessation un oubli total ou partiel, ou du moins une grande confusion des souvenirs, relativement aux faits accomplis pendant son existence. Enfin, ces accès, dont la durée peut varier de quelques heures à quelques jours, se terminent aussi brusquement qu'ils ont débuté, par un retour à peu près complet du malade à son état mental habituel. (*Etat mental des épileptiques*, dans les *Archives générales de médecine*, 5° série, t. XVII, p. 462).

Les patients, épileptiques pour la plupart, qui présentent cet état, ont, comme on voit, leur vie coupée en deux. Dans l'une, la plus longue à beaucoup près, ils ont conscience d'eux-mêmes et lucidité des idées, et se comportent comme la plupart des hommes. Dans l'autre, ils sont en proie à un accès de folie temporaire, dont ils perdent tout à fait le souvenir et pendant lequel ils commettent des actes étranges, violents, coupables ; mais la médecine mentale a établi d'une manière péremptoire l'irresponsabilité de ces malades, qui sont dangereux et dont il se faut se préserver.

M. Luys (*l. c.* p. 138) dit au sujet de ces phénomènes remarquables : « Il se fait inopinément, dans certain point de
» l'encéphale, des arrêts partiels de la circulation, en vertu
» desquels certaines régions ischémiées deviennent inopiné-
» ment frappées d'incapacité de travail. Ce sont la plupart du
» temps les régions du sensorium qui sont intéressées par
» cet arrêt subit du cours du sang dans leurs réseaux ; et
» alors les malades perdent subitement leur point de contact

» avec le milieu ambiant et la conscience de leurs actes (1)....
» Une fois le cours du sang rétabli dans les réseaux du senso-
» rium, ils reprennent la connaissance des choses qui les en-
» vironnent, et ne conservent aucun souvenir des paroles
» qu'ils ont proférées, des actions qu'ils ont accomplies pen-
» dant la période d'interrègne des régions de l'activité psycho-
» intellectuelle. »

Ceci n'est guère que le fait lui-même sous une autre expression. Mais le livre de M. Luys, déjà cité plusieurs fois, m'offre, je pense, les moyens de concevoir comment la mémoire de la seconde conscience, de la conscience qui est troublée, mais dans laquelle pourtant s'opèrent des actes portant des marques apparentes de volonté, de combinaison, de préméditation, comment, dis-je, la mémoire de cette seconde conscience ne se crée pas, et comment, dès lors, tout ce qui se passe dans ces intervalles est comme non-avenu pour la conscience lucide. M. Luys a établi, très-pertinemment à mon sens, que le domaine psychique proprement dit, ou ensemble des cellules circonvolutionnelles, peut être le siége de véritables opérations réflexes. Les opérations réflexes qui dépendent de la moelle épinière, et qui sont le type de ce genre de phénomènes nerveux, ne possèdent ni volonté ni conscience, et ne s'en exécutent pas moins avec une parfaite régularité. De même, dans le domaine psychique, les opérations réflexes y prennent le caractère de l'automatisme et de l'inconscience, et ne mettent pas leur empreinte sur la mémoire. C'est de cette façon et par leur nature réflexe que les actes qui constituent la phase pathologique de l'existence des malades ici considérés échappent au souvenir, et recommencent indéfiniment sans que la phase lucide les connaisse. Il est impossible de dire spécialement à quoi tient chaque forme de ces folies passagères; mais, une fois qu'elles se sont emparées de l'organisme psychique, elles prennent, pendant l'obnubilation de

---

(1) Cette explication s'appuie sur ce fait de physiologie expérimentale, que les états de perte de connaissance se représentent anatomiquement par la diminution des courants sanguins dans les réseaux de la substance corticale.

la partie intellectuelle, la direction de la volonté, des mouvements et des actes.

III.

Double conscience, toutes deux lucides.

Ceci est le somnambulisme. Tout y est étrange ; mais peut-être ce qu'il présente de plus étrange est la double vie qu'il établit chez le sujet ; pourtant ce qui vient d'être exposé dans le paragraphe précédent est une transition et nous prépare à cette singularité. Pendant la veille, le somnambule ne garde aucun souvenir de ce qui s'est passé pendant l'état somnambulique ; mais, quand l'état somnambulique recommence, alors le sujet reprend le fil de sa vie dormante et se rappelle les actes accomplis durant l'accès précédent : de sorte qu'il a vraiment deux vies, deux consciences tout à fait étrangères l'une à l'autre.

« On rencontre souvent, dit M. Luys (*l. c.* p. 140), des
» individus atteints de somnambulisme qui, pendant leur
» sommeil, répondent aux questions qu'on leur adresse, et
» qui, une fois réveillés, ne gardent aucun souvenir de ce
» qu'ils ont dit. »

« Un de mes amis, dit Burdach, *Traité de physiologie*,
» traduit par Jourdan, T. V, p. 219, apprit un matin que sa
» femme avait été vue pendant la nuit sur le toit d'une église.
» A midi, lorsqu'elle fut endormie, il lui demanda doucement,
» en dirigeant ses paroles vers la région épigastrique, de
» lui donner des détails sur sa course nocturne. Elle en
» rendit compte d'une manière complète, et dit entre autres
» choses qu'elle avait été blessée au pied gauche par un clou
» saillant à la surface du toit. Après son réveil, elle répondit
» affirmativement à la question qui lui était adressée, si elle
» sentait de la douleur à ce pied ; mais, lorsqu'elle y découvrit
» une plaie, elle ne put s'expliquer quelle en était l'origine. »

La somnambule observée par Darwin suivait pendant les accès un certain ordre d'idées et un autre ordre pendant la veille (GRATIOLET, *Anatomie comparée du système nerveux*, t. II, p. 494).

« Je connais un vieillard somnambule qui a fait, pendant
» le sommeil, des choses merveilleuses. Professant très-
» jeune la poésie dans une célèbre académie, il avait, durant
» le jour, tourmenté son esprit de toutes façons pour rendre
» meilleur un vers qu'il avait plusieurs fois remis sur le mé-
» tier. Pendant la nuit, il se leva, ouvrit son bureau, écrivit,
» relut à haute voix ce qu'il avait écrit ; finalement il s'ap-
» plaudit en éclatant de rire, et engagea un de ses camarades
» à applaudir aussi. Alors, quittant sa chaussure et son habit,
» fermant le bureau et rangeant les papiers comme il avait
» fait le soir, il regagna son lit et ne garda aucun souvenir
» de ce qui s'était passé pendant la nuit (HEINRIC AB HEËR,
» *Observ. med.* p. 38, dans GRATIOLET, *l. c.* t. II, p. 493 (1). »

La double vie du somnambulisme suggère à M. Gratiolet des remarques qui méritent d'être consignées ici : « Si inex-
» plicables que soient ces faits, on en tire une conséquence
» fort importante en philosophie, c'est qu'on peut, en passant
» du sommeil à la veille et réciproquement, oublier tempo-
» rairement ses actes et ses pensées, de manière à n'en con-
» server aucune idée actuelle. Cette remarque est essen-
» tielle..... Dans le somnambulisme parfait, l'intelligence
» déploie toutes ses forces et s'élève parfois à un degré de
» puissance jusqu'alors inconnu. Comment se fait-il donc que
» cette pensée lucide du sommeil n'ait rien de commun avec
» celle de la veille? N'est-ce pas une chose merveilleuse et
» effrayante que cette double vie, cette double pensée étran-
» gères l'une à l'autre dans un même sujet? et, dans l'état

---

(1) M. Gratiolet rapporte ceci : « Un Anglais somnambule sortit une nuit du mo-
» nastère de Saint-Benoît, courut, l'épée à la main, sur le bord de la Seine, ren-
» contra un enfant qu'il tua, et revint tout endormi dans son lit. A son réveil, il
» n'avait aucun souvenir de son crime (*l. c.* t. II. p. 489). » Bien que le sujet fût somnambule, ce cas me paraît se rapporter plutôt à la catégorie de l'article précédent qu'au vrai somnambulisme.

» actuel de la science et de la philosophie, qui pourrait
» aborder la solution de ce mystère (*l. c.* p. 495 et 493) ? »

Grâce aux travaux de M. Luys et de ses élèves sur les couches optiques, on sait que toutes les impressions soit externes, soit internes, aboutissent à ces organes, dont la fonction est de les élaborer de manière que le centre psychique du cerveau puisse en faire des perceptions. Impressions du dehors ou du dedans, élaboration dans les couches optiques, enfin perception dans les circonvolutions, voilà les trois termes de la connaissance que nous avons soit de nous-mêmes ou monde intérieur, soit des objets ou monde extérieur.

Ceci posé, on comprend comment il se fait psychiquement que le somnambule reste complétement fermé aux impressions extérieures. Pour cela il suffit que les couches optiques, entravées dans leur fonctionnement par un trouble quelconque, cessent de transmettre au centre perceptif les impressions qui viennent du dehors. Dès lors et tout le temps que dure ce trouble fonctionnel, le patient est séparé des choses ; il dort profondément pour tout ce qui est de la vie extérieure; aucune impression du dehors ne pénètre jusqu'à lui ; car la porte par où passent nécessairement ces impressions est fermée. Mais il veille au dedans de lui-même ; c'est-à-dire veillent en lui des intentions, des motifs, des idées, des impulsions, et, en somme, une conscience assez lucide pour le guider. De cette façon se forme la vie somnambulique, vie partielle toute différente, en cela même, de la vie normale qui est totale.

Ce qui distingue essentiellement le somnambulisme du songe, c'est que, dans le songe, la raison ne dirige pas la série des conceptions dont l'esprit est le siége, tandis que, dans le somnambulisme, les actes, souvent prolongés et poursuivis pendant plusieurs heures, sont réglés par une raison continuellement présente. L'intervention de la raison dans le somnambulisme ne permet pas de le ranger dans la catégorie des songes.

Oui, la raison intervient, mais non toute la raison ; car, si elle avait gardé son domaine entier et sa pleine connaissance, elle avertirait le patient qu'il dort, dût-il ne pas pouvoir secouer ce sommeil, comme, dans les cas rapportés par M. Krishaber, elle l'avertit que la sensation d'une personnalité changée ou détruite est mensongère, bien qu'il ne puisse l'écarter.

A ce point de l'analyse, on peut essayer de se rendre compte de la situation psychique qui dédouble la conscience en conscience de veille et conscience de somnambulisme. Il est manifeste que l'individu qui est privé de la communication sensorielle avec le monde extérieur, et qui pourtant conserve sa lucidité pour les actes accomplis durant cette modification, est, psychiquement, différent du même individu alors qu'il a la pleine jouissance des sensations tant externes qu'internes. Ces deux individus ne se connaissent pas, ou, pour mieux dire, ne se reconnaissent pas. Quand la conscience somnambulique est en exercice, elle n'a aucune idée de la conscience de l'état de veille (sans cela elle s'apercevrait de la perturbation) et, partant, aucune mémoire de cet état. Quand la conscience de veille ou normale est en exercice, elle n'a ni idée ni mémoire d'un mode d'être qui, non-seulement n'est pas le sien, mais qui est impuissant à lui donner, sans se détruire et disparaître, aucun signe de sa présence. Enfin, quand l'état de veille ou l'état de somnambulisme, après avoir cessé, se rétablit, chacun de ces deux états se reconnaît aussitôt. C'est ainsi que deux mémoires viennent à exister concurremment chez le même sujet. Des deux côtés, la chaîne se renoue par la similitude qui se reproduit respectivement.

IV.

Réflexions.

M. Gratiolet dit, on l'a vu dans le passage cité un peu plus haut, que cette double vie, cette double pensée en un même sujet est chose merveilleuse et effrayante. Je ne m'amuserai pas à chicaner M. Gratiolet, ni à lui remontrer ce qu'il savait (1) aussi bien que moi, que les phénomènes, au point de vue naturel, ne sont ni effrayants, ni rassurants. Je ne m'y amuserai pas, dis-je, car je comprends fort bien ce qu'il a voulu dire. Pour lui, qui était croyant aux dogmes de la théologie catholique, cette expression *effrayant* signifie que le phénomène en question entre moins facilement dans le cadre de la psychologie que dans celui de la physiologie, et qu'il se concilie mal avec les hypothèses d'unité substantielle et immatérielle qui constituent le fondement de la métaphysique spiritualiste.

En effet, la conscience, qu'on dit être ce qu'il y a de plus caractéristique de la personnalité, se trouve, en réalité, si peu sûre d'elle-même et si fluctuante, qu'au gré de modifications cérébrales, elle présente des apparences singulières contrariant l'indépendance et l'unité qu'on lui attribue. Tantôt elle se trouble au point que le sujet perd le sentiment de sa propre personne ; tantôt une obnubilation passagère l'envahit et y produit des intervalles noirs pendant lesquels l'individu parle et agit, sans qu'elle ait direction ou connaissance des actes ou des paroles ; tantôt enfin elle se dédouble exactement, et deux existences se poursuivent dans le même sujet, toutes deux lucides, mais s'ignorant l'une l'autre. A l'aide des recherches patientes qui ont décomposé le cerveau en organes associés pour un service commun, mais chargés chacun d'une fonction spéciale, on arrive à se représenter l'enchaînement général des phénomènes dont il s'agit et leur subordination réciproque.

Les faits mis sous les yeux du lecteur montrent que la conscience ou personnalité, loin d'être un principe primordial d'où les autres propriétés psychiques découlent, est un résultat qui est produit par l'ensemble et l'association des propriétés psychiques. Il n'est personne au courant des discus-

---

(1) M. Gratiolet a été enlevé, il y a peu d'années, à la science qu'il cultivait avec une grande distinction.

sions, soit psychologiques, soit métaphysiques, qui n'aperçoive l'importance d'une telle induction. Ce qui se disjoint si facilement n'est ni primordial, ni irréductible, et, se défaisant par disjonction, se fait par jonction. La pathologie, au point de vue scientifique, est une expérimentation perpétuelle ; et, ici, cette expérimentation opère des analyses qui n'auraient pu être obtenues d'aucune autre façon.

Dans le premier cas, celui qui a été décrit par M. Krishaber, le sentiment de la personnalité est tout à fait anéanti ; toutefois, la raison persiste, et, conservant la force de réagir contre l'impression, elle conclut, par voie d'induction et d'argumentation, que l'impression est fausse et que la personnalité n'est pas détruite ; mais cela montre que la raison et la personnalité, se dédoublant ainsi, sont les produits d'opérations psychiques distinctes. Dans le second cas, il y a deux vies, l'une lucide et normale, l'autre obscure et troublée ; la première n'a aucune connaissance de la seconde, la seconde n'a aucune connaissance de la première, et est adjointe à l'autre comme un parasite malfaisant. Dans le troisième cas, ce sont deux vies lucides qui sont associées sans se connaître ; ces deux lucidités ne se contrarient pas, pourtant l'une est incomplète, puisqu'il lui manque la communication avec le monde extérieur ; il semble bien que, pour que la personnalité soit complète, les deux courants d'impressions, l'un venant du dehors, l'autre venant du dedans, soient nécessaires ; le courant extérieur manquant, une demi-vie, qui est la vie somnambulique, s'établit.

Les observations que j'ai transcrites sont, par elles-mêmes, curieuses sans doute. Pourtant, si elles n'avaient eu que leur curiosité, je les aurais laissées dans les recueils spéciaux où elles ont paru. Ce qui m'a fait les y prendre et les rapprocher, c'est justement la conclusion psychique qu'elles fournissent sur les conditions de la conscience ou personnalité.

La théologie par révélation, la métaphysique par intuition savent que l'intelligence, la conscience, la personnalité est due à une âme, substance une qui se sert du cerveau comme d'un instrument pour communiquer avec le corps et avec les objets extérieurs. La philosophie positive, qui n'a ni révélation ni intuition, est obligée de s'adresser à d'autres sources d'information et de connaissance. Elle ne s'est faite, elle n'a pu se faire qu'en demandant à chacune des sciences particulières ce qu'elles enseignent sur le domaine qui leur appartient. Ici, c'était à la biologie qu'il était inévitable qu'elle s'adressât. Celle-ci, spéculant sur l'ensemble hiérarchique des êtres organisés, élabore peu à peu la doctrine des fonctions psychiques qui, en proportions diverses, sont départies à ces êtres. Cette doctrine, avec ses lacunes et ses imperfections, vaut mieux que les autres, aux yeux du moins de la philosophie positive, qui l'a faite sienne, comme elle a fait siens tous les enseignements de la science sur le monde et ses lois.

XXIV

DISCOURS DE RÉCEPTION

DANS LA FRANC-MAÇONNERIE

[Le 9 juillet 1875, la loge de la Clémente Amitié me reçut franc-maçon. Traiter la question de Dieu est un sujet qu'accepte volontiers un disciple de la philosophie positive ; car cette philosophie a une réponse qui la distingue de toutes les autres doctrines ; elle ne nie ni n'affirme, elle n'est ni déiste ni athée, et elle relègue dans l'incognoscible tout ce qui ne peut pas être connu. C'est cette position que j'explique et justifie dans les pages suivantes.]

J'ai à exposer, messieurs, quels sont les devoirs de l'homme envers Dieu. Un sage de l'antiquité, qu'un roi interrogeait sur la notion de Dieu, lui demanda un délai qu'il prolongea de jour en jour, reculant une réponse qu'il ne se sentit jamais en mesure de donner. Ma réponse, à moi, ne tardera pas aussi longtemps ; réponse que j'ai tort de dire mienne, car elle est celle d'une philosophie dont je suis disciple, et qui a élaboré pour moi, comme pour tous ceux qui voudraient en user, le jugement à porter sur les doctrines de cause première et d'origine.

Ceux qui connaissent la philosophie positive, ceux qui ont lu quelques pages venues de ma plume, savent d'avance ce que je vais dire, et n'attendent ni une affirmation ni une négation. Quoi donc! diront ceux en bien plus grand nombre à qui les principes de cette philosophie sont demeurés inconnus, est-il possible de n'affirmer ni de nier? Oui, cela est possible, et, à notre point de vue, cela est sage, cela est salutaire.

Permettez-moi donc d'entrer dans le cœur de la question,

non sans ménagements, mais sans réticences et avec la plénitude de la liberté philosophique.

On a accusé la franc-maçonnerie de je ne sais quelles clandestines et mauvaises conspirations. Je lui en connais une dont je la loue sans réserve ; c'est, au milieu des aigreurs ou des violences du fanatisme, la conspiration de la tolérance.

Il est clair que la question proposée, remise à la doctrine que je nomme positive, va changer d'aspect. Du moment que l'un des termes est reculé dans les régions inaccessibles à notre intelligence et que l'autre subsiste, vu que l'homme est un être essentiellement relatif, il reste à déterminer où sont placées les relations souveraines qui décident de la destinée morale.

La notion des dieux ou de Dieu nous vient des anciens temps. Ce que les hommes ont pensé là-dessus dans les époques préhistoriques, nous ne le savons ; mais les livres primitifs, ceux qui contiennent ou les plus vieilles annales, ou les plus vieux préceptes, ou les chants les plus vieux, sont consacrés à informer les hommes de la grande et mystérieuse souveraineté qui les gouverne.

En se simplifiant et s'épurant de plus en plus, cette notion est arrivée jusqu'à nous, et aujourd'hui elle s'impose aux intelligences sous deux formes, l'une historique, l'autre philosophique. Sous la forme historique, Dieu a parlé aux hommes, il s'est révélé, c'est un fait. Sous la forme philosophique, le monde est un effet, un ouvrage ; il a une cause, un ouvrier.

Que faut-il penser du fait historique ? La critique, qui pèse les documents et qui compare les cas semblables, a trouvé, en parcourant les annales de l'humanité, plusieurs révélations ; et, pour aucune, les témoignages qui la certifient ne lui ont paru, dans leur antique innocence, capables de contrebalancer la doctrine expérimentale de la stabilité des lois naturelles. Une révélation est un miracle ; or, il n'est pas de science qui, dans le domaine qu'elle cultive, reçoive le miracle, ni l'astronomie dans les cieux, ni la physique sur la terre, ni la chimie dans les combinaisons élémentaires, ni la biologie dans les phénomènes vitaux. Non pas qu'aucune science le nie en principe ; mais aucune ne l'a jamais rencontré en fait.

Derechef, que faut-il penser, quittant l'ordre historique pour l'ordre philosophique, de la notion de cause première, de causalité suprême ? Aucune science ne nie une cause première, n'ayant jamais rien rencontré qui la lui démentît ; mais aucune ne l'affirme, n'ayant jamais rien rencontré qui la lui montrât. Toute science est enfermée dans le relatif; partout on arrive à des existences et à des lois irréductibles, dont on ne connaît pas l'essence. On ne nie pas qu'une cause ultérieure ne soit derrière ; mais on n'a jamais passé de l'autre côté. L'expérience n'y atteignant pas, chaque science, quelque créance qu'un savant en particulier puisse accorder au fait historique ou au dogme philosophique, chaque science, dis-je, se refuse à introduire, dans l'enchaînement des lois et des théories qui lui sont propres, rien qui soit emprunté à la conception d'une causalité première. Cela est toujours laissé à la théologie et à la métaphysique.

A ce point, chacun voit, et j'ai à peine besoin de l'indiquer, ce qu'a fait la philosophie positive. Ces absences d'affirmation et de négation, fragmentaires, il est vrai, et que personne n'avait songé à réunir, elle les a rangées en un ordre hiérarchique, et, quand elle les eut tenues ainsi sous son regard, dans leur ensemble qui embrasse la connaissance du monde, de l'homme et des sociétés, elle a énoncé que la doctrine totale, résultant de leurs doctrines partielles, n'affirmait rien, ne niait rien sur une cause première et sur un surnaturel ; mais elle a déclaré en même temps que cette doctrine, par cela même qu'elle est totale, exclut rigoureusement de la trame des choses une cause première, qui ne se montre plus, si elle s'est jamais montrée, et un surnaturel qui fuit devant l'observation sérieuse et précise.

Quoi que je fasse, je ne peux, tel que je suis, me mouvoir dans le cercle de la question qui m'est proposée, sans m'appuyer sur les dogmes essentiels de la philosophie positive. Depuis près de quarante ans, je la prends pour guide de mon intelligence et de ma conduite. Vous me pardonnerez donc mon langage convaincu ; mais ce que vous ne me pardonneriez pas, ce que je ne me pardonnerais pas non plus, ce serait de ne pas rappeler le nom d'Auguste Comte, qui a inauguré le mouvement philosophique positif. La reconnaissance, d'accord en ceci avec la vraie sagesse et la saine ambition, veut que le disciple ne se montre que derrière le maître.

Entre les mains de la philosophie positive, la notion de cause suprême se transforme, et, d'absolue qu'elle était, devient relative. Mais cette transformation ne change rien à l'ordre de nos devoirs et à leurs rapport. Ils restent aussi liés à la conception substituée qu'ils l'étaient à la conception primitive. Le mode de penser que suit cette philosophie l'oblige à reconnaître que les opinions qui ont dirigé le monde jusqu'à nos jours ont été, en somme, hautement favorables à l'évolution morale de l'humanité ; mais le même mode de penser l'oblige à reconnaître, par connexité historique, que le régime scientifique ajoute une nouvelle force à cette impulsion, et que nos devoirs y gagnent en affermissement et en étendue.

Les faire dépendre de ce que l'on ne connaît point, comme il fallut dans les différentes périodes de l'humanité, est efficace, tant que l'on croit connaître. Mais, dès que cette croyance faiblit, tout ce qui s'y rattache faiblit aussi. Alors, dans cet état des intelligences et des cœurs, qui est celui de beaucoup parmi les hommes de notre temps, où chercher la règle des devoirs si ce n'est dans la règle des choses ? et où apprendre la règle des choses, si ce n'est dans les sciences expérimentales, positives, qui nous enseignent ce qu'est l'univers et ses lois, je veux dire la portion d'univers et de lois qui nous est accessible ?

Les choses nous parleront sévèrement sans doute, selon leur nature rigide et indifférente. Mais elles ne nous laisseront pas ignorer ce qui nous concerne, et elles nous diront en quoi elles nous seront obéissantes et en quoi elles nous opposeront une résistance insurmontable. C'est une des plus précieuses instructions que nous puissions recevoir.

Un mot sur les choses. Nous sommes placés dans une nébuleuse composée de millions de soleils. Le nôtre, même avec son cortége, y occupe un très-petit coin. Un coin encore plus petit est tenu par la terre qui nous porte. Sur cette terre, à un certain moment de sa durée, la vie apparut en mille formes, toutes enchaînées par une série de types, depuis le végétal jusqu'au vertébré le plus compliqué. Au sein de cette vie, à un moment différent de la production des organismes plus simples, l'homme, sans que, jusqu'aujourd'hui, on ait rien que des hypothèses sur son origine, comme au reste sur celle des autres animaux et des végétaux, l'homme, dis-je, vint prendre sa place aux rayons du soleil et sa part aux fruits de la terre.

Un être ainsi lié à toute sorte d'existences et assujetti à un mode organique qu'il partage avec les autres habitants de la planète, n'est point un être abandonné. Seulement, les rapports qui le maintiennent et le dirigent ne se découvrent, sauf en ce qu'ils ont d'élémentaire et de spontané, qu'avec lenteur et par le travail assidu. Les devoirs découlent de ce qu'il est en tant que créature appartenant à un ensemble. Là est la force vive qui les fait prévaloir à travers toutes les mutations sociales et malgré tous les assauts. Elle a été revêtue, cette force, de bien des noms et de bien des formes, tant qu'on la connut mal; mais cela ne l'a point empêchée d'être toujours la même et toujours présente, et d'imprimer à son œuvre le caractère de la continuité et du développement.

Il importe d'indiquer quelques linéaments très-généraux de cette réaction du monde sur l'homme, laquelle, de plus en plus, détermine la vie collective et individuelle.

Le monde désormais est ouvert devant nous, ciel et terre. Une curiosité active, que rien n'arrête plus, nous porte à le sonder dans ses lointains, dans ses profondeurs, dans son passé. En même temps, la nécessité impérieuse nous force à lui demander non-seulement notre pain quotidien, mais encore une multitude de satisfactions qui se perfectionnent tous les jours. Etude et travail, savoir et exploitation, voilà les deux grandes directions où nous sommes engagés, sans pouvoir ni vouloir rebrousser chemin.

Une autre face du monde, je veux dire une autre face de

ces choses que nous ne faisons pas, mais qui nous font, se montre dans le groupement des sociétés et le dynamisme qui les travaille. Il s'est trouvé que des annales, recueillies d'abord sans aucune vue d'assurer la continuité de l'histoire, ont fourni des documents qui révèlent le développement social, le progrès des civilisations et l'idée de l'humanité. Tandis que les chrétiens damnent leurs aïeux païens, et que les révolutionnaires méprisent leurs aïeux chrétiens, une reconnaissance plus éclairée et meilleure embrasse tout le passé humain. Rien n'est à scinder dans l'immense héritage qui nous a été transmis. Il n'est point de piété profonde pour les ancêtres ni de souci sérieux pour les descendants, quand des préjugés dogmatiques classent les hommes, non selon leurs services, mais selon leurs croyances.

Si, d'un côté, ce que les lois naturelles ont de modifiable excite l'activité de l'homme par le profit qu'il tire de ces modifications, de l'autre, ce qu'elles ont d'immuable, pleinement reconnu, lui enseigne la résignation consciente et voulue, grande vertu pour un être aussi chétif et aussi assailli. Le juste balancement entre l'activité et la résignation est l'attribut de la conception positive du monde.

L'extension de la tolérance, non pas seulement de cette tolérance passive qui se contente de souffrir les autres, mais de cette tolérance active qui rend pleine justice à toutes les forces sociales dans le passé, cette extension grandiose est due à la philosophie positive montrant que l'évolution humaine est un enchaînement sans solution de continuité. Et cela n'a pu être conçu et ratifié que parce que, dans toutes les constructions intellectuelles et morales, un contingent a toujours été fourni, sans que nous en eussions conscience, par l'ensemble des conditions qui nous régissent au dehors et au dedans; contingent d'autant plus petit que cet ensemble est moins connu, d'autant plus considérable que cet ensemble est connu davantage.

C'est en cette sorte que l'évolution morale est si étroitement liée à l'évolution scientifique. Le fait a été nié par plusieurs, qui, arguant ce qui est vrai, que savoir et moralité sont choses distinctes n'ont voulu voir qu'une simple coïncidence dans le rapport dont l'histoire témoigne entre ces deux développements. La vérité est que l'homme ne pénètre avant dans les devoirs réels qu'à mesure qu'il écarte davantage les faux milieux que la nature a mis autour de lui.

Ces faux milieux, l'expression est du fabuliste, sont partout. Ils courbent le bâton mis dans l'eau, *que la raison redresse*, dit au même endroit La Fontaine. Ils nous montrent obstinément le soleil se levant à l'orient et se couchant à l'occident. Soyez-en sûrs, il n'y a pas moins de faux milieux dans l'ordre moral que dans l'ordre physique, nous imposant certains devoirs imaginaires ou mauvais, et nous masquant d'autres devoirs réels et salutaires. Ainsi le veulent les combinaisons entre les choses et notre sensibilité.

Quiconque déclare avec fermeté qu'il n'est ni déiste ni athée, fait aveu de son ignorance sur l'origine des choses et sur leur fin, et en même temps il humilie toute superbe. Aucune humilité ne peut être assez profonde devant l'immensité de temps, d'espace et de substance qui s'offre à notre regard et à notre esprit, devant nous et derrière nous. En présence de ces horizons lointains découverts par la science, je n'hésite pas à répéter les fortes paroles de Bossuet, qui, ravi dans une contemplation illimitée, bien que tout autre, s'écriait: Taisez-vous, mes pensées!

La sanction, non plus, ne fait pas défaut. Comment en pourrait-il être autrement, puisque la règle morale émane de cela même qui constitue notre vie individuelle et collective? Et comment celui qui la viole ne se trouverait-il pas exposé à toutes sortes de punitions? Mais, comme ces punitions visibles n'atteignent pas tous les coupables, et que des maux semblables à des punitions frappent des innocents, il faut s'élever plus haut et arriver au tribunal du juge qui condamne et qui absout. Ce juge est la conscience. Elle résulte de la somme de règles morales que chaque civilisation, chaque époque fait prévaloir dans les milieux sociaux. Elle est nécessairement transformable et perfectible. Mais, à chaque étape, elle exerce sur les hommes une action puissante. Elle ne manque son efficacité que sur quelques organisations malheureuses, qui, d'ailleurs, ne sont pas moins réfractaires à la doctrine des peines et des récompenses après la mort, comme le montrent et le passé et le présent. Que si l'on demande davantage, c'est-à-dire une pénalité effective après que l'homme a subi le trépas, nous n'avons rien à répondre, rien à nier, rien à affirmer, ignorant absolument et ce qui est après le tombeau et ce qui est avant la vie ; mais nous constatons que la conscience, développée selon le degré de culture collective et individuelle, est l'œil vigilant toujours ouvert, même sur les actes les plus secrets.

Homère représente les vieillards troyens assis aux portes Scées, pendant que les guerriers vaillants soutiennent le poids du combat, et il les compare, s'entretenant des prouesses passées, à des cigales oisives dont la voix grêle résonne dans la forêt touffue. En effet, les vieillards, touchant au terme de la carrière, se reposent ; leur voix faible ne se fait pas entendre au loin, et ils laissent aux jeunes les grands travaux et les vastes pensées. Mais, quand l'inévitable vieillir ne les a pas trop atteints, et qu'ils gardent sinon le feu du moins la lumière, alors il leur reste, pour les accompagner jusqu'au bout, la satisfaction de prêter leur parole et leur expérience à ce qui peut être utile ; satisfaction d'autant mieux ressentie qu'il ne s'y mêle plus d'autre souci que celui qui occupait le vieillard de La Fontaine.

TABLE

Préface		V
I.	De la philosophie positive	1
II.	Du développement historique de la logique	65
III.	Paroles de philosophie positive	90
IV.	Du progrès de la science et de la philosophie depuis le commencement du siècle	133
V.	Du progrès dans les sociétés et dans l'Etat	147
VI.	De l'industrie moderne	184
VII.	Théorie de l'homme intellectuel et moral	191
VIII.	La centralisation	206
IX.	Histoire de la révolution de 1848	230
X.	Auguste Comte et Stuart Mill	239
XI.	Apologie d'un incrédule	288
XII.	Du mythe de l'arbre de la vie et de l'arbre de la science du bien et du mal dans la Genèse	295
XIII.	Du génie militaire de l'empereur Napoléon Ier	329
XIV.	Morale publique et serment	368
XV.	Socialisme	375
XVI.	Etudes sur la crise de guerre de 1870 et 1871	405
XVII.	Remarques sur la méthode subjective dans la philosophie positive	473
XVIII.	De l'usage des maladies	479
XIX.	La poutre et la paille	486

XX.	Anatomie et physiologie cellulaires..............	508
XXI.	Restauration de la légitimité et de ses alliés.......	526
	— Appendice : Un triomphe clérical.............	553
XXII.	Les découvertes scientifiques les plus récentes et la philosophie positive........................	564
XXIII.	La double conscience, fragment de physiologie psychique.......................................	578
XXIV.	Discours de réception dans la franc-maçonnerie ...	596

VERSAILLES, IMPRIMERIE CERF ET FILS, 59, RUE DU PLESSIS.

160.
180.
331.
341, 49.
421.
414.
422.
450.
488.
524.
569.

www.ingramcontent.com/pod-product-compliance
Lightning Source LLC
Chambersburg PA
CBHW060358230426
43663CB00008B/1312